LUCA LAURA HARTMANN

Polizeiliche Gefahrenvorsorge im rechtlichen Regelungssystem

Das Recht der inneren und äußeren Sicherheit

Herausgegeben von Prof. Dr. Dr. Markus Thiel, Münster

Band 36

Polizeiliche Gefahrenvorsorge im rechtlichen Regelungssystem

Eine Betrachtung von Eingriffsbefugnissen unterhalb der Schwelle der konkreten Gefahr unter besonderer Berücksichtigung der »drohenden Gefahr«

Von

Luca Laura Hartmann

Duncker & Humblot · Berlin

Die Juristische Fakultät der Julius-Maximilians-Universität Würzburg
hat diese Arbeit im Jahre 2025 als Dissertation angenommen.

Bibliografische Information der Deutschen Nationalbibliothek

Die Deutsche Nationalbibliothek verzeichnet diese Publikation in der Deutschen Nationalbibliografie; detaillierte bibliografische Daten sind im Internet über http://dnb.d-nb.de abrufbar.

Satz: 3w+p GmbH, Rimpar
Druck: Primerate Zrt., Budapest, Ungarn

ISSN 2199-3475
ISBN 978-3-428-19833-7 (Print)
ISBN 978-3-428-59833-5 (E-Book)

Gedruckt auf alterungsbeständigem (säurefreiem) Papier
entsprechend ISO 9706 ♾

Verlagsanschrift: Duncker & Humblot GmbH, Carl-Heinrich-Becker-Weg 9,
12165 Berlin, Germany | E-Mail: info@duncker-humblot.de
Internet: https://www.duncker-humblot.de

Vorwort

Die vorliegende Untersuchung wurde im Wintersemester 2025/26 von der Juristischen Fakultät der Julius-Maximilians-Universität Würzburg als Dissertation angenommen. Das Manuskript wurde im Dezember 2023 finalisiert und berücksichtigt Änderungen der Rechtsprechung und Literatur bis zu diesem Zeitpunkt. Das Recht der Gefahrenabwehr unterliegt einem kontinuierlichen Wandel. Neue Entscheidungen und Gesetzgebungsvorhaben befassen sich fortlaufend mit den Kategorien der Gefahrenabwehr. Diese Untersuchung ist daher als Momentaufnahme zu verstehen.

Herzlicher Dank gilt meinem Doktorvater Herrn Prof. Dr. Joachim Suerbaum für die Möglichkeit zur Promotion und die Betreuung. Herzlich bedanken möchte ich mich auch bei Herrn Prof. Dr. Ralf P. Schenke für die Erstellung des Zweitgutachtens und die wertvollen Hinweise und Anregungen.

Herrn Prof. Dr. Dr. Markus Thiel gilt mein Dank für die Aufnahme der Arbeit in die Schriftenreihe „Das Recht der inneren und äußeren Sicherheit".

Für Zuspruch und tatkräftige Unterstützung danke ich meinen Eltern, Brüdern und meinem Ehemann.

München, im Januar 2026 *Luca Laura Hartmann*

Inhaltsverzeichnis

§ 1 Einführung

Der Gefahrenbegriff steht im Zentrum des Spannungsfeldes zwischen Freiheit und Sicherheit im Polizeirecht. Gerecht, flexibel, verständlich – dieses Tatbestandsmerkmal bewirkt einen Ausgleich, welcher mit dem Titel der „verfassungsrechtlichen Normalvorstellung“[1] belegt wird. Dieser Konsens ist unterdessen in einem derart grundrechtlich brisanten Bereich umgeben von nachschärfenden Diskussionen.[2] Dennoch haben sich die klassischen polizeirechtlichen Strukturen grundsätzlich über die Jahre praktisch bewährt.[3]

Da Ausnahmen bekanntlich die Regel bestätigen, existiert ein Bereich außerhalb dieser Normalvorstellung. Hierbei handelt es sich um ein Rechtsgebiet, das lange in seinen verschiedenen Varianten ein Schattendasein führte.[4] Dies ist der Bereich der Gefahrenvorsorge.[5] Für diesen durch Informationsgewinnung geprägten Bereich wurde zu Beginn die Notwendigkeit der Normierung von Eingriffsvoraussetzungen nicht angenommen.[6] Obwohl die Landesgesetze dennoch früh bewusst und vermutlich daneben unbewusst Lösungen anbieten,[7] findet sich der Motor der Rechtsgestaltung in der Rechtsprechung des Bundesverfassungsgerichts. Das Volkszählungsurteil[8] bildet den Grundstein, auf dessen Basis eine ganze Reihe an Judikaten das Verhältnis der klassischen Gefahrenabwehr zur Gefahrenvorsorge

---

[1] *Möstl*, DVBl. 2020, 160 (164) sowie *ders.*, BayVBl. 2018, 156 (159); s. auch *Barczak*, Der nervöse Staat, S. 494: „Gefahr und Störer als Ausdruck einer rechtsstaatlichen Normalvorstellung“; s. aber auch *Möstl*, DVBl. 2020, 160 (164); *ders.*, Die Verwaltung 53 (2020), 21 (28 f.).

[2] S. u. a. *Möstl*, Die staatliche Garantie für die öffentliche Sicherheit und Ordnung; *Poscher*, Gefahrenabwehr.

[3] *Thiel*, Die Verwaltung 53 (2020), 1 (1).

[4] S. aber u. a. *Albers*, Die Determination polizeilicher Tätigkeit in den Bereichen der Straftatenverhütung und der Verfolgungsvorsorge; *Aulehner*, Polizeiliche Gefahren- und Informationsvorsorge; *Bäcker*, Kriminalpräventionsrecht; *Darnstädt*, Gefahrenabwehr und Gefahrenvorsorge; *Kral*, Die polizeilichen Vorfeldbefugnisse als Herausforderung für Dogmatik und Gesetzgebung des Polizeirechts; *Park*, Wandel des klassischen Polizeirechts zum neuen Sicherheitsrecht; *Rachor*, Vorbeugende Straftatenbekämpfung und Kriminalakten; *Thiel*, Die „Entgrenzung“ der Gefahrenabwehr; s. auch *Di Fabio*, Risikoentscheidungen im Rechtsstaat.

[5] Zum Begriff BVerfGE 150, 244 (274 Rn. 70); 130, 151 (205); BVerwGE 116, 347 (353); 141, 329 (335 Rn. 29); ausf. dazu unter § 4 A., S. 83 ff.

[6] Vgl. BVerfGE 110, 33 (56).

[7] Zum unklaren Verhältnis einiger Rechtsfiguren zur klassischen Gefahrenabwehr unter § 5 B. I., S. 172 ff., insb. § 5 B. I. 6., S. 219 ff.

[8] BVerfGE 65, 1 ff.

erhellen möchte. Die Rezeption dieser Entscheidungen könnte gleichwohl nicht unterschiedlicher ausfallen. Ausufernd anmutende Umsetzungsvorschläge stehen einer auf gleicher Grundlage interpretierten, fast vollständigen Negierung eines Handlungsbedarfs gegenüber.[9]

Jüngst dienten die Ausführungen des Gerichts als Legitimation für Eingriffe in die „rechtsstaatliche Herzkammer"[10]: eben jenen polizeirechtlichen Gefahrenbegriff in Verbindung mit der Generalklausel. Der bayerische Gesetzgeber übernahm in einer Novelle in 2017[11] mit einigen Abweichungen eine Passage eines Urteils aus 2016,[12] in der es zumindest so scheint,[13] als ob das Bundesverfassungsgericht materielle Anforderungen an Schwellen in einem Bereich abseits der überkommenen Grenzen der Gefahrenabwehr vorzeichnet. Dies ist der Ursprung der sogenannten bayerischen „drohenden Gefahr".

Dass das Bundesverfassungsgericht diesen Begriff zunächst lediglich im Rahmen von informationellen Eingriffen zur Terrorismusbekämpfung verwendet, hinderte den bayerischen Gesetzgeber nicht, weitere Schlüsse zu ziehen.[14] Die schon in den Grundfesten chronisch umstrittene Gefahrenvorsorge wird somit angereichert um Diskussionen hinsichtlich deren Ziele und Weite. Konkrete Streitpunkte sind der Terrorbekämpfungsbezug, die Aufgabe der Gefahrbeseitigung und die Integration in die Generalermächtigung.[15] Bei Betrachtung der Argumentationslinien drängt sich die Frage auf, ob das Gericht ein solches Vorgehen durch eigene Annahmen zur Gefahrenvorsorge, aber auch zur klassischen Gefahrenabwehr nicht selbst provozieren wollte.[16]

---

[9] S. dazu exemplarisch *Kulick*, AöR 143 (2018), 175 (213): „Aus dem linearen Verständnis folgt indes m. E. auch, dass der Begriff der ‚konkreten Gefahr' als abstrakter dogmatischer Fixpunkt des Gefahrenabwehrrechts zu verabschieden ist".

[10] *Möstl*, BayVBl. 2018, 156 (156).

[11] Gesetz zur effektiveren Überwachung gefährlicher Personen v. 24. 7. 2017 (BayGVBl. S. 388), BayLT-Drs. 17/16299; s. sodann Gesetz zur Neuordnung des bayerischen Polizeirechts (PAG-Neuordnungsgesetz) v. 18. 5. 2018 (BayGVBl. S. 301), BayLT-Drs. 17/20425; Gesetz zur Änderung des Polizeiaufgabengesetzes und weiterer Rechtsvorschriften v. 27. 3. 2021 (BayGVBl. S. 418), BayLT-Drs. 18/13716.

[12] BVerfGE 141, 220 (272 Rn. 112) und Amtl. Begr. zu Art. 11 BayPAG i. d. F. des Gesetzes zur effektiveren Überwachung gefährlicher Personen v. 24. 7. 2017 (BayGVBl. S. 388), BayLT-Drs. 17/16299, S. 9.

[13] Bedenken diesbezüglich äußernd z. B. *Löffelmann*, BayVBl. 2018, 145 (147 f.); *Thiel*, GSZ 2019, 1 (2).

[14] Exemplarisch bereits i. R. d. Gesetzgebungsprozesses *Löffelmann*, Stellungnahme zu BayLT-Drs. 17/16299, S. 7 ff.; ausf. dazu unter § 6 C. II., S. 378 ff.

[15] S. dazu § 6 C. II. S. 378 ff.

[16] Pointierte Darstellungen bei *Möstl*, DVBl. 2020, 160 (164 ff.); *ders.*, ZRP 2020, 26 (27); *ders.*, Die Verwaltung 53 (2020), 21 (30 ff.); vgl. auch Amtl. Begr. zu Art. 11a BayPAG i. d. F. des Gesetzes zur Änderung des Polizeiaufgabengesetzes und weiterer Rechtsvorschriften v. 27. 3. 2021 (BayGVBl. S. 418), BayLT-Drs. 18/13716, S. 22; BayVerfGH, BeckRS 2019, 3113 Rn. 70 f.; krit. u. a. *Petri*, ZD 2018, 453 (454); *Schoch/Kießling*, in: Schoch/Eifert, Be-

Nicht wenige Stimmen mahnen zur Vorsicht: In einem Ausnahmebereich erfolgt aufgrund seines besonderen Charakters in der Regel kein Handeln.[17] Dies ist auch nur einer der Kritikpunkte an der Neufassung des bayerischen Polizeiaufgabengesetzes. Daneben treten grundsätzliche Bedenken hinsichtlich der Bestimmtheit und der Verhältnismäßigkeit der Normierung sowie kompetenzrechtliche Probleme.[18] Diesen Bedenken gilt es nachzugehen.

Im Rahmen dieser Arbeit soll demgemäß nach einer knappen Darstellung des verfassungsrechtlichen Grundkonflikts des Rechts der Inneren Sicherheit eine Betrachtung der klassischen Gefahrenabwehr erfolgen.[19] Insbesondere wird hier auf neuere einengende Auslegungsarten der konkreten Gefahr eingegangen.[20] Sodann wird sich die vorliegende Untersuchung der Aufgabe Gefahrenvorsorge widmen.[21] Die Grenzen dieser werden anhand der Vorgaben des Bundesverfassungsgerichts abgebildet und auf den Prüfstand gestellt.[22] Anschließend wird unter dem Eindruck der verfassungsgerichtlichen Vorgaben versucht, die Voraussetzungen einer Befugnisnorm in der Gefahrenvorsorge zu konturieren.[23] Es wird begutachtet, ob die überkommenen Kategorien die Gefahrenvorsorge abbilden können.[24] Dabei wird der Einfluss der jüngsten Rechtsprechung auf den Begriff der konkreten Gefahr in den Blick genommen.[25] Weiter wird eine tatbestandliche Kategorie geprüft, welche bisher in der polizeirechtlichen Dogmatik eher selten Gegenstand war.[26]

Zuletzt erfolgt eine Betrachtung der bayerischen „drohenden Gefahr".[27] Die Bestimmtheits- und Verhältnismäßigkeitsanforderungen werden geprüft unter Berücksichtigung der Vorgaben des Bundesverfassungsgerichts aus der jüngeren Rechtsprechung.[28] Das Verhältnis zu überkommenen Kategorien und die Maßstäbe der neuen Gefahrenkategorie werden aufgezeigt und bewertet.[29] Inwieweit der Umfang der Umsetzung hinsichtlich des fehlenden Bezugs auf die Terrorismusab-

---

sonderes Verwaltungsrecht, Kap. 1 Rn. 83; s. dazu § 3 B. II., S. 73 ff. u. § 6 C. II. 1. b) aa) (2), S. 383 ff.

[17] Dazu ausf. *Barczak*, Der nervöse Staat; zur Umkehr von Ausnahme und Regel i. R. d. der bayerischen „drohenden Gefahr" *ders.*, Der nervöse Staat, S. 529; *Kulick*, AöR 143 (2018), 175 (211); *Petri*, ZD 2018, 453 (454); *Pieroth*, Die Verwaltung 53 (2020), 39 (52).

[18] S. dazu § 5 A., S. 128 ff. u. § 6 C., S. 318 ff.

[19] Dazu § 2, S. 21 ff.

[20] Dazu ausf. § 3 B. II., S. 73 ff.; s. a. § 5 B. I. 1. b) cc), S. 184 ff.; § 5 B. I. 6. c) bb) (3) (d), S. 270 ff.; § 6 C. II. 1. b) aa) (2), S. 383 ff.; § 6 D. II., S. 436 ff.

[21] Dazu § 4, S. 83 ff.

[22] Dazu § 5 A., S. 129 ff.

[23] Dazu § 5 B., S. 171 ff.

[24] Dazu § 5 B., S. 171 ff.

[25] Dazu § 5 B. I. 1. b) cc), S. 184 ff.

[26] Dazu § 5 B. I. 6., S. 219 ff.

[27] Dazu § 6, S. 287 ff.

[28] Dazu § 6 C., S. 318 ff.

[29] Dazu § 6 C. I., S. 319 ff.

wehr, der Integration in die Generalermächtigung und des Gefahrbeseitigungsgehalts verfassungsgemäß ist, wird dargelegt.[30] Geprüft wird, ob eine Entwertung der klassischen Begriffe des Gefahrenabwehrrechts erfolgt.[31] Zentral ist insoweit die Annahme, dass durch die neue Gefahrenkategorie eine „Schutzlücke"[32] geschlossen wird.[33]

Ziel der Arbeit ist es, einen Überblick über die bestehenden Ansätze des Rechts in der Gefahrenvorsorge unter besonderer Berücksichtigung der Judikate des Bundesverfassungsgerichts zu geben. Im Zuge dessen wird in Anbetracht der breiten Neuerungen im bayerischen Präventionsrecht immer wieder der Blick auf die dortige Regelungslage gerichtet.

Die überkommenen Instrumente des Polizeirechts sind nicht zu unterschätzen. Sie sind widerstandsfähiger, als es den Anschein hat. Allerdings verfängt das Argument der „Schönheit der Einfachheit"[34] der klassischen Gefahrenabwehr nicht, wenn diese die Vielschichtigkeit der Realität nicht abzubilden vermag.

---

[30] Dazu § 6 C.II., S. 378 ff.; zum Bezug zur Terrorismusabwehr § 6 C.II. 1. b) bb), S. 389 ff., zur Generalklausel § 6 C.II. 2., S. 421 ff.; zum Gefahrbeseitigungsgehalt § 6 C. II. 2. b), 423 ff.; s. ferner § 5 B.I. 1. b) cc) (2), S. 187 ff.

[31] Dazu § 6 C.II. 1. b) aa) (1), S. 381 ff.; § 6 D.II., S. 436 ff.

[32] Amtl. Begr. zum Gesetz zur Änderung des Polizeiaufgabengesetzes und weiterer Rechtsvorschriften v. 27.3.2021 (BayGVBl. S. 418), BayLT-Drs. 18/13716, S. 1; *Möstl*, BayVBl. 2018, 156 (159); *ders.*, Die Verwaltung 53 (2020), 21 (30); *ders.*, Stellungnahme zu BayLT-Drs. 17/16299, S. 3.

[33] Dazu § 6 C.II. 1. b) aa) (2), S. 383 ff.; § 6 D.II., S. 436 ff.; s. a. § 3 B.II., S. 73 ff.; § 5 B.I. 1. b) cc), S. 184 ff.; § 5 B.I. 6. c) bb) (3) (d), S. 270 ff.

[34] *Thiel*, Die Verwaltung 53 (2020), 1 (2).

§ 2 Zielkonflikt – Freiheit und Sicherheit

Freiheit und Sicherheit – ihr Inhalt und besonders ihr Verhältnis sind ständiger Streitpunkt im Recht der Inneren Sicherheit und in der polizeirechtlichen Dogmatik. Der Konflikt wird befeuert durch die Dynamik der Materie. Zum einen ist die Befassung mit dem Thema gesellschaftlichen Langzeitentwicklungen unterworfen und erfährt eine ständige Neubegutachtung und Anpassung. Zum anderen dringt diese Diskussion eruptiv infolge von gesellschaftlichen Schlüsselereignissen immer wieder hervor. Zu nennen sind die Ereignisse um den 11.9.2001, aber auch die Gewaltakte terroristischer oder extremistischer Natur der jüngeren Geschichte – Würzburg, Berlin, Halle, Hanau.

A. Freiheit

Freiheit ist ein Verfassungswert.[1] Ausprägung erfährt sie in den Freiheitsgrundrechten.[2] Teils wird der normative Anknüpfungspunkt grundgesetzlich zudem in der Menschenwürdegarantie des Art. 1 Abs. 1 S. 1 GG gesehen.[3] Klassische Grundrechtsfunktion ist die Abwehr gegen den Staat,[4] sogenannter status negativus[5] beziehungsweise „status libertatis“[6], als „Freiheit durch Eingriffsabwehr“[7]. Im Sinne dieser Dimension hat „das Grundgesetz die Freiheit menschlicher Betätigung für bestimmte Lebensbereiche, die nach den geschichtlichen Erfahrungen dem Zugriff

---

[1] *Brugger*, Freiheit und Sicherheit, S. 52.

[2] BVerfGE 6, 32 (37 ff.); 80, 137 (154); *Brugger*, Freiheit und Sicherheit, S. 52; *Calliess*, DVBl. 2003, 1096 (1101); *Schoch*, Der Staat 43 (2004), 347 (364); *Stern*, in: Isensee/Kirchhof, Handbuch des Staatsrechts, Bd. IX, § 185 Rn. 56 ff.; *Thiel*, Die „Entgrenzung“ der Gefahrenabwehr, S. 138.

[3] *Brugger*, Freiheit und Sicherheit, S. 52; *Thiel*, Die „Entgrenzung“ der Gefahrenabwehr, S. 140.

[4] BVerfGE 7, 198 (204 f.); 95, 193 (209); 96, 56 (64); 99, 216 (231); 106, 28 (37); 109, 190 (217); 109, 279 (309); 110, 33 (52); 115, 320 (358); aus der Lit. exemplarisch *Isensee*, Das Grundrecht auf Sicherheit, S. 27; *Schoch*, Der Staat 43 (2004), 347 (363); *Stern*, in: Isensee/Kirchhof, Handbuch des Staatsrechts, Bd. IX, § 185 Rn. 56 ff.

[5] Grdlg. *Jellinek*, System der subjektiven öffentlichen Rechte, S. 89 ff.

[6] *Jellinek*, System der subjektiven öffentlichen Rechte, S. 89.

[7] *Stern*, in: Isensee/Kirchhof, Handbuch des Staatsrechts, Bd. IX, § 185 Rn. 56; dieser verweist auch darauf, dass die objektiv-rechtliche Dimension der Grundrechte dem Freiheitsschutz dient, vgl. *Stern*, in: Isensee/Kirchhof, Handbuch des Staatsrechts, Bd. IX, § 185 Rn. 74.

der öffentlichen Gewalt besonders ausgesetzt sind, durch besondere Grundrechtsbestimmungen geschützt"[8]. Ferner ist die Freiheit als Teil der freiheitlich demokratischen Grundordnung gesetzlich verwurzelt im an vielen Stellen im Grundgesetz vorausgesetzten Prinzip der „wehrhaften Demokratie"[9] gemäß Art. 18 Abs. 1 GG, Art. 20 Abs. 4 GG, Art. 21 Abs. 1 GG und Art. 79 Abs. 3 GG. [10] Unabhängig davon, ob der Wortlaut der Verfassung wie in Art. 18 Abs. 1 GG explizit die freiheitlich demokratische Grundordnung nennt, besitzt die wehrhafte Demokratie als Grundentscheidung der Verfassung, die an allen genannten Stellen zum Ausdruck kommt, die freiheitlich demokratische Grundordnung als Schutzgut und verleiht der Freiheit so Verfassungsrang.[11] Zuletzt sichert das Rechtsstaatsprinzip, das sich aus der Anerkennung der Menschenwürde ableitet und in Art. 28 Abs. 1 S. 1 GG Erwähnung findet,[12] den verfassungsrechtlichen Auftrag der Freiheit.[13] Im Rahmen des Rechtes der Inneren Sicherheit bildet die grundgesetzlich verankerte Freiheit aber nur die eine Seite der Waagschale.[14]

B. Sicherheit

Auf der anderen Seite liegt die Sicherheit, deren Verankerung und Inhalt durchaus größeren Diskussionsbedarf hervorruft.

I. Verfassungswert

Die Existenz des Staates rechtfertigt sich aus seiner Aufgabe für die Sicherheit der Menschen.[15] Gusy konstatiert: „*‚Sicherheit' ist Verfassungsvoraussetzung. Freiheit ist Verfassungsinhalt.*"[16] Der Themenkomplex Sicherheit – wie auch jener

---

[8] BVerfGE 6, 32 (37).

[9] BVerfGE 39, 334 (349).

[10] *Thiel*, Die „Entgrenzung" der Gefahrenabwehr, S. 138 ff.

[11] Zur Herleitung *Thiel*, Die „Entgrenzung" der Gefahrenabwehr, S. 138 ff.; zum Gehalt der wehrhaften Demokratie als Grundentscheidung der Verfassung BVerfGE 2, 1 (12); 5, 85 (139); 10, 118 (123); 39, 334 (349); *Schliesky*, in: Isensee/Kirchhof, Handbuch des Staatsrechts, Bd. XII, § 277 Rn. 16.

[12] *Calliess*, DVBl. 2003, 1096 (1100 f.).

[13] *Calliess*, DVBl. 2003, 1096 (1100 f.).

[14] Vgl. exemplarisch *Brugger*, Freiheit und Sicherheit, S. 52 ff.; *Di Fabio*, NJW 2008, 421 (422 f.).

[15] BVerfGE 49, 24 (56 f.); 49, 202 (209); 115, 320 (346); 120, 274 (319); *Götz*, in: Isensee/Kirchhof, Handbuch des Staatsrechts, Bd. IV, § 85 Rn. 11 ff.; *Schulze-Fielitz*, in: FS Glaeser, S. 407 (407); *Trute*, in: GS Jeand'Heur, S. 403 (413); *Voßkuhle*, in: FS Würtenberger, S. 1101 (1102 ff.).

[16] *Gusy*, VVDStRL 63 (2004), 151 (154) [Hervorhebung im Original].

der Freiheit – ist dementsprechend eng verknüpft mit dem ideengeschichtlichen Staatsverständnis.[17] Gleichwohl vermag das staatliche Gewaltmonopol die Aufgabe der Sicherheit nicht zu begründen.[18] Bei Begutachtung eines gegenwärtigen Bildes der Materie ist festzustellen, dass die Dynamik des Sicherheitsverständnisses durch das Fehlen eines verfassungsrechtlichen Anknüpfungspunkts verstärkt wird.[19] Frühe Verfassungen anderer Staaten führen Sicherheit als Gewährleistung auf.[20] Das Grundgesetz verzichtet auf die ausdrückliche Absicherung der Sicherheit. Darüber kann zunächst auch die mehrfache bloße Erwähnung nicht hinweghelfen.[21]

Dennoch sieht das Bundesverfassungsgericht Sicherheit als „Verfassungswert"[22] und „Staatszweck"[23], ohne jedoch eine verfassungsrechtliche Ableitung anzubieten. Durch die Literatur wird Sicherheit teils als Staatsziel,[24] teils ebenfalls als Staatszweck beziehungsweise -aufgabe gesehen.[25] In jedem Fall wird die durch das Bundesverfassungsgericht geforderte Gewährleistung der Sicherheit nach allgemeiner Ansicht über die Grundrechte verwirklicht.[26] Inhaltlich wird Sicherheit mehrfach als Abwesenheit von Risiken oder Gefahren beschrieben.[27] Dies kann aufgrund des unisono verneinten Vorrangs der Sicherheit indes nur relativ gemeint

---

[17] Vgl. *Götz*, in: Isensee/Kirchhof, Handbuch des Staatsrechts, Bd. IV, § 85 Rn. 19; *Isensee*, in: ders./Kirchhof, Handbuch des Staatsrechts, Bd. IX, § 191 Rn. 11; *Möstl*, Die staatliche Garantie für die öffentliche Sicherheit und Ordnung, S. 1 ff.; *Schulze-Fielitz*, in: FS Glaeser, S. 407 (407 f.); *Thiel*, Die „Entgrenzung" der Gefahrenabwehr, S. 143 ff.; *Voßkuhle*, in: FS Würtenberger, S. 1101 (1102).

[18] *Schoch/Kießling*, in: Schoch/Eifert, Besonderes Verwaltungsrecht, Kap. 1 Rn. 70.

[19] *Götz*, in: Isensee/Kirchhof, Handbuch des Staatsrechts, Bd. IV, § 85 Rn. 2; *Thiel*, Die „Entgrenzung" der Gefahrenabwehr, S. 141.

[20] *Götz*, in: Isensee/Kirchhof, Handbuch des Staatsrechts, Bd. IV, § 85 Rn. 19 m. V. a. Art. 1 Bill of Rights of Virginia (1776), Art. 2 Erklärung der Menschen und Bürgerrechte (1789) und Art. 2 Französische Verfassung (1793).

[21] S. Art. 35 Abs. 2 S. 1 GG, Art. 73 Abs. 1 Nr. 10 lit. b GG; vgl. *Brugger*, Freiheit und Sicherheit, S. 52; *Thiel*, Die „Entgrenzung" der Gefahrenabwehr, S. 149.

[22] BVerfGE 49, 24 (57); 115, 320 (346); 120, 274 (319).

[23] BVerfGE 115, 320 (358).

[24] So *Brugger*, Freiheit und Sicherheit, S. 52; *Götz*, in: Isensee/Kirchhof, Handbuch des Staatsrechts, Bd. IV, § 85 Rn. 23 f.; *Möstl*, Die staatliche Garantie für die öffentliche Sicherheit und Ordnung, S. 73 ff.

[25] Hauptsächlich m. V. a. fehlende gesetzliche Positivierung *Calliess*, DVBl. 2003, 1096 (1096); *Thiel*, Die „Entgrenzung" der Gefahrenabwehr, S. 149 f.; vgl. auch *Trute*, in: GS Jeand'Heur, S. 403 (413); zum Unterschied zwischen Staatsziel, -zweck und -aufgabe, vgl. *Brugger*, Freiheit und Sicherheit, S. 52 Fn. 211.

[26] Zur Gewährleistung, vgl. BVerfGE 49, 24 (57); 115, 320 (346); 120, 274 (319); *Brugger*, Freiheit und Sicherheit, S. 53; *Calliess*, DVBl. 2003, 1096 (1101); *Götz*, in: Isensee/Kirchhof, Handbuch des Staatsrechts, Bd. IV, § 85 Rn. 24 f.; *Isensee*, Das Grundrecht auf Sicherheit, S. 27 ff.; *Möstl*, Die staatliche Garantie für die öffentliche Sicherheit und Ordnung, S. 25; *Schoch*, Der Staat 43 (2004), 347 (364 f.); *ders./Kießling*, in: Schoch/Eifert, Besonderes Verwaltungsrecht, Kap. 1 Rn. 71 f.; *Thiel*, Die „Entgrenzung" der Gefahrenabwehr, S. 153 f.

[27] *Calliess*, DVBl. 2003, 1096 (1098); *Gusy*, VVDStRL 63 (2004), 151 (155), *Isensee*, Das Grundrecht auf Sicherheit, S. 25 f.

sein.[28] Damit bleibt die Sicherheit „sinnvariabel“[29], ist aber auf der Fundamentalebene der „Schutz des Bürgers vor dem Übergriff anderer“[30]. Basis der Schutzdimension bildet das Verständnis der Grundrechte als objektive Werteordnung mit einem objektiv-rechtlichen Gehalt.[31] Im Rahmen dieses status positivus[32] ist der Staat in der Rolle als Garant der grundrechtlichen Schutzgüter.[33]

Das Bundesverfassungsgericht verwies und verweist in seinen Ausführungen hinsichtlich dieser Schutzpflicht – unter anderem – auf die Menschenwürde gem. Art. 1 Abs. 1 S. 1, 2 GG.[34] Einige Stimmen in der Literatur gehen auch heute im Zuge dessen davon aus, die Schutzpflichten seien aktiviert durch den Menschenwürdegehalt aller Grundrechte.[35] Diese Sichtweise ist indes kritikwürdig, da die Schutzgüter der Menschenwürde und der anderen Grundrechte verschieden sind.[36] Von besonderer Bedeutung sind daher die Ausführungen zum Grundrecht auf Leben gem. Art. 2 Abs. 2 S. 1 GG im Fristenlösungsurteil vom 25. 2. 1975, welche die Schutzpflichtdimension aus dem speziellen Grundrecht begründet.[37]

Teile der Literatur wollen indes auch den schutzpflichtbezogenen Begründungszusammenhang der Sicherheit nicht genügen lassen. Durch den Individualrechtsgüter-fokussierten Schutzzusammenhang würden wichtige Aspekte unterschlagen: Das „Interesse des Staates an sich selbst“[38], insbesondere zum Schutz

---

[28] Zum Bedeutungsinhalt der Sicherheit, vgl. *Isensee*, Das Grundrecht auf Sicherheit, S. 25 f.; zum fehlenden Vorrang der Sicherheit, vgl. BVerfGE 115, 320 (358); *Di Fabio*, NJW 2008, 421 (422 f.); *Gusy*, VVDStRL 63 (2004), 151 (170); *Hoffmann-Riem*, ZRP 2002, 497 (498); *Schulze-Fielitz*, in: FS Glaeser, S. 407 (408).

[29] *Isensee*, Das Grundrecht auf Sicherheit, S. 22.

[30] *Isensee*, Das Grundrecht auf Sicherheit, S. 21.

[31] BVerfGE 7, 198 (205); 35, 79 (114); 35, 202 (225 f.) – st. Rspr.; aus der Lit. exemplarisch *Stern*, in: Isensee/Kirchhof, Handbuch des Staatsrechts, Bd. IX, § 185 Rn. 88.

[32] Grdlg. zur Kategorie des status positivus auch genannt „status civitatis“, vgl. *Jellinek*, System der subjektiven öffentlichen Rechte, S. 109 ff.; zur Schutzpflichtdimension s. *Isensee*, Das Grundrecht auf Sicherheit, S. 27, 33 f.; s. a. *Calliess*, in: Merten/Papier, Handbuch der Grundrechte in Deutschland und Europa, Bd. II, § 44; *Dietlein*, Die Lehre von den grundrechtlichen Schutzpflichten, S. 26 ff., insb. 51 ff.; *Möstl*, in: Stern/Sodan/Möstl, Das Staatsrecht der Bundesrepublik Deutschland im europäischen Staatenverbund, Bd. III, § 68; *ders.*, Die staatliche Garantie für die öffentliche Sicherheit und Ordnung, S. 25 ff.; *Stern*, in: Isensee/Kirchhof, Handbuch des Staatsrechts, Bd. IX, § 185 Rn. 86 ff.

[33] *Stern*, in: Isensee/Kirchhof, Handbuch des Staatsrechts, Bd. IX, § 185 Rn. 86.

[34] BVerfGE 1, 97 (104); aus jüngerer Rspr. BVerfGE 120, 274 (319); infolge dieses Urteils sehen Teile der Lit. den normativen Ansatzpunkt der Schutzpflichtdimension in Art. 1 Abs. 1 S. 2 GG, vgl. *Stern*, in: Isensee/Kirchhof, Handbuch des Staatsrechts, Bd. IX, § 185 Rn. 86.

[35] *Calliess*, DVBl. 2003, 1096 (1101).

[36] *Dietlein*, Die Lehre von den grundrechtlichen Schutzpflichten, S. 146 ff.; *Thiel*, Die „Entgrenzung“ der Gefahrenabwehr, S. 151.

[37] BVerfGE 39, 1 (36 ff.); s. sodann BVerfGE 46, 160 (164); 49, 89 (141 f.); 53, 30 (57); 56, 54 (73, 78, 80); 77, 170 (214); 88, 203 (251 ff.); vgl. zur Bedeutung des Fristenlösungsurteils *Isensee*, Das Grundrecht auf Sicherheit, S. 27 f.

[38] *Trute*, in: GS Jeand'Heur, S. 403 (413).

seiner demokratischen Funktion, sei auch Teil des Verfassungsgutes.[39] Um diese Schutzdimension außerhalb der grundrechtlichen Schutzgüter einzubeziehen, wird ebenfalls das Rechtsstaatsprinzip (plakativ bezeichnet als Entwicklung von der Rechtssicherheit zur Rechtsgütersicherheit),[40] der Gesetzesvorbehalt als besondere Ausprägung dessen beziehungsweise das Sozialstaatsprinzip herangezogen.[41]

Die Schutzpflichten der Grundrechte bilden nach herrschender Meinung aber stets die Grundlage der Sicherheitsgewährleistung.[42] Damit ist das „Ob" geklärt. Der Staat hat eine verfassungsrechtliche Gewährleistungspflicht: die Aufgabe der Sicherheit.[43]

II. Grundrecht auf Sicherheit

Die Gewährleistung soll nach Ansicht einiger weniger Stimmen der Literatur aber mit den Schutzpflichten nicht abschließen. Als weitere Ebene der Subjektivierung wird ein sogenanntes Grundrecht auf Sicherheit behauptet. Urheber dieser Idee ist Isensee.[44] Das Grundrecht auf Sicherheit sieht er als Folge einer Gesamtschau der grundrechtlichen Schutzpflichten.[45] Durch dieses Recht soll es zu einer Leitung des Ermessens und gegebenenfalls einem Anspruch auf polizeilichen Schutz kommen.[46] In Anspruch genommen werde allerdings nur der Staat, eine sogenannte Drittwirkung gebe es nicht.[47]

Diese Steigerung der Gewährleistung ist indes nicht kritiklos geblieben. Schon die Umsetzung scheitere an der Unkonturiertheit des Sicherheitsbegriffes und der

---

[39] *Trute*, in: GS Jeand'Heur, S. 403 (413).

[40] *Denninger*, KJ 1988, 1 (1).

[41] Für das Rechtsstaatsprinzip, vgl. *Brugger*, Freiheit und Sicherheit, S. 53; *ders.*, VVDStRL 63 (2004), 101 (130); *Calliess*, DVBl. 2003, 1096 (1100 f.); *Götz*, in: Isensee/Kirchhof, Handbuch des Staatsrechts, Bd. IV, § 85 Rn. 19; für den Gesetzesvorbehalt und das Sozialstaatsprinzip zudem *Aulehner*, Polizeiliche Gefahren- und Informationsvorsorge, S. 440; *Brugger*, Freiheit und Sicherheit, S. 53; *Denninger*, KJ 1988, 1 (1); *Lepsius*, Aussprache, VVDStRL 63 (2004), 339; *Möstl*, Die staatliche Garantie für die öffentliche Sicherheit und Ordnung, S. 21 f.

[42] *Calliess*, DVBl. 2003, 1096 (1101); *Götz*, in: Isensee/Kirchhof, Handbuch des Staatsrechts, Bd. IV, § 85 Rn. 24 f.; *Isensee*, Das Grundrecht auf Sicherheit, S. 27 ff.; *Möstl*, Die staatliche Garantie für die öffentliche Sicherheit und Ordnung, S. 25; *Schoch*, Der Staat 43 (2004), 347 (364 f.); *Thiel*, Die „Entgrenzung" der Gefahrenabwehr, S. 153 f.; *Trute*, in: GS Jeand'Heur, S. 403 (413).

[43] *Schoch/Kießling*, in: Schoch/Eifert, Besonderes Verwaltungsrecht, Kap. 1 Rn. 72.

[44] *Isensee*, Das Grundrecht auf Sicherheit, S. 33 ff.

[45] *Isensee*, Das Grundrecht auf Sicherheit, S. 33 f.; ähnlich *Möstl*, Die staatliche Garantie für die öffentliche Sicherheit und Ordnung, S. 99; vgl. dazu auch *Aulehner*, Polizeiliche Gefahren- und Informationsvorsorge, S. 428 ff.

[46] *Isensee*, Das Grundrecht auf Sicherheit, S. 53 f.

[47] *Isensee*, Das Grundrecht auf Sicherheit, S. 35 f.

Verschiedenartigkeit der einzelnen Schutzbereiche der Grundrechte.[48] Gleichsam gehe ein solches Grundrecht stark zulasten der Freiheit, insbesondere da die Gefahr bestehe, dass es als Einrichtungsgarantie verstanden wird und im Sinne eines – verfassungsrechtlich nicht gewollten und praktisch unerreichbaren – absoluten Sicherheitsanspruches maßlos ausgeweitet werden kann.[49] So werde die „Grundrechtsausübung unter den Möglichkeitsvorbehalt des staatlichen Risikomanagements gestellt“[50]. Dementsprechend erfolgt keine Anerkennung durch das Bundesverfassungsgericht. Andere sehen in einem solchen Grundrecht ferner keine über die Schutzpflicht hinausgehende Gewährleistungspflicht.[51] Im Rahmen der Schutzpflichtdimension ist bei Unterschreitung des Untermaßverbotes ein Anspruch auf Schutz möglich.[52] Zudem ergebe sich ausreichender Schutz über den einfachgesetzlichen Normbestand, der unter Berücksichtigung der einzelnen Schutzpflichten kreiert wird.[53] Daher ist die Diskussion um ein Grundrecht auf Sicherheit bloß als Chiffre für eine Diskussion um Schutz anzusehen.[54]

C. Abwägung

Freiheit und Sicherheit sind vereint im grundrechtlichen Ursprung.[55] Das Verständnis beider bewegt sich weg von dem der Antipole, hin zur Betonung der Zusammenhänge, Verflechtungen und Abhängigkeiten.[56] Demgemäß sind „Freiheit und Sicherheit als zwei Seiten derselben Medaille“[57] anzusehen. Staatliches Ziel ist

[48] *Kugelmann*, Polizei- und Ordnungsrecht, Kap. 4 Rn. 15.

[49] *Gusy*, VVDStRL 63 (2004), 151 (169); *ders.*, in: ders./Eichenhofer, Polizei- und Ordnungsrecht, Rn. 72 ff.; *Thiel*, Die „Entgrenzung“ der Gefahrenabwehr, S. 157.

[50] *Gusy*, VVDStRL 63 (2004), 151 (169).

[51] *Brugger*, Freiheit und Sicherheit, S. 55; *ders.*, VVDStRL 63 (2004), 101 (132); *Gusy*, VVDStRL 63 (2004), 151 (170); *Schoch/Kießling*, in: Schoch/Eifert, Besonderes Verwaltungsrecht, Kap. 1 Rn. 73.

[52] *Brugger*, VVDStRL 63 (2004), 101 (132).

[53] *Gusy*, in: ders./Eichenhofer, Polizei- und Ordnungsrecht, Rn. 75; *Thiel*, Die „Entgrenzung“ der Gefahrenabwehr, S. 157; auch Isensee sieht die unbedingte Notwendigkeit der einfachgesetzlichen Konkretisierung des Schutzauftrags, vgl. *Isensee*, in: ders./Kirchhof, Handbuch des Staatsrechts, Bd. IX, § 191 Rn. 283.

[54] *Brugger*, VVDStRL 63 (2004), 101 (132); *Denninger*, KJ 1988, 1 (1); *Gusy*, VVDStRL 63 (2004), 151 (170); *Thiel*, Die „Entgrenzung“ der Gefahrenabwehr, S. 158.

[55] *Calliess*, DVBl. 2003, 1096 (1100 f.); *Isensee*, in: ders./Kirchhof, Handbuch des Staatsrechts, Bd. IX, § 191 Rn. 1; *Schoch*, Der Staat 43 (2004), 347 (364 f.).

[56] *Di Fabio*, NJW 2008, 421 (422); *Götz*, in: Isensee/Kirchhof, Handbuch des Staatsrechts, Bd. IV, § 85 Rn. 2; *Gusy*, VVDStRL 63 (2004), 151 (162); *Haas*, Sondervotum zu BVerfGE 115, 320 ff., BVerfGE 115, 371 (375 f.); *Isensee*, Das Grundrecht auf Sicherheit, S. 21; *Schoch*, Der Staat 43 (2004), 347 (364); *Voßkuhle*, in: FS Würtenberger, S. 1101 (1104).

[57] *Voßkuhle*, in: FS Würtenberger, S. 1101 (1104).

die Herstellung praktischer Konkordanz.[58] Dieser Prozess wird teils als Optimierung bezeichnet, [59] wobei zu berücksichtigen ist, dass Optimierung im Sinne einer Effektivierung nicht Ziel sein kann, sondern ein Austarieren unter Wahrung der äußersten Grenzen, die weitere Verfassungsprinzipien vorzeichnen, gewollt ist.[60] Es besteht kein Vorrang eines Wertes.[61] So verbietet es sich für den Staat, in Ansehung seines Doppelauftrages sowohl dem gesellschaftlichen Drang nachzugeben, in Zeiten von Angst und Furcht Freiheit für Sicherheit zu opfern, als auch lediglich nach dem Leitspruch „in dubio pro libertate" zu verfahren.[62]

I. Aufgabe der Inneren Sicherheit

Innere Sicherheit ist ein staatsrechtlicher Begriff, der einen Teil des Verfassungswertes der Sicherheit abbildet und sich inhaltlich von den weiteren Sicherheitsdimensionen unterscheidet.[63] Sie ist gerichtet auf den Schutz des Bestandes individueller und überindividueller Rechte und Güter sowie den Bestand, die Unversehrtheit und Funktionsfähigkeit der Organe und Einrichtungen des Staates.[64] Die als Schutzpflichtdimension der Grundrechte beschriebene Gewährleistung der Sicherheit bildet das „Herzstück der verfassungsrechtlichen Garantie der inneren Sicherheit"[65].[66] Durch die Einbeziehung weiterer verfassungsrechtlicher Legitimationsebenen wie dem Rechtsstaatsgebot wird die vermeintliche Diskrepanz von verfassungsrechtlichem Sicherheitsbegriff und dem Begriff der Inneren Sicherheit (sowie dem polizeirechtlichen Begriff der „öffentlichen Sicherheit"),[67] welche

---

[58] BVerfGE 115, 320 (358) bezeichnet diese als „angemessene Balance"; vgl. auch BVerfGE 109, 279 (350); 120, 274 (326); ausdr. „Konkordanz" *Götz*, in: Isensee/Kirchhof, Handbuch des Staatsrechts, Bd. IV, § 85 Rn. 27; *Isensee*, in: ders./Kirchhof, Handbuch des Staatsrechts, Bd. IX, § 191 Rn. 279; *Kniesel/Vahle*, in: Clages, Polizeiliche Informationsverarbeitung und Datenschutz im künftigen Polizeirecht, S. 100 Rn. 169; *Schoch*, Der Staat 43 (2004), 347 (366).

[59] *Voßkuhle*, in: FS Würtenberger, S. 1101 (1105, 1111).

[60] *Möstl*, Die staatliche Garantie für die öffentliche Sicherheit und Ordnung, S. 114; krit. auch *Schulze-Fielitz*, in: FS Glaeser, S. 407 (416).

[61] BVerfGE 115, 320 (358); 120, 274 (319); *Di Fabio*, NJW 2008, 421 (422 f.); *Gusy*, VVDStRL 63 (2004), 151 (170); *Hoffmann-Riem*, ZRP 2002, 497 (498); *Isensee*, Das Grundrecht auf Sicherheit, S. 25 f.; *Schulze-Fielitz*, in: FS Glaeser, S. 407 (408).

[62] *Hoffmann-Riem*, ZRP 2002, 497 (501); *Schoch/Kießling*, in: Schoch/Eifert, Besonderes Verwaltungsrecht, Kap. 1 Rn. 78.

[63] *Götz*, in: Isensee/Kirchhof, Handbuch des Staatsrechts, Bd. IV, § 85 Rn. 1, 4; zu den weiteren Dimensionen, vgl. *ders.*, in: Isensee/Kirchhof, Handbuch des Staatsrechts, Bd. IV, § 85 Rn. 1 Fn. 1.

[64] *Götz*, in: Isensee/Kirchhof, Handbuch des Staatsrechts, Bd. IV, § 85 Rn. 1, 4.

[65] *Möstl*, Die staatliche Garantie für die öffentliche Sicherheit und Ordnung, S. 37 ff.

[66] Zur Herleitung ausf. *Isensee*, Das Grundrecht auf Sicherheit, S. 27 ff.; *ders.*, in: Isensee/Kirchhof, Handbuch des Staatsrechts, Bd. IX, § 191 Rn. 33 ff., 146 ff.

[67] In diesem Sinne wohl *Isensee*, Das Grundrecht auf Sicherheit, S. 23.

überindividuelle Belange wie die Wahrung der Rechtsordnung und die Integrität des Staates als Schutzziel inkorporieren,[68] aufgehoben.[69] Das Recht der Inneren Sicherheit wird auf der anderen Seite aber genauso durch die Freiheitsgewährleistung der Grundrechte bedingt, was nicht selten vernachlässigt wird.[70] Im Recht der Inneren Sicherheit werden die beiden Werte austariert.

II. Absicherung im positiven Recht

Das bereits geklärte „Ob", das sich in der staatlichen Aufgabe der Inneren Sicherheit konkretisiert, trifft noch keine Aussage über das „Wie" der Erfüllung der staatlichen Schutzpflicht und Freiheitsgewährleistung.[71] Das Ergebnis der gerechten Abwägung sind einfachgesetzliche Grenzen, die der Absicherung des Schutz- und Freiheitsauftrages dienen.[72] Diese Aufgabe obliegt in der gesetzlichen Funktionenordnung, welche in Art. 20 Abs. 2 S. 2 GG niedergelegt ist, dem Gesetzgeber.[73] Der Abwägungsprozess wird gesichert und verobjektiviert durch verfassungsrechtliche Prinzipien, insbesondere durch das Rechtsstaatsgebot (in Form des Gebots effektiven Rechtsschutzes gem. Art. 19 Abs. 4 GG), die Bestimmtheit, die Verhältnismäßigkeit und die Kompetenzordnung.[74] Das Bundesverfassungsgericht sieht zudem als Grenze der Sicherheit die „Achtung von Würde und Eigenwert des Einzelnen"[75] genauso wie die Gemeinschaftsbezogenheit und -gebundenheit des Individuums.[76]

Die Grenzen des Rechtes der Inneren Sicherheit manifestieren sich in den Befugnisnormen.[77] Die Aufgabe der Inneren Sicherheit begründet nicht die Befugnis zum Eingriff. Diese muss sich vielmehr nach dem Vorbehalt des Gesetzes aus einem förmlichen Gesetz ergeben.[78] Der Gesetzgeber besitzt hierbei einen Gestal-

---

[68] *Isensee*, Das Grundrecht auf Sicherheit, S. 23.

[69] *Trute*, in: GS Jeand'Heur, S. 403 (413), der diese Dimension wegen der (wie er betont) realen und nicht bloß als „etatistische Attitüde" anzuführenden Gefahr der Einflussnahme auf das Staatswesen insb. durch die Organisierte Kriminalität anführt.

[70] *Götz*, in: Isensee/Kirchhof, Handbuch des Staatsrechts, Bd. IV, § 85 Rn. 28; *Schoch/Kießling*, in: Schoch/Eifert, Besonderes Verwaltungsrecht, Kap. 1 Rn. 75, 79.

[71] *Schoch/Kießling*, in: Schoch/Eifert, Besonderes Verwaltungsrecht, Kap. 1 Rn. 72, 79.

[72] *Isensee*, in: ders./Kirchhof, Handbuch des Staatsrechts, Bd. IX, § 191 Rn. 279; *Schoch*, in: ders., Besonderes Verwaltungsrecht, Kap. 1 Rn. 68.

[73] *Schoch/Kießling*, in: Schoch/Eifert, Besonderes Verwaltungsrecht, Kap. 1 Rn. 72.

[74] *Götz*, in: Isensee/Kirchhof, Handbuch des Staatsrechts, Bd. IV, § 85 Rn. 27 f. sowie ausf. unter § 5 A., S. 128 ff.

[75] BVerfGE 115, 320 (346); vgl. zur Menschenwürde als absoluter Grenze der Verschiebungen auch *Voßkuhle*, in: FS Würtenberger, S. 1101 (1119).

[76] *Götz*, in: Isensee/Kirchhof, Handbuch des Staatsrechts, Bd. IV, § 85 Rn. 27 m. V. a. BVerfGE 56, 37 (49); s. auch BVerfGE 120, 274 (322).

[77] *Isensee*, in: ders./Kirchhof, Handbuch des Staatsrechts, Bd. IX, § 191 Rn. 279.

[78] *Isensee*, in: ders./Kirchhof, Handbuch des Staatsrechts, Bd. IX, § 191 Rn. 279; *Soiné*, DÖV 2000, 173 (173).

tungsspielraum.[79] Für das Abwehrrecht gilt dabei eine stärkere Determination, sein Auftrag ist eindeutig: Die Negation von ungerechtfertigten Eingriffen in das Freiheitsgrundrecht.[80] Im Rahmen des Schutzauftrages gilt indes, dass nicht jede positive Leistung grundrechtlich geboten ist.[81] Für die Schutzpflichtdimension ist daher zu beachten, dass ihr nicht nachgekommen würde, wenn der Staat keine Schutzvorkehrungen getroffen hat oder die Maßnahmen gänzlich ungeeignet oder völlig unzulänglich sind, das gebotene Schutzziel zu erreichen.[82] Im Zweifel kann auf die verfassungskonforme Auslegung vorhandener Rechtssätze zurückgegriffen werden, das sogenannte Gebot schutzpflichtkonformer Interpretation.[83]

D. Fazit

Der verfassungsrechtliche Zielkonflikt zwischen Freiheit und Sicherheit manifestiert sich im Recht der Inneren Sicherheit. Dieses gewährleistet unter Berücksichtigung der negativen und positiven Gewährleistungsebene der Grundrechte den gerechten Ausgleich.

---

[79] BVerfGE 77, 170 (215); vgl. auch BVerfGE 79, 174 (202); 92, 26 (46); *Isensee*, Das Grundrecht auf Sicherheit, S. 39; *ders.*, in: Isensee/Kirchhof, Handbuch des Staatsrechts, Bd. IX, § 191 Rn. 10; *Möstl*, Die staatliche Garantie für die öffentliche Sicherheit und Ordnung, S. 114; *Schoch/Kießling*, in: Schoch/Eifert, Besonderes Verwaltungsrecht, Kap. 1 Rn. 72.

[80] *Isensee*, in: ders./Kirchhof, Handbuch des Staatsrechts, Bd. IX, § 191 Rn. 282.

[81] *Isensee*, in: ders./Kirchhof, Handbuch des Staatsrechts, Bd. IX, § 191 Rn. 282.

[82] *Isensee*, in: ders./Kirchhof, Handbuch des Staatsrechts, Bd. IX, § 191 Rn. 288; *Schoch/Kießling*, in: Schoch/Eifert, Besonderes Verwaltungsrecht, Kap. 1 Rn. 72.

[83] *Isensee*, in: ders./Kirchhof, Handbuch des Staatsrechts, Bd. IX, § 191 Rn. 279; vgl. dazu BVerfGE 77, 381 (404): „Der verfassungsrechtlichen Forderung nach einem Tätigwerden des Gesetzgebers ist schon dann genügt, wenn objektiv eine gesetzliche Regelung vorhanden ist, die nach den allgemeinen Grundsätzen der Gesetzesauslegung den in Frage stehenden Sachverhalt erfaßt und den Anforderungen der Schutzpflicht inhaltlich genügt".

§ 3 Klassische Gefahrenabwehr

Um die jüngsten Entwicklungen im Gefahrenabwehrrecht analysieren zu können, bedarf es einer Betrachtung der tradierten Begriffe. Es folgt daher eine Darstellung der Aufgabe der klassischen Gefahrenabwehr und ihrer Grenzen. Zuletzt wird aufgezeigt, wie das Bundesverfassungsgericht zuletzt an diesen Grenzen grundlegend nachjustiert.

A. Aufgabe der Gefahrenabwehr

Die Gefahrenabwehr ist ein Teil des Rechts der Inneren Sicherheit, und die Polizei wird als Hauptorgan dieses Rechtsbereichs angesehen.[1] Die Ursprünge der polizeilichen Gefahrenabwehr und des untrennbar damit verknüpften Begriffs der Gefahr und der Polizei sind daher in gebotener Kürze zu beleuchten.

I. Genese

Frühester Anknüpfungspunkt für die Analyse des Begriffes der Gefahr bildet seine mittelalterliche Verwendung, die frei von jeglicher rechtlichen Konnotation, allein nach dem natürlichen Wortsinn ein „fried- oder vertragsbrüchiges Verhalten, das Furcht zu erregen vermag“[2], umschreibt. Der Begriff der Polizei hingegen, der seinen Ursprung in der Übersetzung der aristotelischen Politik durch Wilhelm von Moerbeke im 12. Jahrhundert findet und sich im 15. Jahrhundert in Mitteleuropa durchsetzte,[3] beschrieb einen Zustand, in dem „der Bürger oder Untertan sich ordentlich, züchtig, gesittet, ehrbar verhielt, wo das menschliche Zusammenleben im Gemeinwesen geordnet war“[4]. Diese Vorstellung wurde dann – unter Vorreiterstellung der Städte – in verschiedenen Ordnungen kodifiziert.[5]

---

[1] *Götz*, in: Isensee/Kirchhof, Handbuch des Staatsrechts, Bd. IV, § 85 Rn. 6, 14, 33 ff.; *Schoch/Kießling*, in: Schoch/Eifert, Besonderes Verwaltungsrecht, Kap. 1 Rn. 67.

[2] *Pils*, DÖV 2008, 941 (941); nach *Scholz*, VerwArch 27 (1919), 1 (7) m.w.N.

[3] *Stolleis/Kremer*, in: Lisken/Denninger, Handbuch des Polizeirechts, A. Rn. 4.

[4] *Knemeyer*, AöR 92 (1967), 153 (155).

[5] *Knemeyer*, AöR 92 (1967), 153 (160); *Stolleis/Kremer*, in: Lisken/Denninger, Handbuch des Polizeirechts, A. Rn. 10.

Später, unter der auch als Polizeistaat[6] bezeichneten absolutistischen Herrschaft, hatte die „‚Policey' [...] nicht nur als ‚Sicherheitspolizei' Gefahren für die öffentliche Sicherheit und Ordnung abzuwehren, sondern auch als ‚Wohlfahrtspolizei' die äußere Glückseligkeit der Untertanen zu befördern"[7]. Gesetzliche Ausformung findet diese Polizeigewalt in Art. 15 der Reichspolizeiordnung von 1577.[8] Parallel dazu begleiteten erste Ansätze einer Polizeiwissenschaft das Fortschreiten der Entwicklung der Polizei.[9] V. Wolff sieht die Polizei sowohl als Teil der Wohlfahrt als auch als Akteur in der Erhaltung der Sicherheit.[10] Bedeutende Beiträge leisteten gleichsam die Anhänger der Kameralistik v. Justi und v. Sonnenfels, für welche die Wohlfahrtskomponente im Vordergrund stand.[11] Aufgabe der Polizei war jedoch, „was immer die innere Sicherheit vergrößern kann"[12]. Durch Pütter wird die Betonung Sicherheitskomponente – zumindest –[13] weiter intensiviert. Zum Teil wird ihm auch die vollständige Beschränkung auf den Bereich der Gefahrenabwehr zugesprochen.[14] In jedem Fall dient die berühmte Passage, dass Aufgabe der Polizei „cura avertendi mala futura"[15] sei, als Anknüpfungspunkt für eine erste verschriftlichte Verbindung von Polizei und Gefahr, sofern man sich bei der Übersetzung von „mala" für diese Auslegung entscheidet.[16] Allerdings ist nach Pütter – auch in Anbetracht der diversen Übersetzungsmöglichkeiten –[17] zunächst keine weitere Kon-

---

[6] *Badura*, Verwaltungsrecht im liberalen und sozialen Rechtsstaat, S. 9; *Schenke*, Polizei- und Ordnungsrecht, Rn. 3.

[7] *Badura*, Verwaltungsrecht im liberalen und sozialen Rechtsstaat, S. 9.

[8] *Preu*, Polizeibegriff und Staatszwecklehre, S. 39.

[9] *Stolleis/Kremer*, in: Lisken/Denninger, Handbuch des Polizeirechts, A. Rn. 15.

[10] *Wolff*, Vernünfftige Gedancken Von dem Gesellschafftlichen Leben der Menschen Und insonderheit Dem gemeinen Wesen Zu Beförderung des Glückseeligkeit des menschlichen Geschlechts, § 241 ff.

[11] Vgl. *v. Justi*, Die Grundfeste zu der Macht und Glückseligkeit der Staaten oder ausführliche Vorstellung der gesamten Policey-Wissenschaft, Bd. I; *v. Sonnenfels*, Grundsätze der Policey, Handlung-, und Finanzwissenschaft; zu den Ansätzen *v. Justis*, vgl. *Preu*, Polizeibegriff und Staatszwecklehre, S. 149 f.; *Stolleis/Kremer*, in: Lisken/Denninger, Handbuch des Polizeirechts, A. Rn. 15; zu den Ansätzen v. Sonnenfels vgl. *Preu*, Polizeibegriff und Staatszwecklehre, S. 161.

[12] *v. Sonnenfels*, Grundsätze der Policey, Handlung- und Finanzwissenschaft, § 30.

[13] Ausf. zur Kritik an der Auslegungsart des Schaffens Pütters als Verfechter einer auf Gefahrenabwehr beschränkten Polizeiarbeit *Preu*, Polizeibegriff und Staatszwecklehre, S. 167 f.; s. auch *Walker*, Abstrakte und konkrete Gefahr, S. 10.

[14] *Jellinek*, Verwaltungsrecht, S. 423 f. wählt zwar die Übersetzungsart „Übel", sieht allerdings *Pütter* als die Person, die den Polizeibegriff von der Aufgabe der Wohlfahrtspflege entledigt hat. Auch Maier sieht die Kommentierung Pütters als ersten durch einen Juristen formulierten „Gegenschlag zu dem auf das ‚Wohl' gestützten unbeschränkten Polizeibegriff", *Maier*, Die ältere deutsche Staats- und Verwaltungslehre, S. 198.

[15] *Pütter*, Institutiones iuris publici Germanici, § 331.

[16] So z. B. *Schenke*, Polizei- und Ordnungsrecht, Rn. 3.

[17] Dazu *Walker*, Abstrakte und konkrete Gefahr, S. 11.

kretisierung des Gefahrenbegriffs erfolgt.[18] Gleichwohl hatte die Zielsetzung der Sicherungswahrung Einfluss auf die folgenden Stimmen der Polizeiwissenschaft.[19]

Unabhängig davon, ob man nun Pütter als Begründer der Gefahrenabwehr begreifen möchte, greift auch die Rechtswissenschaft des 18. und 19. Jahrhunderts den Begriff der Gefahr in Bezug auf die polizeiliche Tätigkeit regelmäßig wieder auf.[20] Dies gipfelt darin, dass das präventive Sicherheitsrecht des 18. Jahrhunderts die Gefahr an prominenter Stelle integriert: in der Generalklausel des § 10 II 17 des Allgemeinen Landrechts für die Preußischen Staaten.[21] Diese Vorschrift führte sodann dazu, dass die Gefahrenabwehr elementarer Bestandteil des Verständnisses der Polizei wurde. „Die nöthigen Anstalten zur Erhaltung der öffentlichen Ruhe, Sicherheit, und Ordnung, und zur Abwendung der dem Publico, oder einzelnen Mitgliedern desselben, bevorstehenden Gefahr zu treffen, ist das Amt der Polizey."[22] Gleichzeitig wurde der Wohlfahrtszweck nicht vollständig eliminiert und findet sich an anderer Stelle im ALR wieder, vgl. § 2 II 17 ALR.[23] Die deshalb auch als „vorsichtig"[24] beschriebene Begrenzung der Generalklausel geriet im Laufe der Zeit indes wieder in Vergessenheit.[25] Auch später hielt trotz einzelner von Kant und Smith und der Ausstrahlungswirkung der Französischen Revolution beeinflussten Bewegungen immer noch die Trennung in Sicherheits- und Wohlfahrtspolizei an.[26] Anfang des 19. Jahrhunderts trat dabei der Freiheitsaspekt zurück.[27]

---

[18] So verwendet v. Berg – ein Schüler Pütters – zwar auch den Begriff der Gefahr bei der Abgrenzung des polizeilichen Tätigkeitsbereiches, vgl. *v. Berg*, Handbuch des Teutschen Policeyrechts, 1. Teil, S. 11 f.; gleichwohl benutzt dieser den Ausdruck noch synonym zu Übel und Hindernissen, vgl. *v. Berg*, Handbuch des Teutschen Policeyrechts, 1. Teil, S. 11 f.; s. dazu *Walker*, Abstrakte und konkrete Gefahr, S. 14 f.

[19] Vgl. z. B. die Bezugnahmen bei *v. Berg*, Handbuch des Teutschen Policeyrechts, 1. Teil, S. 12 f.

[20] Für präventiv-polizeiliche Tätigkeit *v. Berg*, Handbuch des Teutschen Policeyrechts, 1. Teil, S. 11 f.

[21] § 10 II 17 ALR; vgl. dazu *Stolleis/Kremer*, in: Lisken/Denninger, Handbuch des Polizeirechts, A. Rn. 49.

[22] S. dazu die Ausführungen *Svarez*, Vorträge über Recht und Staat, S. 485 ff.; insb. 487, der maßgeblich am Zustandekommen der Formulierung im ALR Teil hatte, wo er als vierten Grundsatz des Polizeirechts statuiert: „Zu Einschränkungen, welche zur Abwendung gemeiner Störungen und Gefahren abzielen, hat der Staat ein stärkeres Recht als zu solchen, wodurch bloß der Wohlstand, die Bequemlichkeit, die Schönheit oder andre dergleichen Nebenvorteile für das Ganze befördert werden sollen". Vgl. auch *Darnstädt*, Gefahrenabwehr und Gefahrenvorsorge, S. 23.

[23] *Brugger*, Freiheit und Sicherheit, S. 37.

[24] *Isensee*, Das Grundrecht auf Sicherheit, S. 10 Fn. 16.

[25] *Schenke*, Polizei- und Ordnungsrecht, Rn. 4; krit. hinsichtlich der Deutung des gefahrenabwehrenden Elements *Maier*, Die ältere deutsche Staats- und Verwaltungslehre, S. 244.

[26] *Stolleis/Kremer*, in: Lisken/Denninger, Handbuch des Polizeirechts, A. Rn. 22 ff.; zum Einfluss der Wirtschaftslehre auf die Polizeiwissenschaft vgl. Mai*er*, Die ältere deutsche Staats- und Verwaltungslehre, S. 235 ff.

Im aufblühenden Konstitutionalismus des 19. Jahrhunderts forderte die ersten Verfassungen auf deutschem Gebiet das Vorliegen einer durch die Volksvertretung legitimierten gesetzlichen Grundlage für Eingriffe des Staates.[28] In Süddeutschland dienten dazu die Polizeistrafgesetzbücher, welche hinsichtlich ihres Regelungscharakters Ähnlichkeit mit kriminalstrafrechtlichen Kodifizierungen hatten.[29] Die Einzelermächtigungen waren – anders als die zu generalklauselartige Ermächtigungen tendierenden preußischen Kodifikationen –[30] gesetzessystematisch getrennt von der Aufgabeneröffnung des polizeilichen Handelns.[31]

Von tragender Bedeutung im Zusammenhang der Reichweite von Generalklauseln war das Kreuzbergurteil des Preußischen OVG, das heute als Grundstein des polizeilichen Gesetzesvorbehalts gesehen wird.[32] Bei der Beurteilung der Wirksamkeit einer Polizeiverordnung wurde § 10 II 17 ALR durch das Gericht als Ermächtigungsgrundlage herangezogen.[33] Die Erläuterungen des Urteils dahingehend, dass rein ästhetische Gründe als Bestandteil der Wohlfahrtspflege für ein Einschreiten nicht ausreichen, hatten zwei entscheidende Konsequenzen: zum einen die Manifestierung der Geltung des Gesetzesvorbehalts im Polizeirecht.[34] Zum anderen erfolgte die Restatuierung der Gefahrenabwehr als Primärziel der polizeilichen Tätigkeit.[35] Das OVG folgte dem durch Pütter gesetzten Grundstein und der vorherrschenden Meinung der Literatur und beschränkte ausgehend von diesem Urteil die Aufgabe der Polizei auf die „auf den Sicherheitszweck, auf den Schutz gegen Gefahren“[36]. Durch Rechtsprechung und Lehre erfolgen erste Systematisierungsversuche des Gefahrenbegriffes.[37] So kann man unabhängig davon, welche Bedeu-

---

[27] *Schulze-Fielitz*, in: FS Glaeser, S. 407 (408); *Stolleis/Petri*, in: Lisken/Denninger, Handbuch des Polizeirechts, A. Rn. 26; vgl. *Trute*, in: GS Jeand'Heur, S. 403 (405).

[28] *Stolleis/Kremer*, in: Lisken/Denninger, Handbuch des Polizeirechts, A. Rn. 45.

[29] *Stolleis/Kremer*, in: Lisken/Denninger, Handbuch des Polizeirechts, A. Rn. 46; *Mayer*, Die Eigenständigkeit des bayerischen Verwaltungsrechts, S. 71 ff.; *Wehr*, JuS 2006, 582 (583).

[30] *Wehr*, JuS 2006, 582 (583).

[31] *Wehr*, JuS 2006, 582 (583); dieser Umstand hat bis in die heutige Polizeirechtsdogmatik ausgestrahlt, so dass bis vor nicht allzu langer Zeit in Bayern noch der sog. „bayerische Aufbau“ bei der Prüfung der Polizeirechtsmaßnahme praktiziert wurde, der abweichend von der klassischen Rechtsmäßigkeitsprüfung zwischen Aufgabeneröffnung und Befugnis differenziert, vgl. *Wehr*, JuS 2006, 582 (583); zum „bayerischen“ Aufbau s. *Knemeyer*, Polizei- und Ordnungsrecht, Rn. 63 ff., insb. Rn. 68; zur Geschichte des bayerischen Polizeirechts s. *Mayer*, Die Eigenständigkeit des bayerischen Verwaltungsrechts.

[32] *Stolleis/Kremer*, in: Lisken/Denninger, Handbuch des Polizeirechts, A. Rn. 49.

[33] PrOVGE 9, 353 ff.

[34] Für Bayern war dieser Umstand wegen der vielen Einzelermächtigungen von nachrangiger Bedeutung, vgl. *Wehr*, JuS 2006, 582 (583).

[35] *Schenke*, Polizei- und Ordnungsrecht, Rn. 5; *Schoch/Kießling*, in: Schoch/Eifert, Besonderes Verwaltungsrecht, Kap. 1 Rn. 5; *ders.*, Der Staat 43 (2004), 347 (348).

[36] PrOVGE 67, 397 (403).

[37] Vgl. z.B. PrOVG, PrVBl. 16 (1894/1895), 125 (126); PrOVGE 72, 380 (381 f.); 77, 341 (345); der Senatspräsident des Preußischen Oberverwaltungsgerichts Scholz legt den Begriff

tung man dem Kreuzbergurteil in der Entwicklung des Gefahrenbegriffs einräumen möchte, davon ausgehen, dass eine „deutliche Stabilisierung des Gefahrenbegriffs und die Ausbildung einer bis heute gängigen Dogmatik“[38] zu verzeichnen ist.

Die Vorschrift des § 14 Abs. 1 Preußisches Polizeiverwaltungsgesetz von 1931 präzisierte dann lediglich die auf dem ALR basierende Vorstellung:[39]

> „Die Polizeibehörden haben im Rahmen der geltenden Gesetze die nach pflichtgemäßem Ermessen notwendigen Maßnahmen zu treffen, um von der Allgemeinheit oder dem Einzelnen Gefahren abzuwenden, durch die die öffentliche Sicherheit oder Ordnung bedroht wird.“

Der materielle Polizeibegriff wurde auf diese Weise in Gesetzesform gegossen.[40]

Materiell änderte sich in der Weimarer Republik der Aufgabenbereich nicht. Die Gefahrenabwehr war grundlegendes Aufgabengebiet der Polizei.[41] Ab Gründung der BRD 1949 stand, im Kontrast zum Unrechtsregime des NS-Staates,[42] das Polizeirecht unter Einfluss der Verfassung, dem Grundgesetz, wo der Gefahrenbegriff sogar Einzug nahm, vgl. Art. 91 Abs. 2 GG.[43] Die Regelung der Polizei wurde zur Ländersache.[44] Die Gefahrenabwehr in der Formulierung des § 14 Abs. 1 PrPVG fand über die der Vereinheitlichung dienenden, verschiedenen Musterentwürfe – den von der Innenministerkonferenz ausgearbeitete Musterentwurf eines einheitlichen Polizeigesetzes vom 25. 11. 1977,[45] den Vorentwurf zur Änderung des Musterentwurfes eines einheitlichen Polizeigesetzes vom 8. 2. 1985 und den Vorentwurf vom 12. 3. 1986 –[46] Einzug in die Landesgesetze.[47] Gleichzeitig blieb es bei

---

des „bevorstehenden Gefahr“ des ALR aus. Ergebnisse seiner Befassung sind zum einen die durch die Rechtsprechung bereits vorwiegend praktizierte Verdeutlichung der Abgrenzung Gefahr und Schaden, vgl. *Scholz*, VerwArch 27 (1919), 1 (6 f.). Die Beurteilung der Sachlage durch die Polizei soll zudem nicht an dem absoluten Anspruch der Rechtsprechung gemessen werden; er hebt die Bedeutung von Wahrscheinlichkeitsprognosen durch die Polizei unter Anwendung einer frühen Form der Je-Desto-Formel hervor, *Scholz*, VerwArch 27 (1919), 1 (20); zur Bedeutung bzgl. der Wahrscheinlichkeit s. auch *Pils*, DÖV 2008, 941 (942). Außerdem legt er den Grundstein zur Unterscheidung zwischen abstrakter und konkreter Gefahr, vgl. *Scholz*, VerwArch 27 (1919), 1 (46 ff.). Allerdings wurden die Ansätze von Scholz zunächst nicht durch die Rechtsprechung aufgegriffen, vgl. *Walker*, Abstrakte und konkrete Gefahr, S. 58 f.

[38] *Di Fabio*, Risikoentscheidungen im Rechtsstaat, S. 32.

[39] *Schoch*, Der Staat 43 (2004), 347 (348); *Stolleis/Kremer*, in: Lisken/Denninger, Handbuch des Polizeirechts, A. Rn. 51.

[40] *Schoch/Kießling*, in: Schoch/Eifert, Besonderes Verwaltungsrecht, Kap. 1 Rn. 6; *Stolleis/Kremer*, in: Lisken/Denninger, Handbuch des Polizeirechts, A. Rn. 51.

[41] *Stolleis/Kremer*, in: Lisken/Denninger, Handbuch des Polizeirechts, A. Rn. 58.

[42] Dazu *Stolleis/Petri*, in: Lisken/Denninger, Handbuch des Polizeirechts, A. Rn. 61 ff.

[43] *Stolleis/Kremer*, in: Lisken/Denninger, Handbuch des Polizeirechts, A. Rn. 74.

[44] *Stolleis/Kremer*, in: Lisken/Denninger, Handbuch des Polizeirechts, A. Rn. 73 ff.

[45] Abdr. in *Heise/Riegel*, Musterentwurf eines einheitlichen Polizeigesetzes.

[46] S. zu beiden, mit Abdr. des VE ME PolG (1986), *Kniesel/Vahle*, in: Clages, VE ME PolG.

einer Trennung von Aufgabe und Befugnis schon im ME PolG (1977), vgl. §§ 1, 8 ME PolG (1977),[48] und in den Landesgesetzen[49], vgl. Art. 2, 11 BayPAG. Bayern überführte 1978 die preußische Rechtsfigur einer polizeilichen Generalklausel in sein Polizeiaufgabengesetz.[50]

Als Vorreiter in der praktischen Ausformung des Gefahrenbegriffs tat sich das Bundesverwaltungsgericht hervor. Die gängige Abgrenzung von abstrakter und konkreter Gefahr, die Grundlage der Prognose und der Wahrscheinlichkeitsmaßstab sind nur einige der vielen Eckpfeiler, die durch die verwaltungsgerichtliche Rechtsprechung insbesondere ab den 1960er-Jahren gesetzt wurden. Regelungsbedarf schafft später der Umgang mit der polizeilichen Datenverarbeitung,[51] der Europäisierung,[52] der Deutschen Wiedervereinigung und neuen Rechtsgebieten wie dem Umweltrecht und Technikrecht.[53] Die Gefahrenabwehr hat indes Bestand. Gefahr und Gefahrenabwehr als polizeiliche Tätigkeit blicken demnach auf eine lange Tradition zurück.

II. Motive und verfassungsrechtliche Legitimation

Das Recht der präventiven Gefahrenabwehr als Teil der Inneren Sicherheit wird nicht selten als Kernelement der Sicherheitsgewährleistung angesehen.[54] Das präventive Polizeirecht bilde dabei das „stabile rechtsstaatliche Herzstück“ [55] des Verwaltungsrechts. Es handelt sich um eine Verwaltung mit Besonderheiten. Zu verweisen ist auf den „Problem- und Zeitdruck“[56] als faktische Elemente, das Anknüpfen an unvollständiges Wissen[57] und Alltagswissen[58] sowie die Bewältigung

---

[47] Abdr. der Begr. des ME PolG (1977) in *Heise/Riegel*, Musterentwurf eines einheitlichen Polizeigesetzes, S. 18; *Schoch*, Der Staat 43 (2004), 347 (349).

[48] Abdr. in *Heise/Riegel*, Musterentwurf eines einheitlichen Polizeigesetzes, S. 26, 43.

[49] §§ 1, 3 BWPolG, §§ 1, 17 ASOG Bln, §§ 1, 10 BbgPolG, §§ 1, 10 BremPolG, §§ 1, 11 HSOG, §§ 12, 13 SOG MV, §§ 1, 11 NPOG, §§ 1, 8 PolG NRW, §§ 1, 9 RhPfPOG, §§ 1, 8 SPolG, §§ 2, 12 SächsPVDG, §§ 2, 13 SOG LSA, §§ 162, 174 LVwG S-H, §§ 2, 12 ThürPAG.

[50] Vgl. Art. 11 BayPAG i.d.F. des Gesetzes über die Aufgaben und Befugnisse der Bayerischen Staatlichen Polizei (Polizeiaufgabengesetz – PAG –) v. 24.8.1978 (BayGVBl. S. 561); vgl. auch die Begr. zu § 8 Abs. 1 ME PolG (1977), Abdr. in *Heise/Riegel*, Musterentwurf eines einheitlichen Polizeigesetzes, S. 43.

[51] *Petri/Kremer*, in: Lisken/Denninger, Handbuch des Polizeirechts, A. Rn. 108.

[52] *Petri/Kremer*, in: Lisken/Denninger, Handbuch des Polizeirechts, A. Rn. 115.

[53] *Trute*, in: GS Jeand'Heur, S. 403 (405).

[54] *Götz*, in: Isensee/Kirchhof, Handbuch des Staatsrechts, Bd. IV, § 85 Rn. 14; *Möstl*, Die staatliche Garantie für die öffentliche Sicherheit und Ordnung, S. 148.

[55] *Möstl*, DVBl. 2007, 581 (581).

[56] *Gusy*, in: ders./Eichenhofer, Polizei- und Ordnungsrecht, Rn. 117; vgl. auch schon PrOVG, PrVBl. 16 (1894/1895), 125 (126).

[57] *Gusy*, in: ders./Eichenhofer, Polizei- und Ordnungsrecht, Rn. 117.

von zahlreichen Einzelfällen[59]. Für das klassische Gefahrenabwehrrecht gilt, dass nach ganz herrschender Meinung in Rechtsprechung und Literatur die Reichweite der staatlichen Schutz- und Freiheitsgewährleistung traditionell über den Begriff der Gefahr beschrieben wird.[60] Das Merkmal der Gefahr hat „primär zuständigkeitsverändernde Wirkung“[61]. Mit Eintritt der Gefahr kann – beziehungsweise muss – der Staat neben dem individuellen Rechtsgutsträger schützend eingreifen und seine Aufgabe erfüllen. Die Inhalte des ausfüllungsbedürftigen Begriffs der Gefahr werden im Folgenden beschrieben.

B. Grenzen der Gefahrenabwehr

Abgesichert wird das Gefahrenabwehrrecht über die auf diese Besonderheiten angepassten positivierten materiellen Grenzen und (gegebenenfalls) prozedurale Sicherungen.[62] Das Polizeirecht bildet entsprechend der vorangegangenen Darstellung einen äußerst grundrechtssensiblen Bereich.[63] Um dem erhöhten Gefährdungspotential gerecht zu werden, bestehen hier im Sinne der Wesentlichkeitsrechtsprechung[64] des Bundesverfassungsgerichts klare Anforderungen an die Ermächtigungsnormen der Polizei. Aus Sicht der Polizei und des Bürgers bilden die polizeirechtlichen Befugnisnormen eine wichtige Grundlage staatlichen Handelns. Diese gewährleisten einen gerechten Ausgleich von Freiheit und Sicherheit über die Trias: Gefahr – Störer – Verhältnismäßigkeit.[65]

---

[58] *Schoch*, Der Staat 43 (2004), 347 (350).

[59] *Gusy*, in: ders./Eichenhofer, Polizei- und Ordnungsrecht, Rn. 117; *Schoch*, Der Staat 43 (2004), 347 (350).

[60] BVerfGE 110, 33 (56); *Möstl*, Die staatliche Garantie für die öffentliche Sicherheit und Ordnung, S. 159; *Schoch*, Der Staat 43 (2004), 347 (349); *Trute*, in: GS Jeand'Heur, S. 403 (413).

[61] *Gusy*, in: ders./Eichenhofer, Polizei- und Ordnungsrecht, Rn. 101.

[62] *Götz*, in: Isensee/Kirchhof, Handbuch des Staatsrechts, Bd. IV, § 85 Rn. 28; *Voßkuhle*, in: FS Würtenberger, S. 1101 (1111 f., 1120).

[63] *Eichenhofer*, in: Gusy/Eichenhofer, Polizei- und Ordnungsrecht, Rn. 168 ff.

[64] BVerfGE 49, 89 (126).

[65] *Möstl*, in: ders./Schwabenbauer, BeckOK Polizei- und Sicherheitsrecht Bayern, Systematische und begriffliche Vorbemerkungen zum Polizeirecht in Deutschland, Rn. 33; vgl. zu Gefahr und Störer auch *Kniesel/Vahle*, in: Clages, Polizeiliche Informationsverarbeitung und Datenschutz im künftigen Polizeirecht, S. 95 Rn. 158 sowie *Schoch*, Der Staat 43 (2004), 347 (348 ff.).

I. Die polizeirechtliche Befugnis

1. Stellschraube: Gefahrenbegriff

Zentrales Element der polizeilichen Befugnis bildet der bereits in der Aufgabe angesprochene Gefahrenbegriff.[66] Scholz konstatierte schon 1919: „Nach einer im Polizeirecht üblichen Begriffsbestimmung ist unter Gefahr eine Lage der Dinge zu verstehen, welche die Besorgnis rechtfertige, dass sie einen Schaden herbeiführen werde."[67] Auch heute wird der Begriff der Gefahr definiert durch die zwei tragenden Elemente Schaden für ein polizeiliches Schutzgut (öffentliche Sicherheit und Ordnung) und Wahrscheinlichkeit.[68] Dies entspricht dem Gefahrenbegriff, der sich in Rechtsprechung und Literatur über die Jahre etabliert und auch Einzug in die Legaldefinitionen der Landesgesetze gefunden hat.[69]

---

[66] Vgl. z.B. *Eichenhofer*, in: Gusy/Eichenhofer, Polizei- und Ordnungsrecht, Rn. 168 ff.; *Mann/Fontana*, JA 2013, 734 (734); das Bild der Stellschraube ebenfalls verwendend *Möstl*, BayVBl. 2018, 156 (156).

[67] *Scholz*, VerwArch 27 (1919), 1 (15).

[68] *Götz/Geis*, Allgemeines Polizei- und Ordnungsrecht, § 12 Rn. 4.

[69] „Gefahr" legaldefiniert in § 2 Nr. 3a BremPolG; in Bayern hat der Gesetzgeber, wie in anderen Bundesländern (vgl. § 2 Nr. 1 NPOG, § 3 Abs. 3 Nr. 1 SOG MV, § 4 Nr. 3 a) SächsPVDG, § 3 Nr. 3 a) SOG LSA), hingegen lediglich die – konkrete – Gefahr legaldefiniert, vgl. Art. 11 BayPAG i. d. F. des Gesetzes zur Änderung des Polizeiaufgabengesetzes und weiterer Rechtsvorschriften v. 27.3.2021 (BayGVBl. S. 418); aus der Rspr. zur konkreten Gefahr und zum Verhältnis der Eingriffsbefugnis aus der StVO und der polizeilichen Generalklausel bereits BVerwGE 28, 310 (315 f.): „hinreichende Wahrscheinlichkeit eines Schadens im konkreten Fall"; sodann im Kontext des Wasserrechts BVerwG, NJW 1970, 1890 (1892): „Eine konkrete Gefahr liegt danach vor, wenn in dem zu beurteilenden konkreten Einzelfall irgendwann, freilich in überschaubarer Zukunft, mit dem Schadenseintritt hinreichend wahrscheinlich gerechnet werden muß; eine abstrakte Gefahr ist gegeben, wenn eine generell-abstrakte Betrachtung für bestimmte Arten von Verhaltensweisen oder Zuständen zu dem Ergebnis führt, daß mit hinreichender Wahrscheinlichkeit ein Schaden im Einzelfall einzutreten pflegt". BVerwG, BeckRS 1973, 31321735: „Eine konkrete Gefahr liegt danach vor, wenn bei der einzelnen Aufzugsanlage irgendwann in überschaubarer Zukunft mit dem Schadenseintritt hinreichend wahrscheinlich gerechnet werden muß. Der Eintritt des Schadens braucht somit weder gewiß zu sein noch unmittelbar bevorzustehen". Zur polizeirechtlichen Ingewahrsamnahme nach dem HSOG basierend auf einer konkreten Gefahr BVerwGE 45, 51 (57): „Nach allgemeiner Auffassung liegt eine ‚Gefahr' vor, wenn eine Sachlage oder ein Verhalten bei ungehindertem Ablauf des objektiv zu erwartenden Geschehens mit Wahrscheinlichkeit ein polizeilich geschütztes Rechtsgut schädigen wird". Für die polizeiliche Generalermächtigung genügt dabei eine „hinreichende Wahrscheinlichkeit" BVerwGE 45, 51 (61); BVerwGE 57, 61 (65): „Es ist aber eine nach Maßgabe des Verhältnismäßigkeitsgrundsatzes zu beurteilende und deswegen nach dem Ausmaß des möglichen Schadens zu differenzierende […] hinreichende Wahrscheinlichkeit zu verlangen". Zur konkreten Gefahr bei der Ausweisung nach dem Ausländergesetz, für die ein Rückgriff auf den im allgemeinen Polizeirecht entwickelten Gefahrenbegriff anzustellen ist, BVerwGE 62, 36, (39): „Vielmehr muß eine auf Tatsachen gestützte, nicht bloß entfernte Möglichkeit eines Schadenseintritts bestehen". S. auch für die polizeiliche Rasterfahndung zur konkreten Gefahr BVerfGE 115, 320 (364): „Vorausgesetzt ist danach eine Sachlage, bei der im konkreten Fall die hinreichende Wahrscheinlichkeit besteht, dass in absehbarer Zeit ein Schaden für diese Rechtsgüter

a) Schaden für Schutzgüter

aa) Definition

Der Schaden ist die objektive „*Minderung eines vorhandenen normalen Bestands von Rechtsgütern durch von außen kommende Einflüsse* oder – im Falle der öffentlichen Ordnung [...] – die *Nichteinhaltung* der durch den Begriff der öffentlichen Ordnung erfassten ungeschriebenen *Regeln der Moral und Sitte*“[70]. Eine bloße Belästigung genügt in Abkehr zur Zuständigkeit in der Wohlstandspflege nicht.[71] Dies ist der Fall, wenn ein Verhalten zwar für Dritte oder die Allgemeinheit abträglich sein kann, ohne deren Rechte oder die objektive Rechtsordnung zu verletzen.[72] Gleiches gilt für Nachteile und Unbequemlichkeiten.[73]

bb) Schutzgüter

Schutzgüter sind die öffentliche Sicherheit und die öffentliche Ordnung.[74] Ihnen immanent ist eine grundrechtsschützende Wirkung, was in Anbetracht der polizei-

eintreten wird“. Für gefahrenabwehrende polizeiliche Vorratsdatenspeicherung BVerfGE 125, 260 (330): „Es bedarf insoweit einer Sachlage, bei der im Einzelfall die hinreichende Wahrscheinlichkeit besteht, dass in absehbarer Zeit ohne Eingreifen des Staates ein Schaden für die Schutzgüter der Norm durch bestimmte Personen verursacht wird.“ S. auch BayVerfGHE 47, 241 (256); *Götz/Geis*, Allgemeines Polizei- und Ordnungsrecht, § 12 Rn. 3; *Gusy*, in: ders./Eichenhofer, Polizei- und Ordnungsrecht, Rn. 108; *Kingreen/Poscher*, Polizei- und Ordnungsrecht; § 8 Rn. 2; *Martens*, in: Drews/Wacke/Vogel/Martens, Gefahrenabwehr, § 13 Erl. 1, S. 220; *Schenke*, Polizei- und Ordnungsrecht, Rn. 74 f.

[70] *Schenke*, Polizei- und Ordnungsrecht, Rn. 74 [Hervorhebung im Original]; ähnlich auch *Gusy*, in: ders./Eichenhofer, Polizei- und Ordnungsrecht, Rn. 105; anders aber *Götz/Geis*, Allgemeines Polizei- und Ordnungsrecht, § 12 Rn. 5, der von der Notwendigkeit einer Verletzung des Schutzgutes spricht.

[71] BVerwG, VerwRspr 1969, 588 (588); BVerwGE 62, 36 (38); zuvor bereits PrOVGE 72, 380 (382); 95 141 (143).

[72] *Götz/Geis*, Allgemeines Polizei- und Ordnungsrecht, § 12 Rn. 5.

[73] BVerwG, VerwRspr 1969, 588 (588); *Schenke*, Polizei- und Ordnungsrecht, Rn. 79.

[74] Vgl. Art. 2 Abs. 1 BayPAG; zwar ist sind die polizeilichen Schutzgüter nicht zwingend unter den Gefahrenbegriff zu subsumieren, sondern ihnen scheint – wie der Störereigenschaft und der Verhältnismäßigkeitsprüfung –, ein Platz neben der Gefahr zuzukommen, vgl. so für die Generalklausel *Schoch/Kießling*, in: Schoch/Eifert, Besonderes Verwaltungsrecht, Kap. 1 Rn. 243, die aufzeigen, dass bei fehlender Beeinträchtigung eines Schutzgutes die Gefahr nicht geprüft werden muss; gleichsam werden in vielen Lehrbüchern die Schutzgüter getrennt vom Gefahrenbegriff betrachtet, vgl. z.B. *Götz/Geis*, Allgemeines Polizei- und Ordnungsrecht, § 6 Rn. 4; *Schenke*, Polizei- und Ordnungsrecht, 56 ff., 667 ff., 74 ff.; anders hingegen *Korte/Dittrich*, JA 2017, 332 (333), welche als Hauptelemente der Gefahr die Schutzgüter und die Schadenswahrscheinlichkeit ausmachen. Gleichwohl bietet es sich vorliegend an, wegen des unbestrittenen Schadenselements des Gefahrenbegriffs zu definieren, wofür ein Schaden drohen muss. Wie auch *Schoch/Kießling*, in: Schoch/Eifert, Besonderes Verwaltungsrecht, Kap. 1 Rn. 243 selbst konstatieren: „denn eine Gefahr [...] kann nur in Bezug auf ein betroffenes Schutzgut ermittelt werden“. Bei der vorliegenden Prüfungsreihenfolge wird den Be-

lichen Kompetenz hinsichtlich äußerst intensiver Eingriffe in die Sphäre des Bürgers beispielsweise durch die Befugnis zur Zwangsanwendung geboten ist.[75]

(1) Öffentliche Sicherheit

Tragende Bedeutung kommt der öffentlichen Sicherheit zu. Darunter zu verstehen sind die Unverletzlichkeit der Rechtsordnung, der subjektiven Rechte und Rechtsgüter des Einzelnen sowie der Einrichtungen und Veranstaltungen des Staates oder sonstiger Träger der Hoheitsgewalt.[76] Das allgemeine Telos der Vorschrift mit einer Vermischung von Individualschutz und kollektivschützenden Elementen findet seinen Ursprung schon in § 10 II 17 ALR von 1794 und wurde dann weitergeführt in § 14 PrPVG.[77] Die Unversehrtheit der Rechtsordnung als Schutzgut zu wählen, ist Konsequenz eines demokratischen und rechtsstaatlichen Staatsverständnisses.[78] Nur was anerkanntermaßen im Wege eines demokratischen Prozesses als schutzbedürftig bezeichnet wird, ist auch polizeilich geschützt.[79] Die Sicherheit ist somit nicht Selbstzweck, sondern ein „Verweisungsbegriff"[80].[81] Zur Rechtsordnung gehört jegliche Norm des geschriebenen als auch des ungeschriebenen Rechts wie Richterrecht und Gewohnheitsrecht.[82]

Privatrechtliche Normen stehen wie die Individualgüter insgesamt zudem unter der Einschränkung der Subsidiarität: Nur wenn gerichtlicher Schutz nicht rechtzeitig zu erlangen ist und wenn ohne polizeiliche Hilfe die Verwirklichung des Rechts vereitelt oder wesentlich erschwert würde, ist der – ausschließliche –[83]

denken Schochs dadurch Rechnung getragen, dass die polizeilichen Schutzgüter zu Beginn geprüft werden. Eine Betrachtung der Gefahr ohne Definition der Schutzgüter scheint indes nur geringfügig sinnhaft, da auch sie zuständigkeitsverändernde Wirkung besitzen und daher i. R. d. Gefahrenabwehr – meist – kumulativ vorliegen müssen, vgl. *Gusy*, in: ders./Eichenhofer, Polizei- und Ordnungsrecht, Rn. 78, 101.

[75] *Gusy*, in: ders./Eichenhofer, Polizei- und Ordnungsrecht, Rn. 77.

[76] Vgl. die Legaldefinition der Landesgesetze z. B. in § 2 Nr. 2 BremPolG oder § 3 Nr. 1 SOG LSA.

[77] *Martens*, in: Drews/Wacke/Vogel/Martens, Gefahrenabwehr, § 15 Erl. 1, S. 232; *Schenke*, Polizei- und Ordnungsrecht, Rn. 48.

[78] *Martens*, in: Drews/Wacke/Vogel/Martens, Gefahrenabwehr, § 15 Erl. 2, S. 232.

[79] Vgl. *Gusy*, in: ders./Eichenhofer, Polizei- und Ordnungsrecht, Rn. 80.

[80] *Gusy*, in: ders./Eichenhofer, Polizei- und Ordnungsrecht, Rn. 80.

[81] Vgl. *Gusy*, in: ders./Eichenhofer, Polizei- und Ordnungsrecht, Rn. 80.

[82] *Schenke*, Polizei- und Ordnungsrecht, Rn. 61; zum Schutz von Grundrechten *Schenke*, Polizei- und Ordnungsrecht, Rn. 59a; die Polizei ist nicht dazu ermächtigt, gegen einen grundrechtsverletzenden Hoheitsträger einzugreifen. Dieser ist vielmehr selbst dazu angehalten, seiner materiellen Polizeipflicht – demnach der Unterlassung der Grundrechtsbeeinträchtigung – nachzukommen, *Schenke*, Polizei- und Ordnungsrecht, Rn. 59a; *Schoch*, JURA 2013, 468 (469).

[83] *Schenke*, Polizei- und Ordnungsrecht, Rn. 58; *Schoch*, JURA 2013, 468 (469).

Schutz privater Rechte eröffnet.[84] Nicht zu beachten ist die Subsidiarität, wenn die Zivilgerichte der Sache nicht abhelfen können.[85] Teilweise wird das Vorliegen eines „öffentlichen Interesses" zur zusätzlichen Voraussetzung bei der Prüfung von Individualrechtsgütern gemacht.[86] Abgeleitet wird dieses Kriterium aus dem allseits geforderten „öffentlichen" Charakter[87] der Sicherheit als polizeilichem Schutzgut des Gefahrenbegriffs. Trotz der bestehenden Kritik[88] daran stellt dieses Merkmal bei der Gefährdung von Individualrechtsgütern keine allzu große Hürde dar, da bei Annahme einer Repräsentantenfunktion beziehungsweise bei der Bedrohung einer Vielzahl von Individualpersonen das öffentliche Interesse anzunehmen ist.[89]

Der Bestand des Staates und seiner Einrichtungen umfasst die Sicherung der Territorialhoheit, die freiheitlich demokratische Grundordnung und die Funktionsfähigkeit der staatlichen Einrichtungen.[90] Diese Rechtsgüter befinden sich allerdings unter anderem bereits unter dem Schutz des Strafrechts oder der Gerichts-

---

[84] S. z. B. Art. 2 Abs. 2 BayPAG; *Schenke*, Polizei- und Ordnungsrecht, Rn. 61; vgl. dazu *Schoch*, JURA 2013, 468 (470). Die Subsidiarität gipfelt darin, dass einige Polizeiordnungen eine Antragstellung durch den Betroffenen verlangen, vgl. § 2 Abs. 2 PolG BW und § 2 Abs. 2 SächsPVDG. Eine Mindestgrenze muss allerdings in der Glaubhaftmachung der Privatrechte gesehen werden *Schoch*, JURA 2013, 468 (472); *Schenke*, Polizei- und Ordnungsrecht, Rn. 57.

[85] Dazu *Schenke*, Polizei- und Ordnungsrecht, Rn. 57 insb. Fn. 48; *Schoch*, JURA 2013, 468 (470 ff.); zum Problemfall des Eingreifens bei einer freiwilligen Selbstgefährdung bzw. beim Suizid *Schenke*, Polizei- und Ordnungsrecht, Rn. 57.

[86] Das „öffentliche Interesse" als eingrenzendes Kriterium insb. für den Individualgüterschutz ansehend *Gusy*, in: ders./Eichenhofer, Polizei- und Ordnungsrecht, Rn. 81; *Martens*, in: Drews/Wacke/Vogel/Martens, Gefahrenabwehr, § 14, S. 228 ff.; *Schenke*, Polizei- und Ordnungsrecht, Rn. 59; krit. dazu *Götz/Geis*, Allgemeines Polizei- und Ordnungsrecht, § 10 Rn. 19; *Schoch*, JURA 2013, 468 (469).

[87] *Schenke*, Polizei- und Ordnungsrecht, Rn. 59; vgl. auch *Gusy*, in: ders./Eichenhofer, Polizei- und Ordnungsrecht, Rn. 81.

[88] Vgl. *Schoch*, JURA 2013, 468 (469 Fn. 18), der darauf hinweist, dass das öffentliche Interesse bloß die zweite Seite „derselben Medaille" in Bezug auf die Subsidiaritätsschranke darstellt; ähnlich *Götz/Geis*, Allgemeines Polizei- und Ordnungsrecht, § 10 Rn. 19; das Kriterium befürwortend auch *Martens*, in: Drews/Wacke/Vogel/Martens, Gefahrenabwehr, § 14, S. 228 ff.; s. auch *Gusy*, in: ders./Eichenhofer, Polizei- und Ordnungsrecht, Rn. 81 und *Schenke*, Polizei- und Ordnungsrecht, Rn. 59. Andererseits ist zu beachten, dass derartigen privaten Rechtsgütern das öffentliche Interesse schon immanent ist, da sie zunächst im Wege des politischen Prozesses und dann durch die dem Gemeinwohl verpflichtete parlamentarische Gesetzgebung in Form einer Rechtsnorm zum Destillat des Mehrheitswillens gemacht wurden, vgl. *Wipfelder*, BayVBl. 1976, 423 (423).

[89] *Schenke*, Polizei- und Ordnungsrecht, Rn. 59; ähnlich sowie zusätzlich zwischen Selbst- und Fremdgefährdung differenzierend unter Berücksichtigung des verfassungsrechtlichen Übermaßverbotes *Martens*, in: Drews/Wacke/Vogel/Martens, Gefahrenabwehr, § 14, S. 228 f.; im Erg. sieht Schoch auch die „öffentliche" Natur nicht als unüberwindbares Hindernis, *Schoch*, JURA 2013, 468 (469).

[90] *Martens*, in: Drews/Wacke/Vogel/Martens, Gefahrenabwehr, § 15 Erl. 2 c), S. 232; zu den Fällen Radarwarnung, Fotografieren von Polizeiarbeit oder staatskritische Meinungsäußerung *Schenke*, Polizei- und Ordnungsrecht, Rn. 66.

verfassung,[91] vgl. insbesondere 1.–7. Abschnitt des Besonderen Teils des StGB beziehungsweise §§ 175–183 GVG. Für die betreffenden Rechtsgüter sind damit schon unter der Kategorie der Wahrung der Rechtsordnung von der öffentlichen Sicherheit umfasst.[92] Der an dieser Stelle diskutierte Gehalt der öffentlichen Sicherheit dient damit der Sicherung des Bestands des Staates und seiner Einrichtungen über den Schutz der Rechtsordnung hinaus und hat folglich eine Auffangfunktion.[93]

(2) Öffentliche Ordnung

Auch die öffentliche Ordnung findet sich in – fast –[94] allen Landespolizeigesetzen ausdrücklich als polizeiliches Schutzgut normiert.[95] Einen Anhaltspunkt für den Gehalt dieses zu schützenden Wertes bietet schon die Gesetzesbegründung zu § 14 PrPVG.[96] Danach bildet die öffentliche Ordnung den „Inbegriff der Normen, deren Befolgung nach den jeweils herrschenden sozialen und ethischen Anschauungen als unentbehrliche Voraussetzung für ein gedeihliches Miteinanderleben der innerhalb eines Polizeibezirkes wohnenden Menschen angesehen wird“[97]. Daraus wiederum leitete das Preußische OVG im Jahr 1933 eine eigene Definition ab. Die öffentliche Ordnung sei die „Gesamtheit jener ungeschriebenen Regeln für das Verhalten des einzelnen in der Öffentlichkeit, deren Beobachtung nach den jeweils herrschenden Anschauungen als unerläßliche Voraussetzung eines geordneten staatsbürgerlichen Gemeinschaftslebens betrachtet wird.“[98] Dieser Begriff ist ferner durch den Gesetzgeber und in leicht modifizierter Form durch die heutige Rechtsprechung übernommen worden.[99]

---

[91] *Gusy*, in: ders./Eichenhofer, Polizei- und Ordnungsrecht, Rn. 80; *Martens*, in: Drews/Wacke/Vogel/Martens, Gefahrenabwehr, § 15 Erl. 2 c), S. 233; *Schenke*, Polizei- und Ordnungsrecht, Rn. 65; s. insb. § 92 Abs. 1 StGB, der einen nahezu gleichen Schutzumfang besitzt.

[92] *Schenke*, Polizei- und Ordnungsrecht, Rn. 65.

[93] *Schenke*, Polizei- und Ordnungsrecht, Rn. 65.

[94] Kein Schutzgut in § 1 Abs. 1 S. 1 BremPolG und § 162 Abs. 1 LVwG S-H.

[95] *Schenke*, Polizei- und Ordnungsrecht, Rn. 68.

[96] So *Martens*, in: Drews/Wacke/Vogel/Martens, Gefahrenabwehr, § 16 Erl. 1, S. 245; *Schenke*, Polizei- und Ordnungsrecht, Rn. 67.

[97] Abdruck der Gesetzesbegründung in *Franzen*, Lehrkommentar zum Polizeiverwaltungsrecht, Teil 1, S. 81 f.

[98] PrOVGE 91, 139 (140).

[99] Die Rspr. des Preußischen OVG hat der Gesetzgeber in Sachsen-Anhalt fast wortgleich in eine Legaldefinition überführt, vgl. § 3 Nr. 2 SOG LSA; s. auch BVerfGE 69, 315 (352): „Unter ‚öffentlicher Ordnung‘ wird die Gesamtheit der ungeschriebenen Regeln verstanden, deren Befolgung nach den jeweils herrschenden sozialen und ethischen Anschauungen als unerläßliche Voraussetzung eines geordneten menschlichen Zusammenlebens innerhalb eines bestimmten Gebiets angesehen wird.“

Abgrenzung zur öffentlichen Sicherheit erfährt die öffentliche Ordnung demnach darüber, dass hier auf ungeschriebene Regeln abgestellt wird.[100] Diese sind anders als Richter- und Gewohnheitsrecht gekennzeichnet dadurch, dass es sich bei ihnen bloß um „Regeln der Sitte und der Moral, in denen die Wertvorstellungen einer Gemeinschaft ihren Niederschlag gefunden haben"[101], handelt. Mehrheitsfähige Vorstellung erfahren indes durch die Gesetzgebung eine Bündelung und werden zu Rechtsnormen, welche selbst als polizeiliche Schutzgüter gelten. Einerseits verbieten diese als leges speciales den Rekurs auf die öffentliche Ordnung, andererseits darf über den Weg der öffentlichen Ordnung ihnen keine weitreichendere Bedeutung zukommen als vom Gesetzgeber intendiert.[102] Diese Nachrangigkeit könnte für den Begriff der öffentlichen Ordnung das Abrutschen in die Bedeutungslosigkeit erwarten lassen.[103] Folglich nimmt die öffentliche Ordnung bloß eine „Reservefunktion"[104] ein. Dieser Umstand ist Resultat der stetig lauter gewordenen Kritik an diesem Schutzgut. Schon allein, dass die Wertvorstellungen einem stetigen Wandel unterliegen, führt zu einer immensen Rechtsunsicherheit und gerät in einen Konflikt zum Gesetzesvorbehalt und Bestimmtheitsgrundsatz.[105] Auch die Mehrheitsausrichtung des Begriffs verträgt sich schwer mit dem verfassungsrechtlich garantierten Minderheitenschutz in einer pluralistischen demokratischen Gesellschaft.[106] Zudem wird der öffentlichen Ordnung die Möglichkeit einer „Paternalisierung"[107] durch das Aufzwingen staatlicher Wertvorstellungen in einer Gesellschaft, in der die freie persönliche Entwicklung als höchstes Gut angesehen

---

[100] *Fechner*, JuS 2003, 734 (734); *Martens*, in: Drews/Wacke/Vogel/Martens, Gefahrenabwehr, § 16 Erl. 1., S. 245.

[101] *Schenke*, Polizei- und Ordnungsrecht, Rn. 68; vgl. auch *Martens*, in: Drews/Wacke/Vogel/Martens, Gefahrenabwehr, § 16 Erl. 3. b), S. 253.

[102] *Schenke*, Polizei- und Ordnungsrecht, Rn. 68.

[103] *Gusy*, in: ders./Eichenhofer, Polizei- und Ordnungsrecht, Rn. 99; ausf. zur Rspr. zur öffentlichen Ordnung *Martens*, in: Drews/Wacke/Vogel/Martens, Gefahrenabwehr, § 16 Erl. 2, S. 248 ff. und *Gusy*, in: ders./Eichenhofer, Polizei- und Ordnungsrecht, Rn. 98; s. u. a. BVerwGE 64, 274 (276); 71, 29 (31); 84, 314 (319 ff.); 115, 189 (198 ff.); VGH München, NVwZ 1984, 254 (254); OVG Münster, NJW 1997, 1180 (1180); zudem zur restriktiven Auslegung des Begriffs im Versammlungsrecht BVerfGE 69, 315 (352 f.); 111, 147 (155 ff.); BVerfG, NJW 2001, 2076 (2077 f.).

[104] *Schoch/Kießling*, in: Schoch/Eifert, Besonderes Verwaltungsrecht, Kap. 1 Rn. 275.

[105] *Hill*, DVBl. 1985, 88 (96); *Schenke*, Polizei- und Ordnungsrecht, Rn. 68; zu der Verwurzelung von Gesetzesvorbehalt und Bestimmtheitsgrundsatz in Art. 20 Abs. 3 GG *Schulze-Fielitz*, in: Dreier, GG, Bd. II, Art. 20 (Rechtsstaat) Rn. 105 ff., 129 ff.

[106] Die polizeiliche Zwangsdurchsetzung soll sich auf Fälle beschränken, in denen auf demokratischem Wege die Mehrheitsmeinung in Gesetzesform gegossen wurde, vgl. *Denninger*, in: Lisken/Denninger, Handbuch des Polizeirechts, 6. Aufl. 2018, D. Rn. 36; ähnlich auch *Hill*, DVBl. 1985, 88 (91), der aber im Ergebnis die öffentliche Ordnung als Reservetatbestand als notwendig erachtet; krit. *Schenke*, Polizei- und Ordnungsrecht, Rn. 70 m. V. a. einfach- und grundgesetzliche Normen, die das Merkmal der öffentlichen Ordnung enthalten und nicht derart restriktiv ausgelegt werden sowie auf die Funktion der Wahrung des inneren Friedens; zu Letzterem s. auch *Fechner*, JuS 2003, 734 (738).

[107] *Korte/Dittrich*, JA 2017, 332 (338).

wird, zugesprochen. In den Griff bekommt man diese Bedenken indes – wie so häufig im Falle der Unbestimmtheit eines Rechtsbegriffes –[108] durch Fallgruppenbildung.[109] Die Rechtsprechung sieht die öffentliche Ordnung als Schutzgut immer wieder beeinträchtigt und hält an dem Begriff fest.[110] In den Gesetzen erfuhr der Begriff eine „Renaissance"[111].[112]

b) Wahrscheinlichkeitsurteil

Das Wahrscheinlichkeitselement ist aufgeteilt in zwei Teilaspekte,[113] die individuell zu beleuchten sind: Hierzu gehört zunächst die Sachlage als tatsächliches und gegenwärtiges Element der Beurteilung; sodann ist Teil des Ganzen die Prognoseentscheidung als zukünftiges Element. Neben diese Hauptelemente gesellt sich zuletzt die Bewertung der Perspektive der Entscheidung. Keines Wahrscheinlichkeitsurteils bedarf es indes bei Vorliegen einer Störung; hier ist die Schädigung eines Schutzgutes schon eingetreten.[114] Jedoch gehört auch die Störungsbeseitigung zur Gefahrenabwehr.[115]

aa) Diagnose

Auf erster Stufe ist die „Sachlage"[116] als tatsächliches Element im Gefahrenbegriff ausreichend zu ermitteln.[117] Diese Untersuchung ist das diagnostische Element

---

[108] S. z. B. die Rechtsprechung des Bundesverfassungsgerichts zu unbestimmten Rechtsbegriffen mit Beurteilungsspielraum BVerfGE 61, 82 (111, 114 f.); sog. „normative Ermächtigungslehre" *Schmidt-Aßmann*, in: Dürig/Herzog/Scholz, GG, Bd. III, Art. 19 Abs. 4 Rn. 186.

[109] *Korte/Dittrich*, JA 2017, 332 (335).

[110] S. z. B. BVerfGE 111, 147 (156); BVerwGE 115, 189 (198).

[111] So schon *Fechner*, JuS 2003, 734 (734).

[112] Vgl. z. B. § 1 i. d. F. des Gesetzes zur Änderung des Polizeigesetzes des Landes Nordrhein-Westfalen v. 10. 6. 2008 (GV. NRW S. 132).

[113] Eine solche zweistufige Prüfung anstellend *Funke/Kraus*, BayVBl. 2018, 725 (725); *Gusy*, in: ders./Eichenhofer, Polizei- und Ordnungsrecht, Rn. 112 f.; *Götz/Geis*, Allgemeines Polizei- und Ordnungsrecht, § 12 Rn. 17; *Hoffmann-Riem*, in: FS Wacke, S. 327 (327); *Kotte/Dittrich*, JA 2017, 332 (336).

[114] *Gusy*, in: ders./Eichenhofer, Polizei- und Ordnungsrecht, Rn. 103; *Hoffmann-Riem*, in: FS Wacke, S. 327 (327); *Schoch/Kießling*, in: Schoch/Eifert, Besonderes Verwaltungsrecht, Kap. 1 Rn. 282; die Störungsbeseitigung in der Aufgabeneröffnungsnorm erwähnend u. a. auch Art. 11 Abs. 2 S. 1 Nr. 2 BayPAG.

[115] Vgl. die Begr. zur Generalklausel § 8 ME PolG (1977), Abdr. in *Heise/Riegel*, Musterentwurf eines einheitlichen Polizeigesetzes, S. 43 f.; genauso *Götz/Geis*, Allgemeines Polizei- und Ordnungsrecht, § 12 Rn. 16; *Gusy*, in: ders./Eichenhofer, Polizei- und Ordnungsrecht, Rn. 103; *Schoch/Kießling*, in: Schoch/Eifert, Besonderes Verwaltungsrecht, Kap. 1 Rn. 282.

[116] BVerfGE 115, 320 (364); 120, 274 (328); 141, 220 (271 Rn. 111); BVerwGE 116, 347 (350).

als unselbstständige Komponente der gesamten „Prognoserelation“[118], bei der die gegenwärtige und zukünftige Lage in Bezug gesetzt werden.[119] Die Annahme einer Relation zwischen dem tatsächlichen und dem zukünftigen Element führt entgegen vereinzelt geäußerter Kritik nicht zu einer verminderten Bedeutung des erstgenannten Kriteriums.[120] Insbesondere in Anbetracht der neuesten Entwicklungen hat die Beurteilung der Lage besonderen Wert bei der Feststellung des Vorliegens einer Gefahr. Daher betont auch die Rechtsprechung, dass die in zweiter Stufe anzustellende Prognose „in tatsächlicher Hinsicht genügend abgesichert“[121] sein muss. Es müssen „hinreichende Anhaltspunkte vorhanden sein, die den Schluss auf den drohenden Eintritt von Schäden rechtfertigen“[122]. Ziel ist in jedem Fall die Schaffung einer ausreichenden Tatsachenbasis anhand eigener Wahrnehmungen oder Angaben Dritter.[123] Vermutungen sind indes nicht ausreichend.[124]

---

[117] BVerfGE 100, 313 (392); BVerwGE 62, 36 (39); 116, 347 (352).

[118] So *Albers*, Die Determination polizeilicher Tätigkeit in den Bereichen der Straftatenverhütung und der Verfolgungsvorsorge, S. 34; von einer „Relation“ sprechend gleichsam *Gusy*, in: ders./Eichenhofer, Polizei- und Ordnungsrecht, Rn. 115; ähnlich auch *Kotte/Dittrich*, JA 2017, 332 (336), die zunächst eine zweistufige Prüfung unter Ermittlung der Lage und der darauf basierenden Prognose fordern; vgl. auch *Schoch/Kießling*, in: Schoch/Eifert, Besonderes Verwaltungsrecht, Kap. 1 Rn. 285; krit. hingegen *Kral*, Die polizeilichen Vorfeldbefugnisse als Herausforderung für Dogmatik und Gesetzgebung des Polizeirechts, S. 36 f.

[119] *Albers*, Die Determination polizeilicher Tätigkeit in den Bereichen der Straftatenverhütung und der Verfolgungsvorsorge, S. 34; ähnlich auch *Darnstädt*, Gefahrenabwehr und Gefahrenvorsorge, S. 33; *Hoffmann-Riem*, in: FS Wacke, 327 (327); *Kingreen/Poscher*, Polizei- und Ordnungsrecht, § 8 Rn. 13.

[120] Daher ist Krals Kritik an der Vorgehensweise Albers zwar nachvollziehbar, vgl. *Kral*, Die polizeilichen Vorfeldbefugnisse als Herausforderung für Dogmatik und Gesetzgebung des Polizeirechts, S. 36 f., sie wird aber hinfällig, sofern man in Rahmen der Relation den besonderen Wert des tatsächlichen Elements nicht unterminiert.

[121] BVerwGE 116, 347 (352); s. in diesem Sinne ferner BVerfGE 100, 313 (392); BVerwGE 62, 36 (39); BVerwG, NJW 1981, 1915 (1916).

[122] BVerwGE 116, 347 (352); dies wird auch als „diagnostisches Urteil“ bezeichnet *Gusy*, in: ders./Eichenhofer, Polizei- und Ordnungsrecht, Rn. 112.

[123] *Gusy*, in: ders./Eichenhofer, Polizei- und Ordnungsrecht, Rn. 112.

[124] BVerfGE 115, 320 (364); die Entscheidung verweist an dieser Stelle auf die Brokdorf-Entscheidung BVerfGE 65, 315 (353). Ein Vergleich des polizeilichen Gefahrenbegriffs mit dem versammlungsrechtlichen gestaltet sich jedoch schwierig, da die Gefahr im Versammlungsrecht schon gesetzlich, aber auch im Wege verfassungskonformer Auslegung höhere Anforderungen stellt *Dürig-Friedl*, in: ders./Enders, Versammlungsrecht, § 15 Rn. 52 ff.; vgl. auch die Ansicht des Bundesverfassungsgerichts, wenn es davon spricht, dass der Gesetzgeber abhängig von der Eingriffsintensität verschiedene Verdachts- oder Gefahrenstufen aufstellt und als Beispiel auf die Brokdorf-Entscheidung verweist, wo eine unmittelbare, aus erkennbaren Umständen herleitbare Gefährdung der geschützten Rechtsgüter gefordert wurde, um der Gefährdung des besonders bedeutenden Art. 8 GG gerecht zu werden, vgl. BVerfGE 115, 320 (361).

bb) Prognose

Zweites Element des Wahrscheinlichkeitsurteils ist sodann die Beurteilung der zukünftigen Entwicklung als „[p]rognostische Fortschreibung“[125] des tatsächlichen Elements. Mit dieser Prognoseentscheidung wird versucht, einen Ausgleich herzustellen zwischen dem auf der Seite des Betroffenen streitenden Bedürfnis nach größtmöglicher Sicherheit in Anbetracht des ihm drohenden Grundrechtseingriffes und dem Interesse potentieller Geschädigter sowie des Staates, Unsicherheiten unter dem Aspekt des Rechtsgüterschutzes in Kauf zu nehmen.[126] Demgemäß gilt für die Gefahr: Eine bloße Möglichkeit des Schadenseintritts genügt nicht.[127] Gleichzeitig „bedarf es aber [...] nicht des Nachweises“[128] des Schadensfalles.[129] Die goldene Mitte wird im Merkmal der hinreichenden Wahrscheinlichkeit gefunden.[130] Insbesondere ist daher die latente oder potentielle Gefahr als Lage, bei der erst durch Hinzutreten weiterer Umstände ein Schaden droht,[131] nicht als polizeirechtliche Grundlage des Polizeihandelns ausreichend.[132]

Hinreichend bedeutet nicht, dass zeitlich gesehen eine besondere Nähe zur Voraussetzung gemacht wird.[133] Diese Qualifizierung ist vielmehr Merkmal einer gegenwärtigen oder einer unmittelbar bevorstehenden Gefahr,[134] welche auch gesetzlich Niederschlag gefunden haben, vgl. z. B. Art. 84 Abs. 1 Nr. 1 BayPAG und die Legaldefnition in § 2 Nr. 2 NPOG.[135] Es handelt sich bei diesen Qualifizierungen allerdings um bloße Umschreibungen einer – in Anbetracht des Wertes des geschützten Rechtsgutes – geforderten besonderen Nähe oder des Gewichts der Schädigung.[136] Im Kern sind es Spielarten der konkreten Gefahr.[137] Das Zeitelement darf allerdings auch nicht bei der hinreichenden Wahrscheinlichkeit vollständig

---

[125] *Gusy*, in: ders./Eichenhofer, Polizei- und Ordnungsrecht, Rn. 113.

[126] Vgl. *Gusy*, in: ders./Eichenhofer, Polizei- und Ordnungsrecht, Rn. 124; *Kingreen/Poscher*, Polizei- und Ordnungsrecht, § 8 Rn. 7.

[127] BVerwGE 116, 347 (351); BayVerfGHE 47, 241 (256); zuvor bereits PrOVG, PrVBl. 16 (1894/1895), 125 (126); PrOVGE 77, 341 (345).

[128] BVerwGE 59, 221 (226) in Bezug auf die konkrete Gefahr im Straßenverkehrsrecht bei einer Anordnung nach § 45 Abs. 1 S. 1 StVO.

[129] So auch ausdr. BVerwG, BeckRS 1973, 31321735.

[130] BVerwGE 59, 221 (226).

[131] *Martens*, in: Drews/Wacke/Vogel/Martens, Gefahrenabwehr, § 13 Erl. 2 b), S. 223 f.

[132] *Kugelmann*, Polizei- und Ordnungsrecht, Rn. 157; *Schenke*, Polizei- und Ordnungsrecht, Rn. 84.

[133] BVerwG, BeckRS 1973, 31321735; *Schenke*, Polizei- und Ordnungsrecht, Rn. 74.

[134] Vgl. *Kingreen/Poscher*, Polizei- und Ordnungsrecht, § 8 Rn. 21; *Schenke*, Polizei- und Ordnungsrecht, Rn. 74; m. w. N. unter § 3 B. I. 1. b) cc) (1), S. 54 ff.

[135] S. a. § 3 Abs. 3 Nr. 2 SOG MV, § 4 Nr. 3 b) SächsPVDG, § 3 Nr. 3 b) SOG LSA.

[136] Vgl. z. B. BVerwGE 45, 51 (57).

[137] Vgl. *Kingreen/Poscher*, Polizei- und Ordnungsrecht, § 8 Rn. 21.

außer Acht gelassen werden; ein Schaden, der in „weiter Ferne“[138] droht, ist nicht ausreichend.[139] Die neuere Rechtsprechung macht „die zeitliche Nähe des Umschlagens einer Gefahr in einen Schaden“[140] zum Teil des Gefahrenbegriffs, was in der Literatur höchst umstritten ist und auf das noch einzugehen ist.[141]

Auch wenn heutzutage unbestritten ist, dass die Entscheidung über das zukünftige Element im polizeirechtlichen Gefahrenbegriff unter Verwendung des Kriteriums der hinreichenden Wahrscheinlichkeit erfolgt, stellen sich gleichwohl grundlegende Fragen bei der Bestimmung theoretischen und praktischen Grundlage der Wahrscheinlichkeitsprognose.[142] Das Wahrscheinlichkeitselement des Gefahrenbegriffs eröffnet im Versuch, dieses greifbar zu machen, Raum für wissenschaftliche Auseinandersetzung mit mathematischen, philosophischen sowie technischen Fragen. Die juristische Literatur verhält sich zumindest bezüglich der Herleitung dieses Merkmals größtenteils eher zurückhaltend und zeigt ohne Umwege den maßgeblich durch die Rechtsprechung geprägten Weg der Bestimmung der Probabilität im Gefahrenabwehrrecht auf.[143] Die Methode der Ermittlung des Wahrscheinlichkeitsurteils ist im Hinblick auf deren Anwendung durch die Exekutive und Judikative schon aus rechtsstaatlichen und gleichheitsrechtlichen Gründen genau zu definieren und zu legitimieren.[144]

(1) Grundlage der Entscheidung

Widmet man sich der Frage, was als wahrscheinlich zu bezeichnen ist, wird zu Beginn verschiedener Untersuchungen der Einwand erhoben, dass sich schon nicht bestimmen lasse, was nicht wahrscheinlich sei, sodass eine klassifikatorische Eingrenzung unmöglich erscheint.[145] Gleichwohl drängt es sich natürlich auf, sich diesem Forschungsgegenstand mit den bereits existenten Lösungsversuchen zu nähern. Dazu gehört der mathematische Ansatz der Stochastik, welche Statistik und Wahrscheinlichkeitstheorie vereint.[146] Die Rechtswissenschaft sieht daher auch Statistik und wissenschaftliche Erkenntnis als – sofern vorhanden – primär heranzuziehende Grundlage einer Prognoseentscheidung im Rahmen des Gefahrenbe-

---

[138] *Schenke*, Polizei- und Ordnungsrecht, Rn. 74.

[139] *Schenke*, Polizei- und Ordnungsrecht, Rn. 74.

[140] BVerfGE 120, 274 (329); 125, 260 (330).

[141] S.u. § 3 B.II., S. 73 ff.; § 5 B.I.1.b)cc), S. 184 ff.; § 5 B.I.6.c)bb)(3)(d), S. 270 ff.

[142] S. dazu insb. *Darnstädt*, Gefahrenabwehr und Gefahrenvorsorge, S. 35 ff.

[143] Vgl. z.B. *Schenke*, Polizei- und Ordnungsrecht, Rn. 82.

[144] Die bisher praktizierten Ermittlungswege hinsichtlich dieser Aspekte als problematisch erachtend *Leisner*, DÖV 2002, 326 (329); krit. dahingehend auch *Darnstädt*, Gefahrenabwehr und Gefahrenvorsorge, S. 35 ff.; insb. S. 72.

[145] *Darnstädt*, Gefahrenabwehr und Gefahrenvorsorge, S. 43 ff., insb. S. 35; m.V.a. den vorgenannten auch *Leisner*, DÖV 2002, 326 (328).

[146] S. indes *Hoffmann-Riem*, in: FS Wacke, S. 327 (339), welcher davon ausgeht, dass die in der Erkenntnislehre und der Mathematik entwickelten Wahrscheinlichkeitstheorien für die Strukturierung polizeilicher Sachverhalte nicht nutzbar gemacht werden können.

griffs.[147] Eine solche objektive Herangehensweise kann gleichwohl nur als „Goldstandard" aufzufassen sein. Praktisch werden dem Beamten die Erfahrungssätze in der Situation nicht zur Verfügung stehen, sein Kenntnisstand ist in der Regel vielmehr unvollständig.[148] Neuartige Gefahrensituationen sind zudem häufig noch nicht erfasst.[149] Angesichts der Unsicherheiten könnte daher als Lösung dieses Problems ein Abwarten vom einzelnen Beamten verlangt werden. Dies konterkariert indes die in polizeilichen Eingriffssituationen häufig vorliegende Eilbedürftigkeit.[150]

Erfahrungswissen inklusive Alltagswissen kann daher nach Ansicht des rechtswissenschaftlichen Schrifttums fehlende wissenschaftliche Erkenntnisse „überbrücken"[151]. Wenn auch das versage, läge keine Gefahr vor.[152] Ob dieses Element den rechtsstaatlichen Anforderungen an das Handeln der Polizei gerecht werden kann, scheint zwar fraglich, da sich bei der Verwendung von Alltagswissen in Anbetracht der Unbestimmtheit des Begriffes ein nicht unbedeutender Raum für Missbrauch ergibt.[153] Gleichwohl spricht für die Verwendung wieder die besondere Eilbedürftigkeit in Anbetracht des durch die Polizei vermittelten Rechtsgüterschutzes und nicht zuletzt, dass der Begriff auch durch den Gesetzgeber selbst verwendet wird, vgl. z. B. „nach allgemeiner Lebenserfahrung" in § 2 Nr. 6 NPOG. Da der einzelne Beamte in den meisten Situationen wohl praktisch auf eine Mixtur der verschiedenen Erkenntnisquellen zurückgreifen wird, finden sich ebenso sprachliche Kombinationen des mathematischen und praxisorientierten Ansatzes. Zusammengefasst können sie als „Erfahrungssätze"[154] oder „Erfahrungsregel"[155] bezeichnet werden.

---

[147] Ausdr. *Götz/Geis*, Allgemeines Polizei- und Ordnungsrecht, § 12 Rn. 9; genauso *Erichsen*, VVDStRL 35 (1976), 171 (186); auf „technisches Regelwissen" abstellend *Holzner*, in: Möstl/Schwabenbauer, BeckOK Polizei- und Sicherheitsrecht Bayern, Art. 11 BayPAG Rn. 25; *Schoch/Kießling*, in: Schoch/Eifert, Besonderes Verwaltungsrecht, Kap. 1 Rn. 285, der davon spricht, dass „Expertenwissen" hinzutreten kann.

[148] *Kugelmann*, Polizei- und Ordnungsrecht, Rn. 118; *Leisner*, DÖV 2002, 326 (329).

[149] *Leisner*, DÖV 2002, 326 (329).

[150] *Leisner*, DÖV 2002, 326 (329).

[151] *Götz/Geis*, Allgemeines Polizei- und Ordnungsrecht, § 12 Rn. 9; für den Einsatz von Erfahrungswissen auch *Dröge*, Die „drohende Gefahr" und ihre Auswirkungen auf die Rechtsstellung der Zivilperson gegenüber der öffentlichen Gewalt, S. 17; *Gusy*, in: ders./Eichenhofer, Polizei- und Ordnungsrecht, Rn. 113; *Hoffmann-Riem*, in: FS Wacke, S. 327 (327); für die Berücksichtigung des Aspekts der Sozialadäquanz des Verhaltens, vgl. *Korte/Dittrich*, JA 2017 332 (336); *Poscher*, Die Verwaltung 41 (2008), 345 (354); *Schenke*, Polizei- und Ordnungsrecht, Rn. 83; *Schoch/Kießling*, in: Schoch/Eifert, Besonderes Verwaltungsrecht, Kap. 1 Rn. 286.

[152] *Götz/Geis*, Allgemeines Polizei- und Ordnungsrecht, § 12 Rn. 9.

[153] *Hoffmann-Riem*, in: FS Wacke, S. 327 (342): „Mit ‚Instinkt' und ‚Fingerspitzengefühl' allein lassen sich die Aufgaben zeitgemäßer Polizeirechtspraxis nicht bewältigen."

[154] *Hoffmann-Riem*, in: FS Wacke, S. 327 (330); genauso *Darnstädt*, Gefahrenabwehr und Gefahrenvorsorge, S. 120; *Kingreen/Poscher*, Polizei- und Ordnungsrecht, § 8 Rn. 33; *Kral*, Die polizeiliche Vorfeldbefugnis als Herausforderung für Dogmatik und Gesetzgebung des Polizeirechts, S. 43.

[155] *Darnstädt*, Gefahrenabwehr und Gefahrenvorsorge, S. 79.

(2) Wahrscheinlichkeitstheorie

Durch die Klärung dessen, was als Erkenntnisquelle im Rahmen der Prognose heranzuziehen ist, eröffnen sich weitere Fragen. Der Rechtsanwender muss zeigen, wie und in welchem Maße die „statistischen Erfahrungssätze" in der Praxis Besorgnis begründen können.[156] Denn die Annahme einer hinreichenden Wahrscheinlichkeit ist bloß das Ergebnis einer Prognose und nicht andersherum die Voraussetzung derer.[157] Ein Abstellen auf Erfahrungssätze ist über die Legitimität des Heranziehens von bloßem Alltagswissen hinaus problematisch: statistische Erfahrungssätze – mögen sie sich auch statistisch noch so häufig bewahrheiten – geben keine Auskunft über die Realität.[158] Es ist folglich die bisher noch sehr geringfügig für den juristischen Bereich untersuchte wahrscheinlichkeitstheoretische Grundlage der Prognose zu bestimmen. Geprägt haben diesen Bereich die Untersuchungen von Darnstädt und Nell.

Darnstädt zeigt in seiner Arbeit zunächst auf, dass die im Rahmen der Gefahrenbestimmung (für den Begriff der konkreten Gefahr) betrachtete Ausgangslage derart einzigartig ist, dass ein ganzes Bündel an Einzelbedingungen aufeinandertrifft, für die es unabhängig voneinander wohl noch statistische Aussagen oder Erfahrungssätze gibt, ein Gesamturteil sich indes nicht bilden lassen wird.[159] Das reine Abstellen auf statistische (Erfahrungs-)Sätze versage, weil das Zusammenwirken unmöglich vorhersehbar erscheine.[160] Zusammengefasst: Erkenntnisse aus den zuvor dargestellten Explanansquellen entpuppten sich als „trügerische Hoffnung"[161].

Folge dieser Auslegung ist die Erkenntnis, dass bei jeder Prognoseentscheidung verschiedene statistische Erfahrungssätze nebeneinanderstehen; diese können eine Aussage belegen oder eben nicht.[162] Es liege keine Ableitung, keine „Conclusio" aus den statistischen Erkenntnissen im polizeirechtlichen Wahrscheinlichkeitsurteil im Sinne eines deduktiven Ansatzes vor. Vielmehr handele es sich unter Rückgriff auf die wissenschaftstheoretischen Ansätze von Carnap und Hempel – als Begründer der induktiven Anwendungstheorie –[163] um eine Bestätigungsrelation, das heißt

[156] *Darnstädt*, Gefahrenabwehr und Gefahrenvorsorge, S. 63.

[157] Vgl. *Leisner*, DÖV 2002, 326 (327).

[158] *Darnstädt*, Gefahrenabwehr und Gefahrenvorsorge, S. 41.

[159] Dies ist auch das Ergebnis der Rechtsprechungsanalyse von *Darnstädt*, Gefahrenabwehr und Gefahrenvorsorge, S. 43 ff., insb. S. 45; genauso schon *Hoffmann-Riem*, in: FS Wacke, S. 327 (339).

[160] *Darnstädt*, Gefahrenabwehr und Gefahrenvorsorge, S. 43; genauso auch zumindest für die konkrete Gefahr *Gusy*, in: ders./Eichenhofer, Polizei- und Ordnungsrecht, Rn. 118.

[161] *Darnstädt*, Gefahrenabwehr und Gefahrenvorsorge, S. 43.

[162] Verschiedene anschauliche Beispiele zu dieser Thematik bei *Gusy*, in: ders./Eichenhofer, Polizei- und Ordnungsrecht, Rn. 118; *Scholz*, VerwArch 27 (1919), 1 (21 ff.); *Darnstädt*, Gefahrenabwehr und Gefahrenvorsorge, S. 37 f.

[163] *Carnap/Stegmüller*, Induktive Logik und Wahrscheinlichkeit, S. 38 ff.; *Hempel*, Aspekte wissenschaftlicher Erklärung, S. 60 ff.

eine von der verwendeten Prämisse abhängige Bestätigung oder Negierung einer Aussage.[164] Folge ist die Möglichkeit widersprüchlicher Ergebnisse. Dieses sogenannte „Problem der Erklärungsmehrdeutigkeit"[165] möchte Darnstädt praxisorientiert unter Anlehnung an die Lösung Hempels beheben.[166] Anders als Carnap, der unter Zugrundelegung des gesamten verfügbaren Erfahrungswissens ein Gesamtdatum bilden möchte,[167] möchte Hempel alle im Prognosezeitpunkt erkennbaren und prognoserelevanten Umstände in die Abwägung mit einbeziehen.[168] Diese Vorgehensweise hat zum Vorteil, wie Darnstädt ausführt, dass trotz Bestehens verschiedener Einzelbedingungen – insbesondere unter Berücksichtigung der Relevanz – ein abschließendes Urteil gebildet werden kann, aufgrund dessen der einzelne Beamte über ein Einschreiten und die Mittel entscheiden kann.[169] Diesen Ansatz hat schon Scholz verfolgt.[170] Zuletzt scheint auch Gusy diese objektive Vorgehensweise zu bevorzugen:[171] In seiner Bestimmung der Wahrscheinlichkeitsprognose sind nach der Sachverhaltsaufklärung alle Indizien, aber auch Gegenindizien für das Vorliegen einer Gefahr herauszufiltern,[172] wobei dabei ein Grad höchstmöglicher Spezifizierung erreicht werden muss.[173] Sodann ist eine Abwägung dieser zwei Gegenpole vorzunehmen, was sich mit dem deckt, was bei Darnstädt wohl die Beurteilung der Relevanz ist.[174]

Die Relevanz ist sodann aber schon Kritikpunkt an der von Darnstädt begründeten wahrscheinlichkeitstheoretischen Grundlage des Gefahrenbegriffs. Denn hier erfolgt eine diesem objektiven Wahrscheinlichkeitsbegriff eigentlich gegenläufige

---

164 *Darnstädt*, Gefahrenabwehr und Gefahrenvorsorge, S. 41 ff. Es geht um eine Beschäftigung mit „dem logischen Aspekt der Bestätigung, d. h. mit bestimmten logischen Relationen zwischen Sätzen" *Carnap/Stegmüller*, Induktive Logik und Wahrscheinlichkeit, S. 23. Die induktive Wahrscheinlichkeit soll allerdings nur für die Prognoseentscheidung der konkreten Gefahr herangezogen werden, *Darnstädt*, Gefahrenabwehr und Gefahrenvorsorge, S. 53. Bei der abstrakten Gefahr seien Aussagen über die Häufigkeit von Schadensereignissen „gerade gefragt" *Darnstädt*, Gefahrenabwehr und Gefahrenvorsorge, S. 101. Demzufolge ist bei der abstrakten Gefahr die statistische Relevanz einer Ereignisklasse für eine Klasse von Schadensereignissen zu betrachten, vgl. *Darnstädt*, Gefahrenabwehr und Gefahrenvorsorge, S. 109.

165 *Hempel*, Aspekte wissenschaftlicher Erklärung, S. 76.

166 *Darnstädt*, Gefahrenabwehr und Gefahrenvorsorge, S. 49 ff.

167 *Carnap/Stegmüller*, Induktive Logik und Wahrscheinlichkeit, S. 83.

168 *Hempel*, Aspekte wissenschaftlicher Erklärung, S. 81 ff. insb. S. 83.

169 *Darnstädt*, Gefahrenabwehr und Gefahrenvorsorge, S. 51.

170 Vgl. *Scholz*, VerwArch 27 (1919), 1 (26).

171 *Gusy*, in: ders./Eichenhofer, Polizei- und Ordnungsrecht, Rn. 119.

172 *Gusy*, in: ders./Eichenhofer, Polizei- und Ordnungsrecht, Rn. 119.

173 *Poscher*, Gefahrenabwehr, S. 121; *Röhrig*, DVBl. 2000, 1658 (1659).

174 *Gusy*, in: ders./Eichenhofer, Polizei- und Ordnungsrecht, Rn. 119 f.; dieser scheint zunächst einen deduktiven Ansatz zu bevorzugen, sofern er Kausalketten und Ursachenzusammenhänge als zulässige Methode der Bestimmung von der Entwicklung zukünftiger Geschehensabläufe ansieht; später kommt er indes zu dem Schluss, dass statistische Herangehensweisen versagen, vgl. *Gusy*, in: ders./Eichenhofer, Polizei- und Ordnungsrecht, Rn. 113, 118.

subjektive Einschätzung der Entwicklungsperspektiven.[175] Die Untersuchung Nells wählt daher von vornherein keinen objektiven Maßstab bei der Bestimmung der Wahrscheinlichkeit. Zwar sieht Nell wie Darnstädt das Problem, dass ein objektiver Wahrscheinlichkeitsbegriff unter Heranziehung statistischer Erkenntnisse versagt.[176] Seine Konsequenz dieser Erkenntnis ist allerdings ausdrücklich nicht, dass Wahrscheinlichkeitsurteile sich „nicht nur auf die logische Relation einer Information zu einer Hypothese“[177] beziehen. Entscheidend für den Ansatz Nells ist vielmehr, dass die Beurteilung der Probabilität unter subjektiver Betrachtung zu erfolgen hat.[178] Gleichwohl muss dieser im rechtsstaatlichen Kontext normativ angereichert werden,[179] um sich nicht dem Vorwurf der staatlichen Willkür ausgesetzt zu sehen.[180]

Ob indes einem objektiven oder einem subjektiven Ansatz bei der Wahrscheinlichkeitsbeurteilung zu folgen ist, kann an dieser Stelle nicht entschieden werden. Dies ist eine Frage, mit der sich die Wahrscheinlichkeitstheorie schon seit Jahrhunderten beschäftigt. Der Verdienst beider Ansätze ist jedoch, dass sie der Prognoseentscheidung ein „wissenschaftstheoretische[s] Fundament“[181] geben und gleichzeitig zeigen, dass die Beurteilung zukunftsbezogener Aussagen „relativ zu einem bestimmten Wissenshorizont“[182] ist, was später für die Perspektive der Prognoseentscheidung noch relevant werden kann.[183]

Beide Theorien münden im Ergebnis in die von Rechtsprechung und Lehre praktizierte wertende Abwägungsentscheidung.[184] Diese Abwägung ist nicht die Basis der Zukunftsprognose, sondern die Grundlage der Entscheidung über das

---

175 „Man unterstellt, daß Wahrscheinlichkeitsurteile (als Entscheidungsgrundlage) besser oder schlechter sein können“ *Nell*, Wahrscheinlichkeitsurteile in juristischen Entscheidungen, S. 31.

176 *Nell*, Wahrscheinlichkeitsurteile in juristischen Entscheidungen, S. 23 ff., 61.

177 *Nell*, Wahrscheinlichkeitsurteile in juristischen Entscheidungen, S. 33.

178 *Nell*, Wahrscheinlichkeitsurteile in juristischen Entscheidungen, S. 32 ff.

179 *Nell*, Wahrscheinlichkeitsurteile in juristischen Entscheidungen, S. 23 ff.

180 *Nell*, Wahrscheinlichkeitsurteile in juristischen Entscheidungen, S. 74.

181 *Poscher*, Gefahrenabwehr, S. 84.

182 *Poscher*, Gefahrenabwehr, S. 84.

183 Denn sowohl Darnstädt als auch Nell möchten über ihren wahrscheinlichkeitstheoretischen Ansatz Aussagen über den Wissenshorizont machen; krit. zu diesem Aspekt der Analysen *Poscher*, Gefahrenabwehr, S. 87.

184 *Darnstädt*, Gefahrenabwehr und Gefahrenvorsorge, S. 75 ff., 112; *Nell*, Wahrscheinlichkeitsurteile in juristischen Entscheidungen, S. 185. Nell und Leisner bezeichnen diese Abwägung als Entscheidungstheorie, vgl. *Leisner*, DÖV 2002, 326 (326); diese befasst sich „mit der Konsistenz der Bewertung von Alternativen und der Wahl zwischen ihnen: sie ist eine Theorie des abwägenden Entscheidens“, *Nell*, Wahrscheinlichkeitsurteile in juristischen Entscheidungen, S. 137; anders hingegen Gusy, nach dessen Auslegung die Entscheidungstheorie bloß den „prozentuale[n] Anteil von Schadensabläufen in der Vergangenheit“ betrachtet und wegen der Betrachtung einer großen Anzahl von Fällen unbrauchbar i. R. d. polizeirechtlichen Gefahrenbeurteilung ist *Gusy*, in: ders./Eichenhofer, Polizei- und Ordnungsrecht, Rn. 118 f.

Vorliegen einer Gefahr und wird daher zur „Verarbeitung von Wahrscheinlichkeitsurteilen“[185] beziehungsweise zur Ermittlung des „notwendigen Wahrscheinlichkeitsgrades“[186] verwendet. Damit stehen die dargestellten wahrscheinlichkeitstheoretischen Methoden nicht im Widerspruch zu der von der Rechtsprechung verwendeten Vorgehensweise, sondern „das Wahrscheinlichkeitsurteil [ist] eingebettet [...] in den Vorgang der Abwägung zwischen zwei Alternativen“[187]. Sie zeigen aber, dass jedes Wahrscheinlichkeitsurteil relativ zu den Ereignisklassen ist, über die es gebildet wird.[188]

(3) Abwägung und Anwendung

Die soeben dargestellte Abwägung beschreibt ein polizeirechtliches Spezifikum: die Anwendung des Verhältnismäßigkeitsgrundsatzes auf Tatbestandsebene bei Feststellung des Vorliegens einer Gefahr.[189] Diese Prüfung ist nicht zu verwechseln mit der Prüfung des Entschließungs- und Auswahlermessens.[190] Auf Tatbestandsseite bei Bestimmung der Gefahr gilt die „umgekehrte Proportionalität von Schadenshöhe und -eintrittswahrscheinlichkeit“[191]. Diese Relation ist auch bekannt als „Je-desto-Formel“[192]. Je höher der Wert des gefährdeten Schutzguts, desto niedrigere Anforderungen sind nach ganz herrschender Meinung an die Schadenswahrscheinlichkeit zu stellen.[193] Ansätze der Je-Desto-Formel existieren schon bei

---

[185] *Nell*, Wahrscheinlichkeitsurteile in juristischen Entscheidungen, S. 127.

[186] *Darnstädt*, Gefahrenabwehr und Gefahrenvorsorge, S. 75. Wobei zu beachten ist, dass es in der Methode Darnstädts zu einer Doppelung der Abwägungsentscheidungen kommt: zum einen in der Entscheidung über die Relevanz der Prämissen i. R. d. der Bestimmung der Wahrscheinlichkeit selbst, vgl. *Darnstädt*, Gefahrenabwehr und Gefahrenvorsorge, S. 51, und zum anderen in der tatbestandlichen Abwägungsentscheidung über das Vorliegen des ausreichenden Grades der Wahrscheinlichkeit bei der finalen Bestimmung, ob eine Gefahr anzunehmen ist, vgl. *Darnstädt*, Gefahrenabwehr und Gefahrenvorsorge, S. 75 ff. Die zweite Abwägung wird bei Darnstädt auch für die Kategorie der abstrakten Gefahr bei der Bestimmung der notwendigen „Größe“ herangezogen, vgl. *Darnstädt*, Gefahrenabwehr und Gefahrenvorsorge, S. 112.

[187] *Nell*, Wahrscheinlichkeitsurteile in juristischen Entscheidungen, S. 185; in diesem Sinne wohl auch *Martens*, in: Drews/Wacke/Vogel/Martens, Gefahrenabwehr, § 13 Erl. 2 b), S. 223.

[188] So auch die Bewertung bei *Poscher*, Gefahrenabwehr, S. 88; *ders.*, Die Verwaltung 41 (2008), 345 (353 ff.).

[189] Ausdr. Anordnung der Berücksichtigung des Verhältnismäßigkeitsprinzips bei Normanwendung z. B. in BVewGE 45, 51 (61); 62, 36 (39).

[190] *Kral*, Die polizeiliche Vorfeldbefugnis als Herausforderung für Dogmatik und Gesetzgebung des Polizeirechts, S. 46.

[191] *Gusy*, in: ders./Eichenhofer, Polizei- und Ordnungsrecht, Rn. 120.

[192] *Götz/Geis*, Allgemeines Polizei- und Ordnungsrecht, § 12 Rn. 7.

[193] BVerwGE 45, 51 (61); 47, 31 (40); 57, 61 (65); 62, 36 (39); BVerwG, NJW 1981, 1915 (1916); BVerwGE 88, 348 (351); 116, 347 (356); aus der Lit. u. a. *Götz/Geis*, Allgemeines Polizei- und Ordnungsrecht, § 12 Rn. 7; *Gusy*, in: ders./Eichenhofer, Polizei- und Ordnungsrecht, Rn. 118; *Kingreen/Poscher*, Polizei- und Ordnungsrecht, § 8 Rn. 7; *Korte/Dittrich*, JA

Scholz. Dieser nimmt auf Tatbestandsseite eine Abwägung zwischen verschiedenen Rechtsgütern vor.[194]

Gleichwohl ergibt sich durch die Ungenauigkeiten dieser Prognose eine Restunsicherheit.[195] Schon in der Kalkar-I-Entscheidung des Bundesverfassungsgerichts stellte dieses – wenn auch Erkenntnisse daraus aufgrund des im Atomrecht geltenden Vorsorgeprinzips hinsichtlich des Polizeirechts mit Vorsicht zu genießen sind – fest, dass das „Maß an Unbestimmtheit, das bei solchen Risikobeurteilungen unentrinnbar verbleibt, [...] in der Natur des menschlichen Erfahrungswissens begründet"[196] ist und bei willkürfreier Anwendung nicht gegen Verfassungsrecht verstößt.[197] Eine beliebige Absenkung sei nicht möglich. Untergrenze bleibe – zumindest im Rahmen der klassischen Gefahrenabwehr – immer die hinreichende Wahrscheinlichkeit.[198]

Die Je-Desto-Formel bleibt in ihrer Anwendung nicht ohne Kritik. Teilweise wird sie von Stimmen in der Literatur als „Kompensationsformel"[199] bezeichnet. Sie stelle eine bloße „Privatversicherungsformel"[200] dar, welche einen Ausgleich zwischen Wahrscheinlichkeit und Schaden herstellen möchte. Zum einen wird der Je-Desto-Formel daher eine zu sehr an wirtschaftlichen Überlegungen orientierte Dogmatik vorgeworfen.[201] Zum anderen besteht Kritik an der Zweigliedrigkeit der Formel: Faktisch sei die Bestimmung der Wahrscheinlichkeit per se nach einer rechtsstaatlich haltbaren Methode beziehungsweise unter Heranziehen von haltbaren Erkenntnisquellen nicht möglich, sodass darüber hinaus eine Bestimmung verschiedener Wahrscheinlichkeitsstufen nicht möglich erscheine und im Ergebnis allein die mögliche Schadenshöhe als Maß der Prognose dienen könne.[202] Dies führt aber zu Problemen damit, dass die Prognoseentscheidung ein zukünftiges Element birgt, das auch hinsichtlich der Schadenshöhe mitberücksichtigt werden muss. Um

---

2017, 332 (336); *Martens*, in: Drews/Wacke/Vogel/Martens, Gefahrenabwehr, § 13 Erl. 2 b), S. 225; *Schenke*, Polizei- und Ordnungsrecht, Rn. 82; *Schoch*, JURA 2005, 600 (604).

[194] *Scholz*, VerwArch 27 (1919), 1, (57): „Vielmehr bedarf es noch eines verständigen Ermessens unter den früher hervorgehobenen Gesichtspunkten des Grades der Wahrscheinlichkeit des Schadens, des Wertes des gefährdeten Gutes und derjenigen Interessen, welche durch eine allgemeine polizeiliche Vorschrift beeinträchtigt werden."

[195] *Gusy*, in: ders./Eichenhofer, Polizei- und Ordnungsrecht, Rn. 124; *Martens*, in: Drews/Wacke/Vogel/Martens, Gefahrenabwehr, § 13 Erl. 2 b), S. 225; *Leisner*, DÖV 2002, 326 (331).

[196] BVerfGE 49, 89 (140).

[197] BVerfGE 49, 89 (140); m. V. a. die vorgenannte Rspr. *Martens*, in: Drews/Wacke/Vogel/Martens, Gefahrenabwehr, § 13 Erl. 2 b), S. 225; diesem folgend auch *Leisner*, DÖV 2002, 326 (331).

[198] BVerfGE 115, 320 (361); 120, 378 (429); vgl. auch BVerwGE 116, 347 (356).

[199] *Leisner*, DÖV 2002, 326 (327).

[200] *Leisner*, DÖV 2002, 326 (334).

[201] *Leisner*, DÖV 2002, 326 (327 f.).

[202] *Leisner*, DÖV 2002, 326 (329).

die Zukunftsgerichtetheit der Entscheidung nicht vollständig zu ignorieren, wird das Heranziehen der bekannten zivilrechtlichen Formel der Adäquanz gefordert.[203] Nach der Definition des BGH liegt eine solche Wahrscheinlichkeit vor, „wenn eine Tatsache im Allgemeinen und nicht nur unter besonders eigenartigen, ganz unwahrscheinlichen und nach dem regelmäßigen Verlauf der Dinge außer Betracht zu lassenden Umständen zur Herbeiführung eines Erfolgs geeignet war"[204]. Für das Polizeirecht bedeutet die Anwendung der Sozialadäquanz auf den Punkt gebracht: „Die Schwere der sicherheitsrechtlichen Gefahr bestimmt sich nach der Höhe des im Normalfall zu erwartenden Schadens"[205].

Diese Anleihe aus dem Zivilrecht kann indes nicht überzeugen. Zwar wird man über den zivilrechtlichen Ursprung noch hinwegsehen können, da bei Bestehen einer Regelungslücke und Vorliegen einer gleichen Interessenslage eine Analogie möglich und häufig auch sinnvoll erscheint.[206] Tragender Kritikpunkt an der Anwendung der Adäquanztheorie im Gefahrenabwehrrecht ist – auch wenn die Vertreter dieser Theorie dies anders sehen –[207] allerdings, dass sie einen in Anbetracht der möglichen Eingriffsintensität zu weiten Rahmen steckt.[208] Anders als bei der zivilrechtlichen Betrachtung, bei der die Randkorrektur nur zum Ausschluss des „ganz Unwahrscheinlichen" führt, soll im Gefahrenabwehrrecht auch das ausscheiden, was bloß nicht sehr wahrscheinlich ist.[209] Die hinreichende Wahrscheinlichkeit soll „mehr als das alltägliche und damit zumutbare Lebensrisiko"[210] sein. Die Abwägung ist zudem nicht rein wirtschaftlich ausgerichtet, da schon der Amtswalter nicht nach seinem persönlichen Vorteil strebt, sondern das Ziel der Nutzenabwägung letztlich der gesellschaftliche Nutzen ist in Form der sogenannten Wohlfahrtsökonomie.[211] Eine wertende Abwägung verschiedener Indizien bei Bestimmung der Eintrittswahrscheinlichkeit ist zum einen praxisnäher und zum anderen auch unter Berücksichtigung des Verhältnismäßigkeitsgrundsatzes vorzugswürdig, da so ein differenzierter Ausgleich der verschiedenen Interessen möglich ist.[212] Die Wahrscheinlichkeitsbestimmung nach der Je-Desto-Formel ist somit zu bevorzugen.

---

[203] *Leisner*, DÖV 2002, 326 (331).

[204] BGHZ 3, 261 (267).

[205] *Leisner*, DÖV 2002, 326 (332); bei Bestimmung des Schadens wird indes auch hier die Schutzgutwertigkeit berücksichtigt, vgl. *Leisner*, DÖV 2002, 326 (332 ff.).

[206] Unter Verweis auf die Ähnlichkeiten der Problemlagen bei Prognoseentscheidungen *Leisner*, DÖV 2002, 326 (331).

[207] *Leisner*, DÖV 2002, 326 (332).

[208] *Dröge*, Die „drohende Gefahr" und ihre Auswirkungen auf die Rechtsstellung der Zivilperson gegenüber der öffentlichen Gewalt, S. 20 f.

[209] *Dröge*, Die „drohende Gefahr" und ihre Auswirkungen auf die Rechtsstellung der Zivilperson gegenüber der öffentlichen Gewalt, S. 20.

[210] *Gusy*, in: ders./Eichenhofer, Polizei- und Ordnungsrecht, Rn. 120.

[211] Vgl. *Nell*, Wahrscheinlichkeitsurteile in juristischen Entscheidungen, S. 150 f.

[212] Vgl. *Hoffmann-Riem*, in: FS Wacke, S. 327 (335).

Das Element der Prognose innerhalb des Wahrscheinlichkeitsurteils kann dazu verleiten, den Kontrollumfang des Gerichts in Frage zu stellen. Ist doch die Gefahr ein unbestimmter Rechtsbegriff und die Prognoseentscheidung ein Fall, in dem der Gesetzgeber unter Umständen – im Sinne der normativen Ermächtigungslehre – der Exekutive tatbestandlich einen Beurteilungsspielraum zugesteht.[213] Die ganz herrschende Meinung jedoch sieht im Anschluss an die höchstrichterliche Rechtsprechung dennoch die polizeiliche Gefahr als vollumfänglich überprüfbar an.[214]

(4) Zwischenfazit

Die Gefahr ist ein Produkt von Schädigung und Wahrscheinlichkeit.[215] Mindestmaß für den klassischen Eingriff bildet immer die hinreichende Wahrscheinlichkeit. Dieser Begriff ist aber flexibel:[216] Der benötigte Wahrscheinlichkeitsgrad ist abhängig vom Rang des gefährdeten Rechtsguts und der Intensität des gefährdenden Eingriffs.[217] Die „Variabilität“[218] des Wahrscheinlichkeitsgrades bildet somit sowohl Vorteil als auch eine mögliche Schwachstelle des Gefahrenbegriffs.

cc) Perspektive

(1) Abstrakte und konkrete Gefahr

Sodann ist eine für das Polizeirecht äußerst bedeutende Unterscheidung anzustellen: die bereits mehrfach erwähnte Differenzierung von abstrakter und konkreter Gefahr. Wie eingangs erwähnt ermächtigt nicht jede Gesetzesnorm zu Eingriffen in die Sphäre des Bürgers. Grundrechtseingriffe dürfen nur auf Basis von Befugnisnormen ergehen.[219]

---

[213] Zum Erfordernis der normativen Ermächtigung hinsichtlich der Einräumung von Kontrollspielräumen der Verwaltung BVerfGE 15, 275 (281 f.); 61, 82 (111); 88, 40 (45); 103, 142 (157); 128, 1 (51); BVerwGE 62, 86 (98); 106, 318 (319); zur Ausnahme bei Prognoseentscheidungen BVerwGE 87, 332 (333); 106, 263 (267 ff.); 116, 188 (189 ff.); aus der Lit. *Huber*, in: v. Mangoldt/Klein/Starck, GG, Bd. 1, Art. 19 Rn. 516 f.; krit. bzgl. einer extensiven Auslegung bei solchen Entscheidungen *Schmidt-Aßmann*, in: Dürig/Herzog/Scholz, GG, Bd. III, Art. 19 Abs. 4 Rn. 198.

[214] BVerfGE 103, 142 (157); *Holzner*, in: Möstl/Schwabenbauer, BeckOK Polizei- und Sicherheitsrecht Bayern, Art. 11 BayPAG Rn. 32; *Schmidt-Aßmann*, in: Dürig/Herzog/Scholz, GG, Bd. III, Art. 19 Abs. 4 Rn. 198; ausführlich *Lingemann*, Die Gefahrenprognose als Basis eines polizeilichen Beurteilungsspielraumes?, 95 ff. m. w. N.

[215] *Kingreen/Poscher*, Polizei- und Ordnungsrecht, § 8 Rn. 7; *Leisner*, DÖV 2002, 326 (327); *Ossenbühl*, NVwZ 1986, 161 (163); *Schoch/Kießling*, in: Schoch/Eifert, Besonderes Verwaltungsrecht, Kap. 1 Rn. 286.

[216] *Martens*, in: Drews/Wacke/Vogel/Martens, Gefahrenabwehr, § 13 Erl. 2 b), S. 225.

[217] *Hoffmann-Riem*, in: FS Wacke, S. 327 (331).

[218] *Martens*, in: Drews/Wacke/Vogel/Martens, Gefahrenabwehr, § 13 Erl. 2 b), S. 224.

[219] *Eichenhofer*, in: Gusy/Eichenhofer, Polizei- und Ordnungsrecht, Rn. 168; *Holzner*, in: Möstl/Schwabenbauer, BeckOK Polizei- und Sicherheitsrecht Bayern, Art. 2 BayPAG Rn. 1 f.; *Knemeyer*, VVDStRL 35 (1971), 221 (227 ff.); *Zähle*, JuS 2014, 315 (315 f.).

Nach dem Vorbehalt des Gesetzes dürfen Maßnahmen des Staates – insbesondere solche, die einen Eingriff in Grundrechte nach sich ziehen, – nur aufgrund einer Ermächtigungsnorm ergehen.[220] Im Polizeirecht werden derartige Normen als Befugnis bezeichnet.[221] Die Generalklausel, welche die Polizei zu atypischen Maßnahmen ermächtigt, ist eine Befugnis und – bisher – dadurch gekennzeichnet, dass für sie als Mindestvoraussetzung eine konkrete Gefahr vorliegen muss.[222] Ausschließlich diese wird als ausreichend konkrete Hürde für einen Grundrechtseingriff durch eine selbstständige polizeiliche Verfügung gehalten.[223] Dadurch wird die Notwendigkeit der grundlegenden Differenzierung zwischen abstrakter und konkreter Gefahr deutlich.

Die abstrakte Gefahr ist Voraussetzung des Verordnungserlasses. Denn bei ihr wird ein abstrakter Tatbestand geregelt, bei dem der Einzelfall nicht regelbar ist.[224] Auf Basis der Verordnung können sodann Einzelfallmaßnahmen ergehen.[225] Die von Scholz begründete Verknüpfung des Begriffs der abstrakten Gefahr mit der Polizeiverordnung – als Erlassvoraussetzung derer und als Ermächtigung zu (unselbstständigen) polizeilichen Verfügungen durch sie –[226] setzt sich fort.[227] Die Rechtsprechung erachtet die abstrakte Gefahr für gegeben,

> „wenn eine generell-abstrakte Betrachtung für bestimmte Arten von Verhaltensweisen oder Zuständen zu dem Ergebnis führt, daß mit hinreichender Wahrscheinlichkeit ein Schaden im Einzelfall einzutreten pflegt [...] und daher Anlaß besteht, diese Gefahr mit generell-abstrakten Mitteln, also einem Rechtssatz, insbesondere einer PolizeiVO zu bekämpfen, was wiederum zur Folge hat, daß auf den Nachweis der Gefahr eines Schadenseintritts im Einzelfall verzichtet werden kann“[228].

Es stellt ausdrücklich klar, dass der Unterschied zwischen abstrakter und konkreter Gefahr nicht in einem Minus des Maßes der Wahrscheinlichkeit liegt.[229] Die „hinreichende oder auch bloße Wahrscheinlichkeit gehört zur abstrakten genauso wie zur konkreten Gefahr; beide Gefahrenbegriffe stellen, was den zu erwartenden Eintritt eines Schadens anlangt, die gleichen Anforderungen der Wahrscheinlich-

---

[220] Zum Gesetzesvorbehalt *Guckelberger*, in: Stern/Sodan/Möstl, Das Staatsrecht der Bundesrepublik Deutschland im europäischen Staatenverbund, Bd. III, § 83 Rn. 1 ff., 24 ff.; *Ossenbühl*, in: Isensee/Kirchhof, Handbuch des Staatsrechts, Bd. II, § 101 Rn. 11 ff.; *Schulze-Fielitz*, in: Dreier, GG, Bd. II, Art. 20 (Rechtsstaat) Rn. 105 ff.

[221] S. z. B. *Eichenhofer*, in: Gusy/Eichenhofer, Polizei- und Ordnungsrecht, Rn. 168.

[222] *Schenke*, Polizei- und Ordnungsrecht, Rn. 76.

[223] *Kugelmann*, DÖV 2003, 781 (783); *Schenke*, JuS 2018, 505 (506).

[224] *Scholz*, VerwArch 27 (1919), 1, (48); s. auch *Funke/Kraus*, BayVBl. 2018, 725 (726).

[225] BVerwGE 153, 140 (145 Rn. 15); *Schenke*, Polizei- und Ordnungsrecht, Rn. 75; *Vogel*, in: Drews/Wacke/Vogel/Martens, Gefahrenabwehr, § 27 Erl. 4, S. 496.

[226] *Scholz*, VerwArch 27 (1919), 1, (48 f.); zum Begriff der unselbständigen Verfügung *Vogel*, in: Drews/Wacke/Vogel/Martens, Gefahrenabwehr, § 27 Erl. 4, S. 496.

[227] *Gusy*, in: ders./Eichenhofer, Polizei- und Ordnungsrecht, Rn. 125.

[228] BVerwG, NJW 1970, 1890 (1892); dies wiederholend BVerwGE 116, 347 (351 f.).

[229] BVerwG, NJW 1970, 1890 (1892).

keit"[230]. Zur Bestimmung der Wahrscheinlichkeit ist in beiden Fällen auf die Je-Desto-Formel zurückzugreifen.[231]

Ausgehend davon, dass die abstrakte Gefahr an einen häufig noch nicht real vorliegenden, sondern bloß gedachten Sachverhalt anknüpft,[232] wird für sie teilweise die Anwendung der Je-Desto-Formel verweigert[233] oder zumindest nicht ausdrücklich erwähnt.[234] Für diese Auslegung gibt es indes keine sachliche Grundlage. Es drängt sich nämlich sodann die Frage auf, wie die Wahrscheinlichkeit in diesem Fall zu bestimmen wäre. Die richtige – und gleichsam einzig existente – Methode ist die Bestimmung nach der Je-Desto-Formel.[235] Denn auch bei der abstrakten Gefahr lassen sich zumindest allgemeine Merkmale festmachen, aufgrund derer man eine Abwägung im Rahmen der Je-Desto-Formel anstellen kann.[236]

Aus einer abstrakten Gefahr kann eine konkrete Gefahr hervorgehen.[237] Abstrakte und konkrete Gefahr sind daher kein Gegensatzpaar, sondern können nebeneinander vorliegen.[238] Ist indes eine Situation nur im Allgemeinen gefährlich und nicht im konkreten Fall, liegt ausschließlich eine abstrakte Gefahr vor.[239] Umgekehrt kann aber der Verstoß gegen eine auf einer abstrakten Gefahr beruhenden Gefahrenverordnung über das Schutzgut der Wahrung der Rechtsordnung als Unterfall der öffentlichen Sicherheit dazu führen, dass auch ohne Bedrohung der Rechtsgüter, deren Schutz die Normierung dient, eine konkrete Gefahr anzunehmen ist.[240]

Nach Überzeugung der Rechtsprechung und der Literatur liegt eine konkrete Gefahr vor, wenn in dem zu beurteilenden konkreten Einzelfall mit dem Scha-

---

[230] BVerwG, NJW 1970, 1890 (1892); genauso BVerwGE 116, 347 (351); s. auch *Möstl*, JURA 2005, 48 (53 ff.); *Schoch/Kießling*, in: Schoch/Eifert, Besonderes Verwaltungsrecht, Kap. 1 Rn. 806.

[231] BVerwG, NJW 1970, 1890 (1892); *Darnstädt*, Gefahrenabwehr und Gefahrenvorsorge, S. 34, 112; *Schoch/Kießling*, in: Schoch/Eifert, Besonderes Verwaltungsrecht, Kap. 1 Rn. 806; a. A. hingegen *Leisner*, DÖV 2002, 326 (327); wohl auch *Schenke*, Polizei- und Ordnungsrecht, Rn. 82.

[232] In diesem Sinne *Götz/Geis*, Allgemeines Polizei- und Ordnungsrecht, § 12 Rn. 18; *Knemeyer*, Polizei- und Ordnungsrecht, Rn. 72; *Leisner*, DÖV 2002, 326 (327).

[233] *Leisner*, DÖV 2002, 326 (327).

[234] *Schenke*, Polizei- und Ordnungsrecht, Rn. 82.

[235] So auch ausdr. BVerwG, NJW 1970, 1890 (1892); *Schoch/Kießling*, in: Schoch/Eifert, Besonderes Verwaltungsrecht, Kap. 1 Rn. 806.

[236] *W.-R. Schenke/R. P. Schenke*, in: Brinktrine/Steiner, § 2 Rn. 79.

[237] *Schenke*, Polizei- und Ordnungsrecht, Rn. 75.

[238] *Schenke*, Polizei- und Ordnungsrecht, Rn. 75.

[239] *Schenke*, Polizei- und Ordnungsrecht, Rn. 75.

[240] *Schenke*, Polizei- und Ordnungsrecht, Rn. 75.

denseintritt hinreichend wahrscheinlich gerechnet werden muss.[241] Betrachtet werden „alle schadensrelevanten Merkmale in der konkreten Situation“[242].

Die konkrete Gefahr ist gemeint, wenn das Gesetz in einer Befugnisnorm bloß von Gefahr spricht.[243] Ihre Legaldefinition hat auch Einzug in die Landesgesetze gefunden.[244] Das bayerische Polizeiaufgabengesetz besitzt seit 2021 eine Legaldefinition in Art. 11 Abs. 1 S. 2 BayPAG:

> „Unter einer solchen konkreten Gefahr (Gefahr) ist eine Sachlage zu verstehen, die bei ungehindertem Ablauf des objektiv zu erwartenden Geschehens im Einzelfall mit hinreichender Wahrscheinlichkeit zu einer Verletzung von Schutzgütern der öffentlichen Sicherheit oder Ordnung führt.“

Daneben existieren Qualifizierungen,[245] die gesetzlichen Ursprungs sind, vgl. z.B. Art. 13 Abs. 4 GG.[246] So verlangt die sogenannte „dringende Gefahr“, vgl. Art. 13 Abs. 4 GG, dass die Dringlichkeit im Sinne des qualifizierten Rechtsgüterschutzes bei Einschätzung des Ausmaßes und der Wahrscheinlichkeit eines Schadens berücksichtigt wird.[247] Eine gemeine Gefahr gem. Art. 13 Abs. 4 GG, liegt vor, wenn ein „eine Gefahr für eine unbestimmte Menge von Personen oder Sachen“[248] gegeben ist. Die gegenwärtige Gefahr ist unter anderem normiert in § 2 Nr. 2 NPOG und die unmittelbar bevorstehende Gefahr beispielsweise in § 22 Abs. 6 S. 3 HmbPolDVG. Das Bundesverfassungsgericht definiert die gegenwärtige Gefahr als „Gefahr, bei der die Einwirkung des schädigenden Ereignisses entweder bereits begonnen hat oder bei der diese Einwirkung unmittelbar oder in allernächster Zeit mit einer an Sicherheit grenzenden Wahrscheinlichkeit bevorsteht“[249]. Eine annähernd gleiche Definition verwendet auch das Bundesverwaltungsgericht und es geht zusätzlich davon aus, dass mit beiden Begriffen – gegenwärtiger und unmittelbar

---

[241] Grdlg. BVerwG, NJW 1970, 1890 (1892); s. auch BVerwGE 28, 310 (315 f.); genauso u.a. *Gusy*, in: ders./Eichenhofer, Polizei- und Ordnungsrecht, Rn. 125; *Schoch/Kießling*, in: Schoch/Eifert, Besonderes Verwaltungsrecht, Kap. 1 Rn. 279.

[242] *Schenke*, Polizei- und Ordnungsrecht, Rn. 75.

[243] S. *Götz/Geis*, Allgemeines Polizei- und Ordnungsrecht, § 12 Rn. 18; *Gusy*, in: ders./ Eichenhofer, Polizei- und Ordnungsrecht, Rn. 125; *Schenke*, JuS 2018, 505 (506); *Schoch/ Kießling*, in: Schoch/Eifert, Besonderes Verwaltungsrecht, Kap. 1 Rn. 279.

[244] § 2 Nr. 1 NPOG, § 3 Abs. 3 Nr. 1 SOG MV, § 4 Nr. 3a) SächsPVDG, § 3 Nr. 3 a) SOG LSA.

[245] Vgl. *Kingreen/Poscher*, Polizei- und Ordnungsrecht, § 8 Rn. 21; *Schenke*, Polizei- und Ordnungsrecht, Rn. 74.

[246] *Kingreen/Poscher*, Polizei- und Ordnungsrecht, § 8 Rn. 21; das Bundesverfassungsgericht sagt bloß, dass die „Anforderungen über die einer konkreten Gefahr noch hinausgehen“ BVerfGE 141, 220 (296 Rn. 184).

[247] BVerfGE 141, 220 (271 Rn. 110, 290 Rn. 184); *Schenke*, Polizei- und Ordnungsrecht, Rn. 228, 83 .

[248] Def. nach der Begr. zum ME PolG (1977), Abdr. in *Heise/Riegel*, Musterentwurf eines einheitlichen Polizeigesetzes, S. 25; ähnlich *Schenke*, Polizei- und Ordnungsrecht, Rn. 83.

[249] BVerfGE 115, 320 (363).

bevorstehender Gefahr – „das gleiche gemeint ist“[250]. Dass die Qualifizierungen den Bereich der konkreten Gefahr verlassen, lässt sich aus dem Umstand deuten, dass sowohl das Bundesverfassungsgericht als auch das Bundesverwaltungsgericht nicht die hinreichende Wahrscheinlichkeit, sondern eine Prognose „mit an Sicherheit grenzender Wahrscheinlichkeit“ fordern. Dies lässt sich aber auch als dem Wert der Rechtsgüter entsprechende, den verfassungsrechtlichen Grundsatz der Verhältnismäßigkeit berücksichtigende Auslegung des Gefahrenbegriffs interpretieren, die nicht notwendigerweise eine neue Gefahrenkategorie eröffnet.

(2) Objektiver und subjektiver Gefahrenbegriff

Bisher wurden die Kernelemente des Wahrscheinlichkeitsurteils beleuchtet und definiert. Maßgeblichen Einfluss auf den Ausgang des Wahrscheinlichkeitsurteils hat aber noch ein weiterer Faktor, um den sich ein Jahrzehnte andauernder und bis heute nicht abschließend geklärter Streit rankt. Die Diskussion beschäftigt sich mit der bereits in der Wahrscheinlichkeitstheorie angedeuteten,[251] grundlegenden Frage, ob bei der Beurteilung des Vorliegens einer Gefahr auf einer subjektiven oder einer objektiven Perspektive zu folgen ist.

Früheste Auslegungen des Gefahrenbegriffs bezeugen ein rein objektives Verständnis der Gefahr.[252] In dieser Tradition sehen sich auch noch die heutigen Anhänger dieses Gefahrenbegriffs, wenn sie fordern, dass der Sachverhalt, der mit hinreichender Wahrscheinlichkeit zu einer Schädigung eines polizeilichen Schutzguts führen wird, „wirklich“[253] beziehungsweise „in Wahrheit“[254] vorliegt. Im Laufe der Zeit kam es jedoch zu diversen Schwankungen im Verständnis dieses polizeirechtlichen Fixpunktes. Sah sich der Gefahrenbegriff im letzten Jahrhundert zunehmender Kritik ausgesetzt,[255] sodass subjektivierenden Tendenzen Nährboden geboten wurde, besann man sich in den 1990er-Jahren wieder seinen Ursprüngen.[256] Die Hauptkritikpunkte am objektiven Gefahrenbegriff fasst Poscher – Verfechter einer objektiven Auslegung – in drei Elementen zusammen: Es bestehe Kritik hinsichtlich des Wesens der Wahrscheinlichkeit, des Wesens der Gefahr und zuletzt des Wesens polizeilicher Arbeit.[257]

---

[250] BVerwGE 45, 51 (57 f.); vgl. zudem BVerfGE 141, 220 (271 Rn. 111).

[251] S. dazu auch *Poscher*, Gefahrenabwehr, S. 83 ff.

[252] S. bspw. PrOVG, PrVBl. 38 (1916/1917), 360 (360); umfangreiche historische Darstellung in *Poscher*, Gefahrenabwehr, S. 30 ff.

[253] *Kingreen/Poscher*, Polizei- und Ordnungsrecht, § 8 Rn. 33; *Schoch*, JURA 2003, 472 (474).

[254] *Kingreen/Poscher*, Polizei- und Ordnungsrecht, § 8 Rn. 37.

[255] Grdlg. *Hoffmann-Riem*, in: FS Wacke, S. 327 ff.

[256] *Poscher*, Gefahrenabwehr, S. 83 ff.; 112 ff.

[257] *Kingreen/Poscher*, Polizei- und Ordnungsrecht, § 8 Rn. 41 ff.; *Poscher*, Gefahrenabwehr, S. 83 ff., 112 ff.

Die Kritiker des objektiven Gefahrenbegriffs tragen vor, dass Wahrscheinlichkeitsurteile durch die Bindung an den Kenntnisstand des jeweils handelnden Amtswalters immer subjektiv seien.[258] Es komme demnach auf die „‚Überzeugung' der Rechtsanwender"[259] an. Nach ganz herrschender Meinung beider Lager erfolgt die Beurteilung der Gefahr „ex-ante" nach Zugrundelegung des Erlasszeitpunkts.[260] Die nachträgliche objektive Bewertung könne nach den Anhängern der subjektiven Auslegung angesichts der Unsicherheiten, die dem gefahrenabwehrrechtlichen Wahrscheinlichkeitsurteil immanent sind, nicht zur Negierung des Vorliegens einer Gefahr führen.[261] Die Möglichkeit, dass die Diagnose oder Prognose an einem Fehler leidet, sei Konsequenz des Handelns auf Basis von Wahrscheinlichkeiten.[262] Teleologisch wird ergänzend vorgebracht, dass die präventiv-polizeiliche Tätigkeit durch Zeitdruck geprägt ist.[263] Eine vollständige Ermittlung der verschiedenen Ebenen des Diagnoseurteils werde häufig nicht möglich sein,[264] sodass es zu einer immensen Einschränkung polizeilicher Tätigkeit käme, wäre ein Schaden, der objektiv drohte, zur Prognosegrundlage gemacht.[265]

Dagegen wird gehalten, dass jedes Urteil, nicht ausschließlich das Wahrscheinlichkeitsurteil, von einem Wissensstand abhängig ist.[266] Auch das Wesen der Gefahr gebiete keine subjektive Bewertung der Gefahrenlage. Der ex-ante Maßstab bleibe im Rahmen der objektiven Gefahr maßgeblich. Es werde hier allein unter rechtsstaatlichen Aspekten auf das dem Beamten in der konkreten Situation vollständig zur Verfügung stehende Wissen abgestellt, unabhängig davon, ob der Beamte dieses subjektiv genutzt hat oder nicht.[267] Letztlich überzeuge auch das Zeitargument nicht, da ein Richter in Eilentscheidungen sich mit der gleichen Lage konfrontiert sieht wie ein unter Zeitdruck handelnder Polizeibeamter.[268]

---

[258] Zur Begründung dessen einen wissenschaftstheoretischen Begründungsansatz verfolgend *Darnstädt*, Gefahrenabwehr und Gefahrenvorsorge, S. 85 ff.; *Nell*, Wahrscheinlichkeitsurteile in juristischen Entscheidungen, S. 84 ff.; s. auch *Hoffmann-Riem*, in: FS Wacke, S. 327 (339); krit. *Poscher*, Gefahrenabwehr, S. 59 f., 83 ff.

[259] *Hoffmann-Riem*, in: FS Wacke, S. 327 (339).

[260] BVerwGE 49, 36 (42 f.); genauso *Götz/Geis*, Allgemeines Polizei- und Ordnungsrecht, § 12 Rn. 55;*Schoch/Kießling*, in: Schoch/Eifert, Besonderes Verwaltungsrecht, Kap. 1 Rn. 288, 292.

[261] *Hoffmann-Riem*, in: FS Wacke, S. 327 (331); *Gusy*, in: ders./Eichenhofer, Polizei- und Ordnungsrecht, Rn. 114; *Schenke*, Polizei- und Ordnungsrecht, Rn. 86.

[262] *Schenke*, Polizei- und Ordnungsrecht, Rn. 86.

[263] *Gusy*, in: ders./Eichenhofer, Polizei- und Ordnungsrecht, Rn. 114; *Schenke*, Polizei- und Ordnungsrecht, Rn. 86.

[264] *Gusy*, in: ders./Eichenhofer, Polizei- und Ordnungsrecht, Rn. 114; *Schenke*, Polizei- und Ordnungsrecht, Rn. 86.

[265] *Schenke*, Polizei- und Ordnungsrecht, Rn. 86; krit. *Poscher*, Gefahrenabwehr, S. 147.

[266] *Kingreen/Poscher*, Polizei- und Ordnungsrecht, § 8 Rn. 42.

[267] *Götz/Geis*, Allgemeines Polizei- und Ordnungsrecht, § 12 Rn. 55; *Kingreen/Poscher*, Polizei- und Ordnungsrecht, § 8 Rn. 44.

[268] *Kingreen/Poscher*, Polizei- und Ordnungsrecht, § 8 Rn. 46 f.

Mit diesem Wissen gelangt man zum Dreh- und Angelpunkt der Diskussion: die Gefahrenkategorie der Anscheinsgefahr. Anerkanntermaßen geht es bei dem Begriff der Anscheinsgefahr um eine Situation, in der sich im Nachhinein herausstellt, dass keine Gefahrenlage vorlag.[269] Die Vertreter des subjektiven Gefahrenbegriffs stellen nun darauf ab, ob bei der dem Beamten unterlaufenen Fehleinschätzung eine Form von Verschulden beziehungsweise Vorwerfbarkeit vorlag oder sie sonst zu beanstanden war.[270] Trifft den Amtswalter dieser Vorwurf nicht, handelt es sich wegen der Maßgeblichkeit des ex-ante Maßstabs bei der Beurteilung um eine sogenannte Anscheinsgefahr. Sie ist eine *„echte polizeiliche Gefahr (Störung) im Sinne der polizeilichen Ermächtigungsnorm"*[271]. Anhänger des objektiven Gefahrenbegriffs haben schon Schwierigkeiten, den Begriff der Anscheinsgefahr anzuerkennen.[272] Handelt es sich doch auch nach ihrem Gefahrenverständnis schlicht-

---

[269] *Knemeyer*, Polizei- und Ordnungsrecht, Rn. 95; *Schenke*, Polizei- und Ordnungsrecht, Rn. 86; dies als Ausgangslage betrachtend, ohne den Begriff der Anscheinsgefahr anzuerkennen *Götz/Geis*, Allgemeines Polizei- und Ordnungsrecht, § 12 Rn. 54; *Schoch/Kießling*, in: Schoch/Eifert, Besonderes Verwaltungsrecht, Kap. 1 Rn. 292. Die Anscheinsgefahr ist nicht zu verwechseln mit dem Gefahrenverdacht: Auf Tatbestandsseite erfolgt eine Abgrenzung über das Bewusstsein des Beamten hinsichtl. des unzureichenden Wissensstandes, vgl. *Knemeyer*, Polizei- und Ordnungsrecht, Rn. 96; vgl. auch *Poscher*, Gefahrenabwehr, S. 119 f.; krit. bzgl. dieses Unterscheidungskriteriums hingegen *Schenke*, Polizei- und Ordnungsrecht, Rn. 86; zudem können auf Rechtsfolgenseite bei der Anscheinsgefahr endgültige Maßnahmen ergehen, der Verdacht berechtigt vorrangig nach Ansicht eines Teils der Lit. bloß zu vorläufigen Gefahrenerforschungseingriffen, vgl. schon *Hoffmann-Riem*, in: FS Wacke, S. 327 (335). Folgt man einer rein objektiven Auslegung, gelangt man in Anbetracht dessen, dass subjektive Erwägungen – wie das Bewusstsein des Beamten bzgl. der unzureichenden Diagnose und Prognose – nicht zu berücksichtigen sind, dazu, dass weder Anscheinsgefahr noch Gefahrenverdacht Gefahren im polizeirechtlichen Sinne darstellen und zu Eingriffen ermächtigen, vgl. *Poscher*, Gefahrenabwehr, S. 119 f., 127; dennoch den Gefahrenverdacht als Eingriffsgrundlage anerkennend jedoch *Schoch/Kießling*, in: Schoch/Eifert, Besonderes Verwaltungsrecht, Kap. 1 Rn. 295 ff.

[270] *Knemeyer*, Polizei- und Ordnungsrecht, Rn. 96: „unverschuldete Fehleinschätzung"; *Martens*, in: Drews/Wacke/Vogel/Martens, Gefahrenabwehr, § 13 Erl. 2 c), S. 226: „Einschätzung [...] [entspricht] dem Urteil eines fähigen, besonnenen und sachkundigen Amtswalters"; *Schenke*, Polizei- und Ordnungsrecht, Rn. 86: „ex-ante bei verständiger Würdigung des Sachverhalts [...] Schaden tatsächlich nicht drohte".

[271] So grdlg. *Hoffmann-Riem*, in: FS Wacke, S. 327 (331) [Hervorhebung im Original]; genauso BVerwGE 45, 51 (58); 49, 36 (42); *Darnstädt*, Gefahrenabwehr und Gefahrenvorsorge, S. 85 ff.; *Gusy*, in: ders./Eichenhofer, Polizei- und Ordnungsrecht, Rn. 122; *Martens*, in: Drews/Wacke/Vogel/Martens, Gefahrenabwehr, § 13 Erl. 2 c), S. 226; *Schenke*, Polizei- und Ordnungsrecht, Rn. 87; *Schoch/Kießling*, in: Schoch/Eifert, Besonderes Verwaltungsrecht, Kap. 1 Rn. 288, 292.

[272] Anhänger der objektiven Theorie ziehen die Nützlichkeit des Begriffs der Anscheinsgefahr in Zweifel. Anerkannt wird durch *Schoch/Kießling* zwar dessen Nutzen in Bezug zur Abgrenzung zur Putativgefahr und hinsichtlich diverser Einordnungsmöglichkeiten im Sekundärrecht, vgl. *Schoch/Kießling*, in: Schoch/Eifert, Besonderes Verwaltungsrecht, Kap. 1 Rn. 293. Allerdings biete es keinen Mehrwert, wenn bei einer bloßen Divergenz von ex-ante und ex-post Wissen ohne vorwerfbare Fehleinschätzung von einer Anscheinsgefahr gesprochen wird, da hier im maßgeblichen Beurteilungszeitpunkt schlichtweg eine Gefahr im polizeirechtlichen Sinne vorläge, vgl. *Schoch/Kießling*, in: Schoch/Eifert, Besonderes Verwal-

weg um eine Gefahr im polizeirechtlichen Sinne, wenn der Wissensstand ex-ante und ex-post divergieren, aber die Entscheidung auf Basis des vollständig zur Verfügung stehenden Wissens ex-ante erging.[273] Viele Fälle, die der subjektive Gefahrenbegriff im Rahmen der Beurteilung der Rechtmäßigkeit einer Maßnahme unter dem Begriff der Anscheinsgefahr diskutiert, sind daher beim objektiven Gefahrenbegriff unproblematisch als Gefahr anzuerkennen, da dem Amtswalter das erreichbare Wissen zugerechnet wird, auch wenn dieser in der konkreten Situation nicht den entsprechenden Kenntnisstand besaß.[274]

Relevanz kann dieser Gefahrenmodus nur erlangen, wenn trotz unvollständiger Ausschöpfung des Wissensstandes keine Vorwerfbarkeit vorliegt. Dann beschreibt die Anscheinsgefahr Fälle, nach denen „eine Gefahr nach subjektivem, nicht aber nach objektivem Gefahrenbegriff vorliegt“[275]. In der Praxis hat sich der subjektive Gefahrenbegriff durchgesetzt.[276] Sie übernimmt allerdings nicht eine rein subjektive Auslegung, welche Einfallstor für staatliche Willkür wäre. In ihrer Anerkennung der Kategorie der Anscheinsgefahr nimmt sie Rechtsprechungspraxis ausdrücklich Bezug auf die Analyse Hoffmann-Riems.[277] Nach diesem sollen Diagnose und Prognose durch einen „normativ geprägten Urteiler“[278] erfolgen. Der so begründete normativ-subjektive Gefahrenbegriff zeichnet sich dadurch aus, dass es nicht auf ein Mittelmaß, sondern einen „idealtypisch zu messenden Durchschnitt“[279] ankommt. Hoffmann-Riems Beschreibung der Eigenschaften dieses idealtypischen Beamten – „ein verständiger, besonnener und sachkundiger Amtswalter [...], der den Sachverhalt mit ‚rechtem Augenmaß‘ zu beurteilen und in die gesetzliche Wertordnung einzugliedern vermag“[280] – wird durch seine Anhänger fortlaufend wiederholt.[281]

---

tungsrecht, Kap. 1 Rn. 292 f. Dies führt dazu, dass teilweise der Begriff vollständig abgelehnt wird, vgl. *Götz/Geis*, Allgemeines Polizei- und Ordnungsrecht, § 12 Rn. 55; ähnlich, hingegen unter Zugrundelegung des subjektiven Gefahrenbegriffs, *Darnstädt*, Gefahrenabwehr und Gefahrenvorsorge, S. 86 f.; krit. *Martens*, in: Drews/Wacke/Vogel/Martens, Gefahrenabwehr, § 13 Erl. 2 c), S. 225.

[273] *Götz/Geis*, Allgemeines Polizei- und Ordnungsrecht, § 12 Rn. 55; *Schoch/Kießling*, in: Schoch/Eifert, Besonderes Verwaltungsrecht, Kap. 1 Rn. 292 f.

[274] *Poscher*, Gefahrenabwehr, S. 119.

[275] *Kingreen/Poscher*, Polizei- und Ordnungsrecht, § 8 Rn. 49; vgl. auch *Martens*, in: Drews/Wacke/Vogel/Martens, Gefahrenabwehr, § 13 Erl. 2 c), S. 226.

[276] Die Anscheinsgefahr als Gefahrenkategorie anerkennend daher BVerwGE 45, 51 (58); 49, 36 (44); BVerwG, Urt. v. 11. 11. 1980 – I C 23.75, juris Rn. 25; BGHZ 5, 144 (149).

[277] BVerwGE 45, 51 (58).

[278] *Hoffmann-Riem*, in: FS Wacke, S. 327 (331).

[279] *Hoffmann-Riem*, in: FS Wacke, S. 327 (339).

[280] *Hoffmann-Riem*, in: FS Wacke, S. 327 (339).

[281] *Knemeyer*, Polizei- und Ordnungsrecht, Rn. 95; *Martens*, in: Drews/Wacke/Vogel/Martens, Gefahrenabwehr, § 13 Erl. 2 b) und c), S. 223 und 225; *Schenke*, Polizei- und Ordnungsrecht, Rn. 86.

Beide Gefahrenbegriffe, abstrakte und konkrete, unterscheiden die Gefahr beziehungsweise die Anscheinsgefahr von der Scheingefahr, auch Putativgefahr genannt.[282] Aus subjektiver Perspektive ist hier entscheidend, dass der Amtswalter pflichtwidrig beziehungsweise vorwerfbar bei Diagnose oder Prognose irrt.[283] Bei Anlegen objektiver Maßstäbe bildet die Putativgefahr nicht das Gegensatzpaar zur Anscheinsgefahr, sondern bloß zur Gefahr im Allgemeinen.[284] Hier kommt es darauf an, ob ein objektiver Dritter dem gleichen Fehler unterlegen wäre;[285] ist dies nicht der Fall, ist die Maßnahme mangels Vorliegens einer Gefahr rechtswidrig.

Die Definition des Gefahrenbegriffs erweitert sich demgemäß dem normativ-subjektiven Begriff folgend dahingehend, dass von einer Gefahr ausgegangen werden kann, wenn eine Sachlage „tatsächlich oder jedenfalls aus der (ex-ante-) Sicht des für die Polizei handelnden Amtswalters bei verständiger Würdigung in absehbarer Zeit die hinreichende Wahrscheinlichkeit eines Schadenseintritts in sich birgt“[286]. Eine objektive Überprüfung muss erst auf Sekundärebene erfolgen, wenn über die Kostenpflichtigkeit eines Verdachtsstörers oder die Entschädigungsfähigkeit des Anscheinsstörers entschieden wird.[287] Der Streit hat heutzutage allerdings kaum praktische Bedeutung.[288] Für Bayern wird in der Gesetzesbegründung der BayPAG-Novelle von 2021 klargestellt, dass auch die Anscheinsgefahr eine konkrete Gefahr darstellt.[289]

---

[282] Für die subjektive Theorie *Martens*, in: Drews/Wacke/Vogel/Martens, Gefahrenabwehr, § 13 Erl. 2 c), S. 225; *Schenke*, Polizei- und Ordnungsrecht, Rn. 86, 88; für den objektiven Gefahrenbegriff *Götz/Geis*, Allgemeines Polizei- und Ordnungsrecht, § 12 Rn. 50 ff.; *Schoch/Kießling*, in: Schoch/Eifert, Besonderes Verwaltungsrecht, Kap. 1 Rn. 294.

[283] *Martens*, in: Drews/Wacke/Vogel/Martens, Gefahrenabwehr, § 13 Erl. 2 c), S. 225; *Schenke*, Polizei- und Ordnungsrecht, Rn. 86, 88.

[284] *Götz/Geis*, Allgemeines Polizei- und Ordnungsrecht, § 12 Rn. 53 ff.; *Schoch/Kießling*, in: Schoch/Eifert, Besonderes Verwaltungsrecht, Kap. 1 Rn. 294.

[285] *Schoch/Kießling*, in: Schoch/Eifert, Besonderes Verwaltungsrecht, Kap. 1 Rn. 292.

[286] *Schenke*, Polizei- und Ordnungsrecht, Rn. 86; vgl. auch BayVerfGHE 47, 241 (256).

[287] *Pünder*, in: Ehlers/Fehling/Pünder, Besonderes Verwaltungsrecht, Bd. 3, § 69 Rn. 344; ohne unmittelbare Verursachung handelt es sich beim Betroffenen auch bei der Anscheinsgefahr lediglich um einen Nichtstörer, der zu entschädigen ist, vgl. *Schenke*, Polizei- und Ordnungsrecht, Rn. 746; bei unmittelbarer Verursachung ist der Betroffene als Störer anzusehen *Schenke*, Polizei- und Ordnungsrecht, Rn. 86; zumindest ist aber – sofern man die Störereigenschaft negiert – auf seiner Seite ein Verschulden anzunehmen, so dass die Entschädigungspflicht gegenüber dem Nichtstörer ausscheidet, vgl. BGHZ 5, 144 (152).

[288] *Gusy*, in: ders./Eichenhofer, Polizei- und Ordnungsrecht, Rn. 114; *Thiel*, Polizei- und Ordnungsrecht, § 8 Rn. 57.

[289] Amtl. Begr. zu Art. 11 BayPAG i. d. F. des Gesetzes zur Änderung des Polizeiaufgabengesetzes und weiterer Rechtsvorschriften v. 27.3.2021 (BayGVBl. S. 418), BayLT-Drs. 18/13716, S. 21.

c) Zwischenfazit

Die abschließende Definition der konkreten Gefahr verlangt daher eine Sachlage, die bei ungehindertem Ablauf des objektiv oder jedenfalls aus der ex-ante-Sicht des für die Polizei handelnden Amtswalters bei verständiger Würdigung zu erwartenden Geschehens im Einzelfall in absehbarer Zeit mit hinreichender Wahrscheinlichkeit zu einer Verletzung von Schutzgütern der öffentlichen Sicherheit oder Ordnung führt.[290] Der bayerische Gesetzgeber übernimmt diese Definition weitgehend ausdrücklich, verzichtet aber auf das Merkmal der absehbaren Zeit, vgl. Art. 11 Abs. 1 S. 2 BayPAG.[291]

2. Verantwortlichkeit

Zweiter Grundpfeiler der staatlichen Eingriffsbefugnis stellt die Pflichtigkeit des Betroffenen dar.[292] Durch die Feststellung der Pflichtigkeit ist der Staat zu einem Eingriff ermächtigt, sodass es sich bei ihr nicht um eine Beschränkung der Eingriffsbefugnis handelt, sondern vielmehr um einen notwendigen Bestandteil im Sinne der Beschreibung der Richtung dieser.[293] Dabei ist zu beachten, dass die

[290] Zum normativ-subjektiven Ansatz s. *Schenke*, Polizei- und Ordnungsrecht, Rn. 86, vgl. auch BayVerfGHE 47, 241 (256) und Amtl. Begr. zu Art. 11 BayPAG i. d. F. des Gesetzes zur Änderung des Polizeiaufgabengesetzes und weiterer Rechtsvorschriften v. 27.3.2021 (BayGVBl. S. 418), BayLT-Drs. 18/13716, S. 21; hinsichtlich der restlichen Merkmale, vgl. BVerfGE 115, 320 (364): „Vorausgesetzt ist danach eine Sachlage, bei der im konkreten Fall die hinreichende Wahrscheinlichkeit besteht, dass in absehbarer Zeit ein Schaden für diese Rechtsgüter eintreten wird". BVerfGE 120, 274 (328): „Dies ist eine Sachlage, bei der im Einzelfall die hinreichende Wahrscheinlichkeit besteht, dass in absehbarer Zeit ohne Eingreifen des Staates ein Schaden für die Schutzgüter der Norm durch bestimmte Personen verursacht wird." BVerfGE 141, 220 (271 Rn. 111): „Der traditionelle polizeirechtliche Begriff der ‚konkreten Gefahr' setzt eine Sachlage voraus, die bei ungehindertem Ablauf des objektiv zu erwartenden Geschehens im Einzelfall in absehbarer Zeit mit hinreichender Wahrscheinlichkeit zu einer Verletzung eines polizeilichen Schutzguts führt". BVerwGE 116, 347 (350): „eine Sachlage, bei der im einzelnen Fall die hinreichende Wahrscheinlichkeit besteht, dass in absehbarer Zeit ein Schaden für die öffentliche Sicherheit eintreten wird".

[291] Zur Auslegungsfähigkeit nach der herkömmlichen Definition vgl. auch die Amtl. Begr. zu Art. 11 BayPAG i. d. F. des Gesetzes zur Änderung des Polizeiaufgabengesetzes und weiterer Rechtsvorschriften v. 27.3.2021 (BayGVBl. S. 418), BayLT-Drs. 18/13716, S. 20; in anderen Bundesländern mit Legaldefinition erfolgt ebenfalls eine Auslegung z. B. im Falle einer Anscheinsgefahr für § 2 Nr. 2 NPOG, vgl. *Ullrich*, in: Möstl/Weiner, BeckOK Polizei- und Sicherheitsrecht Niedersachsen, § 2 NPOG Rn. 63 ff.

[292] *Kingreen/Poscher*, Polizei- und Ordnungsrecht, § 9 Rn. 3; *Möstl*, in: BeckOK Polizei- und Sicherheitsrecht Bayern, Systematische und begriffliche Vorbemerkungen zum Polizeirecht in Deutschland, Rn. 33; zum Begriff der Pflichtigkeit *Martens*, in: Drews/Wacke/Vogel/Martens, Gefahrenabwehr, § 19 Erl. 1, S. 290.

[293] *Kingreen/Poscher*, Polizei- und Ordnungsrecht, § 9 Rn. 3; *Schenke*, Polizei- und Ordnungsrecht, Rn. 301; *Schoch/Kießling*, in: Schoch/Eifert, Besonderes Verwaltungsrecht, Kap. 1 Rn. 340.

richtungsweisenden Pflichtigkeitsnormen nicht nur auf den Störer[294] beziehungsweise Verantwortlichen – so die Wortwahl des Gesetzgebers –[295] deuten, sondern ihn auch ohne Verantwortlichkeit in Anspruch nehmen können.[296] Die Pflichtigkeit erlangt zudem besondere Bedeutung auf Sekundärebene, da hier darüber unterschieden werden kann, ob dem Betroffenen Ausgleich zu gewähren ist oder ob die Polizei Schäden ersetzt verlangen kann.[297]

Auf Primärebene gilt ein Stufensystem, das Niederschlag in fast alle Polizeigesetze gefunden hat:[298] Vorrangig soll der Störer, also der Verhaltens- oder Zustandsverantwortliche,[299] in Anspruch genommen werden; erst wenn sich auf dieser Stufe keine erfolgreiche Bekämpfung der Gefahr abzeichnet, ist die Polizei berechtigt, selbst zu handeln. Auf dritter und letzter Stufe ist ein Vorgehen gegen den Nichtstörer möglich. Jedes Polizei- und Ordnungsgesetz enthält einen eigenen Abschnitt zur Verantwortlichkeit. Auf diese allgemeinen Regeln ist abzustellen, sofern keine lex specialis existiert, welche die Verantwortlichkeit abweichend regelt, was den Subsidiaritätsklauseln der Landesgesetze zu entnehmen ist.[300]

Zuvörderst findet sich auf erster Stufe in jedem Verantwortlichkeitsabschnitt eine Regel über die Verhaltensverantwortlichkeit, auch wenn diese und die Zustandsverantwortlichkeit in ihrer Anwendung gleichrangig sind.[301] Gesetzlich angeordnet ist dort das Verursacherprinzip.[302] Die bekannten straf- und zivilrechtlichen Kausalitäts- und Zurechnungslehren lösen – zumindest in ihrer Reinform –

---

[294] Krit. zu diesem Begriff u. a. *Götz/Geis*, Allgemeines Polizei- und Ordnungsrecht, § 13 Rn. 5.

[295] Vgl. Art. 7 f. BayPAG; §§ 4 f. VE ME PolG (1986), Abdr. in *Kniesel/Vahle*, in: Clages, VE ME PolG, S. 3.

[296] *Gusy*, in: ders./Eichenhofer, Polizei- und Ordnungsrecht, Rn. 325.

[297] *Schenke*, Polizei- und Ordnungsrecht, Rn. 301.

[298] *Kingreen/Poscher*, Polizei- und Ordnungsrecht, § 9 Rn. 2; *Schenke*, Polizei- und Ordnungsrecht, Rn. 299.

[299] *Martens*, in: Drews/Wacke/Vogel/Martens, Gefahrenabwehr, § 19 Erl. 2, S. 290; die herrschende Meinung deutet in die Verantwortlichkeitsvorschriften die materielle Polizeipflicht hinein, also die „Verpflichtung, sein Verhalten oder den Zustand seiner Sachen so einzurichten, daß daraus keine Störungen oder Gefahren für die öffentliche Sicherheit oder Ordnung entstehen", *Martens*, in: Drews/Wacke/Vogel/Martens, Gefahrenabwehr, § 19 Erl. 3, S. 293; s. auch *Götz/Geis*, Allgemeines Polizei- und Ordnungsrecht, § 13 Rn. 6; *Schenke*, Polizei- und Ordnungsrecht, Rn. 299; wohl auch *Schoch/Kießling*, in: Schoch/Eifert, Besonderes Verwaltungsrecht, Kap. 1 Rn. 338; krit. hingegen *Kingreen/Poscher*, Polizei- und Ordnungsrecht, § 9 Rn. 4.

[300] Art. 7 Abs. 4 BayPAG; *Götz/Geis*, Allgemeines Polizei- und Ordnungsrecht, § 13 Rn. 8; *Gusy*, in: ders./Eichenhofer, Polizei- und Ordnungsrecht, Rn. 326; *Schenke*, Polizei- und Ordnungsrecht, Rn. 299; *Schoch/Kießling*, in: Schoch/Eifert, Besonderes Verwaltungsrecht, Kap. 1 Rn. 340.

[301] *Gusy*, in: ders./Eichenhofer, Polizei- und Ordnungsrecht, Rn. 373.

[302] *Gusy*, in: ders./Eichenhofer, Polizei- und Ordnungsrecht, Rn. 330; das Gesetz stellt i. R. d. Verhaltensverantwortlichkeit auf den ab, der die Gefahr verursacht hat, vgl. z. B. Art. 7 Abs. 1 BayPAG.

polizeirechtliche Problemstellungen nicht zufriedenstellend. Die conditio-sine-qua-non-Formel ist zwar notwendige Voraussetzung.[303] Sie führt in alleiniger Anwendung mangels des Abstellens auf weitere einschränkende Kriterien zu einem zu weit ausgedehnten Kreis der Verursachung.[304] Die Adäquanztheorie versagt, da der polizeirechtliche Schutzumfang auch atypische Lebenssachverhalte umfasst.[305] Lehren, welche den Risiko- oder Rechtswidrigkeitszusammenhang betrachten, also auf die Verletzung einer rechtlichen Handlungs- oder Unterlassungspflicht abstellen,[306] lassen eine unverhältnismäßige Ausdehnung des Pflichtigkeitsverständnisses gewärtigen, wenn sie in großem Umfang Pflichten in bestehende allgemeine Vorschriften hineinlesen. Zumindest führen sie aber, wenn sie den Kreis der Pflichtverletzungen über den der gesetzlichen Anordnungen ausweiten, nicht zu einem bestimmten Ergebnis.[307] Die herrschende Meinung setzt für die Verhaltensverantwortlichkeit auf die Theorie der unmittelbaren Verursachung.[308] Gemeint ist nicht die zeitlich letzte Handlung vor der Gefahr – und schon gar nicht dem Schadenseintritt –,[309] sondern es erfolgt eine normativ wertende Betrachtung,[310] der zwar als Ausgangspunkt dieses natürliche Verständnis der Unmittelbarkeit und Kausalität zugrunde liegt, das aber wertungsoffen bleibt.[311]

---

[303] *Erichsen*, VVDStRL 35 (1976), 171 (201 f.); *Gusy*, in: ders./Eichenhofer, Polizei- und Ordnungsrecht, Rn. 333 f.; *Martens*, in: Drews/Wacke/Vogel/Martens, Gefahrenabwehr, § 20 Erl. 3, S. 311; *Schenke*, Polizei- und Ordnungsrecht, Rn. 313.

[304] *Erichsen*, VVDStRL 35 (1976), 171 (201 f.); *Gusy*, in: ders./Eichenhofer, Polizei- und Ordnungsrecht, Rn. 333 f.; *Kingreen/Poscher*, Polizei- und Ordnungsrecht, § 9 Rn. 12; *Martens*, in: Drews/Wacke/Vogel/Martens, Gefahrenabwehr, § 20 Erl. 3, S. 311; *Schenke*, Polizei- und Ordnungsrecht, Rn. 313; *Schoch/Kießling*, in: Schoch/Eifert, Besonderes Verwaltungsrecht, Kap. 1 Rn. 344; das Kriterium des Verschuldens im Ordnungsrecht für unanwendbar haltend BVerwG, NVwZ 1983, 474 (476).

[305] *Schenke*, Polizei- und Ordnungsrecht, Rn. 313241; *Schoch/Kießling*, in: Schoch/Eifert, Besonderes Verwaltungsrecht, Kap. 1 Rn. 344; vgl. auch *Kingreen/Poscher*, Polizei- und Ordnungsrecht, § 9 Rn. 21; a. A. *Gusy*, in: ders./Eichenhofer, Polizei- und Ordnungsrecht, Rn. 337 ff.

[306] *Erichsen*, VVDStRL 35 (1976), 171 (205 f.); zumindest die „Orientierung an positivierten Rechtspflichten" für sinnvoll erachtend auch *Kingreen/Poscher*, Polizei- und Ordnungsrecht, § 9 Rn. 21.

[307] *Martens*, in: Drews/Wacke/Vogel/Martens, Gefahrenabwehr, § 20 Erl. 3, S. 313.

[308] Aus der Rspr. z. B. schon PrOVGE 82, 343 (347); vgl. sodann BVerwG, NVwZ 2008, 684 (684); *Götz/Geis*, Allgemeines Polizei- und Ordnungsrecht, § 13 Rn. 10; *Kingreen/Poscher*, Polizei- und Ordnungsrecht, § 9 Rn. 13, 21; *Martens*, in: Drews/Wacke/Vogel/Martens, Gefahrenabwehr, § 20 Erl. 3, S. 313; *Schenke*, Polizei- und Ordnungsrecht, Rn. 315; *Schoch/Kießling*, in: Schoch/Eifert, Besonderes Verwaltungsrecht, Kap. 1 Rn. 345; *Pünder*, in: Ehlers/Fehling/Pünder, Besonderes Verwaltungsrecht, Bd. 3, § 69 Rn. 123.

[309] *Gusy*, in: ders./Eichenhofer, Polizei- und Ordnungsrecht, Rn. 335; *Martens*, in: Drews/Wacke/Vogel/Martens, Gefahrenabwehr, § 20 Erl. 3, S. 315.

[310] *Götz/Geis*, Allgemeines Polizei- und Ordnungsrecht, § 13 Rn. 12; *Gusy*, in: ders./Eichenhofer, Polizei- und Ordnungsrecht, Rn. 329; *Pünder*, in: Ehlers/Fehling/Pünder, Besonderes Verwaltungsrecht, Bd. 3, § 69 Rn. 123.

[311] *Gusy*, in: ders./Eichenhofer, Polizei- und Ordnungsrecht, Rn. 334 ff.

„Verursacher ist nach allgemeinem Polizei- und Ordnungsrecht derjenige, dessen Verhalten die Gefahr ‚unmittelbar' herbeigeführt, also bei einer wertenden Zurechnung die polizeirechtliche Gefahrenschwelle überschritten hat"[312].

Wenn nach der Überschreitung der Gefahrenschwelle gefragt wird, zeigt sich, dass die drei Kernelemente der Befugnis – Gefahr, Verantwortlichkeit und Verhältnismäßigkeit – ineinandergreifen.[313] Da aber auch die Unmittelbarkeitslehre Aspekte der Rechtswidrigkeit oder der Adäquanz in sich berücksichtigt, fallen die Ergebnisse selten gravierend unterschiedlich aus.[314] Eine auffallende Divergenz ergibt sich nur bei der Figur des sogenannten Zweckveranlassers. Hier offenbaren sich die Flexibilität der normativ geprägten Unmittelbarkeitslehre und die Neigung zur Fallgruppenbildung.[315] Der Begriff der Verursachung wird derart ausgedehnt, dass man auch einen bloßen Veranlasser, also den, dessen Verhalten „nur Anlass für die Störung bildet"[316], darunter fasst, wenn er subjektiv[317] oder objektiv[318] die Gefahr oder Störung bezweckt.[319] Subsumiert man diese Konstellation unter den Störerbegriff der Unmittelbarkeitslehre, ergeben sich indes Unstimmigkeiten.[320] Jemand mit derartigem Abstand in der Kausalkette zum Ereignis kann die Gefahrenschwelle nur schwer überschreiten. Die Figur sieht sich dem Vorwurf der Willkür ausgesetzt.[321] Auch die Rechtswidrigkeits- und Adäquanzlehre gelangen zu keinem anderen Ergebnis: ohne Pflichtverletzung keine Pflichtigkeit. Die Veranlassung der Gefahr ist häufig als atypischer Gefahrenverlauf zu bewerten, da aufgrund der Entfernung zur Gefahr der Eintritt dieser häufig als „ganz unwahrscheinlich[en] und nach dem regelmäßigen Verlauf der Dinge außer Betracht zu lassen"[322] ist. Besser wäre eine

[312] BVerwG, Beschl. v. 12. April 2006 – 7 B 30/06 –, juris Rn. 4; BVerwG, NVwZ 2008, 684 (684 Ls. 2); so auch schon OVG Münster, NVwZ 1985, 355 (356); genauso *Götz/Geis*, Allgemeines Polizei- und Ordnungsrecht, § 13 Rn. 12; *Gusy*, in: ders./Eichenhofer, Polizei- und Ordnungsrecht, Rn. 335; *Schenke*, Polizei- und Ordnungsrecht, Rn. 314.

[313] *Götz/Geis*, Allgemeines Polizei- und Ordnungsrecht, § 13 Rn. 12; *Kingreen/Poscher*, Polizei- und Ordnungsrecht, § 9 Rn. 15 ff.; *Schenke*, Polizei- und Ordnungsrecht, Rn. 314.

[314] *Götz/Geis*, Allgemeines Polizei- und Ordnungsrecht, § 13 Rn. 14; *Kingreen/Poscher*, Polizei- und Ordnungsrecht, § 9 Rn. 19 ff.; *Schenke*, Polizei- und Ordnungsrecht, Rn. 314; vgl. auch *Gusy*, in: ders./Eichenhofer, Polizei- und Ordnungsrecht, Rn. 339.

[315] Zu den bisherigen Anwendungsfallgruppen *Schenke*, Polizei- und Ordnungsrecht, Rn. 318.

[316] *Schenke*, Polizei- und Ordnungsrecht, Rn. 315.

[317] *Knemeyer*, Polizei- und Ordnungsrecht, Rn. 328.

[318] *Götz/Geis*, Allgemeines Polizei- und Ordnungsrecht, § 13 Rn. 21; *Schoch/Kießling*, in: Schoch/Eifert, Besonderes Verwaltungsrecht, Kap. 1 Rn. 358.

[319] Vgl. z. B. VGH Kassel, NVwZ 1992, 1111 (1111 f.); OVG Hamburg, NVwZ 1991, 180 (183); *Graulich*, in: Lisken/Denninger, Handbuch des Polizeirechts, E. Rn. 210 ff.; s. a. BVerfG, BeckRS 2006, 19653 Rn. 21.

[320] Krit. daher *Kingreen/Poscher*, Polizei- und Ordnungsrecht, § 9 Rn. 31; *Kugelmann*, Polizei- und Ordnungsrecht, 8. Kap. Rn. 45.

[321] *Kingreen/Poscher*, Polizei- und Ordnungsrecht, § 9 Rn. 31.

[322] BGHZ 3, 261 (267).

Inanspruchnahme nach den zugegebenermaßen strengeren, aber unter rechtsstaatlichen Aspekten vorzugswürdigen Vorschriften der Nichtstörerhaftung.[323] Der Veranlasste, der die Gefahrenschwelle überschreitet, kann im Sinne des Gebots der effektiven Gefahrenabwehr als Handlungsstörer in Anspruch genommen werden.[324]

Der „latente Störer“, als das Pendant zur latenten Gefahr, ist als Grundlage zur Inanspruchnahme abzulehnen.[325] Erst bei Vorliegen einer konkreten Gefahr kann gegen die Person eingeschritten werden.[326] Zum Störerrepertoire gehört nach dem normativ-subjektiven Gefahrenbegriff auch der „Anscheinsstörer“ als die Person, bei der für den konkret handelnden Amtswalter bei verständiger Würdigung der Anschein erweckt wird, sie sei ein Verhaltens- oder Zustandsstörer.[327] Bei unzureichenden Anhaltspunkten für die Überschreitung der Gefahrenschwelle ist im Zweifel jedoch hier und auch im ähnlich gelagerten Fall des „Verdachtsstörers“, bei dem die Behörde bloß den Verdacht hat, er sei verantwortlich und sich dessen bewusst ist, auf die Vorschriften der Inanspruchnahme nicht verantwortlicher Personen abzustellen.[328] Bei der Verantwortlichkeit bei Unterlassen bedarf es ursprünglich einer Handlungspflicht, der der Betroffene nicht nachgekommen ist.[329]

Zweite Untergliederung der Verantwortlichkeit ist die Zustandshaftung.[330] Der Inhaber der tatsächlichen Gewalt beziehungsweise der Eigentümer oder anders Berechtigte soll für den Zustand haften, unabhängig davon, wie es zur Gefährlichkeit der Sache gekommen ist.[331] Nach herrschender Meinung ist auch hier auf das Kriterium der unmittelbaren Verursachung abzustellen.[332] Begrenzt kann die Zu-

---

[323] *Kingreen/Poscher*, Polizei- und Ordnungsrecht, § 9 Rn. 31.

[324] *Lindner*, in: Möstl/Schwabenbauer, BeckOK Polizei- und Sicherheitsrecht Bayern, Art. 7 BayPAG Rn. 31.

[325] *Schenke*, Polizei- und Ordnungsrecht, Rn. 321 f.

[326] So im Ergebnis auch *Martens*, in: Drews/Wacke/Vogel/Martens, Gefahrenabwehr, § 21 Erl. 1 b) β), S. 322 ff.

[327] *Thiel*, Polizei- und Ordnungsrecht, § 8 Rn. 102 a. E.; aus objektiver Perspektive den Anscheinsstörer als echten Störer ansehend *Schoch/Kießling*, in: Schoch/Eifert, Besonderes Verwaltungsrecht, Kap. 1 Rn. 351.

[328] *Schenke*, Polizei- und Ordnungsrecht, Rn. 335; s. aber auch *Knemeyer*, Polizei- und Ordnungsrecht, Rn. 328 und *Schoch/Kießling*, in: Schoch/Eifert, Besonderes Verwaltungsrecht, Kap. 1 Rn. 352.

[329] *Kingreen/Poscher*, Polizei- und Ordnungsrecht, § 9 Rn. 6; zum Streit, ob auch privatrechtliche Vorschriften eine Pflicht i. d. S. beinhalten, vgl. *Schenke*, Polizei- und Ordnungsrecht, Rn. 311.

[330] Die Zustandsverantwortlichkeit kann neben der Verhaltensverantwortlichkeit vorliegen *Schenke*, Polizei- und Ordnungsrecht, Rn. 300.

[331] *Kingreen/Poscher*, Polizei- und Ordnungsrecht, § 9 Rn. 42.

[332] *Kingreen/Poscher*, Polizei- und Ordnungsrecht, § 9 Rn. 31; *Kugelmann*, Polizei- und Ordnungsrecht, 8. Kap. Rn. 451; *Schoch/Kießling*, in: Schoch/Eifert, Besonderes Verwaltungsrecht, Kap. 1 Rn. 374; *Schenke*, Polizei- und Ordnungsrecht, Rn. 340; zumindest für längere Kausalketten diese Theorie für notwendig erachtend, vgl. *Gusy*, in: ders./Eichenhofer, Polizei- und Ordnungsrecht, Rn. 352.

standsverantwortlichkeit werden durch behördliche Genehmigungen aufgrund deren Legalisierungswirkung.[333]

Kann der Zweck der Maßnahme durch Inanspruchnahme des Verhaltens- oder Zustandsstörer nicht oder nicht rechtzeitig erreicht werden, kann die Behörde selbst im Wege der unmittelbaren Ausführung einschreiten, vgl. Art. 9 BayPAG.[334] Auf dritter Stufe hat die Polizei in Ausnahme vom Verursacherprinzip die Möglichkeit der Inanspruchnahme nicht verantwortlicher Dritter, auch genannt „polizeilicher Notstand".[335] Seine Voraussetzungen sind einheitlich gesetzlich festgeschrieben.[336] Aus einer Betrachtung ex-ante muss sich eine erhebliche Gefahr, das heißt eine Gefahr für ein bedeutsames Rechtsgut wie Leben, Gesundheit, Freiheit, wesentliche Vermögenswerte oder den Bestand des Staates, abzeichnen.[337] Wenn diese Vorschrift einschlägig ist, soll der Beamte vorrangig gegen den vorgehen, der durch die Verletzung der Rechtsvorschrift die öffentliche Sicherheit gefährdet.[338]

3. Verhältnismäßigkeit

Die dritte Säule der Befugnis ist die Verhältnismäßigkeit.[339] Auf dieses Prinzip ist bereits im Rahmen der tatbestandlichen Voraussetzungen als verfassungsrechtliche Korrektur eingegangen worden. Tragenden Einfluss hat dieser Grundsatz gleichermaßen auf Rechtsfolgenseite ausgeübt. Die Länder untermauern die besondere Bedeutung, die das Prinzip im Bereich der Eingriffsverwaltung erlangt,[340] durch die deklaratorische Wiederholung dieses Grundsatzes in den entsprechenden

---

333 Dazu *Gusy*, in: ders./Eichenhofer, Polizei- und Ordnungsrecht, Rn. 363; *Schenke*, Polizei- und Ordnungsrecht, Rn. 345; zur Tendenz der Beschränkung der Haftung des Zustandsverantwortlichen aufgrund des Verhältnismäßigkeitsprinzips, vgl. *Schenke*, Polizei- und Ordnungsrecht, Rn. 343 ff.

334 § 9 BWPolG, § 15 ASOG Bln, § 7 HmbSOG, § 8 HSOG; § 70a SOG MV, § 6 RhPfPOG, § 8 SächsPVDG, § 9 SOG LSA, § 9 ThürPAG; s. a. § 5a VE ME PolG (1986), Abdr. in *Kniesel/Vahle*, in: Clages, VE ME PolG, S. 3.

335 *Gusy*, in: ders./Eichenhofer, Polizei- und Ordnungsrecht, Rn. 379; so auch *Martens*, in: Drews/Wacke/Vogel/Martens, Gefahrenabwehr, § 22 Erl. 1, S. 331 ff.; *Pünder*, in: Ehlers/Fehling/Pünder, Besonderes Verwaltungsrecht, Bd. 3, § 69 Rn. 145.

336 § 8 BWPolG, § 16 ASOG Bln, § 7 BbgPolG, § 7 BremPolG, § 10 HmbSOG, § 9 HSOG, § 71 SOG MV, § 8 NPOG, § 6 PolG NRW, § 7RhPfPOG, § 6 SPolG, § 9 SächsPVDG, § 10 SOG LSA, § 220 LVwG S-H, § 10 ThürPAG; s. a. § 6 VE ME PolG (1986), Abdr. in *Kniesel/Vahle*, in: Clages, VE ME PolG, S. 3.

337 *Schenke*, Polizei- und Ordnungsrecht, Rn. 386.

338 *Kingreen/Poscher*, Polizei- und Ordnungsrecht, § 9 Rn. 74; *Martens*, in: Drews/Wacke/Vogel/Martens, Gefahrenabwehr, § 22 Erl. 1, S. 332.

339 *Möstl*, in: ders./Schwabenbauer, BeckOK Polizei- und Sicherheitsrecht Bayern, Systematische und begriffliche Vorbemerkungen zum Polizeirecht in DE, Rn. 33.

340 *Stern*, Das Staatsrecht der Bundesrepublik Deutschland, Bd. III/2, § 84 I. 1. S. 764.

Polizeigesetzen.[341] Dieses das ganze Verwaltungshandeln durchdringende Prinzip entspringt den Grundrechten und wurde im Polizeirecht maßgeblich entwickelt.[342] Die Verhältnismäßigkeit, auch Übermaßverbot genannt,[343] erfordert von einem Staatshandeln das Vorliegen eines legitimen Zwecks sowie der Geeignetheit, Erforderlichkeit und Angemessenheit.[344] Geeignet ist das Mittel, wenn es nicht „schlechthin ungeeignet"[345] ist oder „die Möglichkeit der Zweckerreichung besteht"[346]. Erforderlich ist die Maßnahme nach der allgemeinhin gebräuchlichen negativen Formulierung,[347] „wenn der Gesetzgeber nicht ein anderes, gleich wirksames, aber das Grundrecht nicht oder doch weniger fühlbar einschränkendes Mittel (Maßnahme) hätte wählen können"[348]. Letztlich gilt es im Rahmen der Angemessenheit, auch Verhältnismäßigkeit im engeren Sinne oder Proportionalität genannt,[349] zu überprüfen, ob das Mittel nicht außer Verhältnis zum angestrebten Zweck steht,[350] womit eine Zumutbarkeitsgrenze gezogen wird.[351] Die Definitionen

---

[341] S. z.B. Art. 4 BayPAG, § 4 HSOG, § 4 NPOG, § 2 PolG NRW; dazu *Schenke*, Polizei- und Ordnungsrecht, Rn. 403; wegen des „Anwendungsvorrangs der rangniedrigeren Norm" ist auf die deklaratorische Anordnung abzustellen, vgl. *Kingreen/Poscher*, Polizei- und Ordnungsrecht, § 10 Rn. 2 m.V.a. *Maurer/Waldhoff*, Allgemeines Verwaltungsrecht, § 4 Rn. 59.

[342] Zum grundrechtlichen Ursprung, vgl. BVerfGE 19, 342 (348 f.); *Schmidt-Aßmann*, in: Isensee/Kirchhof, Handbuch des Staatsrechts, Bd. II, § 26 Rn. 80; *Stern*, Das Staatsrecht der Bundesrepublik Deutschland, Bd. III/2, § 84 I 5 S. 772; im polizeirechtlichen Kontext diesen Ursprung wiederholend *Kingreen/Poscher*, Polizei- und Ordnungsrecht, § 10 Rn. 2; *Schenke*, Polizei- und Ordnungsrecht, Rn. 342; *Schoch/Kießling*, in: Schoch/Eifert, Besonderes Verwaltungsrecht, Kap. 1 Rn. 307; zum Bezug zum Polizeirecht *Vogel*, in: Drews/Wacke/Vogel/Martens, Gefahrenabwehr, § 24 Erl. 6., S. 390.

[343] Zur Begrifflichkeit *Stern*, Das Staatsrecht der Bundesrepublik Deutschland, Bd. III/2, § 84 I. 1. S. 762 f. m.w.N.

[344] St. Rspr. BVerfGE 109, 279 (335 ff.); 115, 320 (345); 118, 168 (193); 120, 274 (318 f.); *Schmidt-Aßmann*, in: Isensee/Kirchhof, Handbuch des Staatsrechts, Bd. II, § 26 Rn. 87; *Stern*, Das Staatsrecht der Bundesrepublik Deutschland, Bd. III/2, § 84 I 5 S. 775; zum Zweck als Bezugspunkt der Verhältnismäßigkeitsprüfung *Sachs*, in: ders., GG, Art. 20 Rn. 149.

[345] St. Rspr. BVerfGE 19, 119 (127); aus der jüngeren Rspr. BVerfGE 146, 71 (125 Rn. 159): „nicht offensichtlich ungeeignet".

[346] BVerfGE 146, 71 (125 Rn. 159); vgl. auch BVerfGE 30, 292 (316); 90, 145 (172); 126, 112 (144).

[347] *Stern*, Das Staatsrecht der Bundesrepublik Deutschland, Bd. III/2, § 84 II 3 S. 776.

[348] BVerfGE 30, 292 (316); vgl. u.a. auch BVerfGE 19, 330 (337); 25, 1 (17 f.); 78, 38 (50); 78, 232 (245).

[349] „Angemessenheit" z.B. *Hillgruber*, in: Isensee/Kirchhof, Handbuch des Staatsrechts, Bd. IX, § 201 Rn. 72; „Proportionalität" z.B. *Stern*, Das Staatsrecht der Bundesrepublik Deutschland, Bd. III/2, § 84 II 4 S. 782 und *Sachs*, in: ders., GG, Art. 20 Rn. 154.

[350] *Stern*, Das Staatsrecht der Bundesrepublik Deutschland, Bd. III/2, § 84 II 4 S. 782.

[351] St. Rspr. BVerfGE 9, 338 (345); s. dazu *Stern*, Das Staatsrecht der Bundesrepublik Deutschland, Bd. III/2, § 84 II 4 S. 783; vgl. auch *Hillgruber*, in: Isensee/Kirchhof, Handbuch des Staatsrechts, Bd. IX, § 201 Rn. 72.

der einzelnen Merkmale finden ihren Ursprung zu einem nicht unbedeutenden Anteil im Polizeirecht.[352]

Der Grundsatz der Verhältnismäßigkeit ist in der Prüfung der polizeilichen Maßnahme in den entsprechenden polizeirechtlichen Kontext zu rücken. Das Handeln der Polizei ist aufgrund gesetzlicher Anordnung geprägt durch das sogenannte Opportunitätsprinzip, vgl. Art. 4 BayPAG.[353] Auf zwei Stufen darf die Polizei nach ihrem Ermessen entscheiden:[354] auf Ebene des „Ob" des Eingreifens (Entschließungsermessens) und auf Ebene des „Wie" des Eingreifens (Auswahlermessen).[355] Dabei teilt sich letzteres wiederum auf in ein Auswahlermessen hinsichtlich des zu wählenden Mittels und der Richtung der Maßnahme.[356] Eine Mindermeinung möchte dieses Ermessen jedoch beschneiden: Für Knemeyer bedeutet polizeiliches Ermessen „nicht mehr eine allgemeine Wahlfreiheit der Behörde zwischen verschiedenen Möglichkeiten unter Einschluß des Nichthandelns"[357]. Vielmehr existiere im Polizeirecht ein Anspruch auf polizeiliches Einschreiten, welchen er der Aufgabennorm entspringenden Schutzpflicht entnimmt und der durch die Verhältnismäßigkeit begrenzt werde.[358] Auch für das Auswahlermessen konstatiert er, dass „[e]ntgegen der h. M. […] keine Ermessensfreiheit für die Inanspruchnahme polizeipflichtiger Personen"[359] besteht. Schlussfolgerung seiner Ausführungen ist die Annahme, dass die allgemeinen Handlungsgrundsätze – mithin insbesondere die Verhältnismäßigkeit als Teil dieser – die polizeilichen Entscheidungen von Beginn

---

[352] *Stern*, Das Staatsrecht der Bundesrepublik Deutschland, Bd. III/2, § 84 II 2 S. 776, II 3 S. 779, II 4 S. 782.

[353] *Götz/Geis*, Allgemeines Polizei- und Ordnungsrecht, § 16 Rn. 2; *Schenke*, Polizei- und Ordnungsrecht, Rn. 107; *Schoch/Kießling*, in: Schoch/Eifert, Besonderes Verwaltungsrecht, Kap. 1 Rn. 303; *Vogel*, in: Drews/Wacke/Vogel/Martens, Gefahrenabwehr, § 24 Erl. 1, S. 370 f.; *Pünder*, in: Ehlers/Fehling/Pünder, Besonderes Verwaltungsrecht, Bd. 3, § 69 Rn. 153; zur weiteren landesgesetzlichen Normierung Fn. 341.

[354] *Schenke*, Polizei- und Ordnungsrecht, Rn. 108; *Schmidbauer*, in: ders./Steiner, PAG, Art. 5 Rn. 5; *Pünder*, in: Ehlers/Fehling/Pünder, Besonderes Verwaltungsrecht, Bd. 3, § 69 Rn. 154 ff.

[355] *Schenke*, Polizei- und Ordnungsrecht, Rn. 111; *Schoch/Kießling*, in: Schoch/Eifert, Besonderes Verwaltungsrecht, Kap. 1 Rn. 306.

[356] *Kingreen/Poscher*, Polizei- und Ordnungsrecht, § 10 Rn. 35; *Schoch/Kießling*, in: Schoch/Eifert, Besonderes Verwaltungsrecht, Kap. 1 Rn. 304.

[357] *Knemeyer*, Polizei- und Ordnungsrecht, Rn. 129; a. A. *Götz/Geis*, Allgemeines Polizei- und Ordnungsrecht, § 16 Rn. 4 und *Schenke*, Polizei- und Ordnungsrecht, Rn. 113, wobei letzterer auch das Nichthandeln vom gesetzlich eingeräumten Ermessen umfasst sieht und eine „zero tolerance" Politik mindestens für bedenklich hält.

[358] *Knemeyer*, VVDStRL 35 (1977), 221 (233 ff., insb. 236 f., 245 ff.).

[359] *Knemeyer*, Polizei- und Ordnungsrecht, Rn. 339: „Entgegen der h. M. besteht keine Ermessensfreiheit für die Inanspruchnahme polizeipflichtiger Personen, denn schon das Prinzip des Übermaßverbots in seiner Ausgestaltung nach § 2 MEPolG regelt die Fälle der Heranziehung. Es gelten also die Grundsätze der Verhältnismäßigkeit." S. auch *Knemeyer*, VVDStRL 35 (1977), 221 (245 f.).

an determinieren.[360] Für das Opportunitätsprinzip, eine „Ermessens*freiheit*“[361] beziehungsweise „Wahl*freiheit*“[362], sei daneben kein Platz.[363]

Es finden sich selbstverständlich auch Argumente, welche die besondere Bedeutung des Übermaßverbots im Polizeirecht belegen. Man betrachte unter anderem die eingangs erwähnte gesonderte Zitierung des Prinzips in den Landesgesetzen und auch die Herausstellung in den Lehrbüchern, welche sich meist in einem eigenen Kapitel allein mit diesem Grundsatz beschäftigen.[364] Allerdings läuft ein Ansatz, der die Verhältnismäßigkeitsprüfung vom Ermessen trennt und darüber hinaus eine Ermessensprüfung für hinfällig erachtet, konträr zum eindeutigen Wortlaut des Gesetzes, vgl. Art. 5 BayPAG.[365] Indes halten Anhänger der herrschenden Lehre fest: „Die Polizei ist im Rahmen des Opportunitätsprinzips also *nicht etwa*, wie es vielfach heißt, rechtlich ‚*frei*‘“[366]. Sie muss die Entscheidung nach pflichtgemäßem Ermessen treffen, was als konkludenter Verweis auf § 40 VwVfG (beziehungsweise die entsprechende landesrechtliche Vorschrift) zu verstehen ist.[367] Die Auswahl kann in einer gerichtlichen Überprüfung nach § 114 S. 1 VwGO unter Anwendung der verwaltungsrechtlichen Ermessensfehlerlehre auf Ermessensunterschreitung, -überschreitung und -fehlgebrauch analysiert werden.[368] Soweit der genannte Ansatz demnach das Opportunitätsprinzip abschaffen möchte, ist dieser abzulehnen.[369]

---

[360] *Knemeyer*, Polizei- und Ordnungsrecht, Rn. 129 f., 339.

[361] *Knemeyer*, Polizei- und Ordnungsrecht, Rn. 339 [Hervorhebung hinzugefügt].

[362] *Knemeyer*, Polizei- und Ordnungsrecht, Rn. 129 [Hervorhebung hinzugefügt].

[363] *Knemeyer*, Polizei- und Ordnungsrecht, Rn. 129 f., 339; *ders.*, VVDStRL 35 (1977), 221 (236 f., 245 ff.).

[364] Vgl. z. B. die Abschnitte bei *Gusy*, in: ders./Eichenhofer, Polizei- und Ordnungsrecht, Rn. 397 ff.

[365] § 12 ASOG Bln, § 4 BbgPolG, § 4 BremPolG, § 5 HSOG, § 14 SOG MV, § 5 NPOG, § 3 PolG NRW, § 3 RhPfPOG, § 3 SPolG, § 6 SOG LSA, § 73LVwG S-H, § 5 ThürPAG; s. a. § 3 VE ME PolG (1986), Abdr. der Begr. des ME PolG (1977) in *Heise/Riegel*, Musterentwurf eines einheitlichen Polizeigesetzes, S. 32.

[366] *Vogel*, in: Drews/Wacke/Vogel/Martens, Gefahrenabwehr, § 24 Erl. 2., S. 373 [Hervorhebungen im Original].

[367] *Schoch/Kießling*, in: Schoch/Eifert, Besonderes Verwaltungsrecht, Kap. 1 Rn. 306.

[368] Zur Anwendung der Ermessensfehlerlehre im Polizeirecht vgl. *Schenke*, Polizei- und Ordnungsrecht, Rn. 107 ff.; *Schoch/Kießling*, in: Schoch/Eifert, Besonderes Verwaltungsrecht, Kap. 1 Rn. 306; für das allgemeine Verwaltungsrecht *Maurer/Waldhoff*, Allgemeines Verwaltungsrecht, § 7 Rn. 19 ff.; die Begrifflichkeiten variieren, so nutzt z. B. die Rechtsprechung den Terminus „Ermessensmißbrauch“ anstelle des -fehlgebrauchs, vgl. z. B. BVerwGE 11, 95 (97); so wie hier *Aschke*, in: Bader/Ronellenfitsch, BeckOK VwVfG, § 40 Rn. 78 ff.; s. dazu auch *Jestaedt*, in: Ehlers/Pünder, Allgemeines Verwaltungsrecht, § 11 Rn. 80 ff. und *Maurer/Waldhoff*, Allgemeines Verwaltungsrecht, § 7 Rn. 22.

[369] Krit. daher auch *Schenke*, Polizei- und Ordnungsrecht, Rn. 116 sowie schon *Erichsen*, VVDStRL 35 (1976), 171 (198 f.); Knemeyer relativiert sein Vorbringen zumindest für das Auswahlermessen, wenn er sagt, man könne sein „Auswahlprinzip als ein durch die Grundsätze der Effektivität und der Verhältnismäßigkeit konkretisiertes Auswahlermessen bezeichnen“, *ders.*, Polizei- und Ordnungsrecht, Rn. 339.

Die Verhältnismäßigkeit ist nach heutiger Auffassung als Teil der Ermessensprüfung im Sinne einer Ermessensdirektive kraft höheren Rechts anzusehen.[370] Durch Berücksichtigung dessen kann der besonderen Stellung der Verhältnismäßigkeit im Polizeirecht Rechnung getragen werden. Daneben ist im Sinne der Einheit der Rechtsordnung auf das Vorliegen der übrigen Ermessensfehler zu prüfen, da ein rechtmäßiges Handeln der Polizei auf Rechtsfolgenseite durch diese und jeden anderen Verstoß gegen die Rechtsordnung in Frage gestellt wird.[371] Die Verhältnismäßigkeit bleibt aber eine tragende Leitlinie der Entscheidung.[372]

Allerdings kann es wie auch sonst im Verwaltungsrecht zu einer Ermessensreduktion auf Null und damit zur Verpflichtung zum Einschreiten kommen.[373] Dies entfaltet besondere Bedeutung gegenüber Dritten. Denn bei Vorliegen eines subjektiv öffentlichen Rechts kann im Einzelfall ein Anspruch auf Einschreiten angenommen werden.[374] Für eine Verpflichtung muss jedoch die sogenannte „Schädlichkeitsgrenze"[375] überwunden werden. Die Feststellung der Überschreitung der Grenze erfordert im Wege der Heranziehung normativer Parameter die Betrachtung des Werts des bedrohten Rechtsguts, der Intensität der Gefahr und des Risikos des Einschreitens.[376]

4. Zwischenfazit

Die Befugnis der klassischen Gefahrenabwehr wird definiert durch die Schwelle der konkreten Gefahr, die Verantwortlichkeit und die Verhältnismäßigkeit. Diese

---

[370] *Jestaedt*, in: Ehlers/Pünder, Allgemeines Verwaltungsrecht, § 11 Rn. 84; *Riese*, in: Schoch/Schneider, VwGO, § 114 Rn. 68 f.; aus der Rspr. ausdr. z. B. OVG Koblenz, BeckRS 2016, 55436 Rn. 28; vgl. weiter zur Verhältnismäßigkeit als Grenze der Ermessensausübung BVerwG, NJW 2012, 1608 (1610 Rn. 17); NVwZ 2014, 151 (155 Rn. 52); NJW 2016, 263 (267 Rn. 33).

[371] *Kingreen/Poscher*, Polizei- und Ordnungsrecht, § 10 Rn. 38; *Schenke*, Polizei- und Ordnungsrecht, Rn. 107 ff., 331 ff.; *Schoch/Kießling*, in: Schoch/Eifert, Besonderes Verwaltungsrecht, Kap. 1 Rn. 306, s. auch *Jestaedt*, in: Ehlers/Pünder, Allgemeines Verwaltungsrecht, § 11 Rn. 84.

[372] *Schoch/Kießling*, in: Schoch/Eifert, Besonderes Verwaltungsrecht, Kap. 1 Rn. 304.

[373] BVerwGE 11, 95 (97); *Schenke*, Polizei- und Ordnungsrecht, Rn. 111.

[374] Dazu schon *Erichsen*, VVDStRL 35 (1976), 171 (210); aus der neueren Lit. *Schenke*, Polizei- und Ordnungsrecht, Rn. 117 f.; *Schoch/Kießling*, in: Schoch/Eifert, Besonderes Verwaltungsrecht, Kap. 1 Rn. 332.

[375] *Erichsen*, VVDStRL 35 (1976), 171 (199 f.); *Schenke*, Polizei- und Ordnungsrecht, Rn. 114.

[376] *Schenke*, Polizei- und Ordnungsrecht, Rn. 114; offen, aber eine „Pflicht zum Einschreiten der Polizei bei schweren Gefahren für erhebliche Rechtsgüter" erwägend auch die Begr. des § 3 ME PolG (1977), Abdr. in *Heise/Riegel*, Musterentwurf eines einheitlichen Polizeigesetzes, S. 32; s. auch *Schoch/Kießling*, in: Schoch/Eifert, Besonderes Verwaltungsrecht, Kap. 1 Rn. 327.

sind für Bayern inhaltlich konkretisiert in Art. 11 Abs. 1 S. 2 BayPAG, Art. 7ff. BayPAG und Art. 4 BayPAG.[377]

II. Weiterentwicklung der Grenzen der klassischen Gefahrenabwehr durch das Bundesverfassungsgericht

Das Bundesverfassungsgericht hat in jüngeren Entscheidungen die polizeirechtliche Befugnisvoraussetzungen näher betrachtet und so Einfluss auf die Auslegung des Gefahrenbegriffs und der Verantwortlichkeit genommen. Solche nachschärfenden Ausführungen finden sich zunächst im Online-Durchsuchungsurteil des Bundesverfassungsgerichts vom 27.2.2008:[378] „Die konkrete Gefahr wird durch drei Kriterien bestimmt: den Einzelfall, die zeitliche Nähe des Umschlagens einer Gefahr in einen Schaden und den Bezug auf individuelle Personen als Verursacher"[379]. Die Bedeutung dieser Definition lässt sich nicht dadurch abtun, dass sie im Rahmen eines nachrichtendienstlichen Kontexts ergeht.[380] In Anbetracht der Intensität bestehe im betrachteten Fall „kein Anlass zu behördenbezogenen Differenzierungen, etwa zwischen Polizeibehörden und anderen mit präventiven Aufgaben betrauten Behörden wie Verfassungsschutzbehörden"[381]. Die Definition wiederholt das Gericht auch in der Entscheidung zur Vorratsdatenspeicherung vom 2.3. 2010.[382] Ähnliche Ausführungen zu einer erforderlichen „Nähe der betroffenen Personen zur fraglichen Rechtsgutbedrohung"[383] finden sich bereits in der Rasterfahndungsentscheidung vom 4.4.2006 sowie Andeutungen im Urteil zur vorbeu-

[377] Die „Voraustatbestände" des Art. 11 Abs. 2 BayPAG sind lediglich Konkretisierungen des Art. 11 Abs. 1 BayPAG, die klassische Anwendungsfälle abbilden, vgl. zum im Ergebnis rein dogmatischen Streit um die Rechtsnatur von Abs. 2 *Holzner*, in: Möstl/Schwabenbauer, BeckOK Polizei- und Sicherheitsrecht Bayern, Art. 11 BayPAG Rn. 102ff.; zur Normierung der einzelnen Elemente sowie der Befugnis insgesamt in anderen Bundesländern: §§ 3, 5, 6ff. BWPolG, §§ 11, 13ff., 17 Abs. 1 ASOG Bln, §§ 3, 5ff., 10 BbgPolG, §§ 2 Nr. 3 a), 3, 5ff., 10 BremPolG, §§ 3, 4, 8ff. HmbSOG, §§ 4, 6ff., 11 HSOG, §§ 3 Abs. 3 Nr. 1, 13, 15, 69f. SOG MV, §§ 2 Nr. 1, 4, 6ff., 11 NPOG, §§ 2, 4ff., 8 PolG NRW, §§ 2, 4ff., 9 RhPfPOG, §§ 2, 4ff., 8 SPolG, §§ 4 Nr. 3 a), 5, 6ff., 12 SächsPVDG, §§ 3 Nr. 3 a), 5, 7ff., 13 SOG LSA, §§ 174, 218ff. LVwG S-H, §§ 4, 7ff., 12 ThürPAG.

[378] BVerfGE 120, 274ff.; dazu näher unter § 5 B.I.6.c)bb)(3)(a)(dd), S. 255ff. sowie § 6 A.I., S. 287ff.

[379] BVerfGE 120, 274 (329).

[380] Die Entscheidung ergeht zu § 5, § 3 und § 7 VSG NRW i.d.F. des Gesetzes zur Änderung des Gesetzes über den Verfassungsschutz in Nordrhein-Westfalen (Verfassungsschutzgesetz Nordrhein-Westfalen – VSG NRW) v. 20.12.2006 (GV. NRW, S. 620).

[381] BVerfGE 120, 274 (330).

[382] BVerfGE 125, 260ff.; s. in concreto BVerfGE 125, 260 (330); ferner zum Urteil unter § 6 A.II., S. 289ff.

[383] BVerfGE 115, 320 (362).

genden Telekommunikationsüberwachung vom 27.7.2005.[384] Auch wenn hier nicht eindeutig ist, ob sich die Ausführungen auf die Gefahr oder die Verantwortlichkeit und überhaupt auf die klassische Gefahrenabwehr beziehen,[385] wird schon hier umgehend Kritik laut.[386] In jüngerer Rechtsprechung finden sich diese Tendenzen ebenfalls in der BKAG-Entscheidung des Bundesverfassungsgerichts vom 20.4. 2016.[387] Das Gericht sieht ein konkretisiertes und zeitlich absehbares Geschehen (wohl)[388] als Bestandteil der konkreten Gefahr.[389]

Darin, dass die konkrete Gefahr situationsbezogen ist, besteht Einigkeit.[390] Die frühen Definitionsversuche in Rechtsprechung und Literatur umschreiben die Konkretheit lediglich mit den Begriffen „Einzelfall"[391], „konkrete[r] Fall"[392], „konkrete[r] Einzelfall"[393] beziehungsweise „‚konkrete[n]' Tatsachen"[394]. Die Begründung zum VE ME PolG (1986) spricht davon, dass bei der konkreten Gefahr „die näheren Umstände der geplanten Straftat (wie Tatbeteiligte, Opfer, Zeit und Ort) schon ganz genau bekannt"[395] sind beziehungsweise seien können.[396] Darüber

---

[384] Zur Rasterfahndungsentscheidung BVerfGE 115, 320 ff., s. ferner unter § 5 B.I.1.b)bb), S. 174 ff.; zur Telekommunikationsüberwachungsentscheidung BVerfGE 113, 348 ff., vgl. BVerfGE 113, 348 (386): „Im Bereich der Vorfeldermittlung wird der Grad der Wahrscheinlichkeit der Rechtsgutverletzung aufgrund der fehlenden Nähe der bekannten Tatsachen zu einer konkreten Straftat regelmäßig geringer sein als bei Maßnahmen zur Gefahrenabwehr oder zur Verfolgung konkreter Straftaten." Dazu ferner unter § 5 B.I. 6.c)bb)(3)(a)(cc), S. 253 ff.

[385] BVerfGE 115, 320 (355 f., 361 ff.).

[386] *Haas*, Sondervotum zu BVerfGE 115, 320 ff., BVerfGE 115, 371 (377 f.).

[387] BVerfGE 141, 220 ff.

[388] Das Gericht spricht davon, dass eine hinreichende Wahrscheinlichkeit in diesem Fall unterschritten werden kann, was gegen die Annahme einer Voraussetzung der konkreten Gefahr sprechen könnte, da diese mit der hinreichenden Wahrscheinlichkeit eng verknüpft ist, vgl. BVerfGE 141, 220 (272 Rn. 112); gleichzeitig ordnet es das „seiner Art nach konkretisierte[] und zeitlich absehbare[] Geschehen" als den Voraussetzungen des Art. 13 Abs. 4 GG entsprechend ein, vgl. BVerfGE 141, 220 (298 Rn. 190), womit der Bezug zu einer konkreten Gefahr bestätigt wird.

[389] Vgl. BVerfGE 141, 220 (272 Rn. 112, 291 Rn. 164, 298 Rn. 190, 305 Rn. 213); vgl. auch *Möstl*, Stellungnahme zu BayLT-Drs. 17/16299, S. 2.

[390] Grdlg. BVerwG, NJW 1970, 1890 (1892); s. auch BVerwGE 28, 310 (315 f.); aus der Lit. u.a. *Darnstädt*, GSZ 2017, 16 (19); *Kniesel/Vahle*, in: Clages, Polizeiliche Informationsverarbeitung und Datenschutz im künftigen Polizeirecht, S. 10 Rn. 15; *Möstl*, Die staatliche Garantie für die öffentliche Sicherheit und Ordnung, S. 21; *ders.*, DVBl. 2007, 581 (583); *Schenke*, Polizei- und Ordnungsrecht, Rn. 75.

[391] *Vogel*, in: Drews/Wacke/Vogel/Martens, Gefahrenabwehr, § 25 Erl. 3 a), S. 410.

[392] BVerwGE 28, 310 (315).

[393] BVerwG, NJW 1970, 1890 (1892).

[394] *Darnstädt*, Gefahrenabwehr und Gefahrenvorsorge, S. 75.

[395] Abdr. der Begr. des VE ME PolG (1986) in *Kniesel/Vahle*, in: Clages, VE ME PolG, S. 53.

[396] Ob dies der finale Maßstab der konkreten Gefahr ist aus Sicht der Innenministerkonferenz, lässt sich nicht mit Sicherheit entnehmen, da im entsprechenden Abschnitt um die

hinaus sieht Trute in seiner prägenden Analyse der Vorsorge im Polizeirecht von 1999 die „zeitliche Dimension“[397] der Gefahr sowie die „räumlich[e], personell[e] und sachlich[e]“[398] Dimension von Eingreifschwellen als maßgeblichen Teil des Austarierens von Sicherheit und Freiheit an.[399] Teile der Literatur fordern jedoch – soweit sie den einzelnen Dimensionen überhaupt Beachtung schenken – lediglich, dass diese alternativ erfüllt sein müssten beziehungsweise in Anbetracht einer „Wechselbezüglichkeit“[400] ein variabler Grad angelegt werden muss.[401]

Inwieweit die Ausführungen der jüngeren Rechtsprechung eine Konkretisierung des Schadensereignisses hinsichtlich der zeitlichen Nähe und der Verantwortlichkeit darstellen und inwieweit sie notwendig ist, ist umstritten.

1. Zeitliche Nähe

Traditionell wird die zeitliche Dimension der Gefahr durch das Bundesverwaltungsgericht und einen weiteren Teil der Rechtsprechung in dem Sinne verstanden, dass „in dem zu beurteilenden konkreten Einzelfall irgendwann, freilich in überschaubarer Zukunft, mit dem Schadenseintritt hinreichend wahrscheinlich gerechnet werden muß“[402]. Häufiger noch wird sie durch die Gerichte und das Schrifttum durch den Passus „in absehbarer Zeit“[403] beschrieben. Ob ein Eintritt in weiter Ferne noch darunterfällt, ist umstritten.[404] Die Überschaubarkeit beziehungsweise Absehbarkeit der Kausalverläufe wird insoweit als Grenze der zeitlichen Dimension von vielen Stimmen in der Literatur genannt.[405]

Abgrenzung zur vorbeugenden Bekämpfung von Straftaten geht, vgl. Abdr. der Begr. des VE ME PolG (1986) in *Kniesel/Vahle*, in: Clages, VE ME PolG, S. 53.

[397] *Trute*, in: GS Jeand'Heur, S. 403 (407).

[398] *Trute*, in: GS Jeand'Heur, S. 403 (407).

[399] *Trute*, in: GS Jeand'Heur, S. 403 (407).

[400] *Ogorek*, JZ 2019, 63 (63).

[401] *Poscher*, VerwArch 41 (2008), 345 (366); vgl. auch *Möstl*, DVBl. 2010, 808 (810); *Kingreen/Poscher*, Polizei- und Ordnungsrecht, § 8 Rn. 13; missverständlich aber im Ergebnis wohl für eine Variabilität *Knemeyer*, Polizei- und Ordnungsrecht, Rn. 75 (Schaubild), 88.

[402] BVerwG, NJW 1970, 1890 (1892); s. auch BVerwGE 116, 347 (351): „in überschaubarer Zukunft“; genauso u. a. *Gusy*, in: ders./Eichenhofer, Polizei- und Ordnungsrecht, Rn. 125; *Schoch/Kießling*, in: Schoch/Eifert, Besonderes Verwaltungsrecht, Kap. 1 Rn. 279; zur Historie knapp auch *Möstl*, Die Verwaltung 53 (2020), 21 (29).

[403] BVerfGE 115, 320 (364); 120, 274 (328); 125, 260 (330); 141, 220 (271 Rn. 111); BVerwGE 116, 347 (350); aus der Lit. u. a. *Bäcker*, Kriminalpräventionsrecht, S. 94; *Schenke*, Polizei- und Ordnungsrecht, Rn. 75.

[404] Dazu *Schmidbauer*, in: ders./Steiner, PAG, Art. 11a Abs. 9 f.; s. a. *Schenke*, Polizei- und Ordnungsrecht, Rn. 74, 84.

[405] *Trute*, Die Verwaltung 37 (2003), 501 (501); *Schenke*, Polizei- und Ordnungsrecht, Rn. 75; *Schmidbauer*, in: ders./Steiner, PAG, Art. 11 Abs. 46; so auch *Röhrig*, DVBl. 2000, 1658 (1660), der zwar eine „Nähe“ fordert, aber diese in der Formulierung der „überschau-

Die im Online-Durchsuchungs- und Vorratsdatenspeicherungsurteil geforderte „zeitliche Nähe des Umschlagens einer Gefahr in einen Schaden“[406] ist zunächst interpretationsoffen. Die Wortwahl – „Nähe“ – und die Betonung der Dimension deuten aber auf eine Engziehung der Interpretation. In Verbindung mit der unter Bezugnahme auf das Online-Durchsuchungsurteil erfolgenden Konkretisierung in der BKAG-Entscheidung erhärtet sich dieser Verdacht weiter.[407] Dementsprechend nehmen Stimmen in der Literatur partiell hierdurch eine Steigerung der Anforderungen an die zeitliche Dimension durch das Bundesverfassungsgericht an.[408] Die Erhöhung des Konkretisierungsgrades dahin, dass das Schadensereignis vollständig konkretisiert sein muss, entspricht aber nicht der traditionellen Sichtweise.[409] Es sei „nicht notwendig, dass vorhersehbar ist, wann, wo und in welchem Umfang exakt der Schaden eintritt“[410].

Zwar kann das Merkmal der Nähe des Umschlagens zur Gefahr im Rahmen der Beurteilung der Notwendigkeit des Eingreifens Einfluss nehmen.[411] Nach Schmidbauer scheitert die Ansicht des Bundesverfassungsgerichts im Sinne einer konstitutiven Anreicherung der herkömmlichen Definition der konkreten Gefahr an den „Bedürfnissen der Praxis und naturwissenschaftlichen Erkenntnissen“[412]. Anhand zahlreicher Beispiele zeigt er auf, dass der zeitliche Moment des Schadenseintritts mit steigendem Gewicht der Rechtsgüter irrelevant wird.[413] Lege ein „Lebensmittelerpresser“[414] nach Preisgabe der Vergiftung eines Lebensmittels nicht offen, wann und wo er weitere vergiftete Lebensmittel in den Filialen des Discounters auslegt, liege eine konkrete Gefahr vor, da maßgeblich auf die Wahrscheinlichkeit abzustellen sei und nicht auf den Zeitpunkt des Schadenseintritts.[415] Möstl führt das Beispiel der Maulkorbpflicht bei Hunden an, für die regelmäßig eine konkrete Ge-

---

baren Zukunft“ (oder in der von ihm ausdr. als „gleichbeutend“ eingestuften „absehbare[n] Zeit“) erfüllt sieht.

[406] BVerfGE 120, 274 (329); 125, 260 (330).

[407] Vgl. BVerfGE 141, 220 (272 Rn. 112, 291 Rn. 164, 298 Rn. 190, 305 Rn. 213).

[408] *Bäcker*, Kriminalpräventionsrecht, S. 93 f.; *Möstl*, DVBl. 2010, 808 (810); *Schmidbauer*, in: ders./Steiner, PAG, Art. 11a Abs. 9 f.; vgl. auch *Kral*, Die polizeilichen Vorfeldbefugnisse als Herausforderung für Dogmatik und Gesetzgebung des Polizeirechts, S. 185.

[409] *Möstl*, DVBl. 2010, 808 (810); *ders.*, in: ders./Schwabenbauer, BeckOK Polizei- und Sicherheitsrecht Bayern, Systematische und begriffliche Vorbemerkungen zum Polizeirecht in DE Rn. 39.

[410] *Schmidbauer*, in: ders./Steiner, PAG, Art. 11 Abs. 49.

[411] *Trute*, Die Verwaltung 37 (2003), 501 (511).

[412] *Schmidbauer*, in: ders./Steiner, PAG, Art. 11 Abs. 48.

[413] *Schmidbauer*, in: ders./Steiner, PAG, Art. 11 Abs. 48 ff.

[414] *Schmidbauer*, in: ders./Steiner, PAG, Art. 11 Abs. 49.

[415] *Schmidbauer*, in: ders./Steiner, PAG, Art. 11 Abs. 49.

fahr angenommen wird, ohne dass der Schaden in all seinen Dimensionen feststeht.[416]

Das Erfordernis einer hinreichenden Wahrscheinlichkeit bedeutet – zumindest bis jetzt – auch in der Auslegung des Bundesverwaltungsgerichts nicht, dass zeitlich gesehen eine besondere Nähe zur Voraussetzung gemacht wird.[417] Dieses Gericht hat sich früh gegen eine solche Auslegung positioniert: „Der Eintritt des Schadens braucht somit weder gewiß zu sein noch unmittelbar bevorzustehen“[418]. Die vom Bundesverfassungsgericht geforderte Nähe verleitet jedoch dazu, eine Vermischung mit den Erfordernissen der qualifizierten Gefahrenbegriffe anzunehmen.[419] Die zeitliche Nähe ist vielmehr Merkmal einer gegenwärtigen oder einer unmittelbar bevorstehenden Gefahr.[420] Die bayerische Vollzugsbekanntmachung zu Art. 11 BayPAG führt für die konkrete Gefahr ausdrücklich aus, dass der „Eintritt des Schadens […] nicht unmittelbar bevorzustehen“[421] braucht.

2. Verantwortlichkeit als Teil der Schwelle

Die klassische Definition der konkreten Gefahr enthält im Gegensatz zur zeitlichen Dimension keinen Anhaltspunkt hinsichtlich der personalen Anforderungen. Der Zusatz des Online-Durchsuchungsurteils, der den „Bezug auf individuelle Personen als Verursacher“[422] zum Kriterium der konkreten Gefahr macht, scheint demnach insoweit ein Novum.

Schon vor dieser prägenden Definition gab es vereinzelte Stimmen, die Störer, Rechtsgut und Kausalbeziehung zum Teil des Gefahrenbegriffs erklärten.[423] Nur durch solche auf den Einzelfall bezogenen Parameter könne die Wahrscheinlichkeit bestimmt werden.[424] Ferner wurde in Zusammenhang mit informationellen Befugnissen im VE ME PolG (1986) durch die Literatur vereinzelt eine Verschränkung

---

[416] *Möstl*, in: ders./Schwabenbauer, BeckOK Polizei- und Sicherheitsrecht Bayern, Systematische und begriffliche Vorbemerkungen zum Polizeirecht in DE Rn. 39; *ders.*, Stellungnahme zu BayLT-Drs. 17/16299, S. 2, *ders.*, Die Verwaltung 53 (2020), 21 (30).

[417] BVerwG, BeckRS 1973, 31321735; *Schenke*, Polizei- und Ordnungsrecht, Rn. 74.

[418] BVerwG, BeckRS 1973, 31321735.

[419] *Möstl*, DVBl. 2010, 808 (810); *ders.*, in: ders./Schwabenbauer, BeckOK Polizei- und Sicherheitsrecht Bayern, Systematische und begriffliche Vorbemerkungen zum Polizeirecht in DE Rn. 39.

[420] S. o. § 3 B. I. 1. b) cc) (1), S. 54 ff.

[421] Bekanntmachung des Bayerischen Staatsministeriums des Innern über den Vollzug des Polizeiaufgabengesetzes v. 28. 8. 1978 (MABl. S. 629), die zuletzt durch Bekanntmachung vom 2. 12. 2002 (AllMBl. 2003 S. 4) geändert worden ist, Nr. 11.4.

[422] BVerfGE 120, 274 (329).

[423] *Lepsius*, VVDStRL 63 (2004), 265 (295), vgl. auch *Kniesel/Vahle*, in: Clages, Polizeiliche Informationsverarbeitung und Datenschutz im künftigen Polizeirecht, S. 10 Rn. 15.

[424] *Lepsius*, VVDStRL 63 (2004), 265 (291 ff.).

angenommen:[425] Die konkrete Gefahr habe „zwingend einen personalen und situativen Bezug"[426]. In gewissen sozialschädlichen Kriminalitätsfeldern sei aber der personale Bezug nicht auszumachen, da die zukünftigen Täter sich in ihren Strukturen verstecken, sodass die konkrete Gefahr nicht richtiges Mittel der Bekämpfung sei.[427] Anders wird heute bei den informationellen Maßnahmen der Online-Durchsuchung wie der Herausgabe von Vorratsdaten das personale Element hervorgehoben, da nach dieser Ansicht deren „Charakter als personenbezogene gezielte Grundrechtseingriffe der Gefahrerforschung von vornherein feststeht"[428].[429]

Der Inkorporation der Verantwortlichkeit setzt die Literatur aber schwerwiegende Einwände entgegen. Die Vermischung von Verantwortlichkeit und Gefahr sei undogmatisch: Erstens sei das Vorliegen einer Gefahr nicht davon abhängig, dass der Adressat der Maßnahme diese verursacht hat.[430] Zweitens sei die Individualisierbarkeit des Verursachers einer Gefahr Zurechnungskriterium für die Verantwortlichkeit und diene damit der Identifizierung des Störers.[431] Die von der Rechtsprechung geforderte Konkretisierung soll nie Voraussetzung der konkreten Gefahr gewesen sein.[432] Ein Umstand, welcher ein Blick in die Rechtsgeschichte bestätigt. Die einzelfallbezogene Betrachtung umspannte den Sachverhalt und nicht aber die Verantwortlichkeit in Form einer personalen Gefahrendimension.[433] Darnstädt resümiert, dass der klassischen Gefahrendefinition, die nicht auf den Störer Bezug nimmt, eine Definition des Bundesverfassungsgerichts an die Seite gestellt werde.[434]

---

[425] *Kniesel/Vahle*, in: Clages, Polizeiliche Informationsverarbeitung und Datenschutz im künftigen Polizeirecht, S. 10 Rn. 15.

[426] *Kniesel/Vahle*, in: Clages, Polizeiliche Informationsverarbeitung und Datenschutz im künftigen Polizeirecht, S. 10 Rn. 15.

[427] *Kniesel/Vahle*, in: Clages, Polizeiliche Informationsverarbeitung und Datenschutz im künftigen Polizeirecht, S. 10 Rn. 15.

[428] *Darnstädt*, DVBl. 2011, 263 (268).

[429] *Darnstädt*, DVBl. 2011, 263 (268); vgl. auch *Kral*, Die polizeilichen Vorfeldbefugnisse als Herausforderung für Dogmatik und Gesetzgebung des Polizeirechts, S. 187; ferner dazu § 5 B. I. 6. c) bb) (3), S. 250 ff. u. § 6 C. I. 1. c) bb) (3), S. 352 ff.

[430] *Kießling*, VerwArch 108 (2017), 282 (287); *Möstl*, DVBl. 2010, 808 (810); *ders.*, in: ders./Schwabenbauer, BeckOK Polizei- und Sicherheitsrecht Bayern, Systematische und begriffliche Vorbemerkungen zum Polizeirecht in DE Rn. 39; *Schenke*, Polizei- und Ordnungsrecht, Rn. 279.

[431] *Kießling*, VerwArch 108 (2017), 282 (284); *Schenke*, Polizei- und Ordnungsrecht, Rn. 74; *Schoch/Kießling*, in: Schoch/Eifert, Besonderes Verwaltungsrecht, Kap. 1 Rn. 83.

[432] *Haas*, Sondervotum zu BVerfGE 115, 320 ff., BVerfGE 115, 371 (378); *Möstl*, DVBl. 2010, 808 (810), vgl. auch *Kießling*, VerwArch 108 (2017), 282 (287).

[433] BVerwGE 28, 310 (315); BVerwG, NJW 1970, 1890 (1892); *Darnstädt*, Gefahrenabwehr und Gefahrenvorsorge, S. 75; *Vogel*, in: Drews/Wacke/Vogel/Martens, Gefahrenabwehr, § 25 Erl. 3 a), S. 410.

[434] *Darnstädt*, DVBl. 2011, 263 (268).

Beispiele belegen die Tradition der Trennung von Verantwortlichkeit und Gefahr. Wird eine Bombe in einem Flughafen deponiert, ist die personale Dimension im Sinne einer Verursachung der Gefahr absolut nicht ausschlaggebend für ein Einschreiten gegenüber den Anwesenden.[435] Gleiches gilt im Fall der Naturkatastrophen, bei denen zwar eine Gefahr angenommen wird, es aber gar keinen Verursacher gibt.[436]

Natürlich kommt es zu einer Verschränkung der Kernelemente der Befugnis: Gefahr, Verantwortlichkeit und Verhältnismäßigkeit.[437] Nach der herrschenden Lehre der unmittelbaren Verursachung[438] ist der Blick der Verantwortlichkeit gerichtet auf das Überschreiten der Gefahrengrenze.[439] Gefahr und Verantwortlichkeit bedingen einander.

Zu betonen ist nach Ansicht des Schrifttums dennoch, dass es bei der Bestimmung der Verantwortlichkeit eben nicht um den Schadenseintritt geht.[440] Die Perspektive ist eine Rückwärtsgewandte. Wer hat die Gefahr (als hinreichende Wahrscheinlichkeit des Schadenseintritts) verursacht?[441] Nicht: Wer wird den Schaden verursachen? Die Verantwortlichkeit unterliegt keiner Zukunftsprognose, so muss sie auch nicht in den Gefahrenbegriff aufgenommen werden, ist gleichwohl aber von ihm abhängig.

Ob die Ausführungen zur personalen Dimension tatsächlich auf die konkrete Gefahr bezogen waren oder vielmehr eine andere Entwicklung der Personalisierung vorweggreifen,[442] ist fraglich. Sie belegen aber eine Tendenz zur Forderung einer erhöhten Schadenskonkretisierung durch das Bundesverfassungsgericht bei Auslegung der konkreten Gefahr.

---

[435] Vgl. insoweit auch die Beispiele bei *Schmidbauer*, in: ders./Steiner, PAG, Art. 11 Abs. 48 ff., die dieser aber in Bezug auf die zeitliche Nähe bzw. die Konkretisierung im Allgemeinen anführt.

[436] *Darnstädt*, GSZ 2017, 16 (19); in dem Sinne auch *Kießling*, VerwArch 108 (2017), 282 (287).

[437] *Götz/Geis*, Allgemeines Polizei- und Ordnungsrecht, § 13 Rn. 12; *Kingreen/Poscher*, Polizei- und Ordnungsrecht, § 9 Rn. 15 ff.; *Schenke*, Polizei- und Ordnungsrecht, Rn. 314; vgl. auch *Kulick*, AöR 143 (2018), 175 (180 f.).

[438] S. o. § 3 B. I. 2., S. 63 ff.

[439] BVerwG, Beschl. v. 12. April 2006 – 7 B 30/06 –, juris Rn. 4; BVerwG, NVwZ 2008, 684 (684 Ls. 2); so auch schon OVG Münster, NVwZ 1985, 355 (356); genauso *Götz/Geis*, Allgemeines Polizei- und Ordnungsrecht, § 13 Rn. 12; *Gusy*, in: ders./Eichenhofer, Polizei- und Ordnungsrecht, Rn. 335; *Schenke*, Polizei- und Ordnungsrecht, Rn. 242.

[440] *Gusy*, in: ders./Eichenhofer, Polizei- und Ordnungsrecht, Rn. 335; s. auch *Martens*, in: Drews/Wacke/Vogel/Martens, Gefahrenabwehr, § 20 Erl. 3, S. 315.

[441] Vgl. BVerwG, Beschl. v. 12. April 2006 – 7 B 30/06 –, juris Rn. 4; *Schenke*, Polizei- und Ordnungsrecht, Rn. 314.

[442] Zum Ausgleich der Prognose über das personale Element im Rahmen der neuen Gefahrenkategorien der „drohenden Gefahr“ und „konkretisierten Gefahr“ § 6 C. I. 1. c) bb) (3), S. 352 ff.

3. Zwischenfazit

Der Konkretisierungsgrad ist Gegenstand neuester Rechtsfortbildungen. Die zeitlichen Vorgaben sind nicht bloß als eine Modifizierung des zeitlichen Elements zu sehen, sondern sind im Ergebnis, wie der bayerische Gesetzgeber ausführt, „inhaltlich-zeitliche“[443]. Sie betreffen den Situationsbezug im Ganzen.[444]

Die Konkretisierungsbemühungen des Bundesverfassungsgerichts finden durchaus Anhänger im Schrifttum, die ihre Dogmatik um die Definition „herum“ anpassen.[445] Für andere bleibt die Konkretisierung des Gefahrenbegriffs eine „Erfindung des BVerfG“[446]. Zumindest rüttelt das Bestreben am klassischen Verständnis der grundlegenden Elemente der Befugnis,[447] zu denen die konkrete Gefahr gezählt wird.[448] Die gesteigerte Konkretisierung ist jedoch Quelle zunehmender Unsicherheit und führt zu näher zu betrachtenden Abgrenzungsschwierigkeiten.

In diesem Kontext ist auf die Maßgeblichkeit der Legaldefinitionen der Landesgesetzgeber und die daran anschließenden Begriffsbestimmungen zu verweisen, welche bisher die Konkretisierungen nicht übernommen haben.[449] Problematisch ist indes, dass sich sowohl der Bundesgesetzgeber als auch die Landesgesetzgeber an der Auslegung des Bundesverfassungsgerichts orientieren und dies in den Gesetzesbegründungen verdeutlichen.[450]

---

[443] Amtl. Begr. zu Art. 11 BayPAG i. d. F. des Gesetzes zur effektiveren Überwachung gefährlicher Personen v. 24. 7. 2017 (BayGVBl. S. 388), BayLT-Drs. 17/16299, S. 10.

[444] Dazu § 6 C. I. 1. c) bb) (2), S. 346 ff.

[445] *Kral*, Die polizeilichen Vorfeldbefugnisse als Herausforderung für Dogmatik und Gesetzgebung des Polizeirechts, S. 76, 169 ff., 185, 187; s. auch *Kulick*, AöR 143 (2018), 175 (181).

[446] *Schoch/Kießling*, in: Schoch/Eifert, Besonderes Verwaltungsrecht, Kap. 1 Rn. 83.

[447] *Möstl*, DVBl. 2020, 160 (164) sowie *ders.*, BayVBl. 2018, 156 (159); s. auch *Barczak*, Der nervöse Staat, S. 494: „Gefahr und Störer als Ausdruck einer rechtsstaatlichen Normalvorstellung“.

[448] Krit. hinsichtlich der eigenen Aussage der „Alternativlosigkeit“ der konkreten Gefahr, *Möstl*, DVBl. 2020, 160 (164); s. auch *ders.*, Die Verwaltung 53 (2020), 21 (28 f.).

[449] *Bäcker*, Kriminalpräventionsrecht, S. 93 f.; *Schoch/Kießling*, in: Schoch/Eifert, Besonderes Verwaltungsrecht, Kap. 1 Rn. 83;

[450] Vgl. in diesem Zusammenhang die direkte Bezugnahme auf die Konkretisierung des Bundesverfassungsgerichts aus BVerfGE 120, 274 (330) in der Amtl. Begr. zu § 20k Abs. 1 BKAG i. d. F. des Gesetzes zur Abwehr von Gefahren des internationalen Terrorismus durch das Bundeskriminalamt v. 25. 12. 2008 (BGBl. I S. 3083), BR-Drs. 404/08, S. 70; für Bayern vgl. die Anpassung an die Rechtsprechung in der Amtl. Begründung zu Art. 34d Abs. 1 S. 1 Nr. 2 BayPAG i. d. F. des Gesetzes zur Änderung des Polizeiaufgabengesetzes, des Bayerischen Verfassungsschutzgesetzes und des Bayerischen Datenschutzgesetzes v. 27. 7. 2009 (BayGVBl. S. 380), BayLT-Drs. 16/1271, S. 6 f.; Amtl. Begr. zum Gesetz zur Änderung des Polizeiaufgabengesetzes und weiterer Rechtsvorschriften v. 27. 3. 2021 (BayGVBl. S. 418), BayLT-Drs. 18/13716, S. 1: „Bei Zugrundelegung eines in Anknüpfung an das BVerfG engeren Begriffs der konkreten Gefahr bedurfte es dann der Ergänzung um den Begriff der drohenden Gefahr, um Schutzlücken zu vermeiden.“

Bedeutend ist, dass der bayerische Gesetzgeber bei der Einführung der Legaldefinition der konkreten Gefahr 2021 – trotz einer Bezugnahme auf das Rasterfahndungs- und BKAG-Urteil –[451] die konkretisierenden Merkmale der Rechtsprechung nicht übernommen hat. Eine Abweichung von der Auslegung „der bislang schon geltenden Definition"[452] der „seit Jahrzehnten genutzte[n] und in der Rechtsprechung anerkannte[n] Kategorie der konkreten Gefahr"[453] sei nicht intendiert. Gleiches gilt für die schon vor der Einführung der Legaldefinition im BayPAG bestehenden Definition nach der Vollzugsbekanntmachung,[454] auch wenn diese Bekanntmachung als bloßes Innenrecht natürlich keine rechtliche Verbindlichkeit besitzt.

Jedoch macht der Landesgesetzgeber in Bayern bei Einführung der Legaldefinition 2021 genauso deutlich, dass in Anknüpfung an das Bundesverfassungsgericht ein engerer Begriff der konkreten Gefahr gelte und infolge der neuen Rechtsprechung Fallgruppen aus der konkreten Gefahr herausfallen.[455] Faktisch erfolgt also eine Übernahme der Auslegung des Bundesverfassungsgerichts.

Liegen die geforderte Nähe oder die Individualisierbarkeit des Beteiligten nicht vor, will die Polizei also proaktiv handeln, kann die konkrete Gefahr nach Ansicht des Bundesverfassungsgerichts nicht Abhilfe schaffen. Somit hinterlässt beziehungsweise vergrößert die Rechtsprechung des Bundesverfassungsgerichts eine Schutzlücke, die die Gesetzgeber mit den Vorschlägen aus Karlsruhe zu schließen versuchen.[456] Für Bayern deutet der

---

[451] Amtl. Begr. zu Art. 11 BayPAG i. d. F. des Gesetzes zur Änderung des Polizeiaufgabengesetzes und weiterer Rechtsvorschriften v. 27.3.2021 (BayGVBl. S. 418), BayLT-Drs. 18/13716, S. 21.

[452] Amtl. Begr. zu Art. 11 BayPAG i. d. F. des Gesetzes zur Änderung des Polizeiaufgabengesetzes und weiterer Rechtsvorschriften v. 27.3.2021 (BayGVBl. S. 418), BayLT-Drs. 18/13716, S. 20.

[453] Amtl. Begr. zu Art. 11 BayPAG i. d. F. des Gesetzes zur Änderung des Polizeiaufgabengesetzes und weiterer Rechtsvorschriften v. 27.3.2021 (BayGVBl. S. 418), BayLT-Drs. 18/13716, S. 21.

[454] Vgl. insoweit auch die Bekanntmachung des Bayerischen Staatsministeriums des Innern über den Vollzug des Polizeiaufgabengesetzes v. 28.8.1978 (MABl. S. 629), die zuletzt durch Bekanntmachung vom 2.12.2002 (AllMBl. 2003 S. 4) geändert worden ist, Nr. 11.4: „Gefahr im Sinn des Absatzes 1 und des Absatzes 2 Nr. 3 ist die konkrete Gefahr. Darunter ist eine Sachlage zu verstehen, die bei ungehindertem Ablauf des objektiv zu erwartenden Geschehens im Einzelfall mit hinreichender Wahrscheinlichkeit zu einem Schaden (einer Verletzung der Schutzgüter der öffentlichen Sicherheit oder Ordnung) führt. An die Wahrscheinlichkeit des Schadenseintritts sind umso geringere Anforderungen zu stellen, je größer und folgenschwerer der möglicherweise eintretende Schaden ist".

[455] Amtl. Begr. zum Gesetz zur Änderung des Polizeiaufgabengesetzes und weiterer Rechtsvorschriften v. 27.3.2021 (BayGVBl. S. 418), BayLT-Drs. 18/13716, S. 1.

[456] *Möstl*, Stellungnahme zu BayLT-Drs. 17/16299, S. 2 f.; *ders.*, DVBl. 2020, 160 (164); *Schmidbauer*, in: ders./Steiner, PAG, Art. 11a Abs. 73.

„Gesetzgeber [...] die Entscheidung des BVerfG so, dass dadurch der Begriff der konkreten Gefahr verfassungsgerichtlich eingeschränkt wurde, aber andererseits dem Gesetzgeber die Möglichkeit eröffnet wurde, den Wegfall eines Teils des bisherigen Anwendungsbereichs der konkreten Gefahr [...] zu kompensieren.“[457]

Im Ergebnis zeichnet sich ab, dass durch das Bundesverfassungsgericht die Anforderungen an die Konkretisierung des Schadens erhöht werden. Dadurch schafft das Gericht ein Problem in Fällen geringerer Konkretisierung, die bisher mit der Anwendung der konkreten Gefahr gelöst werden konnten. Die Gesetzgeber tragen dieses neue Verständnis der konkreten Gefahr im Gesetzestext nicht mit. Allerdings ergibt die Auslegung in Bayern, dass dem Verständnis gefolgt wird.

Im weiteren Verlauf sucht das Bundesverfassungsgericht nach Lösungen für das selbst geschaffene Problem und die Gesetzgeber fühlen sich inspiriert oder veranlasst, ebenfalls einzuschreiten.

[457] Amtl. Begr. zu Art. 11a BayPAG i. d. F. des Gesetzes zur Änderung des Polizeiaufgabengesetzes und weiterer Rechtsvorschriften v. 27.3.2021 (BayGVBl. S. 418), BayLT-Drs. 18/13716, S. 21.

§ 4 Aufgabe der Gefahrenvorsorge

Die jüngeren Definitionsansätze des Bundesverfassungsgerichts verengen einerseits den Bereich der klassischen Gefahrenabwehr deutlich, lassen andererseits jedoch Raum für neue dogmatische Entwicklungen. Allerdings haben Literatur und Rechtsprechung bereits vor dieser Rechtsprechungsentwicklung erwogen, den polizeilichen Tätigungsbereich weiterzuziehen. Es folgt daher eine Darstellung der Aufgabe der sogenannten Gefahrenvorsorge.

A. Begriff

Das Bedürfnis, ob von der Bevölkerung, der Polizei oder der Gesetzgebung geäußert, sich von den strengen Anforderungen der klassischen Gefahrenabwehr wegzubewegen, konzentriert sich in einem Bündel von Begriffen, die alle davon geeint werden, dass sie den Wortbestandteil „vor" inkorporieren. Gefahrenvorsorge[1]/-vorbeugung[2]/-vorfeld[3], Vorfeld der Gefahrenabwehr[4]/konkreter Gefahren[5],

---

[1] BVerfGE 150, 244 (274 Rn. 70); 130, 151 (205); BVerwGE 116, 347 (353); 141, 329 (335 Rn. 29); BayVerfGHE 56, 28 (51); OVG Hamburg, NVwZ-RR 2009, 878 (882); *Aulehner*, Polizeiliche Gefahren- und Informationsvorsorge, S. 54; *Darnstädt*, Gefahrenabwehr und Gefahrenvorsorge, S. 122; *Funke/Kraus*, BayVBl. 2018, 725 (727); *Gusy*, in: ders./Eichenhofer, Polizei- und Ordnungsrecht, Rn. 132; *Kingreen/Poscher*, Polizei- und Ordnungsrecht, § 8 Rn. 19; *Kniesel/Vahle*, in: Clages, Polizeiliche Informationsverarbeitung und Datenschutz im künftigen Polizeirecht, S. 23 Rn. 37; *Mann/Fontana*, JA 2013, 734 (734); *Möstl*, JURA 2005, 48 (51); *Park*, Wandel des klassischen Polizeirechts zum neuen Sicherheitsrecht, S. 253; *Schenke*, Polizei- und Ordnungsrecht, Rn. 11, 76; *Schoch*, Der Staat 43 (2004), 347 (350); *Thiel*, Die „Entgrenzung" der Gefahrenabwehr, S. 67; *Voßkuhle*, JuS 2007, 908 (908); s. auch § 7a VE ME PolG (1985), partieller Abdr. in *Rachor*, Vorbeugende Straftatenbekämpfung und Kriminalakten, S. 46; *Denninger/Dürkop u. a.*, Arbeitskreis Polizeirecht, Alternativentwurf einheitlicher Polizeigesetze des Bundes und der Länder, S. VIII; *Knemeyer*, Polizei- und Ordnungsrecht, Rn. 15 plädiert für die Bezeichnung als polizeiliche Straftaten- und Gefahrenvorsorge.

[2] BVerwGE 116, 347 (353); *Kingreen/Poscher*, Polizei- und Ordnungsrecht, § 8 Rn. 19.

[3] BVerfGE 141, 220 (298 Rn. 190); *Holzner*, in: Möstl/Schwabenbauer, BeckOK Polizei- und Sicherheitsrecht Bayern, Art. 11a BayPAG Rn. 4; *Korte/Dittrich*, JA 2017, 332 (336); *Möstl*, JURA 2005, 48 (51).

[4] BVerfGE 113, 348 (358, 377).

[5] BVerfGE 115, 320 (362); 125, 260 (331); BVerwGE 141, 329 (335 Rn. 29); BayVerfGHE 59, 29 (41).

Vorfeldbefugnis[6]/-ermächtigung[7]/-maßnahme[8]/-situation[9] sind nur einige von ihnen.

So scheint sich zunächst ein uneinheitliches Bild dessen zu ergeben, was vereinfacht als „Vorverlagerung"[10] umschrieben wird, aber auch als „Abkehr vom traditionellen Polizeirecht"[11] angesehen wird.[12] Die Uneinheitlichkeit der verwendeten Ausdrücke ist letztlich unschädlich, da durchweg eine synonyme Verwendung der Begriffe erfolgt respektive sie als unterschiedliche Ausprägungen des gleichen Phänomens gesehen werden:[13] Gefahrenvorsorge/-vorbeugung als Zielsetzung und polizeiliche Aufgabe; Gefahrenvorfeld, Vorfeld der Gefahrenabwehr/konkreter Gefahren, aber auch Vorfeldbefugnis/-ermächtigung als (interpretationsoffene) Umschreibung einer Einschreitschwelle beziehungsweise -ermächtigung.

Die sich auf den ersten Blick ergebende Konkurrenz der dominanten Begriffe des „Vorfelds" sowie der „Vorsorge" ist daher bloß eine scheinbare. Sucht man gleichwohl nach einem Alleinstellungsmerkmal der jeweiligen Begriffe, ist darauf zu verweisen, dass der Vorsorgebegriff den Vorteil bietet, dass er anders als der des Vorfelds nicht zu sprachlichen Abgrenzungsschwierigkeiten mit dem Vorfeldbegriff im Kontext des Versammlungsrechts führt.[14] Zudem bedient sich die neuere

---

[6] BVerfGE 115, 320 (367); SächsVerfGH, DVBl. 1996, 1423 (1428); *Mann/Fontana*, JA 2013 734 (734); *Meyer*, JA 2017, 1259 (1267); zum Begriff im Allgemeinen sowie in Bezug auf Gesundheit- Arbeits- und Umweltschutzrechtsfragen *Ossenbühl*, NVwZ 1986, 161 (163).

[7] *Darnstädt*, Gefahrenabwehr und Gefahrenvorsorge, S. 122.

[8] *Holzner*, in: Möstl/Schwabenbauer, BeckOK Polizei- und Sicherheitsrecht Bayern, Art. 11a BayPAG Rn. 4.

[9] BVerfGE 113, 348 (377).

[10] BVerfGE 113, 348 (377); ebenso *Möstl*, Die staatliche Garantie für die öffentliche Sicherheit und Ordnung, S. 30; *Rachor*, Vorbeugende Straftatenbekämpfung und Kriminalakten, S. 40; *Schenke*, Polizei- und Ordnungsrecht, Rn. 76; *Thiel*, Die „Entgrenzung" der Gefahrenabwehr, S. 68. Eine gewisse Vorsicht ist aber geboten, sofern der Begriff im Zusammenhang mit der abstrakten (oder erhöht abstrakten) Gefahr verwendet wird, da es sich bei dieser nicht um ein „Weniger" im Vergleich zur konkreten Gefahr handelt.

[11] *Schoch*, Der Staat 43 (2004), 347 (360).

[12] Vgl. z.B. *Schoch*, Der Staat 43 (2004), 347 (360).

[13] Vgl. die synonyme Verwendung z.B. bei *Darnstädt*, Gefahrenabwehr und Gefahrenvorsorge, S. 122; *Gusy*, in: ders./Eichenhofer, Polizei- und Ordnungsrecht, Rn. 132; *Kingreen/Poscher*, Polizei- und Ordnungsrecht, § 8 Rn. 19; *Knemeyer*, Polizei- und Ordnungsrecht, Rn. 141; *Kniesel/Vahle*, in: Clages, Polizeiliche Informationsverarbeitung und Datenschutz im künftigen Polizeirecht, S. 22 Rn. 34; *Park*, Wandel des klassischen Polizeirechts zum neuen Sicherheitsrecht, S. 253; krit. indes mit eigener Differenzierung zwischen Gefahrenvorbeugung und -vorsorge sowie mit ausf. Darstellung des frühen Meinungsbildes in der Lit. zur Begriffsfindung im Vorfeld, vgl. *Rachor*, Vorbeugende Straftatenbekämpfung und Kriminalakten, S. 5 ff., 44, 48.

[14] Dieser Vorfeldbegriff beschreibt die grds. Anwendbarkeit des allgemeinen Polizei- und Ordnungsrechts im Vorfeld der Versammlung trotz der sog. Polizeifestigkeit des Versammlungsrechts, vgl. z.B. *Enders*, in: Dürig-Friedl/Enders, Versammlungsrecht, § 1 Rn. 84 ff.

Rechtsprechung vornehmlich dieses Begriffes.[15] Gleichwohl wird auch dem Vorsorgebegriff eine Mehrdeutigkeit attestiert.[16] Im Ergebnis braucht es keiner trennscharfen Abgrenzung, solange der Inhalt des Phänomens klar abgesteckt ist.

Um die Gefahrenvorsorge inhaltlich zu umgrenzen, wurde sich bereits in der einschlägigen Literatur um eine Analyse des Vorsorgebegriffs bemüht.[17] Das Vorsorgeprinzip nimmt im Recht an diversen Stellen Einfluss, ist aber je nach Referenzgebiet von unterschiedlichen Motiven getrieben, sodass eine Vereinheitlichung nicht möglich erscheint.[18] Im Polizeirecht war rein etymologisch die Vorsorge (beziehungsweise Besorgnis oder Fürsorge) schon in den Ausführungen Pütters – im lateinischen Begriff „cura" – vorhanden und wurde durch die Rechtsprechung des PrOVG aufgegriffen.[19] Der Wortwahl der frühen Gestalter der Vorstellungen der Polizei und des Polizeirechts ist indes kein System zu unterstellen. Um den Begriff mit Inhalt zu füllen, ist der Blick auf dessen Emporkommen in polizei- und sicherheitsrechtlicher Gesetzgebung und Rechtsprechung zu richten.

B. Genese

I. Wohlfahrt und faktische Vorverlagerung

Gefahrenvorsorge scheint eng verknüpft mit dem Wohlfahrtszweck. Die Wohlfahrt ist in der geschichtlichen Betrachtung des Rechts der Inneren Sicherheit der zur Ausuferung der polizeilichen Zuständigkeit führende Antipol der Gefahrenabwehr.[20] Eine vermeintliche Vereinigung im Element der Vorsorge belegt § 2 II 17 ALR von 1794, der die „Handhabung der Gerechtigkeit, zur Vorsorge für diejenigen, welche sich nicht selbst vorstehn können, und zur Verhütung sowohl als Bestrafung der Verbrechen, die nöthigen Anstalten zu treffen" zur Staatsaufgabe macht und den Rechtsbegriffen sehr nahekommt, die, wie noch aufzuzeigen ist,

---

[15] BVerfGE 150, 244 (275 Rn. 70); BVerwGE 141, 329 (335 Rn. 29).

[16] *Rachor*, Vorbeugende Straftatenbekämpfung und Kriminalakten, S. 46; *Soiné*, DÖV 2000, 173 (174).

[17] Vgl. die umfassende Betrachtung des Vorsorgegedankens im Recht bei *Aulehner*, Polizeiliche Gefahren- und Informationsvorsorge, S. 106 ff.; s. auch *Thiel*, Die „Entgrenzung" der Gefahrenabwehr, S. 75 ff.

[18] *Aulehner*, Polizeiliche Gefahren- und Informationsvorsorge, S. 127; s. auch *Thiel*, Die „Entgrenzung" der Gefahrenabwehr, S. 75 ff.

[19] S. zu den polizeiwissenschaftlichen Beiträgen Pütters oben unter § 3 A. I., S. 30 ff.; s. auch die Ausführungen zum Sicherheits- und Vorsorgebegriff bei *Ronellenfitsch*, DVBl. 1989, 851 (858) m. V. a. PrOVG, PrVBl. 32 (1910/1911), 119 (120).

[20] S. dazu oben § 3 A. I., S. 30 ff.; vgl. auch *Badura*, Verwaltungsrecht im liberalen und sozialen Rechtsstaat, S. 9 und *Hofmann/Lukosek/Schulte-Rudzio*, GSZ 2020, 233 (234).

auch heute die Gefahrenvorsorge umschreiben.[21] Die sich im ALR andererseits schon „vorsichtig“[22] ankündigende Aufgabe des Wohlfahrtszwecks im Zuge der Entwicklung der Idee des liberalen Rechtsstaates und der Fokussierung auf die reaktive Gefahrenabwehr setzte neue vorsorgerische polizeiliche Ansätze dem Vorwurf rückwärtsgewandter, nicht zeitgemäßer Absichten aus.[23]

Die Wohlfahrt im heutigen Sprachgebrauch hat gleichwohl nichts mit der des Absolutismus, deren Intention es war, die „äußere Glückseligkeit der Untertanen zu befördern“[24], gemein.[25] Sie entspricht nach Badura und Isensee heute vielmehr dem „soziale[n] Rechtsstaat“[26] oder dem „sozialen Staatsziel“[27]. Vor- und Fürsorge sind Kennzeichen des Sozialstaatsprinzips, das die Aufgabe der Inneren Sicherheit immerhin mitprägt.[28] Und so sieht Erichsen 1976 noch bevor sich der Gefahrenbegriff und damit das Kennzeichen der klassischen Gefahrenabwehr in der Rechtssprache gefestigt hatte, im Zuge der Betrachtung des leistungsverwaltungsrechtlichen Vorsorgegedankens ein Bedürfnis hinsichtlich des Bestehens von „Erlaubnissen, die die Gefahrenabwehr in den Vorsorgebereich erstrecken“[29]. Er will eine Erweiterung des polizeilichen Aufgabenbereichs auf nicht einzelfallbezogene, zeitlich umfassendere Zusammenhänge, welche er als Gefahrenvorsorge bezeichnet.[30] Die frühe sich mit der Gefahrenvorsorge auseinandersetzende Literatur weist darauf hin, dass im Polizeirecht schon immer vorgesorgt wurde und es sich damit bei der Aufgabe der Gefahrenvorsorge „weder um etwas Neues, noch um etwas der klassischen Polizeirechtsdogmatik gegenüber kategorial Verschiedenes handelt“[31].[32] Ehemals eindeutig als Aufgabe der Wohlfahrt angesehene Zwecke seien lediglich zunächst unter dem Eindruck der Idee eines liberalen Rechtsstaates sprachlich unter den Begriff der Pflege oder Staatspflege gefasst worden.[33] Nach Badura kam es im

---

[21] Zum Wohlfahrtszweck des ALR, den dieser auch als „Wohlfahrtsvorsorge“ umschreibt, vgl. *Isensee*, Das Grundrecht auf Sicherheit, S. 9 f.

[22] *Isensee*, Das Grundrecht auf Sicherheit, S. 10 Fn. 16.

[23] Zu den Auswirkungen des liberalen Rechtsstaatsverständnisses auf die Verwaltung ausf. *Badura*, Verwaltungsrecht im liberalen und sozialen Rechtsstaat, S. 5 ff.; zur Ablehnung des Wohlfahrtsgedankens im modernen Polizeirecht, vgl. *Schoch*, Der Staat 43 (2004), 347 (348 f.).

[24] *Badura*, Verwaltungsrecht im liberalen und sozialen Rechtsstaat, S. 9.

[25] *Erichsen*, VVDStRL 35 (1976), 171 (185).

[26] *Badura*, Verwaltungsrecht im liberalen und sozialen Rechtsstaat, S. 16.

[27] *Isensee*, Das Grundrecht auf Sicherheit, S. 10.

[28] *Möstl*, Die staatliche Garantie für die öffentliche Sicherheit und Ordnung, S. 20 ff.

[29] *Erichsen*, VVDStRL 35 (1976), 171 (186).

[30] *Erichsen*, VVDStRL 35 (1976), 171 (186).

[31] *Darnstädt*, Gefahrenabwehr und Gefahrenvorsorge, S. 122.

[32] *Badura*, Verwaltungsrecht im liberalen und sozialen Rechtsstaat, S. 10 f.; *Darnstädt*, Gefahrenabwehr und Gefahrenvorsorge, S. 122; *Erichsen*, VVDStRL 35 (1976), 171 (184); vgl. auch *Hoffmann-Riem*, ZRP 2002, 497 (499); *Schulze-Fielitz*, in: FS Glaeser, S. 407 (410).

[33] *Badura*, Verwaltungsrecht im liberalen und sozialen Rechtsstaat, S. 10 f.

liberalen Rechtsstaat zu einem „Verschweigen der Verwaltungszwecke durch die formalistische Methode“[34]. Maßnahmen der Eingriffsverwaltung wurden zu „Rechtsformen des Verwaltens schlechthin“[35]. Aber auch im 19. Jahrhunderts gab es faktisch Gefahrenvorsorge zum Beispiel durch polizeiliche Patrouillen.[36]

Die Rückkehr einer übergreifend gedachten Wohlfahrtsaufgabe ist aber durch die vorsorgerischen, sozialstaatlichen Tendenzen im Polizeirecht nicht auszumachen.[37] Zum einen sind Wohlfahrtstendenzen polizeilicher Befugnisse als Ausprägung des grundgesetzlichen Sozialstaatsprinzips im polizeirechtlichen Kontext keinesfalls dominant. Denn der Verfassungswert Sicherheit wird, wie beschrieben, vornehmlich aus den Grundrechten abgeleitet. Das Sozialstaatsprinzip kann wegen seiner Weite nicht alleiniges Standbein dieser Aufgabe sein.[38] Zum anderen steht auf der gegenüberliegenden Seite der Abwägung im Rahmen der Inneren Sicherheit stets die Freiheitssicherung der Grundrechte.[39] Genauso sind Für- und Vorsorge nach dem Sozialstaatsprinzip nicht gleichzusetzen mit polizeilicher Gefahrenvorsorge.[40] Sie bilden nur einen Teil der Intentionen dieser ab, da es Maßnahmen der heutigen Gefahrenvorsorge nicht ausschließlich um die Herstellung sozialer Sicherheit geht.[41]

Gleichwohl verhinderte die

> „Fixierung der Polizeirechtswissenschaft auf den Eingriff [...], daß eine gefahrenvorsorgende, wohlfahrtpflegerische Subkultur, die etwa durch die Stichworte Verkehrskasper, Verkehrszustandsberichte und Bereitstellung eines Obdachlosenheims bezeichnet werden soll, dogmatisch aufgearbeitet wurde“[42].

Sucht man nach einem frühen rechtlichen Ansatzpunkt der Abwendung von der klassischen Gefahrenabwehr unter dem Grundgesetz, so stößt man auf das bayerische Polizeiaufgabengesetz, das in seiner Fassung von 1954 in einigen – später eingehend zu betrachtenden –[43] Befugnissen auf eine ausdrückliche tatbestandliche

---

[34] *Badura*, Verwaltungsrecht im liberalen und sozialen Rechtsstaat, S. 11.

[35] *Badura*, Verwaltungsrecht im liberalen und sozialen Rechtsstaat, S. 11.

[36] *Kniesel/Vahle*, in: Clages, Polizeiliche Informationsverarbeitung und Datenschutz im künftigen Polizeirecht, S. 21 Rn. 33.

[37] *Barczak*, Der nervöse Staat, S. 473; *Möstl*, Die staatliche Garantie für die öffentliche Sicherheit und Ordnung, S. 20 ff.; vgl. zum Unterschied von Wohlfahrts- und Sozialstaat auch *Badura*, Verwaltungsrecht im liberalen und sozialen Rechtsstaat, S. 26.

[38] *Möstl*, Die staatliche Garantie für die öffentliche Sicherheit und Ordnung, S. 21 f.

[39] *Isensee*, Das Grundrecht auf Sicherheit, S. 17 f.; *Möstl*, Die staatliche Garantie für die öffentliche Sicherheit und Ordnung, S. 20 f.

[40] Eingehend zur Vorsorge im Recht auch unter sozialrechtlicher Perspektive *Aulehner*, Polizeiliche Gefahren- und Informationsvorsorge, S. 119 ff.

[41] Vgl. *Möstl*, Die staatliche Garantie für die öffentliche Sicherheit und Ordnung, S. 20 f.

[42] *Erichsen*, VVDStRL 35 (1976), 171 (184); vgl. auch *Badura*, Verwaltungsrecht im liberalen und sozialen Rechtsstaat, S. 11.

[43] S. u. § 5 B. I. 6., S. 219 ff.

Anordnung einer konkreten Gefahr verzichtete.[44] Die Gesetzesbegründung verhält sich allerdings nicht eindeutig zum Verhältnis dieser Tatbestände zur klassischen Gefahrdogmatik.[45] Gleichwohl spricht sie von einer „vorbeugenden“ [46] Tätigkeit. Auch andere Landespolizeigesetze verzichten auf die konkrete Gefahr.[47] Von einer Systembildung sind diese Ansätze gerade zu Beginn noch weit entfernt.

Eine solche Systembildung im Vorsorgebereich versäumt auch der von der Innenministerkonferenz ausgearbeitete Musterentwurf eines einheitlichen Polizeigesetzes vom 25.11.1977.[48] In diesem existieren in einer nicht unbedeutenden Reihe von Befugnisnormen Tatbestandsalternativen, welche keine konkrete Gefahr voraussetzen.[49] Gleichwohl wird für diese Ermächtigungen weder ein System festgelegt noch deren Aufgabe neu definiert oder deren Verhältnis zur Gefahrenabwehr geklärt. Diese „neuartige[n] Eingriffsbefugnisse zur vorbeugenden Verbrechensbekämpfung bereits im Vorfeld bestimmter Gefährdungen“[50] sind nicht kritiklos geblieben. In Anbetracht der Umgehung der Schranke der konkreten Gefahr sah sich am 26.11.1978 eine Gruppe von Wissenschaftlern, welche sich selbst als Arbeitskreis Polizeirecht bezeichnete, berufen, den sogenannten „Alternativentwurf einheitlicher Polizeigesetze des Bundes und der Länder“ zu verabschieden.[51] Dieser positionierte sich einerseits klar für die Beibehaltung der Schwelle der konkreten

---

[44] Vgl. Art. 23 Abs. 1 BayPAG (Sicherstellung von Gegenständen), Art. 33 Abs. 1 BayPAG (Durchsuchung von Personen) und Art. 34 Abs. 1 BayPAG (Durchsuchung von Sachen) i.d.F. des Gesetzes über die Aufgaben und Befugnisse der Polizei in Bayern v. 16.10.1954 (BayGVBl. S. 237).

[45] Vgl. Amtl. Begr. zu Art. 23 Abs. 1 BayPAG i.d.F. des Gesetzes über die Aufgaben und Befugnisse der Polizei in Bayern v. 16.10.1954 (BayGVBl. S. 237), BayLT-Drs. 02/04460, S. 23: „Voraussetzung der Sicherstellung ist dabei stets, daß bestimmte Tatsachen vorliegen, aus denen nach pflichtmäßigem Ermessen zu schließen ist, daß eine konkrete Gefahr im Sinn eines der Tatbestände des Abs. 1 vorliegt“.

[46] Amtl. Begr. zu Art. 26 Abs. 1 BayPAG i.d.F. des Gesetzes über die Aufgaben und Befugnisse der Polizei in Bayern v. 16.10.1954 (BayGVBl. S. 237), BayLT-Drs. 02/04460, S. 26.

[47] Vgl. z.B. die Formulierung „wenn Tatsachen darauf schließen lassen“ in § 23 Abs. 1 PolG NRW (Personenfeststellung) i.d.F. des Gesetzes zur Neufassung des Polizeigesetzes (PolG) v. 28.10.1969 (GV. NRW S. 740); s. auch § 21 Abs. 1 HSOG (Feststellung von Personalien) i.d.F. des Hessischen Polizeigesetzes v. 10.11.1954 (HessGVBl. S. 203); zum Verzicht auf die konkrete Gefahr bei Betretungsrechten für Wohnungen *Meyer*, JA 2017, 1259 (1267 f.).

[48] Abdr. in *Heise/Riegel*, Musterentwurf eines einheitlichen Polizeigesetzes, S. 46, 56, 71, 74; vgl. auch *Aden/Fährmann*, ZRP 2019, 175 (175).

[49] Dazu unten § 5 B.I.6.a), S. 220 ff.

[50] *Denninger/Dürkop u. a.*, Arbeitskreis Polizeirecht, Alternativentwurf einheitlicher Polizeigesetze des Bundes und der Länder, S. VII.

[51] Abdr. in *Denninger/Dürkop u. a.*, Arbeitskreis Polizeirecht, Alternativentwurf einheitlicher Polizeigesetze des Bundes und der Länder, S. 1 ff.

Gefahr in den Befugnisnormen.[52] Andererseits enthielt er neben einer zentralen vorangestellten Befugnis zur Informationserhebung ein ganzes Kapitel zur „Informationsverarbeitung", in dem die entsprechenden Ermächtigungsnormen in zumindest einer Tatbestandsvariante nicht auf die konkrete Gefahr abstellten, vgl. § 11 Abs. 1 Nr. 2 AE ME PolG (1978).[53] Der Alternativentwurf systematisiert ein Einschreiten in diesem Bereich der informationellen „Gefahrenvorsorge"[54], den sich die Polizei wegen neu ausgemachter Bedrohungen wie der Organisierten Kriminalität in Gefahrenabwehr und -verfolgung seit den 1970er-Jahren durch Datenverarbeitung in Form der Errichtung und Nutzung von Datenbanken wie beispielsweise PIOS/APIS[55], INPOL[56] beziehungsweise SPUDOK[57] erschließt.[58]

Interessant ist, dass der hinsichtlich des Musterentwurfs noch stark kritisierte Begriff der „vorbeugenden Verbrechensbekämpfung" an dieser Stelle durch den Alternativentwurf in der Begründung aufgegriffen und legitimierend angebracht wird.[59] Dieser Aufgabengehalt der Polizei wird immer wieder in der polizeilichen Gesetzgebung auftauchen, bis er zu einer feststehenden Instanz erwächst. So hat schon der Musterentwurf von 1977 den Begriff nicht nur in seiner Begründung, sondern ausdrücklich im Normtext im Rahmen seiner erkennungsdienstlichen Maßnahmen nach § 10 ME PolG (1977)[60] verwendet. Und auch sonst ist dieser Begriff nicht unbesetzt: § 5 Abs. 1 der Neufassung des Gesetzes über die Errichtung eines Bundeskriminalpolizeiamtes vom 29.6.1973 (BGBl. I S. 704) stellt im Verhältnis der Landespolizeien zum BKA klar, dass die „vorbeugende Verbrechensbekämpfung und die Verfolgung strafbarer Handlungen [...] Sache der Länder" bleiben.

Es zeigt sich, die Verschiebung des Eingriffsbereichs ist keine neue Erscheinung. Dies beweist die Systembildung im technischen Sicherheits- und Umweltrecht, welches auch als „Präventionsrecht *par excellence*"[61] bezeichnet wird. Um das

---

[52] Vgl. *Denninger/Dürkop u. a.*, Arbeitskreis Polizeirecht, Alternativentwurf einheitlicher Polizeigesetze des Bundes und der Länder, S. X ff.

[53] Vgl. den Abdr. der Norm sowie der Begr. in *Denninger/Dürkop u. a.*, Arbeitskreis Polizeirecht, Alternativentwurf einheitlicher Polizeigesetze des Bundes und der Länder, S. 53, 55.

[54] *Denninger/Dürkop u. a.*, Arbeitskreis Polizeirecht, Alternativentwurf einheitlicher Polizeigesetze des Bundes und der Länder, S. VIII.

[55] Personen-Institutionen-Objekte-Sachen/Arbeitsdatei PIOS Innere Sicherheit.

[56] Informationssystem der Polizei.

[57] Spurendokumentationssystem.

[58] *Kniesel/Vahle*, in: Clages, Polizeiliche Informationsverarbeitung und Datenschutz im künftigen Polizeirecht, S. 1 Rn. 1; *Petri/Kremer*, in: Lisken/Denninger, Handbuch des Polizeirechts, A. Rn. 90.

[59] *Denninger/Dürkop u. a.*, Arbeitskreis Polizeirecht, Alternativentwurf einheitlicher Polizeigesetze des Bundes und der Länder, S. 55.

[60] Abdr. in *Heise/Riegel*, Musterentwurf eines einheitlichen Polizeigesetzes, S. 52.

[61] *Trute*, in: GS Jeand'Heur, S. 403 (405).

Phänomen der Vorverlagerung der Gefahrenabwehr zu umschreiben, existiert im Atomrecht der Begriff der „Risikovorsorge“[62]. Diese entwickelt sich zu einem Oberbegriff für die Absenkung der Voraussetzungen der Einschreitschwellen.[63] Überall, wo der Vorsorgegedanke das Recht prägt und mitbestimmt, kommt es zur Verlagerung der Handlungsmöglichkeiten in einen Bereich, in dem Schäden mit Weitsicht vorgesorgt werden sollen.[64] Vorverlagerungstendenzen finden sich auch im Wirtschafts- und Sozialrecht.[65] Zunächst ist aber klarzustellen, dass die Abwendung von der konkreten Gefahr kein durch das technische Sicherheits- und Umweltrecht maßgeblich initiierter Vorgang ist.[66] Zum einen existierten die polizeilichen Befugnisse, die auf die konkrete Gefahr verzichten, schon weit vor dem Aufkommen des sich erst Ende der 1970er-Jahre herausbildenden Rechtsgebiets des technischen Sicherheits- und Umweltrechts. Zum anderen bediente sich dieses Gebiet sogar gerade anders herum an Figuren des Polizeirechts, die trotz ihrer dogmatischen Fragwürdigkeit auf eine lange Tradition im polizeilichen Vorfeldbereich zurückblicken wie dem Gefahrenverdacht.[67] Gleichwohl gab und gibt es wegen der unbestreitbaren Parallelen von polizeilicher Gefahren- und Risikovorsorge immer wieder Überlegungen hinsichtlich einer übergreifenden Systembildung sowie hinsichtlich einer notwendig empfundenen Abgrenzung, wobei bei alledem ein gewisser gegenseitiger Einfluss nicht von der Hand zu weisen ist.[68]

II. Statuierung von Befugnissen

Der bereits beschriebene polizeiliche Usus, auch auf Basis der reinen polizeilichen Zuständigkeit, der Aufgabe, einzuschreiten,[69] beschreibt einen Teil einer

[62] *Di Fabio*, Risikoentscheidungen im Rechtsstaat, S. 66, 86, 450; vgl. die Betreiberpflichten in § 7d AtG: „Weitere Vorsorge gegen Risiken“.

[63] *Di Fabio*, Risikoentscheidungen im Rechtsstaat, S. 65 f., 85 ff., 450 f.

[64] Vgl. die umfassende Betrachtung des Vorsorgegedankens im Recht bei *Aulehner*, Polizeiliche Gefahren- und Informationsvorsorge, S. 106 ff.; s. a. *Thiel*, Die „Entgrenzung“ der Gefahrenabwehr, S. 67 ff.; *Ossenbühl*, NVwZ 1986, 161 ff.; auf die Anerkennung des Vorsorgegedankens in anderen Rechtsbereichen verweisend BayVerfGHE 56, 28 (51).

[65] *Aulehner*, Polizeiliche Gefahren- und Informationsvorsorge, S. 119 ff.

[66] *Darnstädt*, Gefahrenabwehr und Gefahrenvorsorge, S. 123 ff. Dieser setzt sich zwar mit der Gefahrenvorsorge im Immissionsschutzrecht auseinander, weist aber darauf hin, dass „gewisse Ermächtigungen, im Vorfeld von Gefahren tätig zu werden […] seit langem schon existieren, wenn [sie] auch unerkannt unter ‚falschen‘ Etiketten gehandelt werden“, *Darnstädt*, Gefahrenabwehr und Gefahrenvorsorge, S. 122.

[67] *Breuer*, in: GS Martens, S. 317 (321).

[68] Vgl. z. B. die Analysen von *Breuer*, in: GS Martens, S. 317 ff.; *Trute*, Die Verwaltung 37 (2003), 501 (501); *Voßkuhle*, in: FS Würtenberger, S. 1101 (1106 f.) und jüngst *Meyer*, JZ 2017, 419 ff.

[69] *Erichsen*, VVDStRL 35 (1976), 171 (184); *Darnstädt*, Gefahrenabwehr und Gefahrenvorsorge, S. 122; *Schulze-Fielitz*, in: FS Glaeser, S. 407 (410).

weiteren Polizeipraxis: das Sammeln und Verarbeiten von Informationen.[70] Ziel der Informationsbeschaffung ist es, für Gefahren und Störung „gewappnet zu sein und rechtzeitig eingreifen zu können"[71]. In der unregulierten Praxis des informationell tätigen Staatsbereichs herrschte eingangs Unklarheit hinsichtlich der Anforderungen, die an den Bürger zu stellen sind und welche die Verfassung vom Staat selbst verlangt.[72] Das Vorstoßen der Staatstätigkeit auf diesem Gebiet blieb indes bekanntermaßen nicht unbeobachtet. Maßgeblicher Katalysator einer Systembildung war ein – wegen seiner Schlagkraft zu Recht als „Durchbruch"[73] beschriebenes – verfassungsrechtliches Urteil.[74] Das Sammeln und Verarbeiten von personenbezogenen Daten wurde im Volkszählungsurteil des Bundesverfassungsgerichts vom 15. 12. 1983 als rechtfertigungsbedürftiger Eingriff in das Persönlichkeitsrecht aus Art. 2 Abs. 1 i. V. m. Art. 1 Abs. 1 S. 1 GG – hier betroffen in Form des Rechts auf informationelle Selbstbestimmung – angesehen.[75] Zudem betont das Gericht, dass Einschränkungen des Rechts einer gesetzlichen Grundlage bedürfen, das heißt einer Befugnisnorm.[76] Dieses Urteil betraf jedoch weder einen polizeirechtlichen noch überhaupt einen sicherheitsrechtlichen Sachverhalt. Sondern es erging gegen das Gesetz über eine Volkszählung, Berufszählung, Wohnungszählung und Arbeitsstättenzählung.[77] Doch die im Urteil statuierten Regeln für den Umgang mit personenbezogenen Daten hatten Strahlkraft darüber hinaus.[78] Mit Beschluss vom 12. 1. 1984 setzte die Innenministerkonferenz ihren Arbeitskreis II „Öffentliche Sicherheit und Ordnung" auf die in Konsequenz des Urteils aufgeworfenen Fragen an. Ergebnis war die Erstellung des Vorentwurfs vom 8. 2. 1985 (VE ME PolG (1985)). Der überholte VE ME PolG (1985) griff im Rahmen der Datenerhebungsbefugnis des § 7a VE ME PolG (1985) ausdrücklich die „Gefahrenvorsorge"[79] auf. Die Begründung verdeutlichte, dass man eine Regelung für einen Zustand vor Eintritt der Gefahr außerhalb des Einzelfalls treffen wollte.[80]

---

[70] *Trute*, in: GS für Jeand'Heur, S. 403 (403); *Eichenhofer*, in: Gusy/Eichenhofer, Polizei- und Ordnungsrecht, Rn. 194; *Möstl*, DVBl. 2010, 808 (810).

[71] *Trute*, in: GS für Jeand'Heur, S. 403 (403).

[72] Vgl. BVerfGE 110, 33 (56).

[73] *Trute*, in: GS für Jeand'Heur, S. 403 (403).

[74] *Trute*, in: GS für Jeand'Heur, S. 403 (403).

[75] BVerfGE 65, 1 (Ls. 1, 44 ff.).

[76] BVerfGE 65, 1 (Ls. 2, 44 ff.).

[77] Gesetz über eine Volks-, Berufs-, Wohnungs- und Arbeitsstättenzählung (Volkszählungsgesetz 1983) v. 25. 3. 1982 (BGBl. I S. 369).

[78] BVerfGE 65, 1 (44, 45 ff., 49).

[79] Partieller Abdr. in *Rachor*, Vorbeugende Straftatenbekämpfung und Kriminalakten, 1989, S. 46.

[80] Partieller Abdr. in *Rachor*, Vorbeugende Straftatenbekämpfung und Kriminalakten, 1989, S. 46.

Dieser Passus wurde jedoch später gestrichen.[81] Auf Basis VE ME PolG (1985) wurde am 12.3.1986 der Vorentwurf zur Änderung des ME PolG (VE ME PolG (1986) erstellt.[82] Begrifflich ersetzt der VE ME PolG (1986) die „Gefahrenvorsorge" in der polizeilichen Datenerhebungsbefugnis des § 8a VE ME PolG (1986) mit dem Passus der „vorbeugenden Bekämpfung von Straftaten".[83] Die „Vorverlagerung" von Eingriffsmöglichkeiten wird im Bereich des Sammelns und Verarbeitens von Daten ausgehend vom Volkszählungsurteil rechtlich festgeschrieben und vereinheitlicht. Die am VE MEPolG (1986) orientierte Umsetzung der Reglementierung in den Landespolizeigesetzen wird später von den Fachgerichten bestätigt.[84]

Doch der als Vorlage der Neuerung der Landesgesetze dienende VE ME PolG (1986) geht noch über die vereinzelte Anpassung der Informationsbefugnisse hinaus: Der endgültige Entwurf enthält eine eigene, umfassende Kodifizierung des Vorsorgegedankens für das gesamte Rechtsgebiet. In der Aufgabeneröffnung, vgl. § 1 Abs. 1 S. 2 VE ME PolG (1986), wird festgehalten, dass zum polizeilichen Tätigkeitsfeld gehört, der Verfolgung von Straftaten vorzusorgen und Straftaten zu verhüten (vorbeugende Bekämpfung von Straftaten) sowie Vorbereitungen zu treffen, um künftigen Gefahren abwehren zu können (Vorbereitung auf die Gefahrenabwehr). Diese Formulierung hat sich – trotz der anfänglichen Kritik als „inhaltlich falsch"[85] und „unklarer Begriff"[86] – auch heute in der polizeilichen Gesetzgebung durchgesetzt und findet sich in einer nicht unbedeutenden Zahl der Gesetze.[87] Für die vorbeugende Verbrechensbekämpfung hält die Begründung des Entwurfs fest, dass die traditionellen Kategorien der Gefahrenabwehr die konkrete Gefahr und der Störerbegriff „hierauf kaum anwendbar"[88] sind. Auch wenn es sich der Begründung selbst nicht entnehmen lässt, ordnet die Literatur weitgehend die Aufgabeneröffnung einem rein informationellen Bereich zu.[89]

---

[81] *Rachor*, Vorbeugende Straftatenbekämpfung und Kriminalakten, 1989, S. 46; *Soiné*, DÖV 2000, 173 (174).

[82] Vgl. Abdr. der Allg. Begr. des VE ME PolG (1986) in *Kniesel/Vahle*, in: Clages, VE ME PolG, S. 44.

[83] Abdr. in *Kniesel/Vahle*, in: Clages, VE ME PolG, S. 5.

[84] Vgl. u.a. BayVerfGHE 47, 241 ff. und SächsVerfGH, DVBl. 1996, 1423 ff.

[85] *Schoreit*, CR 1986, 224 (227); mit ausf. Darstellung des Meinungsbildes zur vorbeugenden Bekämpfung von Straftaten, vgl. auch *Rachor*, Vorbeugende Straftatenbekämpfung und Kriminalakten, 1989, S. 6 f.

[86] *Denninger*, CR 1988, 51 (52).

[87] S. die Nachweise unter § 4 E. I., S. 118 ff.

[88] Abdr. der Allg. Begr. des VE ME PolG (1986) in *Kniesel/Vahle*, in: Clages, VE ME PolG, S. 49.

[89] *Kniesel/Vahle*, in: Clages, Polizeiliche Informationsverarbeitung und Datenschutz im künftigen Polizeirecht, S. 11 Rn. 16; *Trute*, in: GS für Jeand'Heur, S. 403 (403).

III. Grenzen der Befugnisse

Die neuesten Entwicklungen sind im Kern immer noch geprägt durch die Erkenntnisse des Volkszählungsurteils. Das Bundesverfassungsgericht und das Bundesverwaltungsgericht befinden sich jedoch seit dem Urteil vom 15.12.1983 in einem fortwährenden „Ping-Pong-Spiel" mit den Gesetzgebern in Bezug auf die notwendigen Anforderungen, die an die Ausgestaltung gefahrenvorsorgender Befugnisse zu stellen sind.[90] Aktualität und erneuten Antrieb gewann die Diskussion um Ermächtigungen zur informationellen Vorsorge bekanntermaßen in den frühen 2000ern durch die in Folge der Anschläge vom 11.9.2001 in den Vordergrund gerückte Terrorismusbekämpfung.[91]

Für den präventiv-polizeilichen Bereich zu nennen sind die später noch einmal aufzugreifenden Entscheidungen des Bundesverfassungsgerichts zum Großen Lauschangriff,[92] zum Zollkriminalamt,[93] zur vorbeugenden Telekommunikationsüberwachung (II),[94] zur Rasterfahndung (II),[95] zur automatisierten Kennzeichenerfassung (I),[96] zur Vorratsdatenspeicherung,[97] zur Zuordnung dynamischer IP-Adressen,[98] zum Anti-Terror-Datei-Gesetz,[99] zum BKAG[100] und zur automatisierten Kennzeichenerfassung (II).[101] Auffällig ist, dass diese prägenden Entscheidungen alle im informationellen Bereich ergehen.

Daneben erfolgen durch das Bundesverfassungsgericht immer wieder Aussagen in Entscheidungen mit strafprozessualem oder nachrichtendienstlichem Hintergrund.[102] Insbesondere die Entscheidung zur Online-Durchsuchung ist in diesem Kontext hervorzuheben.[103] Aber auch das Bundesverwaltungsgericht und die Landesgerichte suchen nach Lösungen für Sachverhalte, die sich (vermeintlich) nicht durch die überkommenen polizeilichen Strukturen erschließen lassen.[104]

---

[90] Vgl. *Möstl*, Die Verwaltung 53 (2020), 21 (26).

[91] *Poscher*, Die Verwaltung 41 (2008), 345 (345); *Schoch*, Der Staat 43 (2004), 347 (350 f.); *Schulze-Fielitz*, in: FS Glaeser, S. 407 (409).

[92] BVerfGE 109, 279 ff.

[93] BVerfGE 110, 33 ff.

[94] BVerfGE 113, 348 ff.

[95] BVerfGE 115, 320 ff.

[96] BVerfGE 120, 378 ff.

[97] BVerfGE 125, 260 ff.

[98] BVerfGE 130, 151 ff.

[99] BVerfGE 133, 277 ff.

[100] BVerfGE 141, 220 ff.

[101] BVerfGE 150, 244 ff.

[102] BVerfGE 100, 313 ff.; 107, 299 ff.

[103] BVerfGE 120, 274 ff.

[104] Vgl. BVerwGE 116, 347 ff.; 130, 151 ff.; 141, 329 ff.; zur Schleierfahndung vgl. BayVerfGHE 56, 28 ff.; 59, 29 ff.; LVerfG MV, DÖV 2000, 71 ff.

IV. Zwischenfazit

Die Polizeipraxis kennt die Gefahrenvorsorge bereits vor ihrer gesetzlichen Manifestation. Einschneidend für die polizeirechtliche Systematisierung war das Volkszählungsurteil und die damit verbundene Aufnahme der Aufgabe in den VE ME PolG (1986). Heute ist der Fokus vermehrt auf die Befugnisse und ihre Grenzen gerichtet.

C. Motive

I. Informationsvorsorge und Digitalisierung

Antriebsmotor einer rechtlichen Befassung mit der Gefahrenvorsorge war und ist die Digitalisierung.[105] Unter ihr versteht man im engeren Sinne „die Umwandlung von herkömmlichen nicht-digitalen Medien und Informationseinheiten sowie von kontinuierlichen (analogen) Signalen in diskrete (digitale) Objekte“[106], welche einhergeht mit dem Aufkommen der elektronischen Datenverarbeitung, moderner Informations- und Kommunikationstechnologien sowie dem Internet und damit einer Vernetzung der Lebenswirklichkeit.[107]

Bestandteil der Digitalisierung im polizeirechtlichen Kontext ist die Informationsvorsorge. Denn digitale Datenverarbeitung ist die digitale Verarbeitung von Information.[108] Der Begriff der „Informationsvorsorge“[109], der durch Datenerhebung,

[105] Vgl. nur die Entscheidungen mit Digitalisierungsbezug, BVerfGE 100, 313 ff.; 107, 299 ff.; 109, 279 ff.; 110, 33 ff.; 113, 348 ff.; 115, 320 ff.; 120, 274 ff.; 120, 378 ff.; 125, 260 ff.; 130, 151 ff.; 133, 277 ff.; 141, 220 ff.; 150, 244 ff.; s. aus der Lit. auch u. a. *Brugger*, VVDStRL 63 (2004), 101 (124); *Kniesel/Vahle*, in: Clages, Polizeiliche Informationsverarbeitung und Datenschutz im künftigen Polizeirecht S. 1 ff. Rn. 1 ff.; *Leisner-Egensperger*, DÖV 2018, 677 (688); *Möstl*, DVBl. 2007, 581 (581); *Poscher*, Die Verwaltung 41 (2008), 345 (347); *Schoch*, in: ders., Kap. 1 Rn. 10 ff.; *ders.*, Der Staat 43 (2004), 347 (353); *Voßkuhle*, in: FS Würtenberger, S. 1101 (1106 f.); s. zudem die Systematisierungsversuche hinsichtlich der Datenverarbeitung in §§ 8 ff. VE ME PolG (1986), Abdr. in *Kniesel/Vahle*, in: Clages, VE ME PolG, S. 5 sowie *Denninger/Dürkop u. a.*, Arbeitskreis Polizeirecht, Alternativentwurf einheitlicher Polizeigesetze des Bundes und der Länder, S. 113 ff.

[106] *Rehbein*, in: Görres-Gesellschaft, Staatslexikon, Bd. 1, D „Digitalisierung“.

[107] *Rehbein*, in: Görres-Gesellschaft, Staatslexikon, Bd. 1, D „Digitalisierung“; vgl. auch BVerfGE 120, 274 (320); *Schoch*, Der Staat 43 (2004), 347 (353).

[108] Zur Definition des Datenbegriffs im Sicherheits- und Polizeirecht, vgl. *Schmidbauer*, in: ders./Steiner, Art. 30 PAG Rn. 3 ff.; s. dazu den Datenbegriff in Art. 3 Nr. 1 Richtlinie (EU) 2016/680 des Europäischen Parlaments und des Rates vom 27.4.2016 zum Schutz natürlicher Personen bei der Verarbeitung personenbezogener Daten durch die zuständigen Behörden zum Zwecke der Verhütung, Ermittlung, Aufdeckung oder Verfolgung von Straftaten oder der Strafvollstreckung sowie zum freien Datenverkehr und zur Aufhebung des Rahmenbeschlusses 2008/977/JI des Rates und Art. 4 Nr. 1 DSGVO.

-speicherung sowie durch systematische Sammlung von Informationen gekennzeichnet ist,[110] versinnbildlicht den Umstand, dass derartige Eingriffe typischerweise vor der unmittelbaren Gefahrenabwehr anzusiedeln sind.[111] Informationsvorsorge im Polizeirecht blickt auf eine lange Tradition.[112] Sie setzt vor der Entstehung einer konkreten Gefahr an, will vorbereiten, Entscheidungsgrundlagen schaffen und auch neuen, noch unbekannten Gefahren begegnen.[113] Damit ist die Informationsvorsorge – insbesondere in digitaler Form – anerkanntermaßen Voraussetzung der Gefahrenabwehr.[114] Vorverlagerung als Hauptkennzeichen der Gefahrenvorsorge ist der Informationsvorsorge immanent. Die Begrifflichkeiten der Gefahrenvorsorge und Informationsvorsorge sind nicht trennscharf voneinander abzugrenzen. Sie besitzen viele Überschneidungen. Da die Gefahrenvorsorge aber weitere Ebenen außerhalb der Informationsvorsorge enthält wie Maßnahmen zur Vorbereitung und nach neuester Gesetzgebung auch kausaleingreifende Befugnisse,[115] wird sie als Teil der Gefahrenvorsorge angesehen.[116]

Die Informationsvorsorge wurde durch die verstärkte Nutzung von Computern und Informationssystemen auf Seiten der Polizei in den 1970er-Jahren immens effektuiert.[117] „Die Digitalisierung hat eine ‚überwachungsgeneigte' Infrastruktur geschaffen"[118]. Seitdem blickt auch die Rechtswissenschaft mit größerem Interesse auf dieses Gebiet. Schon 1978 widmete der Alternativentwurf einheitlicher Poli-

---

[109] *Aulehner*, Polizeiliche Gefahren- und Informationsvorsorge, S. 54; *Schoch/Kießling*, in: Schoch/Eifert, Besonderes Verwaltungsrecht, Kap. 1 Rn. 12; *Trute*, in: GS für Jeand'Heur, S. 403 (403).

[110] *Schoch*, in: ders., Besonderes Verwaltungsrecht, Kap. 1 Rn. 12; s. auch *Vesting*, in: Hoffmann-Riem/Schmidt-Aßmann/Voßkuhle, Grundlagen des Verwaltungsrechts, Bd. II, § 20 Rn. 11 ff.

[111] Vgl. *Becker*, NVwZ 2015, 1335 (1335); *Möstl*, Die staatliche Garantie für die öffentliche Sicherheit und Ordnung, S. 198; *Trute*, in: GS für Jeand'Heur, S. 403 (403).

[112] *Trute*, in: GS für Jeand'Heur, S. 403 (403); zur Tradition vgl. auch *Möstl*, DVBl. 2007, 581 (585).

[113] BVerfGE 120, 274 (319 f.); *Möstl*, Die staatliche Garantie für die öffentliche Sicherheit und Ordnung, S. 198; *ders.*, ZRP 2020, 26 (26); *Trute*, in: GS für Jeand'Heur, S. 403 (403); *Schoch*, Der Staat 43 (2004), 347 (353); *Voßkuhle*, in: FS Würtenberger, S. 1101 (1108); vgl. auch Amtl. Begr. zu § 21 Abs. 2 i.d.F. des Gesetzes zur Neuregelung der Vorschriften über den Bundesgrenzschutz (Bundesgrenzschutzneuregelungsgesetz – BGSNeuRegG) v. 19.10. 1994 (BGBl. I S. 2978), BT-Drs. 12/7562, S. 49.

[114] *Eichenhofer*, in: Gusy/Eichenhofer, Polizei- und Ordnungsrecht, Rn. 194; *Möstl*, Die staatliche Garantie für die öffentliche Sicherheit und Ordnung, S. 198; *Pieroth*, Die Verwaltung 53 (2020), 39 (49); *Schoch*, Der Staat 43 (2004), 347 (353); *Voßkuhle*, in: FS Würtenberger, S. 1101 (1108); vgl. auch *Kugelmann*, DÖV 2003, 781 (783 f.).

[115] Dazu unten § 5 B.I.1.b)cc)(2), S. 187 ff. u. § 6 C.II.2.b), S. 423 ff.

[116] *Aulehner*, Polizeiliche Gefahren- und Informationsvorsorge, S. 96; vgl. auch *Hoffmann-Riem*, ZRP 2002, 497 (499).

[117] *Kniesel/Vahle*, in: Clages, Polizeiliche Informationsverarbeitung und Datenschutz im künftigen Polizeirecht S. 1 Rn. 1.

[118] *Hoffmann-Riem*, ZRP 2002, 497 (498).

zeigesetze des Bundes und der Länder der Informationsverarbeitung ein gesamtes Kapitel mit Befugnissen, die – zum Beispiel durch Verzicht auf das Erfordernis der Gefahr –[119] vom traditionellen Polizeirecht abweichen.[120]

Eine wahre Zäsur bildet aber das bereits genannte Volkszählungsurteil vom 15. 12. 1983. Hier wird die Eingriffsqualität von Datenerhebungs- und Datenverarbeitungsbefugnissen bestätigt und zur Schaffung von Ermächtigungen angeregt.[121] Gleichzeitig scheint man nicht die traditionellen Grenzen der Gefahrenabwehr anzulegen: Betrachtet man den VE ME PolG (1986), der die Richtschnur der informationellen Befugnisse der Länder darstellt, finden sich in jeder der Überwachungsbefugnisse der §§ 8a-8d VE ME PolG (1986) Tatbestandsalternativen, welche auf das Anknüpfen an die konkrete Gefahr verzichten.[122] Gleiches gilt für Bayern in der Umsetzung durch das Dritte Gesetz zur Änderung des Polizeiaufgabengesetzes vom 24. 8. 1990 (BayGVBl. S. 329), das im Wortlaut mit auffallender Häufigkeit auf die konkrete Gefahr verzichtet.[123] Zur Grundsatznorm des Art. 28b Abs. 1 BayPAG (1990), deren Gehalt im selben Jahr noch in Art. 31 Abs. 1 BayPAG (1990) wanderte,[124] merkt der bayerische Gesetzgeber an, dass „polizeiliche Datenerhebungen zur Gefahrenabwehr, insbesondere zur vorbeugenden Bekämpfung von Straftaten zulässig sind, auch wenn nicht von dem Vorliegen einer im Einzelfall bestehenden (konkreten) Gefahr ausgegangen werden kann."[125] Diese Auslegung bestätigt dann auch der Blick auf die amtliche Begründung der Befugnisse.[126] Die Ausweitung der Datenerhebung, -verarbeitung und -übermittlung geht demzufolge Hand in Hand mit der normativen Systematisierung der Gefahrenvorsorge.[127]

Zu einer erneuten Ausweitung der Datenerhebungs- und Datenverarbeitungsvorschriften kam infolge der Anschläge vom 11. 9. 2001.[128] Datenerhebung wurde

---

[119] Vgl. dazu *Denninger/Dürkop u. a.*, Arbeitskreis Polizeirecht, Alternativentwurf einheitlicher Polizeigesetze des Bundes und der Länder, S. XII f.

[120] *Denninger/Dürkop u. a.*, Arbeitskreis Polizeirecht, Alternativentwurf einheitlicher Polizeigesetze des Bundes und der Länder, S. 113 ff.

[121] BVerfGE 65, 1 (Ls. 1, 44 ff.).

[122] Abdr. in *Kniesel/Vahle*, in: Clages, VE ME PolG, S. 4 ff.

[123] Art. 28b Abs. 2 Nr. 2–4, Art. 28c Abs. 1, 2, 28d Abs. 2, 3 Nr. 2, Art. 28e Abs. 1 Nr. 2, Art. 28g Abs. 1 Nr. 1, 2, Art. 28i Abs. 1, 2, Art. 28l Abs. 1, 2, 5 Nr. 1, Art. 28m Abs. 1, 2, Art. 28n, Art. 28o, Art. 28p Abs. 1 BayPAG i. d. F. des Dritten Gesetzes zur Änderung des Polizeiaufgabengesetzes v. 24. 8. 1990 (BayGVBl. S. 329).

[124] Neufassung des Polizeiaufgabengesetzes vom 14. 9. 1990 (BayGVBl. S. 397).

[125] Amtl. Begr. zu Art. 28b BayPAG i. d. F. des Dritten Gesetzes zur Änderung des Polizeiaufgabengesetzes v. 24. 8. 1990 (BayGVBl. S. 329), BayLT-Drs. 11/16263, S. 9, insb. S. 11.

[126] Amtl. Begr. zu Art. 28a-28o BayPAG i. d. F. des Dritten Gesetzes zur Änderung des Polizeiaufgabengesetzes v. 24. 8. 1990 (BayGVBl. S. 329), BayLT-Drs. 11/16263, S. 9 ff.

[127] Vgl. *Hoffmann-Riem*, ZRP 2002, 497 (499); *Trute*, in: GS Jeand'Heur, S. 403 (403).

[128] *Schoch*, Der Staat 43 (2004), 347 (352); *Schulze-Fielitz*, in: FS Glaeser, S. 407 (411).

intensiver, breiter, leichter, das heißt erlangte „neue Qualität"[129]. Gleichzeitig ist das Internet Katalysator der Anpassung polizeilicher Maßnahmen an die komplexe Lebenswirklichkeit. In den letzten Jahren ist insbesondere die Vernetzung durch soziale, digitale Medien beziehungsweise Netzwerke exponentiell gewachsen.[130] Das Bundesverfassungsgericht erkennt die Bedeutung des Internets. In einem Rechtsstaat dürfe das Internet nicht als rechtsfreier Raum verbleiben.[131] Insbesondere verdeckte Überwachungsmaßnahmen werden geschaffen und durch das Bundesverfassungsgericht überprüft.[132] Dabei sieht das Gericht die Bedrohung durch neue Telekommunikationsmittel, welche Zeit und Raum überwänden, ungeahnte Vernetzungsmöglichkeit böten und sich der öffentlichen Wahrnehmung entzögen, als neuartige Gefahr.[133]. Diese Cyberkriminalität ist Ziel neuer Gesetzgebung, die nicht auf die überkommenen Instrumente des Polizeirechts zurückgreifen möchte.[134]

Schnelligkeit, Heimlichkeit, Effektivität und Vernetzung sind somit Fluch und Segen der neuen Technologien und versetzen die Polizei unter Anpassungsdruck.[135] Gleichzeitig steigt in unserer „Informationskultur"[136] das Bewusstsein für die Bedeutung der von den Menschen preisgegebenen, insbesondere digitalen Daten. Informationstechnische Systeme erlauben Datenerhebungen in den banalsten und zugleich intimsten Lebensbereichen, da hierunter neben klassischen PCs alle von einem Mikroprozessor gesteuerten Geräte zu fassen sind, was heutzutage auch Mobiltelefone (Smartphones), Organizer oder Server und Router bis hin zu sogenannten smarten Haushaltsgeräten oder sogenannten digitalen Assistenten, z.B. „Alexa" von Amazon, „Hello" von Google, „Cortana" von Microsoft, „Siri" von Apple, umfasst.[137] Entsprechend ist auch deren Schutz bestätigt und ausgeweitet worden; zu nennen sind neben dem Recht auf informationelle Selbstbestimmung auch das Grundrecht auf Gewährleistung der Vertraulichkeit und Integrität infor-

---

[129] *Schoch*, Der Staat 43 (2004), 347 (354).

[130] *Graulich*, GSZ 2019, 9 (13).

[131] BVerfGE 125, 260 (343).

[132] Vgl. exemplarisch die Entscheidung zur Online-Durchsuchungsbefugnis BVerfGE 120, 274 ff.

[133] BVerfGE 125, 260 (322).

[134] Vgl. z.B. Amtl. Begr. zum Gesetz zur effektiveren Überwachung gefährlicher Personen v. 24.7.2017 (BayGVBl. S. 388), BayLT-Drs. 17/16299, S. 1.

[135] *Aulehner*, Polizeiliche Gefahren- und Informationsvorsorge, S. 356.

[136] Zum Begriff *Aulehner*, Polizeiliche Gefahren- und Informationsvorsorge, S. 296.

[137] Vgl. Wissenschaftliche Dienste des Deutschen Bundestages, Zugriff auf vernetzte Geräte zum Zweck der Strafverfolgung, WD 7-3000-119/19 v. 19.8.2019, S. 14 in Bezug auf die strafprozessuale Online-Durchsuchung; s.a. *Wegener*, VVDStRL 75 (2016), 293 (295 f.) zu Fatalismus und rechtsstaatlicher Reaktion in der „‚post-privacy'-Ära".

mationstechnischer Systeme, beide abgeleitet aus Art. 2 Abs. 1 i.V.m. Art. 1 Abs. 1 S. 1 GG.[138]

II. Veränderte Qualität der Gefahrenverursachung

1. Organisierte Kriminalität

Schon im Hinblick auf den VE ME PolG (1986) zeigt die Polizeiwissenschaft auf, dass man durch einen „Trend zur kriminellen Professionalität“[139] zur Entwicklung neuer polizeirechtlicher Methoden herausgefordert worden ist.[140] Gefahrenvorsorge wolle einen Schutzwall gegen die Bedrohungen der Organisierten Kriminalität bieten.[141] Organisierte Kriminalität wird von Trute beschrieben als Form der Kriminalität, bei der „ein Oszillieren zwischen legaler und illegaler Tätigkeit, eine Akkumulation von Kapital und dessen Einsatz in legalen wie illegalen Tätigkeitsfeldern, die Ausprägung von geschlossenen, hierarchischen Organisationsformen mit einer arbeitsteiligen Tätigkeit, eine hohe Gewaltbereitschaft zur Sanktionierung abweichenden Verhaltens sowie durch legale wie illegale Einflußnahmen auf politische und exekutivische Entscheidungen“[142] anzunehmen ist. Aus ihrem Charakter als sich in die gesellschaftlichen Strukturen „einnistende“[143] Kriminalität ergeben sich dauerhafte Gefährdungen für die Wirtschaft und Gesellschaft.[144] Von der Polizei wird aufgrund der Langfristigkeit und Weiträumigkeit der gegnerischen Strategien eine Anpassungsfähigkeit ihrer Fahndungs- und Beobachtungsmethoden gefordert.[145] Gefahrenvorsorge soll schrittweise Wissen über kriminelle Strukturen schaffen, um dann ein Eingreifen auf Basis einer durch das

[138] Vgl. BVerfGE 65, 1 (Ls. 1, 44 ff.) und BVerfGE 120, 274 (Ls. 1, 302 ff.); ausf. Analyse dieses Grundrechts durch *Park*, Wandel des klassischen Polizeirechts zum neuen Sicherheitsrecht, S. 278 ff.

[139] *Kniesel/Vahle*, in: Clages, Polizeiliche Informationsverarbeitung und Datenschutz im künftigen Polizeirecht, S. 97 Rn. 163.

[140] *Kniesel/Vahle*, in: Clages, Polizeiliche Informationsverarbeitung und Datenschutz im künftigen Polizeirecht, S. 97 Rn. 163.

[141] *Brugger*, Freiheit und Sicherheit, S. 89; *Calliess*, DVBl. 2003, 1096 (1099); *Kniesel/Vahle*, in: Clages, Polizeiliche Informationsverarbeitung und Datenschutz im künftigen Polizeirecht, S. 9 Rn. 13, 21 Rn. 34; *Kugelmann*, DÖV 2003, 781 (789); *Möstl*, Die staatliche Garantie für die öffentliche Sicherheit und Ordnung, S. 30; *Pitschas*, DÖV 2002, 221 (222); *Poscher*, Die Verwaltung 41 (2008), 345 (347); *Schulze-Fielitz*, in: FS Glaeser, S. 407 (411).

[142] *Trute*, in: GS für Jeand'Heur, S. 403 (404); ähnlich auch *Schulze-Fielitz*, in: FS Glaeser, S. 407 (411).

[143] *Kniesel/Vahle*, in: Clages, Polizeiliche Informationsverarbeitung und Datenschutz im künftigen Polizeirecht, S. 9 Rn. 13.

[144] *Kniesel/Vahle*, in: Clages, Polizeiliche Informationsverarbeitung und Datenschutz im künftigen Polizeirecht, S. 97 Rn. 163.

[145] SächsVerfGH, DVBl. 1996, 1423 (1428).

Wissen erkannten konkreten Gefahr zu rechtfertigen.[146] Hier dient sie durch Überwachungsmaßnahmen der „Aufhellung von Milieus, Szenen und Strukturen“[147].

2. Terrorismus

Die Bereitschaft, aber auch das Bedürfnis, Strukturen zu überdenken, steigt mit der Drastik der Ereignisse, welche den Anlass für Reformbegehren darstellen.[148] So verwundert es nicht, dass Terrorismus sowie sonstige gleichwertige Gewaltakte[149] als Motor der Vorverlagerung angesehen werden.[150] Terrorismus ist definitorisch schwer fassbar zu machen.[151] Gleichwohl existieren Ansätze im Recht.[152] So kann die Definition terroristischer Straftaten in Art. 2 Abs. 1 b) des Internationalen Übereinkommens zur Bekämpfung der Finanzierung des Terrorismus vom 9.12. 1999 herangezogen werden.[153] Europarechtlich finden sich Anhaltspunkte in Art. 67 i.V.m. Art. 75 AEUV und in Art. 83 Abs. 1 AEUV sowie im seinerseits völkerrechtlich vorgeprägten Rahmenbeschluss 2002/475/JI des Rates vom 13.6.2002 zur

---

[146] *Kniesel/Vahle*, in: Clages, Polizeiliche Informationsverarbeitung und Datenschutz im künftigen Polizeirecht, S. 9 Rn. 13; *Trute*, Die Verwaltung 37 (2003), 501 (516).

[147] *Trute*, in: GS für Jeand'Heur, S. 403 (404).

[148] Vgl. zur Problematik von Gesetzgebung in Ausnahmesituationen *Denninger*, KJ 1988, 1 (7); *Di Fabio*, NJW 2008, 421 (423); *Hoffmann-Riem*, ZRP 2002, 497 (500); *Voßkuhle*, in: FS Würtenberger, S. 1101 (1106 f., 1119).

[149] *Schulze-Fielitz*, in: FS Glaeser, S. 407 (411); dazu ausf. auch unter § 6 C.II. 1.b)bb)(3)(d), S. 406 ff.

[150] *Denninger/Dürkop u. a.*, Arbeitskreis Polizeirecht, Alternativentwurf einheitlicher Polizeigesetze des Bundes und der Länder, S. IX; *Brugger*, Freiheit und Sicherheit, S. 89; *Calliess*, DVBl. 2003, 1096 (1099); *Hofmann/Lukosek/Schulte-Rudzio*, GSZ 2020, 233 (239 f.); *Kniesel/Vahle*, in: Clages, Polizeiliche Informationsverarbeitung und Datenschutz im künftigen Polizeirecht, S. 21 Rn. 34; *Kugelmann*, DÖV 2003, 781 (789); *Möstl*, Die staatliche Garantie für die öffentliche Sicherheit und Ordnung, S. 30; *Poscher*, Die Verwaltung 41 (2008), 345 (347); *Schoch*, Der Staat 43 (2004), 347 (348).

[151] BVerfGE 49, 24 (53 ff.); BVerwGE 123, 114 (129 f.); 158, 225 (233 Rn. 16); vgl. auch *Park*, Wandel des klassischen Polizeirechts zum neuen Sicherheitsrecht, S. 131 ff.

[152] Darauf rekurrierend auch BVerfGE 141, 220 (266 Rn. 96); BVerwGE 123, 114 (129 f.); 158, 225 (233 f. Rn. 16); BVerwG, BeckRS 2017, 113651 Rn. 16; BeckRS 2017, 118023 Rn. 25; BVerwGE 159, 296 (302 Rn. 22).

[153] Art. 2 Abs. 1 b) des Übereinkommens (BGBl. 2003 II, S. 1923) lautet: „Eine Straftat im Sinne dieses Übereinkommens begeht, wer auf irgendeinem Wege unmittelbar oder mittelbar, widerrechtlich und vorsätzlich finanzielle Mittel bereitstellt oder sammelt in der Absicht oder in Kenntnis dessen, dass sie ganz oder teilweise verwendet werden, um [...] eine andere Handlung vorzunehmen, die den Tod oder eine schwere Körperverletzung einer Zivilperson oder einer anderen Person, die bei einem bewaffneten Konflikt nicht aktiv an den Feindseligkeiten teilnimmt, herbeiführen soll, wenn diese Handlung aufgrund ihres Wesens oder der Umstände darauf abzielt, die Bevölkerung einzuschüchtern oder eine Regierung oder internationale Organisation zu einem Tun oder Unterlassen zu nötigen.“

Terrorismusbekämpfung.[154] Letzterem zufolge zählen zu terroristischen Straftaten jene – in dem Rahmenbeschluss näher bezeichneten – strafbaren Handlungen,

> „[...] die durch die Art ihrer Begehung oder den jeweiligen Kontext ein Land oder eine internationale Organisation ernsthaft schädigen können, [...] wenn sie mit dem Ziel begangen werden, die Bevölkerung auf schwer wiegende Weise einzuschüchtern oder öffentliche Stellen oder eine internationale Organisation rechtswidrig zu einem Tun oder Unterlassen zu zwingen oder die politischen, verfassungsrechtlichen, wirtschaftlichen oder sozialen Grundstrukturen eines Landes oder einer internationalen Organisation ernsthaft zu destabilisieren oder zu zerstören“[155].

Ähnlich formuliert ist im deutschen Recht auch § 129a Abs. 2 StGB, der die Bildung terroristischer Vereinigungen pönalisiert. Die „Abwehr von Gefahren des internationalen Terrorismus“ steht zusätzlich seit 2006 im Kompetenzkatalog der Gesetzgebung des Bundes, vgl. Art. 73 Abs. 1 Nr. 9a GG und § 5 BKAG. Der Begriff des StGB dient auch dem Bundesverfassungsgericht als Auslegungshilfe des verfassungsrechtlichen Begriffs.[156] Aber auch das EU-Recht nimmt wegen der unionsrechtlichen Überlagerung des Themengebiets Einfluss auf die nationale Auslegung.[157] Nach Ansicht des Bundesverfassungs- und des Bundesverwaltungsgerichts zielt Terrorismus auf die „Destabilisierung des Gemeinwesens“[158], wobei dies in rücksichtsloser Instrumentalisierung anderer Menschen durch Angriffe auf Leib und Leben beliebiger Dritter erfolgt.[159] Terrorismus richte sich gegen die „Grundpfeiler der verfassungsrechtlichen Ordnung und das Gemeinwesen als Ganzes“[160]. International wird Terrorismus durch grenzüberschreitenden Bezug, national bleibt er bei Aktivitäten innerhalb eines Staates.[161]

Terroristische Gefahren zur Zeit der RAF erzeugten schon eine „massive Grenzverschiebung“[162] für die Prävention zum Beispiel durch die Einführung des noch näher zu beleuchtenden Mittels der Rasterfahndung.[163] Die Terroranschläge

---

[154] ABl. Nr. L 164 v. 22.6.2002; vgl. ebenso schon den Gemeinsamen Standpunkt des Rates 2001/931/GASP über die Anwendung besonderer Maßnahmen zur Bekämpfung des Terrorismus vom 27.12.2001, ABl. 2001 L344, S. 93.

[155] Art. 1 Abs. 1 Rahmenbeschluss 2002/475/JI des Rates vom 13.2.002 zur Terrorismusbekämpfung, ABl. Nr. L 164 v. 22.6.2002.

[156] BVerfGE 49, 24 (53 ff.); *Degenhart*, in: Sachs, GG, Art. 73 Rn. 46.

[157] *Uhle*, in: Dürig/Herzog/Scholz, GG, Bd. V, Art. 73 Rn. 212.

[158] BVerfGE 141, 220 (266 Rn. 96).

[159] BVerfGE 141, 220 (266 Rn. 96); genauso BVerfGE 133, 277 (333 f. Rn. 133); BVerwG, BeckRS 2017, 118023 Rn. 10; vgl. auch BVerfGE 49, 24 (54).

[160] BVerfGE 141, 220 (266 Rn. 96); genauso BVerfGE 133, 277 (333 f. Rn. 133); BVerwG, BeckRS 2017, 118023 Rn. 10; vgl. auch BVerfGE 49, 24 (54).

[161] *Degenhart*, in: Sachs, GG, Art. 73 Rn. 47; *Uhle*, in: Dürig/Herzog/Scholz, GG, Bd. V, Art. 73 Rn. 212.

[162] *Hoffmann-Riem*, ZRP 2002, 497 (499).

[163] *Darnstädt*, GSZ 2017, 16 (16 ff.); *Hoffmann-Riem*, ZRP 2002, 497 (499); vgl. auch *Leisner-Egensperger*, DÖV 2018, 677 (679); zur Rasterfahndung § 5 B. I. 1. b) bb), S. 174 ff.

vom 9.11.2001 gelten dann als stärkstes Kennzeichen – nicht Beginn –[164] einer heute noch prägenden Veränderung im Feld der Inneren Sicherheit.[165] Infolge der Anschläge wurden in Deutschland sogenannte Anti-Terror-Pakete in Gesetzesform gegossen,[166] von denen insbesondere das umfangreiche zweite Paket als „Gesetz zur Bekämpfung des internationalen Terrorismus (Terrorismusbekämpfungsgesetz)"[167] die Architektur der Inneren Sicherheit verschob.[168] Infolge der Situation nach dem 11.9.2001, die das Bundesverfassungsgericht als „neuartige[n] Gefährdungssituation"[169] beschreibt, kam es vornehmlich zur Kompetenzerweiterung des Bundesamtes für Verfassungsschutz, des Militärischen Abschirmdienstes, des Bundesnachrichtendienstes, des Bundesgrenzschutzes und des Bundeskriminalamtes.[170] Für die sonstigen Sicherheitsbehörden kam es infolge dessen zur Reaktivierung und verstärkten Nutzung bestehender Überwachungsbefugnisse wie der Rasterfahndung mit der Intention der Bekämpfung des Terrorismus.[171] Diese Erweiterung der Befugnisse der Sicherheitsbehörden im Sinne einer „Vorfeld-Prävention"[172] werden in der Literatur nicht selten als „Abkehr von der im traditionellen Polizeirecht gefun-

---

[164] *Schoch*, Der Staat 43 (2004), 347 (351 Fn. 23) m. V. a. *Albers*, Die Determination polizeilicher Tätigkeit in den Bereichen der Straftatenverhütung und der Verfolgungsvorsorge, S. 97 ff.; genauso *Schulze-Fielitz*, in: FS Glaeser, S. 407 (409); vgl. auch *Leisner-Egensperger*, DÖV 2018, 677 (679).

[165] *Hoffmann-Riem*, ZRP 2002, 497 (498 f.); *Schoch*, Der Staat 43 (2004), 347 (350); *Schulze-Fielitz*, in: FS Glaeser, S. 407 (409); *Voßkuhle*, in: FS Würtenberger, S. 1101 (1107 ff.).

[166] Vgl. dazu *Schoch*, Der Staat 43 (2004), 347 (350).

[167] Gesetz zur Bekämpfung des internationalen Terrorismus (Terrorismusbekämpfungsgesetz) v. 9.1.2002 (BGBl. I S. 361).

[168] *Hoffmann-Riem*, ZRP 2002, 497 (498 ff.).

[169] BVerfGE 115, 320 (367).

[170] Gesetz zur Bekämpfung des internationalen Terrorismus (Terrorismusbekämpfungsgesetz) v. 9.1.2002 (BGBl. I S. 361); *Hoffmann-Riem*, ZRP 2002, 497 (498); *Schoch*, Der Staat 43 (2004), 347 (351).

[171] Vgl. die Amtl. Begr. des Gesetzes zur Änderung des Polizeiaufgabengesetzes und des Parlamentarischen Kontrollgremium-Gesetzes v. 24.12.2005 (BayGVBl. S. 641), BayLT-Drs. 15/2096, S. 1 f.; s. zudem die Festlegung der Rasterkriterien zur Entdeckung potentieller islamistischer Terroristen in Deutschland durch die „Koordinierungsgruppe Internationaler Terrorismus" unter Vorsitz des Bundeskriminalamtes, in welcher unter andere der Bundesgrenzschutz, das Bundesamt für Verfassungsschutz und der Bundesnachrichtendienst vertreten waren, am 18.9.2001, eingerichtet durch den Arbeitskreis II „Innere Sicherheit" der Ständigen Konferenz der Innenminister und -senatoren der Länder; vgl. Antwort der Bundesregierung auf die Kleine Anfrage der Abgeordneten Ulla Jelpke und der Fraktion der PDS – Drucksache 14/7023 –, Rasterfahndung gegen Studierende, BT-Drs. 14/7206, S. 1 f.; s. auch BVerfGE 115, 320 ff.; *Hoffmann-Riem*, ZRP 2002, 497 (498); *Schoch*, Der Staat 43 (2004), 347 (351); *Trute*, Die Verwaltung 37 (2003), 501 (508); *Voßkuhle*, in: FS Würtenberger, S. 1101 (1112 ff.).

[172] *Hoffmann-Riem*, ZRP 2002, 497 (498).

denen und an den rechtsstaatlichen Konturen des Übermaßverbots verankerten Balance von Sicherheit und Freiheit“[173] angesehen.

Der Fokus der Sicherheitspolitik verlagerte sich durch Anschläge auf dem Bundesgebiet – exemplarisch zu nennen sind die Anschläge am 18.7.2016 in Würzburg, am 19.12.2016 in Berlin, am 9.10.2019 in Halle (Saale) und am 19.2. 2020 in Hanau – auf das Recht der Inneren Sicherheit. Von Seiten der polizeilichen Praxis wird eine „Tendenz zu Anschlägen mit einfach und unauffällig zu beschaffenden Tatmitteln wie Fahrzeuge, Messer“[174] ausgemacht. Das Motiv der Effektivierung der Sicherheitsarbeit infolge der jüngeren terroristischen Anschläge findet sich in vielen Sicherheitsgesetzen.[175] Aus polizeirechtlicher Sicht ist zu berücksichtigen, dass im Rahmen der Föderalismusreform 2006 dem BKA die Zuständigkeit für die Abwehr des internationalen Terrorismus in Fällen übertragen wurde, in denen eine länderübergreifende Gefahr vorliegt, die Zuständigkeit eines Bundeslandes nicht erkennbar ist oder ein Land um Unterstützung bittet, vgl. Art. 73 Abs. 1 Nr. 9a GG. Zu diesem Zweck wurden dem BKA in einer Gesetzesnovelle von 2008 zahlreiche neue Kompetenzen zugebilligt.[176]

Der Terrorismus enthält für die staatlichen Behörden besondere Herausforderungen.[177] Es handelt sich um eine asymmetrische Bedrohung,[178] bei der die Prognoseparameter, wer, was, wie und wo, unklar und unvorhersehbar sind.[179] Akteure sind vermeintlich irrational Handelnde,[180] die höchst konspirativ vorgehen.[181] Gleichzeitig bilden sie ein dezentrales Netzwerk, das vernetzt, aber unabhängig und flexibel genug ist, um nicht aufzufallen.[182] Zudem besteht bei terroristischen An-

---

[173] *Hoffmann-Riem*, ZRP 2002, 497 (500).

[174] *Pohlmeier* (Referatsleiterin beim Bundeskriminalamt), Stellungnahme zu NRW LT-Drs. 17/2351, NRW LT-Drs. 17/640, S. 3.

[175] Vgl. u.a. Amtl. Begr. zum Gesetz zum besseren Informationsaustausch bei der Bekämpfung des internationalen Terrorismus v. 26.7.2016 (BGBl. I S. 1818), BT-Drs. 18/8702, S. 12, in Bezug auf die Anschläge am 13.11.2015 in Paris und am 22.3.2016 in Brüssel; Amtl. Begr. zum Gesetz zur effektiveren Überwachung gefährlicher Personen v. 24.7.2017 (BayGVBl. S. 388), BayLT-Drs. 17/16299, S. 1, in Bezug auf die Anschläge am 19.12.2016 in Berlin und am 18.7.2016 in Würzburg oder Amtl. Begr. zum Gesetz zur Änderung des Polizeiaufgabengesetzes v. 8.7.2008 (BayGVBl. S. 365), BayLT-Drs. 15/9460, S. 1, in Bezug auf die Anschläge am 11.3.2004 in Madrid und am 7.7.2005 sowie am 21.7.2005 in London und die versuchten Anschläge mit Kofferbomben in Koblenz und Dortmund am 31.7. 2006.

[176] Gesetz zur Abwehr von Gefahren des internationalen Terrorismus durch das Bundeskriminalamt v. 25.12.2008 (BGBl. I S. 3083), BT-Drs. 16/10121.

[177] BVerfGE 133, 277 (333 Rn. 132).

[178] *Di Fabio*, NJW 2008, 421 (423); *Voßkuhle*, in: FS Würtenberger, S. 1101 (1107).

[179] *Darnstädt*, GSZ 2017, 16 (18); *Hoffmann-Riem*, ZRP 2002, 497 (499); *Roellecke*, JZ 2006, 265 (269); *Volkmann*, JURA 2007, 132 (135).

[180] *Gusy*, VVDStRL 63 (2004), 151 (178); *Voßkuhle*, in: FS Würtenberger, S. 1101 (1107).

[181] BVerfGE 133, 277 (333 Rn. 132).

[182] *Voßkuhle*, in: FS Würtenberger, S. 1101 (1107).

griffen ein hohes Schadenspotential durch hohe Gewaltbereitschaft.[183] So müssen vermehrt Worst-Case-Szenarien in die polizeirechtlichen Prognosen miteinbezogen werden.[184] Es stellt sich die Frage, ob es unberechenbares Staatshandeln als Antwort auf Unberechenbarkeit des Terrorismus braucht.[185] Gerade (heimliche) Informationsgewinnungsbefugnisse und -verarbeitung nehmen eine zentrale Rolle ein, um aus „diffusen Einzelerkenntnissen aussagekräftige Informationen und Lagebilder"[186] zu erhalten.[187]

3. Zwischenfazit

Wie bereits erwähnt, sind weder die Organisierte Kriminalität noch die Bedrohungen durch Terrorismus neue Phänomene.[188] Der Bekämpfung dieser Felder widmet sich aber vermehrt auch die Polizei. Primär geschieht dies durch das BKA als polizeirechtliche Instanz bei der internationalen Terrorismusabwehr. Durch Verschränkung mit der Digitalisierung wird das Vorgehen der Akteure immens effektuiert.[189] Terroristen und Kriminelle benutzen digitale Kommunikationswege für die Anbahnung und Pflege von Kontakten sowie zur Planung und Vorbereitung, aber auch Durchführung von Straftaten.[190]

III. Verändertes gesellschaftliches Bewusstsein

Vergrößerter Wohlstand birgt eine „erhöhte Störungssensibilität"[191]. Gerade in hochentwickelten Gesellschaften geht man subjektiv von einer besonderen Verwundbarkeit durch im Zuge des technischen Fortschritts geschaffene und freiwillig in Kauf genommene Bedrohungen – genannt sei nur das Stichwort Atomkraftwerke als Teil der kritischen Infrastruktur –[192] aus.[193] Das Schadenspotential scheint im-

---

[183] *Trute*, in: GS für Jeand'Heur, S. 403 (404).

[184] *Gusy*, VVDStRL 63 (2004), 151 (158).

[185] *Schulze-Fielitz*, in: FS Glaeser, S. 407 (420).

[186] In Bezug auf das ATDG BVerfGE 133, 277 (333 Rn. 132).

[187] *Voßkuhle*, in: FS Würtenberger, S. 1101 (1112); vgl. auch *Kugelmann*, DÖV 2003, 781 (783 f.).

[188] *Darnstädt*, GSZ 2017, 16 (16 ff.).

[189] Vgl. BVerfGE 120, 274 (319); 125, 260 (322).

[190] BVerfGE 120, 274 (319).

[191] *Erichsen*, VVDStRL 35 (1976), 171 (180).

[192] *Hoffmann-Riem*, ZRP 2002, 497 (498) zählt zudem Hochhäuser, Ölraffinerien, Tanklager und Chemiebetriebe, Staudämme, Bahnanlagen, Flughäfen sowie die informationstechnische Vernetzung auf.

[193] *Hoffmann-Riem*, ZRP 2002, 497 (498); *Voßkuhle*, in: FS Würtenberger, S. 1101 (1106); *Denninger/Dürkop u. a.*, Arbeitskreis Polizeirecht, Alternativentwurf einheitlicher Polizeigesetze des Bundes und der Länder, S. VIII f.

mens. Vorbeugung wird infolgedessen als gesellschaftliches Bedürfnis formuliert.[194] Ein weiteres Bedrohungsfeld mit drastischem Schadenspotential liegt im Terrorismus, und auch hier wird das Bedürfnis nach Vorsorge laut.[195] Terroristische Anschläge sind zudem begleitet von einer starken Medienpräsenz, was Einfluss auf das Recht der Inneren Sicherheit nimmt.[196] Für das rechtliche Austarieren von Freiheit und Sicherheit wird infolge dieser gesellschaftlichen Wahrnehmung und im Umkehrschluss zum auf Verunsicherung zielenden Terror das Sicherheitsgefühl als Schutzgut angeführt.[197] Die Literatur attestiert daher vereinzelt die Entwicklung hin zu einer „Risikogesellschaft"[198], deren utopisches Ziel die Abwesenheit von Risiken sei.[199] Unabhängig von der Einschätzung der Dimension der Entwicklung ist die Vorverlagerung der Schadensabwehr Konsequenz dieser „Sicherheitsempfindlichkeit"[200] der Gesellschaft.

IV. Veränderung des Rechts

Über das Absenken der Einschreitschwelle im technischen Sicherheits- und Umweltrecht ist schon im Rahmen der Genese der Gefahrenvorsorge berichtet worden. Dies ist Resultat des verschiedenste Rechtsgebiete prägenden Vorsorgeprinzips.[201] Dieses Prinzip führt gerade im Sicherheitsrecht zu Vorverlagerungstendenzen;[202] gleichwohl handelt es sich um eine weitgehend parallele Entwicklung. Insbesondere der Begriff des Risikos scheint aber auch im Polizeirecht Anklang zu

---

[194] Ausdr. Gefahrenvorbeugung als „Bedürfnis moderner Gemeinwesen" bezeichnend *Denninger/Dürkop u. a.*, Arbeitskreis Polizeirecht, Alternativentwurf einheitlicher Polizeigesetze des Bundes und der Länder, S. IX; vgl. auch *Leisner-Egensperger*, DÖV 2018, 677 (679); *Thiel*, Die „Entgrenzung" der Gefahrenabwehr, S. 302 f.; *Voßkuhle*, in: FS Würtenberger, S. 1101 (1106).

[195] *Voßkuhle*, in: FS Würtenberger, S. 1101 (1107).

[196] *Schulze-Fielitz*, in: FS Glaeser, S. 407 (433).

[197] Vgl. dazu *Kugelmann*, DÖV 2003, 781 (782); *Schulze-Fielitz*, in: FS Glaeser, S. 407 (433); s. auch *Haas*, Sondervotum zu BVerfGE 115, 320 ff., BVerfGE 115, 371 (375); *Trute*, Die Verwaltung 37 (2003), 501 (502).

[198] *Neumann*, Vorsorge und Verhältnismäßigkeit, S. 18.

[199] *Graulich*, GSZ 2019, 9 (13); *Voßkuhle*, in: FS Würtenberger, S. 1101 (1106 und Fn. 30); s. a. *Darnstädt*, GSZ 2017, 16 (17): „Es scheint, dass die öffentliche Sicherheit nicht mehr sicher ist. An die Stelle der Sorge um die *Unverletztheit* der Rechtsgüter und Rechtsnormen ist die Sorge um deren *Unverletzlichkeit* getreten."

[200] *Denninger/Dürkop u. a.*, Arbeitskreis Polizeirecht, Alternativentwurf einheitlicher Polizeigesetze des Bundes und der Länder, S. IX.

[201] Ausf. *Aulehner*, Polizeiliche Gefahren- und Informationsvorsorge, S. 106 ff.

[202] Vgl. z. B. die Analysen von *Breuer*, in: GS Martens, S. 317 ff.; *Trute*, Die Verwaltung 37 (2003), 501 (501); *Voßkuhle*, in: FS Würtenberger, S. 1101 (1106 f.) und jüngst *Meyer*, JZ 2017, 419 ff.

finden.[203] Ob die Grenzen des technischen Sicherheits- und Umweltrechts solche sind, die es in das Polizeirecht zu übertragen gilt, ist allerdings im Zuge der Arbeit zu prüfen.[204]

Zuletzt prägt und verändert die Globalisierung das Recht der Inneren Sicherheit.[205] Zum einen gilt es, einer Globalisierung der Problemursachen Herr zu werden.[206] Denn insbesondere der Terrorismus „droht die hergebrachten völkerrechtlichen Unterscheidungen zwischen äußeren und inneren Gefahren, [...] zu überrollen“[207]. Gleiches gilt für die Digitalisierung. Zum anderen erfolgt eine Globalisierung des Rechts der Inneren Sicherheit durch eine partielle Überlagerung durch Völkerrecht und Europarecht.[208] Auf europäischer Ebene sind neben den bereits genannten Grundlagen im Terrorismusbereich zum einen beispielsweise Art. 29 ff. EUV, Art. 5 Abs. 1 S. 1 EMRK und Art. 6 EuGrCh,[209] zum anderen auch die Datenschutz-Grundverordnung (DSGVO) und der Richtlinie (EU) 2016/680 zu nennen.[210]

Verknüpft ist diese Entwicklung mit der Erkenntnis, dass transnationale Risiken sich nur im transnationalen Verbund lösen.[211] Es besteht durchaus eine Schutzpflicht des Staates auch bei Auslandssituationen.[212] Gleichzeitig ist stets zu beachten, dass eine umfassende Gefahrenabwehr im Ausland nicht gewollt ist, da Gefahrenabwehr nach ihrer ratio auf den Schutz der inländischen Rechtsordnung und der von ihr umfassten Rechtsgüter zielt.[213] So steht insbesondere die Zusammenarbeit im informationellen und damit von der Gefahrenvorsorge besonders geprägten Bereich durch den Datenaustausch mit ausländischen Behörden, vgl. z. B. §§ 26 f. BKAG, im Fokus. Diese Datenübermittlung existiert auch zwischen deutschen

---

[203] *Aulehner*, Polizeiliche Gefahren- und Informationsvorsorge, S. 480 f.; *Haas*, Sondervotum zu BVerfGE 115, 320 ff., BVerfGE 115, 371 (380); *Möstl*, Die staatliche Garantie für die öffentliche Sicherheit und Ordnung, S. 28; *ders.*, JURA 2005, 48 (51); *Pitschas*, DÖV 2002, 221 (222 ff.); *Schulze-Fielitz*, in: FS Glaeser, S. 407 (411); *Thiel*, Die „Entgrenzung“ der Gefahrenabwehr, S. 91.

[204] S. u. § 5 B. I. 2., S. 195 ff.

[205] *Calliess*, DVBl. 2003, 1096 (1105); *Poscher*, Die Verwaltung 41 (2008), 345 (347).

[206] *Trute*, in: GS Jeand’Heur, S. 403 (410).

[207] *Isensee*, in: ders./Kirchhof, Handbuch des Staatsrechts, Bd. IX, § 191 Rn. 216.

[208] Vgl. *Brugger*, Freiheit und Sicherheit, S. 53; *Calliess*, DVBl. 2003, 1096 (1097); *Schulze-Fielitz*, in: FS Glaeser, S. 407 (415); so ist z. B. im repressiven Bereich der europäische Haftbefehl eine Antwort auf Organisierte Kriminalität, vgl. *Schulze-Fielitz*, in: FS Glaeser, S. 407 (415); hinsichtlich des internationalen Terrorismus vgl. *Uhle*, in: Dürig/Herzog/Scholz, GG, Bd. V, Art. 73 Rn. 212.

[209] *Brugger*, Freiheit und Sicherheit, S. 53.

[210] Richtlinie (EU) 2016/680; vgl. *Thiel*, GSZ 2019, 1 (1 f.).

[211] *Hoffmann-Riem*, ZRP 2002, 497 (500).

[212] Dazu *Isensee*, in: ders./Kirchhof, Handbuch des Staatsrechts, Bd. IX, § 191 Rn. 216.

[213] Zu Überlegungen, Gefahren außerhalb der BRD zu verhindern i. R. d. Rasterfahndungsbefugnis, vgl. KG Berlin, NVwZ 2002, 1537 (1540 ff.); krit. *Trute*, Die Verwaltung 37 (2003), 501 (513); *Schulze-Fielitz*, in: FS Glaeser, S. 407 (425).

Behörden, vgl. z.B. § 25 BKAG, wo sie zu Zentralisierungstendenzen im Polizeirecht führt.[214]

Im Ergebnis ist die nationale und transnationale, insbesondere informationelle Zusammenarbeit Impulsgeber einer Erweiterung insbesondere für das informationelle Vorfeld.[215] Es bleibt aber bei der Gesetzgebungszuständigkeit der einzelnen Staaten und in Deutschland insbesondere der Bundesländer.[216]

V. Zwischenfazit

Die klassischen Strukturen des Polizeirechts scheinen nicht für die Bedrohungen des 21. Jahrhunderts geschaffen.[217] Vornehmlich bei heimlicher und vorsätzlicher Gefahrenverursachung kann die klassische Gefahrenabwehr zu spät kommen.[218] So entsteht das Bedürfnis, nicht mehr situationsbezogen oder reaktiv vorzugehen,[219] sondern durch ein, wie Möstl es zusammenfasst „vorsorgend, proaktiv, strategisch, strukturell oder operativ bezeichnete[s] Vorgehen der Polizei im Vorfeld konkreter Gefahren"[220]. Ziel wird die „Austrocknung von Gefahrenquellen"[221] durch Ursachenbekämpfung, dynamische Zukunftsplanung und Abschreckung.[222] In einem Sondervotum zum Rasterfahndungsurteil des Bundesverfassungsgerichts resümiert Richterin Haas, dass es eines mehrstufigen Handelns bedarf zur effektiven Gefahrenabwehr und befürwortet so ein Vorgehen im Rahmen der „Gefahrenvorsorge, die sich im Vorfeld zukünftiger konkreter Gefahren bewegt und den Eintritt einer

[214] *Schulze-Fielitz*, in: FS Glaeser, S. 407 (415).

[215] Vgl. dazu *Aulehner*, Polizeiliche Gefahren- und Informationsvorsorge, S. 136.

[216] Vgl. z.B. BVerfGE 150, 244 (275 Rn. 70).

[217] *Calliess*, DVBl. 2003, 1096 (1100); *Darnstädt*, GSZ 2017, 16 (18 ff.); *Schoch*, Der Staat 43 (2004), 347 (362); *Schulze-Fielitz*, in: FS Glaeser, S. 407 (411); *Trute*, Die Verwaltung 37 (2003), 501 (501 f.).

[218] *Calliess*, DVBl. 2003, 1096 (1100); *Schulze-Fielitz*, in: FS Glaeser, S. 407 (411).

[219] Zum situationsbezogenen Charakter der klassischen Gefahrenabwehr, vgl. *Darnstädt*, GSZ 2017, 16 (19); *Möstl*, Die staatliche Garantie für die öffentliche Sicherheit und Ordnung, S. 21; vgl. auch *ders.*, DVBl. 2007, 581 (583); zum reaktiven Charakter vgl. *Apostel*, KJ 52 (2019), 147 (148); *Thiel*, Die „Entgrenzung" der Gefahrenabwehr, S. 193 f.; *Kniesel/Vahle*, in: Clages, Polizeiliche Informationsverarbeitung und Datenschutz im künftigen Polizeirecht, S. 21 Rn. 33; s. auch die Amtl. Begr. zu § 21 Abs. 2 (Datenerhebung zur Straftatenverhütung) BGSG i.d.F. des Gesetzes zur Neuregelung der Vorschriften über den Bundesgrenzschutz (Bundesgrenzschutzneuregelungsgesetz – BGSNeuRegG) v. 19.10.1994 (BGBl. I S. 2978), BT-Drs. 12/7562, S. 49.

[220] *Möstl*, Die staatliche Garantie für die öffentliche Sicherheit und Ordnung, S. 21; vgl. auch *ders.*, DVBl. 2007, 581 (583) sowie *Aulehner*, Polizeiliche Gefahren- und Informationsvorsorge, S. 477.

[221] *Calliess*, DVBl. 2003, 1096 (1109).

[222] *Schulze-Fielitz*, in: FS Glaeser, S. 407 (411); *Voßkuhle*, in: FS Würtenberger, S. 1101 (110).

konkreten Gefahr verhindern oder bei deren späterem Eintritt ihrer Bekämpfung dienen soll."[223] Diese veränderte Motivlage fragt nach einem Überdenken und Nachjustieren der polizeilichen Aufgaben.[224]

D. Verfassungsrechtliche Legitimation

Die Motive umschreiben das Bedürfnis nach effektiver Polizeiarbeit durch Gefahrenvorsorge, gleichwohl trifft der Beleg eines Bedürfnisses noch keine Aussage über die verfassungsrechtliche Zulässigkeit oder die Ausgestaltung.[225] Es ist erneut hervorzuheben: In Zeiten von Angst und Verunsicherung wächst die Bereitschaft der Bevölkerung, Freiheit zugunsten von Sicherheit preiszugeben. Dies darf jedoch keinesfalls dazu verleiten, solchen Stimmungen auch in der juristischen Bewertung zu folgen. Vielmehr ist eine nüchterne, sachliche Prüfung der verfassungsrechtlichen Zulässigkeit der vorgeschlagenen Änderungen erforderlich – beginnend mit der verfassungsrechtlichen Absicherung der Aufgabe der Gefahrenvorsorge.[226]

I. Schutzpflichtdimension und Freiheitsgewährleistung

Es gilt zu überprüfen, ob die Aufgabe der Gefahrenvorsorge verfassungsrechtlich abgesichert ist.

1. Praktische Konkordanz

Die Schutzpflichtdimension fängt rationalisierbare Gefährdungen von Schutzgütern auf und aktiviert die Einschreitpflicht des Staates.[227] Teilweise wird dies ersichtlich durch die klassischen, überkommenen Strukturen aufgefangen. Aber auch in einem nicht evidenten, der klassischen Gefahrenabwehr vorgelagerten Bereich muss nach Lösungen gesucht werden.[228] Denn auch hier besteht auch hier anerkanntermaßen der Schutzauftrag,[229] sofern er unter Zuhilfenahme des reaktiven,

---

[223] *Haas*, Sondervotum zu BVerfGE 115, 320 ff., BVerfGE 115, 371 (380).

[224] *Schoch*, Der Staat 43 (2004), 347 (352); von Neujustierung spricht auch BVerfGE 115, 320 (360).

[225] *Schoch*, Der Staat 43 (2004), 347 (355).

[226] *Schoch*, Der Staat 43 (2004), 347 (361).

[227] *Möstl*, Die staatliche Garantie für die öffentliche Sicherheit und Ordnung, S. 98.

[228] *Brugger*, VVDStRL 63 (2004), 101 (133).

[229] *Knemeyer*, Polizei- und Ordnungsrecht, Rn. 71; *Kniesel/Vahle*, in: Clages, Polizeiliche Informationsverarbeitung und Datenschutz im künftigen Polizeirecht, S. 22 Rn. 34; *Möstl*, Die staatliche Garantie für die öffentliche Sicherheit und Ordnung, S. 98; *Soiné*, DÖV 2000, 173 (173); vgl. im nachrichtendienstlichen Kontext BVerfGE 120, 274 (319).

situationsbezogenen Gefahrenabwehrrechts zu spät kommen würde.[230] Dies macht eine Legitimation der Gefahrenvorsorge über ein vermeintliches Grundrecht auf Sicherheit überflüssig.[231]

Trotz der etwas stärkeren Akzentuierung grundrechtlicher Schutzpflichten in der Begründung steht auch im Rahmen der Gefahrenvorsorge jenen der verfassungsrechtliche Freiheitswert entgegen.[232] Der Ausgleich von Sicherheit und Freiheit verschiebt sich nach Ansicht des Bundesverfassungsgerichts und des Bundesverwaltungsgerichts infolge neuer Bedrohungssituationen und Ermittlungsmöglichkeiten ins Vorfeld der klassischen Gefahrenabwehr.[233] Das Bundesverfassungsgericht merkt an, „[d]ie Balance zwischen Freiheit und Sicherheit darf vom Gesetzgeber neu justiert, die Gewichte dürfen jedoch von ihm nicht grundlegend verschoben werden."[234] Beide Gerichte bestätigen aber im Grundsatz die Gefahrenvorsorge als staatliche Aktivität „im Vorfeld konkreter Gefahren"[235] als Aufgabe der Polizei, welche auf Verfassungsebene kompetenzrechtlich in Art. 70 GG im Gesetzgebungsauftrag der Länder abgesichert ist.[236] Gefahrenvorsorge ist damit Teil des Rechts der Inneren Sicherheit.[237]

2. Hervorgehobene Grundrechte

Legitimationsgrundlage bleiben trotz der Gesetzgebungskompetenz aber die Grundrechte. In der Vergangenheit sind gewisse Grundrechte in ihrer Schutz-, aber auch gerade in ihrer Abwehrfunktion im Zuge der Systematisierung der Gefahrenvorsorge in den Vordergrund getreten. Dies ist Resultat der starken Verbindung zwischen der Gefahrenvorsorge und den informations- und kommunikationsbezogenen Ermächtigungen.[238] Diese haben wohl diese herausgehobene Stellung, da die

---

230 *Calliess*, DVBl. 2003, 1096 (1100); *Schulze-Fielitz*, in: FS Glaeser, S. 407 (411).

231 *Möstl*, Die staatliche Garantie für die öffentliche Sicherheit und Ordnung, S. 98.

232 *Schoch/Kießling*, in: Schoch/Eifert, Besonderes Verwaltungsrecht, Kap. 1 Rn. 85; vgl. BVerfGE 115, 320 (360); 120, 378 (429).

233 Zu neuartigen Bedrohungssituationen und Ermittlungsmöglichkeiten, vgl. BVerfGE 120, 378 (429); 115, 320 (360); vgl. zur Verlagerung ins Gefahrenvorfeld BVerfGE 150, 244 (275 Rn. 70); 115, 320 (360); 125, 260 (322); 133, 277 (327 Rn. 120); BVerwGE 141, 329 (335 Rn. 29); *Schoch*, Der Staat 43 (2004), 347 (360).

234 BVerfGE 115, 320 (360).

235 BVerfGE 150, 244 (275 Rn. 70); BVerwGE 141, 329 (335 Rn. 29).

236 BVerfGE 150, 244 (275 Rn. 70); BVerwGE 141, 329 (335 Rn. 29); für das BKA u. Art. 73 Abs. 1 Nr. 9 a) GG vgl. BVerfGE 141, 220 (263 Rn. 88).

237 *Schoch/Kießling*, in: Schoch/Eifert, Besonderes Verwaltungsrecht, Kap. 1 Rn. 72 Fn. 233.

238 *Schoch/Kießling*, in: Schoch/Eifert, Besonderes Verwaltungsrecht, Kap. 1 Rn. 81; vgl. auch *Aulehner*, Die polizeiliche Gefahren- und Informationsvorsorge, S. 357 ff.; *Kniesel/Vahle*, in: Clages, Polizeiliche Informationsverarbeitung und Datenschutz im künftigen Polizeirecht, S. 1 ff. Rn. 1 ff.

„Entdeckung“ mancher grundrechtlichen Dimensionen erst infolge der Begutachtung der gesetzlichen Ermächtigungen erfolgte. So bestätigte das Bundesverfassungsgericht das Recht auf informationelle Selbstbestimmung aus Art. 2 Abs. 1 i. V. m. Art. 1 Abs. 1 S. 1 GG in seinem Volkszählungsurteil vom 15. 12. 1983.[239] Dieses Recht sieht Aulehner in der abwehrrechtlichen Dimension als Gegenpart zur Sicherheitsgewährleistung in der Gefahrenvorsorge.[240]

Später „entdeckt“ das Bundesverfassungsgericht im Online-Durchsuchungsurteil in Art. 2 Abs. 1 i. V. m. Art. 1 Abs. 1 S. 1 GG das Grundrecht auf Gewährleistung der Vertraulichkeit und Integrität informationstechnischer Systeme,[241] welches wieder als Antipol der Sicherheit herangezogen wird.[242] Außerdem ergehen daneben immer wieder Entscheidungen zu den zu Art. 2 Abs. 1 i. V. m. Art. 1 Abs. 1 S. 1 GG spezielleren Grundrechten des Telekommunikationsgeheimnisses aus Art. 10 GG und der Unverletzlichkeit der Wohnung aus Art. 13 Abs. 1 GG.[243] Die Entscheidungen zu informationsbezogenen Grundrechtseingriffen legen indes ihre wechselseitige, über die einzelnen Grundrechte hinausgehende Beeinflussung offen: So zieht das Bundesverfassungsgericht in den prägenden Entscheidungen zu Art. 10 GG und Art. 13 GG immer wieder die Maßstäbe des Rechts auf informationelle Selbstbestimmung aus Art. 2 Abs. 1 i. V. m. Art. 1 Abs. 1 S. 1 GG heran.[244] Gleichzeitig verweist es auf Erkenntnisse hinsichtlich der leges speciales in jüngeren Entscheidungen zur informationellen Selbstbestimmung.[245] Die Vorgaben dieser Grundrechte bilden bedeutende Eckpunkte in der Entwicklung der Gefahrenvorsorge.

II. Kritik

Die rechtlichen Vorverlagerungstendenzen sehen sich dem Vorwurf der Einführung eines „Präventions-Staates“[246] durch „Entgrenzung“[247] beziehungsweise „Erosion“[248] der klassischen Gefahrenabwehr ausgesetzt.

---

[239] BVerfGE 65, 1 (Ls. 1, 44 ff.).

[240] *Aulehner*, Die polizeiliche Gefahren- und Informationsvorsorge, S. 357 ff., insb. 446 ff.

[241] BVerfGE 120, 274 (Ls. 1, 302 ff.); ausf. Analyse dieses Grundrechts durch *Park*, Wandel des klassischen Polizeirechts zum neuen Sicherheitsrecht, S. 278 ff.

[242] *Park*, Wandel des klassischen Polizeirechts zum neuen Sicherheitsrecht, S. 278 ff.; *Thiel*, Die „Entgrenzung“ der Gefahrenabwehr, S. 268 ff.

[243] BVerfGE 100, 313 ff.; 107, 299 ff.; 109, 279 ff.; 113, 348 ff.; 125, 260 ff.; s. auch BVerfGE 120, 274 (Ls. 4, 302 ff.); ausf. Analyse der verschiedenen Grundrechte im Vorsorgebereich bei *Thiel*, Die „Entgrenzung“ der Gefahrenabwehr, S. 193 ff.

[244] BVerfGE 100, 313 (359); 110, 33 (53).

[245] BVerfGE 115, 320 (347).

[246] *Denninger*, KJ 1988, 1 (1); vgl. auch *Baldus*, Die Verwaltung 47 (2014), 1 (6 ff.); *Schoch/Kießling*, in: Schoch/Eifert, Besonderes Verwaltungsrecht, Kap. 1 Rn. 3; *ders.*, Der Staat 43 (2004), 347 (350).

1. Umkehr der Begründungslast

„Orwell'sche Verhältnisse" wurden schon bei Änderung der Aufgabeneröffnung im VE ME PolG (1986) angeprangert.[249] Die Ausdehnung der polizeilichen Aufgabe begünstige eine „Festschreibung des soziokulturellen Status quo ante"[250]. Gleichzeitig wachse das staatliche Informationsbedürfnis proportional zu den sinkenden Anforderungen, da so jegliche potentielle Gefahrenquelle in den staatlichen Fokus gelange.[251] Durch die beschriebene Ausweitung informationeller Überwachungsbefugnisse zur Prävention bestünden „Einfallstore für polizeiliche Omnipräsenz und Omnipotenz"[252].[253] Insbesondere durch die (Mit-)Überwachung von Unbeteiligten komme es zu einer „verhaltensbestimmende Belastung"[254].[255] Die Literatur attestiert dem Recht der Inneren Sicherheit die Dominanz der Sicherheitsfrage.[256] Durch Kippen der Waagschale zugunsten der Sicherheit käme es zur Verkehrung der – auf dem Grundsatz „*Begründungsbedürftig ist nicht die Freiheit, sondern der Eingriff*"[257] beruhenden – Begründungslast.[258] Diese Entwicklung stelle das Prinzip der Freiheit als Erfolgsgarant der westlichen Welt in Frage.[259]

Das Bundesverfassungsgericht selbst sieht bei Betrachtung der Überwachungsbefugnisse ausdrücklich einen Einschüchterungseffekt, unter dem die Unbefangenheit des Verhaltens leidet und der mit einer hohen Missbrauchsgefahr verknüpft ist.[260] Dieser Effekt komme insbesondere bei den gesetzlichen Regelungen zu tra-

---

[247] *Trute*, Die Verwaltung 37 (2003), 501 (522); *Volkmann*, NVwZ 2009, 216 (217); s. auch *Thiel*, Die „Entgrenzung" der Gefahrenabwehr.

[248] *Park*, Wandel des klassischen Polizeirechts zum neuen Sicherheitsrecht, S. 167; vgl. auch *Schulze-Fielitz*, in: FS Glaeser, S. 407 (413).

[249] Vgl. *Kniesel/Vahle*, in: Clages, Polizeiliche Informationsverarbeitung und Datenschutz im künftigen Polizeirecht, S. 9 Rn. 12.

[250] *Denninger/Dürkop u. a.*, Arbeitskreis Polizeirecht, Alternativentwurf einheitlicher Polizeigesetze des Bundes und der Länder, S. X.

[251] *Voßkuhle*, in: FS Würtenberger, S. 1101 (1107).

[252] *Kniesel/Vahle*, in: Clages, Polizeiliche Informationsverarbeitung und Datenschutz im künftigen Polizeirecht, S. 22 Rn. 34.

[253] *Voßkuhle*, in: FS Würtenberger, S. 1101 (1107).

[254] *Schulze-Fielitz*, in: FS Glaeser, S. 407 (413).

[255] *Schulze-Fielitz*, in: FS Glaeser, S. 407 (413).

[256] *Barczak*, Der nervöse Staat, S. 1 ff.; *Schoch*, Der Staat 43 (2004), 347 (350); *Schulze-Fielitz*, in: FS Glaeser, S. 407 (416).

[257] *Gusy*, VVDStRL 63 (2004), 151 (181) [Hervorhebung im Original].

[258] *Calliess*, DVBl. 2003, 1096 (1100); *Gusy*, VVDStRL 63 (2004), 151 (161); *Kniesel/Vahle*, in: Clages, Polizeiliche Informationsverarbeitung und Datenschutz im künftigen Polizeirecht, S. 21 Rn. 33; *Voßkuhle*, in: FS Würtenberger, S. 1101 (1100).

[259] *Hoffmann-Riem*, ZRP 2002, 497 (501).

[260] BVerfGE 65, 1 (43); 100, 313 (381); 107, 299 (320); 109, 279 (354); 113, 348 (383); 115, 320 (355); 120, 378 (402, 429); 125, 260 (320).

gen, bei denen Personen jederzeit und ohne ihr Wissen betroffen werden können.[261] Gerade hinsichtlich Letzterem verweist die Literatur auf das Prinzip des offenen Staatshandelns.[262] Elektronische Datenerhebung besteche zudem durch Schnelligkeit und Tiefe.[263] Die digitale Vernetzung ermögliche den Behörden den Zugang zu persönlichen Daten von gesteigerter Sensibilität und weitreichende Rückschlüsse auf die Persönlichkeit des Nutzers bis hin zu einer Profilbildung (in Form von Verhaltens-, Bewegungs- und Kommunikationsprofilen)[264],[265] was analog so nicht zu bewältigen wäre.[266] Schon das Volkszählungsurteil erkennt, dass es „insoweit [...] unter den Bedingungen der automatischen Datenverarbeitung kein ‚belangloses' Datum mehr"[267] gibt.

Gesamtgesellschaftlich sorgten die Vorverlagerungs- und Vorsorgetendenzen für eine Entwicklung hin zur bereits erwähnten Risikogesellschaft – mit dem Menschen als Risiko im Mittelpunkt.[268] Der Bürger könne den Staat mit ansteigender Anzahl der Überwachungsmöglichkeiten durch legales Verhalten nicht mehr von sich weghalten.[269] Ein ausgewogenes Recht der Inneren Sicherheit brauche aber die staatliche Hinnahme von Risiken, wie das immer wieder zitierte Beispiel des Straßenverkehrs zeige.[270] Der Staat habe daher bloß einen Mindestschutz zu gewährleisten.[271]

2. Subjektivierung

Die Gefahrenvorsorge sieht sich dem Vorwurf der Subjektivierung in zwei Formen ausgesetzt: zum einen in der Gesetzgebungsintention und zum anderen in der Gesetzesanwendung. Insbesondere im Umkehrschluss zum auf Verunsicherung zielenden Terror, aber ebenso in Bezug auf die Bedrohung durch sonstige Kriminalität, wird die rechtliche Relevanz des Sicherheitsgefühls der Bürger bezie-

---

[261] BVerfGE 109, 279 (354).

[262] *Trute*, in: GS Jeand'Heur, S. 403 (414).

[263] BVerfGE 115, 320 (342); 120, 378 (397 f.); vgl. schon BVerfGE 65, 1 (42).

[264] Vgl. BVerfGE 113, 348 (383); 120, 274 (322 ff.); 120, 378 (397 f.).

[265] BVerfGE 120, 274 (305, 322 ff.); 120, 378 (397 f.).

[266] BVerfGE 120, 378 (397 f.).

[267] BVerfGE 65, 1 (45); vgl. auch BVerfGE 120, 378 (399).

[268] *Graulich*, GSZ 2019, 9 (13); *Trute*, Die Verwaltung 37 (2003), 501 (502); *Voßkuhle*, in: FS Würtenberger, S. 1101 (1106 und Fn. 30); vgl. auch *Kugelmann*, DÖV 2003, 781 (789); *Möstl*, DVBl. 2007, 581 (582).

[269] *Kniesel/Vahle*, in: Clages, Polizeiliche Informationsverarbeitung und Datenschutz im künftigen Polizeirecht, S. 21 Rn. 33.

[270] *Funke/Kraus*, BayVBl. 2018, 725 (726); *Hoffmann-Riem*, ZRP 2002, 497 (501); *Schulze-Fielitz*, in: FS Glaeser, S. 407 (432); vgl. auch *Trute*, Die Verwaltung 37 (2003), 501 (503) m. V. a. BVerwGE 116, 347 (352).

[271] *Schulze-Fielitz*, in: FS Glaeser, S. 407 (432).

hungsweise der Öffentlichkeit diskutiert.[272] Nach Gusy ist Sicherheit grundsätzlich die tatsächliche Abwesenheit von Risiken.[273] Das Sicherheitsgefühl hingegen sei das individuelle Empfinden ihrer Abwesenheit im konkreten Fall.[274] Das Sicherheitsgefühl thematisiere eine ungeschriebene Existenzvoraussetzung des Staates.[275] Die durch Sicherheit geschaffene Freiheit von Furcht ermögliche erst die Ausübung der Grundrechte.[276] Es gelte gesellschaftliche Bedenken daher ernst zu nehmen.[277] Kehrseite dieser Subjektivierung sei die im Zuge der sinkenden Greifbarkeit emporkommende Symbolpolitik, bei der sogar symbolische Gesetzgebung legitim sei.[278] Die Immoralität im Vorfeld der Illegalität ersetze objektive Kriterien.[279] Einige Autoren beschreiben den fortwährenden Zirkel von terroristischen Anschlägen und sicherheitspolitischen Versprechen als Anpassungs- und insbesondere Präventionsdruck.[280]

Polizeiliche Gefahrenvorsorge leidet zudem unter der Problematik der Unvorhersehbarkeit.[281] Die notwendigen weitreichenden Prognosen sind geprägt von Unsicherheiten und einem Mangel an objektivem Wissen;[282] Spekulation könne nach Ansicht des Schrifttums Grundlage staatlichen Handelns werden.[283] Daraus entnehmen einige Autoren eine Tendenz der Subjektivierung der Auslegung der polizeilichen Rechtsbegriffe, allen voran der Gefahr.[284] Subjektivierung geht einher mit dem Verlust an Berechenbarkeit.[285] Die Befürchtung ist eine sogenannte „Jedermannsverantwortlichkeit" im Vorfeld,[286] die nach Trute „eine unspezifische, also

---

[272] Vgl. *Calliess*, DVBl. 2003, 1096 (1105); *Kugelmann*, DÖV 2003, 781 (782); *Thiel*, Die „Entgrenzung" der Gefahrenabwehr, S. 188 ff.; krit. *Schulze-Fielitz*, in: FS Glaeser, S. 407 (433); vgl. auch BVerfGE 120, 378 (402, 430).

[273] *Gusy*, VVDStRL 63 (2004), 151 (159).

[274] *Gusy*, VVDStRL 63 (2004), 151 (159).

[275] *Gusy*, VVDStRL 63 (2004), 151 (160); *Kugelmann*, DÖV 2003, 781 (782); *Thiel*, Die „Entgrenzung" der Gefahrenabwehr, S. 191.

[276] *Haas*, Sondervotum zu BVerfGE 115, 320 ff., BVerfGE 115, 371 (374).

[277] *Haas*, Sondervotum zu BVerfGE 115, 320 ff., BVerfGE 115, 371 (375 f.); *Gusy*, VVDStRL 63 (2004), 151 (160); dazu aber auch *Barczak*, Der nervöse Staat, S. 2 f.

[278] *Kugelmann*, DÖV 2003, 781 (782); krit. *Schulze-Fielitz*, in: FS Glaeser, S. 407 (433).

[279] *Schulze-Fielitz*, in: FS Glaeser, S. 407 (421).

[280] *Leisner-Egensperger*, DÖV 2018, 677 (679); *Thiel*, GSZ 2019, 1 (1); vgl. auch *Barczak*, Der nervöse Staat, S. 2 ff., 445; *Trute*, Die Verwaltung 53 (2020), 99 (100, 105).

[281] *Voßkuhle*, in: FS Würtenberger, S. 1101 (1107); vgl. auch *Aulehner*, Die polizeiliche Gefahren- und Informationsvorsorge, S. 478.

[282] Vgl. *Aulehner*, Die polizeiliche Gefahren- und Informationsvorsorge, S. 475.

[283] *Schulze-Fielitz*, in: FS Glaeser, S. 407 (414).

[284] *Aulehner*, Die polizeiliche Gefahren- und Informationsvorsorge, S. 475 ff.; *Jaeckel*, Gefahrenabwehrrecht und Risikodogmatik, S. 87 ff., 166 f.

[285] *Schulze-Fielitz*, in: FS Glaeser, S. 407 (413).

[286] *Baldus*, Die Verwaltung 47 (2014), 1 (3); *Kniesel/Vahle*, in: Clages, Polizeiliche Informationsverarbeitung und Datenschutz im künftigen Polizeirecht, S. 98 Rn. 165; *Schoch*,

nicht an das Verhalten einer Person, den Zustand einer Sache oder auch nur eine wie auch immer zu bestimmende Beziehung zu einer Gefahren- oder Verdachtslage anknüpfende Verantwortlichkeit“[287] darstellt. Gleichzeitig steigt mit abnehmender Objektivität die Gefahr einer Stigmatisierung.[288] Beispielhaft kann die viel kritisierte und im Ergebnis erfolglose Festlegung der Rasterkriterien durch die am 18.9. 2001 durch den Arbeitskreis „Innere Sicherheit“ der Ständigen Konferenz der Innenminister und -senatoren der Länder eingesetzten „Koordinierungsgruppe Internationaler Terrorismus“ angeführt werden.[289] Mit den auf dessen Basis angeordneten Rasterfahndungen, die sich gegen „Ausländer bestimmter Herkunft und muslimischen Glaubens“[290] richteten, war nach Ansicht des Bundesverfassungsgerichts „stets auch das Risiko verbunden [...], Vorurteile zu reproduzieren“[291].

3. Systematik

Sodann gab es vereinzelt systematische Kritik an der Aufgabe der Gefahrenvorsorge: Allgemeine Gefahrenabwehrbehörden (Verwaltungs-, Sicherheits- oder Ordnungsbehörden) müssen nach dem Subsidiaritätsprinzip grundsätzlich vorrangig tätig werden, vgl. § 1a VE ME PolG (1986) beziehungsweise Art. 3 BayPAG. Durch die Anordnung der polizeilichen Gefahrenvorsorge (insbesondere in den Gesetzen selbst) werde dies umgangen.[292] Aufgaben im Vorfeld seien generell nicht unaufschiebbar.[293] Indes müssen sie auch nur unaufschiebbar „erscheinen“, vgl. § 1a VE ME PolG (1986) beziehungsweise Art. 3 BayPAG. Dies ist im Vorfeldbereich der Fall. Die Begründung des § 1a VE ME PolG (1986) sieht zudem eine größere Sachkompetenz der Polizei insbesondere bei der Straftatenvorbeugung durch Kenntnisse aus repressiver Tätigkeit.[294] Genauso seien die Ressourcen bei der Polizei dafür vorhanden.[295]

Der Staat 43 (2004), 347 (360); *Trute*, in: GS Jeand'Heur, S. 403 (411); vgl. auch *Hoffmann-Riem*, ZRP 2002, 497 (499).

[287] *Trute*, Die Verwaltung 37 (2003), 501 (518).

[288] *Brugger*, Freiheit und Sicherheit, S. 95; *Hoffmann-Riem*, ZRP 2002, 497 (498).

[289] Ausf. BVerfGE 115, 320 (323 ff.); insb. BVerfGE 115, 320 (324): „Die Rasterfahndung führte, soweit ersichtlich, in keinem Fall dazu, dass ‚Schläfer‘ aufgedeckt worden wären oder gar aufgrund der gewonnenen Erkenntnisse eine Anklage – etwa wegen Mitgliedschaft in einer terroristischen Vereinigung oder wegen Unterstützung einer solchen (vgl. §§ 129a, 129b StGB) – gegen eine der davon erfassten Personen erhoben worden wäre“.

[290] BVerfGE 115, 320 (353).

[291] BVerfGE 115, 320 (353).

[292] *Knemeyer*, Polizei- und Ordnungsrecht, Rn. 80.

[293] *Knemeyer*, Polizei- und Ordnungsrecht, Rn. 80.

[294] Abdr. der Begr. zu § 1a VE ME PolG (1986) in *Kniesel/Vahle*, in: Clages, VE ME PolG, S. 6; *Knemeyer*, Polizei- und Ordnungsrecht, Rn. 80.

[295] Abdr. der Begr. zu § 1a VE ME PolG (1986) in *Kniesel/Vahle*, in: Clages, VE ME PolG, S. 6.

III. Zwischenfazit

1. Rechtliche Anerkennung der Relevanz der Überwachung

Natürlich erfolgt durch die Vorverlagerung eine Betonung der Schutzpflicht und die Ausweitung der Überwachungsvorschriften ist nicht von der Hand zu weisen. Gleichwohl ist festzustellen, dass auch die Gefahrenvorsorge niemals absolute Sicherheit zum Ziel haben kann, sondern bloß die Reduktion von Unsicherheit.[296] Dass Unsicherheit und Hemmung gleichwohl eine Folge von umfassender Überwachung darstellen kann, erkennt auch das Bundesverfassungsgericht.[297]

> „Zur Freiheitlichkeit des Gemeinwesens gehört es, dass sich die Bürgerinnen und Bürger grundsätzlich fortbewegen können, ohne dabei beliebig staatlich registriert zu werden, hinsichtlich ihrer Rechtschaffenheit Rechenschaft ablegen zu müssen und dem Gefühl eines ständigen Überwachtwerdens ausgesetzt zu sein"[298].

Diese Selbstbestimmung stelle eine elementare Funktionsbedingung eines auf Handlungs- und Mitwirkungsfähigkeit seiner Bürger gegründeten freiheitlichen demokratischen Gemeinwesens dar.[299]

Basierend darauf verstärkt das Bundesverfassungsgericht die Auslegung des Grundrechtsschutzes aus Art. 2 Abs. 1 i. V. m. Art. 1 Abs. 1 GG durch die Anerkennung des Rechts auf informationelle Selbstbestimmung und des Grundrechts auf Vertraulichkeit und Integrität informationstechnischer Systeme.[300] Nach der Auslegung des Bundesverfassungsgerichts sollen Einschüchterungseffekte zu Beeinträchtigungen bei der Ausübung von Grundrechten führen.[301] Dies gipfelt darin, dass nach Ansicht des Gerichts die Maßnahme sich unter bestimmten Umständen als „funktionales Äquivalent"[302] eines grundrechtlichen Eingriffs in andere grundrechtliche Freiheiten darstellen kann.[303]

Die Eingriffsqualität durch das Gefühl des Überwachtseins wird von einigen Stimmen in der Rechtswissenschaft aufgegriffen.[304] Problem ist die bereits er-

---

[296] *Schoch*, Der Staat 43 (2004), 347 (366).

[297] BVerfGE 65, 1 (43); 113, 29 (46); 100, 313 (359); 107, 299 (328); 115, 320 (354 f.); 120, 378 (402); 125, 260 (335); 156, 11 (53 f. Rn. 112).

[298] BVerfGE 150, 244 (268 Rn. 51).

[299] BVerfGE 65, 1 (43); 100, 313 (382); 120, 378 (430).

[300] BVerfGE 65, 1 (Ls. 1 und 2; 41 ff.); 120, 274 (Ls. 1, 302).

[301] BVerfGE 113, 29 (46); 115, 320 (354); 120, 378 (430).

[302] BVerfGE 120, 378 (406).

[303] BVerfGE 120, 378 (406).

[304] *Voßkuhle*, in: FS Würtenberger, S. 1101 (1120); *Haas*, Sondervotum zu BVerfGE 115, 320 ff., BVerfGE 115, 371 (380); krit. *Dreier*, in: ders., GG, Bd. I, Art. 2 I Rn. 87; *Schoch/ Kießling*, in: Schoch/Eifert, Besonderes Verwaltungsrecht, Kap. 1 Rn. 82; s. auch *Barczak*, Der nervöse Staat, S. 2 f.

wähnte Subjektivierung. Ein Gefühl als Eingriff bleibe diskussionswürdig.[305] Dies gelte insbesondere für eine Verwendung als Begründungsansatz der Vorverlagerung.[306] Der Wunsch nach gesteigerter Sicherheit habe nicht die Konsequenz ihrer Realisierung.[307] Vielmehr sei festzustellen, dass das Gefühl und die tatsächliche Bedrohung nicht parallel verlaufen.[308] Dies ist bedingt durch die Überpräsenz von sicherheitsrelevanten Themen in der Medienberichterstattung.[309] Gerade – und so verhielt es sich auch in der maßgeblichen Entscheidung des Bundesverfassungsgerichts –[310] im Falle der Heimlichkeit der Durchführung einer Maßnahme könne nicht von einer besonderen Beeinträchtigung ausgegangen werden.[311] Die Erweiterung des Eingriffsbegriffs sieht sich so dem Vorwurf der „Kryptosoziologie oder Küchenpsychologie"[312] ausgesetzt.

Das Bedürfnis der Eliminierung von Unsicherheiten führe vielmehr zu fehlender Empathie und Toleranz für Andersartiges.[313] Fortschritt braucht Flexibilität und Risikofreude.[314] Der Staat darf sich geäußerten gesellschaftlichen Forderungen nicht verschließen, kann aber gleichermaßen nicht jeder Stimmung nachgehen.[315] Gerade blindem Aktionismus, zum Beispiel in Form eines „Verdachtsgewinnungseingriff[s]" [316], ist vorzubeugen. Besser ist es, der Angst zu begegnen mit demokratischen Strukturen.[317] Im Ergebnis scheint es gerechtfertigt, dass neben objektiven Sicherheitsaspekten auch subjektive miterfüllt werden.[318] Objektive, nachvollziehbare Elemente müssen aber Kern der Maßnahmen bleiben.[319]

---

[305] *Dreier*, in: ders., GG, Bd. I, Art. 2 I Rn. 87; *Schoch/Kießling*, in: Schoch/Eifert, Besonderes Verwaltungsrecht, Kap. 1 Rn. 82.

[306] *Dreier*, in: ders., GG, Bd. I, Art. 2 I Rn. 87.

[307] Vgl. *Hoffmann-Riem*, ZRP 2002, 497 (501).

[308] *Gusy*, VVDStRL 63 (2004), 151 (159); *Schulze-Fielitz*, in: FS Glaeser, S. 407 (433); *Volkmann*, NVwZ 2009, 216 (222).

[309] *Schulze-Fielitz*, in: FS Glaeser, S. 407 (433).

[310] BVerfGE 120, 378 (406).

[311] *Dreier*, in: ders., GG, Bd. I, Art. 2 I Rn. 87; *Haas*, Sondervotum zu BVerfGE 115, 320 ff., BVerfGE 115, 371 (371 ff.).

[312] *Dreier*, in: ders., GG, Bd. I, Art. 2 I Rn. 87.

[313] *Hoffmann-Riem*, ZRP 2002, 497 (501).

[314] *Thiel*, Die „Entgrenzung" der Gefahrenabwehr, S. 192.

[315] Vgl. *Isensee*, in: ders./Kirchhof, Handbuch des Staatsrechts, Bd. IX, § 191 Rn. 255.

[316] In Bezug auf die Rasterfahndungsbefugnis, vgl. *Hoffmann-Riem*, ZRP 2002, 497 (500).

[317] Vgl. *Isensee*, in: ders./Kirchhof, Handbuch des Staatsrechts, Bd. IX, § 191 Rn. 255; *Götz*, in: Isensee/Kirchhof, Handbuch des Staatsrechts, Bd. IV, § 85 Rn. 26.

[318] *Thiel*, Die „Entgrenzung" der Gefahrenabwehr, S. 192.

[319] Vgl. *Calliess*, DVBl. 2003, 1096 (1105).

2. Materielle Anforderungen

Es bleibt fraglich, ob ein Verzicht auf klassische Strukturen notwendig ist. Das Schadensausmaß kann durchaus unvorhersehbar sein.[320] Kern des Problems bleibt, wie beispielhaft an der Maßnahme der Videoüberwachung im öffentlichen Raum festgestellt wird, dass der Nutzen von Maßnahmen zur Verhinderung von Straftaten „naturgemäß“[321] nicht oder zumindest schwer messbar ist.[322] Gesetzgeber und Gerichte befinden sich noch in einer Findungsphase hinsichtlich der Anforderungen an solche Eingriffe.[323]

Gleichwohl besteht in der Legitimität der Aufgabe der polizeilichen Gefahrenvorsorge per se keine Frage mehr. Sie ist sowohl verfassungsrechtlich als auch einfachgesetzlich mehrfach bestätigt worden.[324] Verlangt die effektive Polizeiarbeit in Reaktion auf die Digitalisierung und die gesteigerten Schadenspotentiale ein Tätigwerden vor der klassischen Gefahrenabwehr, kann das Missbrauchspotential auch bei Anerkennung der Aufgabe auf zweiter Stufe durch Restriktionen eingedämmt werden. Es braucht daher bei der Positivierung der Befugnisse klare Grenzen und deutlich erkennbare Rationalisierungen.

Die Grenzen einer Vorverlagerung von Maßnahmen in das Vorfeld konkreter Gefahren ergeben sich weder nach Ansicht des Bundesverfassungsgerichts noch nach Ansicht der Literatur schon aus dem Kompetenztitel.[325] Für die Gefahrenvorsorge sei es nach Auffassung des Bundesverfassungsgerichts eine Frage des mate-

---

[320] *Darnstädt*, GSZ 2017, 16 (18); *Roellecke*, JZ 2006, 265 (269); *Volkmann*, JURA 2007, 132 (136); vgl. auch *Hoffmann-Riem*, ZRP 2002, 487 (499); *Schulze-Fielitz*, in: FS Glaeser, S. 407 (428).

[321] Antwort der Bundesregierung auf die Kleine Anfrage der Abgeordneten Niema Movassat et al. und der Fraktion DIE LINKE. – Drucksache 19/3726 –, BT-Drs. 19/3931, S. 5.

[322] Antwort der Bundesregierung auf die Kleine Anfrage der Abgeordneten Niema Movassat et al. und der Fraktion DIE LINKE. – Drucksache 19/3726 –, BT-Drs. 19/3931, S. 5: „Videoüberwachung leistet einen wichtigen Beitrag zur präventiven Aufgabenwahrnehmung der Bundespolizei und damit zur Steigerung der Sicherheit. Auf der Grundlage einer Auswertung deutscher und internationaler Evaluationsstudien hat das Bundeskriminalamt im Rahmen einer Analyse des Forschungsstandes zur Wirksamkeit der polizeilichen Videoüberwachung festgestellt, dass die Videoüberwachung im öffentlichen Raum zur Kriminalprävention, Kriminalrepression und in der Folge zu einer Erhöhung des Sicherheitsgefühls der Bevölkerung beitragen kann. Eine Aussage darüber, in wie vielen Fällen durch die Videoüberwachung tatsächlich eine Straftat verhindert werden konnte, z. B. einen Täter von einer geplanten Tat abbringen konnte, kann naturgemäß nicht erfolgen.“

[323] Dazu ausf. unter § 5 B., S. 171 ff.

[324] BVerfGE 150, 244 (275 Rn. 70); BVerwGE 141, 329 (335 Rn. 29); für die Normierung s. Fn. 341.

[325] BVerfGE 141, 220 (263 Rn. 88); vgl. auch BVerfGE 150, 244 (275 Rn. 70); *Aulehner*, Die polizeiliche Gefahren- und Informationsvorsorge, S. 464; *Kniesel/Vahle*, in: Clages, Polizeiliche Informationsverarbeitung und Datenschutz im künftigen Polizeirecht, S. 24 Rn. 37; *Schulze-Fielitz*, in: FS Glaeser, S. 407 (427); *Trute*, in: GS Jeand'Heur, S. 403 (413).

riellen Rechts, „[w]ie weit der Gesetzgeber Maßnahmen in dieser Weise in das Vorfeld künftiger Rechtsgutverletzungen verlegen darf"[326].

3. Rechtfertigungsbedürftigkeit

Möstl besteht berechtigterweise auf eine „verfassungsrechtliche ‚Vermutung'"[327] zugunsten der klassischen Gefahrenabwehr. Ein Abweichen ist aber lediglich rechtfertigungsbedürftig, nicht unmöglich.[328] Das Grundgesetz gebe aus dem Bestimmtheits- und Verhältnismäßigkeitsgrundsatz Direktiven vor; schon die klassische Gefahrenabwehr sei aber im Detail nicht verfassungsrechtlich determiniert.[329] Zur Legitimation wird teils auf gewisse Aufgabenfelder abgestellt, welche die klassische Gefahrenabwehr überfordern oder wie die Informationsvorsorge gerade Voraussetzung dieser sind.[330] Diese Vorgehensweise stellt sich aber als Einfallstor für Pauschalisierungen und Missbrauch dar. Insofern betrachtet das Bundesverfassungsgericht maßgeblich die Verfassungsprinzipien, allen voran die Verhältnismäßigkeit und den Rechtsgüterschutz, um eine Abweichung vom klassischen Gefahrabwehrmodell zu rechtfertigen.[331] Auch die Literatur sieht diese Prinzipien im Endeffekt als ausschlaggebend an.[332] Wie die Rechtfertigung erfolgen kann, ist indes noch zu untersuchen. Insgesamt ist eine restriktive Interpretation geboten. Es erfolgt indes keine Aussetzung eines Handlungsspielraums.[333] Es gilt daher nach verfassungsrechtlich verhältnismäßigen, bestimmten und kompetenzgemäßen Schwellen und Zurechnungsebenen zu suchen.

---

[326] BVerfGE 150, 244 (275 Rn. 70).

[327] *Möstl*, Die staatliche Garantie für die öffentliche Sicherheit und Ordnung, S. 197; ähnlich *Barczak*, Der nervöse Staat, S. 517; von einem „Regel/Ausnahme-Verhältnis" sprechend *Pieroth*, Die Verwaltung 53 (2020), 39 (52).

[328] BVerfGE 133, 277 (327 f. Rn. 120); *Barczak*, Der nervöse Staat, S. 494; *Calliess*, DVBl. 2003, 1096 (1105); *Möstl*, Die staatliche Garantie für die öffentliche Sicherheit und Ordnung, S. 197; *ders.*, ZRP 2020, 26 (26 f.); vgl. auch *Götz*, in: Isensee/Kirchhof, Handbuch des Staatsrechts, Bd. IV, § 85 Rn. 16, 28; *Kniesel/Vahle*, in: Clages, Polizeiliche Informationsverarbeitung und Datenschutz im künftigen Polizeirecht, S. 22 Rn. 34; *Pieroth*, Die Verwaltung 53 (2020), 39 (52).

[329] *Möstl*, DVBl. 2020, 160 (163 f.).

[330] *Möstl*, Die staatliche Garantie für die öffentliche Sicherheit und Ordnung, S. 197 f.

[331] S. BVerfGE 115, 320 (428 f.); 120, 274 (319 ff.).

[332] *Calliess*, DVBl. 2003, 1096 (1105); *Götz*, in: Isensee/Kirchhof, Handbuch des Staatsrechts, Bd. IV, § 85 Rn. 16, 28; vgl. auch *Möstl*, Die staatliche Garantie für die öffentliche Sicherheit und Ordnung, S. 98 f., 197 sowie *Voßkuhle*, in: FS Würtenberger, S. 1101 (1120).

[333] *Kniesel/Vahle*, in: Clages, Polizeiliche Informationsverarbeitung und Datenschutz im künftigen Polizeirecht, S. 22 Rn. 34.

E. Inhalt und System

Bevor die Grenzen zu betrachten sind, ist die Aufgabe der Gefahrenvorsorge näher zu definieren und in das System polizeilicher Aufgaben einzuordnen.

I. Inhalt

Um die Aufgabe der Gefahrenvorsorge verständlich zu machen, ist zunächst noch einmal kurz auf die Aufgabe der klassischen Gefahrenabwehr einzugehen. Klassischer Aufgabenbereich der Polizei ist entsprechend dem materiellen Polizeibegriff die Gefahrenabwehr für die öffentliche Sicherheit und Ordnung. Ausdruck findet dies in den Aufgabeneröffnungsnormen der Landesgesetze, vgl. Art. 2 BayPAG.[334] Der Begriff der Gefahrenabwehr ist an sich ungenau: Die Gefahrenabwehr ist vielmehr eine Schadensabwehr, welche einsetzen darf, sobald die Voraussetzungen einer Gefahr vorliegen.[335]

Keine Einigkeit besteht dahingehend, welcher Gefahrenbegriff im hergebrachten Aufgabenbereich des Polizeirechts angelegt werden muss, da die Landesgesetze die zu verlangende Form der Gefahr nicht spezifizieren. Einige Autoren sehen die abstrakte Gefahr als Aufgabeneröffnungsgrenze an.[336] Häufig wird in der Literatur dagegen darauf verzichtet, den aufgabeneröffnenden Gefahrenbegriff zu spezifizieren, sodass insbesondere nicht darauf eingegangen wird, ob es sich bei der betrachteten aufgabeneröffnenden Gefahr um eine abstrakte Gefahr handelt.[337] Vorgeschlagen wird zur Auflösung dieser Unsicherheit für die Aufgabeneröffnung ein Anknüpfen an ein Handeln zum Zwecke der Gefahrenabwehr.[338]

In Bayern existiert zudem die gesetzestechnische Besonderheit der allgemeinen Gefahr, welche (wohl) von der abstrakten Gefahr abweicht, jedoch als aufgabeneröffnend anzusehen ist und auf die im Rahmen der Befugnisschwellen der Gefahrenvorsorge noch intensiver einzugehen ist.[339] Eindeutig ist, dass Voraussetzung

---

[334] § 1 BWPolG, § 1 ASOG Bln, § 1 BbgPolG, § 1 BremPolG, § 1 HSOG, § 12 SOG MV, § 1 NPOG, § 1 PolG NRW, § 1 RhPfPOG, § 1 SPolG, § 2 SächsPVDG, § 2 SOG LSA, § 162 LVwG S-H, § 2 ThürPAG; s.a. § 1 Abs. 1 S. 1 VE ME PolG (1986).

[335] *Martens*, in: Drews/Wacke/Vogel/Martens, Gefahrenabwehr, § 13 2. a), S. 221; *Rachor*, Vorbeugende Straftatenbekämpfung und Kriminalakten, S. 41 f.

[336] Dazu *Funke*, BayVBl. 2018, 725 (726, insb. Fn. 11) m.w.N.; s.u.a. *Gallwas/Lindner*, in: Gallwas/Lindner/Wolff, Bayerisches Polizei- und Sicherheitsrecht, Rn. 89 f.; *Holzner*, in: Möstl/Schwabenbauer, BeckOK Polizei- und Sicherheitsrecht Bayern, Art. 2 BayPAG Rn. 6, Art. 11 BayPAG Rn. 35.

[337] *Gusy*, in: ders./Eichenhofer, Polizei- und Ordnungsrecht, Rn. 108; *Kingreen/Poscher*, Polizei- und Ordnungsrecht, § 3 Rn. 1; krit. bzgl. einer Gleichsetzung von Aufgabeneröffnung und abstrakter Gefahr *Möstl*, JURA 2005, 48 (51 Fn. 25).

[338] *Funke*, BayVBl. 2018, 725 (728 f.).

[339] S.u. § 5 B.I.3., S. 202 ff.

nicht die konkrete Gefahr ist, da diese erst die Schranke der Befugnis, nicht aber der Aufgabe darstellt. Gleichwohl kann bei Vorliegen der Befugnisgrenze im Wege eines Erst-recht-Schlusses davon ausgegangen werden, dass auch eine aufgabeneröffnende Gefahr vorliegt.[340] So stellt sich praktisch häufig nicht die Frage, inwieweit die Aufgabeneröffnung erfolgt und welche genauen Voraussetzungen hier anzulegen sind.

Sobald aber die Befugnis keine konkrete Gefahr enthält, ist eine nähere Betrachtung unverzichtbar, da der Erst-recht-Schluss versagt. Wie die Analyse der Gesetzgebungs- und Rechtsprechungsgeschichte gezeigt hat, sind Eingriffe durchaus ohne konkrete Gefahr vorgesehen. Ausgangspunkt der Untersuchung dieses Bereichs ist eine nähere Betrachtung der Aufgabennormen, da diese den Bereich der Gefahrenvorsorge gesetzlich vorzeichnen und insbesondere die Rechtsprechung diesbezüglich viele Auslegungsfragen bereits geklärt hat.

Von besonderer Bedeutung ist dabei der Teil des Aufgabenkanons des Musterpolizeigesetzes, welcher im Anschluss an die Gefahrenabwehr normiert ist, vgl. § 1 Abs. 1 S. 2 VE ME PolG (1986), und dessen Inhalt die Landesgesetzgeber größtenteils gefolgt sind.[341] Explizit heißt es in Satz 2 der Aufgabeneröffnung des § 1 Abs. 1 S. 2 VE ME PolG (1986), dass die Polizei für die Verfolgung von Straftaten vorzusorgen und Straftaten zu verhüten (vorbeugende Bekämpfung von Straftaten) sowie Vorbereitungen zu treffen hat, um künftigen Gefahren abwehren zu können (Vorbereitung auf die Gefahrenabwehr). Die Aufgabennorm knüpft in ihren ersten zwei Varianten nicht an den Gefahrenbegriff an beziehungsweise ist lediglich auf künftige Gefahren gerichtet. Die abstrakte Gefahr ist hier also nicht Maßstab. Die drei Dimensionen sind daher mit Inhalt zu füllen und systematisch einzuordnen.

---

[340] *Heckmann*, in: Becker/Heckmann/Kempen/Manssen, Öffentliches Recht in Bayern, 3. Teil Rn. 66; *Holzner*, in: Möstl/Schwabenbauer, BeckOK Polizei- und Sicherheitsrecht Bayern, Art. 2 BayPAG Rn. 2.

[341] Vgl. z.B. § 1 Abs. 1 S. 2, Abs. 3 ASOG Bln, § 1 Abs. 1 BbgPolG, § 1 Abs. 1 BremPolG, § 1 Abs. 1 HmbPolDVG, § 1 Abs. 4 HSOG, § 7 Abs. 1 Nr. 4 SOG MV, § 1 Abs. 1 S. 2, 3 NPOG, § 1 Abs. 1 S. 2 PolG NRW, § 1 Abs. 1 S. 2 RhPfPOG, § 1 Abs. 1 S. 3 SächsPVDG, §§ 1 Abs. 1 S. 2, 2 Abs. 1 SOG LSA, § 2 Abs. 1 ThürPAG. Dass das Bundesverwaltungsgericht die Gefahrenvorsorge für eine Verordnungsermächtigung von der Zuständigkeit der Gefahrenabwehrbehörden nicht umfasst sieht, vgl. BVerwGE 116, 347 (353), erscheint für die betrachtete niedersächsische Normierung fragwürdig. Für den polizeilichen Aufgabenbereich erfolgt aber durch das Bundesverfassungsgericht in einer anderen, späteren Entscheidung eine Klarstellung dahin, dass die vorbeugende Bekämpfung von Straftaten sowie die Vorbereitung auf die Gefahrenabwehr, welche zudem explizit Niederschlag in der Aufgabeneröffnungsnorm des niedersächsischen Polizeirechts gefunden haben, vgl. § 1 Abs. 1 S. 2, 3 NPOG, Teil dessen sind, BVerfGE 113, 348 (377 f.). Dass in Bayern nach Art. 11 Abs. 2 S. 1 Nr. 1 BayPAG eine Straftatenverhütung durch Maßnahmen nach Art. 11 Abs. 1 BayPAG unter Voraussetzung einer konkreten Gefahr erlaubt werden, kann im Wege eines argumentum maiore ad minus erklärt werden. Die strengen Voraussetzungen der konkreten Gefahr, die intensive Eingriffe rechtfertigen, können natürlich auch zur Straftatenverhütung angelegt werden.

1. Vorbereitung auf die Gefahrenabwehr

Die geringsten Probleme bereitet die Vorbereitung auf die Gefahrenabwehr. Hier ist eine Gefahr noch nicht eingetreten. Es soll vor Entstehen der Gefahr gehandelt werden.[342] Das nordrhein-westfälische Polizeigesetz spezifiziert diese Aufgabendimension dahin, dass Vorbereitungen für die Hilfeleistung und das Handeln in Gefahrenfällen zu treffen sind, vgl. § 1 Abs. 1 S. 2 a.E. PolG NRW. Hierunter fallen nicht nur nicht-eingreifende Maßnahmen (wie die Streifenfahrt) der Polizei – diese wären bereits durch die Aufgabeneröffnung der Gefahrenabwehr abgedeckt –, sondern die Vorschrift eröffnet den Anwendungsbereich maßgeblich für eingreifende Maßnahmen, insbesondere informationeller Natur.[343] Näher wird dies als Vorbereitung zur Hilfeleistung in späteren Gefahrenfällen beschreiben, beispielsweise durch das Anlegen von Dateien über mögliche Hilfspersonen, Kontrollmaßnahmen an „gefährlichen" oder „gefährdeten" Orten und Dateneingriffe bei potentiellen Störern.[344] Durch ihre Vorverlagerungstendenz ist sie unstrittig Teil der Aufgabendimension der Gefahrenvorsorge.[345]

2. Straftatenverhütung

Schwieriger gestaltet sich die Zuordnung der Kategorien, die unter die vorbeugende Bekämpfung von Straftaten fallen. Diese Kategorien sind die Straftatenverhütung und die Strafverfolgungsvorsorge. Herrschte hier in der Vergangenheit noch Unklarheit,[346] hat gerade die jüngere Rechtsprechung wie die Entscheidung des Bundesverfassungsgerichts zur automatisierten Kennzeichenerfassung vom 18.12. 2018 sowie zuvor die Entscheidung zur offenen Videoüberwachung des Bundes-

[342] *Kingreen/Poscher*, Polizei- und Ordnungsrecht, § 3 Rn. 4.

[343] *Kniesel/Vahle*, in: Clages, Polizeiliche Informationsverarbeitung und Datenschutz im künftigen Polizeirecht, S. 12 Rn. 17, S. 20 Rn. 32; *Graulich*, in: Lisken/Denninger, Handbuch des Polizeirechts, E. Rn. 158.

[344] *Gusy*, in: ders./Eichenhofer, Polizei- und Ordnungsrecht, Rn. 132; *Kniesel/Vahle*, in: Clages, Polizeiliche Informationsverarbeitung und Datenschutz im künftigen Polizeirecht, S. 12 Rn. 17, S. 20 Rn. 32.

[345] *Baldus*, Die Verwaltung 47 (2014), 1 (22); *Gusy*, in: ders./Eichenhofer, Polizei- und Ordnungsrecht, Rn. 132; *Kingreen/Poscher*, Polizei- und Ordnungsrecht, § 8 Rn. 19 f.; *Kniesel/Vahle*, in: Clages, Polizeiliche Informationsverarbeitung und Datenschutz im künftigen Polizeirecht, S. 12 Rn. 17, S. 20 Rn. 32; *Leisner-Egensperger*, DÖV 2018, 677 (679); *Park*, Wandel des klassischen Polizeirechts zum neuen Sicherheitsrecht, S. 237; zu beachten ist, dass die Vorbereitung auf die Gefahrenabwehr vereinzelt begrifflich allein als „Gefahrenvorsorge" bezeichnet wird, vgl. *Baldus*, Die Verwaltung 47 (2014), 1 (22); *Soiné*, DÖV 2000, 173 (175).

[346] Ausf. dazu *Albers*, Die Determination polizeilicher Tätigkeit in den Bereichen der Straftatenverhütung und der Verfolgungsvorsorge, S. 261 ff.; vgl. auch *Park*, Wandel des klassischen Polizeirechts zum neuen Sicherheitsrecht, S. 238 ff.; vgl. zu den Anfängen der Systematisierung BVerfGE 113, 348 ff.

verwaltungsgerichts vom 25.1.2012 zu einer übersichtlicheren Systembildung beigetragen.[347]

Die Straftatenverhütung setzt an den „Zeitraum vor dem Beginn einer konkreten Straftat“[348] an. Es sollen „bereits im Vorfeld konkreter Gefahren staatliche Aktivitäten entfaltet werden, um die Entstehung von Gefahren zu verhindern bzw. eine wirksame Bekämpfung sich später realisierender, momentan aber noch nicht konkret drohender Gefahren zu ermöglichen“[349]. Anders als bei der Vorbereitung ist hier der Kausalverlauf weiter fortgeschritten, sodass der Fokus schon auf einer konkreteren Verhinderung liegt.[350] Zum Teil wurde Straftatenverhütung in der Vergangenheit auch als „Straftatenvorsorge“[351] bezeichnet und dem repressiven Bereich zugeordnet.[352] Sie sei kein Teil der Gefahrenvorsorge, da ihr Schutzkreis enger gezogen und auf bestimmte Straftaten repressiv ausgerichtet sei.[353] Der Wortlaut ist jedoch irreführend. Denn in Bezug genommen sind immer noch die hinter den Straftaten stehenden Rechtsgüter.[354] Der präventive Rechtsgüterschutz mit dem Ziel der Verhinderung des Eintritts eines Schadens beziehungsweise einer Gefahr ist, wie die Rechtsprechung betont, der präventiven Polizeiarbeit zuzuordnen.[355] So führt das Bundesverfassungsgericht aus, dass bei der Gefahrenvorsorge „der Staat bereits im Vorfeld konkreter Gefahren aktiv [wird], die zwar zum Zeitpunkt des Handelns noch nicht konkret drohen, aber später entstehen können“[356]. Es gehe nach Ansicht des Gerichts um die Verhinderung des Entstehens einer Gefahr oder die Ermöglichung einer wirksamen Bekämpfung.[357] Die Straftatenverhütung wird in der verfassungsgerichtlichen Rechtsprechung explizit als Unterfall der Gefahrenvorsorge angesehen.[358] Sie wird nach Auffassung des Bundesverfassungsgerichts in einem Maßnahmenbereich angesiedelt, bei dem in einen antizipierten Geschehensablauf eingegriffen wird oder die Entstehungsbedingungen bestimmter

---

[347] BVerfGE 150, 244 ff.; BVerwGE 141, 329 ff.

[348] BVerfGE 113, 348 (368).

[349] BVerwGE 141, 329 (336 Rn. 29).

[350] BVerfGE 150, 244 (274 f. Rn. 70); 100, 313 (394).

[351] *Knemeyer*, Polizei- und Ordnungsrecht, Rn. 15, der die Straftatenverhütung gleichwohl als Teil der Gefahrenvorsorge ansieht.

[352] *Knemeyer*, Polizei- und Ordnungsrecht, Rn. 15.

[353] *Albers*, Die Determination polizeilicher Tätigkeit in den Bereichen der Straftatenverhütung und der Verfolgungsvorsorge, S. 257; vgl. auch *Rachor*, Vorbeugende Straftatenbekämpfung und Kriminalakten, S. 7 f.

[354] Vgl. BVerfGE 100, 313 (394); s. auch *Albers*, Die Determination polizeilicher Tätigkeit in den Bereichen der Straftatenverhütung und der Verfolgungsvorsorge, S. 256 f.

[355] Vgl. BVerfGE 150, 244 (274 f. Rn. 70); BVerwGE 141, 329 (335 Rn. 29).

[356] BVerfGE 150, 244 (274 f. Rn. 70).

[357] BVerfGE 150, 244 (274 f. Rn. 70).

[358] BVerfGE 150, 244 (274 f. Rn. 70).

Faktoren oder Ursachenketten beeinflusst werden sollen, sodass sich der Eintritt der Gefahr einer Straftat bereits im Vorfeld verhüten lässt.[359]

Verdienst der jüngeren Definitionsversuche der Rechtsprechung hinsichtlich der Gefahrenvorsorge ist – unter Übereinstimmung mit dem Großteil der Literatur –[360] die eindeutige Zuordnung der Straftatenverhütung zu dieser Aufgabendimension und die Betonung des rein präventiven Charakters.[361]

3. Strafverfolgungsvorsorge

Anders verhält es sich mit der Verfolgungsvorsorge. Hierzu werden Maßnahmen gerechnet, welche „die Ahndung von Straftaten ermöglichen oder erleichtern sollen, die erst in Zukunft erwartet werden."[362] Anders gesagt, es geht um die „staatliche Sanktionierung einer bereits erfolgten, aber nicht mehr verhinderbaren Rechtsgutsverletzung"[363]. Die Ahndung beziehungsweise Sanktionierung erfolgt konkret im Rahmen der Verfolgungsvorsorge dadurch, dass die Maßnahme unter dem Aspekt erfolgt, dass – ohne spezielle Ermächtigung der StPO – Beweise für die spätere Verfolgung einer Straftat erlangt werden sollen.[364] Strafverfolgungsvorsorge geschieht mithin in zeitlicher Hinsicht präventiv, betrifft aber gegenständlich das repressiv ausgerichtete Strafverfahren.[365] Sie ist weder Teil der Gefahrenvorsorge[366] noch Teil der Gefahrenabwehr.[367] Sie fällt in den Teil der konkurrierenden Gesetzgebung des Art. 74 Abs. 1 Nr. 1 GG, von dem der Bund noch nicht abschließend

---

[359] BVerfGE 150, 244 (274 f. Rn. 70).

[360] *Kießling*, VerwArch 108 (2017), 282 (284); *Kingreen/Poscher*, Polizei- und Ordnungsrecht, § 3 Rn. 3, § 8 Rn. 20; *Leisner-Egensperger*, DÖV 2018, 677 (679); *Schenke*, Polizei- und Ordnungsrecht, Rn. 11.

[361] BVerfGE 150, 244 (274 f. Rn. 70); BVerwGE 141, 329 (335 Rn. 29); vgl. auch BVerfGE 141, 220 (263 Rn. 88).

[362] BVerfGE 150, 244 (274 Rn. 68).

[363] BVerfGE 100, 313 (394).

[364] Vgl. § 1 Abs. 1 NdsSOG i.d.F. des Gesetzes zur Änderung des Niedersächsischen Gesetzes über die öffentliche Sicherheit und Ordnung v. 25.11.2007 (NdsGVBl. S. 654), NdsLT-Drs. 15/3810, S. 16.

[365] BVerfGE 113, 348 (370); 150, 244 (274 Rn. 68).

[366] Vgl. BVerfGE 150, 244 (274 ff. Rn. 68 ff.); BVerwGE 141, 329 (336 Rn. 31); *Schenke*, Polizei- und Ordnungsrecht, Rn. 76; wohl auch *Schoch*, Der Staat 43 (2004), 347 (360).

[367] *Albers*, Die Determination polizeilicher Tätigkeit in den Bereichen der Straftatenverhütung und der Verfolgungsvorsorge, S. 261 ff., insb. 275; *Kniesel/Vahle*, in: Clages, Polizeiliche Informationsverarbeitung und Datenschutz im künftigen Polizeirecht, S. 13 ff. Rn. 20 ff.; s. auch *Denninger*, CR 1988, 51 (54 f.), der nun als Folge der sich intensivierenden und weniger trennscharfen Vorverlagerungstendenzen in allen polizeilichen Aufgabenfeldern für die Strafverfolgungsvorsorge eine Einordung unter den Begriff der Prävention „im neuen Sinne" für möglich hält, vgl. *ders.*, in: Lisken/Denninger, Handbuch des Polizeirechts, 6. Aufl. 2018, D. Rn. 179.

Gebrauch gemacht hat.[368] Nicht in den Bereich der Strafverfolgungsvorsorge fällt nach verfassungsgerichtlicher Rechtsprechung die Telekommunikationsüberwachung.[369] In erweiternder Auslegung besteht die Tendenz, dies auch für weitere verdeckte Ermittlungsmethoden anzunehmen.[370] Das Bundesverfassungsgericht folgt einer derart pauschalen Einordnung aber nicht.[371] Auch die höchstrichterliche Rechtsprechung betreibt – außerhalb verdeckter Eingriffe – weiter eine Differenzierung am Einzelfall.[372] Da die Ermächtigungsgrundlage sich auf beide Aufgaben – die Strafverfolgungsvorsorge sowie die Gefahrenvorsorge – beziehen kann,[373] kann gleichsam die konkret auf ihr erfolgende Maßnahme beide Elemente inkorporieren. Eine Abgrenzung erfolgt über die Zielrichtung der Maßnahme.[374]

4. Besonderheit: Bayerische Aufgabeneröffnung

Die Gefahrenvorsorge manifestiert sich gesetzlich in der „vorbeugenden Bekämpfung von Straftaten" sowie in der „Vorbereitung auf die Gefahrenabwehr".[375] Genauer sind aber nur Straftatenverhütung und Vorbereitung auf die Gefahrenabwehr Teil der Gefahrenvorsorge. Die Strafverfolgungsvorsorge wird als lediglich „antizipierte Repression"[376] ausklammert. Infolgedessen entfernte beispielsweise das niedersächsische Landesparlament diese Aufgabenform aus dem Gefahrenabwehrrecht.[377]

In Ländern, in denen keine ausdrückliche Aufgabeneröffnung hinsichtlich der Gefahrenvorsorge vorgenommen wurde, ergibt sich diese nach Ansicht der Rechtsprechung aus den Befugnisnormen, die entweder ausdrücklich die Zwecke formulieren oder schlicht auf eine der überkommenen Hürden – allen voran der konkreten Gefahr – verzichten.[378]

---

[368] BVerwGE 141, 329 (336 Rn. 31).

[369] BVerfGE 113, 348 (371).

[370] VGH Mannheim, DVBl. 2014, 1002 (1004 ff., insb. 1006); *Kingreen/Poscher*, Polizei- und Ordnungsrecht, § 3 Rn. 4.

[371] BVerfGE 141, 220 (163 Rn. 88).

[372] Für die offene Videoüberwachung, BVerwGE 141, 329 (336 ff. Rn. 31 ff.); für die automatisierte Kennzeichenerfassung, BVerfGE 150, 244 (274 ff. Rn. 68 ff.).

[373] BVerwGE 141, 329 (336 Rn. 32).

[374] BVerfGE 150, 244 (272 f. Rn. 63 ff.); BVerwGE 141, 329 (336 Rn. 32).

[375] BVerfGE 150, 244 (274 f. Rn. 70); BVerwGE 141, 329 (335 Rn. 29); aus der Lit., *Knemeyer*, Polizei- und Ordnungsrecht, Rn. 15; *Kingreen/Poscher*, Polizei- und Ordnungsrecht, § 8 Rn. 20; *Soiné*, DÖV 2000, 173 (175).

[376] *Denninger*, in: Lisken/Denninger, Handbuch des Polizeirechts, 6. Aufl. 2018, D. Rn. 201.

[377] Vgl. die Amtl. Begr. zu § 1 NdsSOG i. d. F. des Gesetzes zur Änderung des Niedersächsischen Gesetzes über die öffentliche Sicherheit und Ordnung v. 25. 11. 2007 (NdsGVBl. S. 654), NdsLT-Drs. 15/3810, S. 12 f.

[378] *Park*, Wandel des klassischen Polizeirechts zum neuen Sicherheitsrecht, S. 237.

Letzteres trifft auch auf Bayern zu, wo in der Aufgabeneröffnungsnorm des Art. 2 BayPAG keine explizite Erstreckung des Aufgabenfeldes auf dieses Gebiet aufgeführt wird. Zum einen wird diese Dimension in die Norm hineingelesen.[379] Zum anderen kann eine Ableitung auch gesetzessystematisch durch die Einbeziehung der vorbeugenden Bekämpfung von Straftaten in Art. 32 Abs. 1 S. 1 Nr. 1 a) BayPAG begründet werden.[380]

II. Gefahrenvorsorge als Teil der Gefahrenabwehr

Zuletzt gilt es zu klären, in welchem Verhältnis Gefahrenvorsorge und Gefahrenabwehr stehen.

Bis vor nicht allzu langer Zeit erschien es so, als würde das Tätigwerden unter der Aufgabe der Gefahrenvorsorge durch die Rechtsprechung – namentlich im Urteil des Bundesverfassungsgerichts zur vorbeugenden Telekommunikationsüberwachung vom 27. 7. 2005, im Beschluss zur Zuordnung dynamischer IP-Adressen vom 24. 1. 2012 und im Urteil des Bundesverwaltungsgerichts vom 3. 7. 2002 zur Gefahrenabwehrverordnung –[381] für einige polizeiliche beziehungsweise sicherheitsbehördliche Ermächtigungen ausdrücklich aus der Gefahrenabwehr ausgeklammert.[382] Der Grund hierfür liegt jedoch in einer stark normbezogenen Betrachtungsweise, welche die allgemeinen Aussagen zu den Aufgabeninhalten des Polizeirechts nicht berücksichtigt.

Für das Urteil des Bundesverfassungsgerichts zur vorbeugenden Telekommunikationsüberwachung vom 27. 7. 2005 resultiert die Trennung von Gefahrenabwehr und Gefahrenvorsorge daraus, dass hier beide Aufgabenbereiche in der Norm ausdrücklich und unabhängig voneinander statuiert werden.[383] Intention war wohl aber nicht die Trennung der Bereiche, sondern das Verdeutlichen der unterschiedlichen

---

[379] *Berner/Köhler/Käß*, PAG, Art. 2 Rn. 43; *Knemeyer*, Polizei- und Ordnungsrecht, Rn. 15; *Schmidbauer*, in: ders./Steiner, PAG, Art. 2 Rn. 6.

[380] Noch eindeutiger die Vorgängernorm Art. 28b Abs. 1 Nr. 1 BayPAG i. d. F. des Dritten Gesetzes zur Änderung des Polizeiaufgabengesetzes v. 24. 8. 1990 (BayGVBl. S. 329): „Die Polizei kann personenbezogene Daten über die in Art. 7, 8 und 10 genannten Personen und über andere Personen erheben, wenn dies erforderlich ist 1. zur Gefahrenabwehr, insbesondere zur vorbeugenden Bekämpfung von Straftaten (Art. 2 Abs. 1), [...]"; vgl. auch BayVerfGHE 47, 241 (25).

[381] Vgl. BVerfGE 113, 348 ff.; 130, 151 ff. und BVerwGE 116, 347 ff.

[382] „Bezogen auf die Gefahrenabwehr, in die der Gesetzgeber die Gefahrenvorsorge gerade nicht einbezogen hat [...]", BVerfGE 130, 151 (205); vgl. auch BVerfGE 113, 348 (377); BVerwGE 116, 347 (351, 353, 356).

[383] Vgl. § 33a NdsSOG i. d. F. des Gesetzes zur Änderung des Niedersächsischen Gefahrenabwehrgesetzes v. 11. 12. 2003 (Nds.GVBl S. 414) und i. d. F. der Bekanntmachung vom 19. 1. 2005 (NdsGVBl. S. 9).

Eingriffsvoraussetzungen auf Befugnisseite.[384] Diese Auslegung wird unterstützt durch die bereits mehrfach erwähnte relativ neue Definition der Gefahrenvorsorge in der Entscheidung vom 18.12.2018 zur automatisierten Kennzeichenerfassung. Das Gericht stellt insoweit unter ausdrücklicher Bezugnahme auf das Urteil des Bundesverfassungsgerichts zur vorbeugenden Telekommunikationsüberwachung vom 27.7.2005 klar: „Wie weit der Gesetzgeber Maßnahmen in dieser Weise in das Vorfeld künftiger Rechtsgutverletzungen verlegen darf, ist eine Frage des materiellen Rechts, berührt aber nicht die Gesetzgebungskompetenz des Landes (vgl. BVerfGE 113, 348 [368] = NJW 2005, 2603).“[385]. In anderen (insbesondere informationellen) Befugnisnormen mit ähnlicher Normstruktur wird durch eine getrennte Anführung der Aufgabenbereiche lediglich verdeutlicht, welche zusätzlichen Voraussetzungen in dem Aufgabenbereich für die Anwendung der Norm gelten.[386]

Bei den weiteren beiden angeführten Entscheidungen lag der Fokus ebenfalls nicht primär auf der Aufgabe, die bei beiden Normen ausdrücklich auf den Gefahrenabwehrbereich beschränkt ist,[387] sondern vielmehr auf den Voraussetzungen der Befugnis. Die höchst umstrittene vorgelagerte Gefahrenschwelle des Gefahrenverdachts sollte bewertet werden, welche begrifflich sogar zur Gefahrenvorsorge synonym verwendet wurde und was schon daher Unklarheiten produzierte.[388]

Somit bilden diese Entscheidungen keine Grundlage hinsichtlich einer strikten Trennung von Abwehr und Vorsorge im Polizeirecht. Es bleibt dennoch zu fragen, ob die Gefahrenvorsorge aus anderen Erwägungen aus dem Aufgabenbereich auszuschließen ist.[389] Als Argument für eine Trennung kann auch angeführt werden, dass die Gefahrenabwehr schon in der frühen Analyse von Martens eigentlich – der Definition des Gefahrenbegriffs folgend – als Schadensabwehr angesehen wird.[390] Die Gefahrenvorsorge hingegen ist dieser vorgelagert, da diese Gefahren verhin-

---

[384] Vgl. die Ausführungen zu den Grenzen der „Vorverlagerung des Eingriffs“ BVerfGE 113, 348 (377).

[385] BVerfGE 150, 244 (274 f. Rn. 70).

[386] Vgl. *Albers*, Die Determination polizeilicher Tätigkeit in den Bereichen der Straftatenverhütung und der Verfolgungsvorsorge, S. 254.

[387] In Bezug auf BVerfGE 130, 151 (205), vgl. § 113 TKG i.d.F. des Telekommunikationsgesetzes (TKG) v. 22.6.2004 (BGBl. I S. 1190); in Bezug auf BVerwGE 116, 347 (355), vgl. § 55 NGefAG i.d.F. des Gesetzes zur Änderung des Niedersächsischen Gesetzes über die öffentliche Sicherheit und Ordnung v. 20.2.1998 (NdsGVBl. S. 101).

[388] Beide Entscheidungen betrachten die Möglichkeit der Statuierung des Gefahrenverdachts als Eingriffsschwelle vgl. BVerfGE 130, 151 (205 f.); BVerwGE 116, 347 (351, 353); vgl. dazu auch *Möstl*, JURA 2005, 48 (51 ff.), der hinsichtlich des Urteils von „andersartige[r] Gefahrenvorsorge auf Basis eines bloßen Gefahrenverdachts“ spricht.

[389] So *Albers*, Die Determination polizeilicher Tätigkeit in den Bereichen der Straftatenverhütung und der Verfolgungsvorsorge, S. 254; *Aulehner*, Polizeiliche Gefahren- und Informationsvorsorge, S. 96, 473, 477; *Pitschas*, DÖV 2002, 221 (223).

[390] *Martens*, in: Drews/Wacke/Vogel/Martens, Gefahrenabwehr, § 13 Erl. 2 a), S. 221; vgl. auch *Rachor*, Vorbeugende Straftatenbekämpfung und Kriminalakten, S. 41 f.

dern möchte.[391] Dieser Trennung der Zielrichtungen der Maßnahmen sowie der Begrenzung dieser soll nach Albers durch eine inhaltliche Trennung unter Beibehaltung der Anerkennung einer funktionalen Beziehung Rechnung getragen werden.[392] So entsteht bei ihr aufgabentechnisch ein von ihr als „vernetztes Quadrat“[393] bezeichnetes System (Straftatenverhütung, Gefahrenabwehr, Strafverfolgung und Verfolgungsvorsorge).[394] Denninger hingegen sieht mit ähnlichen Überlegungen eine „Dreiheit der Polizeiaufgaben“[395]: Gefahrenabwehr (Prävention I), Strafverfolgung und Prävention (II), wobei letztere lediglich Straftatenverhütung, Verfolgungsvorsorge und Vorbereitung auf die Gefahrenabwehr umfasse.[396]

Tatsächlich sind die Grenzen zwischen Gefahrenabwehr und -vorsorge fließend, und eine trennscharfe Grenzziehung erscheint schwer möglich.[397] Die inhaltliche Abgrenzung der Gefahrenvorsorge und ihrer Unterformen, der Vorbereitung auf die Gefahrenabwehr und der Straftatenverhütung, ist indes in der Vergangenheit ausreichend durch die Rechtsprechung des Bundesverfassungsgerichts- und Bundesverwaltungsgerichts vorangetrieben worden.[398] Gefahrenvorsorge und -abwehr verfolgen das Ziel, präventiv Rechtsgüter sowohl in Form eines Schadens als auch vorgelagert in Form einer Gefahr zu schützen. Eine Trennung würde diesem Gleichlauf der Zwecke nicht gerecht werden und führt im Falle des Vorschlags Denningers zu sprachlichen Unklarheiten. Im Sinne einer einheitlichen Systembildung ist der Rechtsprechung zu folgen, die den Begriff der Gefahrenvorsorge maßgeblich prägt und klar festschreibt, dass „[z]ur Aufgabe der Gefahrenabwehr […] auch die Gefahrenvorsorge“ gehört[399].

Dies harmoniert mit den Musterentwürfen. Ist dem Musterentwurf eines einheitlichen Polizeigesetzes von 1977 lediglich eine derartige Tendenz zu entnehmen –[400] erteilt die Aufgabennorm des § 1 Abs. 1 VE ME PolG (1986) einer Tren-

---

[391] *Ossenbühl*, NVwZ 1986, 161 (162); *Rachor*, Vorbeugende Straftatenbekämpfung und Kriminalakten, S. 41 f.

[392] *Albers*, Die Determination polizeilicher Tätigkeit in den Bereichen der Straftatenverhütung und der Verfolgungsvorsorge, S. 254; vgl. auch *Pitschas*, DÖV 2002, 221 (223).

[393] *Albers*, Die Determination polizeilicher Tätigkeit in den Bereichen der Straftatenverhütung und der Verfolgungsvorsorge, S. 368.

[394] *Albers*, Die Determination polizeilicher Tätigkeit in den Bereichen der Straftatenverhütung und der Verfolgungsvorsorge, S. 118 ff., 369.

[395] *Denninger*, in: Lisken/Denninger, Handbuch des Polizeirechts, 6. Aufl. 2018, D. Rn. 5.

[396] *Denninger*, in: Lisken/Denninger, Handbuch des Polizeirechts, 6. Aufl. 2018, D. Rn. 5; für eine neben der überkommenen Gefahrenabwehr stehende „darüber hinausgehende Prävention“, vgl. auch *Trute*, Die Verwaltung 37 (2003), 501 (501).

[397] *Leisner-Egensperger*, DÖV 2018, 677 (681); *Ossenbühl*, NVwZ 1986, 161 (163).

[398] Vgl. BVerfGE 100, 313 ff.; 113, 348 ff.; 150, 244 ff.; BVerwGE 141, 329 ff.

[399] BVerwGE 141, 329 (335 Rn. 29).

[400] Abdr. der Begr. zu § 10 Abs. 1 ME PolG (1977) in *Heise/Riegel*, Musterentwurf eines einheitlichen Polizeigesetzes, S. 52; vgl. dazu *Kniesel/Vahle*, in: Clages, Polizeiliche Informationsverarbeitung und Datenschutz im künftigen Polizeirecht, S. 13 Rn. 18.

nung von Gefahrenabwehr und -vorsorge endgültig eine Absage.[401] Satz 2 stellt klar, dass die Polizei „im Rahmen dieser Aufgabe", das heißt im Rahmen der in Satz 1 beschriebenen klassischen Gefahrenabwehr, auch die Gefahrenvorsorge in Form der vorbeugenden Bekämpfung von Straftaten und der Vorbereitung auf die Gefahrenabwehr zu bewältigen hat. Gleiches verdeutlicht auch die amtliche Begründung des VE ME PolG (1986). Zum einen handele es sich bei der Aufnahme der Merkmale des Satzes 2 in den Vorentwurf von 1986 lediglich um eine Klarstellung, dass die vorbeugende Bekämpfung von Straftaten sowie die Vorbereitung auf die Gefahrenabwehr zur Gefahrenabwehr zählen;[402] zum anderen sei die „vorbeugende Bekämpfung von Straftaten [...] demnach wie bisher ein Unterfall der Gefahrenabwehr"[403]. Auch der bayerische Gesetzgeber bestätigt diese Auslegung der polizeilichen Aufgaben.[404]

Daher kommt der ausdrücklichen Erwähnung der Elemente der Gefahrenvorsorge eine Ergänzungsfunktion zu.[405] Für die einzelnen Merkmale betonen Rechtsprechung und große Teil der der Literatur die Zugehörigkeit zur Gefahrenabwehr immer wieder.[406] Desgleichen sieht die Literatur mehrheitlich die Gefahrenvorsorge als Unterpunkt der Gefahrenabwehr.[407]

---

[401] Abdr. in *Kniesel/Vahle*, in: Clages, VE ME PolG, S. 1.

[402] Abdr. der Begr. zu § 1 VE ME PolG (1986) in *Kniesel/Vahle*, in: Clages, VE ME PolG, S. 50.

[403] Abdr. der Begr. zu § 1 VE ME PolG (1986) in *Kniesel/Vahle*, in: Clages, VE ME PolG, S. 50; vgl. insoweit vor der Klarstellung durch den VE ME PolG (1986) zur vorbeugenden Verhütung von Straftaten, *Martens*, in: Drews/Wacke/Vogel/Martens, Gefahrenabwehr, § 9 Erl. 1., S. 132.

[404] Vgl. in Bezug auf die Datenerhebung, Amtl. Begr. zu Art. 28b BayPAG i.d.F. des Dritten Gesetz zur Änderung des Polizeiaufgabengesetzes v. 24.8.1990 (BayGVBl. S. 329), BayLT-Drs. 11/16263, S. 9: „Nr. 1 bestimmt, daß polizeiliche Datenerhebungen zur Gefahrenabwehr, insbesondere zur vorbeugenden Bekämpfung von Straftaten zulässig sind, auch wenn nicht von dem Vorliegen einer im Einzelfall bestehenden (konkreten) Gefahr ausgegangen werden kann."

[405] *Möstl*, DVBl. 2007, 581 (585).

[406] Vorbereitung auf die Gefahrenabwehr als Teil der Gefahrenabwehr, vgl. beispielhaft *Soiné*, DÖV 2000, 173 (174); vorbeugende Straftatenbekämpfung als Teil der Gefahrenabwehr, vgl. BayVerfGHE 47, 241 (257, 260); Straftatenverhütung als Teil der Gefahrenabwehr, vgl. BVerfGE 100, 313 (394); 113, 348 (368); BVerfGE 141, 220 (263 Rn. 88; 331 Rn. 297).

[407] *Darnstädt*, Gefahrenabwehr und Gefahrenvorsorge, S. 122; *Kießling*, VerwArch 108 (2017), 282 (284); *Kingreen/Poscher*, Polizei- und Ordnungsrecht, § 3 Rn. 1 ff.; *Leisner-Egensperger*, DÖV 2018, 677 (679); *Ossenbühl*, NVwZ 1986, 161 (163); *Schenke*, Polizei- und Ordnungsrecht, Rn. 76; *Thiel*, Polizei- und Ordnungsrecht, § 4 Rn. 4; *ders.*, Die „Entgrenzung" der Gefahrenabwehr, S. 95, 101; so auch *Möstl*, JURA 2005, 48 (52); *ders.*, DVBl. 2007, 581 (583 f.).

F. Fazit

Klassische Aufgabe des Polizeirechts ist die Gefahrenabwehr. In ihr geht die Gefahrenvorsorge auf, die sich im Rahmen der präventiv-polizeilichen Tätigkeit in die Vorbereitung der Gefahrenabwehr und die Straftatenverhütung aufteilt. Die jüngsten Definitionsversuche des Bundesverfassungsgerichts haben auf Aufgabenseite zwei Effekte:[408] Zum einen wird die Straftatenverhütung in die Gefahrenvorsorge fest eingegliedert. Zum anderen umgrenzt sie die Straftatenverhütung inhaltlich.

[408] BVerfGE 150, 244 (274 Rn. 70).

§ 5 Grenzen der Gefahrenvorsorge

Die Betrachtung der verfassungsrechtlichen Grenzen der Gefahrenvorsorge ist in Anbetracht der Weite des Aufgabenfeldes von herausragender Bedeutung. Wo das klassische Gefahrenabwehrrecht auf eine Jahrzehnte währende Gesetzgebungs-, Anwendungs- und Rechtsprechungstradition zurückblicken kann, deren Eckpfeiler allseits anerkannt sind, befindet sich das Recht der Gefahrenvorsorge noch im Aufbau und unterliegt gleichzeitig ständigem Wandel. Von zentraler Bedeutung ist daher die Konturierung der Befugnisse.[1] Zunächst sind die verfassungsrechtlichen Grenzen für die Ausgestaltung der Befugnisse in der Gefahrenvorsorge aufzuzeigen und sodann vorhandene Schwellen daran zu prüfen.

A. Verfassungsrechtliche Vorgaben

Das Bundesverfassungsgericht bestätigte mehrfach, dass der „Gesetzgeber [...] bei der Gestaltung von Eingriffsbefugnissen nicht zwingend an die mit dem überkommenen Gefahrenbegriff verbundenen polizeirechtlichen Eingriffsgrenzen gebunden“[2] ist. Nach Ansicht des Gerichts hindere das Grundgesetz die Legislative nicht, „die traditionellen rechtsstaatlichen Bindungen im Bereich des Polizeirechts auf der Grundlage einer seiner Prärogative unterliegenden Feststellung neuartiger oder veränderter Gefährdungs- und Bedrohungssituationen fortzuentwickeln.“[3]

---

[1] *Kniesel/Vahle*, in: Clages, Polizeiliche Informationsverarbeitung und Datenschutz im künftigen Polizeirecht, S. 24 Rn. 37.

[2] BVerfGE 115, 320 (360).

[3] BVerfGE 115, 320 (360); vgl. auch BVerfGE 120, 378 (428 f.): „Die Verfassung hindert den Gesetzgeber nicht daran, die traditionellen rechtsstaatlichen Bindungen im Bereich des Polizeirechts auf der Grundlage einer seiner Prärogative unterliegenden Feststellung neuartiger oder veränderter Gefährdungs- und Bedrohungssituationen und neuer Ermittlungsmöglichkeiten fortzuentwickeln (vgl. BVerfGE 115, 320 [360]).“ S. zudem BVerfGE 141, 220 (272 Rn. 112): „Der Gesetzgeber ist von Verfassungs wegen aber nicht von vornherein für jede Art der Aufgabenwahrnehmung auf die Schaffung von Eingriffstatbeständen beschränkt, die dem tradierten sicherheitsrechtlichen Modell der Abwehr konkreter, unmittelbar bevorstehender oder gegenwärtiger Gefahren entsprechen“. BVerfGE 155, 119 (187 Rn. 147): „Der Gesetzgeber ist von Verfassungs wegen aber nicht von vornherein für jede Art der Aufgabenwahrnehmung auf die Schaffung von Eingriffstatbeständen beschränkt, die dem tradierten sicherheitsrechtlichen Modell der Abwehr konkreter, unmittelbar bevorstehender oder gegenwärtiger Gefahren entsprechen“. BVerfGE 156, 63 (121 Rn. 205): „Der Gesetzgeber ist von Verfassungs wegen nicht auf die Schaffung von Eingriffstatbeständen beschränkt, die dem

I. Übergreifende Anforderungen des Bundesverfassungsgerichts

Die Maßstäbe der Fortentwicklung werden in einer Vielzahl einschlägiger Entscheidungen des Bundesverfassungsgerichts aufgezeigt und zusammengeführt.

1. Überblick

a) Maßstäbe des Rechts der Inneren Sicherheit

Besondere Freiheitsgrundrechte wie das Recht auf informationelle Selbstbestimmung und das Recht auf Gewährleistung der Vertraulichkeit und Integrität informationstechnischer Systeme, beide abgeleitet aus Art. 2 Abs. 1 i. V. m. Art. 1 Abs. 1 S. 1, sowie das Telekommunikationsgeheimnis aus Art. 10 GG und die Unverletzlichkeit der Wohnung aus Art. 13 Abs. 1 GG formen die Anforderungen an die Befugnisse der Gefahrenvorsorge insbesondere im informationellen Bereich.[4] Zwar ergeben sich durchaus Unterschiede dadurch, dass die verschiedenen Grundrechte unterschiedliche Eingriffsgrenzen setzen.[5] Die Tendenz zur Systembildung nach einheitlichen Maßstäben wurde durch das Bundesverfassungsgericht in einer jüngeren Entscheidung hervorgehoben.[6]

Diese Verschränkungen zeigten sich zwar schon in der Vergangenheit in der gegenseitigen Bezugnahme der Urteile, insbesondere bei den verfahrensrechtlichen Anforderungen.[7] Die BKAG-Entscheidung des Bundesverfassungsgerichts vom 20. 4. 2016, welche sich ausdrücklich im Bereich der Straftatenverhütung bewegt,[8] stellt darüber hinaus klar, „[f]ür tief in die Privatsphäre eingreifende Ermittlungs- und Überwachungsbefugnisse, wie sie ganz überwiegend hier in Frage stehen, hat das Bundesverfassungsgericht aus dem Verhältnismäßigkeitsgrundsatz im engeren Sinne übergreifende Anforderungen abgeleitet“[9]. Nach der Pressemitteilung des Gerichts wurde ausdrücklich eine lange Rechtsprechung zusammengeführt.[10] Dies beweist gleichsam die explizite Inbezugnahme und Aufzählung der entsprechenden

---

tradierten sicherheitsrechtlichen Modell der Abwehr konkreter, unmittelbar bevorstehender oder gegenwärtiger Gefahren entsprechen.“

[4] Eingehende Analyse bei *Thiel*, Die „Entgrenzung“ der Gefahrenabwehr, S. 194 ff.

[5] BVerfGE 141, 220 (265 Rn. 93).

[6] BVerfGE 141, 220 (268 Rn. 103, 275 Rn. 117, 276 Rn. 119).

[7] Der Gedanke der „übergreifenden“ Verfahrensanforderungen insoweit ausdr. in BVerfGE 150, 244 (281 Rn. 90).

[8] BVerfGE 141, 220 (269 Rn. 104).

[9] BVerfGE 141, 220 (268 Rn. 103).

[10] Pressemitteilung Nr. 19/2016 v. 20. 4. 2016 zu BVerfGE 141, 220 ff., https://www.bundesverfassungsgericht.de/SharedDocs/Pressemitteilungen/DE/2016/bvg16-019.html, Stand: 11. 12. 2023: „eine lange Rechtsprechung zusammenführend“; s. dazu *Möstl*, BayVBl. 2018, 156 (156 Fn. 6); *ders.*, Stellungnahme zu BayLT-Drs. 17/16299, S. 3.

Judikate in der Entscheidung vom 20.4.2016.[11] Diese Rechtsprechungsreihe und andere bedeutende Entscheidungen zur Gefahrenvorsorge ergehen zu Datenerhebung und -verarbeitungsgrundlagen.[12] Innerhalb dieser bilden die bereits erwähnten (heimlichen) Überwachungsbefugnisse einen Großteil der auf dem Prüfstand stehenden Ermächtigungen.[13]

Die im BKAG-Urteil angesprochenen übergreifenden Anforderungen sind im Wesentlichen die Gleichen, die schon im Volkszählungsurteil für die Datenerhebungs- und Datenverarbeitung aufgestellt wurden.[14] Schon im Urteil von 1983 gehörten zu den Maßstäben das rechtsstaatliche Gebot der Normenklarheit,[15] der verfassungsrechtliche Grundsatz der Verhältnismäßigkeit[16] und der Vorbehalt des Gesetzes.[17] Und dies wiederum sind die Verfassungsprinzipien, die das gesamte Recht der Inneren Sicherheit prägen.[18] Das Gericht führt aus, dass die der Ermächtigung zugrundeliegende Aufgabe – klassische Gefahrenabwehr oder Gefahrenvorsorge – für die Bestimmung der Anforderung nicht erheblich ist.[19] Klassische Gefahrenabwehr und Gefahrenvorsorge werden demnach, zumal sie beide zum Recht der Inneren Sicherheit zählen, an den gleichen Maximen gemessen.[20] Dies ist bestätigt durch die an das Volkszählungsurteil anschließende Rechtsprechung des Bundesverfassungsgerichts, die Rechtsprechung des Bundesverwaltungsgerichts

---

[11] BVerfGE 141, 220 (268 f. Rn. 103): „Diese betreffen spezifisch breitenwirksame Grundrechtsgefährdungspotenziale, insbesondere solche der elektronischen Datenverarbeitung (vgl. BVerfGE 100, 313 [358 ff.]; 115, 320 [341 ff.]; 125, 260 [316 ff.]; 133, 277 [335 ff. Rn. 138 ff.]), ebenso wie einzelfallbezogene Maßnahmen gegen Betroffene, die in den Fokus der handelnden Behörden geraten sind (BVerfGE 107, 299 [312 ff.] – Telekommunikationsverkehrsdatenerhebung –; 110, 33 [52 ff.]; 113, 348 [364 ff.]; 129, 208 [236 ff.] – Telekommunikationsüberwachung nach Bundes-, Landes- und Strafprozessrecht –; 109, 279 [335 ff.] – Wohnraumüberwachung –; 112, 304 [315 ff.] – GPS-Observierung –; 120, 274 [302 ff.] – Online-Durchsuchung –)."

[12] S. u. a. BVerfGE 65, 1 ff.; 100, 313 ff.; 109, 279 ff.; 110, 33 ff.; 113, 348 ff.; 115, 320 ff.; 120, 274 ff.; 120, 378 ff.; 125, 260 ff.; 130, 151 ff.; 133, 277 ff.; 141, 220 ff.; 150, 244 ff.

[13] Vgl. BVerfGE 100, 313 ff.; 109, 279 ff.; 110,33 ff.; 113, 348 ff.; 115, 320 ff.; 120, 274 ff.; 120, 378 ff.; 125, 260 ff.; 130, 151 ff.; 141, 220 (Ls. 1 a)); 150, 244 ff.

[14] Vgl. BVerfGE 141, 220 (269 f. Rn. 104 f.).

[15] BVerfGE 65, 1 (Ls. 2, 44); 120, 378 (402); 133, 277 (335 Rn. 136); 150, 244 (279 Rn. 82); im nachrichtendienstlichen Kontext BVerfGE 100, 313 (372).

[16] BVerfGE 65, 1 (Ls. 2, 44); 120, 378 (402); 141, 220 (Ls. 1 b)); 150, 244 (279 Rn. 82); im nachrichtendienstlichen Kontext BVerfGE 100, 313 (Ls. 6, 375 ff.).

[17] BVerfGE 65, 1 (Ls. 2); 115, 320 (346); 120, 378 (402); im nachrichtendienstlichen Kontext BVerfGE 100, 313 (Ls. 3, 4, 383 f.); 120, 274 (327); im strafprozessualen Kontext BVerfGE 109, 279 (350 ff.).

[18] *Götz*, in: Isensee/Kirchhof, Handbuch des Staatsrechts, Bd. IV, § 85 Rn. 28.

[19] BVerfGE 110, 33 (55).

[20] S. dazu *Schoch/Kießling*, in: Schoch/Eifert, Besonderes Verwaltungsrecht, Kap. 1 Rn. 85.

und die herrschende Ansicht in der Literatur.[21] Die Maßstäbe bestimmen aber nicht nur die Grenzen der Gefahrenvorsorge,[22] sondern sagen auch, wann ein Abweichen von der klassischen Gefahrenabwehr überhaupt möglich ist.[23]

b) Berücksichtigung des nachrichtendienstlichen Bezugs

Prägende Entscheidungen ergehen teils zur nachrichtendienstlichen oder repressiven Sicherheitstätigkeit und sind daher häufig nicht geeignet, die Gefahrenvorsorge direkt zu definieren.[24] Die unterschiedlichen Zwecke der Regelungssysteme können – außerhalb der Bestimmung der Schwere des Eingriffs –[25] durchaus zu unterschiedlichen Wertungen der Gerichte führen.[26] Zwar sind in neueren Entscheidungen auch Tendenzen des Gerichts erkennbar, zumindest im präventiven Bereich die Anforderungen der Behördenarbeit gleichlaufen zu lassen.[27] Dies gilt aber für eine Übertragung der strengen Anforderungen des Polizeirechts auf die Nachrichtendienste und nicht andersherum.[28] Grundsätzlich wird davon ausgegangen, dass Unterscheidungen zwischen den Ermächtigungen der verschiedenen Behörden mit präventiven Aufgaben verfassungsrechtlich begründet sind.[29] Das bedeutet gleichzeitig, dass die Legislative je nach Regelungsbereich unterschiedliche Möglichkeiten bei der Rechtfertigung und Ausgestaltung der Eingriffe besitzt.[30]

---

[21] Vgl. BVerfGE 100, 313 (360 f.); 110, 33 (52 ff.); 113, 348 (373 ff., 384); 115, 320 (341 ff., 346); 120, 274 (302 ff., 330 ff.); 120, 378 (401 ff.); 125, 260 (Ls. 2, 345 f.); 130, 151 (202 ff.); BVerwGE 141, 329 (341 Rn. 39); aus der Lit. s. u. a. *Kremer*, in: Augsberg, Extrajuridisches Wissen im Verwaltungsrecht, S. 195 (209 ff.); *Gusy*, VVDStRL 63 (2004), 151 (174 f.); *Schoch*, Der Staat 43 (2004), 347 (366 ff.); *Schulze-Fielitz*, in: FS Glaeser, S. 407 (423 ff., 427 ff.); *Voßkuhle*, in: FS Würtenberger, S. 1101 (1110 ff.).

[22] BVerfGE 110, 33 (55).

[23] Vgl. BVerfGE 115, 320 (346).

[24] Ausf. dazu unter § 5 A. I. 2. b) aa) (5), S. 139 f., § 5 A. II. 4., S. 162 ff. sowie § 5 A. III. 3., S. 168 f.; vgl. z. B. zur nachrichtendienstlichen Telekommunikationsüberwachungsentscheidung BVerfGE 100, 313 (383 ff.); zur nachrichtendienstlichen Online-Durchsuchung BVerfGE 120, 274 (329 ff.); zur Bestimmung der Eingriffsintensität im repressiven Bereich BVerfGE 107, 299 (319 ff.).

[25] BVerfGE 110, 33 (55).

[26] Die unterschiedliche Zweckrichtung nimmt das Bundesverfassungsgericht zum Anlass, für verdachtslose Beobachtung der Fernmeldekommunikation nach dem G 10 Gesetz die Eingriffsschwelle abzusenken, vgl. BVerfGE 100, 313 (383 f.); s. auch die klare Trennung der Anforderungen an repressive und präventive Eingriffsbefugnisse bei der Telekommunikationsüberwachung in BVerfGE 125, 260 (328 ff.); ähnlich BVerfGE 120, 274 (330).

[27] Vgl. BVerfGE 120, 274 (329 ff.); 125, 260 (331 f.); 141, 220 (340 Rn. 320).

[28] Der Verhältnismäßigkeitsgrundsatz soll in Anbetracht der Intensität des Eingriffs auf Basis einer heimlichen Infiltrationsbefugnis informationstechnischer Systeme dazu führen, dass die strengen Voraussetzungen der (polizeilichen) konkreten Gefahr auch für die Nachrichtendienste gelten, vgl. BVerfGE 120, 274 (329 ff.).

[29] BVerfGE 120, 274 (330); 125, 260 (331).

[30] BVerfGE 110, 33 (55).

Dies gilt insbesondere für die Festlegung der vorliegend betrachteten Einschreitvoraussetzungen.[31] Es ist daher vorrangig auf die Nachfolgeentscheidungen zu gefahrenabwehrrechtlichen Sachverhalten abzustellen, die die Aspekte der anders gelagerten Vorgängerentscheidungen wiederholen.[32]

2. Bestimmtheitsgrundsatz

a) Überblick

Der Bestimmtheitsgrundsatz ist nach Ansicht des Bundesverfassungsgerichts die erste Grenze der Gefahrenabwehr.[33] Teils wird sie auch als Normenbestimmtheit und Normenklarheit bezeichnet.[34] In den Grundrechten findet der Grundsatz seinen Ursprung;[35] zusätzlich wird auch eine Verwurzelung im Rechtsstaatsprinzip angeführt.[36]

Der Bestimmtheitsgrundsatz soll, wie das Bundesverfassungsgericht betont, sicherstellen, dass der betroffene Bürger sich auf mögliche belastende Maßnahmen einstellen kann, dass die gesetzesausführende Verwaltung für ihr Verhalten steuernde und begrenzende Handlungsmaßstäbe vorfindet und dass die Gerichte die Rechtskontrolle durchführen können.[37] Er besitzt eine besondere Nähe zum Parlamentsvorbehalt.[38] Der Anlass, der Zweck und die Grenzen des Eingriffs müssen in der Ermächtigung bereichsspezifisch, präzise und normenklar festgelegt werden.[39] Auch müssen die Eingriffsgrundlagen erkennen lassen, ob schwerwiegende Eingriffe zugelassen werden sollen.[40] Allerdings kann eine Präzisierung auch durch die Rechtsprechung erfolgen,[41] sodass auch unbestimmte Rechtsbegriffe verfassungsgemäß sind.[42] Ihre Auslegung muss „unter Nutzung der juristischen Methodik"[43] zu bewältigen und stets sichergestellt sein, dass „verbleibende Ungewissheiten nicht so

---

[31] BVerfGE 120, 274 (330).

[32] Vgl. die Verweise in BVerfGE 115, 320 (347) bzw. BVerfGE 125, 260 (330).

[33] BVerfGE 65, 1 (Ls. 2); 110, 33 (53); 115, 320 (365); 120, 378 (401); 125, 260 (Ls. 2, 3); im nachrichtendienstlichen Kontext BVerfGE 100, 313 (Ls. 3, 4, 383 f.); 120, 274 (327).

[34] BVerfGE 65, 1 (Ls. 2); 110, 33 (53); 120, 378 (401).

[35] Für Art. 10 GG BVerfGE 110, 33 (52 ff.); 113, 348 (375).

[36] BVerfGE 110, 33 (53); 120, 274 (315 f.).

[37] BVerfGE 110, 33 (52 ff.); 113, 348 (375); 120, 274 (316); 120, 378 (407); 133, 277 (336 Rn. 140); 156, 11 (45 Rn. 86).

[38] BVerfGE 120, 378 (407).

[39] BVerfGE 100, 313 (359 f., 372); 110, 33 (53); 113, 348 (375); 120, 274 (316); 120, 378 (407 f.); vgl. auch BVerwGE 141, 329 (341 Rn. 39).

[40] BVerfGE 120, 378 (408).

[41] BVerfGE 54, 143 (144 f.).

[42] BVerfGE 110, 33 (56 f.).

[43] BVerfGE 110, 33 (56 f.).

weit gehen, dass die Vorhersehbarkeit und Justiziabilität des Handelns der durch die Normen ermächtigten staatlichen Stellen gefährdet sind“[44].[45]

Zu beachten sei auch, dass eine Abhängigkeit der Verfassungswerte Bestimmtheit und Verhältnismäßigkeit, welche in einem zweiten Schritt betrachtet wird, besteht.[46] Bestimmtheitsmängel können die Beachtung des verfassungsrechtlichen Übermaßverbots beeinträchtigen, da sie die Beurteilung der Geeignetheit und Erforderlichkeit einer Maßnahme erschweren und das Risiko einer Unangemessenheit des Eingriffs erhöhen.[47] Außerdem fehlt es bei zu großer Unbestimmtheit an Abwägungsmaterial in der Angemessenheitsprüfung.[48] Viele Aspekte, die in dieser Darstellung bereits in der Bestimmtheit thematisiert werden, werden durch das Gericht auch in der Verhältnismäßigkeit geprüft.

b) Schwelle

Die verfassungsgerichtliche Rechtsprechung erkennt die Bedeutung der Bestimmtheit in der Gefahrenvorsorge an. Die Notwendigkeit von gesetzlichen Ermächtigungen sei zwar zunächst für die Informationserhebungsmaßnahmen im Vorfeld von Gefahren nicht gesehen worden.[49] Dies lag nach Ansicht des Bundesverfassungsgerichts darin begründet, dass vielen Maßnahmen initial kein Eingriffscharakter zugemessen wurde, was sich aber im Laufe der Zeit änderte.[50] Heute ist auch das Gericht der Überzeugung, dass im Gebiet der Straftatenverhütung der Tatbestand der Ermächtigung derart bestimmt gefasst sein muss, dass das Risiko einer Fehlprognose in dem Rahmen verbleibt, der auch für Maßnahmen der Strafverfolgung und der Gefahrenbekämpfung als verfassungsrechtlich hinnehmbar erscheint.[51] Die Bestimmung des Anlasses, im Sinne der „zum Eingriff berechtigenden Tatbestandselemente[n]“[52], ist Dreh- und Angelpunkt der Maßnahmen.[53]

Gerade bei Ermächtigungen zur Überwachung verlangt nach Ansicht des Gerichts das Bestimmtheitsgebot, dass die betroffene Person erkennen kann, bei welchen Anlässen und unter welchen Voraussetzungen ein Verhalten mit dem Risiko

---

[44] BVerfGE 120, 378 (316).

[45] S. auch BVerfGE 156, 11 (86 Rn. 86).

[46] BVerfGE 110, 33 (55), 113, 348 (385); 120, 378 (427); 125, 260 (325); ausdr. auch in BVerfGE 141, 220 (265 Rn. 94) sowie BVerfGE 156, 11 (45 f. Rn. 87).

[47] BVerfGE 120, 378 (427).

[48] BVerfGE 113, 348 (385).

[49] BVerfGE 110, 33 (56).

[50] BVerfGE 110, 33 (56).

[51] BVerfGE 110, 33 (56).

[52] BVerfGE 115, 320 (360); 120, 378 (429); im nachrichtendienstlichen Kontext BVerfGE 100, 313 (392 ff.); 120, 274 (327).

[53] BVerfGE 113, 348 (376); 133, 277 (336 Rn. 140).

des Eingriffs verbunden ist.[54] Im Rahmen der Gefahrenvorsorge hat der Gesetzgeber bei Bestimmung des Anlasses andere Möglichkeiten als bei der klassischen Gefahrenabwehr.[55] Hier müssen nach Auffassung des Gerichts die Bestimmtheitsanforderungen konkret an die Situation im Vorfeld der Gefahr angepasst werden.[56]

Erfolgt eine Vorverlagerung in einen Bereich, in dem sich die Konturen des Schadens beziehungsweise der erwarteten Straftat noch nicht erkennen lassen, bestehe das Risiko, dass dem Eingriff lediglich diffuse, ambivalent deutbare Anhaltspunkte zugrunde gelegt werden. [57] Die Weiterentwicklung zur Rechtsgutsverletzung sei fraglich.[58]

In der Konsequenz muss der Gesetzgeber in der Gefahrenvorsorge gewährleisten,

> „dass die jeweiligen Ermächtigungen handlungsbegrenzende Tatbestandselemente enthalten, die einen Standard an Vorhersehbarkeit und Kontrollierbarkeit vergleichbar dem schaffen, der für die überkommenen Aufgaben der Gefahrenabwehr und der Strafverfolgung rechtsstaatlich geboten ist“[59].

Dazu gehört, dass hinreichend klare Maßstäbe für Abwägungsentscheidungen bereitgestellt werden,[60] um Missbrauch vorzubeugen und die Entscheidungen zu verobjektivieren.[61] Auch hier könnten unbestimmte Rechtsbegriffe verwendet werden.[62]

aa) Intensität der Rechtsgutsbeeinträchtigung des Adressaten

Die konkreten Anforderungen der Ermächtigung richten sich nach der Ansicht des Bundesverfassungsgerichts nach der Intensität der Maßnahme für den Betroffenen, die auch unter dem Stichwort des Gewichts oder der Schwere geprüft wird.[63]

---

[54] BVerfGE 110, 33 (54); 113, 348 (376); 133, 277 (336 Rn. 140).

[55] BVerfGE 110, 33 (55); 113, 348 (377).

[56] BVerfGE 113, 348 (377).

[57] BVerfGE 113, 348 (377); vgl. auch BVerfGE 110, 33 (59).

[58] BVerfGE 113, 348 (377); vgl. auch BVerfGE 110, 33 (59).

[59] BVerfGE 110, 33 (56).

[60] BVerfGE 110, 33 (54); 113, 348 (376).

[61] BVerfGE 110, 33 (54); 113, 348 (376).

[62] BVerfGE 110, 33 (56 f.).

[63] Besonders deutlich BVerfGE 120, 378 (401): „Die Anforderungen an die Ermächtigungsgrundlage richten sich nach der Art und Intensität des Grundrechtseingriffs (1). Sie betreffen zum einen die gebotene Normenbestimmtheit und Normenklarheit (2) und zum anderen den Grundsatz der Verhältnismäßigkeit (3).“ Bezeichnung als Intensität auch BVerfGE 100, 313 (376); 113, 348 (382); 115, 320 (360); 120, 274 (327); Bezeichnung als Gewicht in BVerfGE 120, 378 (Ls. 2, 401); 133, 277 (322 Rn. 110); 141, 220 (269 Rn. 104); 150, 244 (280 ff. Rn. 90 ff.); 156, 11 (45 Rn. 87); Bezeichnung als Schwere in BVerfGE 110, 33 (55); 115, 320 (361); 120, 378 (408); die Intensität scheint zunächst, neben der gesetzlichen Aus-

Diese Abhängigkeit gilt für die Bestimmtheit und die mit ihr verknüpfte Verhältnismäßigkeit,[64] sodass sich die Ausführungen des Bundesverfassungsgerichts zur Intensität immer wieder überschneiden.[65] Mit Steigerung der Intensität für den Adressaten steigern sich die Anforderungen an die Ermächtigungsgrundlage.[66] Die Schwere ergibt sich aus der Art der vorgesehenen Maßnahme und der von ihr für den Betroffenen ausgelösten Wirkungen.[67] Die Intensität entpuppt sich für das Bundesverfassungsgericht als wichtiges Element bei der Steuerung der Gefahrenvorsorge: Durch diese werden von Verfassungs wegen der Absenkung der Eingriffsschwellen für heimliche und tief in die Privatsphäre eingreifende Maßnahmen der Straftatenverhütung Grenzen gesetzt.[68] Für weniger tief in die Privatsphäre eingreifende Maßnahmen reichen die verfassungsrechtlich zulässigen Gestaltungsmöglichkeiten zur Straftatenverhütung demgegenüber nach Ansicht des Gerichts weiter.[69] Für die Bestimmung der Intensität haben sich diverse, nicht abschließende Kategorien in der Rechtsprechung herausgebildet.

---

gestaltung der Ermächtigung zu stehen BVerfGE 100, 313 (376): „Dabei spielt auf grundrechtlicher Seite eine Rolle, unter welchen Voraussetzungen welche und wieviele Grundrechtsträger wie intensiven Beeinträchtigungen ausgesetzt sind. Kriterien sind also die Gestaltung der Einschreitschwellen, die Zahl der Betroffenen und die Intensität der Beeinträchtigungen"; vgl. auch 107, 299 (320 ff.); 109, 279 (353); 113, 348 (382); 115, 320 (347); vgl. zudem BVerwGE 141, 329 (344 Rn. 47). Seit dem Online-Durchsuchung-Urteil v. 27.2.2008 entwickelt sie sich zur Hilfsgrösse bei der Gestaltung der Befugnis, vgl. BVerfGE 120, 274 (327).

[64] Für die Bestimmtheit BVerfGE 110, 33 (55); 156, 11 (45 f. Rn. 87); für die Verhältnismäßigkeit BVerfGE 100, 313 (376); 113, 348 (382); 115, 320 (345 ff.); 120, 274 (327); 133, 277 (322 Rn. 109); 141, 220 (269 Rn. 104); 150, 244 (280 ff. Rn. 90 ff.); für beide explizit BVerfGE 120, 378 (401).

[65] S. z.B. BVerfGE 150, 244 (280 f. Rn. 90): „Dem Verhältnismäßigkeitsgrundsatz im engeren Sinne als Übermaßverbot genügen die Kennzeichenkontrollen nur, wenn der mit ihnen verfolgte Zweck zu dem in ihnen liegenden Eingriffsgewicht nicht außer Verhältnis steht. Erforderlich ist danach, dass die Kontrollen grundsätzlich jeweils durch einen hinreichend konkreten, objektiv bestimmten Grund veranlasst sind (aa) und dem Schutz von Rechtsgütern von zumindest erheblichem Gewicht oder einem vergleichbar gewichtigen öffentlichen Interesse dienen (bb). Dabei muss sich die gesetzliche Ausgestaltung der Kennzeichenkontrolle in einer Gesamtabwägung der sie kennzeichnenden Umstände als im Blick auf das Grundrecht auf informationelle Selbstbestimmung zumutbar und damit verfassungsrechtlich tragfähig erweisen (cc). Im Übrigen gehören zu den Verhältnismäßigkeitsanforderungen übergreifend für alle Einzeltatbestände Anforderungen an Transparenz, individuellen Rechtsschutz und aufsichtliche Kontrolle sowie Regelungen zur Datennutzung und Löschung (dd)."

[66] BVerfGE 120, 378 (401); 141, 220 (269 Rn. 105).

[67] BVerfGE 110, 33 (55).

[68] BVerfGE 141, 220 (Ls. 1 b), 269 Rn. 104).

[69] BVerfGE 141, 220 (Ls. 1 b), 269 Rn. 104).

(1) Persönlichkeitsrelevanz, Anonymität und Umfang

Das Gewicht wird maßgeblich vom Inhalt und der Erhebungsart der Information bestimmt.[70] Hier ist der Grad der Persönlichkeitsrelevanz per se und in Verknüpfung mit anderen Informationen von Bedeutung.[71] Maßgeblich sind auch die betroffenen Grundrechte und die daran geknüpfte Vertraulichkeitserwartung, welche insbesondere bei Eingriffen in das Grundrecht auf Unverletzlichkeit der Wohnung nach Art. 13 GG oder das Fernmeldegeheimnis nach Art. 10 GG gesteigert ist.[72] In diesem Kontext zu berücksichtigen ist auch der Fall, dass ein Betroffener im Schutz der Unkenntlichkeit berechtigterweise Nachteile von sich fernhalten wollte, seine Identität aber durch die Überwachungsmaßnahme offengelegt wird.[73] Der Verlust der Anonymität kann die Intensität gerade bei Offenlegung von sensiblen Daten steigern.[74]

Ein ebenso bedeutsamer Faktor ist der Umfang und die Vielfältigkeit des Datenbestands.[75] Die Möglichkeit, Inhalte und Verbindungsdaten von Kommunikation sowie Standortdaten zu erfassen, aber auch die Möglichkeit einer Zusammenführung und eines Abgleichs führen zu einer gesamtheitlichen Durchleuchtung, die schwer wiegt.[76] Je höher die Datenmenge und je vollständiger das Bild wird, desto schwerer der Eingriff. Über den Zugang zu persönlichen Daten von gesteigerter Sensibilität können die schon in der Diskussion um die Aufgabe der Gefahrenvorsorge kritisierten Verhaltens- und Kommunikationsprofilen beziehungsweise Persönlichkeits- und Bewegungsprofile erstellt werden.[77] Dieser Gefährdung ist nach Meinung des Gerichts über die Anerkennung der erheblichen Intensität Rechnung zu tragen.

(2) Anzahl der Betroffenen, Streubreite und Dauer

Ferner „spielt auf grundrechtlicher Seite eine Rolle, unter welchen Voraussetzungen welche und wieviele Grundrechtsträger wie intensiven Beeinträchtigungen ausgesetzt sind“[78]. Gerade wenn ein Zugriff auf einen großen Personenkreis er-

---

[70] BVerfGE 115, 320 (348); ähnlich BVerfGE 120, 378 (402).

[71] BVerfGE 115, 320 (348); ähnlich BVerfGE 120, 378 (402).

[72] BVerfGE 115, 320 (348).

[73] BVerfGE 100, 313 (376); 113, 348 (382), 115, 320 (347).

[74] BVerfGE 113, 348 (382), 115, 320 (347); im nachrichtendienstlichen Kontext zuerst BVerfGE 100, 313 (376); im strafprozessualen Kontext BVerfGE 107, 299 (320 ff.); 109, 279 (353).

[75] Im nachrichtendienstlichen Kontext BVerfGE 120, 274 (324).

[76] BVerfGE 113, 348 (383); 115, 320 (348).

[77] BVerfGE 113, 348 (383); 115, 320 (348); im nachrichtendienstlichen Kontext BVerfGE 120, 274 (322 ff.).

[78] BVerfGE 100, 313 (376); vgl. auch 109, 279 (353); 113, 348 (382); 115, 320 (347); vgl. zudem BVerwGE 141, 329 (344 Rn. 47).

möglicht wird, der teils ohne zurechenbaren Anlass miteinbezogen wird,[79] besteht eine hohe Streubreite.[80] Eine hohe Anzahl von Betroffenen steigert die Intensität.[81] Zu den sonstigen Intensitätsfaktoren gehört auch die Dauer.[82] In der zeitlichen Dimension gibt es verschiedene Formen, betroffen zu sein. Zunächst kann eine längerfristige Überwachung die Intensität steigern, da eine häufige Verlängerung die Gefahr einer unverhältnismäßigen Dauerüberwachung birgt.[83] Dann kann eine lange Speicherung von Daten zur erhöhten Intensität führen.[84] Mittel, die retrospektiv ermöglichen, die gesamte Internetkommunikation des Betroffenen über einen längeren Zeitraum mitzuverfolgen, können von Bedeutung für das Gewicht sein.[85] Letztlich trägt die Schnelligkeit einer Maßnahme zum Beispiel durch automatisierte, rechnergestützte Operationen zum Gewicht bei.[86]

(3) Heimlichkeit

Die Heimlichkeit als Widerspruch zum „Grundsatz der Offenheit“[87] einer Maßnahme führt nach Meinung des Gerichts zu einem besonders intensiven Eingriff.[88] Daher soll sie im Rechtsstaat eine Ausnahme bleiben.[89] Wiederum ist es eine Situation scheinbarer Vertraulichkeit,[90] die den Eingriff intensiviert, welche insbesondere bei heimlichen, auch verdeckt genannten,[91] Überwachungsmaßnahmen tangiert werde.[92] Der Betroffene hat mangels Kenntnis weder Einfluss auf den staatlichen Eingriff noch könne er ohne Weiteres gegen ihn nachträglich vorge-

---

[79] BVerfGE 113, 348 (383); 156, 11 (48 f. Rn. 96); im nachrichtendienstlichen Kontext zuerst BVerfGE 100, 313 (376); 120, 274 (323); im strafprozessualen Kontext BVerfGE 109, 279 (353).

[80] BVerfGE 115, 320 (362); 120, 378 (402 f., 428 f.); 125, 260 (318); 150, 244 (283 Rn. 98); im nachrichtendienstlichen Kontext BVerfGE 120, 274 (323, 342); im strafprozessualen Kontext BVerfGE 107, 299 (320 ff.); 109, 279 (353).

[81] Im nachrichtendienstlichen Kontext zuerst BVerfGE 100, 313 (376); vgl. sodann BVerfGE 113, 348 (382); 115, 320 (347); 150, 244 (283 Rn. 98); vgl. zudem BVerwGE 141, 329 (344 Rn. 47); im strafprozessualen Kontext BVerfGE 107, 299 (320 ff.); 109, 279 (353).

[82] BVerfGE 125, 260 (318).

[83] BVerfGE 141, 220 (293 Rn. 171).

[84] BVerwGE 141, 329 (345 Rn. 49).

[85] Im nachrichtendienstlichen Kontext BVerfGE 120, 274 (324).

[86] BVerfGE 115, 320 (356 f.).

[87] BVerfGE 133, 277 (328 Rn. 121);

[88] BVerfGE 120, 378 (402 f.); 125, 260 (320); 141, 220 (270 Rn. 108); 150, 244 (285 Rn. 101); 156, 11 (48 f. Rn. 96); im nachrichtendienstlichen Kontext BVerfGE 120, 274 (325, 342, 348).

[89] Im nachrichtendienstlichen Kontext BVerfGE 120, 274 (325).

[90] BVerfGE 113, 348 (383).

[91] BVerfGE 150, 244 (283 Rn. 98).

[92] BVerfGE 141, 220 (270 Rn. 108).

hen.[93] Kann gegen einen Eingriff nicht in angemessener Zeit Rechtsschutz begehrt und können seine Folgen dadurch gegebenenfalls nicht zügig beseitigt werden, erhöht dies zusätzlich die Schwere der Grundrechtsbeeinträchtigung.[94]

Heimlichkeit betrifft nach Ansicht des Bundesverfassungsgerichts die Gesellschaft insgesamt.[95] Die Einstufung als intensive Maßnahme trägt im vom Bundesverfassungsgericht etablierten System der Gefahrenvorsorge dem Gefühl des Überwachtseins Rechnung und soll verhindern, dass der Betroffene zum Objekt der Staatsmaßnahme verkomme.[96] Heimlichkeit ist demzufolge besonders rechtfertigungsbedürftig.[97]

(4) Verdachts- und Anlasslosigkeit

Ferner besitzen anlasslose oder verdachtslose Eingriffe im dargestellten System grundsätzlich eine erhöhte Eingriffsintensität.[98] Wieder liegt dies darin begründet, dass darüber der fehlenden Möglichkeit der Menschen bei solchen Maßnahmen, den Staat auf Abstand zu halten, sowie den von ihnen ausgehenden Einschüchterungseffekten Rechnung getragen wird.[99] Schwer wiegt auch, dass gerade Betroffene, die keinen zurechenbaren Anlass gesetzt haben, ahnungslos seien.[100] Das Gewicht der anlasslosen Maßnahmen tritt zudem für solche Menschen hervor, die aus persönlichen oder beruflichen Gründen gezwungen sind, sich ihnen häufig auszusetzen.[101] Die Anlasslosigkeit als Intensitätsindikator steht in direkter Wechselwirkung mit den Abwägungstatsachen auf der Tatbestandsseite. Ist die Intensität hoch, steigen die Anforderungen an den Tatbestand, welche wiederum den Anlass definieren können.

(5) Vertiefung und Trennungsgebot

Auch das Risiko, das Ziel weiterer Eingriffe zu werden, hat Einfluss auf die Intensität der Befugnis.[102] So nimmt die Schwere des Eingriffs mit der Möglichkeit

---

[93] BVerfGE 113, 348 (384); im nachrichtendienstlichen Kontext BVerfGE 120, 274 (325); im strafprozessualen Kontext BVerfGE 107, 299 (321).

[94] BVerfGE 113, 348 (384), 120, 378 (403); 156, 11 (48 f. Rn. 96).

[95] BVerfGE 120, 378 (403).

[96] Vgl. BVerfGE 100, 313 (383); 120, 378 (403).

[97] Im nachrichtendienstlichen Kontext BVerfGE 120, 274 (325).

[98] BVerfGE 115, 320 (362); 125, 260 (319); 133, 277 (332 Rn. 128); 150, 244 (283 Rn. 98); 156, 11 (48 f. Rn. 96); vgl. auch BVerfGE 100, 313 (376, 392); 107, 299 (320 f.); 109, 279 (353); 113, 29 (53); 113, 348 (383); BVerwGE 141, 329 (344 Rn. 47); im nachrichtendienstlichen Kontext BVerfGE 120, 378 (Ls. 4, 402), vgl. zur irreführenden Verwendung des Begriffs der Anlasslosigkeit, *Kießling*, VerwArch 108 (2017), 282 (284).

[99] BVerfGE 120, 378 (402).

[100] BVerfGE 113, 348 (383); 120, 378 (402 f.); 156, 11 (48 f. Rn. 96).

[101] BVerwGE 141, 329 (344 Rn. 47).

[102] BVerfGE 115, 320 (352); 120, 378 (403); 125, 260 (320).

der Nutzung der Daten für Folgeeingriffe in Grundrechte der Betroffenen sowie mit der Möglichkeit der Verknüpfung mit anderen Daten, die wiederum andere Folgemaßnahmen auslösen können, zu.[103] Schon die Speicherung, aber auch die davon abhängige Verwendung beziehungsweise der Abgleich von Daten sind eigene Eingriffe und wirken vertiefend.[104] Diese verschiedenen Eingriffsebenen müssten gemeinsam betrachtet werden.[105] Es genügt nach Ansicht des Bundesverfassungsgerichts, dass Folgeeingriffe drohen können beziehungsweise dass sie vom Adressaten nicht ohne Grund befürchtet werden.[106]

Auch wenn Behörden unterschiedliche Aufgaben und Befugnissen haben, besteht eine Intensivierung.[107] Schwer wiegt daher, wenn ein Informationsaustausch zwischen verschiedenen Behörden ins Werk gesetzt wird und dieser insbesondere auch den Informationsaustausch zwischen Nachrichtendiensten und Polizeibehörden umfasst.[108] Das Vorfeld ist der ursprüngliche Handlungsraum der Nachrichtendienste,[109] zu denen unter anderem neben den Verfassungsschutzbehörden in Bund und Ländern, der Militärische Abschirmdienst (MAD) und der Bundesnachrichtendienst (BND) gehören. Sie besitzen einen auf „das Vorfeld von Gefahren beschränkten Handlungsauftrag“[110]. Nachrichtendienste haben ihr Handlungsfeld im Allgemeinen in der Beobachtung und dem Berichten über fundamentale Gefährdungen, die eine Destabilisierung des Gemeinwesens herbeiführen können.[111] Ziel ist nicht die operative Gefahrenabwehr, sondern die Informationsgewinnung, um der Exekutive eine Grundlage für ein politisches Einschreiten zu schaffen.[112] Den Nachrichtendiensten fehlen die operative Verantwortung der Polizei und Sicherheitsbehörden und deren Befugnisse – allen voran die Befugnis zur Zwangsdurchsetzung, die sie auch nicht im Wege der Amtshilfe ersuchen können.[113]

Aber auch das Polizei- und Sicherheitsrecht dringt nach Ansicht des Gerichts über die Aufgabe der Gefahrenvorsorge in den Bereich vor der klassischen Gefahrenabwehr ein.[114] Da aber hier Zwangsmaßnahmen bis hin zu Eingriffen in die persönliche Freiheit vorbereitet und begründet werden können, verengt das Bun-

---

[103] BVerfGE 120, 378 (403).

[104] BVerfGE 120, 378 (398); 125, 260 (328); BVerwGE 141, 329 (344 f. Rn. 49).

[105] BVerfGE 133, 277 (322 Rn. 111).

[106] BVerfGE 120, 378 (403).

[107] BVerfGE 133, 277 (323 Rn. 112).

[108] BVerfGE 133, 277 (322 f. Rn. 111); zum sog. „Datamining“ BVerfGE 156, 11 (11 Ls. 2, 39 ff. Rn. 73 ff.).

[109] BVerfGE 125, 260 (331 f.); 130, 151 (206); 133, 277 (325 f. Rn. 116 ff., 327 ff. Rn. 119 ff.); 141, 220 (340 Rn. 320).

[110] BVerfGE 141, 220 (340 Rn. 320).

[111] BVerfGE 133, 277 (326 Rn. 118).

[112] BVerfGE 133, 277 (326 Rn. 118).

[113] BVerfGE 133, 277 (327 f. Rn. 119 f.); 156, 11 (51 Rn. 104).

[114] BVerfGE 133, 277 (327 f. Rn. 120).

desverfassungsgericht die Anforderungen an die zum Eingriff berechtigenden Tatbestandsmerkmale der Polizei- und Sicherheitsbehörden im dargestellten Abwägungssystem.[115] Die Nachrichtendienste könnten wegen ihrer Beschränkung auf die Aufklärung indes auf Grundlage „weitreichende[r] Befugnisse zur Datensammlung, die weder hinsichtlich der konkreten Tätigkeitsfelder spezifisch ausdefiniert noch hinsichtlich der jeweils einzusetzenden Mittel detailscharf ausgestaltet sind“[116], verdeckte Maßnahmen vornehmen.[117] Die geforderten Schwellen seien niedrig angesetzt.[118]

Diesen Unterschieden ist Rechnung zu tragen, sobald es zu einer Zusammenarbeit wie im Falle der Übermittlung von Daten kommt. Es bedarf zur Rechtfertigung der Übermittlung eines herausragenden öffentlichen Interesses.[119] Es gilt ein „informationelles Trennungsprinzip“[120].

(6) Stigmatisierung

Anknüpfend an die Zusammenarbeit einzelner Behörden kann zum Beispiel durch die Zuordnung von Daten in behördenübergreifenden Datenbeständen eine (ungerechtfertigte) Zuordnung zu Kriminalbereichen wie dem Terrorismus entstehen, was mit einer Stigmatisierung einhergehen kann.[121] Aber auch andere Maßnahmen können stigmatisierend wirken, wie im Rahmen der Rasterfahndungsentscheidung aufgezeigt wird.[122] Sie wiegt es gerade dann schwer, wenn die Kriterien sich denen annähern, die in Art. 3 Abs. 3 GG oder in Art. 140 GG in Verbindung mit Art. 136 Abs. 3 WRV genannt werden.[123]

(7) Mildernde Faktoren

Kontrastierend zu den intensivierenden Parametern existieren naturgemäß mildernde Faktoren. Wichtig nach Ansicht des Bundesverfassungsgerichts ist gerade bei Erkenntnissen aus Überwachungsmaßnahmen der „Verwendungskontext“[124]. Hierunter zu fassen sei die allgemeine Zugänglichkeit beziehungsweise Erkenn-

---

[115] BVerfGE 133, 277 (327 f. Rn. 120).

[116] BVerfGE 133, 277 (325 Rn. 117).

[117] BVerfGE 133, 277 (328 f. Rn. 121 f.).

[118] BVerfGE 100, 313 (383); 120, 274 (330); 130, 151 (206); 133, 277 (325 f. Rn. 117).

[119] BVerfGE 133, 277 (329 Rn. 123); für die Übermittlung von Daten vom BKA an die Nachrichtendienste vgl. BVerfGE 141, 220 (340 Rn. 320); zum Erfordernis der „hypothetischen Neuerhebung“ BVerfGE 162, 1 (1 Ls. 3).

[120] BVerfGE 133, 277 (329 Rn. 123); BVerfGE 156, 11 (11 Ls. 1, 50 Rn. 101).

[121] BVerfGE 133, 277 (331 Rn. 128).

[122] BVerfGE 115, 320 (353); vgl. auch *Bäcker*, Kriminalpräventionsrecht, S. 288 f.

[123] BVerfGE 115, 320 (353).

[124] BVerfGE 120, 378 (403).

barkeit, die sogar dazu führen kann, dass kein Eingriff mehr anzunehmen ist.[125] Überwachungsmaßnahmen im öffentlichen Raum sind ebenso weniger intensiv.[126] Entsprechend der erhöhten Intensität heimlicher Maßnahmen ist eine offene Durchführung deutlich weniger beeinträchtigend.[127] Gleich verhält es sich mit dem Verzicht auf einen flächendeckenden Einsatz einer Maßnahme oder dem Verzicht auf das Anknüpfen an unmittelbar persönliche Merkmale.[128] Auch eine Begrenzung der zur Verfügung stehenden Informationen gestaltet sich weniger eingriffsintensiv.[129] Im Hinblick auf die Zusammenarbeit, zum Beispiel durch gemeinsame Datenbestände, kann eine Zusammenführung schon bestehender, nicht neu zu erhebender Daten weniger intensiv sein.[130] Bei der Übermittlung kann eine verdeckte Bereitstellung von Daten mindernd gleichsam hinsichtlich der Speicherung wirken.[131]

Die gesamten genannten Faktoren sind nach Ansicht des Bundesverfassungsgerichts aber immer im konkreten Kontext zu bewerten und können unter Abwägung mit anderen intensiven Elementen im Endeffekt zumindest die Eingriffsqualität beeinflussen und sogar zur Annahme gesteigerter Intensität beitragen.[132]

bb) Zum Eingriff berechtigende Tatbestandselemente

Die Intensität wird im System des Bundesverfassungsgerichts den Anforderungen an die Ermächtigungsgrundlage gegenübergestellt. Die „zum Eingriff berechtigenden Tatbestandselemente[n]“[133] setzen sich nach Ansicht des Gerichts zusammen aus Vorgaben zu Diagnose und Prognose; außerdem findet hier der Rechtsgüterschutz des Geschützten einen Anknüpfungspunkt.[134] Diagnose und Prognose

---

[125] BVerfGE 150, 244 (283 Rn. 97); vgl. aber auch BVerfGE 120, 378 (404) und im nachrichtendienstlichen Kontext BVerfGE 120, 274 (341).

[126] BVerfGE 120, 378 (404); 150, 244 (283 Rn. 95); BVerwGE 141, 329 (344 Rn. 48).

[127] BVerwGE 141, 329 (344 Rn. 48).

[128] BVerfGE 150, 244 (283 Rn. 97, 289 Rn. 115).

[129] BVerfGE 125, 260 (341); vgl. auch BVerfGE 156, 11 (54 Rn. 113).

[130] BVerfGE 133, 277 (351 Rn. 169).

[131] BVerfGE 133, 277 (351 Rn. 169).

[132] Zur Intensität, vgl. BVerfGE 133, 277 (354 Rn. 177); zur Eingriffsqualität vgl. BVerfGE 120, 378 (399 ff., 406); 150, 244 (264 f. Rn. 39).

[133] BVerfGE 115, 320 (360); 120, 378 (429); im nachrichtendienstlichen Kontext BVerfGE 100, 313 (392 ff.); 120, 274 (327).

[134] Grdlg. (teils auch im Rahmen der Verhältnismäßigkeit angeführt) BVerfGE 115, 320 (360 f.); 120, 378 (428 ff.); 150, 244 (284 Rn. 100); vgl. zudem BVerfGE 110, 33 (55); 113, 348 (385 f.); 125, 260 (329 f.); 141, 220 (269 Rn. 104); im nachrichtendienstlichen Kontext BVerfGE 100, 313 (392); 120, 274 (327); vgl. auch aus der Lit. *Hillgruber*, in: Isensee/Kirchhof, Handbuch des Staatsrechts, Bd. IX, § 201 Rn. 72; *Leisner*, DÖV 2002, 326 (333); s. auch *Haas*, Sondervotum zu BVerfGE 115, 320 ff., BVerfGE 115, 371 (377 f.).

werden auch als „hinreichend konkrete[r], objektiv bestimmte[r] Grund“[135] oder Anlass bezeichnet.[136] Die Bezeichnung als Anlass ist nicht zu verwechseln mit dem Faktor der Anlassgebung durch den Adressaten im Rahmen der Beurteilung der Intensität.

(1) Rechtsgüterschutz des Geschützten

Ein Grundrechtseingriff von hoher Intensität braucht einen Eingriffsanlass von hinreichendem Gewicht.[137] Um die Intensität eindeutig beurteilen zu können, bedarf es der Klarheit über das gefährdete Rechtsgut.[138] Die Skalierung erfolgt im Rahmen der Verhältnismäßigkeit.

(2) Diagnose

Auf zweiter Stufe muss die Rechtsgrundlage entsprechende Anforderungen an die tatsächlichen Voraussetzungen des Eingriffs stellen.[139] Es genügt nicht bloß auf die Aufgabe, sei sie auch in der Befugnis spezifiziert, zu verweisen.[140] In der Strafverfolgung erfolgt die Bestimmung der Tatsachengrundlage tatbestandlich über den Verdacht einer Straftat.[141] In der Gefahrenabwehr wird sie teils durch das Gericht als hinreichende Anhaltspunkte bezeichnet,[142] teils als tatsächliche Anhaltspunkte,[143] teils als Tatsachen[144]. Sie bilden die Diagnose, also die Prognosegrundlage. Daher werden sie in der Rechtsprechung in Bezug auf die Schwelle diskutiert, häufig in Bezug auf eine (konkrete) Gefahr.[145] Aber gerade abseits klassischer Strukturen gewinnt die Tatsachenbasis besondere Bedeutung. Dies liegt daran, dass im Vorfeldstadium schwere Eingriffe, wie das Bundesverfassungsgericht betont, nicht an diffuse tatsächliche Anhaltspunkte, die von einer besonderen

135 BVerfGE 150, 244 (280 Rn. 90).

136 Vgl. BVerfGE 150, 244 (285 Rn. 100).

137 BVerfGE 115, 320 (Ls. 1); 125, 260 (329 f.); 141, 220 (270 Rn. 108); 150, 244 (284 Rn. 99); im nachrichtendienstlichen Kontext BVerfGE 120, 274 (327).

138 BVerfGE 100, 313 (393 ff.); 110, 33 (55, 61 ff.); 113, 348 (379); vgl. auch BVerfGE 120, 274 (334).

139 BVerfGE 110, 33 (55); 113, 348 (385 f.); 141, 220 (269 Rn. 104); 150, 244 (281 Rn. 90); im nachrichtendienstlichen Kontext BVerfGE 100, 313 (392); 120, 274 (327).

140 BVerfGE 130, 151 (205).

141 BVerfGE 141, 220 (270 Rn. 107).

142 BVerfGE 110, 33 (67); 120, 274 (328).

143 BVerfGE 110, 33 (61, 63) in Anlehnung an den Normtext; BVerfGE 113, 348 (378); 125, 260 (Ls. 5); 141, 220 (272 Rn. 112); ausschließlich „Anhaltspunkte“ BVerfGE 133, 277 (327 Rn. 120).

144 BVerfGE 113, 348 (378).

145 BVerfGE 141, 220 (272 Rn. 112); 133, 277 (327 Rn. 120); 125, 260 (Ls. 5, 330); im nachrichtendienstlichen Kontext BVerfGE 120, 274 (329).

Ambivalenz gekennzeichnet sind, angeknüpft werden können.[146] Durch Bestimmung des tatsächlichen Anlasses wird das polizeiliche Handeln vorhersehbar und kontrollierbar.[147] Dafür muss durch Festlegung der Tatsachen gewährleistet sein, dass eine genaue Bestimmung des durch die Maßnahme geschützten Rechtsguts, der das Rechtsgut gefährdenden Handlung des Adressaten und der Beeinträchtigungsintensität erfolgen kann.[148]

Dass Tatsachen erst entstehen könnten, genügt nicht.[149] Ebenso führt das Tatsachenerfordernis dazu, dass Vermutungen oder allgemeine Erfahrungssätze allein nicht ausreichen, um den Zugriff zu rechtfertigen.[150] Gleichwohl erkennt das Gericht an, dass die praktischen Möglichkeiten, solche Anhaltspunkte zu ermitteln, im Hinblick auf künftig lediglich erwartete Rechtsgutsbeeinträchtigungen grundsätzlich beschränkter sind.[151] Trotzdem soll der Tatbestand über das Tatsachenerfordernis im Verhältnis zur Intensität zu einer Objektivierung beitragen.[152]

(3) Prognose

Der Wahrscheinlichkeitsgrad beziehungsweise die Schwelle bestimmen sich ebenfalls in Ansehung der Schwere der Grundrechtsbeeinträchtigung.[153] Verfassungswidrig ist ein Eingreifen „ins Blaue hinein“[154]. Ungenügend ist daher der Verlass auf Intuition.[155] Äußere Grenze bildet zudem die bloße Möglichkeit.[156] Die Fortentwicklung der Diagnose muss „hinreichend konkret absehbar“[157] sein. Durch die fehlende Nähe der ermittelten Tatsachen zu einer Straftat beziehungsweise zu einem Schaden sei der Grad der Wahrscheinlichkeit der Rechtsgutsverletzung in der Vorfeldsituation geringer als im Rahmen der klassischen Gefahrenabwehr.[158] Bei

---

[146] Im nachrichtendienstlichen Kontext BVerfGE 120, 274 (329); vgl. auch BVerfGE 141, 220 (273 Rn. 113); in Bezug auf den Bestimmtheitsgrundsatz ähnlich BVerfGE 110, 33 (59).

[147] BVerfGE 141, 220 (269 Rn. 104); 150, 244 (281 Rn. 93).

[148] BVerfGE 113, 348 (385 f.); vgl. ferner BVerfGE 110, 33 (55); 100, 313 (392).

[149] BVerfGE 141, 220 (269 Rn. 104).

[150] BVerfGE 110, 33 (61); 113, 348 (378); 125, 260 (330); 141, 220 (272 Rn. 112); im nachrichtendienstlichen Kontext BVerfGE 120, 274 (328).

[151] BVerfGE 113, 348 (385).

[152] Vgl. BVerfGE 141, 220 (271 Rn. 109).

[153] BVerfGE 113, 348 (386); 115, 320 (360 f.); im nachrichtendienstlichen Kontext BVerfGE 120, 274 (327).

[154] BVerfGE 115, 320 (361); wortgleich BVerfGE 150, 244 (281 Rn. 92).

[155] BVerfGE 141, 220 (269 Rn. 104).

[156] BVerfGE 110, 33 (59); 115, 320 (369); 141, 220 (269 Rn. 104, 273 Rn. 113); im nachrichtendienstlichen Kontext BVerfGE 120, 274 (329).

[157] BVerfGE 141, 220 (271 Rn. 109).

[158] Vgl. BVerfGE 113, 348 (386).

allen Maßnahmen muss gewährleistet bleiben, dass Annahmen und Schlussfolgerungen einen konkret umrissenen Ausgangspunkt im Tatsächlichen haben.[159]

c) Verantwortlichkeit

Die beschriebenen Begrenzungen über Inhalt, Zweck und Ausmaß sowie der sonstigen Tatbestandsvoraussetzungen bedingen auch die Verantwortlichkeit.[160] Die Bestimmtheit der Handlungsvoraussetzungen des staatlichen Eingriffs kommt Personen zugute, denen die konkreten Handlungsvoraussetzungen nicht bekannt sind.[161] Gerade Dritte, die mit einer staatlichen Überwachung nicht rechnen und sich deshalb einem Einblick in ihren Privatbereich nicht entziehen können, bräuchten besonderen Schutz.[162] Für sie muss die Rechtsordnung die Voraussetzungen der Überwachungsmaßnahme in grundsätzlich nachvollziehbarer, vorhersehbarer Weise umschreiben, sodass die betroffene Person grundsätzlich erkennen kann, bei welchen Anlässen und unter welchen Voraussetzungen ein Verhalten mit dem Risiko der Überwachung verbunden ist.[163]

3. Verhältnismäßigkeit

Die zweite Grenze der Gefahrenvorsorge ist die Verhältnismäßigkeit, die mit der Bestimmtheit indes in einem untrennbaren Wechselverhältnis steht.[164]

a) Überblick

Der Verhältnismäßigkeitsgrundsatz wurzelt in den Grundrechten selbst und ist Ausdruck des allgemeinen Freiheitsanspruchs des Bürgers gegenüber dem Staat von der öffentlichen Gewalt jeweils nur so weit beschränkt zu werden, als es zum Schutz öffentlicher Interessen unerlässlich ist.[165] Das Verfassungsprinzip stellt eine Grenze der Einschränkbarkeit der Grundrechte dar.[166] Einem pauschalen Abstellen auf das Rechtsstaatsprinzip als weitere Verwurzelung wird entgegengehalten,[167]

---

[159] BVerfGE 113, 348 (386); 115, 320 (360 f.); im nachrichtendienstlichen Kontext BVerfGE 120, 274 (327).

[160] BVerfGE 110, 33 (54); 113, 348 (376).

[161] BVerfGE 110, 33 (54); 113, 348 (376).

[162] BVerfGE 110, 33 (54); 113, 348 (376).

[163] BVerfGE 110, 33 (54, 70); 113, 348 (376); 133, 277 (349 Rn. 164).

[164] BVerfGE 110, 33 (55), 113, 348 (385); 120, 378 (427); 125, 260 (325); ausdr. auch in BVerfGE 141, 220 (265 Rn. 94).

[165] BVerfGE 19, 342 (348 f.); 43, 101 (106); 65, 1 (44); 76, 1 (50 f.).

[166] *Hillgruber*, in: Isensee/Kirchhof, Handbuch des Staatsrechts, Bd. IX, § 201 Rn. 33 ff., 51 ff.

[167] Vgl. BVerfGE 19, 342 (348 f.); 57, 250 (270); 59, 275 (278).

dass die Grundrechtsableitung den unterschiedlichen Bedeutungsschichten gerecht werden kann und nicht zur bloßen „Leerformel“[168] verkommt.[169] Das Bundesverfassungsgericht führt vielfach das Rechtsstaatsprinzip neben den Grundrechten an, stellt den Bezug zu Letzteren aber in den Vordergrund.[170] In jedem Fall besteht Einigkeit hinsichtlich der dogmatischen Grundstruktur des Prinzips.[171]

Das Verfassungsprinzip der Verhältnismäßigkeit verlangt, dass ein Grundrechtseingriff einem legitimen Zweck dient und als Mittel zu diesem Zweck geeignet, erforderlich und angemessen ist.[172] Dafür ist größtenteils auf die bereits im Rahmen der Befugnis aufgezeigten Definitionen zu verweisen.[173] Zusätzlich ist anzumerken, dass der legitime Zweck in jedem zu schützenden Interesse der Allgemeinheit liegen kann.[174] Dieser wird durch den Gesetzgeber – außerhalb von verbotenen, aber auch durch qualifizierten Gesetzesvorbehalt sowie durch die Maßgaben der vorbehaltlos gewährten Grundrechte determinierten Zwecken –[175] frei festgelegt.[176] Im Rahmen der Überprüfung der Erforderlichkeit muss der Gesetzgeber sich nicht auf den Einsatz möglicherweise den Gesetzeszweck verfehlende, grundrechtsschonendere Handlungsinstrumente einlassen.[177] Er hat einen Beurteilungs- und Prognosespielraum.[178] Über die Ausschöpfung zugänglicher Erkenntnisquellen muss zu einem vertretbaren Ergebnis gelangt werden.[179]

---

[168] *Schmidt-Aßmann*, in: Isensee/Kirchhof, Handbuch des Staatsrechts, Bd. II, § 26 Rn. 80, 87.

[169] Vgl. dazu *Schmidt-Aßmann*, in: Isensee/Kirchhof, Handbuch des Staatsrechts, Bd. II, § 26 Rn. 80, 87.

[170] Vgl. zur Ableitung aus dem Rechtsstaatsprinzip BVerfGE 19, 342 (348 f.); 61, 126 (134); 92, 277 (326); 108, 129 (136); zu den Grundrechten vgl. BVerfGE 67, 157 (173); 70, 278 (286); 92, 262 (273); 103, 293 (306 f.); 104, 337 (346 ff.); 107, 299 (316 ff.); 125, 260 (316 ff.).

[171] *Schulze-Fielitz*, in: Dreier, GG, Bd. I, Art. 20 (Rechtsstaat) Rn. 180 m.w.N.

[172] St. Rspr., zum legitimen Zweck grundlegend BVerfGE 15, 167 (192); zur Geeignetheit grundlegend BVerfGE 30, 292 (316); zur Erforderlichkeit grundlegend BVerfGE 17, 269 (279 f.); zur Angemessenheit grundlegend BVerfGE 13, 230 (236); s. zudem BVerfGE 109, 279 (335 ff.); 115, 320 (345); 118, 168 (193); 120, 274 (318 f.); aus der Lit. vgl. *Hillgruber*, in: Isensee/Kirchhof, Handbuch des Staatsrechts, Bd. IX, § 201 Rn. 51.

[173] S.o. § 3 B.I.3., S. 68 ff.

[174] BVerfGE 80, 137 (159).

[175] Vgl. zu beidem *Hillgruber*, in: Isensee/Kirchhof, Handbuch des Staatsrechts, Bd. IX, § 201 Rn. 33 ff., 56 ff.

[176] *Hillgruber*, in: Isensee/Kirchhof, Handbuch des Staatsrechts, Bd. IX, § 201 Rn. 54.

[177] *Hillgruber*, in: Isensee/Kirchhof, Handbuch des Staatsrechts, Bd. IX, § 201 Rn. 63.

[178] BVerfGE 77, 84 (106); 90, 145 (173); 109, 279 (336); 120, 274 (320); vgl. auch *Hillgruber*, in: Isensee/Kirchhof, Handbuch des Staatsrechts, Bd. IX, § 201 Rn. 66; *Schulze-Fielitz*, in: Dreier, GG, Bd. I, Art. 20 (Rechtsstaat) Rn. 191 f.

[179] *Hillgruber*, in: Isensee/Kirchhof, Handbuch des Staatsrechts, Bd. IX, § 201 Rn. 69 m.V.a. BVerfGE 50, 290 (333 f.).

b) Schwelle

aa) Mehrpolige Verhältnismäßigkeitsprüfung

Da die Schutzgewährleistung des einen zur Freiheitseinschränkung des anderen führen kann, ist nach Ansicht des Bundesverfassungsgerichts sowohl die Rechtsgutsverletzung beim Geschützten als auch die Rechtsgutsverletzung beim von der Maßnahme Adressierten zu berücksichtigen.[180] Dies gilt insbesondere für die Anforderungen an die Schwelle.[181]

Auch wenn Eignung und Erforderlichkeit besonderer Beachtung bedürfen,[182] lässt das Bundesverfassungsgericht gesetzliche Maßnahmen häufig nicht an diesen Maßstäben scheitern.[183] „Im Rahmen der Eignungsprüfung ist nicht zu fordern, dass Maßnahmen, welche die angegriffene Norm erlaubt, stets oder auch nur im Regelfall Erfolg versprechen“[184]. Gerade bei den Prognoseelementen greife der gesetzgeberische Spielraum:[185] „Prognoseentscheidungen bergen stets das Risiko der Fehlprognose, sind aber gleichwohl unumgänglich“[186]. Indes bedürfen sie einer „hinreichende[n] Sachverhaltsaufklärung“[187] und dürften „nicht offensichtlich fehlsam“[188] sein.

bb) Besondere Bedeutung der Verhältnismäßigkeit im engeren Sinne

Besondere Bedeutung bei der Bestimmung des Übergangs den tradierten Grenzen der klassischen Gefahrenabwehr zur Gefahrenvorsorge kommt nach Ansicht des Gerichts der Verhältnismäßigkeit im engeren Sinne als Verbot „unangemessener Grundrechtseingriffe“[189] zu.[190] Die Angemessenheitsprüfung wird nach Ansicht der verfassungsgerichtlichen Rechtsprechung ebenfalls durch den Rechtsgüterschutz des Adressaten und die „zum Eingriff berechtigenden Tatbestandselemen-

---

[180] BVerfGE 115, 320 (360); 120, 378 (429); 150, 244 (284 f. Rn. 100); vgl. auch *Isensee*, in: ders./Kirchhof, Handbuch des Staatsrechts, Bd. IX, § 191 Rn. 58.

[181] BVerfGE 141, 220 (271 Rn. 111).

[182] *Trute*, in: GS Jeand'Heur, S. 403 (415); zur Erforderlichkeit im Dreiecksverhältnis s. auch *Hillgruber*, in: Isensee/Kirchhof, Handbuch des Staatsrechts, Bd. IX, § 201 Rn. 65.

[183] Vgl. z. B. die Auseinandersetzungen mit Eignung und Erforderlichkeit in BVerfGE 125, 260 (317 f.); im nachrichtendienstlichen Kontext BVerfGE 100, 313 (373 ff.); 120, 274 (320); vgl. auch BVerfGE 115, 320 (345).

[184] Im nachrichtendienstlichen Kontext BVerfGE 120, 274 (320).

[185] *Hillgruber*, in: Isensee/Kirchhof, Handbuch des Staatsrechts, Bd. IX, § 201 Rn. 66.

[186] BVerfGE 109, 190 (240).

[187] *Hillgruber*, in: Isensee/Kirchhof, Handbuch des Staatsrechts, Bd. IX, § 201 Rn. 68.

[188] Im nachrichtendienstlichen Kontext BVerfGE 120, 274 (320).

[189] BVerfGE 115, 320 (358); vgl. auch BVerfGE 113, 348 (385); 120, 274 (327).

[190] Grdlg. BVerfGE 115, 320 (360 f.); 120, 378 (428 f.); 141, 220 (271 f. Rn. 109 ff.); vgl. auch BVerfGE 100, 313 (375 f.); 113, 348 (382); 125, 260 (318 ff., 325 ff.).

te[n]“[191] bestimmt.[192] Das Gericht geht in concreto zunächst individuell auf die Tatbestandselemente im Verhältnis zum Rechtsgüterschutz des Adressaten ein,[193] und führt am Ende, da alle Elemente sich gegenseitig bedingen, eine Gesamtabwägung durch.[194] Diese soll dann zu einer verfassungsgemäßen Ausgestaltung der Norm führen.[195] Je nach Ergebnis der Abwägung kann dann auch von den tradierten Grenzen der klassischen Gefahrenabwehr abgewichen werden. So können bestimmte Grundrechtseingriffe nur zum Schutz bestimmter Rechtsgüter und erst von bestimmten Verdachts- oder Gefahrenstufen an vorgesehen werden.[196]

Um die Abwägung skalierbar zu machen, tritt auch hier das Maß der Intensität nach den bereits beschriebenen Fallgruppen hinzu.[197] Diese wird durch das Gericht bei der Grundrechtsbeeinträchtigung des Maßnahmeadressaten in Abstufungen eingeteilt und bedingt so wiederum die Anforderungen an die Gegenseite,[198] wo zwischen den Rechtsgütern wieder ein Rangverhältnis herrscht.[199] Dies bildet das Pendant zu der strafprozessualen Unterteilung des Gewichts der Straftaten – erheblich schwer und besonders schwer.[200]

Die Terminologie des Bundesverfassungsgerichts wirkt auf dem ersten Blick nicht einheitlich. Für einen Eingriff von „besonders hohem Gewicht“[201], „besondere[m] Gewicht“[202] beziehungsweise mit „hoher Eingriffsintensität“[203] bedarf es

---

[191] BVerfGE 115, 320 (360); 120, 378 (429); im nachrichtendienstlichen Kontext BVerfGE 100, 313 (392 ff.); 120, 274 (327).

[192] Grdlg. BVerfGE 115, 320 (360 f.): „Im Hinblick auf den Verhältnismäßigkeitsgrundsatz im engeren Sinne hat der Gesetzgeber die Ausgewogenheit zwischen der Art und Intensität der Grundrechtsbeeinträchtigung einerseits und den zum Eingriff berechtigenden Tatbestandselementen andererseits, wie der Einschreitschwelle, der geforderten Tatsachenbasis und dem Gewicht der geschützten Rechtsgüter, zu wahren“; fast wortgleich auch BVerfGE 120, 378 (428 ff.); 150, 244 (284 Rn. 100); vgl. zudem BVerfGE 110, 33 (55); 113, 348 (385 f.); 125, 260 (329 f.); 141, 220 (269 Rn. 104); vgl. auch im nachrichtendienstlichen Kontext BVerfGE 100, 313 (392); 120, 274 (327).

[193] BVerfGE 150, 244 (280 ff. Rn. 90 ff.); vgl. auch BVerfGE 133, 277 (322 Rn. 110).

[194] BVerfGE 150, 244 (284 f. Rn. 100); vgl. auch BVerfGE 133, 277 (322 Rn. 110).

[195] BVerfGE 150, 244 (284 f. Rn. 100); vgl. auch BVerfGE 133, 277 (322 Rn. 110).

[196] Grdlg. BVerfGE 115, 320 (346): „Dies kann dazu führen, dass bestimmte intensive Grundrechtseingriffe erst von bestimmten Verdachts- oder Gefahrenstufen an vorgesehen werden“; wortgleich BVerfGE 120, 378 (428); ähnlich mit dem Zusatz des Rechtsgüterschutzes BVerfGE 120, 274 (326 f.).

[197] BVerfGE 100, 313 (376); 113, 348 (382); 115, 320 (346); 120, 274 (326 f.); 120, 378 (427); 125, 260 (337); 133, 277 (322 Rn. 110); 141, 220 (269 Rn. 104); vgl. auch BVerfGE 150, 244 (280 ff. Rn. 90 ff.); vgl. zudem BVerwGE 141, 329 (344 Rn. 47).

[198] BVerfGE 115, 320 (346); 120, 274 (326 f.); 125, 260 (337).

[199] BVerfGE 115, 320 (360 f.); im nachrichtendienstlichen Kontext BVerfGE 120, 274 (326 f.); zum öffentlichen Interesse, vgl. BVerfGE 150, 244 (283 Rn. 95).

[200] BVerfGE 141, 220 (270 Rn. 107) m. V. a. BVerfGE 109, 279 (343 ff.); 107, 299 (321 f.); 112, 304 (315 f.); 129, 208 (243).

[201] Im nachrichtendienstlichen Kontext BVerfGE 120, 274 (327).

[202] BVerfGE 125, 260 (324).

stets eines „überragend wichtige[n] Rechtsgut[s]"[204], auch genannt „hochrangige Rechtsgüter"[205]. Diese Rechtsgüter werden in den Judikaten übereinstimmend definiert, sodass das Rangverhältnis abbildbar wird. Solche Rechtsgüter seien Leib, Leben und Freiheit der Person oder solche Güter der Allgemeinheit, deren Bedrohung die Grundlagen beziehungsweise den Bestand des Staates oder die Grundlagen der Existenz der Menschen berührt.[206] Hierzu zählt etwa die Funktionsfähigkeit wesentlicher Teile existenzsichernder öffentlicher Versorgungseinrichtungen.[207] Bei weniger gewichtigen Eingriffen können niedrigere Maßstäbe angesetzt werden.[208]

Da die einzelnen Parameter – Rechtsgüterschutz des Adressaten und des Geschützten, Diagnose und Prognose – alle voneinander abhängig sind,[209] muss im Sinne des Bundesverfassungsgerichts zuletzt in einer „Gesamtabwägung"[210] die Zumutbarkeit und damit die verfassungsrechtliche Tragfähigkeit erwiesen werden.[211] Für die Strafverfolgung und die Gefahrenabwehr hat die Rechtsprechung Abwägungsgrundsätze aufgestellt, die in Vorfeldsituationen zum Tragen kommen.[212] Gemeint ist die Anwendung der Je-Desto-Formel:

> „Je gewichtiger das gefährdete Rechtsgut ist und je weitreichender es durch die jeweiligen Handlungen beeinträchtigt würde oder beeinträchtigt worden ist, desto geringere Anforderungen dürfen an den Grad der Wahrscheinlichkeit gestellt werden, mit der auf eine drohende oder erfolgte Verletzung geschlossen werden kann, und desto weniger fundie-

---

[203] BVerfGE 141, 220 (27 Rn. 108).

[204] Zum Begriff im nachrichtendienstlichen Kontext BVerfGE 120, 274 (327).

[205] BVerfGE 115, 320 (Ls. 1).

[206] BVerfGE 115, 320 (Ls. 1): „[…] hochrangige Rechtsgüter wie den Bestand oder die Sicherheit des Bundes oder eines Landes oder für Leib, Leben oder Freiheit einer Person"; BVerfGE 125, 260 (330): „Abwehr von Gefahren für Leib, Leben oder Freiheit einer Person, für den Bestand oder die Sicherheit des Bundes oder eines Landes oder zur Abwehr einer gemeinen Gefahr". BVerfGE 141, 220 (270 Rn. 108): „Hierzu gehören Leib, Leben und Freiheit der Person sowie der Bestand oder die Sicherheit des Bundes oder eines Landes". BVerfGE 150, 244 (284 Rn. 99): „Zu diesen Rechtsgütern zählen zunächst die besonders schutzwürdigen Rechtsgüter wie Leib, Leben und Freiheit der Person und der Bestand und die Sicherheit des Bundes und der Länder". Im nachrichtendienstlichen Kontext BVerfGE 120, 274 (274 Ls. 2, 328): „Überragend wichtig sind Leib, Leben und Freiheit der Person oder solche Güter der Allgemeinheit, deren Bedrohung die Grundlagen oder den Bestand des Staates oder die Grundlagen der Existenz der Menschen berührt".

[207] Im nachrichtendienstlichen Kontext BVerfGE 120, 274 (274 Ls. 2, 328).

[208] Vgl. BVerfGE 150, 244 (284 Rn. 99); 155, 119 (188 f. Rn. 150); vgl. aber schon BVerfGE 120, 274 (328); s. dazu unten § 6 C. II. 1. b) cc) (1) (a), S. 409 ff.

[209] Vgl. BVerfGE 113, 348 (386); 115, 320 (Ls. 1); 125, 260 (329 f.); 141, 220 (270 Rn. 108); 150, 244 (284 Rn. 99); im nachrichtendienstlichen Kontext BVerfGE 120, 274 (327).

[210] BVerfGE 150, 244 (281 Rn. 90).

[211] BVerfGE 150, 244 (281 Rn. 90).

[212] BVerfGE 113, 348 (386).

rend dürfen gegebenenfalls die Tatsachen sein, die auf die Gefährdung oder Verletzung des Rechtsguts schließen lassen“[213].

Durch eine Beschränkung auf wenige hochrangige Rechtsgüter, bei zu erwartendem außergewöhnlich großem Schaden, kann die Befugnisschwelle verhältnismäßig niedrig gehalten werden.[214]

c) *Verantwortlichkeit*

In der Verantwortlichkeit tritt der Konflikt der Lastenverteilung zwischen Individuum und Allgemeinheit gleichsam hervor. Bei der Herstellung einer gerechten Ausgestaltung erkennt das Gericht im Rahmen der Gefahrenvorsorge bei der Verantwortlichkeit die Gefahr der Subjektivität und eines weiten Feldes der Unwägbarkeiten.[215] Diesem ist nach Ansicht des Bundesverfassungsgerichts im Rahmen der Angemessenheit entgegenzutreten, indem auch hier die Intensität gegen die tatbestandlichen Voraussetzungen abzuwägen ist.[216]

Die regulierende Wirkung der Intensität greift insbesondere bei Maßnahmen, die durch eine Verdachtslosigkeit als auch durch eine große Streubreite gekennzeichnet

[213] BVerfGE 113, 348 (386); der Verhältnismäßigkeitsgrundsatz in Form der Je-Desto-Formel wird dabei sowohl auf die gesetzgeberische Ausgestaltung der Schwelle als auch die Anwendung im Einzelfall bezogen, vgl. dazu *Möstl*, Die staatliche Garantie für die öffentliche Sicherheit und Ordnung, S. 234 ff., insb. 237; s. auch BVerfGE 110, 33 (60): „Je gewichtiger das durch die geplante Tat betroffene Rechtsgut ist und je weiter gehend es beeinträchtigt würde, desto geringer darf die Wahrscheinlichkeit sein, mit der auf eine geplante Straftat geschlossen werden kann, und desto weniger fundierend dürfen gegebenenfalls die Tatsachen sein, die dem Verdacht zu Grunde liegen“. BVerfGE 115, 320 (360 f.): „Je gewichtiger die drohende oder erfolgte Rechtsgutbeeinträchtigung und je weniger gewichtig der Grundrechtseingriff ist, um den es sich handelt, desto geringer darf die Wahrscheinlichkeit sein, mit der auf eine drohende oder erfolgte Verletzung des Rechtsguts geschlossen werden kann, und desto weniger fundierend dürfen gegebenenfalls die Tatsachen sein, die dem Verdacht zugrunde liegen“. BVerfGE 120, 378 (429): „Je gewichtiger die drohende oder erfolgte Rechtsgutbeeinträchtigung und je weniger gewichtig der Grundrechtseingriff ist, um den es sich handelt, desto geringer darf die Wahrscheinlichkeit sein, mit der auf eine drohende oder erfolgte Verletzung des Rechtsguts geschlossen werden kann, und desto weniger fundiert dürfen gegebenenfalls die Tatsachen sein, die dem Verdacht zugrunde liegen“. BVerfGE 141, 220 (269 Rn. 105): „Je tiefer Überwachungsmaßnahmen in das Privatleben hineinreichen und berechtigte Vertraulichkeitserwartungen überwinden, desto strenger sind die Anforderungen“. Im nachrichtendienstlichen Kontext BVerfGE 100, 313 (392): „Je gewichtiger das Rechtsgut ist und je weitreichender es durch die jeweiligen Handlungen beeinträchtigt würde oder worden ist, desto geringer darf die Wahrscheinlichkeit sein, mit der auf eine drohende oder erfolgte Verletzung geschlossen werden kann, und desto weniger fundierend dürfen gegebenenfalls die Tatsachen sein, die dem Verdacht zugrunde liegen. Je gewichtiger das Rechtsgut ist, desto weiter darf auch die Übermittlungsschwelle bereits in das Vorfeld einer drohenden Rechtsgutverletzung verlagert werden“.

[214] Im nachrichtendienstlichen Kontext BVerfGE 100, 313 (392).

[215] BVerfGE 133, 277 (339 Rn. 146, 349 Rn. 164).

[216] BVerfGE 113, 348 (389); 115, 320 (362); 141, 220 (273 Rn. 115).

sind. Bei denen dementsprechend zahlreiche Personen in den Wirkungsbereich einer Maßnahme einbezogen werden, die in keiner Beziehung zu einem konkreten Fehlverhalten stehen und den Eingriff durch ihr Verhalten nicht veranlasst haben.[217] Die Intensitätsabstufung führt zu einer Abstufung der tatbestandlichen Anforderungen an die Adressatenstellung.[218] Nicht ausreichend ist, dass die Adressatenstellung aus dem bloßen Kontakt oder der bloßen persönlichen Nähe oder in einem sonstigen Austausch des Betreffenden zur Zielperson hergeleitet werden kann.[219] Die tatsächlichen Anforderungen sind so zu gestalten, dass der „Adressat der Maßnahmen aus Sicht eines verständigen Dritten den objektiven Umständen nach in sie verfangen ist“[220]. Ansonsten sieht das Bundesverfassungsgericht die Gefahr der „Verdächtigengewinnung“[221]. Problematisch gestaltet sich insbesondere der Umgang damit, dass – gerade bei verdachtslosen Eingriffen – schnell Nicht-Verantwortliche miteinbezogen werden.[222] Je unspezifischer die Maßnahme ausgestaltet ist, desto höher sei die Möglichkeit, dass eine sehr große Ausgangsmenge von Personen betroffen ist, die aus ex-ante Sicht sowie aus ex-post Sicht Unverdächtige oder Nichtstörer sind.[223] Es bedarf der Normierung der Art der Hinweise, die über die Rechtsgutsverletzung gewonnen werden können.[224] Personen mit „flüchtigem oder zufälligem Kontakt“[225] sollen ausgenommen sein.

Meist erfolgt in den verfassungsgerichtlichen Urteilen keine trennscharfe Abgrenzung zur Abwägung der Schwelle; hochrangige Rechtsgüter auf Tatbestandsseite können die Inanspruchnahme rechtfertigen.[226] Dies findet auch seinen Ursprung darin, dass in den letzten Jahren eine noch weiter zu beschreibende Konkretisierung der Schwelle stattgefunden hat, die Teile der Adressatenstellung inkorporiert. Zugleich wird in der Gefahrenvorsorge ebenfalls hier mit Prognosen gearbeitet.[227] Denn der Adressat wird regelmäßig kaum Anlasspunkte bieten, um den Eingriff zu rechtfertigen, beziehungsweise es muss prognostiziert werden, was durch die Person erlangt werden kann. Das muss tatbestandlich kompensiert werden.

---

[217] BVerfGE 115, 320 (355); vgl. auch BVerfGE 133, 277 (349 Rn. 165).

[218] BVerfGE 141, 220 (273 Rn. 114).

[219] BVerfGE 141, 220 (274 Rn. 116, 293 Rn. 168, 310 f. Rn. 233 f.).

[220] BVerfGE 141, 220 (271 Rn. 109).

[221] BVerfGE 115, 320 (362).

[222] BVerfGE 115, 320 (354).

[223] BVerfGE 115, 320 (357).

[224] BVerfGE 113, 348 (389).

[225] BVerfGE 133, 277 (349 Rn. 164).

[226] BVerfGE 141, 220 (293 Rn. 169, 310 f. Rn. 233 f.).

[227] BVerfGE 141, 220 (274 Rn. 115): „Deshalb kann die Überwachung der Wohnung eines Dritten erlaubt werden, wenn aufgrund bestimmter Tatsachen vermutet werden kann, dass die Zielperson sich dort zur Zeit der Maßnahme aufhält, sie dort für die Ermittlungen relevante Gespräche führen wird und eine Überwachung ihrer Wohnung allein zur Erforschung des Sachverhalts nicht ausreicht“; vgl. auch BVerfGE 113, 348 (389).

4. Kompensatorische Vorgaben

Darüber hinaus bestehen im System des Bundesverfassungsgerichts organisatorische und verfahrensrechtliche Vorkehrungen, die der Absicherung der Interessen der Betroffenen dienen.[228] Das Bundesverfassungsgerichts gibt im Volkszählungsurteil vor, dass eine Begrenzung der Datenerhebung, -verarbeitung und -verwendung auf den gesetzlich festgelegten Zweck erfolgen muss.[229] Es nennt explizit die Erforderlichkeit von Weitergabe- und Verwertungsverboten sowie Aufklärungs-, Auskunfts- und Löschungspflichten als verfahrensrechtliche Schutzvorkehrungen.[230] Die kompensatorischen Vorgaben werden abgeleitet aus dem Bestimmtheitsgrundsatz, dem Verhältnismäßigkeitsprinzip, dem Rechtsstaatsprinzip und im Ergebnis aus den Grundrechten selbst, die sogar teils wie Art. 13 Abs. 3 und Abs. 4 GG ausdrücklich Vorgaben machen.[231] Auch hier bestehen übergreifende Anforderungen.[232]

a) Zweckbindung

Beim Eingriff in das Grundrecht auf informationelle Selbstbestimmung, aber auch in Art. 10 GG und Art. 13 GG,[233] muss das verfassungsrechtliche Gebot der Zweckbindung verwirklicht werden.[234] Dies deckt sich mit der Forderung, dass insbesondere beim Umgang mit Daten Anlass, Zweck und Umfang des jeweiligen Eingriffs sowie die entsprechenden Eingriffsschwellen durch den Gesetzgeber bereichsspezifisch, präzise und normenklar zu regeln sind.[235] Vorschriften, die zum Umgang mit personenbezogenen Daten durch staatliche Behörden ermächtigen, begründen in der Regel verschiedene, aufeinander aufbauende Eingriffe – unter anderem Erhebung, Speicherung und Verwendung sowie Übermittlung oder Abgleich.[236] Um dem Risiko einer Nutzung der Daten für Zwecke, für die sie nicht erhoben wurden, vorzubeugen, bedürfen diese als Eingriffe zu qualifizierenden Maßnahmen einer bestimmten, bereichsspezifischen, präzise und normenklar fest-

---

228 Im nachrichtendienstlichen Kontext BVerfGE 120, 274 (331).

229 BVerfGE 65, 1 (46).

230 BVerfGE 65, 1 (46).

231 Vgl. zur Bestimmtheit BVerfGE 115, 320 (365); 120, 378 (408); vgl. auch BVerwGE 141, 329 (343 Rn. 39); zur Verhältnismäßigkeit BVerfGE 113, 348 (389); 115, 320 (365); 125, 260 (337); 141, 220 (275 Rn. 117); im nachrichtendienstlichen Kontext BVerfGE 120, 274 (331); zum Rechtsstaatsprinzip BVerfGE 110, 33 (68).

232 BVerfGE 100, 313 (359).

233 BVerfGE 115, 320 (365).

234 BVerfGE 115, 320 (365); 120, 378 (408).

235 BVerfGE 100, 313 (359 f.); 110, 33 (53); 113, 348 (375); 115, 320 (365; 125, 260 (328).

236 BVerfGE 130, 151 (184); vgl. auch BVerfGE 110, 33 (68 f.); 113, 348 (384); 115, 320 (343 ff.); im nachrichtendienstlichen Kontext BVerfGE 120, 274 (274 Ls. 4).

gelegten sowie hinreichend gewichtigen Zweckbestimmung.[237] Die Schaffung eines zweckunabhängigen Datenpools sei somit ausgeschlossen.[238] Auch genügt es nicht, abstrakt einen Aufgabenbereich aufzuzeigen, für den ein Datenabruf möglich sein soll, ohne konkret die Verwendungszwecke zu benennen.[239] Rechtfertigend für die auf die Erhebung folgenden Eingriffe wirken die ursprünglichen Zwecke.[240] Dies setzt voraus, dass es sich um eine Verwendung der Daten durch dieselbe Behörde zur Wahrnehmung derselben Aufgabe und zum Schutz derselben Rechtsgüter handelt.[241] Bei Übermittlung und Abfrage gilt das sogenannte „Doppeltür“[242]-Prinzip, wonach der „Gesetzgeber [...], bildlich gesprochen, nicht nur die Tür zur Übermittlung von Daten öffnen [muss], sondern auch die Tür zu deren Abfrage“ [243]. Das Bundesverfassungsgericht führt aus, dass erst „beide Rechtsgrundlagen gemeinsam, die wie eine Doppeltür zusammenwirken müssen, [...] zu einem Austausch personenbezogener Daten“[244] berechtigen.

Auch eine Zweckänderung als Nutzung der Daten zu anderen Zwecken als denen der ursprünglichen Datenerhebung kann über Gemeinwohlbelange gerechtfertigt werden.[245] Voraussetzung sei zunächst eine Vergleichbarkeit der verschiedenen Informationszusammenhänge an.[246] Die Anforderungen für eine solche Zweckänderung orientieren sich nach Ansicht des Bundesverfassungsgerichts am Grundsatz der „hypothetischen Datenneuerhebung“[247]. Hiernach ist eine Zweckänderung ausgeschlossen, „wenn mit ihr grundrechtsbezogene Beschränkungen des Einsatzes bestimmter Ermittlungsmethoden umgangen werden, also die Informationen für den geänderten Zweck selbst auf entsprechender gesetzlicher Grundlage nicht oder nicht in dieser Art und Weise hätten erhoben werden dürfen“[248]. Im Wege einer „nicht schematisch“[249] erfolgenden Prüfung muss die neue Nutzung der Daten dem Schutz

---

[237] Vgl. BVerfGE 65, 1 (46); 125, 260 (345); 141, 220 (Ls. 2); 150, 244 (288 Rn. 111).

[238] BVerfGE 65, 1 (46); 125, 260 (345); 120, 378 (408); vgl. auch BVerwGE 141, 329 (343 Rn. 39).

[239] BVerfGE 125, 260 (355).

[240] BVerfGE 100, 313 (360, 389); 109, 279 (375 f.); 110, 33 (73); 141, 220 (Ls. 2 b)); 150, 244 (288 Rn. 111).

[241] BVerfGE 100, 313 (394); 109, 279 (378); 133, 277 (323 Rn. 114); 141, 220 (Ls. 2 b)).

[242] BVerfGE 130, 151 (184); 155, 119 (167 f. Rn. 95).

[243] BVerfGE 130, 151 (184).

[244] BVerfGE 130, 151 (184).

[245] BVerfGE 133, 277 (323 Rn. 114); zum Begriff der Zweckänderung, BVerfGE 141, 220 (Ls. 2 c)); vgl. schon BVerfGE 133, 277 (324 Rn. 114).

[246] BVerfGE 133, 277 (323 Rn. 114).

[247] BVerfGE 141, 220 (Ls. 2 c)); BVerfGE 156, 11 (50 Rn. 99); 156, 63 (126 Rn. 217); vgl. schon BVerfGE 133, 277 (324 Rn. 114).

[248] BVerfGE 133, 277 (324 Rn. 114).

[249] BVerfGE 156, 63 (126 Rn. 217).

von Rechtsgütern eines solchen Gewichts dienen, die verfassungsrechtlich ihre Neuerhebung mit vergleichbar schwerwiegenden Mitteln rechtfertigen könnten.[250]

b) Verfahrensabsicherungen

Ferner sind die Interessen des Adressaten durch Verfahrensabsicherungen zu schützen.[251] Diese Anforderungen sind Ausfluss der Grundrechte, des Verhältnismäßigkeitsgrundsatzes und des Bestimmtheitsgrundsatzes sowie des verfassungsrechtlichen Transparenzgebots.[252] Wo Konturen der materiellen Vorgaben verloren gehen, brauche es Kompensation.[253] Nur so könne dem Gewicht von eingriffsintensiven Überwachungs- und Ermittlungsmaßnahmen Rechnung getragen werden.[254] Über das Transparenzgebot als Ausfluss des Demokratieprinzips soll Rechtssicherheit und Vertrauensschutz gewährleisten werden.[255] Es ergibt sich ein nicht abschließendes Instrumentarium zum Ausgleich des Eingriffs.[256]

5. Schutz der Menschenwürde

Staatliche Maßnahmen müssen den unantastbaren Kernbereich privater Lebensgestaltung wahren, dessen Schutz sich aus Art. 1 Abs. 1 GG ergibt.[257] Hieraus folgt, dass dem einzelnen Bürger ein letzter unantastbarer Bereich menschlicher Freiheit besteht, welcher der Einwirkung der gesamten öffentlichen Gewalt entzogen ist.[258] Zur Entfaltung der Persönlichkeit im Kernbereich privater Lebensgestaltung gehört die Möglichkeit, innere Vorgänge wie Empfindungen und Gefühle sowie Überlegungen, Ansichten und Erlebnisse höchstpersönlicher Art ohne die Angst zum Ausdruck zu bringen, dass staatliche Stellen dies überwachen.[259]

Vom absoluten Schutz umfasst sind nach Ansicht des Bundesverfassungsgerichts zum Beispiel schriftliche Verkörperungen oder Dateien höchstpersönlichen

---

[250] BVerfGE 141, 220 (Ls. 2 c)); 150, 244 (305 Rn. 165); zur Vergleichbarkeit auch BVerfGE 156, 11 (50 Rn. 100).

[251] Vgl. BVerfGE 65, 1 (51, 62); 100, 313 (360); im nachrichtendienstlichen Kontext BVerfGE 120, 274 (331); im strafprozessualen Kontext BVerfGE 109, 279 (376).

[252] BVerfGE 110, 33 (67 f.); 113, 348 (381); 133, 277 (366 Rn. 205 f.); 141, 220 (282 Rn. 134); 150, 244 (281 Rn. 90).

[253] BVerfGE 65, 1 (46); 100, 313 (361 f.).

[254] BVerfGE 141, 220 (275 Rn. 117); im nachrichtendienstlichen Kontext BVerfGE 120, 274 (331).

[255] BVerfGE 133, 277 (366 Rn. 206); 141, 220 (282 Rn. 135).

[256] S. u. § 5 B. III., S. 282 ff.

[257] BVerfGE 113, 348 (390); 141, 220 (276 Rn. 119); im nachrichtendienstlichen Kontext BVerfGE 120, 274 (335); im strafprozessualen Kontext 109, 279 (313).

[258] St. Rspr. BVerfGE 6, 32 (41).

[259] BVerfGE 141, 220 (276 Rn. 121); im nachrichtendienstlichen Kontext BVerfGE 120, 274 (335); im strafprozessualen Kontext BVerfGE 109, 279 (313 f.).

Inhalts, etwa tagebuchartige Aufzeichnungen oder private Film- oder Tondokumente.[260] Geschützt ist auch die nicht-öffentliche Kommunikation mit Personen des höchstpersönlichen Vertrauens, die in der berechtigten Annahme geführt wird, nicht überwacht zu werden.[261] Solche Gespräche verlieren dabei nicht schon dadurch ihren Charakter als insgesamt höchstpersönlich, dass sich in ihnen Höchstpersönliches und Alltägliches vermischen.[262] Ob eine personenbezogene Kommunikation diesem Kernbereich zuzuordnen ist, hängt nach Ansicht des Bundesverfassungsgerichts davon ab, in welcher Art und Intensität sie aus sich heraus die Sphäre anderer oder Belange der Gemeinschaft berührt.[263] Nicht zu diesem Kernbereich, sondern in einen Bereich bloßen Sozialbezugs,[264] gehören Kommunikationsinhalte, die in unmittelbarem Bezug zu konkreten strafbaren Handlungen stehen wie etwa Angaben über die Planung bevorstehender oder Berichte über begangene Straftaten, selbst wenn sie Höchstpersönliches zum Gegenstand haben.[265] Gleichzeitig könne ein höchstpersönliches Gespräch nicht schon dadurch aus dem Kernbereich privater Lebensgestaltung herausfallen, dass es hilfreiche Aufschlüsse über Ursachen oder Beweggründe eines strafbaren Verhaltens, aber keine Hinweise auf konkrete Rechtsgutsverletzungen geben kann.[266] Gleichsam sind Situationen, in denen Einzelnen gerade ermöglicht werden soll, ein Fehlverhalten einzugestehen oder sich auf dessen Folgen einzurichten wie Beichtgespräche oder vertrauliche Gespräche mit einem Psychotherapeuten oder einem Strafverteidiger, Teil der höchstpersönlichen Privatsphäre, die dem Staat absolut entzogen ist.[267] Ein Sozialbezug bestehe demgegenüber, wenn Gespräche – auch mit Vertrauenspersonen – sonst unmittelbar Straftaten zu ihrem Gegenstand haben.[268]

Nicht jede tatsächliche Erfassung von höchstpersönlichen Informationen bedeutet demnach einen Verfassungsverstoß oder eine Menschenwürdeverletzung. Angesichts der Handlungs- und Prognoseunsicherheiten, unter denen Sicherheitsbehörden ihre Aufgaben wahrnehmen, kann ein unbeabsichtigtes Eindringen in den

---

[260] Im nachrichtendienstlichen Kontext BVerfGE 120, 274 (335).

[261] BVerfGE 141, 220 (276 Rn. 121): „Zu diesen Personen gehören insbesondere Ehe- oder Lebenspartner, Geschwister und Verwandte in gerader Linie, vor allem, wenn sie im selben Haushalt leben, und können Strafverteidiger, Ärzte, Geistliche und enge persönliche Freunde zählen. Dieser Kreis deckt sich nur teilweise mit dem der Zeugnisverweigerungsberechtigten".

[262] BVerfGE 141, 220 (276 f. Rn. 121); im strafprozessualen Kontext BVerfGE 109, 279 (330).

[263] BVerfGE 113, 348 (390 f.); im strafprozessualen Kontext BVerfGE 109, 279 (314).

[264] BVerfGE 113, 348 [391]); 141, 220 (277 Rn. 122) im strafprozessualen Kontext BVerfGE 109, 279 (319 f., 328).

[265] BVerfGE 113, 348 (390 f.); 141, 220 (277 Rn. 122); im strafprozessualen Kontext BVerfGE 109, 279 (319).

[266] BVerfGE 141, 220 (277 Rn. 122); im strafprozessualen Kontext BVerfGE 109, 279 (319).

[267] BVerfGE 141, 220 (277 Rn. 122); im strafprozessualen Kontext BVerfGE 109, 279 (322).

[268] BVerfGE 141, 220 (277 Rn. 122).

Kernbereich privater Lebensgestaltung im Rahmen von Überwachungsmaßnahmen nicht für jeden Fall von vornherein ausgeschlossen werden.[269] Die Verfassung verlange jedoch für die Ausgestaltung der Überwachungsbefugnisse die Achtung des Kernbereichs als eine strikte, nicht frei durch Einzelfallerwägungen überwindbare Grenze.[270] Einer Regelung bedarf es, wenn es typischerweise zur Erhebung kernbereichsrelevanter Daten kommt,[271] bei sogenannten „verletzungsgeneigte[n]“[272] Befugnissen. Der Kernbereichsschutz findet insbesondere bei allen Überwachungsmaßnahmen Beachtung.[273] Dies gilt gerade, wenn sie tief ins Privatleben hineinragen.[274] Im Kernbereich erfolgt keine Abwägung nach Verhältnismäßigkeitsaspekten mit Sicherheitserwägungen.[275] Einer Relativierung durch gegenläufige Ermittlungsinteressen, wie sie durch eine Anwendung des Erforderlichkeitsgebots implizit eingeführt würde, ist der Kernbereich nicht zugänglich.[276] Der Schutz ist nach Ansicht des Gerichts absolut.

6. Kompetenzen

Neben den Überschneidungen im nachrichtendienstlichen Bereich, die das Bundesverfassungsgericht in der Abwägung thematisiert, gibt den bereits erwähnten zweiten Bereich der Strafverfolgung, der kompetenzrechtlich relevant ist.[277] Gefahrenabwehr und damit auch die -vorsorge fallen kompetenzrechtlich unter Art. 70 GG.[278] Der in zeitlicher Hinsicht präventiv ausgerichtete, aber gegenständlich repressive Bereich des Strafverfahrens,[279] die sogenannte Strafverfolgungsvorsorge, fällt unter das „gerichtliche Verfahren“ im Sinne des Art. 74 Abs. 1 Nr. 1 Var. 4 GG.[280] Dieser Begriff umfasst den Bereich von der Einleitung des Verfahrens bis zur Vollstreckung der gerichtlichen Entscheidung, das heißt das gerichtliche und das vorgelagerte behördliche Verfahren, sofern es – wie vom Grundsatz her das in der Strafprozessordnung geregelte polizeiliche und staatsanwaltschaftliche Ermitt-

---

[269] BVerfGE 120, 274 (337 f.); 141, 220 (278 Rn. 124).

[270] BVerfGE 141, 220 (278 Rn. 124).

[271] BVerfGE 141, 220 (277 Rn. 123).

[272] BVerfGE 141, 220 (277 Rn. 123).

[273] BVerfGE 141, 220 (277 Rn. 123).

[274] BVerfGE 141, 220 (Ls. 1b).

[275] BVerfGE 109, 279 (Ls. 2); 141, 220 (278 Rn. 124).

[276] Im nachrichtendienstlichen Kontext BVerfGE 120, 274 (339); im strafprozessualen Kontext BVerfGE 109, 279 (314).

[277] BVerfGE 150, 244 (275 Rn. 71).

[278] BVerfGE 150, 244 (274 f. Rn. 70).

[279] S. oben § 4 E.I.3., S. 122 ff.; BVerfGE 150, 244 (274 Rn. 68).

[280] BVerfGE 113, 348 (367 ff.); 150, 244 (273 f. Rn. 67 f.).

lungsverfahren und somit die Strafverfolgungsvorsorge – mit dem gerichtlichen Verfahren in einem untrennbaren funktionalen Zusammenhang steht.[281]

Ein vermeintlicher Kompetenzkonflikt,[282] der sich ergibt, da Maßnahmen regelmäßig sowohl einen repressiven als auch präventiven Gehalt besitzen,[283] wurde in der Rechtsprechung des Bundesverfassungsgerichts (und des Bundesverwaltungsgerichts)[284] aufgelöst.[285] Doppelfunktionale Befugnisse seien möglich.[286] Eine Abgrenzung erfolge über den Zweck der Maßnahme, also deren „Zielsetzung, wie sie sich in objektivierter Sicht aus ihrer Ausgestaltung ergibt“[287].[288] Dem Gesetzgeber steht ein Entscheidungsspielraum hinsichtlich der Zuordnung in den präventiven oder repressiven Bereich zu; Regelungen auf Landesebene nach Art. 70 GG sowie auf Bundesebene gem. Art. 74 Abs. 1 Nr. 1 Var. 4 GG sind zulässig, solange die Ausgestaltung der Befugnis strikt vom Zweck bestimmt ist.[289]

II. Kritik

1. Scheinrationalität

Im Allgemeinen bemängelt die Literatur die Erosion der tradierten Schwellen und Störerkategorien.[290] Durch die Vermischung von rechtsstaatlichen Grundkategorien von Störer und Nicht-Störer-Inanspruchnahme drohe die sogenannte „Jedermannsverantwortlichkeit“[291]. Das Hauptproblem des Abwägungssystems des Bundesverfassungsgerichts liege im simplen Fakt, dass über die Schwere einer Maßnahme gestritten werden kann.[292] Die Bewertung der jeweiligen Intensität sei ein subjektiver Vorgang.[293] Es handele sich stets um eine „‚gefühlte‘ Belastungsintensität“[294]. Daher erzeugt die Beurteilung der Schwere des Eingriffs regelmäßig Sondervoten.[295]

---

[281] BVerfGE 150, 244 (273 f. Rn. 67 f.).

[282] Vgl. BVerfGE 113, 348 (368 ff.).

[283] Vgl. BVerfGE 150, 244 (275 Rn. 72).

[284] BVerwGE 141, 329 (336 Rn. 31).

[285] Vgl. BVerfGE 150, 244 (274 f. Rn. 68 ff.); vgl. auch BVerfGE 113, 348 (368 ff.).

[286] BVerfGE 150, 244 (275 Rn. 72).

[287] BVerfGE 150, 244 (273 Rn. 66).

[288] BVerfGE 150, 244 (272 f. Rn. 63 ff.).

[289] BVerfGE 150, 244 (275 Rn. 72).

[290] *Poscher*, Die Verwaltung 41 (2008), 345 (345); *Trute*, in: GS Jeand'Heur, S. 403 (406).

[291] *Baldus*, Die Verwaltung 47 (2014), 1 (3); vgl. auch *Trute*, in: GS Jeand'Heur, S. 403 (414).

[292] *Volkmann*, JURA 2007, 132 (136).

[293] *Hillgruber*, in: Isensee/Kirchhof, Handbuch des Staatsrechts, Bd. IX, § 201 Rn. 80; *Volkmann*, JURA 2007, 132 (134).

[294] *Hillgruber*, in: Isensee/Kirchhof, Handbuch des Staatsrechts, Bd. IX, § 201 Rn. 80.

Die Literatur weist auf die fehlende empirische, fachwissenschaftliche Rücksicherung beispielsweise soziologischer oder psychologischer Natur hin.[296] Ein vermeintlicher Einschüchterungseffekt oder das Gefühl des Überwachtwerdens bilden weder einen Eingriff noch erhöhten sie die Intensität.[297] Vielmehr komme es zu einer potenzierten Subjektivität.[298] Argumentative Allgemeinposten, wie Heimlichkeit betreffe die Gesellschaft insgesamt,[299] sollen die nicht fundierte Argumentation kaschieren.[300] Dies steigert sich zum bereits erwähnten Vorwurf eines „eklatanten Fall von Kryptosoziologie oder Küchenpsychologie"[301].

Jedes verfassungsgerichtliche Argument ließe sich entkräften.[302] Die Streubreite sei nicht automatisch intensiv, da wohl die Schwere nicht einfach dadurch steige, dass andere auch betroffen sind.[303] So seien große Datenmenge von vielen Personen eher vorteilhaft für den einzelnen Betroffenen, da er nicht in seiner Individualität hervortrete und ein sogenanntes Sonderopfer leistet.[304] Quantität sei im grundrechtlichen Bereich, etwa beim Lebensschutz, sogar teils irrelevant.[305] Ferner seien Fälle denkbar, in denen eine Kombination von Streubreite und Anlasslosigkeit auch diskriminierende Effekte beseitigten.[306]

Heimlichkeit beziehungsweise Verdecktheit beeinträchtigten das grundrechtlich geschützte Verhalten nicht per se.[307] Zunächst erfolgten auch heimliche Eingriffe immer aufgrund eines öffentlich bekanntgemachten Gesetzes.[308] Dann sei auch die Argumentation des Bundesverfassungsgerichts unschlüssig: Habe der Betroffene von der Maßnahme keine Kenntnis, könne die Heimlichkeit schon deswegen ihn

---

[295] *Eichberger*, Sondervotum zu BVerfGE 125, 260 ff., BVerfGE 125, 380 (380 f.); *Haas*, Sondervotum zu BVerfGE 115, 320 ff., BVerfGE 115, 371 (375 f.); *Schluckebier*, Sondervotum zu BVerfGE 125, 260 ff., BVerfGE 125, 364 (365).

[296] *Cornils*, JURA 2010, 443 (447); *Dreier*, in: ders., GG, Bd. I, Art. 2 I Rn. 87.

[297] *Dreier*, in: ders., GG, Bd. I, Art. 2 I Rn. 87.

[298] *Schoch/Kießling*, in: Schoch/Eifert, Besonderes Verwaltungsrecht, Kap. 1 Rn. 82.

[299] BVerfGE 120, 378 (403).

[300] *Dreier*, in: ders., GG, Bd. I, Art. 2 I Rn. 87.

[301] *Dreier*, in: ders., GG, Bd. I, Art. 2 I Rn. 87.

[302] Vgl. insb. *Dreier*, in: ders., GG, Bd. I, Art. 2 I Rn. 87; *Schoch/Kießling*, in: Schoch/Eifert, Besonderes Verwaltungsrecht, Kap. 1 Rn. 81; *Volkmann*, JURA 2007, 132 (134).

[303] *Dreier*, in: ders., GG, Bd. I, Art. 2 I Rn. 87; *Schoch/Kießling*, in: Schoch/Eifert, Besonderes Verwaltungsrecht, Kap. 1 Rn. 82; *Volkmann*, JURA 2007, 132 (134).

[304] *Haas*, Sondervotum zu BVerfGE 115, 320 ff., BVerfGE 115, 371 (374); zum Sonderopfer in diesem Kontext *Cornils*, JURA 2010, 443 (447, insb. 447 Fn. 36).

[305] *Cornils*, JURA 2010, 443 (447, insb. 447 Fn. 36).

[306] *Cornils*, JURA 2010, 443 (447).

[307] *Cornils*, Jura 2010, 443 (446); *Schoch/Kießling*, in: Schoch/Eifert, Besonderes Verwaltungsrecht, Kap. 1 Rn. 82; *Volkmann*, JURA 2007, 132 (134); *ders.*, JURA 2014, 820 (825).

[308] *Schluckebier*, Sondervotum zu BVerfGE 125, 260 ff., BVerfGE 125, 364 (366).

nicht einschüchtern und schwer wiegen.[309] Nicht ausreichend berücksichtigt werde zudem, ob eine Freiwilligkeit auf Seiten des Bürgers vorliegt und bei wem der Eingriff durchgeführt wird.[310] Bei Folgeeingriffen werde nicht hinreichend gewürdigt, dass diese begrenzt sind durch entsprechende Ermächtigungen.[311]

Die Literatur merkt an, dass der Schutz des Sicherheitsrechts nicht bloß unter dem Vorwand des Rechtsgüterschutzes vorverlegt werden kann.[312] Allgemein wird festgestellt, dass die Schutzfunktion des Verhältnismäßigkeitsgrundsatzes im Vorsorgebereich abnimmt.[313] Die Intensität steigere die Komplexität der ohnehin schon aufgeladenen Abwägungsentscheidung.[314] Durch das System des Bundesverfassungsgerichts erfolge im Ergebnis bloß eine unzulässig generalisierende Abwägung von Vor- und Nachteilen, die dann dennoch in spezifischen Ableitungen mündet.[315] Zu viele Kriterien würden als schwerwiegend eingestuft, sodass in der Rechtsprechung kaum noch geringfügige Eingriffe angenommen werden.[316] Zudem ließen die finalen Einstufungen besonders hohes Gewicht,[317] besonderes Gewicht,[318] mit hoher Eingriffsintensität[319] oder erhebliches Eingriffsgewicht[320] eine Methode vermissen und wirkten beliebig.[321] Die Abwägungstopoi „täuschen damit Rationalität vor, die sie in der Sache nicht einlösen können"[322]. Schoch spricht von einer Scheinrationalität.[323]

---

[309] *Dreier*, in: ders., GG, Bd. I, Art. 2 I Rn. 87; *Haas*, Sondervotum zu BVerfGE 115, 320 ff., BVerfGE 115, 371 (371 f.); *Schoch/Kießling*, in: Schoch/Eifert, Besonderes Verwaltungsrecht, Kap. 1 Rn. 82; *Volkmann*, JURA 2007, 132 (134).

[310] So bestehe keine Einschüchterung durch Anordnung einer Speicherpflicht bei privaten Anbietern, vgl. *Schluckebier*, Sondervotum zu BVerfGE 125, 260 ff., BVerfGE 125, 364 (366).

[311] *Volkmann*, JURA 2007, 132 (134); *ders.*, JURA 2014, 820 (825).

[312] *Hoffmann-Riem*, ZRP 2002, 497 (499).

[313] *Trute*, in: GS Jeand'Heur, S. 403 (409).

[314] *Volkmann*, JURA 2007, 132 (136).

[315] *Schoch/Kießling*, in: Schoch/Eifert, Besonderes Verwaltungsrecht, Kap. 1 Rn. 83, vgl. dazu *Trute*, in: GS Jeand'Heur, S. 403 (409).

[316] *Volkmann*, JURA 2014, 820 (825).

[317] Im nachrichtendienstlichen Kontext BVerfGE 120, 274 (327).

[318] BVerfGE 125, 260 (324).

[319] BVerfGE 141, 220 (270 Rn. 108).

[320] BVerfGE 150, 244 (284 Rn. 99).

[321] *Volkmann*, JURA 2014, 820 (825); vgl. auch *Schoch/Kießling*, in: Schoch/Eifert, Besonderes Verwaltungsrecht, Kap. 1 Rn. 83.

[322] *Volkmann*, JURA 2014, 820 (825).

[323] *Schoch/Kießling*, in: Schoch/Eifert, Besonderes Verwaltungsrecht, Kap. 1 Rn. 81; *Volkmann*, JURA 2014, 820 (825).

2. Umgehung der Funktionenordnung

Konsequenz der richterlichen Zuschreibungen sei eine Machtverschiebung von der Legislative auf die Judikative.[324] Die „‚Ja aber'-Entscheidungen"[325] des Bundesverfassungsgerichts zeugten davon, dass das Bundesverfassungsgericht die durch den Gesetzgeber gesetzten materiellen Grenzen nicht akzeptiere.[326] Dabei obliegt die Schaffung von Sicherheitsrecht in der gesetzlichen Funktionenordnung dem Gesetzgeber, vgl. Art. 20 Abs. 2 S. 2 GG.[327] Es ist zu gewährleisten, dass die Legislative Herr der Normen bleibt, über die sich die grundrechtliche Schutzpflicht verwirklicht.[328] Der im Anblick dessen gebotene judicial self-restraint, die richterliche Zurückhaltung, gehe verloren.[329]

Prinzipiell besteht ein richterlicher Kontrollanspruch hinsichtlich der Verhältnismäßigkeit.[330] Die Angemessenheitskontrolle des Verfassungsgerichts dürfe indes nur zurückhaltend ausgeübt werden; der Richter müsse die Wertungen des Gesetzgebers nachvollziehen, nicht eigene anstellen.[331] Diese Einschränkung komme schon in der Negativformulierung der Definition der Angemessenheit – „nicht außer Verhältnis" – zum Ausdruck.[332] Explizit sei bei der Einschätzung von Gefahren, die der Allgemeinheit drohen, und bei der Beurteilung der Maßnahmen, die der Verhütung und Bewältigung dieser Gefahren dienen sollen, der Beurteilungsspielraum des Gesetzgebers erst überschritten, „wenn die gesetzgeberischen Erwägungen so fehlsam sind, daß sie vernünftigerweise keine Grundlage für derartige Maßnahmen abgeben können"[333]. Es bestünden Einschätzungs-, Wertungs- und Gestaltungsräume für den Gesetzgeber.[334] Diese können nur in nur in begrenztem

324 *Schoch/Kießling*, in: Schoch/Eifert, Besonderes Verwaltungsrecht, Kap. 1 Rn. 82; vgl. auch *Aden/Fährmann*, ZRP 2019, 175 (176 f.); *Trute*, Die Verwaltung 37 (2003), 501 (514).

325 *Volkmann*, JURA 2014, 820 (820).

326 Vgl. *Eichberger*, Sondervotum zu BVerfGE 125, 260 ff., BVerfGE 125, 380 (381 f.); *Schluckebier*, Sondervotum zu BVerfGE 125, 260 ff., BVerfGE 125, 364 (373); *Schoch/Kießling*, in: Schoch/Eifert, Besonderes Verwaltungsrecht, Kap. 1 Rn. 85; s. auch *Möstl*, Stellungnahme zu BayLT-Drs. 17/16299, S. 1.

327 *Möstl*, DVBl. 2010, 808 (810 f.); *Schoch/Kießling*, in: Schoch/Eifert, Besonderes Verwaltungsrecht, Kap. 1 Rn. 72, 85.

328 *Isensee*, in: ders./Kirchhof, Handbuch des Staatsrechts, Bd. IX, § 191 Rn. 291.

329 *Haas*, Sondervotum zu BVerfGE 115, 320 ff., BVerfGE 115, 371 (381); *Schoch/Kießling*, in: Schoch/Eifert, Besonderes Verwaltungsrecht, Kap. 1 Rn. 85.

330 Grdlg. BVerfGE 7, 377 (409 ff., 410); *Hillgruber*, in: Isensee/Kirchhof, Handbuch des Staatsrechts, Bd. IX, § 201 Rn. 53 m.w.N.

331 *Hillgruber*, in: Isensee/Kirchhof, Handbuch des Staatsrechts, Bd. IX, § 201 Rn. 84 f.

332 *Hillgruber*, in: Isensee/Kirchhof, Handbuch des Staatsrechts, Bd. IX, § 201 Rn. 86.

333 *Hillgruber*, in: Isensee/Kirchhof, Handbuch des Staatsrechts, Bd. IX, § 201, Rn. 67.

334 *Schoch/Kießling*, in: Schoch/Eifert, Besonderes Verwaltungsrecht, Kap. 1 Rn. 85; vgl. auch *Hillgruber*, in: Isensee/Kirchhof, Handbuch des Staatsrechts, Bd. IX, § 201 Rn. 66.

Umfang überprüft werden.[335] Nur in Grenzfällen, in denen irreversibler Schaden droht, könne daher das Gericht von sich aus Interimslösungen anordnen.[336]

3. Verrechtlichung

Die Macht der Legislative dürfe aber auch nicht durch die Exekutive unterminiert werden. Die Bestimmtheit der Gesetze soll gewährleisten, dass die Beurteilung der Verhältnismäßigkeit nicht der Exekutive überantwortet wird.[337] Als Schattenseite dieser Grenzziehung unterliege die Gefahrenvorsorge zunehmender Verrechtlichung.[338] Eingeleitet wurde diese Entwicklung in der Gefahrenvorsorge durch das Volkszählungsurteil infolge einer Ausdehnung des Eingriffsbegriffs.[339] Wegen des in Art. 20 Abs. 3 GG angeordneten Gesetzesvorbehalts begründete diese Entwicklung das Bedürfnis des Schaffens von Ermächtigungen im informationellen Vorfeldbereich.[340] Zu kleinteilige richterliche Vorgaben konterkarierten indes den gesetzgeberischen Gestaltungsspielraum.[341] Als Rechtsgebiet, das in seiner Systematisierung noch in den Kinderschuhen stecke, gleichzeitig aber ständigem Wandel unterliege, kommt es in der Gefahrenvorsorge stets zur Neustatuierung beziehungsweise Erweiterung der Grenzen.[342] Erst die Anerkennung der Eingriffsqualität im informationellen Vorfeld, später die fortlaufende Konkretisierung der Bestimmtheits- und Verfahrensanforderungen führten zu einer „schier unüberschaubaren Fülle neuer Eingriffsbefugnisse[n]“[343]. Durch die Umsetzung der Vorgaben des Bundesverfassungsgerichts würden die Vorschriften unterdessen komplexer, länger, unübersichtlicher und im Ergebnis weniger praktikabel.[344] Die Verständlichkeit und damit die Akzeptanz litten darunter.[345] Verwaltungsaufwand und Bürokratie würden durch die Normen gesteigert.[346]

---

[335] BVerfGE 90, 145 (173); 110, 141 (157); 117, 163 (183); *Hillgruber*, in: Isensee/Kirchhof, Handbuch des Staatsrechts, Bd. IX, § 201 Rn. 66.

[336] *Isensee*, in: ders./Kirchhof, Handbuch des Staatsrechts, Bd. IX, § 191 Rn. 288.

[337] *Isensee*, in: ders./Kirchhof, Handbuch des Staatsrechts, Bd. IX, § 191 Rn. 75; *Schulze-Fielitz*, in: FS Glaeser, S. 407 (418); *Trute*, in: GS Jeand'Heur, S. 403 (423).

[338] *Baldus*, Die Verwaltung 47 (2014), 1 (9); *Thiel*, Die „Entgrenzung“ der Gefahrenabwehr, S. 193; *Trute*, Die Verwaltung 53 (2020), 99 (103 ff.).

[339] BVerfGE 65, 1 (Ls. 1, 44 ff.); *Baldus*, Die Verwaltung 47 (2014), 1 (9); *Schulze-Fielitz*, in: FS Glaeser, S. 407 (411 f.); *Trute*, Die Verwaltung 37 (2003), 501 (514).

[340] *Thiel*, Die „Entgrenzung“ der Gefahrenabwehr, S. 193.

[341] *Eichberger*, Sondervotum zu BVerfGE 125, 260 ff., BVerfGE 125, 380 (381); *Thiel*, Die „Entgrenzung“ der Gefahrenabwehr, S. 193.

[342] *Schoch*, Der Staat 43 (2004), 347 (367), vgl. auch *Baldus*, Die Verwaltung 47 (2014), 1 (10).

[343] *Baldus*, Die Verwaltung 47 (2014), 1 (10).

[344] *Möstl*, DVBl. 2010, 8080 (809); *ders.*, Die Verwaltung 53 (2020), 21; (26); *Thiel*, Die „Entgrenzung“ der Gefahrenabwehr, S. 193; *Volkmann*, NVwZ 2009, 216 (221).

[345] *Thiel*, Die „Entgrenzung“ der Gefahrenabwehr, S. 193.

4. Verstoß gegen das Trennungsgebot

Trotz vereinzelt aufflammender Kritik ist man in der rechtswissenschaftlichen Literatur in der Gefahrenvorsorge an die Nähe zum strafprozessualen Handlungsfeld, anders als früher,[347] nun gewöhnt.[348] Die anhand der Kriterien der Rechtsprechung erfolgte Trennung ist wohl weitgehend akzeptiert.[349]

Kritischer hervorgehoben wird die sich vermeintlich auflösende Trennung von Nachrichtendiensten und Polizeibehörden. Sie ist historische Konsequenz der Vereinigung nachrichtendienstlicher und polizeilicher Befugnisse und dem damit verbundenen Machtmissbrauch in der NS-Herrschaft.[350] Die Bedeutung ist heute nicht minder groß: Die Behördentrennung erhöht Rechtfertigungspflicht des Staates und wirkt grundrechtsschonend.[351] Gesetzlich verankert ist sie z.B. in § 2 Abs. 2 S. 1 BVerfSchG.[352] Wie das Bundesverfassungsgericht erkennt auch die Literatur eine Trennung der Aufgaben, der Befugnisse und der Mittel an.[353] Näher bezeichnet die Literatur dies als institutionell-organisatorisches, personelles, funktionelles und befugnisrechtliches Trennungsgebot.[354] Das Bundesverfassungsgericht hat diese Gebote nun auch ausdrücklich um ein informationelles Trennungsgebot erweitert.[355]

Die Gemengelage von polizeilicher und nachrichtendienstlicher Tätigkeit führt zu zwei Problemen: zum einen die Annäherung der Aufgaben und Befugnisse und zum anderen die Zusammenarbeit der Behörden. Verlagert die Polizei ihre Kompetenzen in den Bereich vor der konkreten Gefahr, wird eine Aufweichung des „Vorfeldmonopol[s]“[356] postuliert.[357] Durch ein Handeln im Vorfeld überschreite die Polizei das Trennungsgebot.[358] Dies gestalte sich schon deswegen problema-

---

346 *Volkmann*, NVwZ 2009, 216 (221).

347 Vgl. z.B. *Kniesel/Vahle*, in: Clages, Polizeiliche Informationsverarbeitung und Datenschutz im künftigen Polizeirecht, S. 11 ff. Rn. 16 ff.

348 *Löffelmann*, GSZ 2018, 85 (86).

349 Vgl. *Löffelmann*, GSZ 2018, 85 (85).

350 *Löffelmann*, GSZ 2018, 85 (85); *Volkmann*, JURA 2014, 820 (826).

351 *Löffelmann*, GSZ 2018, 85 (89); *ders.*, BayVBl. 2018, 145 (147).

352 Mit weiteren Beispielen *Thiel*, Die „Entgrenzung“ der Gefahrenabwehr, S. 372 ff.

353 *Thiel*, Die „Entgrenzung“ der Gefahrenabwehr, S. 373.

354 *Thiel*, Die „Entgrenzung“ der Gefahrenabwehr, S. 373, 385 f.; vgl. auch *Löffelmann*, BayVBl. 2018, 145 (147); *Möstl*, Die staatliche Garantie für die öffentliche Sicherheit und Ordnung, S. 404 f.

355 BVerfGE 133, 277 (329 Rn. 123); 156, 11 (11 Ls. 1, 50 Rn. 101).

356 *Baldus*, Die Verwaltung 47 (2014), 1 (4).

357 *Baldus*, Die Verwaltung 47 (2014), 1 (4); zur Vernachrichtendienstlichung der Polizei und Verpolizeilichung der Nachrichtendienste, vgl. *Volkmann*, JURA 2014, 820 (828); *Löffelmann*, BayVBl. 2018, 145 (147); *Möstl*, Die staatliche Garantie für die öffentliche Sicherheit und Ordnung, S. 408.

358 *Baldus*, Die Verwaltung 47 (2014), 1 (4); *Schulze-Fielitz*, in: FS Glaeser, S. 407 (415).

tisch, da die Polizei nun auf das vermeintlich den Nachrichtendiensten vorbehaltene verdeckte Agieren zurückgreift, was gegenüber dem Bürger nachteilbehaftet ist.[359]

Auch der Wissensaustausch gestalte sich höchst problematisch. Zwar postuliert das Bundesverfassungsgericht grundsätzlich eine informationelle Trennung.[360] Der gewählte grundrechtliche[361] Ansatzpunkt vertiefe im Vergleich zu einem nicht staatsorganisationsrechtlichen[362] die Überschneidungen der Aufgaben, und das Trennungsgebot verkomme zu einem Abwägungsposten.[363]

III. Zwischenfazit

1. Abwägung unter Beachtung des Rechtsgüterschutzes

Die Grenzen der Gefahrenvorsorge definiert ein Großteil der Literatur im Grundsatz entsprechend den Vorgaben des Bundesverfassungsgerichts.[364] Die Besonderheit der Prüfung ist durch eine Mehrpoligkeit der Interessenlage zwischen Staat, Geschützten und Adressaten gekennzeichnet.[365] Calliess schlägt eine vereinheitlichte Verhältnismäßigkeitsprüfung in dem Sinne vor, dass erst für den Geschützten und den Adressaten getrennt eine Geeignetheits- und Erforderlichkeitsprüfung durchzuführen und in der anschließenden Angemessenheitsprüfung dann in einer geeinten Prüfung unter zusammenlaufen aller Belange praktische Konkordanz herzustellen ist.[366] Die mehrpolige Interessenslage führt so zu einer mehrpoligen Verhältnismäßigkeitsprüfung.[367] Deren Bedeutung wird durch die Betonung der Schutzpflicht gerade im Vorsorgebereich intensiviert.[368]

---

[359] Vgl. *Schulze-Fielitz*, in: FS Glaeser, S. 407 (415).

[360] BVerfGE 133, 277 (323 ff. Rn. 112 ff.).

[361] BVerfGE 133, 277 (323 ff. Rn. 112 ff.); krit. *Thiel*, Die „Entgrenzung" der Gefahrenabwehr, S. 382.

[362] Abgeleitet z. B. aus Art. 87 Abs. 1 S. 2 GG; vgl. *Volkmann*, JURA 2014, 820 (825 ff.); *Thiel*, Die „Entgrenzung" der Gefahrenabwehr, S. 372 ff.

[363] *Volkmann*, JURA 2014, 820 (822).

[364] Vgl. u. a. *Gusy*, VVDStRL 63 (2004), 151 (174 f.); *Schoch*, Der Staat 43 (2004), 347 (366 ff.); *Schulze-Fielitz*, in: FS Glaeser, S. 407 (423 ff., 427 ff.); *Voßkuhle*, in: FS Würtenberger, S. 1101 (1110 ff.).

[365] *Calliess*, DVBl. 2003, 1096 (1103); vgl. auch *Isensee*, in: ders./Kirchhof, Handbuch des Staatsrechts, Bd. IX, § 191 Rn. 5; *ders.*, Das Grundrecht auf Sicherheit, S. 37 f.; *Kniesel/Vahle*, in: Clages, Polizeiliche Informationsverarbeitung und Datenschutz im künftigen Polizeirecht, S. 100 Rn. 169; *Schoch*, Der Staat 43 (2004), 347 (365); *ders./Kießling*, in: Schoch/Eifert, Besonderes Verwaltungsrecht, Kap. 1 Rn. 78; *Schulze-Fielitz*, in: FS Glaeser, S. 407 (408, 416); *Stern*, in: Isensee/Kirchhof, Handbuch des Staatsrechts, Bd. IX, § 185 Rn. 91.

[366] *Calliess*, DVBl. 2003, 1096 (1103).

[367] *Calliess*, DVBl. 2003, 1096 (1103).

[368] Vgl. *Calliess*, DVBl. 2003, 1096 (1103); *Isensee*, in: ders./Kirchhof, Handbuch des Staatsrechts, Bd. IX, § 191 Rn. 5; *ders.*, Das Grundrecht auf Sicherheit, S. 37 f.; *Kniesel/*

In der wegen des Gestaltungsspielraums in der Feststellung der Geeignetheit und Erforderlichkeit besonders ausschlaggebenden Prüfung der Angemessenheit erkennt die Literatur im Grundsatz die Notwendigkeit einer Abstufung des Eingriffskonzepts anhand des Verhältnismäßigkeitsgrundsatzes an.[369] Hier wird nicht selten im Sinne des „Charakter[s] der Gefahrenabwehr als Rechtsgüterschutz“[370] eine Skalierung der Rechtsgüter auf abwehrrechtlicher und schutzdimensionaler Seite für notwendig (leicht, mittel, schwer) erachtet.[371] Erhebliche Eingriffe in wichtige Schutzgüter bedürfen einer erheblichen Rechtfertigung, zum Beispiel durch Abstellen auf den Lebensschutz.[372] Als Faustformel lässt sich konstatieren, dass je näher das Rechtsgut zum Lebensschutz als physische Sicherheit anzuordnen ist, desto niedriger die Rechtfertigungsvoraussetzungen sind.[373] Es braucht aber mehr als nur die Gegenüberstellung von Rechtsgütern.

Sobald der Verhältnismäßigkeitsgrundsatz wegen der Auflösung der Kausalbeziehungen versagt und in die befürchtete „allgemeine und generalisierende Abwägung der Vor- und Nachteile von Maßnahmen“[374] übergeht, bedarf es einer Steuerung über gesetzlich manifestierte abwägungsrelevante Aspekte.[375] Ohne eine solche Abwägung existiere „erst recht kein zuverlässiges Programm zur Steuerung der polizeilichen Handlungsbefugnisse“[376]. Die Intensität war bereits in frühen Auseinandersetzungen mit dem Ausgleich von Sicherheit und Freiheit ein Indikator für die Anforderungen der Schwelle und insbesondere des Wahrscheinlichkeitsmaßstabes.[377] Schon Isensee berücksichtigt die Rechtseinbuße des Störers oder unbeteiligter Adressaten.[378] Genauso fand sie in der Begründung des VE ME PolG (1986) Berücksichtigung.[379]

Vahle, in: Clages, Polizeiliche Informationsverarbeitung und Datenschutz im künftigen Polizeirecht, S. 100 Rn. 169.

[369] *Trute*, in: GS Jeand'Heur, S. 403 (410, 415 f.); vgl. auch *Hillgruber*, in: Isensee/Kirchhof, Handbuch des Staatsrechts, Bd. IX, § 201 Rn. 72 ff.

[370] BVerfGE 125, 260 (329); vgl. dazu auch die Überlegungen zum Rechtsgüterschutzmodell von *Kral*, Die polizeiliche Vorfeldbefugnisse als Herausforderung für Dogmatik und Gesetzgebung des Polizeirechts, S. 169 ff.

[371] *Calliess*, DVBl. 2003, 1096 (1104); *Isensee*, Das Grundrecht auf Sicherheit, S. 37; *Trute*, in: GS Jeand'Heur, S. 403 (416 f.).

[372] *Calliess*, DVBl. 2003, 1096 (1104); *Isensee*, Das Grundrecht auf Sicherheit, S. 38.

[373] *Calliess*, DVBl. 2003, 1096 (1104); vgl. auch *Isensee*, Das Grundrecht auf Sicherheit, S. 38.

[374] *Trute*, in: GS Jeand'Heur, S. 403 (409).

[375] *Trute*, in: GS Jeand'Heur, S. 403 (409); vgl. auch *Hillgruber*, in: Isensee/Kirchhof, Handbuch des Staatsrechts, Bd. IX, § 201 Rn. 84 ff.

[376] *Volkmann*, JURA 2007, 132 (136); im Erg. aber krit hinsichtlich der Auswahl der Abwägungstopoi, vgl. *Volkmann*, JURA 2007, 132 (134).

[377] Vgl. z. B. *Aulehner*, Polizeiliche Gefahren- und Informationsvorsorge, S. 480, 484; *Isensee*, Das Grundrecht auf Sicherheit, S. 37; *Neumann*, Vorsorge und Verhältnismäßigkeit, S. 176.

[378] *Isensee*, Das Grundrecht auf Sicherheit, S. 37.

Infolge der Feststellung der Intensität wird der Schutzauftrag der Grundrechte aktiviert und die Abwägungsentscheidung im Rahmen der Verhältnismäßigkeitsprüfung kippt zugunsten der Sicherheit.[380] Die Kombination aus Rechtsgüterschutz und Abwägung nach Intensität findet in der Literatur durchaus Anklang.[381] Darüber, welche Parameter einbezogen werden müssen, trifft der Verhältnismäßigkeit keine Aussage.[382] Die Entscheidung ist nie objektiv, da keine zwingenden verfassungsrechtlichen Gründe existieren, sondern sie ist immer politisch subjektiv gefärbt.[383] Abwägungsergebnisse können sich höchstens „intersubjektiv"[384] darstellen, das heißt vernünftig begründet sein. Sie liegen letztlich gleichwohl stets im Auge des Betrachters. Durch solche intersubjektiven Entscheidungen gilt es den Korridor zwischen den Extremen eines auf der einen Seite verbotenen Eingriffs in den Wesensgehalt der Grundrechte nach Art. 19 Abs. 2 GG durch vollständigen Entzug der Freiheitsgarantien und einer auf der anderen Seite zu befürchtenden vollständigen Vernachlässigung des Schutzanspruchs auszufüllen.[385] Die Abwägungsentscheidung leidet unter der gleichen Wertungsabhängigkeit, unter der das Austarieren von Freiheit und Sicherheit insgesamt leidet.[386] Wird aber ein Eingriff fälschlicherweise gering gewichtet, kann die Gesetzesbestimmung durch Einstellen entsprechend hochrangiger Rechtsgüter des Geschützten Bestand haben.[387]

Gleichzeitig gilt es zu betonen, dass die politische Entscheidung dem Gesetzgeber überantwortet sein muss.[388] Seine Entscheidung kommt durch die demokratische Legitimation Rationalisierungswirkung zu.[389] Daher kann nur eine zurückhaltende Angemessenheitskontrolle grundsätzlich gewollt sein. Diese kann nur in Form einer Vertretbarkeitskontrolle erfolgen.[390] Damit steigen aber die Anforderungen an die Begründung für den Gesetzgeber, da dessen Entscheidung erst dann

---

379 Abdr. der Begr. zu VE ME PolG (1986) in *Kniesel/Vahle*, in: Clages, VE ME PolG, S. 49.

380 Vgl. *Aulehner*, Polizeiliche Gefahren- und Informationsvorsorge, S. 480.

381 *Hillgruber*, in: Isensee/Kirchhof, Handbuch des Staatsrechts, Bd. IX, § 201 Rn. 72; *Poscher*, Die Verwaltung 41 (2008), 345 (351); *Trute*, in: GS Jeand'Heur, S. 403 (409).

382 *Hillgruber*, in: Isensee/Kirchhof, Handbuch des Staatsrechts, Bd. IX, § 201 Rn. 80 m. V. a. BVerfGE 92, 277 (327).

383 *Hillgruber*, in: Isensee/Kirchhof, Handbuch des Staatsrechts, Bd. IX, § 201 Rn. 82; *Isensee*, Das Grundrecht auf Sicherheit, S. 40; *Schoch/Kießling*, in: Schoch/Eifert, Besonderes Verwaltungsrecht, Kap. 1 Rn. 85.

384 *Hillgruber*, in: Isensee/Kirchhof, Handbuch des Staatsrechts, Bd. IX, § 201 Rn. 82.

385 *Hillgruber*, in: Isensee/Kirchhof, Handbuch des Staatsrechts, Bd. IX, § 201 Rn. 81.

386 *Schoch/Kießling*, in: Schoch/Eifert, Besonderes Verwaltungsrecht, Kap. 1 Rn. 85.

387 *Hillgruber*, in: Isensee/Kirchhof, Handbuch des Staatsrechts, Bd. IX, § 201 Rn. 90.

388 *Hillgruber*, in: Isensee/Kirchhof, Handbuch des Staatsrechts, Bd. IX, § 201 Rn. 81; *Schoch/Kießling*, in: Schoch/Eifert, Besonderes Verwaltungsrecht, Kap. 1 Rn. 85.

389 *Voßkuhle*, in: FS Würtenberger, S. 1101 (1105).

390 *Hillgruber*, in: Isensee/Kirchhof, Handbuch des Staatsrechts, Bd. IX, § 201 Rn. 85 f.; *Isensee*, Das Grundrecht auf Sicherheit, S. 40; *Schoch/Kießling*, in: Schoch/Eifert, Besonderes Verwaltungsrecht, Kap. 1 Rn. 85.

kontrollfähig wird.[391] Erst wenn der Gesetzgeber die Abwägungsentscheidung auf der Basis falscher oder unzulänglich ermittelter oder in der Abwägung unberücksichtigt gebliebener Tatsachen getroffen hat, ist die Entscheidung vom Bundesverfassungsgericht als verfassungswidrig aufzuheben.[392] Wegen der gebotenen zurückhaltenden Ausübung der Überprüfung der Verfassungswidrigkeit besteht ein Vorrang der verfassungskonformen Auslegung durch Möglichkeit der schutzpflichtkonformen Interpretation.[393]

Die Parameter des Bundesverfassungsgerichts finden durchaus Anklang.[394] Die Argumentation mit der Intensität erfolgt durch den Gesetzgeber selbst beziehungsweise wird von diesem übernommen.[395] Der Kritik an der Auswahl sowie der Kombination der einzelnen Kriterien ist aber Rechnung zu tragen.[396] Gerade die Streubreite und Heimlichkeit sind in ihrer Intensität im Einzelfall zu beurteilen. Dabei ist zu berücksichtigen, wie sehr der Einzelne in den Fokus einer Maßnahme gerät. Inwieweit zukünftig das Projekt einer „Überwachungsgesamtrechnung" der Bundesregierung zu einer Vereinheitlichung der Beurteilung der Intensität beitragen kann, ist abzuwarten.[397]

---

[391] *Hillgruber*, in: Isensee/Kirchhof, Handbuch des Staatsrechts, Bd. IX, § 201 Rn. 80, 87.

[392] *Hillgruber*, in: Isensee/Kirchhof, Handbuch des Staatsrechts, Bd. IX, § 201 Rn. 92.

[393] Vgl. BVerfGE 77, 381 (404); *Isensee*, in: ders./Kirchhof, Handbuch des Staatsrechts, Bd. IX, § 191 Rn. 288.

[394] Zu den Kriterien insgesamt und insb. zur Streubreite, vgl. *Bäcker*, Kriminalpräventionsrecht, S. 267 ff., insb. 269; zur Intensität der Streubreite und Heimlichkeit, vgl. *Brugger*, Freiheit und Sicherheit, S. 92; *Schulze-Fielitz*, in: FS Glaeser, S. 407 (425); *Voßkuhle*, in: FS Würtenberger, S. 1101 (1120); zur Heimlichkeit, vgl. *Hillgruber*, in: Isensee/Kirchhof, Handbuch des Staatsrechts, Bd. IX, § 201 Rn. 73; zur Anonymität, Persönlichkeitsrelevanz, Anlasslosigkeit und Nachteilen durch Folgemaßnahmen, vgl. *Voßkuhle*, in: FS Würtenberger, S. 1101 (1120).

[395] Vgl. die Amtl. Begr. zu Art. 11 BayPAG i. d. F. Gesetzes zur effektiveren Überwachung gefährlicher Personen vom 24.7.2017 (BayGVBl. S. 388), BayLT-Drs. 17/16299, S. 10: „Durch die Beschränkung auf Gefahren durch Gewalttaten von erheblicher Intensität oder Auswirkung für die in Abs. 3 Satz 2 abschließend aufgezählten bedeutenden Rechtsgüter wird einerseits der Grundsatz der Verhältnismäßigkeit besonders beachtet". Amtl. Begr. zu Art. 34d BayPAG i. d. F. des Gesetzes zur Änderung des Polizeiaufgabengesetzes v. 8.7.2008 (BayGVBl. S. 365), BayLT-Drs. 15/10345, S. 7: „Einzubeziehen ist jeweils auch die Eingriffsintensität"; vgl. die Begründung zu Art. 34a Abs. 1 S. 1 Nr. 2 i. d. F. des Gesetzes zur Änderung des Polizeiaufgabengesetzes und des Parlamentarischen Kontrollgremium-Gesetzes v. 24.12.2005 (BayGVBl. S. 641), BayLT-Drs. 15/2096, S. 21 f.; vgl. auch die Berücksichtigung der Intensität in der Neufassung des BKAG i. d. F. des Gesetzes zur Neustrukturierung des Bundeskriminalamtgesetzes v. 1.6.2017 (BGBl. S. 1354), BT-Drs. 18/11163, S. 1, 92.

[396] *Dreier*, in: ders., GG, Bd. I, Art. 2 I Rn. 87; *Eichberger*, Sondervotum zu BVerfGE 125, 260 ff., BVerfGE 125, 380 (380 f.); *Haas*, Sondervotum zu BVerfGE 115, 320 ff., BVerfGE 115, 371 (371 f.); *Schluckebier*, Sondervotum zu BVerfGE 125, 260 ff., BVerfGE 125, 364 (366); *Schoch/Kießling*, in: Schoch/Eifert, Besonderes Verwaltungsrecht, Kap. 1 Rn. 82; *Volkmann*, JURA 2007, 132 (134).

[397] Koalitionsvertrag 2021–2025 zwischen SPD, Bündnis 90/Die Grünen und FDP, S. 108 f., https://www.bundesregierung.de/resource/blob/974430/1990812/1f422

Die Kriterien zur Bemessung der Intensität im Gefahrenvorfeld sind durch das Bundesverfassungsgericht im Laufe der Jahre präzisiert worden und werden es wohl auch weiter.[398] Auf Ebene der Beurteilung der zum Eingriff berechtigenden Tatsachen übernimmt die Literatur das Verbot der staatlichen Maßnahme „ins Blaue hinein"[399]. Lockerungen des Zurechnungszusammenhangs sind nicht per se verfassungswidrig.[400] Die genaue Ausgestaltung bedarf sowohl hinsichtlich der Schwellen als auch der Verantwortlichkeit einer Typenbildung, damit der Einzelne den Eingriff absehen kann.[401] Diese ist in Anbetracht der Komplexität der Abwägung „voraussetzungsvoll"[402]. Der Rechtsstaat verlangt präzise Überlegungen im Detail.[403] Dabei ist weder aus dem Bild der Verfassung noch aus den Freiheitsrechten abzuleiten, dass der Einzelne unbelastet von staatlichen Inpflichtnahmen bleibt.[404] Es bedarf einer Verteilung des Risikos zwischen der betroffenen Allgemeinheit und dem Einzelnen als Mitglied derselben sowie dem die Betroffenheit verursachenden Einzelnen.[405]

2. Grundrechtsschutz durch Kompensation

Auf Zustimmung stößt sowohl die Forderung der für alle Eingriffsebenen geltenden Zweckbindung[406] als auch der sonstigen kompensatorischen Vorgaben.[407] Das Verfahren kompensiert durch rationalisierte Selbst- und Außenkontrolle fehlende materielle Vorgaben.[408] Seine Bedeutung zeigt sich in der Vorverlagerung in

c60505b6a88f8f3b3b5b8720bd4/2021-12-10-koav2021-data.pdf?download=1, Stand: 11.12. 2023; dazu *Löffelmann*, GSZ 2023, 92 (94); *Poscher/Kilchling/Landerer*, GSZ 2021, 225 ff.

398 *Voßkuhle*, in: FS Würtenberger, S. 1101 (1120).

399 *Calliess*, DVBl. 2003, 1096 (1099); *Hillgruber*, in: Isensee/Kirchhof, Handbuch des Staatsrechts, Bd. IX, § 201 Rn. 76; *Schoch/Kießling*, in: Schoch/Eifert, Besonderes Verwaltungsrecht, Kap. 1 Rn. 85.

400 *Trute*, Die Verwaltung 37 (2003), 501 (519) m. w. N.

401 Vgl. zur Schwelle *Möstl*, DVBl. 2007, 581 (583); *Poscher*, Die Verwaltung 41 (2008), 345 (348 ff.); zur Verantwortlichkeit *Aulehner*, Polizeiliche Gefahren- und Informationsvorsorge, S. 478; *Möstl*, DVBl. 2007, 581 (583, 586, 588).

402 *Schoch*, Der Staat 43 (2004), 347 (366).

403 BVerfGE 110, 33 (68); *Schulze-Fielitz*, in: FS Glaeser, S. 407 (428).

404 *Trute*, Die Verwaltung 37 (2003), 501 (519).

405 *Erichsen*, VVDStRL 35 (1976), 171 (205).

406 *Schoch*, Der Staat 43 (2004), 347 (354, 367); *Schulze-Fielitz*, in: FS Glaeser, S. 407 (415); *Trute*, in: GS Jeand'Heur, S. 403 (422).

407 *Möstl*, DVBl. 2007, 581 (586); *Poscher*, Die Verwaltung 41 (2008), 345 (348 ff.); *Schoch*, Der Staat 43 (2004), 347 (366); *Schulze-Fielitz*, in: FS Glaeser, S. 407 (423 ff., 427 ff.); *Trute*, in: GS Jeand'Heur, S. 403 (419); *ders.*, Die Verwaltung 37 (2003), 501 (519); *ders.*, Die Verwaltung 53 (2020), 99 (109); *Voßkuhle*, in: FS Würtenberger, S. 1101 (1110 ff.); vgl. zum Grundrechtsschutz durch Verfahren ausf., *Denninger*, Isensee/Kirchhof, Handbuch des Staatsrechts, Bd. IX, § 113.

408 *Schulze-Fielitz*, in: FS Glaeser, S. 407 (429).

besonderem Maße. Denn je weniger sich Voraussetzungen ex-ante beschreiben lassen, desto wichtiger gestaltet sich der Ausgleich für die Interessen des Betroffenen.[409] Dies ist Teil der Verwirklichung des staatlichen Schutzauftrags.[410] Zentral ist die Verfahrenskompensation für die Adressatenstellung.[411] Durch die verschiedenen Mittel werden insbesondere die Subjektstellung des Adressaten gewahrt und ein wechselseitiger, vollständiger und unverzerrter Informationsfluss gewährleistet.[412] Die Beurteilung des notwendigen Verfahrens muss angepasst an die jeweilige Maßnahme und die Möglichkeit der Erlangung des Rechtsschutzes erfolgen.[413] Schon nach Ansicht des Bundesverfassungsgerichts sind der Kompensation aber Grenzen gesetzt.[414] Es ist stets die Erweiterung der Vorhersehbarkeit und Justiziabilität zu hinterfragen.

3. Grenzen des Trennungsgebots

Überschneidungen beim Rechtsgüterschutz führen notwendigerweise zu Überschneidungen der Aufgabenfelder und Durchbrechungen des Trennungsgebotes.[415] Es muss indes aus den genannten Gründen dabei bleiben, dass Nachrichtendienste nicht zu polizeilichen Maßnahmen ermächtigt werden dürfen.[416] Andersherum ist das nachrichtendienstliche Rechtsregime an den Maßstäben des Polizeirechts zu messen, wenn eine nachrichtendienstliche Maßnahme die gleiche Intensität wie eine gefahrenabwehrrechtliche Befugnis besitzt.[417] Dies ergibt sich schon daraus, dass auch das nachrichtendienstliche Sicherheitsrecht am Verhältnismäßigkeits- und Bestimmtheitsgrundsatz zu messen ist.[418] Es kommt sogar zu einer Übertragung des entsprechenden Abwägungssystems.[419]

Stimmen in der Literatur erkennen an, dass kein striktes Vorfeldmonopol besteht, da auch Polizeibehörden gerade in Anbetracht bedeutender Rechtsgüter ein-

---

[409] *Brugger*, Freiheit und Sicherheit, S. 94; *Kugelmann*, DÖV 2003, 781 (787); *Schoch*, Der Staat 43 (2004), 347 (366 f.); *Schulze-Fielitz*, in: FS Glaeser, S. 407 (429); *Trute*, in: GS Jeand'Heur, S. 403 (419).

[410] *Isensee*, in: ders./Kirchhof, Handbuch des Staatsrechts, Bd. IX, § 191 Rn. 285; *Trute*, Die Verwaltung 37 (2003), 501 (519).

[411] *Trute*, in: GS Jeand'Heur, S. 403 (414).

[412] *Denninger*, Isensee/Kirchhof, Handbuch des Staatsrechts, Bd. IX, § 113 Rn. 55, 59 f., 65 ff.

[413] *Denninger*, Isensee/Kirchhof, Handbuch des Staatsrechts, Bd. IX, § 113 Rn. 43 ff.; zu den Kriterien s. *ders.*, Isensee/Kirchhof, Handbuch des Staatsrechts, Bd. IX, § 113 Rn. 60.

[414] BVerfGE 113, 348 (389); im nachrichtendienstlichen Kontext BVerfGE 120, 274 (331); BVerfGE 110, 33 (68).

[415] *Möstl*, Die staatliche Garantie für die öffentliche Sicherheit und Ordnung, S. 406.

[416] *Trute*, in: GS Jeand'Heur, S. 403 (427).

[417] BVerfGE 125, 260 (331 f.); vgl. auch BVerfGE 156, 11 (56 Rn. 119).

[418] BVerfGE 125, 260 (331 f.); 120, 274 (302 ff.).

[419] BVerfGE 120, 274 (302 ff., 330 ff.).

schreiten können.[420] Die Offenheit des staatlichen Handelns ist keine zwingende Voraussetzung der Polizeiarbeit in Abgrenzung zu den Nachrichtendiensten mit Blick auf konspirativ agierende Kriminalitätsfelder.[421] Der Unterschied besteht darin, dass durch Nachrichtendienste ein weitreichendes, rein informationelles Eingreifen mangels Zwang möglich ist.[422] Gleichsam ist die Zusammenarbeit von Nachrichtendiensten und Polizei- sowie Sicherheitsbehörden gewollt; dies zeigt sich in der Tendenz zur gemeinsamen Erfüllung der Aufgaben, wie sie im Antiterrordateigesetz (ATDG) angelegt ist.[423] Vollständige „Informationsbarrieren“[424] behindern effektive Prävention.[425] Eine strikte Trennung ist nicht beabsichtigt und wird ersetzt durch die Definition klarer Grenzen,[426] wie sie durch das Bundesverfassungsgericht im Wege der informationellen Trennung erfolgt ist. So ist das Trennungsgebot in die Abwägung der jeweiligen Maßnahme einzustellen, soll aber keine Zusammenarbeit verhindern.[427]

4. Gesetzgebungsauftrag zum dynamischen Grundrechtsschutz

Eine Abwägungsentscheidung birgt stets das Risiko einer unzulässigen Subjektivierung. Gleichwohl müssen Maßstäbe über die äußeren Extreme hinaus gesetzt werden. Wichtig ist, dass hinter politischen Entscheidungen der rationalisierend wirkende Wille der demokratisch legitimierten Mehrheit zum Ausdruck kommt.[428] Dies gilt auch für das Absenken der Anforderungen in der Gefahrenvorsorge.[429] Bei Wahrscheinlichkeitsurteilen in der Gefahrenvorsorge ist eine bestimmte gesetzgeberische Entscheidung von besonderem Wert, da bei mangelnder Konkretisierung des zu befürchtenden Schadensergebnisses (also Offenheit dessen, was als Schaden anzusehen ist,) häufiger ein positives Gefahrenurteil zu erwarten ist. Das Risiko

---

[420] *Thiel*, Die „Entgrenzung“ der Gefahrenabwehr, S. 370; vgl. auch *Möstl*, Die staatliche Garantie für die öffentliche Sicherheit und Ordnung, S. 406.

[421] *Kniesel/Vahle*, in: Clages, Polizeiliche Informationsverarbeitung und Datenschutz im künftigen Polizeirecht, S. 96 f. Rn. 162 ff.; *Trute*, in: GS Jeand'Heur, S. 403 (427).

[422] *Möstl*, Die staatliche Garantie für die öffentliche Sicherheit und Ordnung, S. 407.

[423] S. das Antiterrordateigesetz v. 22. 12. 2006 (BGBl. I S. 3409); vgl. zur Zusammenarbeit *Volkmann*, JURA 2014, 820 (823).

[424] *Trute*, in: GS Jeand'Heur, S. 403 (427).

[425] *Thiel*, Die „Entgrenzung“ der Gefahrenabwehr, S. 387 ff.

[426] *Möstl*, Die staatliche Garantie für die öffentliche Sicherheit und Ordnung, S. 412 ff.; *Thiel*, Die „Entgrenzung“ der Gefahrenabwehr, S. 386 ff.; vgl. jüngst BVerfGE 154, 152 (268 Rn. 219); 156, 11 (44 ff. Rn. 83 ff.).

[427] *Thiel*, Die „Entgrenzung“ der Gefahrenabwehr, S. 379.

[428] *Hillgruber*, in: Isensee/Kirchhof, Handbuch des Staatsrechts, Bd. IX, § 201 Rn. 81; *Schoch/Kießling*, in: Schoch/Eifert, Besonderes Verwaltungsrecht, Kap. 1 Rn. 85; *Voßkuhle*, in: FS Würtenberger, S. 1101 (1105.).

[429] *Schoch/Kießling*, in: Schoch/Eifert, Besonderes Verwaltungsrecht, Kap. 1 Rn. 85; vgl. auch *ders.*, Der Staat 43 (2004), 347 (367).

einer Fehlprognose steigt.[430] Unbestimmte Gesetze vergrößern zudem den Einfluss der Exekutive. Die Legislative entmächtigt sich selbst und erschwert die Überprüfung durch die Judikative.[431]

Das Sicherheitsrecht ist kein abgeschlossener Prozess, sondern „nach dem Muster ‚Versuch und Irrtum'"[432] eine dauerhafte Verantwortung.[433] Der Gesetzgeber hat die Aufgabe, „die Sphären von Sicherheit und Freiheit einander immer wieder neu zuzuordnen"[434]. Er muss gewährleisten, dass Gesetze den wandelnden Bedrohungen gewachsen bleiben.[435] Die Literatur schlägt in diesem Sinne ein Vorgehen im Wege des dynamischen Grundrechtsschutzes vor.[436] Der aus der Schutzpflicht resultierende Auftrag zur Bereitstellung normativer Sicherungen der Grundrechte aktualisiert sich vor allem, wenn neuartige Gefahren auftreten.[437] Um ungewollte Regelungslücken zu vermeiden, müssen flexible Lösungen, zum Beispiel über Generalklauseln, gefunden werden.[438] Die Offenhaltung und Lernfähigkeit des Rechts wird gerade in der Gefahrenvorsorge betont.[439] Im Gegensatz zu einem statischen, auf Sicherung bestehender Rechte ausgerichteten System will dynamischer Grundrechtsschutz eine Abkehr von reaktivem Schutz der Rechtsgüter hin zur Garantie und Kontinuität zukünftiger Rechte.[440]

Das Ergebnis ist eine bewusst experimentelle Gesetzgebung.[441] Die dynamische Entwicklung verpflichtet den Gesetzgeber präventiv zur „Gesetzesfolgenabschätzung"[442] und repressiv, seine Handlungsbefugnisse zu evaluieren und gegebenenfalls anzupassen.[443] Dazu kann eine Befristung hilfreich sein:[444] Zeitgesetzgebung

---

[430] BVerwGE 141, 329 (341 Rn. 39); *Poscher*, Die Verwaltung 41 (2008), 345 (356).

[431] *Trute*, in: GS Jeand'Heur, S. 403 (423).

[432] *Schoch*, Der Staat 43 (2004), 347 (367).

[433] *Isensee*, Das Grundrecht auf Sicherheit, S. 40.

[434] *Voßkuhle*, in: FS Würtenberger, S. 1101 (1105).

[435] BVerfGE 115, 320 (360); 120, 378 (428 f.); 141, 220 (272 Rn. 112); *Isensee*, Das Grundrecht auf Sicherheit, S. 40.

[436] *Isensee*, in: ders./Kirchhof, Handbuch des Staatsrechts, Bd. IX, § 191 Rn. 285; vgl. schon *Denninger*, KJ 1988, 1 (7); s. auch *Gusy*, VVDStRL 63 (2004), 151 (157).

[437] *Isensee*, in: ders./Kirchhof, Handbuch des Staatsrechts, Bd. IX, § 191 Rn. 285.

[438] *Isensee*, in: ders./Kirchhof, Handbuch des Staatsrechts, Bd. IX, § 191 Rn. 286.

[439] *Aulehner*, Polizeiliche Gefahren- und Informationsvorsorge, S. 480 f.

[440] *Denninger*, KJ 1988, 1 (7); *Gusy*, VVDStRL 63 (2004), 151 (157); *Isensee*, in: ders./Kirchhof, Handbuch des Staatsrechts, Bd. IX, § 191 Rn. 285.

[441] *Trute*, in: GS Jeand'Heur, S. 403 (415); genauso *Denninger*, KJ 1988, 1 (7); *Schulze-Fielitz*, in: FS Glaeser, S. 407 (432).

[442] *Thiel*, Die „Entgrenzung" der Gefahrenabwehr, S. 193.

[443] *Schoch*, Der Staat 43 (2004), 347 (368); *Trute*, in: GS Jeand'Heur, S. 403 (415).

[444] *Schoch*, Der Staat 43 (2004), 347 (368); *Schulze-Fielitz*, in: FS Glaeser, S. 407 (432); *Thiel*, Die „Entgrenzung" der Gefahrenabwehr, S. 193 f.; *Trute*, in: GS Jeand'Heur, S. 403 (415); vgl. schon *Denninger*, KJ 1988, 1 (7).

kompensiert Prognoseunsicherheit.[445] So kann Ausnahmegesetzgebung vermieden oder zumindest auf Ausnahmesituationen begrenzt werden.[446] Kommt der Gesetzgeber einer gerechten Ausgestaltung nicht nach, besteht eine Nachbesserungspflicht,[447] die selbst wiederum politischer Gestaltungsfreiheit unterliegt.[448] Auch das Bundesverfassungsgericht geht von einem dynamischen Prozess aus.[449] Offenbare sich im Rahmen dieses Prozesses nach einem angemessenen Zeitraum, dass der Schutzauftrag verfehlt werde, sei nach Ansicht des Gerichts der Gesetzgeber zu einer dem Untermaßverbot genügenden Korrektur verpflichtet.[450]

Der Gesetzgeber bleibt maßgeblicher Akteur in der Entwicklung der Gefahrenvorsorge. Stellen sich seine Erwägungen als fehlerhaft dar, kann er sie über das System des dynamischen Grundrechtsschutzes leichter selbst korrigieren. Der dynamische Grundrechtsschutz in Kombination mit einer Vertretbarkeitskontrolle des Bundesverfassungsgerichts nach dem dargestellten System können den Interessen des im Vorfeld Betroffenen gerecht werden und garantieren einen gerechten Ausgleich der Interessen. Der Gesetzgeber übernimmt die Argumentation orientiert an der Intensität und der Abwägungstopoi.[451]

B. Implementierung der verfassungsrechtlichen Vorgaben in die Befugnis der Gefahrenvorsorge

Die verfassungsrechtlichen Vorgaben sind in die Befugnis der Gefahrenvorsorge zu implementieren. Unter Berücksichtigung des Bildes der Gefahrenvorsorge in der

---

[445] *Denninger*, KJ 1988, 1 (7).

[446] *Denninger*, KJ 1988, 1 (7); *Schulze-Fielitz*, in: FS Glaeser, S. 407 (431 f.); *Thiel*, Die „Entgrenzung" der Gefahrenabwehr, S. 194.

[447] *Isensee*, Das Grundrecht auf Sicherheit, S. 40; vgl. auch *Denninger*, KJ 1988, 1 (7); generell zur Nachbesserungspflicht, vgl. *Badura*, in: FS Eichenberger, S. 481 ff.

[448] *Badura*, in: FS Eichenberger, S. 481 (488).

[449] BVerfGE 49, 89 (130 ff.); 56, 54 (78 ff.).

[450] BVerfGE 88, 203 (309).

[451] Zu Art. 11 BayPAG i. d. F. Gesetzes zur effektiveren Überwachung gefährlicher Personen vom 24. 7. 2017 (BayGVBl. S. 388), BayLT-Drs. 17/16299, S. 10: „Durch die Beschränkung auf Gefahren durch Gewalttaten von erheblicher Intensität oder Auswirkung für die in Abs. 3 Satz 2 abschließend aufgezählten bedeutenden Rechtsgüter wird einerseits der Grundsatz der Verhältnismäßigkeit besonders beachtet". Zu Art. 34d BayPAG i. d. F. des Gesetzes zur Änderung des Polizeiaufgabengesetzes v. 8. 7. 2008 (BayGVBl. S. 365), BayLT-Drs. 15/10345, S. 7: „Einzubeziehen ist jeweils auch die Eingriffsintensität"; vgl. die Begründung zu Art. 34a Abs. 1 S. 1 Nr. 2 i. d. F. des Gesetzes zur Änderung des Polizeiaufgabengesetzes und des Parlamentarischen Kontrollgremium-Gesetzes v. 24. 12. 2005 (BayGVBl. S. 641), BayLT-Drs. 15/2096, S. 21 f.; vgl. auch die Berücksichtigung der Intensität in der Neufassung des BKAG i. d. F. des Gesetzes zur Neustrukturierung des Bundeskriminalamtgesetzes v. 1. 6. 2017 (BGBl. S. 1354), BT-Drs. 18/11163, S. 1, 92.

Rechtsprechung, insbesondere auch den jüngeren Definitionsversuchen,[452] gilt es, ein System aufzuzeigen. Die Festlegung von Kategorien bildet bei der Konturierung der Gefahrenvorsorge einen Hauptansatzpunkt.[453]

Hierbei ist insbesondere die jüngste Engziehung der Schadenskonkretisierung bei der konkreten Gefahr durch das Bundesverfassungsgericht zu berücksichtigen.

I. Befugnisschwelle

Auf Befugnisseite möchte die verfassungsgerichtliche Definition der Gefahrenvorsorge keine Aussage dahin machen, wie weit der Gesetzgeber Eingriffshandlungen in das Vorfeld künftiger Rechtsgutverletzungen rücken darf.[454] Die Frage der Handlungsvoraussetzungen von Gefahrbeseitigung und -aufklärung im Bereich der Gefahrenvorsorge ist eine des materiellen Rechts.[455] Unter Berücksichtigung des Systems des Bundesverfassungsgerichts ist im Rahmen einer Typenbildung zu fragen, welche Tatbestandsvoraussetzungen an die die Eingriffe verschiedener Intensität anzulegen sind.

1. (Modifizierte) konkrete Gefahr

a) Konturen

Die Konturen der konkreten Gefahr wurden hinreichend dargelegt. Die konkrete Gefahr verlangt eine Sachlage, die bei ungehindertem Ablauf des objektiv oder jedenfalls aus der ex-ante-Sicht des für die Polizei handelnden Amtswalters bei verständiger Würdigung zu erwartenden Geschehens im Einzelfall in absehbarer Zeit mit hinreichender Wahrscheinlichkeit zu einer Verletzung von Schutzgütern der öffentlichen Sicherheit oder Ordnung führt.[456] Sie ist unbestreitbar der Idealtypus der Schwellen der klassischen Gefahrenabwehr. Ist aber die Gefahrenvorsorge Teil dieser, ist der Zugriff auf die konkrete Gefahr nicht von vornherein verwehrt. In der Systembildung der Gefahrenvorsorge wird sich demgemäß fortlaufend mit der Rolle der konkreten Gefahr auseinandergesetzt.[457] Die Vorteile liegen auf der Hand: Es handelt sich um einen Begriff mit langer Tradition und daher Rechtssicherheit.

---

452 BVerfGE 150, 244 (274 f. Rn. 70); BVerwGE 141, 329 (335 Rn. 29).

453 Vgl. *Mann/Fontana*, JA 2013, 734 (734); *Möstl*, DVBl. 2007, 581 (583); s. a. zu den Gefahren von Unstimmigkeiten bei Systematisierungsversuchen *Poscher*, Die Verwaltung 41 (2008), 345 (352).

454 BVerfGE 150, 244 (275 Rn. 70).

455 BVerfGE 150, 244 (275 Rn. 70); *Baldus*, Die Verwaltung 47 (2014), 1 (21).

456 S. o. § 3 B. I. 1. c), S. 63 ff.

457 Vgl. *Haas*, Sondervotum zu BVerfGE 115, 320 ff., BVerfGE 115, 371 (380 f.); *Kießling*, VerwArch 108 (2017), 282 (283); *Kniesel/Vahle*, in: Clages, Polizeiliche Informationsverarbeitung und Datenschutz im künftigen Polizeirecht, S. 10 f. Rn. 15; *Kral*, Die polizeili-

Infolge der höchst umstrittenen jüngeren Rechtsprechung wird die konkrete Gefahr näher bestimmt. Sie sei geprägt durch „den Einzelfall, die zeitliche Nähe des Umschlagens einer Gefahr in einen Schaden und den Bezug auf individuelle Personen als Verursacher“[458].

b) Einordnung in das Abwägungssystem

aa) Flexibilität

Die konkrete Gefahr hält problemlos den verfassungsrechtlichen Anforderungen auch bei intensiven Eingriffen stand. Es fragt sich aber, ob sie ebenso außerhalb der klassischen Gefahrenabwehr zur Anwendung kommen kann.

Die konkrete Gefahr ist flexibel.[459] Zum einen ist die Prognosegrundlage durch die Einbeziehung von Alltags- und Erfahrungswissen relativ offen gehalten.[460] Zum anderen – und dies ist für die Flexibilität von besonderer Bedeutung – wird durch die Einbeziehung der Formel der umgekehrten Proportionalität eine große Zahl möglicher Situationen in den Anwendungsbereich der konkreten Gefahr eingeschlossen.[461] Die Gefahr ist somit ein Wertungsbegriff.[462] Abhängig vom Gewicht des gefährdeten Rechtsguts, vom Ausmaß des drohenden Schadens und von der Tiefe des in Aussicht genommenen Gefahrenabwehreingriffes gelten abgestufte Anforderungen an die Wahrscheinlichkeit.[463]

Dies setzt dem Gefahrenurteil indes auch Grenzen. Für das Urteil muss man fähig sein, „Art, Ort, Zeit und Beteiligten zumindest ansatzweise [zu] konturieren“[464]. Ein Eingriff ist verwehrt, wenn es an der Absehbarkeit im Einzelfall fehlt.[465] Das Fehlen einzelner Faktoren kann aber durch andere ausgeglichen werden.[466]

---

chen Vorfeldbefugnisse als Herausforderung für Dogmatik und Gesetzgebung des Polizeirecht, S. 133; *Möstl*, DVBl. 2007, 581 (583 Fn. 19); *Volkmann*, JURA 2007, 132 (137).

[458] BVerfGE 120, 274 (329); 125, 260 (330).

[459] *Bäcker*, Kriminalpräventionsrecht, S. 109; *Kießling*, VerwArch 108 (2017), 282 (300); *Kremer*, in: Augsberg, Extrajuridisches Wissen im Verwaltungsrecht, S. 195 (201 f.); *Möstl*, JURA 2005, 48 (51); *Trute*, Die Verwaltung 37 (2003), 501 (502); *Volkmann*, JURA 2007, 132 (136); vgl. auch *Ogorek*, JZ 2019, 63 (70).

[460] *Bäcker*, Kriminalpräventionsrecht, S. 109 f.

[461] *Bäcker*, Kriminalpräventionsrecht, S. 109.

[462] *Möstl*, Die staatliche Garantie für die öffentliche Sicherheit und Ordnung, S. 187.

[463] *Möstl*, Die staatliche Garantie für die öffentliche Sicherheit und Ordnung, S. 187.

[464] *Bäcker*, Kriminalpräventionsrecht, S. 110 f.; ähnlich *Kulick*, AöR 143 (2018), 175 (182).

[465] *Bäcker*, Kriminalpräventionsrecht, S. 111.

[466] *Ogorek*, JZ 2019, 63 (70).

Ob diese Flexibilität ausreicht, um das Aufgabenfeld der Gefahrenvorsorge abzudecken und wie sich die jüngere Rechtsprechung auswirkt, ist nun zu untersuchen.

bb) Beispiel der Rasterfahndung

(1) BVerfGE 115, 320 – Rasterfahndung

Von besonderer Bedeutung erweist sich im Rahmen dieser Fragestellungen die Rechtsprechung des Bundesverfassungsgerichts zur Rasterfahndungsbefugnis. Der Beschluss vom 4.4.2006 befasst sich mit der Befugnis zur präventiven Rasterfahndung, bei der die Polizei sich von anderen öffentlichen Stellen personenbezogene Daten übermitteln lässt, um einen automatisierten Abgleich (Rasterung) mit anderen Daten vorzunehmen.[467] Die betrachtete Befugnis enthält das Erfordernis einer gegenwärtigen Gefahr.[468] Da die Vorschrift aber später geändert wurde und auf das Erfordernis der Gegenwärtigkeit verzichtet, geht das Gericht (unter Kritik der Überschreitung des Prüfungsmaßstabes)[469] auf die geänderte Version ein.[470]

(a) Hinreichende Wahrscheinlichkeit

Einige Landesgesetzgeber hatten das Merkmal der Gefahr für die Befugnis fallengelassen. Darin sieht das Gericht eine Umgestaltung der Ermächtigung zur Rasterfahndung in eine polizeiliche „Vorfeldbefugnis“[471].[472] Diese Tatbestände knüpften nicht mehr an die Abwehr konkreter Gefahren und das Störerprinzip an,[473] sondern an Tatsachen oder an auf Tatsachen beruhende Anhaltspunkte, die die Annahme der Begehung bestimmter Straftaten von erheblicher Bedeutung rechtfertigen.[474] Für die Rasterfahndung nach dem Artikel 10-Gesetz (G 10) sah das Bundesverfassungsgericht in der Entscheidung vom 14.7.1999, der sogenannten Telekommunikationsüberwachungsentscheidung I,[475] einen Verzicht auf die konkrete Gefahr zumindest für die Überwachungs- und Aufzeichnungsbefugnisse als legitim an.[476] Diese Entscheidung betraf indes den nachrichtendienstlichen Bereich,

---

[467] Vgl. BVerfGE 115, 320 (321) zur Geschichte und Definition der Rasterfahndung.

[468] Vgl. § 31 PolG NRW i.d.F. der Bekanntmachung v. 24.2.1990 (GV. NRW S. 70).

[469] *Haas*, Sondervotum zu BVerfGE 115, 320 ff., BVerfGE 115, 371 (380).

[470] § 31 PolG NRW i.d.F. der Bekanntmachung v. 25.7.2003 (GV. NRW S. 441).

[471] BVerfGE 115, 320 (367).

[472] BVerfGE 115, 320 (322 f.).

[473] BVerfGE 115, 320 (369); ähnlich auch in der Vorinstanz das OLG Düsseldorf, NVwZ 2002, 629 (630), welches aber dennoch eine notstandsähnliche Situation wegen des Eingriffs gegenüber einem Nichtstörer fordert und im Ergebnis auf das gesetzliche Störerprinzip abstellt, vgl. OLG Düsseldorf, NVwZ 2002, 629 (630).

[474] BVerfGE 115, 320 (323).

[475] BVerfGE 100, 313 (383 ff.).

[476] BVerfGE 100, 313 (383).

sodass das Gericht wegen der verschiedenen Regelungszwecke der Rechtsgrundlagen und der unterschiedlich intensiven Möglichkeiten des Einschreitens für das G 10 explizit die Schwelle anders, das heißt viel niedriger als im Gefahrenabwehrrecht definierte.[477]

In der Rasterfahndungsentscheidung vom 4.4.2006 erkennt das Gericht, wie bereits in den verfassungsrechtlichen Grenzen der Gefahrenvorsorge erwähnt, an, dass ein Fortentwickeln der „rechtsstaatlichen Bindungen im Bereich des Polizeirechts auf der Grundlage einer seiner Prärogative unterliegenden Feststellung neuartiger oder veränderter Gefährdungs- und Bedrohungssituationen“ [478] möglich ist.[479] Als Untergrenze diene aber immer noch die hinreichende Wahrscheinlichkeit: „Selbst bei höchstem Gewicht der drohenden Rechtsgutbeeinträchtigung könne auf das Erfordernis einer hinreichenden Wahrscheinlichkeit nicht verzichtet werden“[480].

Für das Bundesverfassungsgericht erfüllt die Rasterfahndung die Intensitätskriterien der Streubreite, der Heimlichkeit, der fehlenden Benachrichtigung sowie der Befürchtung der Stigmatisierung und der Betroffenheit durch staatliche Folgemaßnahmen.[481] Schwer wiege auch, dass durch die Verknüpfung mit anderen Informationen im Wege des Abgleichs oder der Zusammenführung mit anderen Datenbeständen auch sensibler Daten wie der Religionszugehörigkeit die Behörde zu einem umfassenden Persönlichkeitsbild gelange, das den Vertraulichkeitserwartungen der Bürger widerspreche und zwar auf digitalisierte und damit schnelle, effiziente Weise.[482] Unter Berücksichtigung der Intensität des Eingriffs sei bei der Rasterfahndung zur Wahrung des Verhältnismäßigkeitsgrundsatzes ein Verzicht auf das Merkmal der konkreten Gefahr nicht zulässig. Ein Eingriff „im Vorfeld konkreter Gefahren“[483] sei ausgeschlossen.[484]

Eingriffe von erheblichem Gewicht bedürften „begrenzende[r] Anforderungen an die Wahrscheinlichkeit des Gefahreneintritts“[485] und einer „tatsachengestützte[n] Verbindung zu einer konkret für die Bedrohungssituation verantwortlichen Person“[486]. Insbesondere das Kriterium der „Nähe der betroffenen Personen zur fraglichen Rechtsgutbedrohung“[487] wird im Rahmen der Anforderungen an die Befugnis besprochen. Die in Anbetracht der Verdachtslosigkeit und Streubreite fehlende

---

[477] BVerfGE 100, 313 (383 f.).

[478] BVerfGE 115, 320 (361).

[479] BVerfGE 115, 320 (361).

[480] BVerfGE 115, 320 (361).

[481] BVerfGE 115, 320 (348 ff.).

[482] BVerfGE 115, 320 (348 ff.).

[483] BVerfGE 115, 320 (362).

[484] BVerfGE 115, 320 (360 ff.); genauso wird der Gesetzgeber angehalten, die „gegenwärtige“ Gefahr nicht tatbestandlich (wieder) einzufügen BVerfGE 115, 320 (363).

[485] BVerfGE 115, 320 (362).

[486] BVerfGE 115, 320 (362 f.).

[487] BVerfGE 115, 320 (362).

Nähe im Rahmen der Rasterfahndung könne nur durch das Erfordernis der konkreten Gefahr kompensiert werden.[488]

(b) Exkurs: Dauergefahr und allgemeine Gefahrenlage

Der Beschluss problematisiert für die Einzelfallanwendung die Annahme einer Dauergefahr bei terroristischen Bedrohungen.[489] Das Bundesverfassungsgericht ist der Ansicht, dass wenn der Bezugspunkt der Rasterfahndung eine allgemeine Terrorismusgefahr wäre, die Ermächtigung uferlos würde.[490]

Neben dem Verständnis für das Bedürfnis, auch auf terroristische Akte mit längerer Vorbereitungsphase reagieren zu können, äußert gleichsam die Literatur Kritik daran, dass durch die Annahme einer Dauergefahr eine Aufweichung des Diagnosemaßstabes erfolgen würde.[491] Natürlich ist es möglich, dass dauerhaft Diagnosetatsachen (beispielsweise in Form von Vorbereitungshandlungen) vorliegen, die eine belastbare Stütze für eine Prognose einer hinreichenden Wahrscheinlichkeit bieten. Die Möglichkeit der Annahme einer Dauergefahr kann aber sehr schnell dahin verkehrt werden, dass eine „allgemeine Gefahrenlage" in Folge des allgegenwärtigen Terrorismus als ausreichend erachtet wird.[492]

Das Gericht fordert insoweit das „Vorliegen weiterer Tatsachen [...], aus denen sich eine konkrete Gefahr ergibt, etwa weil tatsächliche Anhaltspunkte für die Vorbereitung terroristischer Anschläge oder dafür bestehen, dass sich in Deutschland Personen für Terroranschläge bereithalten, die in absehbarer Zeit in Deutschland selbst oder andernorts verübt werden sollen"[493]. Das Bundesverfassungsgericht distanziert sich hier von Überlegungen des OLG Düsseldorf, das die Bedrohungslage nach den Anschlägen vom 11.9.2001 als ausreichend für die Rasterfahndung erachtete.[494] Solche Maßnahmen zur Abwehr von „Gemeingefahren"[495] erinnern an das, was Poscher in seiner Systematisierung als „allgemeine Gefahrenlage"[496] bezeichnet. Diese dient bisher nur als Einschreitschwelle für den Bundesnachrichtendienst, bei dem der Gesetzgeber aufgrund der Gesetzgebungskompetenz des

---

[488] BVerfGE 115, 320 (363).

[489] BVerfGE 115, 320 (364).

[490] BVerfGE 115, 320 (366).

[491] *Schenke*, Polizei- und Ordnungsrecht, Rn. 278; krit. auch *Schoch*, Der Staat 43 (2004), 347 (357).

[492] Vgl. *Schenke*, Polizei- und Ordnungsrecht, Rn. 278; s. auch *Waechter*, JZ 2015, 8 (12 f.).

[493] BVerfGE 115, 320 (365).

[494] OLG Düsseldorf NVwZ 2002, 629 (629 f.).

[495] OLG Düsseldorf NVwZ 2002, 629 (630).

[496] *Poscher*, Die Verwaltung 41 (2008), 345 (356).

Bundes aus Art. 73 Nr. 1 GG die Auslandsaufklärung im Hinblick auf bestimmte außen- und sicherheitspolitisch relevante Gefahrenlagen regelt.[497]

Die bereits angesprochene Entscheidung des Bundesverfassungsgerichts vom 14. 7. 1999 setzte sich mit derartigen Gefahrenlagen auseinander.[498] Sie sollen nach Auffassung des Gerichts nicht den polizeirechtlichen Einschreitschwellen entsprechen.[499] Nach Poscher fragt die „allgemeine Gefahrenlage [...] nicht nach der Wahrscheinlichkeit einer bestimmten Straftat, sondern nach der Wahrscheinlichkeit, dass irgendwann irgendwo durch irgendjemanden irgendwelche Straftaten einer gewissen Schwere begangen werden“[500]. Sie werde „unter Zugrundelegung aller in einer konkreten Situation zu erlangenden Informationen über gefahrrelevante Ereignisse eingeschätzt“[501]. Das Schadensergebnis sei „weitgehend nicht konkretisiert“[502].

Rechtfertigend führt das Gericht in der Entscheidung von 1999 an, dass für die der Regelungskompetenz des Art. 73 Nr. 1 GG entsprechenden von außen kommende Gefahren typischerweise keine personenbezogenen Gefahren- und Verdachtssituationen bestünden, sodass die Prognoseentscheidung erheblich erschwert sei.[503] Die aus der Kompetenz entspringende Zweckrichtung des G 10 rechtfertige daher die Unterschreitung des nur für das Polizeirecht geltenden Erfordernisses der konkreten Gefahr.[504] Da hier Informationsgewinnung und -verarbeitung und nicht der unmittelbare unter anderem physische Eingriff gegenüber dem Bürger im Vordergrund stünden, ist nach Ansicht der Rechtsprechung eine derart unscharfe Ermächtigung hinnehmbar.[505] Außerdem dürften nur Nachrichten über Sachverhalte gesammelt werden, deren Kenntnis zur rechtzeitigen Erkennung der Gefahrenlagen notwendig sei.[506]

Auch ein Teil der Literatur befindet, dass die Prognose und Diagnose bei der allgemeinen Gefahrenlage regelmäßig auf einzelfallbezogene Urteile gestützt sind,

---

[497] BVerfGE 100, 313 (383); mit Verweis darauf auch *Poscher*, Die Verwaltung 41 (2008), 345 (358).

[498] Das Gericht betrachtete § 1 i. V. m. § 3 Abs. 1 G 10 i. d. F. des Begleitgesetzes zum Telekommunikationsgesetz (BegleitG) v. 17. 12. 1997 (BGBl. I S. 3108); diese Befugnisse sind übergegangen in § 1 i. V.m § 5 G 10.

[499] BVerfGE 100, 313 (383).

[500] *Poscher*, Die Verwaltung 41 (2008), 345 (357).

[501] *Poscher*, Die Verwaltung 41 (2008), 345 (360).

[502] *Poscher*, Die Verwaltung 41 (2008), 345 (361).

[503] BVerfGE 100, 313 (383).

[504] BVerfGE 100, 313 (383); gleiches gilt für die Unterschreitung des Erfordernisses des hinreichenden Tatverdachts als Schwelle des Strafprozessrechts, vgl. BVerfGE 100, 313 (383).

[505] BVerfGE 100, 313 (383).

[506] BVerfGE 100, 313 (384).

sodass von konkreten allgemeinen Gefahrenurteilen gesprochen werden könne.[507] Zudem beziehe sich die allgemeine Gefahrenlage auf einen enggezogenen Kreis äußerst hochwertiger Rechtsgüter: die freiheitlich demokratische Grundordnung beziehungsweise die Sicherheit des Bundes oder eines Landes einschließlich der Sicherheit der in der Bundesrepublik Deutschland stationierten Truppen der nichtdeutschen Vertragsstaaten des Nordatlantikvertrages, vgl. § 1 Abs. 1 Nr. 1 G 10.

Ermittlungen „ins Blaue hinein“[508] sind indes im Polizeirecht, das die Möglichkeit eingriffsintensiver Maßnahmen bereithält, nicht denkbar.[509] Dementsprechend verwundert es nicht, dass das Bundesverfassungsgericht die allgemeine Bedrohungslage durch Terrorismus im Rahmen der Entscheidung zur polizeilichen präventiven Rasterfahndung nicht ausreichen lässt.[510] Auch ein Hineindeuten der konkreten Gefahr ist nicht möglich.[511] Die allgemeine Gefahrenlage ist als Teil der Vorfeldbefugnisse anzusehen,[512] die im Polizeirecht – anders als im nachrichtendienstlichen Bereich – verfassungsrechtlich den Anforderungen an Bestimmtheit und Verhältnismäßigkeit nicht genügt.[513] Gleichwohl schiebt auch das Bundesverfassungsgericht in jüngerer Rechtsprechung einer ausweitenden Annahme von Dauergefahren keinesfalls einen Riegel vor, wie die Rechtsprechung zur Dauerobservation auf Grundlage der Generalklausel auf Basis der konkreten Gefahr beweist.[514]

(2) Entindividualisierung nach Kral

In Kombination mit der nachfolgenden Rechtsprechung des Online-Durchsuchungs- und Vorratsdatenspeicherungsurteils führt die Forderung einer konkreten Gefahr im Rahmen der Rasterfahndungsbefugnis zu Unstimmigkeiten. Das Bun-

---

[507] *Poscher*, Die Verwaltung 41 (2008), 345 (361).

[508] *Poscher*, Die Verwaltung 41 (2008), 345 (358).

[509] Vgl. *Barczak*, Der nervöse Staat, S. 388; *Poscher*, Die Verwaltung 41 (2008), 345 (358); *Voßkuhle*, in: FS Würtenberger, S. 1101 (1115).

[510] BVerfGE 115, 320 (368 f.).

[511] BVerfGE 115, 320 (368 f.).

[512] Vgl. BVerfGE 115, 320 (368 f.).

[513] BVerfGE 115, 320 (367 ff.); *Volkmann*, JURA 2007, 132 (135); vgl. auch *Darnstädt*, GSZ 2017, 16 (18); s. aber auch *Bäcker*, in: Lisken/Denninger, Handbuch des Polizeirechts, D. Rn. 286 ff.

[514] Vgl. BVerfG, KommJur 2013, 73 (75), wobei das Gericht „angesichts des Gewichts der in Frage stehenden Rechtsgüter die vorhandene Grundlage [die klassische polizeiliche Generalklausel] im vorläufigen Rechtsschutzverfahren als noch tragfähig“ ansieht. Anlass des Heranziehens der Generalklausel war die EMRK- und Verfassungswidrigkeitserklärung der nachträglichen Sicherheitsverwahrung durch den EGMR und das Bundesverfassungsgericht, vgl. EGMR, NStZ 2010, 263 sowie BVerfGE 128, 326 ff., und die daraufhin erfolgende offene dauerhafte Observation der entlassenen Betroffenen durch die Polizei; die klassische Generalklausel heranziehend, OVG Saarlouis, BeckRS 2013, 56891 Ls. 2; ebenso OVG Münster, DVBl. 2013, 1267 Ls. 3; krit. *Bäcker*, Kriminalpräventionsrecht, S. 117 ff.; *Kugelmann*, Die Verwaltung 47 (2014), 25 (36 f.); *Ogorek*, JZ 2019, 63 (64 f.); *Wehr*, JURA 2019, 940 (945).

desverfassungsgericht selbst hält die Rasterfahndung für einen „‚Verdachts-‘ oder ‚Verdächtigengewinnungseingriff‘“[515], bei dem Personen erst aufgefunden werden sollen.[516] Es fehlt am Bezug auf eine individuelle Person als Verursacher, wie sie die jüngere Rechtsprechung für die konkrete Gefahr fordert. Mit dieser Diskrepanz, die im Zeitpunkt der Entscheidung zur Rasterfahndung dem Bundesverfassungsgericht noch nicht bewusst sein konnte, aber durch das BKAG-Urteil später bestätigt wird,[517] befasst sich die ausführliche Analyse Krals.[518] Seine Lösung: Die Rasterfahndungsbefugnis sei eine „entindividualisierte Gefahr im Gefahrenvorfeld“[519].[520] Zwei Parameter seien hier verstellt: die Verantwortlichkeit und – in Übereinstimmung mit der späteren Rechtsprechung zur Online-Durchsuchung –[521] die personale Dimension der Gefahr.[522]

Die „entindividualisierte Gefahr“ sei im Prinzip eine konkrete Gefahr und erfordere insbesondere einer hinreichenden Wahrscheinlichkeit; aber auf Verantwortungsseite sei keine individuelle Person oder kein Personenkreis auszumachen.[523] Dies hat im Rahmen der Befugnis sowohl bei der Verantwortlichkeit als auch bei der personalen Dimension der Gefahr Auswirkungen.[524] Ihr Einsatzgebiet liege dort, wo eine hohe Streubreite einer polizeilichen Maßnahme auf eine erhebliche Eingriffsintensität trifft. Konkret diskutiert Kral neben der Rasterfahndungsbefugnis die Befugnis zur Überwachung öffentlicher Straßen und Plätze sowie die automatisierte Kennzeichenerfassung.[525] Da das klassische Gefahrenabwehrrecht aber sowohl die Gefahr als auch die individuelle Verantwortlichkeit voraussetzte, sei durch das Abrücken vom zweiten Erfordernis eine Verlagerung ins Vorfeld anzunehmen.[526] Es handele sich um eine „entindividualisierte Gefahr im Sinne des

---

[515] BVerfGE 115, 320 (355).

[516] BVerfGE 115, 320 (355).

[517] In BVerfGE 141, 220 (303 Rn. 207) fordert das Gericht wieder eine konkrete Gefahr.

[518] *Kral*, Die polizeilichen Vorfeldbefugnisse als Herausforderung für Dogmatik und Gesetzgebung des Polizeirecht.

[519] *Kral*, Die polizeilichen Vorfeldbefugnisse als Herausforderung für Dogmatik und Gesetzgebung des Polizeirecht, S. 133.

[520] Vgl. *Kral*, Die polizeilichen Vorfeldbefugnisse als Herausforderung für Dogmatik und Gesetzgebung des Polizeirecht, S. 134; ähnlich auch *Ogorek*, JZ 2019, 63 (67); zu Entindividualisierungstendenzen neuerer Regelungen auch *Barczak*, Der nervöse Staat, S. 548 ff.

[521] BVerfGE 120, 274 (329); 125, 260 (330).

[522] Vgl. *Kral*, Die polizeilichen Vorfeldbefugnisse als Herausforderung für Dogmatik und Gesetzgebung des Polizeirecht, S. 134 ff., 191 ff.

[523] *Kral*, Die polizeilichen Vorfeldbefugnisse als Herausforderung für Dogmatik und Gesetzgebung des Polizeirecht, S. 133.

[524] *Kral*, Die polizeilichen Vorfeldbefugnisse als Herausforderung für Dogmatik und Gesetzgebung des Polizeirecht, S. 134 f., 191.

[525] *Kral*, Die polizeilichen Vorfeldbefugnisse als Herausforderung für Dogmatik und Gesetzgebung des Polizeirecht, S. 138 ff.

[526] *Kral*, Die polizeilichen Vorfeldbefugnisse als Herausforderung für Dogmatik und Gesetzgebung des Polizeirecht, S. 133, 194.

Vorfeldrechts“[527]. Der Verzicht bei der Verantwortlichkeit und bei den Konkretisierungserfordernissen der Gefahr sei „kompensationsfähig“[528] durch das Einstellen besonders hochrangiger Rechtsgüter in die Wahrscheinlichkeitsabwägung.[529]

(3) Kritik und Zwischenfazit

Die Kritik zur Rasterfahndungsentscheidung kam umgehend in einem Sondervotum.[530] Bezug genommen wurde zunächst auf das Merkmal der Nähe,[531] das Klarheit in seiner Zuordnung im Rahmen der Befugnis vermissen lasse.

Das Bundesverfassungsgericht betrachtet die fehlende Individualisierbarkeit und die geforderte Nähe zur Rechtsgutsverletzung im Rahmen der Diskussion um die Anforderungen an die Verdachts- und Gefahrenstufen.[532] Gleichzeitig thematisiert das Gericht sie dann im Rahmen der Verantwortlichkeit,[533] wobei es zwischen Gefahr und Verantwortlichkeit trennt.[534] Als Lösung des Problems sieht es aber die konkrete Gefahr und keine Modifizierung des Störerbegriffs.[535]

Haas kritisiert diese „Anreicherung dieser Jahrzehnte alten, von der Rechtsprechung, auch der des Bundesverfassungsgerichts verwendeten Formel um einen Nähebezug der Betroffenen zur Bedrohung“[536] als „weder von Verfassungs wegen veranlasst noch systemgerecht“[537]. Die Richterin führt aus, dass das Nähekriterium „verfehlt“[538] sei. Typischerweise werde die Rasterfahndung dann aktiviert, wenn mögliche Täter unbekannt seien und durch die Maßnahme ein Nähebezug des Betroffenen zur Bedrohung oder zu Tätern erst ermittelt werde.[539] Dem schließt sich die Literatur größtenteils an.[540] Je mehr Wissen über das Schadenspotential vorliegt,

---

[527] *Kral*, Die polizeilichen Vorfeldbefugnisse als Herausforderung für Dogmatik und Gesetzgebung des Polizeirecht, S. 146.

[528] *Kral*, Die polizeilichen Vorfeldbefugnisse als Herausforderung für Dogmatik und Gesetzgebung des Polizeirecht, S. 135.

[529] *Kral*, Die polizeilichen Vorfeldbefugnisse als Herausforderung für Dogmatik und Gesetzgebung des Polizeirecht, S. 135, 191 m. V. a. BVerfGE 115, 320 (362).

[530] *Haas*, Sondervotum zu BVerfGE 115, 320 ff., BVerfGE 115, 371 ff.

[531] *Haas*, Sondervotum zu BVerfGE 115, 320 ff., BVerfGE 115, 371 (378).

[532] BVerfGE 115, 320 (354 f.).

[533] BVerfGE 115, 320 (354 f.).

[534] BVerfGE 115, 320 (354 f.).

[535] BVerfGE 115, 320 (363).

[536] *Haas*, Sondervotum zu BVerfGE 115, 320 ff., BVerfGE 115, 371 (378).

[537] *Haas*, Sondervotum zu BVerfGE 115, 320 ff., BVerfGE 115, 371 (378).

[538] *Haas*, Sondervotum zu BVerfGE 115, 320 ff., BVerfGE 115, 371 (378).

[539] *Haas*, Sondervotum zu BVerfGE 115, 320 ff., BVerfGE 115, 371 (378).

[540] Vgl. *Möstl*, DVBl. 2007, 581 (583 Fn. 19); *Trute*, Die Verwaltung 37 (2003), 501 (513); *Volkmann*, JURA 2007, 132 (137); vgl. auch *Hoffmann-Riem*, ZRP 2002, 487 (499 f.).

desto weniger sinnhaft sei die Rasterfahndung.[541] Die Befugnis zur Rasterfahndung sei prädestiniert für das Vorfeld der konkreten Gefahr.[542] Und das Bundesverfassungsgericht selbst spricht in der Rasterfahndungsentscheidung von einer „Vorfeldbefugnis"[543], wenn das „Merkmal des Vorliegens der Gefahr insgesamt fallengelassen"[544] wurde. Das Gericht stellt in anderen Konstellationen fest, die Gefahr sei eine Grenze der (polizeilichen) Gefahrenabwehr.[545] Bei der Straftatenverhütung und der Verfolgungsvorsorge existiere eine solche Beschränkung nicht.[546] Die jüngere Rechtsprechung bestätigt diesen Eindruck, indem sie auf das „Vorfeld konkreter Gefahren"[547] im Rahmen der Gefahrenvorsorge rekurriert und auf Rechtsgrundlagen abstellt, die auf eine konkrete Gefahr verzichten.[548]

Im Umkehrschluss halten die Verfassungsrichter die Rasterfahndungsbefugnis nicht für einen Teil der Gefahrenvorsorge.[549] Es hilft auch nicht, dass Kral seine Konstruktion als solche der Gefahrenvorsorge ansieht. Das „Label" der Vorfeldbefugnis macht die konkrete Gefahr nicht zum Bestandteil dieser. Der Systematisierungsversuch Krals wird außerdem ebenfalls wegen der Vermischung von Verantwortlichkeit und Schwelle beanstandet.[550] Genauso scheitere das Vorhaben, die fehlende Nachweisbarkeit der Verantwortlichkeit durch erhöhte Anforderungen an die Wahrscheinlichkeit zu kompensieren, da Wahrscheinlichkeitsgrad und Streubreite proportional zueinander verliefen.[551]

Andererseits wird auch ohne die Einordnung in die Gefahrenvorsorge für die Rasterfahndungsbefugnis an der konkreten Gefahr festgehalten. Bäcker sieht die Flexibilität der konkreten Gefahr nicht ausreichend berücksichtigt.[552] Lägen konkrete Hinweise auf die Vorbereitung eines Anschlags vor, soll eine konkrete Gefahr gegeben sein, auf Basis derer man eine Rasterfahndung veranlassen könne.[553]

---

[541] *Volkmann*, JURA 2007, 132 (137), vgl. auch *Haas*, Sondervotum zu BVerfGE 115, 320 ff., BVerfGE 115, 371 (378).

[542] Vgl. *Möstl*, DVBl. 2007, 581 (583 Fn. 19); *Volkmann*, JURA 2007, 132 (137).

[543] BVerfGE 115, 320 (322).

[544] BVerfGE 115, 320 (322).

[545] BVerfGE 110, 33 (55); 113, 348 (377).

[546] BVerfGE 110, 33 (55); 113, 348 (377).

[547] BVerfGE 150, 244 (274 Rn. 70); BVerwGE 141, 329 (335 Rn. 29).

[548] Vgl. dazu BVerfGE 150, 244 (294 Rn. 133).

[549] BVerfGE 115, 320 (367).

[550] *Haas*, Sondervotum zu BVerfGE 115, 320 ff., BVerfGE 115, 371 (378); *Möstl*, DVBl. 2010, 808 (810), vgl. auch *Kießling*, VerwArch 108 (2017), 282 (284); *Schenke*, Polizei- und Ordnungsrecht, Rn. 74; *Schoch/Kießling*, in: Schoch/Eifert, Besonderes Verwaltungsrecht, Kap. 1 Rn. 83.

[551] *Möstl*, DVBl. 2007, 581 (588); *Kießling*, VerwArch 108 (2017), 282 (296).

[552] *Bäcker*, Kriminalpräventionsrecht, S. 287.

[553] *Bäcker*, Kriminalpräventionsrecht, S. 287.

Vielmehr gestalte sich ein Anknüpfen an Situationen, in denen die Schäden sich nur diffus abzeichnen, als ungeeignet für die Festlegung von Rasterkriterien.[554]

Dagegen wird gehalten, dass die Rasterfahndung sehr zeitaufwendig sei. Dürfe sie erst spät ansetzen, komme sie häufig zu spät.[555] Für die Rasterfahndung gelte, dass sich in dem Stadium, in dem die sie nützlich ist – in der Phase eines ersten Filterns von Informationen –[556], der Schaden nicht einmal „in seinen ungefähren Konturen abzeichnet"[557]. Alle Dimensionen seien nicht definierbar.[558] Gleichwohl bleibe durch die Offenheit ein hohes Diskriminierungspotential.[559] Eine Begrenzung auf konkrete Gefahren könne aber sinnvollerweise nur dort gefordert werden, wo es um punktuelle und einzelfallgerichtete Eingriffe von hoher Intensität geht.[560]

Die Stufe der konkreten Gefahr für den durch die Rasterfahndungsbefugnis erfolgenden Eingriff anzulegen, erscheint fragwürdig, da die Eingriffsintensität dieser zumindest in der Literatur als wenig schwerwiegend beurteilt wird.[561] Bestätigt wird dies auch durch die Einschätzung im Sondervotum der Richterin Haas, die diesen als „gering invasive[n] s genannten Gefahrerforschungseingriff"[562] ansieht. Nur bereits offenbarte Daten von bereits abgeschlossenen Vorgängen würden abgeglichen und die Streubreite verhindere die Fixierung auf eine Person.[563] Das Bundesverfassungsgericht erkennt, dass „die von der Rasterfahndung betroffenen Informationen für sich genommen im Regelfall eine geringere Persönlichkeitsrelevanz haben werden"[564]. Es merkt aber an, dass

> „den mit der Rasterfahndung verbundenen Eingriffen angesichts der inhaltlichen Weite der Befugnis sowie der mit ihr eröffneten Möglichkeit der Verknüpfung von Daten auch im Hinblick auf das allgemeine Grundrecht auf informationelle Selbstbestimmung ein erhebliches Gewicht zu[kommt]"[565].

---

[554] *Bäcker*, Kriminalpräventionsrecht, S. 287 f.

[555] *Volkmann*, JURA 2007, 132 (137); *Trute*, Die Verwaltung 37 (2003), 501 (513).

[556] *Brugger*, Freiheit und Sicherheit, S. 91; *Volkmann*, JURA 2007, 132 (137).

[557] *Volkmann*, JURA 2007, 132 (136).

[558] *Hoffmann-Riem*, ZRP 2002, 487 (499 f.); *Volkmann*, JURA 2007, 132 (136); vgl. auch *Brugger*, Freiheit und Sicherheit, S. 91.

[559] *Hoffmann-Riem*, ZRP 2002, 487 (499 f.).

[560] *Volkmann*, NVwZ 2009, 216 (220).

[561] *Kießling*, VerwArch 108 (2017), 282 (297); *Möstl*, DVBl. 2010, 808 (809); *Park*, Wandel des klassischen Polizeirechts zum neuen Sicherheitsrecht, S. 342; *Schoch/Kießling*, in: Schoch/Eifert, Besonderes Verwaltungsrecht, Kap. 1 Rn. 82.

[562] *Haas*, Sondervotum zu BVerfGE 115, 320 ff., BVerfGE 115, 371 (380).

[563] *Haas*, Sondervotum zu BVerfGE 115, 320 ff., BVerfGE 115, 371 (371 ff.).

[564] BVerfGE 115, 320 (346).

[565] BVerfGE 115, 320 (346).

Jedoch erscheint die konkrete Gefahr hier einigen Stimmen in der Literatur entwertet,[566] da in Folgeentscheidungen für Befugnisse, die von der Literatur als höchst schwerwiegend und grundrechtlich hochsensibel[567] sowie von der Rechtsprechung als „intensiv"[568] beziehungsweise möglicherweise bei Heimlichkeit „schwerwiegend"[569] eingestuft werden, Eingreifhürden, die keine hinreichende Wahrscheinlichkeit voraussetzen und damit nicht dem Regime der konkreten Gefahr unterstellt sind, für zulässig erachtet wurden.[570] Gerade als lagebezogene Aufklärungsbefugnis setze die Rasterfahndung früher im Gefahrenvorfeld an als personenbezogene Befugnisse wie die Online-Durchsuchungsbefugnis und die Vorratsdatenspeicherung.[571] Eine stimmige Systembildung werde genauso wie der effektive Grundrechtsschutz durch gefahrenvorsorgende Eingriffe verhindert.[572]

Haas merkt an,

> „[d]en traditionellen polizeirechtlichen Begriff der konkreten Gefahr von Verfassungs wegen als Einschreitschwelle auch für die Gefahrenerforschung und die Risikovorsorge, hier insbesondere für die präventive Rasterfahndung vorzugeben, wie dies die Senatsmehrheit will, macht den Staat und die Gemeinschaft hingegen auf einem wichtigen Feld des Grundrechtsschutzes weitgehend wehrlos, weil nicht einmal der (einfache) Gesetzgeber mehr Vorfeldaufklärungsmaßnahmen zum Schutz existentieller Grundrechte unterhalb der Schwelle einer konkreten Gefahr vorsehen kann"[573].

Ein Abrücken von der gerichtlich überkommenen Kategorisierung der Rasterfahndungsbefugnis ist anders als bei der automatischen Kennzeichenerfassung, welcher in neuerer Rechtsprechung trotz Annahme eines erheblichen Gewichts eindeutig eine Schwelle unterhalb der konkreten Gefahr zugesprochen wurde,[574] indes nicht zu erwarten. Das Bundesverfassungsgericht hat diese im BKAG-Urteil vom 20.4. 2016 wieder bestätigt.[575]

---

[566] *Haas*, Sondervotum zu BVerfGE 115, 320 ff., BVerfGE 115, 371 (380 f.); *Möstl*, DVBl. 2010, 808 (809).

[567] Vgl. *Darnstädt*, DVBl. 2011, 263 (263); *Kießling*, VerwArch 108 (2017), 282 (286); *Park*, Wandel des klassischen Polizeirechts zum neuen Sicherheitsrecht, S. 342.

[568] BVerfGE 120, 274 (326).

[569] BVerfGE 125, 260 (337).

[570] Für die Online-Durchsuchungsbefugnis im nachrichtendienstlichen Bereich, vgl. BVerfGE 120, 274 (326); explizit für den präventiv-polizeilichen Bereich, vgl. BVerfGE 141, 220 (305 Rn. 212 f.); für die Vorratsdatenspeicherungsbefugnis, vgl. BVerfGE 125, 260 (337).

[571] *Kießling*, VerwArch 108 (2017), 282 (296).

[572] *Haas*, Sondervotum zu BVerfGE 115, 320 ff., BVerfGE 115, 371 (380 f.); *Kießling*, VerwArch 108 (2017), 282 (296 ff.); *Möstl*, DVBl. 2010, 808 (809).

[573] *Haas*, Sondervotum zu BVerfGE 115, 320 ff., BVerfGE 115, 371 (3781).

[574] Zur offen formulierten, überkommenen Ansicht, vgl. BVerfGE 120, 378 (378 Ls. 4, 430); zur Interpretation in der Lit., vgl. *Bodenbenner/Heinemann*, NVwZ 2010, 679 (680 f.).; zur neuen, konkretisierten Ansicht, vgl. BVerfGE 150, 244 (281 ff. Rn. 91 ff.), vgl. dazu *Brenner*, DAR 2019, 241 (241 f.).

[575] BVerfGE 141, 220 (303 Rn. 207).

cc) Grenzen der Flexibilität

Die Rasterfahndung dient als Beispiel für eine frühe Auseinandersetzung mit den Grenzen der klassischen Gefahrenabwehr. Es hilft dabei, ein Grundverständnis für die Probleme der Gefahrenvorsorge – Anwendung, Entwertung oder Aufgabe der klassischen Grenzen der Gefahrenabwehr – zu erzeugen. Das Beispiel hinterlässt gleichwohl eine Reihe ungeklärter Fragen.

(1) Prognose eines Schadensereignisses im Einzelfall

Der Gefahrenbegriff wird durch die jüngere Rechtsprechung begrenzt.[576] Fehlen die zeitliche Nähe oder die Individualisierbarkeit, geht danach ein Rückgriff auf die konkrete Gefahr fehl.[577] In der Ferne liegende Schäden oder solche, bei denen der Störer nicht auszumachen ist, wären von ihrem Anwendungsfeld ausgeschlossen. Dies hinterlässt einen breiten Korridor, bei dem es angezeigt sein kann, zu handeln, aber die klassische Gefahrenabwehr versagt.[578] Dies würde selbst in klassischen Feldern der Gefahrenabwehr dazu drängen, alternative Lösungen zu suchen. Dass beispielsweise ein Eingriff bei Platzierung einer Bombe in einem Flughafen angezeigt ist, steht außer Frage.[579]

Auch wenn man die neuen Dimensionen des Gefahrenbegriffs ausblendet, kann nach Ansicht eines großen Teils der Literatur die Flexibilität der konkreten Gefahr an ihre Grenzen geraten. Selbst ohne die Forderung der erhöhten Konkretisierungserfordernisse merkt die Literatur an, dass, wenn das Schadensausmaß in allen Fragen – „Wann, Wo und Wie“[580] – unvorhersehbar wird, für das Wahrscheinlichkeitsurteil insbesondere hinsichtlich der Schadensbeurteilung Schwierigkeiten entstehen.[581]

---

[576] *Leisner-Egensperger*, DÖV 2018, 677 (684); *Möstl*, BayVBl. 2018, 156 (159); *Wehr*, JURA 2019, 940 (945).

[577] *Möstl*, DVBl. 2020, 160 (164 ff.); *ders.*, ZRP 2020, 26 (27); *ders.*, Die Verwaltung 53 (2020), 21 (30 ff.); ausf. auch unter § 6 C. II. 1. b) aa) (2), S. 383 ff.

[578] So die Deutung der Amtl. Begr. zu Art. 11a BayPAG i. d. F. des Gesetzes zur Änderung des Polizeiaufgabengesetzes und weiterer Rechtsvorschriften v. 27.3.2021 (BayGVBl. S. 418), BayLT-Drs. 18/13716, S. 22; s. auch *Möstl*, DVBl. 2020, 160 (164 ff.).

[579] Vgl. die Kritik unter § 3 B. II., S. 73 ff.; § 5 B. I. 1. b) cc), S. 184 ff.; § 5 B. I. 6. c) bb) (3) (d), S. 270 ff. sowie die Beispiele nach *Schmidbauer*, in: ders./Steiner, PAG, Art. 11 Rn. 48 ff.

[580] *Roellecke*, JZ 2006, 265 (269); genauso *Volkmann*, JURA 2007, 132 (135).

[581] *Darnstädt*, GSZ 2017, 16 (18); *Möstl*, DVBl. 2010, 808 (810 Fn. 25); *Trute*, in: GS Jeand'Heur, S. 403 (408, 410); *ders.*, Die Verwaltung 37 (2003), 501 (511); *Volkmann*, JURA 2007, 132 (136); vgl. auch *Hoffmann-Riem*, ZRP 2002, 487 (499); *Roellecke*, JZ 2006, 265 (269); *Schulze-Fielitz*, in: FS Glaeser, S. 407 (428).

Der situative Bezug sei die Grenze der konkreten Gefahr.[582] Aus einem Einzelfall muss dessen Weiterentwicklung anhand der Je-Desto-Formel prognostiziert werden. Versage der situative Bezug, versage die Gefahr.[583] Grundsätzlich seien die Konkretisierungsparameter variabel.[584] Wenn aber Schadensart und -ausmaß fast vollständig unvorhersehbar, aber vermutlich sehr groß seien, habe das zwingend Einfluss auf die Anforderungen an die Wahrscheinlichkeit.[585] Ohne konkretes Schadensereignis sei eine Gefahrenprognose, das Urteil über die hinreichende Wahrscheinlichkeit,[586] nicht möglich.[587] Denn die hierfür operationalisierte Je-Desto-Formel sei nur sinnvoll, wenn der Schaden feststehe.[588] Je genereller man dann aber die Schadensereignisse wählt, desto eher wird die Je-Desto-Formel zugunsten des Eingriffs kippen.[589] Denn „theoretisch kann immer alles und auch das Schlimmste passieren“[590]. Damit reichen niedrige Wahrscheinlichkeiten aus.[591] Die Verhältnismäßigkeit, die in der Je-Desto-Formel zum Ausdruck kommt, versage dann mangels eines Punktes, an dem die Prognose anknüpfen kann.[592] Es fehle an einem „nur in seinen Konturen annähernd bestimmbaren Kausalverlaufs“[593]. So wird die Konkretisierung im Rahmen des Online-Durchsuchungsurteils als Versuch einer Reaktion auf den Ausfall des Verhältnismäßigkeitsprinzips angesehen, „das, wie zutreffend gesehen wird, seine frühere Funktion der Eingriffsbegrenzung in Lagen mit völlig ungewisser Schadensneigung nicht mehr erfüllen kann“ [594]. Beispielhaft wird nicht selten der Bereich der Terrorismusbekämpfung angeführt, da hier zwar der Schaden, aber – auch in Anbetracht des Ausfalls des Erfahrungswissens –[595] nicht unbedingt das Ausmaß feststehe.[596] Es brauche eine funktionierende

[582] *Bäcker*, Kriminalpräventionsrecht, S. 110 f.; vgl. auch die Gegenäußerung der Bundesregierung zur Stellungnahme des Bundesrates in Bezug auf § 4a Abs. 1 S. 2 BKAG i. d. F. des Gesetzes zur Abwehr von Gefahren des internationalen Terrorismus v. 25. 12. 2008 (BGBl. I S. 3083), BT-Drs. 16/10121, S. 43.

[583] *Bäcker*, Kriminalpräventionsrecht, S. 194 f.; *Darnstädt*, GSZ 2017, 16 (18).

[584] *Leisner-Egensperger*, DÖV 2018, 677 (686).

[585] Vgl. *Roellecke*, JZ 2006, 265 (269); *Schulze-Fielitz*, in: FS Glaeser, S. 407 (422); *Trute*, Die Verwaltung 37 (2003), 501 (511); *Volkmann*, JURA 2007, 132 (136).

[586] *Trute*, in: GS Jeand'Heur, S. 403 (408); *Wehr*, JURA 2019, 940 (943).

[587] *Trute*, Die Verwaltung 37 (2003), 501 (511); *Wehr*, JURA 2019, 940 (943); vgl. auch *Barczak*, Der nervöse Staat, S. 387.

[588] *Darnstädt*, GSZ 2017, 16 (18); *Schulze-Fielitz*, in: FS Glaeser, S. 407 (422).

[589] *Darnstädt*, GSZ 2017, 16 (18); *Volkmann*, NVwZ 2009, 216 (220); *ders.*, JURA 2014, 820 (823); vgl. auch *Trute*, in: GS Jeand'Heur, S. 403 (410).

[590] *Volkmann*, JURA 2014, 820 (823).

[591] *Schulze-Fielitz*, in: FS Glaeser, S. 407 (422); *Volkmann*, NVwZ 2009, 216 (220); *Wehr*, JURA 2019, 940 (943).

[592] *Volkmann*, JURA 2014, 820 (823).

[593] *Trute*, Die Verwaltung 37 (2003), 501 (511).

[594] *Volkmann*, NVwZ 2009, 216 (220).

[595] *Meyer*, JZ 2017, 429 (434).

tatsächliche Rückbindung, die die konkrete Gefahr nicht leisten könne.[597] Infolge des Ausfalls der konkreten Gefahr bleibe nach Ansicht einiger lediglich die Definition neuer Tatbestände, was gleichsam nach Auffassung des Bundesverfassungsgerichts bei neuen oder veränderten Bedrohungslagen für zulässig erachtet wird.[598]

Es ergibt sich also zwischen dieser Ansicht der Literatur und der Auffassung der neuesten Rechtsprechung des Bundesverfassungsgerichts ein marginaler Unterschied: Für die „weiterentwickelte Gefahr" greift die Notwendigkeit des Eingreifens schneller. Fordert man einen kompletten Ausfall des situativen Bezugs, greift sie langsamer. Der Verweis auf den Einzelfall bei Gefahrenabwehrmaßnahmen nach der konkreten Gefahr wird zunehmend als Abgrenzungsmerkmal zur Gefahrenvorsorge gesehen.[599] Er muss aber auch in Zusammenhang mit dem Ausfall der Je-Desto-Formel als Instrument der Ermittlung der hinreichenden Wahrscheinlichkeit und damit des Verhältnismäßigkeitsprinzips gesehen werden.[600]

Andere hingegen lehnen diesen neuen Ansatz ab und verweisen auf das bestehende polizeiliche Repertoire.[601] Dagegen wird gehalten, dass bei einem Festhalten am Merkmal der konkreten Gefahr unter dem Mantel dieser Kategorie eine Verdachtsgewinnung stattfinden könne.[602] Der Versuch, die Gefahrenvorsorge über klassische Kategorien zu verarbeiten, führe zu einer Entgrenzung und Überforderung dieser, die in die rechtsstaatlichen Probleme der Verhältnismäßigkeit und Bestimmtheit münden.[603] Hier wird „Übersichtlichkeit suggeriert, die es nicht mehr gibt"[604]. Bei Unklarheiten wird die Auslegung an den Rechtsanwender, im konkreten Fall die Polizei, übertragen.[605] Um aber die Vorhersehbarkeit für die Betroffenen nicht zu unterlaufen und „Vorfeldtatbestände als solche ernst [zu neh-

---

[596] *Barczak*, Der nervöse Staat, S. 387; *Darnstädt*, GSZ 2017, 16 (18); *Roellecke*, JZ 2006, 265 (269); *Schulze-Fielitz*, in: FS Glaeser, S. 407 (422); *Volkmann*, JURA 2007, 132 (136); zu einer Beschränkung auf die Terrorismusbekämpfung s. unten unter § 6 C. II. 1. b) bb), S. 328 ff.

[597] *Volkmann*, JURA 2014, 820 (823).

[598] BVerfGE 115, 320 (360); 120, 378 (428 f.); 141, 220 (272 Rn. 112).

[599] *Aulehner*, Polizeiliche Gefahren- und Informationsvorsorge, S. 477; *Bäcker*, Kriminalpräventionsrecht, S. 123; vgl. auch *Trute*, in: GS Jeand'Heur, S. 403 (408).

[600] *Möstl*, DVBl. 2010, 808 (810): „Kennzeichnend [für die konkrete Gefahr] sind demnach vor allem zwei Kriterien: der Bezug zum Einzelfall, d. h. auf einen konkreten Geschehensablauf (Abgrenzung zur abstrakten Gefahr) und die tatsachengestützt prognostizierbare hinreichende Wahrscheinlichkeit des Schadens (Abgrenzung zum Gefahrenvorfeld)". S. auch *Darnstädt*, GSZ 2017, 16 (18); *Trute*, in: GS Jeand'Heur, S. 403 (410).

[601] *Enders*, DÖV 2019, 205 (210 f.); *Löffelmann*, Stellungnahme zu BayLT-Drs. 17/16299, S. 30.

[602] *Trute*, Die Verwaltung 37 (2003), 501 (512).

[603] *Darnstädt*, GSZ 2017, 16 (18); *Kießling*, VerwArch 108 (2017), 282 (300); *Hoffmann-Riem*, ZRP 2002, 497 (500); *Schoch/Kießling*, in: Schoch/Eifert, Besonderes Verwaltungsrecht, Kap. 1 Rn. 85; *Trute*, Die Verwaltung 37 (2003), 501 (502).

[604] *Schoch/Kießling*, in: Schoch/Eifert, Besonderes Verwaltungsrecht, Kap. 1 Rn. 85.

[605] BVerfGE 113, 348 (379).

men]"[606], brauche es vielmehr klare tatbestandliche Voraussetzungen.[607] Graustufen, also unterschiedliche Wahrscheinlichkeitsgrade eines Schadenseintritts, dürften bei Statuierung dieser nicht ausgeblendet werden.[608]

Zahlreiche Vorschriften lassen daher das Erfordernis der konkreten Gefahr fallen.[609] Außerdem harmoniert diese Entwicklung mit der Definition der Gefahrenvorsorge durch die Rechtsprechung, wonach „der Staat bereits im Vorfeld konkreter Gefahren aktiv [wird], die zwar zum Zeitpunkt des Handelns noch nicht konkret drohen, aber später entstehen können"[610]. Gleiches gilt für die verbreiteten Ansicht in der Literatur, welche die Gefahrenvorsorge klassischerweise „unterhalb der Gefahrenschwelle"[611] beziehungsweise ausdrücklich vor der konkreten Gefahr ansiedelt.[612] Eine Verwendung der konkreten Gefahr stünde hierzu konträr.

Im Ergebnis überzeugt die Annahme, dass die konkrete Gefahr bisher viele offene Situationen mit großem Schadenspotential in Anbetracht ihrer Flexibilität sachgerecht aufgefangen hat. Nach der Rechtsprechungsänderung des Bundesverfassungsgerichts und dem daran angepassten Verständnis des Gefahrenbegriffs des bayerischen Gesetzgebers zeigen sich aber Fälle, in denen der Situationsbezug der konkreten Gefahr ein Eingreifen durch Anwendung dieser nicht rechtfertigt.

(2) Reaktivität

Neben dem situativen Bezug wird der konkreten Gefahr auch die Verknüpfung mit reaktivem Vorgehen der Polizei zugeschrieben.[613] Auch davon wendet sich die Gefahrenvorsorge ab. Das Ziel ist nicht mehr, Schäden abzuwenden, sondern vor-

---

[606] *Trute*, Die Verwaltung 37 (2003), 501 (514).

[607] *Kießling*, VerwArch 108 (2017), 282 (300); *Schulze-Fielitz*, in: FS Glaeser, S. 407 (422); *Trute*, in: GS Jeand'Heur, S. 403 (410).

[608] *Schoch/Kießling*, in: Schoch/Eifert, Besonderes Verwaltungsrecht, Kap. 1 Rn. 85.

[609] Umsetzung der noch zu beleuchtenden BKAG-Entscheidung des Bundesverfassungsgerichts aus 2016 durch das Gesetz zur Neustrukturierung des Bundeskriminalamtgesetzes v. 1.6.2017 (BGBl. I S. 1354) in § 45 Abs. 1 S. 1 Nr. 2, 3, § 49 Abs. 1 S. 2 Nr. 1, 2, § 51 Abs. 1 S. 1 Nr. 2, 3, § 52 Abs. 1 Nr. 2, 3 BKAG, vgl. zudem § 50 Abs. 1 Nr. 2, 3, § 55 Abs. 1 Nr. 1, 2, § 56 Abs. 1 Nr. 1, 2 BKAG (2017) sowie die Amtl. Begr. zu § 55 i.d.F. des Gesetzes zur Neustrukturierung des Bundeskriminalamtgesetzes v. 1.6.2017 (BGBl. I S. 1354), BT-Drs. 18/11163, S. 121 und Amtl. Begr. zu § 56 i.d.F. des Gesetzes zur Neustrukturierung des Bundeskriminalamtgesetzes v. 1.6.2017 (BGBl. I S. 1354), BT-Drs. 18/11163, S. 121.

[610] BVerfGE 150, 244 (274 Rn. 70); ähnlich auch BVerwGE 141, 329 (336 Rn. 29).

[611] *Meyer*, JZ 2017, 429 (429).

[612] *Schoch*, Der Staat 43 (2004), 347 (352).

[613] *Bäcker*, Kriminalpräventionsrecht, S. 194; vgl. auch *Kral*, Die polizeilichen Vorfeldbefugnisse als Herausforderung für Dogmatik und Gesetzgebung des Polizeirechts, S. 118; *Thiel*, Die „Entgrenzung" der Gefahrenabwehr, S. 193 f.

zusorgen beziehungsweise aufzuklären.[614] Die in der Aufgabe illustrierten Handlungsmotive der Gefahrenvorsorge suchen eine materielle Absicherung, bei der fraglich ist, ob sie in der konkreten Gefahr zu finden ist. Hervorzuheben ist dabei insbesondere der Vorschlag Möstls, die Rechtsfolge gewisser Befugnisse als Abgrenzungsmerkmal zweier Subkategorien der Gefahrenabwehr heranzuziehen.[615] Unterschieden wird die Rechtsfolgenalternative der Gefahrbeseitigung und der Gefahraufklärung.[616]

(a) Gefahraufklärung

Die Gefahraufklärung geht nach Möstl der Gefahrbeseitigung voraus.[617] Ihr Handlungsziel sei maßgeblicher Teil der Gefahrenvorsorge.[618] Ihre Maßnahmen seien gerichtet auf die Erhebung und Verarbeitung von Daten beziehungsweise Information mit (meist) nur mittelbarem Nutzen für die klassische Gefahrenabwehr.[619] Es soll so eine valide Prognosegrundlage für die Gefahrbeseitigung geschaffen werden.[620] Im Rahmen der Aufklärung sei der Staat „nicht dagegen zu Eingriffen in Kausalverläufe berechtigt"[621]. Hier zeigt sich die besondere Nähe zur Dimension der Vorbereitung der Gefahrenabwehr.[622]

Veranschaulicht werden kann dies für die Informationsvorsorge durch die 1990 eingefügte bayerische Grundsatznorm des Art. 28b Abs. 1 BayPAG (1990),[623] deren Gehalt im selben Jahr noch in Art. 31 Abs. 1 BayPAG (1990) wanderte.[624] Für diese Datenerhebungsermächtigung merkt der bayerische Gesetzgeber an, dass „polizei-

---

[614] *Bäcker*, Kriminalpräventionsrecht, S. 194 a. E., 199; *Möstl*, Die staatliche Garantie für die öffentliche Sicherheit und Ordnung, S. 21; vgl. auch *ders.*, DVBl. 2007, 581 (583) sowie *Aulehner*, Polizeiliche Gefahren- und Informationsvorsorge, S. 477.

[615] Grdlg. *Möstl*, DVBl. 2007, 581 (584); *ders.*, DVBl. 2010, 808 (810); s. aber im Ansatz auch schon *Rachor*, Vorbeugende Straftatenbekämpfung und Kriminalakten, S. 49.

[616] *Möstl*, DVBl. 2007, 581 (584); *ders.*, DVBl. 2010, 808 (810); s. auch *Barczak*, Der nervöse Staat, S. 481 ff.; *Baldus*, Die Verwaltung 47 (2014), 1 (21); *Kießling*, VerwArch 108 (2017), 282 (283); *Kingreen/Poscher*, Polizei- und Ordnungsrecht, § 11 Rn. 6; *Löffelmann*, BayVBl. 2018, 145 (146); *Ogorek*, JZ 2019, 63 (70); *Pieroth*, Die Verwaltung 53 (2020), 39 (49).

[617] *Möstl*, DVBl. 2007, 581 (584 f.).

[618] *Möstl*, DVBl. 2007, 581 (584); vgl. auch *Baldus*, Die Verwaltung 47 (2014), 1 (21); *Kießling*, VerwArch 108 (2017), 282 (284).

[619] *Kingreen/Poscher*, Polizei- und Ordnungsrecht, § 11 Rn. 6; *Möstl*, DVBl. 2007, 581 (584); *ders.*, BayVBl. 2018, 156 (161).

[620] *Möstl*, BayVBl. 2018, 156 (162).

[621] *Möstl*, DVBl. 2007, 581 (584); ähnlich *Kießling*, VerwArch 108 (2017), 282 (284); *Kingreen/Poscher*, Polizei- und Ordnungsrecht, § 11 Rn. 6.

[622] *Kingreen/Poscher*, Polizei- und Ordnungsrecht, § 11 Rn. 6.

[623] I. d. F. des Dritten Gesetzes zur Änderung des Polizeiaufgabengesetzes v. 24. 8. 1990 (BayGVBl. S. 329)

[624] I. d. F. der Neufassung des Polizeiaufgabengesetzes vom 14. September 1990 (BayGVBl. S. 397).

liche Datenerhebungen zur Gefahrenabwehr, insbesondere zur vorbeugenden Bekämpfung von Straftaten zulässig sind, auch wenn nicht von dem Vorliegen einer im Einzelfall bestehenden (konkreten) Gefahr ausgegangen werden kann."[625]

(b) Gefahrbeseitigung

Gefahrbeseitigung sei das klassische Tätigkeitsfeld der Gefahrenabwehr.[626] Definiert wird die Beseitigung als Recht der Polizei, vor allem durch Ge- und Verbote den schädigenden Kausalverlauf zu unterbrechen.[627] Sie wird teilweise auch als „Abwehrmaßnahme"[628] oder „aktionelle Befugnis"[629] bezeichnet. Materiell wurde sie geknüpft an das Vorliegen einer konkreten Gefahr.[630]

(c) Kritik und Zwischenfazit

Noch 2007 konstatierte Möstl für das Vorpreschen des Gesetzgebers und der Rechtsprechung im informationellen Bereich, dass sich kein neues Polizeirecht für das reaktive Gefahrenabwehrrecht anbahne und alte Grundkategorien von Störer und Gefahr bestehen bleiben würden.[631]

Rechtsprechung und Gesetzgebung haben indes bei einigen Aufklärungsbefugnissen die Einordnung in die Kategorien erschwert, indem sie für Befugnisse der Aufklärung dennoch die Schwellen der Beseitigung anlegen.[632] Zu verweisen ist beispielhaft auf die Wohnraumüberwachung vgl. Art. 13 Abs. 4 GG, die von Gesetzes wegen eine konkrete Gefahr in qualifizierter Form als dringende oder gemeine Gefahr voraussetzen muss.[633] Die Rechtsprechung hält – ausgehend vom

[625] Amtl. Begr. zu Art. 28b BayPAG i. d. F. des Dritten Gesetzes zur Änderung des Polizeiaufgabengesetzes v. 24. 8. 1990 (BayGVBl. S. 329), BayLT-Drs. 11/16263, S. 9, insb. S. 11.

[626] *Kießling*, VerwArch 108 (2017), 282 (284).

[627] *Möstl*, DVBl. 2007, 581 (584).

[628] *Holzner*, in: Möstl/Schwabenbauer, BeckOK Polizei- und Sicherheitsrecht Bayern, Art. 11a BayPAG Rn. 44.

[629] *Löffelmann*, BayVBl. 2018, 145 (146); *ders.*, GSZ 2018, 85 (85).

[630] Vgl. *Holzner*, in: Möstl/Schwabenbauer, BeckOK Polizei- und Sicherheitsrecht Bayern, Art. 11a BayPAG Rn. 44; *Kingreen/Poscher*, Polizei- und Ordnungsrecht, § 11 Rn. 6; so auch noch *Möstl*, DVBl. 2007, 581 (584); *ders.*, DVBl. 2010, 808 (810).

[631] *Möstl*, DVBl. 2007, 581 (584); so noch grds. *Pieroth*, Die Verwaltung 53 (2020), 39 (49).

[632] So BVerfGE 115, 320 (363) für die Rasterfahndung und BVerfGE 141, 220 (296 Rn. 184) für die Wohnraumüberwachung m. V. a. Art. 13 Abs. 4 GG, welche beide eine konkrete Gefahr für die Befugnis voraussetzen; vgl. dazu auch *Kießling*, VerwArch 108 (2017), 282 (284); *Kral*, Die polizeilichen Vorfeldbefugnisse als Herausforderung für Dogmatik und Gesetzgebung des Polizeirecht, S. 72 ff.; *Wapler*, DVBl. 2012, 86 (88).

[633] Grdlg. BVerfGE 109, 279 (379); mit Verweis darauf *Leisner-Egensperger*, DÖV 2018, 677 (685); das Erfordernis der dringenden Gefahr nach Art. 13 Abs. 4 GG kann nicht in nichtgefahrenbezogene Tatbestände hineingedeutet werden, vgl. *Trute*, Die Verwaltung 37 (2003), 501 (516 f.).

Grundsatzurteil des Bundesverfassungsgerichts vom 3.3.2004 zur verfassungsrechtlichen Bewertung der akustischen Wohnraumüberwachung, sogenannter „Großer Lauschangriff", –[634] für diese Ermächtigung für die präventive Polizeiarbeit an dem „traditionelle[n] polizeirechtliche[n] Begriff"[635] fest.[636] Dies gilt, da die Maßnahme als „besonders schwerwiegender Eingriff, der tief in die Privatsphäre eindringt"[637], angesehen wird. Trotz des Erfordernisses der qualifizierten konkreten Gefahr wird die akustische Wohnraumüberwachung als „Überwachungsmaßnahme"[638] beschrieben. Die Wohnraumüberwachung wegen ihrer Aufklärungsintention als Teil der Gefahrenvorsorge anzusehen, wird indes abgelehnt.[639] Die Befugnis ermöglicht nach Meinung der Rechtsprechung durch das verfassungsrechtliche Erfordernis der dringenden Gefahr „keine allgemeine Vorsorge für die Verhütung oder Verfolgung künftiger Straftaten"[640].

Das Beispiel der Wohnraumüberwachung zeigt, eine Absonderung der Informationsvorsorge könnte zur Verharmlosung informationeller Eingriffe führen.[641] Darüber hinaus wird argumentiert, dass vielen informationellen Maßnahmen zusätzlich ein aktioneller Charakter innewohne.[642] Angeführt wird das Aufenthaltsverbot, das als anerkannte informationelle Maßnahme mit der in ihm inkorporierten Unterlassungspflicht einen aktionellen Part besitze.[643] Gleiches zeige auch der Blick auf die Maßnahme der Videoüberwachung, die durch ihre verhaltenssteuernde Wirkung aktionelle Elemente enthalte.[644] Außerdem gebe es in anderen Rechtsgebieten anerkanntermaßen Maßnahmen mit aktioneller Wirkung, ohne Anbindung an eine konkrete Gefahr.[645] Leisner-Egensperger resümiert, dass in Anbetracht der zunehmenden Bedeutung informationeller Ermächtigungen inzwischen Gefahrenabwehr und -vorsorge immer mehr ineinander übergehen und damit diese Handlungsfelder in der Polizeipraxis sich annähern und die Grenzen verschwimmen.[646]

---

[634] BVerfGE 109, 279 ff.

[635] BVerfGE 141, 220 (271 Rn. 111).

[636] BVerfGE 109, 279 (378 f.); 141, 220 (296 Rn. 184).

[637] BVerfGE 141, 220 (298 Rn. 192).

[638] BVerfGE 141, 220 (295 f. Rn. 180); Begriff auch bei BVerwGE 141, 329 (337 Rn. 33).

[639] Vgl. *Trute*, Die Verwaltung 37 (2003), 501 (516 f.).

[640] Ausdr. In Bezug auf die „dringende Gefahr" BVerfGE 130, 1 (32).

[641] Die Grundrechtsrelevanz von Aufklärungsmaßnahmen betonend *Kießling*, VerwArch 108 (2017), 282 (283 f.); vgl. auch *Barczak*, Der nervöse Staat, S. 511 f.

[642] *Hanschmann*, KJ 50 (2017), 434 (444); *Leisner-Egensperger*, DÖV 2018, 677 (681); *Meyer*, JZ 2017, 429 (433); *Ogorek*, JZ 2019, 63 (70).

[643] *Leisner-Egensperger*, DÖV 2018, 677 (681); *Meyer*, JZ 2017, 429 (433).

[644] *Ogorek*, JZ 2019, 63 (70).

[645] *Kulick*, AöR 143 (2018), 175 (178) verweist auf die gefahrbeseitigenden Maßnahmen der Abschiebungsanordnung nach § 58a AufenthG, §§ 7, 8 PassG und § 6a PAuswG; m. V. a. das Risikorecht *Meyer*, JZ 2017, 429 (433 f.); s. auch *Barczak*, Der nervöse Staat, S. 506.

[646] *Leisner-Egensperger*, DÖV 2018, 677 (681).

Demzufolge sind die materiellen Vorgaben vom Handlungsziel zu trennen. Auch Bäckers Abgrenzungsversuch über die Reaktivität der Befugnisse mit tatbestandlich angeordneter konkreter Gefahr gelingt nur teilweise,[647] was diesem, wie er durch den eigenen Verweis auf imperative Aufklärungstatbestände belegt,[648] bewusst ist. Den Bruch mit dem rechtsfolgenorientierten Verständnis belegen ebenso die noch zu betrachtenden Vorstöße des bayerischen Gesetzgebers aus 2017.[649] Das Bundesverfassungsgericht erklärt folglich – in Übereinstimmung mit dem Bundesverwaltungsgericht –[650] hinsichtlich der Straftatenverhütung als Unterfall der Gefahrenvorsorge, dass sie Maßnahmen umfasst, „die in einen antizipierten Geschehensablauf eingreifen oder die Entstehungsbedingungen bestimmter Faktoren oder Ursachenketten beeinflussen sollen, sodass sich der Eintritt der Gefahr einer Straftat bereits im Vorfeld verhüten lässt"[651].

Vorverlagerung ist demnach kein Phänomen, das ausschließlich im informationellen Handeln der Polizei ansetzt, sondern auch bei sonstigen konkreten Verhaltensver- oder -geboten als Teil der Gefahrbeseitigung.[652] Eingreifende, kausalrelevante Maßnahmen im Bereich der Gefahrenvorsorge werden möglich. Die materiellen Grenzen sind hier jedoch in Übereinstimmung mit der Rechtsprechung des Bundesverfassungsgerichts nicht unbedingt an eine konkrete Gefahr gebunden, solange die Intensität der Maßnahme im Rechtsgüterschutz einen Ausgleich findet.[653] Dies gilt insbesondere seit der Entscheidung zur elektronischen Aufenthaltsüberwachung, die das Gericht trotz ihres aktionellen Gehalts nicht an die konkrete Gefahr koppelt.[654] Die Unterscheidung von Aufklärung und Beseitigung dient daher nicht der Abgrenzung von Gefahrenvorsorge und -abwehr.[655]

Die Aufteilung in Aufklärung und Beseitigung hat mit zwei Einschränkungen – im Vergleich zur grundlegenden Analyse Möstls, der dieser Teilung ohnehin selbst nicht mehr in ihrer ursprünglichen Strenge folgt, –[656] zu erfolgen:[657] Zum einen dürfen die tatbestandlichen Eingriffsschwellen nicht der Abgrenzung der Bereiche

[647] *Bäcker*, Kriminalpräventionsrecht, S. 194 a. E.

[648] Vgl. *Bäcker*, Kriminalpräventionsrecht, S. 210.

[649] *Löffelmann*, BayVBl. 2018, 145 (146); *ders.*, GSZ 2018, 85 (85); *Möstl*, BayVBl. 2018, 156 (161); *Ogorek*, JZ 2019, 63 (70); dazu ausf. unter § 6 C. II. 2. b), S. 423 ff.

[650] BVerwGE 141, 329 (335 Rn. 29).

[651] BVerfGE 150, 244 (274 f. Rn. 70); operatives Vorgehen neben informationellem Vorgehen auch als Vorfeldaktivität anerkennend, vgl. SächsVerfGH, DVBl. 1996, 1423 (1429).

[652] S. *Baldus*, Die Verwaltung 47 (2014), 1 (2); *Leisner-Egensperger*, DÖV 2018, 677 (685).

[653] BVerfGE 115, 320 (360).

[654] BVerfGE 156, 63 (121 Rn. 205); in diesem Sinne *Möstl*, GSZ 2021, 89 (94).

[655] S. dazu schon *Kral*, Die polizeilichen Vorfeldbefugnisse als Herausforderung für Dogmatik und Gesetzgebung des Polizeirecht, S. 72 ff.; vgl. auch *Baldus*, Die Verwaltung 47 (2014), 1 (21); *Kießling*, VerwArch 108 (2017), 282 (283).

[656] Vgl. u. a. *Möstl*, Die Verwaltung 53 (2020), 21 (34 f.).

[657] Mit Ausnahmen an der Aufteilung festhaltend *Barczak*, Der nervöse Staat, S. 502 ff.

der Aufklärung und Beseitigung dienen, da eine aktionelle Maßnahme auch aufgrund einer Schwelle unterhalb der konkreten Gefahr möglich ist.[658] Zum anderen dürfen Aufklärung und Beseitigung nicht als Unterscheidungsmerkmale von Gefahrenabwehr und -vorsorge gesehen werden, da in beiden Aufgabendimensionen sowohl aufklärende als auch aktionelle Maßnahmen in Betracht kommen.[659] Die Aufgabe der Reaktivität ist also Teil der Gefahrenvorsorge.[660] Wichtiger ist aber für eine Abgrenzung zwischen klassischer Abwehr und Vorsorge eine Differenzierung nach der Intensität.

dd) Abwägung nach Intensität

(1) Intensive Eingriffe

Es bleibt durchaus ein großer Anwendungsbereich für die konkrete Gefahr. Sie ist Maßstab der klassischen Gefahrenabwehr, insbesondere bei intensiven Maßnahmen. Indes kann die konkrete Gefahr auch versagen. Dies kann auf das Nicht-Vorliegen der erhöhten Voraussetzungen des verfassungsgerichtlichen Gefahrenbegriffs zurückzuführen sein oder auf den Ausfall des Situationsbezuges. Die konkrete Gefahr kann also noch vielfältig und regelmäßig eingesetzt werden. Versagt die konkrete Gefahr indes, braucht es nach herrschender Meinung durch die Anerkennung der Aufgabe der Gefahrenvorsorge eine verfassungskonforme Lösung.[661] Andere sehen entweder keine Lücken oder halten ein Nicht-Eingreifen für angemessen.[662]

(2) Nicht intensive Eingriffe

Nach Ansicht der Rechtsprechung braucht es darüber hinaus für auf Adressatenseite nicht erhebliche Grundrechtseingriffe beziehungsweise gering intensive Eingriffe in manchen Fällen keine konkrete Gefahr.[663] Der bayerische Gesetzgeber führt die Intention der Abschreckung an.[664] Bäcker nennt dies eine „gelegenheitsorientierten Kriminalprävention“[665]. Hier „sollen solche Maßnahmen in erster Linie Straftaten so stark erschweren oder so unattraktiv machen, dass potenzielle Straf-

---

[658] BVerfGE 156, 63 (121 Rn. 205); so auch *Möstl*, GSZ 2021, 89 (94).

[659] Vgl. BVerfGE 156, 63 (121 Rn. 205); *Möstl*, GSZ 2021, 89 (94); dazu auch § 6 C. II. 2. a) und b), S. 421 ff.

[660] Vgl. u. a. *Apostel*, KJ 52 (2019), 147 (148).

[661] Vgl. *Möstl*, DVBl. 2020, 160 (165).

[662] Vgl. *Enders*, DÖV 2019, 205 (210 f.); *Löffelmann*, Stellungnahme zu BayLT-Drs. 17/16299, S. 30.

[663] BVerfGE 150, 244 (285 Rn. 101); 120, 378 (431); BVerwGE 141, 329 (344 Rn. 48).

[664] Amtl. Begr. zu Art. 13 BayPAG i. d. F. des Gesetzes zur effektiveren Überwachung gefährlicher Personen v. 24. 7. 2017 (BayGVBl. S. 388), BayLT-Drs. 17/16299, S. 11.

[665] *Bäcker*, Kriminalpräventionsrecht, S. 201.

täter sie von vornherein unterlassen"[666].[667] Dies wird vornehmlich durch „ortsbezogene Überwachung"[668] erreicht. Die Prognosegrundlage sei unzureichend, um eine konkrete Gefahr zu rechtfertigen.[669] Nach Hanschmann kann gerade bei gering intensiven Maßnahmen vom traditionellen Maßstab abgerückt werden.[670] Das Bundesverfassungsgericht rekurriert implizit auf die Abschreckung durch das rechtfertigende Abstellen auf Kriminalitätsschwerpunkte.[671]

Daneben ist die Vorbereitung auf die Gefahrenabwehr zu nennen, die unter anderem in der Begründung des VE ME PolG (1986) zur Datenerhebung nach § 8a bei „gefährlichen und gefährdeten Anlagen"[672] zur Sprache kommt. Bei dieser Kategorie bezieht man sich auf Situationen, in denen „Vorbereitungen getroffen werden für Gefahrenlagen, die nach den bisherigen Erkenntnissen und nach einer sachgerechten Prognose oft eintreten, ohne daß sie örtlich und zeitlich genau vorherzusehen sind"[673]. Es geht auch um die Sammlung von Informationen für die konkrete Gefahr beispielsweise für zivile Vertragspartner, die bei der Vornahme einzelner Handlungen zur Gefahrenabwehr herangezogen werden.[674]

ee) Zwischenfazit

Zwar bietet sich die konkrete Gefahr als Schwelle in der Gefahrenvorsorge an, da sie von extremer Flexibilität aufgrund der Je-Desto-Formel gekennzeichnet ist. Jedoch bildet sie den Bereich der Gefahrenvorsorge unter Berücksichtigung der jüngeren Rechtsprechung nicht ausreichend ab.

Die Reaktivität ist hingegen keine Grenze der Anwendung der konkreten Gefahr. Ihre Situationsbezogenheit in Anbetracht großer, unklarer Schäden ist dies nach Ansicht der jüngsten verfassungsgerichtlichen Rechtsprechung gleichwohl. Durch die Anlehnung der Polizeigesetze an diese Rechtsprechung kann nicht damit argumentiert werden, dass der einzig maßgebliche gesetzliche Begriff der konkreten Gefahr ohne die neue Schadenskonkretisierung auskomme.[675] Hier realisiert sich

---

[666] *Bäcker*, Kriminalpräventionsrecht, S. 201.

[667] Vgl. auch *Ogorek*, DÖV 2018, 688 (693).

[668] *Bäcker*, Kriminalpräventionsrecht, S. 61.

[669] *Darnstädt*, DVBl. 2011, 263 (267).

[670] *Hanschmann*, KJ 50 (2017), 434 (441).

[671] BVerfGE 150, 244 (290 Rn. 119); 120, 378 (431); BVerwGE 141, 329 (342 Rn. 41); dazu unten § 5 B. I. 6. c) bb) (2), S. 241 ff.

[672] Zum Begriff vgl. § 8a Abs. 3 S. 1 Nr. 2, 3 VE MEPolG (1986), Abdr. in *Kniesel/Vahle*, in: Clages, VE MEPolG, S. 53.

[673] Abdr. der Begr. zu § 8a VE MEPolG (1986) in *Kniesel/Vahle*, in: Clages, VE MEPolG, S. 53.

[674] Abdr. der Begr. zu § 8a VE MEPolG (1986) in *Kniesel/Vahle*, in: Clages, VE MEPolG, S. 53.

[675] Dazu bereits unter § 3 B. II. 3., S. 80 f.

ein konkreter Fall der kritisierten Vermischung der Funktionenordnung und der fehlenden richterlichen Zurückhaltung.[676]

Intensive Maßnahmen verlangen grundsätzlich eine konkrete Gefahr. Das Bundesverfassungsgericht nennt jedoch eigene Kriterien für den Ausfall des Situationsbezugs der konkreten Gefahr, das heißt der Absehbarkeit des Schadens, denen sich viele Stimmen in der Literatur nicht vollständig anschließen, aber teils auch nicht vollständig entgegenstellen.

Es verbleiben viele Unsicherheiten bei der Einordnung der konkreten Befugnisse.[677] So soll beispielsweise die Rasterfahndung nach Ansicht einiger Stimmen in der Literatur nicht an der konkreten Gefahr gemessen werden. Ihre Eingriffsintensität entspräche nach dieser Ansicht nicht den Befugnissen (Online-Durchsuchungs- und Vorratsdatenspeicherungsbefugnis), bei denen das Gericht und der Gesetzgeber weniger strenge Maßstäbe anlegen und nach Schwellen abseits der konkreten Gefahr suchen. Dabei bestehen unbestreitbare Parallelen zwischen diesen und der Rasterfahndung: Es handelt sich um informationelle Aufklärungsbefugnisse, welche präventiv vor Gewalttaten insbesondere terroristischer Natur zum Einsatz kommen sollen.[678]

Besser wäre hier eine strenge Festlegung der Diagnosegrundlage und eine Offenheit auf Prognoseseite.[679] Damit wäre auch die Rasterfahndung Teil der Gefahrenvorsorge, in der sie nach einem Teil der Literatur aber auch allein sinnhaft wäre.[680] Bleibt die Rasterfahndungsbefugnis allerdings, wie die neuste verfassungsgerichtliche Auslegung bestätigt, am Maßstab der konkreten Gefahr zu messen, ist sie kein Teil der Gefahrenvorsorge.

Neben der höchstumstrittenen Grenze des Situationsbezugs gibt es aber im Bereich weniger intensiver Maßnahmen Raum für ein Abweichen von der klassischen Gefahrenabwehr, insbesondere für eine gelegenheitsorientierte Prävention und die Vorbereitung der Gefahrenabwehr.

Abschließend ist aber darauf zu verweisen, dass nicht wenige Stimmen in der Literatur im Situationsbezug zwar eine Grenze der konkreten Gefahr sehen, aber gleichwohl insbesondere bei intensiven Eingriffen keinen Handlungsbedarf annehmen, vermeintliche Lücken zu füllen.[681]

[676] Dazu bereits unter § 5 A. II. 2., S. 160 f.

[677] Vgl. zur Rasterfahndung nach dem BKAG *Waechter*, JZ 2015, 8 (12 f.).

[678] BVerfGE 120, 274 (278); 125, 260 (276).

[679] *Volkmann*, JURA 2007, 132 (136).

[680] *Brugger*, Freiheit und Sicherheit, S. 89; *Trute*, Die Verwaltung 37 (2003), 501 (513); *Volkmann*, JURA 2007, 132 (136).

[681] *Enders*, DÖV 2019, 205 (210 f.); *Löffelmann*, Stellungnahme zu BayLT-Drs. 17/16299, S. 30; s. auch unter § 6 D., S. 434 ff.

2. Risiko

a) Konturen

Ein Begriff, der in neuerer Rechtsprechung häufig in polizeirechtlichem Kontext verwendet wird,[682] aber seinen Ursprung im Umwelt- und technischen Sicherheitsrecht findet, ist der des Risikos. Normative Ausprägung gefunden hat er in § 7d AtG, § 6 Abs. 1, § 7 Abs. 1 GenTG oder § 6 Abs. 1, 24 Abs. 27, 40 Abs. 1 S. 3 Nr. 2, 7, Abs. 1b, 2, 3 4 Nr. 3 AMG.[683] Er beschreibt Schadensmöglichkeiten.[684] Anstelle des für die Polizeiarbeit typischen Wahrscheinlichkeitsurteils tritt ein „theoretisches, konstruktives Modell"[685], das im Rahmen der Diagnose auf die Analyse der konkreten Situation und im Rahmen der Prognose auf die Anwendung von Erfahrungssätzen verzichtet.[686] Unanwendbar wird zudem die Je-Desto-Formel.[687]

Unbestreitbar erfolgt eine klare Abwendung von der Voraussetzung der hinreichenden Wahrscheinlichkeit als prägendes Merkmal der polizeilichen Gefahren-

---

[682] BVerfGE 120, 378 (431); 150, 244 (282 Rn. 94); BVerwGE 116, 347 (352).

[683] *Di Fabio*, Risikoentscheidungen im Rechtsstaat, S. 70.

[684] *Breuer*, NVwZ 1990, 211 (213); *Calliess*, DVBl. 2003, 1096 (1099); *Kahl/Gärditz*, Umweltrecht, § 4 Rn. 22; *Lepsius*, VVDStRL 63 (2004), 265 (271); *Murswiek*, Die staatliche Verantwortung für die Risiken der Technik, S. 81; *Schlacke*, Umweltrecht, § 3 Rn. 6 zur Risikovorsorge; *Di Fabio*, Risikoentscheidungen im Rechtsstaat, S. 451 spricht von einem „Möglichkeitszusammenhang". Den Gesetzesbegründungen der genannten Normen ist keine Definition zu entnehmen. Jedoch findet sich im Sachverständigenentwurf des (ultimativ gescheiterten) Umweltgesetzbuchs von 1990 eine Legaldefinition. Danach ist gem. § 2 Abs. 6 UGBE ein „Umweltrisiko […] die Möglichkeit des Eintritts einer Umweltbeeinträchtigung, soweit sie nicht aufgrund praktischer Vernunft ausgeschlossen erscheint. Umweltgefahr ist dasjenige Umweltrisiko, welches unter Berücksichtigung des Grades der Eintrittswahrscheinlichkeit und des möglichen Schadensumfangs nicht mehr hinnehmbar ist", Abdruck in *Kloepfer/Rehbinder/Schmidt-Aßmann*, Berichte 7/90 Umweltgesetzbuch – Allgemeiner Teil –, S. 38. Diese Begriffsbestimmung wurde im Referentenentwurf von 2008 jedoch nicht wieder aufgegriffen, https://www.umweltbundesamt.de/themen/nachhaltigkeit-strategien-internationales/umweltrecht/bessere-umweltrechtsetzung/umweltgesetzbuch#textpart-3, Stand: 11.12. 2023; zum ersten Entwurf, s. auch *Di Fabio*, Risikoentscheidungen im Rechtsstaat, S. 98 ff.; zu den Veränderungen durch europarechtliche Einflüsse, vgl. *Lepsius*, VVDStRL 63 (2004), 265 (272 ff.); zur Nähe zum Gefahrenverdacht *Di Fabio*, Risikoentscheidungen im Rechtsstaat, S. 106, 115 sowie BVerfGE 81, 310 (321) und BVerwGE 72, 300 (315); 116, 347 (352 f.).

[685] *Di Fabio*, Risikoentscheidungen im Rechtsstaat, S. 451; wohl basierend auf BVerwGE 72, 300 (315): „Vorsorge bedeutet des weiteren, daß bei der Beurteilung von Schadenswahrscheinlichkeiten nicht allein auf das vorhandene ingenieurmäßige Erfahrungswissen zurückgegriffen werden darf, sondern Schutzmaßnahmen auch anhand ‚bloß theoretischer' Überlegungen und Berechnungen in Betracht gezogen werden müssen […]."

[686] BVerwGE 72, 300 (315); *Di Fabio*, Risikoentscheidungen im Rechtsstaat, S. 451; *Ossenbühl*, NVwZ 1986, 161 (163).

[687] BVerwGE 72, 300 (315); vgl. dazu *Di Fabio*, Risikoentscheidungen im Rechtsstaat, S. 77; *Krause*, NVwZ 2009, 496 (498); *Ossenbühl*, NVwZ 1986, 161 (163).

dogmatik.[688] Die Einschreitschwelle wird im Umweltrecht und technischen Sicherheitsrecht herabgesenkt: Es sei nicht nur „‚unerwünscht', sondern [...] auch unerlaubt, ‚exakt bis an die Gefahrengrenze zu gehen'"[689]. Jedoch können im Rahmen dieser Gesetze nicht bloß Risiken abgewehrt werden, sondern maiore ad minus bei Erfüllung ihrer strengen Voraussetzungen Gefahren.[690] Gefahren werden in einem Stufensystem als den Risiken immanent angesehen.[691] Die Gefahr wird zum „Unterfall des Risikos"[692]. Hinzutritt zudem auf einer weiteren Stufe, sofern man dem sogenannten Dreistufenmodell folgt,[693] das „Restrisiko"[694], welches vorliegt, wenn „die Wahrscheinlichkeit eines künftigen Schadens nicht mit letzter Sicherheit auszuschließen ist"[695]. Eine Abgrenzung von Gefahr und Risiko vom Restrisiko erfolgt über das Kriterium der Hinnehmbarkeit.[696] Das Restrisiko beschreibt somit keine Einschreitschwelle, sondern im Gegenteil den Bereich, in dem ein Eingreifen der Sicherheitsbehörden nicht mehr erwartet werden kann und „als sozialadäquat hinzunehmen"[697] ist.[698]

---

[688] Vgl. *Schlacke*, Umweltrecht, § 3 Rn. 6; *Kahl/Gärditz*, Umweltrecht, § 4 Rn. 22.

[689] BVerwGE 72, 300 (315).

[690] S. z.B. § 7 Abs. 2 Nr. 2 AtG; für das gescheiterte UGB das Abstellen auf Umweltgefahren ausdr. anordnend auch *Kloepfer/Rehbinder/Schmidt-Aßmann*, Berichte 7/90 Umweltgesetzbuch – Allgemeiner Teil –, S. 118 f.

[691] Vgl. *Murswiek*, Die staatliche Verantwortung für die Risiken der Technik, S. 83: „Jede Gefahr im Sinne des Rechts der technischen Sicherheit sowie im Sinne des Gefahrenabwehrrechts allgemein ist zugleich ein Risiko, aber nicht jedes Risiko ist eine Gefahr." Ähnlich *Breuer*, NVwZ 1990, 211 (213); für das BVerfG tritt die Risikovorsorge zur Gefahrenabwehr hinzu, vgl. BVerfGE 49, 89 (138 f.); 53, 30 (59); 81, 185 (191); krit. hinsichtlich der Einordnung des Risikos in das Gefahrenabwehrsystem, vgl. *Di Fabio*, Risikoentscheidungen im Rechtsstaat, S. 106 ff.

[692] So *Kloepfer/Rehbinder/Schmidt-Aßmann*, Berichte 7/90 Umweltgesetzbuch – Allgemeiner Teil –, S. 119.

[693] *Murswiek*, Die staatliche Verantwortung für die Risiken der Technik, S. 80 ff.; zum „Zweistufenmodell", das nur sich der Kategorie des Restrisikos entledigt, vgl. *Thiel*, Die „Entgrenzung" der Gefahrenabwehr, S. 91 ff.; vgl. auch *Aulehner*, Polizeiliche Gefahren- und Informationsvorsorge, S. 110 ff.; *Lepsius*, VVDStRL 63 (2004), 265 (268 ff.).

[694] BVerfGE 49, 89 (137); 53, 30 (59); s. auch die Amtl. Begr. zu § 7d AtG i.d.F. des Zwölften Gesetzes zur Änderung des Atomgesetzes v. 8.12.2010 (BGBl. I S. 1817), BT-Drs. 17/3052, S. 13; *Breuer*, NVwZ 1990, 211 (213); *Murswiek*, Die staatliche Verantwortung für die Risiken der Technik, S. 87.

[695] BVerfGE 49, 89 (137).

[696] Amtl. Begr. zu § 7d AtG i.d.F. des Zwölften Gesetzes zur Änderung des Atomgesetzes v. 8.12.2010 (BGBl. I S. 1817), BT-Drs. 17/3052, S. 13; BVerfGE 49, 89 (138 f.).

[697] Amtl. Begr. zu § 7d AtG i.d.F. Zwölften Gesetzes zur Änderung des Atomgesetzes v. 8.12.2010 (BGBl. I S. 1817), BT-Drs. 17/3052, S. 13; die Sozialadäquanz als Korrektur hinzuziehend auch *Breuer*, NVwZ 1990, 211 (213); *Murswiek*, Die staatliche Verantwortung für die Risiken der Technik, S. 87 bezeichnet es als das „rechtlich erlaubte Risiko".

[698] Amtl. Begr. zu § 7d AtG i.d.F. des Zwölften Gesetzes zur Änderung des Atomgesetzes v. 8.12.2010 (BGBl. I S. 1817), BT-Drs. 17/3052, S. 13; BVerfGE 49, 89 (137 f.); 81, 310 (344); *Breuer*, NVwZ 1990, 211 (213).

Die Begrenzung der Anwendung der Rechtsfigur des Risikos auf Spezialgesetze – namentlich die des Atom- und Immissionsschutz, Chemikalien, Pflanzenschutz-, Gentechnik- und Arzneimittelrechts –[699] resultiert daraus, dass hier entweder ein besonderes Schadenspotential[700] oder wegen der besonderen Abhängigkeit vom aktuellen Erkenntnisstand in Wissenschaft und Technik[701] ein „besonderes Maß an kognitiver Unsicherheit bei der Beurteilung der Schadenswahrscheinlichkeit"[702] besteht beziehungsweise sich Schwierigkeit dahingehend eröffnen, „einen hinreichenden Kausalnexus zwischen Einzelanlage und Schaden herzustellen"[703]. Es drohen Summations-, Langzeit- und Distanzschäden im Bereich noch unerforschter technischer oder wissenschaftlicher Gebiete, sodass die Sicherheitsbehörden sich mit einer besonderen Komplexität im Rahmen ihrer Entscheidungen konfrontiert sehen.[704]

b) Einordnung in das Abwägungssystem

Die dogmatische Nähe von Risiko und Vorsorge im Umwelt- und technischen Sicherheitsrecht ist gesetzlich untermauert, vgl. § 7d AtG. Daher verwundert es nicht, dass auch der polizeiliche Vorsorgebegriff immer wieder mit dem Begriff des Risikos assoziiert wird. So wird die Risikovorsorge als Leitziel der polizeilichen Tätigkeit genannt.[705] Die Tätigkeit im Vorfeld der konkreten Gefahr wird als Risikosteuerung oder -bekämpfung betitelt.[706] Bei Betrachtung der Interessenslage finden sich demnach unbestreitbare Parallelen wie die Unsicherheiten bei der Diagnose und Prognose und das nicht selten verwendete Mittel der Aufklärung.[707]

---

[699] *Di Fabio*, Risikoentscheidungen im Rechtsstaat, S. 450 f.; hinsichtlich dieser Begrenzung der Anwendung der Risikovorsorge s. auch BVerwGE 73, 300 (316), wo „mit Blick auf die in Rede stehende Vorschrift [§ 7 Abs. 2 Nr. 3 AtG [BGBl. I 1969, S. 1429]] vom Grundsatz der bestmöglichen Gefahrenabwehr und Risikovorsorge gesprochen" wird.

[700] Vgl. BVerfGE 49, 89 (117); *Di Fabio*, Risikoentscheidungen im Rechtsstaat, S. 66, 74, 89.

[701] BVerfGE 49, 89 (136 ff.); 53, 30 (59); BVerwG, DVBl. 1972, 678 (679).

[702] *Di Fabio*, Risikoentscheidungen im Rechtsstaat, S. 115.

[703] *Di Fabio*, Risikoentscheidungen im Rechtsstaat, S. 52; s. auch *Schlacke*, Umweltrecht, § 3 Rn. 6.

[704] *Schlacke*, Umweltrecht, § 3 Rn. 6 zur Risikovorsorge; *Kahl/Gärditz*, Umweltrecht, § 4 Rn. 21 ff., 26.

[705] *Aulehner*, Polizeiliche Gefahren- und Informationsvorsorge, S. 480 f.; *Haas*, Sondervotum zu BVerfGE 115, 320 ff., BVerfGE 115, 371 (380); *Pitschas*, DÖV 2002, 221 (222 ff.); *Thiel*, Die „Entgrenzung" der Gefahrenabwehr, S. 91.

[706] *Aulehner*, Polizeiliche Gefahren- und Informationsvorsorge, S. 480 f.; *Haas*, Sondervotum zu BVerfGE 115, 320 ff., BVerfGE 115, 371 (378); *Möstl*, Die staatliche Garantie für die öffentliche Sicherheit und Ordnung, S. 28; *ders.*, JURA 2005, 48 (51); *Schulze-Fielitz*, in: FS Glaeser, S. 407 (411); *Thiel*, Die „Entgrenzung" der Gefahrenabwehr, S. 91; *Volkmann*, NVwZ 2009, 216 (220).

[707] Vgl. *Meyer*, JZ 2017, 429 (433), der im Ergebnis aber das Risikorecht von den „polizeirechtlichen (klassischen) Verdachtslagen" trennt; s. auch *Roellecke*, JZ 2006, 265 (269).

Diese Assoziation wird gefestigt durch die Verwendung des Begriffes des Risikos durch die polizeirechtliche Rechtsprechung.[708] Neben begrifflich offenen Formulierungen wird hier sogar in einer jüngeren Entscheidung Systembildung mit diesem Begriff im Polizeirecht betrieben.[709] Das Bundesverfassungsgericht sieht die Möglichkeit anlassloser Eingriffsbefugnisse, die an ein „gefährliches oder risikobehaftetes Tun beziehungsweise an die Beherrschung besonderer Gefahrenquellen“[710] anknüpfen und damit nach eigener Aussage dem Umweltrecht ähneln.[711] Es scheint so, als ließe sich der Begriff des Risikos im Recht der Inneren Sicherheit über das Abwägungssystem integrieren. Baldus fragt daher nicht zu Unrecht, ob das umweltrechtliche Prinzip der Risikovorsorge in das Recht der inneren Sicherheit und in das Polizeirecht hinübergeschwappt ist.[712]

Gemeinsam ist der polizeilichen Gefahrenvorsorge und dem Risikorecht, dass sie die Vorverlagerung der Schadensabwehr beschreiben.[713] Ihren verfassungsrechtlichen Ursprung finden sie im Ausgleich von Freiheit und Sicherheitsgewährleistung durch staatliche Schutzpflichten.[714] Die Literatur weist für beide darauf hin, dass es in Anbetracht des Wissensdefizites über Kausalzusammenhänge bei großem Schadensausmaß zu einer Abnahme der Schutz- und Begrenzungsfunktion des Verhältnismäßigkeitsgrundsatzes komme.[715] Eine Übertragung der bereits erprobten Rechtsfigur des Risikos könnte sich als Lösung für das vermehrt angenommene Versagen der klassischen Gefahrenabwehr darstellen. Gefahr und Risiko sind beide als Produkt von Schadenswahrscheinlichkeit und -umfang anzusehen,[716] sodass das Heranziehen des Risikos auch in der polizeirechtlichen Gefahrenvorsorge vermeintlich nicht zu großen Brüchen in der Gefahrenabwehrdogmatik führen würde.

Das Risiko ist indes Teil einer spezifischen „Umweltvorsorge“[717], deren Ausgangs- und Endlage eine im absoluten Regelfall nicht mit dem Polizeirecht ver-

---

[708] BVerfGE 120, 378 (431); 150, 244 (282 Rn. 94); zum Risikobegriff BVerwGE 116, 347 ff.; s. *Götz/Geis*, Allgemeines Polizei- und Ordnungsrecht, § 12 Rn. 9.

[709] Begrifflich offen BVerfGE 120, 378 (431), wo aber neben der Risikobekämpfung vom Erfordernis der hinreichenden Wahrscheinlichkeit gesprochen wird, so dass nicht davon auszugehen ist, dass das Rechtsregime des Risikos hier gelten soll. Systembildung hingegen in BVerfGE 150, 244 (282 Rn. 94).

[710] BVerfGE 150, 244 (282 Rn. 94).

[711] BVerfGE 150, 244 (282 Rn. 94).

[712] *Baldus*, Die Verwaltung 47 (2014), 1 (6) m.V.a. *Calliess*, DVBl. 2003, 1096 (1099).

[713] *Di Fabio*, Risikoentscheidungen im Rechtsstaat, S. 113; *Park*, Wandel des klassischen Polizeirechts zum neuen Sicherheitsrecht, S. 218.

[714] *Trute*, in: GS Jeand'Heur, S. 403 (413).

[715] *Trute*, in: GS Jeand'Heur, S. 403 (413).

[716] *Ossenbühl*, NVwZ 1986, 161 (163).

[717] *Kloepfer/Rehbinder/Schmidt-Aßmann*, Berichte 7/90 Umweltgesetzbuch – Allgemeiner Teil –, S. 119.

gleichbare ist.[718] Die Literatur merkt an, dass hinter dem Vorsorgegedanken in der Risikovorsorge tatsächliche Zukunftsvorsorge steht,[719] die „über mehrere Generationen reichen kann bzw. sogar muss“[720].[721] Dies ist dem im Umwelt- und technischem Sicherheitsrecht geltenden Nachhaltigkeitsprinzip zu verdanken, der das Normumfeld derart verändert, dass anders als im Polizeirecht nicht bloß auf Einzelfälle oder typische Lagen reagiert werden soll, sondern die Situation ganzer zukünftiger Generationen in den Fokus gerät.[722]

Im Rahmen der Diagnose besteht im Risikorecht kein hinreichendes naturwissenschaftlich-technisches Regelwissen beziehungsweise ausreichendes Erfahrungswissen, das herangezogen werden könnte.[723] An dessen Stelle tritt interner oder externer wissenschaftlicher Sachverstand.[724] Das Abwenden von der herkömmlichen Dogmatik ist im Rahmen der Risikovorsorge der „Komplexität und der Entwicklungsdynamik technisch-wissenschaftlich hochspezialisierter Sachmaterien“[725] geschuldet. Im polizeilichen Gefahrenvorfeld ist nach Ansicht des Schrifttums anders als im Umweltrecht und technischen Sicherheitsrecht nicht mangels tauglicher Prognose- und Diagnosegrundlage eine Wahrscheinlichkeitsprognose unmöglich.[726] Zwar bestünden ohne Frage auch hier Unsicherheiten hinsichtlich des zeitlichen Moments des Schadenseintritts. Die Prognose sei dennoch im Rahmen der Gefahrenvorsorge nicht auf ganze Generationen auszudehnen, sondern blicke im Endeffekt immer auf eine möglicherweise noch entstehende konkrete Gefahr im Sinne einer einzelnen Situation.[727] Vielmehr wird dementsprechend im Rahmen der

718 Vgl. schon die Amtl. Begr. des Gesetzes zum Schutz von schädlichen Umwelteinwirkungen durch Luftverschmutzungen, Geräusche, Erschütterungen und ähnliche Vorgänge (Bundes-Immissionsschutzgesetz – BImSchG) v. 15.3.1974 (BGBl. I S. 721), BT-Drs. 7/179, S. 25; vgl. auch *Martens*, in: Drews/Wacke/Vogel/Martens, Gefahrenabwehr, § 11 Erl. 2 b) α), S. 160 sowie *Calliess*, DVBl. 2003, 1096 (1105).

719 *Park*, Wandel des klassischen Polizeirechts zum neuen Sicherheitsrecht, S. 216; *Kloepfer/Rehbinder/Schmidt-Aßmann*, Berichte 7/90 Umweltgesetzbuch – Allgemeiner Teil –, S. 117 f.; vgl. auch *Barczak*, Der nervöse Staat, S. 372.

720 *Park*, Wandel des klassischen Polizeirechts zum neuen Sicherheitsrecht, S. 216.

721 Zur damit einhergehenden „Kollektivierung der Zurechnung von Risiken“ *Thiel*, Die „Entgrenzung“ der Gefahrenabwehr, S. 303.

722 *Park*, Wandel des klassischen Polizeirechts zum neuen Sicherheitsrecht, S. 224 f.

723 *Di Fabio*, Risikoentscheidungen im Rechtsstaat, S. 113; s. auch *Vesting*, in: Hoffmann/Riem/Schmidt-Aßmann/Voßkuhle, Grundlagen des Verwaltungsrechts, Bd. II, § 20 Rn. 46.

724 *Di Fabio*, Risikoentscheidungen im Rechtsstaat, S. 113.

725 *Di Fabio*, Risikoentscheidungen im Rechtsstaat, S. 113.

726 *Möstl*, Die staatliche Garantie für die öffentliche Sicherheit und Ordnung, S. 201, vgl. auch *Bäcker*, Kriminalpräventionsrecht, S. 98, 199 und *Neumann*, Vorsorge und Verhältnismäßigkeit, S. 88 ff.

727 BVerfGE 141, 220 (272 f. Rn. 112); s. aber auch *Kremer*, in: Augsberg, Extrajuridisches Wissen im Verwaltungsrecht, S. 195 (197).

Prognosegrundlage eine Engführung auf gewisse Tatsachen gefordert.[728] Die Absicherung im Tatsächlichen wird im Umweltrecht und technischen Sicherheitsrecht hingegen fortschreitend aufgegeben.[729]

Die für das Risikorecht entwickelten Verfahren,[730] die zu einer nachträglichen Evaluierbarkeit führen und die geminderten Eingriffsvoraussetzungen ausgleichen,[731] konfligieren teils mit dem polizeilichen Erfordernis der Eilbedürftigkeit und passen nicht zur Normstruktur des Polizeirechts.[732] Allerdings ist auch darauf hinzuweisen, dass zumindest im informationellen Bereich anerkanntermaßen Verfahrenspflichten den Grundrechtsschutz abfedern können.[733]

Die Implementierung der umweltrechtlichen Maßstäbe in das Polizeirecht stellt sich verfassungsrechtlich äußerst fragwürdig hinsichtlich der Bestimmtheit und Verhältnismäßigkeit dar, die beide die Vorhersehbarkeit der Maßnahme fordern.[734] Gerade in Anbetracht der potentiell hohen Eingriffsintensität entspricht das Abstellen auf eine bloße Möglichkeit nicht verfassungsrechtlichen Standards der Gefahrenvorsorge.[735] Einen großen Beitrag zu dieser Eingriffsintensität trägt auch die mögliche Heimlichkeit der polizeilichen Maßnahmen bei, die im Risikorecht typischerweise nicht besteht.[736] Zudem ist das Risikorecht Rahmen der Regulierung einer wirtschaftlichen Tätigkeit, was eine Inanspruchnahme nach Maßgabe eines individuellen Beitrags vereinfacht,[737] und staatliche Eingriffe halten sich nicht selten mit staatlicher Förderung die Waage.[738] Das Polizeirecht greift viel umfassender in die Lebensgestaltung der Betroffenen ein.[739] Indem damit das Polizeirecht das

---

[728] BVerfGE 110, 33 (56 f., 61); 113, 348 (377); 141, 220 (272 Rn. 112 f.); vgl. hinsichtlich der Abgrenzung zum Risikorecht *Meyer*, JZ 2017, 429 (434).

[729] Dazu ausf. und m. w. N. *Meyer*, JZ 2017, 429 (435).

[730] *Baldus*, Die Verwaltung 47 (2014), 1 (20); *Trute*, in: GS Jeand'Heur, S. 403 (423).

[731] Vgl. *Baldus*, Die Verwaltung 47 (2014), 1 (20); *Trute*, in: GS Jeand'Heur, S. 403 (410).

[732] Vgl. *Meyer*, JZ 2017, 429 (434): Das Risikorecht kenne Betreiberpflichten und Einzelfallbefugnisse; das Polizeirecht kenne lediglich Letztere. Eine Unterscheidung über Verantwortlichkeitsaspekte anhand einer vermeintlichen „Störerhaftung" im Umwelt- und technischen Sicherheitsrecht sei allerdings abzulehnen, vgl. *Meyer*, JZ 2017, 429 (436).

[733] *Trute*, in: GS Jeand'Heur, S. 403 (415).

[734] BVerfGE 120, 378 (408); 150, 244 (281 f. Rn. 93); vgl. auch *Bäcker*, Kriminalpräventionsrecht, S. 204; *Calliess*, DVBl. 2003, 1096 (1105); *Di Fabio*, Risikoentscheidungen im Rechtsstaat, S. 107; *Park*, Wandel des klassischen Polizeirechts zum neuen Sicherheitsrecht, S. 220.

[735] Vgl. *Di Fabio*, Risikoentscheidungen im Rechtsstaat, S. 107; *Trute*, in: GS Jeand'Heur, S. 403 (409 f.); vgl. zum Verbot eines Abstellens auf eine bloße Möglichkeit BVerfGE 110, 33 (59); 115, 320 (369); 141, 220 (269 Rn. 104, 273 Rn. 113); im nachrichtendienstlichen Kontext BVerfGE 120, 274 (329).

[736] *Meyer*, JZ 2017, 429 (436).

[737] *Trute*, in: GS Jeand'Heur, S. 403 (409).

[738] *Bäcker*, Kriminalpräventionsrecht, S. 202 f.

[739] *Bäcker*, Kriminalpräventionsrecht, S. 202.

grundrechtssensiblere Feld ist, sind höhere Maßstäbe zu wahren und die Anforderungen des Risikorechts nicht pauschal zu übertragen.[740]

Anzumerken ist ferner, dass die neuesten Erwägungen des Bundesverfassungsgerichts das Risiko nicht als Grundlage polizeilicher Eingriffe ansetzen.[741] Konkret ist eine Entscheidung zu anlasslosen Kontrollen anzuführen, deren Ermächtigung insbesondere bei der tatbestandlichen Alternative, die an die Beherrschung einer Gefahrenquelle anknüpft, dem Umweltrecht ähnelt.[742] Die Anzahl der durch das Gericht aufgeführten Beispiele – die Gefahrenquelle des Betriebs eines Kraftfahrzeugs, die Durchsetzung der Versicherungspflicht oder das Auffinden unversicherter Fahrzeuge –[743] sind gering, und die Begrenztheit der Einsatzmöglichkeiten solcher Regelungsbefugnisse wird durch das Gericht auch hinreichend verdeutlicht.[744] Zudem sind diese Kontrollen keine ausschließlichen Instrumente des Umweltrechts, sondern finden im Polizeirecht durch das Anknüpfen an besondere Orte oder Personen schon lange Anwendung.[745] Für solche Tatbestände, die auf eine Gefahr verzichten und an eine besondere Quelle anknüpfen, sind die Maßstäbe der Gefahrenabwehr anzulegen.

Die Risikovorsorge ist spezialgesetzlichen Bereichen vorbehalten und unterscheidet sich von der Gefahrenabwehr und der Gefahrenvorsorge im Polizeirecht.[746] Die Risikovorsorge des Umwelt- und technischen Sicherheitsrecht wird daher teils als aliud zur Gefahrenabwehr gesehen.[747] Selbst bei Integration in das Gefahrenabwehrsystem wird ihr Anwendungsbereich auf das Umwelt- und technische Sicherheitsrecht beschränkt.[748] Fest steht, dass für die Gefahrenvorsorge nach eigenen, an das polizeiliche Gefahrenabwehrrecht angelehnten Lösungen zu suchen ist, anstatt die Maßstäbe eines durch ureigene Prinzipien geprägten Rechtssystems zu übertragen.[749]

---

[740] *Bäcker*, Kriminalpräventionsrecht, S. 202 ff.

[741] S. BVerfGE 150, 244 (282 Rn. 94).

[742] BVerfGE 150, 244 ff.

[743] BVerfGE 150, 244 (282 Rn. 94).

[744] BVerfGE 150, 244 (282 Rn. 94).

[745] S.u. § 5 B.I.6., S. 219 ff.

[746] *Bäcker*, Kriminalpräventionsrecht, S. 195 ff.; *Di Fabio*, Risikoentscheidungen im Rechtsstaat, S. 113; *Funke/Kraus*, BayVBl. 2018, 725 (727 Fn. 21); *Götz/Geis*, Allgemeines Polizei- und Ordnungsrecht, § 12 Rn. 9; *Möstl*, JURA 2005, 48 (52); *Soiné*, DÖV 2000, 173 (174); *Thiel*, Die „Entgrenzung" der Gefahrenabwehr, S. 303.

[747] *Di Fabio*, Risikoentscheidungen im Rechtsstaat, S. 113; *Funke/Kraus*, BayVBl. 2018, 725 (727 Fn. 21); *Götz/Geis*, Allgemeines Polizei- und Ordnungsrecht, § 12 Rn. 9; *Möstl*, JURA 2005, 48 (52) sieht die Risikosteuerung als zweite Art des Gefahrenvorfelds, auf deren anderer Seite er die Gefahrenerforschung bzw. Informationsvorsorge ansiedelt.

[748] *Breuer*, NVwZ 1990, 211 (214 ff.).

[749] *Bäcker*, Kriminalpräventionsrecht, S. 202 ff.; *Calliess*, DVBl. 2003, 1096 (1105); *Möstl*, JURA 2005, 48 (51); *Thiel*, Die „Entgrenzung" der Gefahrenabwehr, S. 302; umfas-

3. Abstrakte Gefahr und allgemeine Gefahr

a) Konturen

aa) Abstrakte Gefahr

Inhalt und Dimension der abstrakten Gefahr wurden schon im Rahmen der Abgrenzung zur konkreten Gefahr aufgezeigt. Die abschließende Definition der abstrakten Gefahr verlangt daher eine Sachlage, die bei ungehindertem Ablauf des objektiv oder jedenfalls aus der ex-ante-Sicht des für die Polizei handelnden Amtswalters bei verständiger Würdigung zu erwartenden Geschehens typischerweise in absehbarer Zeit mit hinreichender Wahrscheinlichkeit zu einer Verletzung von Schutzgütern der öffentlichen Sicherheit oder Ordnung führt.[750] Die abstrakte Gefahr ist daher keinesfalls ein Minus zur konkreten Gefahr, sondern bloß ein Wechsel der Perspektive.[751]

bb) Allgemeine Gefahr

Neben der abstrakten Gefahr ist auch die „allgemeine Gefahr" zu betrachten, welche in Bayern in Art. 2 Abs. 1 BayPAG implementiert ist. In der Auslegung der Gerichte und der Literatur wird die allgemeine Gefahr des Art. 2 Abs. 1 BayPAG zur Umschreibung beziehungsweise zu einem Unterfall der abstrakten Gefahr.[752] Basis findet diese Auslegung in der Gesetzesbegründung zur bayerischen Aufgabeneröffnungsnorm.[753] Das Adjektiv „allgemein" soll entsprechend der Auslegung der abstrakten Gefahr in den anderen Ländern abgrenzen zur im Einzelfall bestehenden konkreten Gefahr.[754] Die Gesetzesbegründung macht keine Aussage zum

---

sende Darstellung der verschiedenen umweltrechtlichen Grundprinzipien bei *Schlacke*, Umweltrecht, § 3 Rn. 1 ff. und *Kahl/Gärditz*, Umweltrecht, § 4 Rn. 21 ff. m. w. N.

750 Dazu § 3 B. I. 1. b) cc) (1), S. 54 ff.; vgl. auch BVerwG, NJW 1970, 1890 (1892); BVerwGE 116, 347 (351 f.).

751 Dazu § 3 B. I. 1. b) cc) (1), S. 54 ff.

752 BayVerfGHE 47, 241 (256); *Holzner*, in: Möstl/Schwabenbauer, BeckOK Polizei- und Sicherheitsrecht Bayern, Art. 11 BayPAG Rn. 37, hält die allgemeine Gefahr ausdr. für einen Unterfall der abstrakten Gefahr.

753 Amtl. Begr. zu Art. 2 BayPAG i. d. F. des Gesetzes über die Aufgaben und Befugnisse der Bayerischen Staatlichen Polizei (Polizeiaufgabengesetz – PAG –) v. 24. 8. 1978 (BayGVBl. S. 561), BayLT-Drs. 08/8134, S. 16.

754 Amtl. Begr. zu Art. 2 BayPAG i. d. F. des Gesetzes über die Aufgaben und Befugnisse der Bayerischen Staatlichen Polizei (Polizeiaufgabengesetz – PAG –) v. 24. 8. 1978 (BayGVBl. S. 561), BayLT-Drs. 08/8134, S. 16: „Unter *Gefahr* im Sinn des § 1 Abs. 1 des Musterentwurfs soll ausweislich der amtlichen Begründung dazu nicht nur die im einzelnen Falle bestehende (konkrete) Gefahr, sondern auch die allgemeine (abstrakte) Gefahr verstanden werden" [Hervorhebung im Original]. BayVerfGHE 47, 241 (256): „Der Begriff ‚allgemeine Gefahr' im bayerischen Polizeirecht bringt zum Ausdruck, daß die Polizei nicht nur die Aufgabe hat, die im Einzelfall bestehende Gefahr abzuwenden – konkrete Gefahr im Sinn des

Wahrscheinlichkeitsmaßstab der allgemeinen beziehungsweise abstrakten Gefahr. Die bayerische Rechtsprechung hingegen verbindet mit der konkreten Gefahr die hinreichende Wahrscheinlichkeit. Für die allgemeine Gefahr scheint es die hinreichende Wahrscheinlichkeit nicht vorauszusetzen.[755] Es gibt einen weiteren Teil der bayerischen Literatur, der die allgemeine Gefahr zu einer eigenen Kategorie erhebt.[756] Eine allgemeine Gefahr liege danach vor, wenn eine „konkrete Gefährdung der polizeilichen Schutzgüter zu erwarten ist"[757]. Nach Knemeyer soll sie sich auf Diagnoseseite auf einen bestimmten Lebenssachverhalt beziehen.[758] Auf Prognoseseite zeichne sie sich nach weiteren Stimmen des Schrifttums durch die Abwesenheit des Erfordernisses der hinreichenden Wahrscheinlichkeit aus.[759]

b) Einordnung in das Abwägungssystem

aa) Hinreichende Wahrscheinlichkeit

Die Begrifflichkeit der Gefahrenvorsorge sowie die Verwendung des Begriffs „Vorfeldbefugnis" [760] durch die Rechtsprechung verleiten dazu, die Befugnisschwelle der Gefahrenvorsorge in der abstrakten Gefahr zu suchen.[761] Einer im Einzelfall bestehenden Gefahr geht nicht selten eine abstrakt bestehende Gefahr voraus.[762] Gefahrenvorsorgemaßnahmen dienten nach Ansicht einiger der „Abwehr abstrakter Gefahren durch Maßnahmen im Einzelfall"[763]. Ein viel zitiertes Beispiel

---

Art. 11 PAG –, sondern auch die Aufgabe, die öffentliche Sicherheit oder Ordnung vor abstrakten Gefahren zu schützen".

[755] BayVerfGHE 47, 241 (256): „Der Begriff der Gefahr umfaßt zum einen die im Einzelfall mit hinreichender Wahrscheinlichkeit eintretende (konkrete) Gefahr und zum anderen die in gedachten typischen Fällen nach allgemeiner Lebenserfahrung wahrscheinlich eintretende allgemeine (abstrakte) Gefahr der Verletzung der Schutzgüter öffentliche Sicherheit oder Ordnung".

[756] *Knemeyer*, Polizei- und Ordnungsrecht, Rn. 89; *Schmidbauer/Holzner*, Polizei und Sicherheitsrecht, Rn. 294.

[757] *Knemeyer*, Polizei- und Ordnungsrecht, Rn. 89; einige Stimmen in der Lit. umschreiben sie daher mit den Begriffen der Gefahrenvorbeugung bzw. -vorsorge, vgl. *Heckmann*, in: Becker/Heckmann/Kempen/Manssen, Öffentliches Recht in Bayern, 3. Teil Rn. 120; *Knemeyer*, Polizei- und Ordnungsrecht, Rn. 89; *Schenke*, Polizei- und Ordnungsrecht, Rn. 76.

[758] *Knemeyer*, Polizei- und Ordnungsrecht, Rn. 91.

[759] *Funke/Kraus*, BayVBl. 2018, 725 (728); *Möstl*, JURA 2005, 48 (51 Fn. 25); *Schenke*, Polizei- und Ordnungsrecht, Rn. 76; *Shirvani/Hirzebruch*, JURA 2016 194 (196).

[760] BVerfGE 115, 320 (367).

[761] *Kingreen/Poscher*, Polizei- und Ordnungsrecht, § 8 Rn. 19 f.; *Soiné*, DÖV 2000, 173 (174); vgl. auch *Darnstädt*, Gefahrenabwehr und Gefahrenvorsorge, S. 122; *Erichsen*, VVDStRL 35 (1976), 171 (184); *Wehr*, JURA 2019, 940 (946).

[762] *Schenke*, Polizei- und Ordnungsrecht, Rn. 75.

[763] *Kingreen/Poscher*, Polizei- und Ordnungsrecht, § 8 Rn. 19.

stellt die Streifenfahrt dar.[764] Diese „Maßnahmen wehren vorsorglich die abstrakte Gefahr von Straftaten und sonstigen abstrakten Gefahren ab, und sie liegen im heutigen Vorfeld morgiger konkreter Straftatenbekämpfung und sonstiger konkreter Gefahrenabwehr“[765].

Gerade die frühen Auseinandersetzungen mit der Ausgestaltung des informationellen Bereichs suchen und finden hier ihre vermeintlich taugliche Schwelle. Die gefahrenvorsorgerische Dimension der Vorbereitung auf die Gefahrenabwehr wird durch die Begründung des VE ME PolG (1986) mit der abstrakten Gefahr verknüpft. Hier könne die Polizei „nicht auf ein Tätigwerden im Bereich der abstrakten Gefahr verzichten“[766]. Ähnliches bestätigt auch die Rechtsprechung unter anderem in Urteilen des Bayerischen Verfassungsgerichtshofs vom 19.10.1994 und vom Sächsischen Verfassungsgerichtshof vom 14.5.1996.[767] Einig sind sich die Entscheidungen darin, dass die in Anlehnung an die Vorgaben des VE ME PolG (1986) in die Landespolizeigesetze eingefügten Datenerhebungsvorschriften nicht an das Vorliegen einer konkreten Gefahr anknüpfen müssten.[768] Der Bayerische Verfassungsgerichtshof betont, die abstrakte Gefahr in der Aufgabeneröffnung, die das Gericht zur allgemeinen Gefahr synonym verwendet,[769] sei ausreichende Grundlage für einfache Datenerhebung.[770] Was dieses Gericht mit der Notwendigkeit der „vorsorgende[n] Abwehr abstrakter Gefahren“[771] umschreibt, konkretisieren die sächsischen Richter als die Notwendigkeit der Schaffung von „Vorfeldbefugnisse[n]“[772]. Es ginge um „Mittel im Vorfeld konkreter Gefahren“[773], welche für das Ziel der vorbeugenden Verbrechensbekämpfung in der Konfrontation mit moderner Kriminalität als unverzichtbar angesehen werden.[774]

Ein Abstellen auf die abstrakte Gefahr erscheint zunächst sinnvoll. Sie hat wegen ihres typisierten Anknüpfungspunktes kein Problem mit einem Versagen der Pro-

[764] Dazu schon oben unter § 4 B.I., S. 85 ff.; krit. dazu *Funke/Kraus*, BayVBl. 2018, 725 (727).

[765] *Kingreen/Poscher*, Polizei- und Ordnungsrecht, § 8 Rn. 19.

[766] Abdr. der Begr. des VE ME PolG (1986) in *Kniesel/Vahle*, in: Clages, VE ME PolG, S. 53.

[767] BayVerfGHE 47, 241 ff. und SächsVerfGH, DVBl. 1996, 1423 ff.

[768] BayVerfGHE 47, 241 (256 f.); SächsVerfGH, DVBl. 1996, 1423 (1428 ff.).

[769] BayVerfGHE 47, 241 (256): „Der Begriff der Gefahr umfaßt zum einen die im Einzelfall mit hinreichender Wahrscheinlichkeit eintretende (konkrete) Gefahr und zum anderen die in gedachten typischen Fällen nach allgemeiner Lebenserfahrung wahrscheinlich eintretende allgemeine (abstrakte) Gefahr der Verletzung der Schutzgüter öffentliche Sicherheit oder Ordnung“; vgl. auch BayVerfGHE 47, 241 (257).

[770] BayVerfGHE 47, 241 (257).

[771] BayVerfGHE 47, 241 (257).

[772] SächsVerfGH, DVBl. 1996, 1423 (1428).

[773] SächsVerfGH, DVBl. 1996, 1423 (1428).

[774] SächsVerfGH, DVBl. 1996, 1423 (1428 ff.).

gnose.[775] Nach vordringender Meinung in der Literatur verlangt die Gefahrenvorsorge aber eine Abwendung von der klassischen Prognose[776] und teils sogar explizit von der hinreichenden Wahrscheinlichkeit.[777] Schenke stellt klar, dass Gefahrenvorsorge ausdrücklich „nicht mit dem Begriff der abstrakten Gefahr gleichzusetzen“[778] ist. Grund sei, dass die Anforderungen an die Wahrscheinlichkeitsprognose bei abstrakter und konkreter Gefahr gleich seien. Lediglich die Perspektive sei eine andere.[779] Im Rahmen der Gefahrenvorsorge lägen erste Erkenntnisse auf Diagnoseseite vor, aber es fehle an einer Gefahr.[780] Es handele sich um einen Bereich, „wo eine Gefahr noch nicht feststeht“[781]. Zwar kompensiert die abstrakte Gefahr durch den rein klassifikatorischen Ansatz ebenso ein Wissensdefizit im Einzelfall.[782] Die Gefahrenvorsorge zeichne sich indes dadurch aus, dass die Schaffung einer Prognosegrundlage regelmäßig mangels verfügbaren Wissens über die jeweilige Bedrohungslage in weitem Umfang scheitere.[783] Somit scheitere auch die Annahme einer hinreichenden Wahrscheinlichkeit.

Ferner ist die Typisierung, welche die abstrakte Gefahr zur Grundlage abstrakt-genereller Ge- und Verbote macht, zugleich ihr Manko.[784] Auch die Gefahrenvorsorge will Einzelfallbefugnisse schaffen. Nach Möstl soll die abstrakte Gefahr für die „Konturierung von Einzelfallbefugnissen ungeeignet“[785] sein. Die Gefahrenvorsorge verlange nicht das gleiche Maß an Typisierung wie die abstrakte Gefahr es vorgibt. Andere Stimmen in der Literatur halten die abstrakte Gefahr gleichsam angesichts des reinen Abstellens auf eine statistische Häufigkeitsrelation für einen

---

[775] *Bäcker*, Kriminalpräventionsrecht, S. 211.

[776] Vgl. *Aulehner*, Polizeiliche Gefahren- und Informationsvorsorge, S. 477; *Funke/Kraus*, BayVBl. 2018, 725 (727); *Götz/Geis*, Allgemeines Polizei- und Ordnungsrecht, § 12 Rn. 7, § 17 Rn. 42; *Kießling*, VerwArch 108 (2017), 282 (283); *Möstl*, DVBl. 2010, 808 (810); *Schenke*, Polizei- und Ordnungsrecht, Rn. 11 insb. Fn. 11, 71; *Trute*, in: GS Jean d'Heur, S. 403 (408).

[777] Meist mit der (in Übereinstimmung mit der Rspr. verwendeten, vgl. BVerfGE 120, 274 (326 f.); 125, 260 (330); 141, 220 (272 Rn. 112) und § 6 C., S. 318 ff.) Formulierung, dass „noch“ die hinreichende Wahrscheinlichkeit fehle, vgl. *Aulehner*, Polizeiliche Gefahren- und Informationsvorsorge, S. 477; *Götz/Geis*, Allgemeines Polizei- und Ordnungsrecht, § 12 Rn. 7, § 17 Rn. 42; *Schenke*, Polizei- und Ordnungsrecht, Rn. 76; vgl. zudem *Funke/Kraus*, BayVBl. 2018, 725 (727).

[778] *Schenke*, Polizei- und Ordnungsrecht, Rn. 11.

[779] *Schenke*, Polizei- und Ordnungsrecht, Rn. 11; s. zudem § 3 B. 1. b) cc) (1), S. 54 ff.

[780] *Kießling*, VerwArch 108 (2017), 282 (283).

[781] *Möstl*, DVBl. 2007, 581 (586).

[782] *Darnstädt*, DVBl. 2011, 263 (267).

[783] *Bäcker*, Kriminalpräventionsrecht, S. 212 f.; vgl. in Bezug auf die allgemeine Gefahr, *Trute*, in: GS Jean d'Heur, S. 403 (408).

[784] *Bäcker*, Kriminalpräventionsrecht, S. 212 f.; *Möstl*, DVBl. 2007, 581 (587); *Schenke*, Polizei- und Ordnungsrecht, Rn. 76 Fn. 134; a. A. *Kingreen/Poscher*, Polizei- und Ordnungsrecht, § 8 Rn. 19: „In modernen Gesetzes ist der Polizei *auch die Abwehr abstrakter Gefahren durch Maßnahmen im Einzelfall* aufgegeben“ [Hervorhebung im Original].

[785] *Möstl*, DVBl. 2007, 581 (587).

„grobe[n] Klotz“[786] mit großer Streubreite.[787] Auch wenn der Einzelfall versagt, möchte und muss die Gefahrenvorsorge immer noch alternativ an eine bestimmte Person, Sache oder einen Ort anknüpfen,[788] um dem Betroffenen ein gewisses Maß an Vorhersehbarkeit zu bieten.

Das Bundesverfassungsgericht zieht die abstrakte Gefahr ausdrücklich nicht als Schwelle heran. Der ungeeignete Wahrscheinlichkeitsmaßstab, aber vielmehr noch die weitgehende Typisierung lassen die abstrakte Gefahr im Ergebnis als untauglich erscheinen. Dem schließt sich ein Großteil der Literatur an.[789]

bb) Aufgabe und tatsächlicher Anlass

Normen, die im Tatbestand auf eine konkrete Gefahr verzichten, stellen nicht selten auf die Aufgabeneröffnung ab.[790] Diese ist nach Teilen der Literatur nicht mit der abstrakten Gefahr gleichzusetzen.[791] Die Abbildung der Aufgabeneröffnung inklusive der Gefahrenvorsorge leistet zumindest in Bayern nach Ansicht der Rechtsprechung und einiger Stimmen der Literatur die allgemeine Gefahr.[792]

Das Erfordernis der hinreichenden Wahrscheinlichkeit steht nach Meinung der Literatur hier der Annahme der Befugnisschwelle der Gefahrenvorsorge nicht im Weg. Danach läge eine „Abgrenzung zwischen der Abwehr konkreter Gefahren und der Vorfeldtätigkeit – der Abwehr allgemein bestehender Gefahren – [...] in einer unterschiedlichen Graduierung der Wahrscheinlichkeit des Schadenseintritts“[793]. Die allgemeine Gefahr wird als Mindestmaß für – nicht in Grundrechte eingreifende –[794] Maßnahmen unterhalb der Grenze der konkreten Gefahr angesehen, wie die Streifentätigkeit oder die Verkehrsüberwachung.[795] Sie sei lediglich aufgaben-

---

[786] *Darnstädt*, DVBl. 2011, 263 (267).

[787] *Darnstädt*, DVBl. 2011, 263 (267).

[788] Vgl. *Bäcker*, Kriminalpräventionsrecht, S. 212 f.

[789] *Bäcker*, Kriminalpräventionsrecht, S. 212 f.; *Funke/Kraus*, BayVBl. 2018, 725 (727); *Möstl*, DVBl. 2007, 581 (587); *Schenke*, Polizei- und Ordnungsrecht, Rn. 76.

[790] So z. B. „Erfüllung polizeilicher Aufgaben“ in Art. 30 Abs. 2 S. 1 Nr. 1 BayPAG; vgl. auch § 8a Abs. 2, Abs. 3 S. 1, 2, § 8c Abs. 1 Nr. 2 a), b), § 10a Abs. 1, Abs. 3, § 10 c Abs. 1, Abs. 3 Nr. 1, Abs. 4 S. 1 Nr. 1, Abs. 7, § 10d Abs. 1 und § 10e Abs. 1 S. 2, 3 VE MEPolG (1986), Abdr. in *Kniesel/Vahle*, in: Clages, VE ME PolG, S. 4 ff.

[791] *Knemeyer*, Polizei- und Ordnungsrecht, Rn. 72; *Möstl*, JURA 2005, 48 (51 Fn. 25).

[792] Vgl. schon oben § 4 E. I., S. 118 f. und § 4 E. I. 4., S. 123 f.; BayVerfGHE 47, 241 (256 f.); *Möstl*, JURA 2005, 48 (51 Fn. 25); s. auch *Knemeyer*, Polizei- und Ordnungsrecht, Rn. 89 ff.; *Schenke*, Polizei- und Ordnungsrecht, Rn. 76; *Wehr*, JURA 2019, 940 (946); krit. *Funke/Kraus*, BayVBl. 2018, 725 (728).

[793] *Knemeyer*, Polizei- und Ordnungsrecht, Rn. 72.

[794] *Knemeyer*, Polizei- und Ordnungsrecht, Rn. 89 ff., insb. 92; *Möstl*, JURA 2005, 48 (51 Fn. 25).

[795] *Knemeyer*, Polizei- und Ordnungsrecht, Rn. 89 ff.; zu den Anwendungsbeispielen, vgl. die Amtl. Begr. zu Art. 2 BayPAG i. d. F. des Gesetzes über die Aufgaben und Befug-

eröffnend,[796] markiere die Grenze der Gefahrenvorsorge,[797] ohne jedoch zu Eingriffen zu ermächtigen.[798] Gleichwohl soll sie auch für informationelle Maßnahmen angewendet werden.[799]

Dass informationelle Eingriffe auch eben solche sind, kritisieren die Gegner dieser Ansicht.[800] Es ist eine Vermischung von Aufgabe und Befugnis zu befürchten.[801] Eine übergreifende Verwendung der allgemeinen Gefahr in ihrer Auslegung als Eingreifschwelle der Gefahrenvorsorge scheidet aber aus.[802] Zunächst lässt das Bundesverfassungsgericht ein Abstellen auf die Aufgabe nicht genügen.[803] Die Literatur merkt an, dass gerade der für die allgemeine Gefahr betonte Maßstab der allgemeinen Lebenserfahrung in Anbetracht der Konspirativität und Neuartigkeit der Bedrohungen scheitere.[804]

Die Wirkungsstärke der generalisierenden Gefahrentypen der abstrakten und allgemeinen Gefahr „liegt weniger in der jeweils individuellen Grundrechtsbetroffenheit als in ihrer Streubreite, die grundsätzlich jedermann ohne Anlass im konkreten Fall einbezieht“[805]. Sie eignen sich für abstrakte Maßnahmen.[806] Für die abstrakte Gefahr bedeutet dies einen Anwendungsbereich im Verordnungserlass im Rahmen der klassischen Gefahrenabwehr.[807] Der Gesetzgeber setzt für einzelfallbezogene Maßnahmen auf eine weitere Tatbestandsbeschreibung,[808] die weder die allgemeine Gefahr noch die abstrakte Gefahr leisten.

---

nisse der Bayerischen Staatlichen Polizei (Polizeiaufgabengesetz – PAG –) v. 24.8.1978 (BayGVBl. S. 561), BayLT-Drs. 08/8134, S. 16.

[796] *Möstl*, JURA 2005, 48 (51 Fn. 25).

[797] *Knemeyer*, Polizei- und Ordnungsrecht, Rn. 89; *Schenke*, Polizei- und Ordnungsrecht, Rn. 11; *Shirvani/Hirzebruch*, JURA 2016 194 (196).

[798] *Knemeyer*, Polizei- und Ordnungsrecht, Rn. 89 ff.; krit. insoweit *Funke/Kraus*, BayVBl. 2018, 725 (728); *Schenke*, Polizei- und Ordnungsrecht, Rn. 11.

[799] Vgl. insoweit BayVerfGHE 47, 241 (256 f.); s. auch *Knemeyer*, Polizei- und Ordnungsrecht, Rn. 72, 194.

[800] M. V. a. diese Inkonsistenz *Funke/Kraus*, BayVBl. 2018, 725 (728); vgl. auch *Heckmann*, in: Becker/Heckmann/Kempen/Manssen, Öffentliches Recht in Bayern, 3. Teil Rn. 63 ff.; *Schenke*, Polizei- und Ordnungsrecht, Rn. 76.

[801] Dazu allgemein *Schoch/Kießling*, in: Schoch/Eifert, Besonderes Verwaltungsrecht, Kap. 1 Rn. 189 ff.

[802] Vgl. *Funke/Kraus*, BayVBl. 2018, 725 (728); *Schenke*, Polizei- und Ordnungsrecht, Rn. 76; *Trute*, in: GS Jeand'Heur, S. 403 (408).

[803] BVerfGE 130, 151 (205); 150, 244 (297 Rn. 142).

[804] Zum Maßstab, vgl. *Knemeyer*, Polizei- und Ordnungsrecht, Schaubild, Rn. 75; zur Kritik vgl. *Trute*, in: GS Jean d'Heur, S. 403 (408).

[805] *Poscher*, Die Verwaltung 41 (2008), 345 (363).

[806] *Möstl*, in: ders./Schwabenbauer, BeckOK Polizei- und Sicherheitsrecht Bayern, Systematische und begriffliche Vorbemerkungen zum Polizeirecht in DE Rn. 38.

[807] S. dazu § 3 B. I. 1. b) cc) (1), S. 54 f.

[808] Vgl. unten § 5 B. I. 6., S. 219 ff.; anders verhält es sich bei Art. 54 Abs. 1 (Speicherung), Art. 56 Abs. 1 Nr. 1, Nr. 2, Nr. 3 a) (Übermittlung an öffentliche Stellen im Inland), Art. 59

4. Erhöht abstrakte Gefahr

a) Konturen

An einer genauen Grenzziehung versucht sich der Bayerische Verfassungsgerichtshof in einer Aufsehen erregenden Entscheidung. Durch Gesetz vom 23.12. 1994 wurde die sogenannte Schleierfahndung als „Befugnis zu ereignis- und verdachtsunabhängigen Personenkontrollen"[809] im Grenzgebiet bis zu einer Tiefe von 30 km sowie auf Durchgangsstraßen (Bundesautobahnen, Europastraßen und andere Straßen von erheblicher Bedeutung für den grenzüberschreitenden Verkehr) und in öffentlichen Einrichtungen des internationalen Verkehrs zur Verhütung oder Unterbindung der unerlaubten Überschreitung der Landesgrenze oder des unerlaubten Aufenthalts und zur Bekämpfung der grenzüberschreitenden Kriminalität in das bayerische Polizeiaufgabengesetz aufgenommen, vgl. Art. 13 Abs. 1 Nr. 5 BayPAG (1994). Durch die bestehende Verweisungstechnik wurden in Konsequenz die Durchsuchung von Personen und Sachen für die Schleierfahndung eröffnet.[810] Diverse Rechtsbehelfe gegen diese Regelung vor dem Bayerischen Verfassungsgerichtshof scheiterten: In der Entscheidung vom 28.3.2003 wurden die Befugnisse als mit der Bayerischen Verfassung vereinbar deklariert.[811] Das präventive Eingreifen bezeichnet das Gericht als „Kontrollbefugnis"[812], welche zur Erfüllung des staatlichen Schutzauftrags aus Art. 99 BV notwendig sei.[813] Ferner erklärt er diesen Raum als Bereich eines abstrakten Gefahrenpotentials unabhängig vom Vorliegen einer konkreten Gefahr zum Handlungsfeld der „Gefahrenvorsorge"[814]. Anders als

Abs. 1 Nr. 1 (Übermittlung an nichtöffentliche Stellen), Art. 60 Abs. 1, Abs. 2 (Datenempfang durch die Polizei), Art. 61 Abs. 1 S. 1, 2, Abs. 2 (Datenabgleich innerhalb der Polizei), Art. 62 Abs. 5 S. 4 Nr. 1 (Berichtigung, Unterbleiben der Unterrichtung über Gründe bei Berichtigung und Löschung) und Art. 65 Abs. 2 S. 1 Nr. 1 (Unterbleiben des Auskunftsrechts) BayPAG. Es gelten aber zusätzlich die besonderen Regeln des Art. 48 BayPAG, sofern ein dort genanntes Verfahren der besonderen Datenerhebung angewendet wurde. Hier erhöhen sich die Eingriffsvoraussetzungen nach der Maßgabe des Art. 48 BayPAG, so dass final die bloße Aufgabeneröffnung nicht genügt. Weitere Normen, die die Aufgabeneröffnung tatbestandlich heranziehen, haben darüber hinausgehende Anforderungen. Die Übermittlung an öffentliche Stellen in Drittstaaten und an internationale Organisationen ist unter zusätzlichen, engen Voraussetzungen möglich, auch wenn sie sich maßgeblich nach der Aufgabeneröffnung richtet, vgl. Art. 58 BayPAG; genauso verlangt die Einrichtung eines automatisierten Verfahrens nach Art. 63 Abs. 1 S. 1 BayPAG eine über die Aufgabennorm hinausgehende Abwägung.

[809] Amtl. Begr. zu Art. 13 BayPAG i.d.F. des Gesetzes zur Änderung polizeirechtlicher Vorschriften v. 23.12.1994 (BayGVBl. S. 1050), BayLT-Drs. 13/36, S. 4.

[810] Vgl. Art. 21 Abs. 1 Nr. 4, 22 Abs. 1 Nr. 4 BayPAG i.d.F. der Bekanntmachung der Neufassung des Polizeiaufgabengesetzes v. 14.9.1990 (BayGVBl. S. 397), die im Ergebnis bereits auf die a.F. des Art. 13 Abs. 1 Nr. 5 BayPAG verwiesen.

[811] BayVerfGHE 56, 28 ff.

[812] BayVerfGHE 56, 28 (51).

[813] BayVerfGHE 56, 28 (51).

[814] BayVerfGHE 56, 28 (51).

in der Entscheidung des Landesverfassungsgerichtshofs Mecklenburg-Vorpommern vom 21.10.1999 soll keine Eingriffsschwelle im Sinne von Lagebildern, Lageerkenntnissen und kriminalistischen Erfahrungswissen als eingrenzende Tatbestandsmerkmale mit ins Gesetz aufgenommen werden.[815] Die Normen seien hinreichend bestimmt.[816] In der Entscheidung des Bayerischen Verfassungsgerichtshofs vom 7.2.2006 überdenkt das Gericht seine Haltung zur Notwendigkeit von Ableitungstatsachen zumindest für die eingriffsintensive Befugnis der Durchsuchung von Sachen im Rahmen der Schleierfahndung.[817] Das Erfordernis des Vorliegens der „erhöht abstrakten Gefahr“[818] soll normative Anforderungen, welche in Anbetracht der Vielfalt der denkbaren Ausgangssituationen „schwerlich möglich“[819] zu formulieren seien, ersetzen.[820] Gleichwohl soll keine konkrete Gefahr für derartige präventivpolizeiliche Maßnahmen als Handlungen „im Vorfeld konkreter Gefahren“[821] verlangt werden können.[822]

Bei der Betrachtung der automatisierten Kennzeichenerfassung (und des darauf beruhenden Datenabgleichs)[823] nach dem BayPAG wurde die Schleierfahndungsbefugnis des bayerischen Gesetzgebers durch das Bundesverfassungsgericht in einer Entscheidung vom 18.12.2018 indes moniert.[824] Nicht hinreichend bestimmt und begrenzt seien die Kennzeichenkontrollen für Orte, die außerhalb des 30 km-Gürtels vorgenommen werden dürfen. Eine Befugnis zu Kontrollen allgemein auf Durchgangsstraßen im ganzen Land reiche zu weit.[825] Die Ausgestaltung der Schleierfahndung indes befindet das Gericht mit Ausnahme der örtlichen Begrenzung für verfassungsgemäß.[826] Daher erfolgte eine Anpassung durch den bayerischen Gesetzgeber. Dieser strich das Merkmal „der unerlaubten Überschreitung der Landesgrenze“ in Art. 13 Abs. 1 Nr. 5 BayPAG und verengte die Ermächtigung zum Einsatz automatisierter Kennzeichenerkennungssysteme nach Art. 39 Abs. 1

[815] Das LVerfG MV forderte dies für das entsprechende Landesgesetz zur Schleierfahndung in Mecklenburg-Vorpommern, vgl. LVerfG MV, DÖV 2000, 71 (75). Die Bayerische Staatsregierung hingegen trägt in ihrer Stellungnahme vor, dass derartige Tatsachenrückkopplungen im Rahmen der polizeilichen Entscheidung „etwas Selbstverständliches“ darstellen und daher nicht normativ geregelt werden müssen, vgl. den Abdr. der Äußerung bayerischen Staatsregierung in BayVerfGHE 56, 28 (39).

[816] BayVerfGHE 56, 28 (45).

[817] BayVerfGHE 59, 29 ff.

[818] BayVerfGHE 59, 29 (41).

[819] BayVerfGHE 59, 29 (37).

[820] BayVerfGHE 59, 29 (41).

[821] BayVerfGHE 59, 29 (43).

[822] BayVerfGHE 59, 29 (41).

[823] BVerfGE 150, 244 (300 Rn. 150).

[824] BVerfGE 150, 244 (297 ff. Rn. 141 ff.).

[825] BVerfGE 150, 244 (300 Rn. 149).

[826] BVerfGE 150, 244 (302 ff. Rn. 153 ff.).

S. 2 BayPAG auf „Durchgangsstraßen […], soweit Europastraßen oder Bundesfernstraßen betroffen sind".[827]

b) Einordnung in das Abwägungssystem

Die Schleierfahndung wird vermehrt als Teil der Gefahrenvorsorge angesehen.[828] Dies kann indes nur gelten, wenn sie tatbestandlich nicht auf die klassischen Schwellen rekurriert.[829] Denn eine Einordnung als konkrete oder abstrakte Gefahr führt nur zu den bereits dargestellten Problematiken. Im Rahmen der Entscheidung zur durch die Schleierfahndung veranlassten automatisierten Kennzeichenerfassung des bayerischen Rechts attestiert das Bundesverfassungsgericht dieser eine Anlasslosigkeit.[830] Auch nach Möstl zerbreche in dieser Schwelle der Bezug zur klassischen Gefahrendogmatik.[831]

Die Legitimation der Schleierfahndung besteht nach Ansicht des Gesetzgebers und der Rechtsprechung im Wegfallen der Grenzkontrollen im Wege des Schengener Grenzabkommen und im Entfallen von deren „Filterfunktion"[832]. Die Schleierfahndung soll wegen der Bedeutung einer effektiven Gefahrenabwehr einen angemessenen Ausgleich bieten,[833] ohne die Kontrollen zu ersetzen.[834] Nur Räume mit größerem abstrakten Gefahrenpotential seien betroffen.[835] Diese Legitimation erfährt von Beginn an Kritik. Da die Kontrolle zwar mit Grenzbezug, aber im Inland in einem größeren Gebiet um die Grenze erfolgt, wird gemahnt, dass die Schleierfahndung sogar über die früheren Grenzkontrollen hinausgehe.[836] Ihr fehle außerdem eine tatsächliche Absicherung.[837]

---

[827] Art. 13 Abs. 1 Nr. 5 BayPAG und Art. 39 Abs. 1 S. 2 BayPAG i. d. F. Gesetzes zur Änderung der Bestimmungen zu automatisierten Kennzeichenerkennungssystemen (AKE-Änderungsgesetz) v. 10. 12. 2019 (BayGVBl. S. 691).

[828] *Schoch*, Der Staat 43 (2004), 347 (360).

[829] Vgl. *Kral*, Die polizeilichen Vorfeldbefugnisse als Herausforderung für Dogmatik und Gesetzgebung des Polizeirechts, S. 126; *Schoch*, Der Staat 43 (2004), 347 (359).

[830] BVerfGE 150, 244 (297 Rn. 142).

[831] *Möstl*, DVBl. 2007, 581 (583).

[832] BayVerfGHE 59, 29 (36) m. V. a. die Amtl. Begr. zu Art. 13 BayPAG i. d. F. des Gesetzes zur Änderung polizeirechtlicher Vorschriften v. 23. 12. 1994 (BayGVBl. S. 1050), BayLT-Drs. 13/36, S. 4; genauso BayVerfGHE 56, 28 (48); BVerfGE 150, 244 (297 f. Rn. 144 ff.).

[833] BayVerfGHE 59, 29 (43).

[834] Amtl. Begr. zu Art. 13 BayPAG i. d. F. des Gesetzes zur Änderung polizeirechtlicher Vorschriften v. 23. 12. 1994 (BayGVBl. S. 1050), BayLT-Drs. 13/36, S. 4; zur Verfassungsmäßigkeit und Übereinstimmung mit dem Schengener Durchführungsübereinkommen BayVerfGHE 56, 28 ff.; vgl. auch BVerfGE 150, 244 (297 Rn. 143 ff.).

[835] BayVerfGHE 59, 29 (36).

[836] *Trute*, Die Verwaltung 36 (2003), 501 (518); *Schoch*, Der Staat 43 (2004), 347 (359, insb. Fn. 78).

In Bayern ist nach Ansicht des Bayerischen Verfassungsgerichtshofs wie erwähnt eine „erhöht abstrakte“ Gefahr Voraussetzung einer Durchsuchung basierend auf einer Schleierfahndung. Damit trägt die Rechtsprechung der gesteigerten Intensität der Durchsuchung Rechnung. Das Adjektiv „erhöht“ illustriere das Erfordernis des Vorliegens „hinreichend greifbare[r] Erkenntnisse“[838] in Form tatsächlicher Anhaltspunkte und damit das „mehr“ zur reinen abstrakten Gefahr.[839] Dies kann der Kritik an der Bestimmtheit möglicherweise abhelfen. Es rückt die Schleierfahndung indes auch wieder näher an die konkrete und abstrakte Gefahr.

Unabhängig davon, ob man das angeführte öffentliche Interesse oder die Auslegungsart der bayerischen Rechtsprechung als ausreichend erachtet, ist die angeführte Legitimation extrem eng. Sie lässt sich nicht auf das gesamte Feld der Gefahrenvorsorge übertragen. Die erhöht abstrakte Gefahr findet bisher nur in Bayern Anwendung und ist dabei ständiger Kritik ausgesetzt. Das Bundesverfassungsgericht befasst sich in seiner jüngsten Entscheidung zwar explizit nicht mit der Durchsuchung, allerdings wird auch im ähnlich gelagerten Kontext die Konstruktion des Bayerischen Verfassungsgerichtshof nicht wiederholt. Die polizeirechtlichen Gesetze übernehmen den Begriff gleichfalls nicht.

5. Gefahrenverdacht

a) Konturen

Im Rahmen der Konturierung der Schwelle der Gefahrenvorsorge stößt man unweigerlich auf Auseinandersetzungen mit der Rechtsfigur des Gefahrenverdachts.[840] Ihm wird nachgesagt, er sei das „vorfeldadäquate[s] Pendant zum Gefahrbegriff“[841]. Eine einheitliche Definition findet sich angesichts der Vielschichtigkeit und der Kontroversität der Rechtsfigur nicht.[842] Gleichwohl existieren Anhaltspunkte im Gesetz.[843] Einige sicherheitsrechtliche Spezialgesetze stellen darauf ab, dass „auf Grund konkreter Anhaltspunkte der hinreichende Verdacht“ einer Schädigung besteht, vgl. z.B. § 9 Abs. 2 S. 1 BBodSchG. Diese Anordnung soll nach der Gesetzesbegründung ausdrücklich der „Erforschung eines Gefahrenver-

---

[837] *Bäcker*, Kriminalpräventionsrecht, S. 443 ff.; vgl. auch *Schoch*, Der Staat 43 (2004), 347 (359 f.).

[838] BayVerfGHE 59, 29 (43).

[839] BayVerfGHE 59, 29 (43).

[840] Vgl. exemplarisch *Möstl*, DVBl. 2007, 581 (587, 589) und *Schenke*, JuS 2018, 505 (509).

[841] *Möstl*, DVBl. 2007, 581 (587).

[842] Krit. umfassende Darstellung bei *Schenke*, Polizei- und Ordnungsrecht, Rn. 76.

[843] Zur geschichtlichen Entwicklung des Gefahrenverdachts in seiner gesetzlichen Ausprägung *Meyer*, JA 2017, 1259 (1267).

dachts"[844] dienen. Eine über den Wortlaut hinausgehende Legaldefinition findet sich indes auch hier nicht.[845]

An Definitionsversuchen in Rechtsprechung und Literatur fehlt es nicht. Nach extensiver Auslegung, der auch die Rechtsprechung des Bundesverwaltungsgerichts angehört,[846] ist der Gefahrenverdacht anzunehmen, wenn Unsicherheiten bei der Diagnose oder der Prognose bestehen.[847] Es wird für wahrscheinlich gehalten, dass der Diagnosetatbestand bestehe und bei dessen Bestehen wäre ebenso die Prognose einer Gefahr gegeben, da aber schon die erste Stufe des Wahrscheinlichkeitsurteils mangelbehaftet sei, seien an dieser Stelle abweichend von der Bestimmung der sonstigen Gefahrenkategorien somit zwei zukunftsgerichtete Urteile anzustellen.[848] In diesem Kontext wird auch behauptet, dem Gefahrenverdacht liege ein geringerer Wahrscheinlichkeitsgrad zugrunde.[849] Teilweise wird vom bloßen Vorliegen der Möglichkeit einer Gefahr gesprochen.[850]

Nach einer engeren Auffassung wird der Gefahrenverdacht definiert als Sachlage, bei der die Polizei zwar

[844] Amtl. Begr. zu § 9 BBodSchG i. d. F. des Gesetzes zum Schutz des Bodens v. 17. 3. 1998 (BGBl. I S. 502), BT-Drs. 13/6701, S. 24.

[845] Auch in der Gesetzesbegründung des viel zitierten § 9 BBodSchG findet sich eine solche nicht. Zudem scheint der Gesetzgeber nicht davon auszugehen, dass der Verdacht einer Gefahr gleichsteht, wenn er ausführt, dass „[a]nalog zum Gefahrenbegriff […] hinsichtlich des Grades der Wahrscheinlichkeit differenziert werden" und die Je-Desto-Formel auch hier zur Anwendung kommen muss, Amtl. Begr. zu § 9 BBodSchG i. d. F. des Gesetzes zum Schutz des Bodens v. 17. 3. 1998 (BGBl. I S. 502), BT-Drs. 13/6701, S. 40.

[846] Terminologisch stellte das Bundesverwaltungsgericht auf einen unzureichenden „Wissensstand", vgl. BVerwG, Urt. v. 28. 6. 2004 – 6 C 21/03, juris Rn. 24; BVerwG, Urt. v. 28. 6. 2004 – 6 C 22/03, juris Rn. 22, bzw. eine unzureichende Sicherheit des Vorliegens der Gefahrenvoraussetzungen ab, vgl. BVerwGE 160, 169 (175 Rn. 16).

[847] So ausdr. *Schoch/Kießling*, in: Schoch/Eifert, Besonderes Verwaltungsrecht, Kap. 1 Rn. 296; s. auch *Ibler*, in: FS Hailbronner, S. 737 (740): „Diagnose unsicher", „Prognose unsicher"; *Denninger*, in: Lisken/Denninger, Handbuch des Polizeirechts, 6. Aufl. 2018, D. Rn. 51: „der polizeilichen Diagnose ein höheres Maß an Ungewissheit innewohnt als im ‚Normalfall'"; *Götz/Geis*, Allgemeines Polizei- und Ordnungsrecht, § 12 Rn. 31: „ungewisse[r] Sachverhalt"; *Eichenhofer*, in: Gusy/Eichenhofer, Polizei- und Ordnungsrecht, Rn. 196: „noch keine Gefahr, sondern eine Situation der Ungewissheit"; *Kingreen/Poscher*, Polizei- und Ordnungsrecht, § 8 Rn. 51: „wenn handelnde Beamte […] über die Gegebenheit einer Situation oder die einschlägigen Erfahrungssätze im Ungewissen ist"; *Martens*, in: Drews/Wacke/Vogel/Martens, Gefahrenabwehr, § 13 Erl. 2 b), S. 226: „bestimmte Unsicherheiten bei der Diagnose des Sachverhalts […] oder bei der Prognose des Kausalverlaufs"; *Wapler*, DVBl. 2012, 86 (87): „die handelnden Personen [sind sich] gerade nicht sicher, ob eine Gefahr besteht".

[848] *Poscher*, NVwZ 2001, 141 (142).

[849] *Darnstädt*, Gefahrenabwehr und Gefahrenvorsorge, S. 63; *Knemeyer*, Polizei- und Ordnungsrecht, Rn. 96 a. E.; *Meyer*, JA 2017, 1259 (1265); *Wapler*, DVBl. 2012, 86 (87).

[850] BVerwGE 116, 347 (351); 160, 169 (175 Rn. 16); *Kingreen/Poscher*, Polizei- und Ordnungsrecht, § 8 Rn. 51; *Meyer*, JZ 2017, 429 (430); *Schoch/Kießling*, in: Schoch/Eifert, Besonderes Verwaltungsrecht, Kap. 1 Rn. 298 f.; *Wapler*, DVBl. 2012, 86 (87).

„Anhaltspunkte hat, die auf eine Gefahr hindeuten, die Anhaltspunkte aber bei verständiger Würdigung der Sachlage noch keine hinreichend sichere Prognose dahingehend zulassen, dass ein Schaden tatsächlich eintreten wird oder jedenfalls mit hinreichender Wahrscheinlichkeit zu erwarten ist“[851].

Schenke kritisiert die Rechtsfigur als überflüssig. Die Belastung des Wahrscheinlichkeitsurteils mit Unsicherheiten sei diesem immanent.[852] Deswegen von der bestehenden Dogmatik abzuweichen, entbehre jeglicher Grundlage.[853] Es komme zu Abgrenzungsschwierigkeiten zur konkreten Gefahr und zur Entgrenzung der bisherigen Eingriffsschwelle.[854] Das Bundesverwaltungsgericht erkennt genauso, dass die Prognose typischerweise mit Unsicherheiten behaftet ist.[855] Diese seien aber mit der Ungewissheit abzugrenzen, welche das Diagnoseelement betreffe.[856] Der Gefahrenverdacht ist trotz aller Kritik weitgehend anerkannt.[857] Relevanz erfährt diese neue Kategorie jedoch erst durch die ihr zugewiesenen Rechtsfolgen.

b) Einordnung in das Abwägungssystem

aa) Gefahrenerforschungseingriff

Eng verbunden mit dem Gefahrenverdacht ist der Begriff der Gefahrenerforschungsmaßnahme. Dieser wurde in den 1980er- und 1990er-Jahren im Rahmen von umweltrechtlichen Problemstellungen entwickelt.[858] Gefahrenerforschungseingriffe sind (vorläufige)[859] „Maßnahmen, die mit der Belastung von Personen verbunden sind und die nicht unmittelbar der Gefahrenbeseitigung dienen, sondern der weiteren Erforschung des Sachverhalts und der Vorbereitung endgültiger Abwehr-

---

[851] *Schenke*, Polizei- und Ordnungsrecht, Rn. 76; s. auch *Götz/Geis*, Allgemeines Polizei- und Ordnungsrecht, § 12 Rn. 31; *Pils*, DÖV 2008,941 (946 f.).

[852] *Kremer*, in: Augsberg, Extrajuridisches Wissen im Verwaltungsrecht, S. 195 (201); s. auch *Di Fabio*, DÖV 1991, 629 (631).

[853] *Schenke*, JuS 2018, 505 (508).

[854] *Schenke*, JuS 2018, 505 (508).

[855] BVerwGE 116, 347 (352); BVerwG, Urt. v. 28.6.2004, – 6 C 21/03, juris Rn. 25; BVerwG, Urt. v. 28.6.2004 – 6 C 22/03, juris Rn. 23.

[856] BVerwGE 116, 347 (352); BVerwG, Urt. v. 28.6.2004, – 6 C 21/03, juris Rn. 25; BVerwG, Urt. v. 28.6.2004 – 6 C 22/03, juris Rn. 23.

[857] Aus der jüngeren Rspr. u. a. BVerfGE 130, 151 (205 f.); 155, 119 (186 f. Rn. 146); BVerwGE 160, 169 (175 Rn. 16); aus der Lit. u. a. *Kugelmann*, Polizei- und Ordnungsrecht, Kap. 5 Rn. 131; *Schoch/Kießling*, in: Schoch/Eifert, Besonderes Verwaltungsrecht, Kap. 1 Rn. 298.

[858] *Wapler*, DVBl. 2012, 86 (87); auch ein Blick in die Gesetzesbegründung des § 9 BBodSchG zeigt, dass die Gefahrenkategorie des Gefahrenverdachts zu „Gefahrenerforschungseingriffen“ ermächtigen soll, vgl. Amtl. Begr. zu § 9 BBodSchG i. d. F. des Gesetzes zum Schutz des Bodens v. 17.3.1998 (BGBl. I S. 502), BT-Drs. 13/6701, S. 40.

[859] Im Original mit dem Merkmal der Vorläufigkeit *Schenke*, Polizei- und Ordnungsrecht, Rn. 94; s. dazu ferner unten.

maßnahmen"[860]. Gefahrenerforschungsmaßnahmen ohne Eingriffsqualität sind unstrittig unbedenklich und können von der Polizei vorgenommen werden. Sobald aber ein Eingriff zu bejahen ist, wobei diese Maßnahmenkategorie von Teilen der Literatur dann erst als „Gefahrenerforschungseingriff"[861] bezeichnet wird, ist fraglich, ob es einer Ermächtigungsgrundlage bedarf und worin diese gegebenenfalls zu finden ist.[862] Hierbei ist zunächst festzustellen, dass ebenfalls keine Bedenken bestehen, wenn die Vornahme von Sachverhaltsaufklärungsmaßnahmen auf Basis einer konkreten Gefahr unter Heranziehung der polizeilichen Generalklausel erfolgt.[863] Ein Eingriff auf Basis des Gefahrenverdachts hingegen ist diskussionswürdig.

Eine Ermächtigungsgrundlage für Eingriffe auf Basis des Gefahrenverdachts wird zunächst in § 24 VwVfG gesehen, aus dem sich eine Duldungspflicht hinsichtlich der polizeilichen Maßnahmen ergeben soll.[864] Dieses Vorgehen ist jedoch dahingehend abzulehnen, dass sich aus § 26 Abs. 2 VwVfG eine bloße Mitwirkungsobliegenheit und keine Mitwirkungspflicht ergibt.[865]

Von der herrschenden Meinung werden die Generalklausel beziehungsweise andere Befugnisnormen der klassischen Gefahrenabwehr auch für Gefahrenerforschungseingriffe auf Basis des Gefahrenverdachts herangezogen.[866] Sie enthalten zwar ausdrücklich nur den Begriff der konkreten Gefahr. Der Gefahrenverdacht soll aber vom telos der konkreten Gefahr umfasst sein.[867] Dieser Gefahrenmodus berechtigt nach Teilen der Literatur und der Rechtsprechung von Bundesverfassungs- und -verwaltungsgericht auf Basis der Generalklausel zu endgültigen, eingreifenden Maßnahmen.[868] Ins Auge sticht hierbei, dass die Rechtsprechung zum einen den

[860] *Schenke*, Polizei- und Ordnungsrecht, Rn. 94.

[861] *Schoch/Kießling*, in: Schoch/Eifert, Besonderes Verwaltungsrecht, Kap. 1 Rn. 298.

[862] Ausf. Zusammenfassung des Streitstandes in *Schenke*, Polizei- und Ordnungsrecht, Rn. 94 ff. m. w. N.

[863] *Schenke*, Polizei- und Ordnungsrecht, Rn. 94; *Wapler*, DVBl. 2012, 86 (88).

[864] *Kugelmann*, Polizei- und Ordnungsrecht, Kap. 5 Rn. 131; s. dazu auch OVG Koblenz, NVwZ 1992, 499 (500 f.).

[865] *Schenke*, JuS 2018, 505 (511).

[866] Auf die Generalklausel abstellend *Schoch/Kießling*, in: Schoch/Eifert, Besonderes Verwaltungsrecht, Kap. 1 Rn. 298; ohne die Ermächtigung zu nennen BVerwGE 160, 169 (175 Rn. 16); BayVGH, KommJur 2017, 58 (59).

[867] In BVerfGE 130, 151 (205 f.) betont das Gericht i. R. einer Entscheidung zum Auskunftsverlangen nach § 113 Abs. 1 S. 1 TKG zunächst, dass die konkrete Gefahr die Schwelle der polizeilichen Tätigkeit darstelle; darüber hinaus konstatiert es jedoch sodann, diese „Schwelle ist freilich niedrig und umfasst auch den Gefahrenverdacht", BVerfGE 130, 151 (205 f.); s. auch BVerfGE 155, 119 (186 f. Rn. 146); *Schoch/Kießling*, in: Schoch/Eifert, Besonderes Verwaltungsrecht, Kap. 1 Rn. 298.

[868] So z. B. BVerfGE 130, 151 (205 f.); BVerwGE 160, 169 (175 Rn. 16); *Götz/Geis*, Allgemeines Polizei- und Ordnungsrecht, § 12 Rn. 34; *Schoch/Kießling*, in: Schoch/Eifert, Besonderes Verwaltungsrecht, Kap. 1 Rn. 298 f.

Gefahrenverdacht bisher lediglich in informationellen Zusammenhängen[869] heranzieht und zum anderen grundsätzlich keineswegs von einer einheitlichen Linie gesprochen werden kann.[870] Andere Stimmen nehmen an, der Verdacht berechtige auf gleicher Basis ausschließlich zu vorläufigen Maßnahmen.[871]

Zunächst irritiert, dass der Gefahrenverdacht als bloße Möglichkeit bezeichnet wird, aber dennoch Eingriffe auf Basis dessen zugelassen werden können.[872] Die bloße Möglichkeit wird im polizeirechtlichen Kontext unisono als verfassungsrechtlich unzureichend erachtet.[873] Feststeht dadurch aber, der Gefahrenverdacht ist weder eine abstrakte noch eine konkrete Gefahr, da diese untrennbar mit der hinreichenden Wahrscheinlichkeit verbunden sind.[874] Rechtfertigend wird jedoch angebracht, dass ein Untätigbleiben den Beamten nicht zuzumuten sei und die Befugnis zum vorläufigen oder vorsorglichen Eingriff durch den Ausgleichsanspruch kompensiert werde.[875]

Das kann indessen nicht überzeugen, da das Bedürfnis des Eingriffs kein rechtsstaatliches oder demokratisches Kriterium ist.[876] Politische Erwägungen berechtigen nicht zur erweiternden Auslegung des Gefahrenbegriffs.[877] Genauso kann ein Verweis auf die Ausgleichsansprüche nicht genügen, wenn nach verfassungs-

---

[869] Zu polizeilichen Auskunftsverlangen nach § 113 Abs. 1 S. 1 TKG BVerfGE 130, 151 (205 f.); genauso BVerfGE 155, 119 (186 f. Rn. 146); zum Überflug mit einem Tornado-Kampfflugzeug über ein Demonstranten-Camp zu Aufklärungszwecken, s. BVerwGE 160, 169 (175 Rn. 16); vgl. dazu auch *Meyer*, JA 2017, 1259 (1268).

[870] Für eine gefahrenabwehrrechtliche Verordnungsermächtigung die Möglichkeit eines Erlasses auf Basis eines Gefahrenverdachts ablehnend BVerwGE 116, 347 (352); BVerwG, Urt. v. 28.6.2004, – 6 C 21 /03, juris Rn. 25; BVerwG, Urt. v. 28.6.2004 – 6 C 22/03, juris Rn. 23; m.V.a. die Rspr. auch VGH Mannheim, DVBl. 2013, 119 (121); heute „Eingriffsmaßnahmen zur Klärung einer Gefahrensituation“ für möglich haltend BVerwGE 160, 169 (175 Rn. 16); genauso BayVGH E 47, 72 (73); VGH München, KommJur 2017, 58 (59); VGH Kassel, Beschl. v. 1.2.2017 – 8 A 2105/14.Z, juris Rn. 54; OVG Koblenz, Urt. v. 24.1. 2013 – 7 A 10816, juris Rn. 30; OVG Saarlouis, Beschl. v. 28.6.2018 –2 B 114/18, juris Rn. 17 f.

[871] *Eichenhofer*, in: Gusy/Eichenhofer, Polizei- und Ordnungsrecht, Rn. 197; auch der Teil der Lit., welcher endgültige Maßnahmen für möglich hält, plädiert im Sinne des Übermaßverbotes vorrangig für ein vorläufiges Handeln, vgl. *Mann/Fontana*, JA 2013, 734 (734); *Schoch/Kießling*, in: Schoch/Eifert, Besonderes Verwaltungsrecht, Kap. 1 Rn. 298 f.

[872] BVerwGE 116, 347 (352); 160, 169 (175 Rn. 16).

[873] BVerfGE 110, 33 (59); 115, 320 (369); 141, 220 (269 Rn. 104, 273 Rn. 113); im nachrichtendienstlichen Kontext BVerfGE 120, 274 (329); aus der Lit. z. B. *Pils*, DÖV 2008, 941 (947).

[874] *Ibler*, in: FS Hailbronner, S. 737 (745).

[875] Vgl. *Götz/Geis*, Allgemeines Polizei- und Ordnungsrecht, § 22 Rn. 15; *Schoch/Kießling*, in: Schoch/Eifert, Besonderes Verwaltungsrecht, Kap. 1 Rn. 298.

[876] Ähnlich *Wapler*, DVBl. 2012, 86 (88).

[877] So in alter Rechtsprechung noch BVerwGE 116, 347 (352); BVerwG, Urt. v. 28.6. 2004, – 6 C 21/03, juris Rn. 25; BVerwG, Urt. v. 28.6.2004 – 6 C 22/03, juris Rn. 22.

gemäßer Auslegung der polizeirechtlichen Vorschriften schlichtweg schon kein Eingriff hätte erfolgen können.

Die vorgeblich unter größter Feinjustierung vorgehende Konstruktion des vorläufigen Verwaltungsakts ist nicht kritiklos geblieben, da es ihr an einer gesetzlichen Grundlage fehlt.[878] Sodann ist diese Verwaltungsaktform im Bereich begünstigender hoheitlicher Maßnahmen entwickelt worden, sodass sich eine Übertragung auf den Bereich der Eingriffsverwaltung wegen des dort geltenden Gesetzesvorbehalts verbietet.[879]

Mag man aber dieses bloß vorläufige Mittel noch als vergleichsweise milde Eingriffsform ansehen und daher im Vergleich zur Möglichkeit endgültiger Maßnahmen vorzugswürdig halten,[880] sehen sich beide Möglichkeiten im Ergebnis mit dem Einwand des Verstoßes gegen den Vorbehalt des Gesetzes aus Art. 20 Abs. 3 GG konfrontiert.[881] Dies gilt, wie Schenke einwendet, schon deswegen, da der Gesetzgeber im Bereich der Gefahrenerforschungsmaßnahmen aktuell zu einer Kodifizierung der Eingriffsbefugnisse neigt.[882]

Im Ergebnis ist mit der Literatur daher vorzugswürdig anzunehmen, dass der Gefahrenverdacht – über die gesetzlich angeordneten Fälle hinaus – nicht zu Eingriffsmaßnahmen berechtigt.[883] Gleichwohl sind die polizeilichen Schutzgüter nicht schutzlos gestellt. Die bloße Anwendung der Je-Desto-Formel kann in vielen Bereichen, in denen Rechtsprechung und Lehre einen Gefahrenverdacht annehmen, bei genauerem Hinsehen vielmehr die Feststellung einer konkreten Gefahr stützen.[884]

bb) Schwelle der Gefahrenvorsorge

In der Literatur wird unter Zugrundelegung des veralteten Verständnisses von Aufklärung als Teil der Gefahrenvorsorge und Beseitigung als Teil der -abwehr

---

878 *Schenke*, JuS 2018, 505 (511); s. dazu schon *Di Fabio*, DÖV 1991, 629 ff.

879 *Pils*, DÖV 2008,941 (947); *Poscher*, Gefahrenabwehr, S. 81.

880 So auch *Götz/Geis*, Allgemeines Polizei- und Ordnungsrecht, § 12 Rn. 32; *Schoch/Kießling*, in: Schoch/Eifert, Besonderes Verwaltungsrecht, Kap. 1 Rn. 298, welche endgültige Maßnahmen nur als ultima ratio ansehen und vorrangig für die Möglichkeit des vorläufigen Eingriffs plädieren.

881 *Schenke*, Polizei- und Ordnungsrecht, Rn. 96; *ders.*, JuS 2018, 505 (511).

882 *Schenke*, JuS 2018, 505 (511).

883 So auch VGH Mannheim, DVBl. 2013, 119 (121); *Ibler*, in: FS Hailbronner, S. 737 (743 f.); *Meyer*, JA 2017, 1259 (1269 f.); *Möstl*, DVBl. 2007, 581 (583); *Schenke*, Polizei- und Ordnungsrecht, Rn. 101; *ders.*, JuS 2018, 505 (511); *Thiel*, Polizei- und Ordnungsrecht, § 8 Rn. 63; *Wapler*, DVBl. 2012, 86 (88); krit. zur analogen Anwendung der polizeilichen Notstandsvorschriften *Ibler*, in: FS Hailbronner, S. 737 (743 f.); *Schenke*, JuS 2018, 505 (510).

884 *Kral*, Die polizeilichen Vorfeldbefugnisse als Herausforderung für Dogmatik und Gesetzgebung des Polizeirechts, S. 57; s. auch *Meyer*, JA 2017, 1259 (1269).

somit der Gefahrenverdacht in die Vorsorge eingegliedert.[885] Der Gefahrenerforschungseingriff rechtfertigt sich als Prototyp der Gefahraufklärung nach einem nicht unbeachtlichen Teil der Rechtsmeinung durch den Gefahrenverdacht.

Die Schwelle der Gefahrenvorsorge wird gesucht in einem Bereich zwischen bloßer Möglichkeit und hinreichender Wahrscheinlichkeit.[886] Es ist bereits konstatiert worden, dass die im Risiko inkorporierte Möglichkeit den verwaltungsrechtlichen Spezialbereichen vorbehalten ist. Vereinzelt wird durch den Gefahrenverdacht eine Einflussnahme des Risikorechts auf das Gefahrenabwehrrecht angenommen.[887] In jedem Fall weist der Gefahrenverdacht deutliche Parallelen zur Risikobeurteilung auf. Gleichzeitig fängt er die polizeirechtlichen Besonderheiten wie die Eilbedürftigkeit auf und passt sich zumindest begrifflich in die Polizeirechtsdogmatik ein.

Die Gerichte verhalten sich ohne weitreichende Begründung hinsichtlich der Einordnung des Gefahrenverdachts nicht eindeutig.[888] Gleichwohl existieren jüngst Tendenzen, den Gefahrenverdacht „dem tradierten sicherheitsrechtlichen Modell“[889] zuzuordnen.[890] In der Literatur wird ebenso vorherrschend davon ausgegangen, dass der Gefahrenverdacht von der Gefahrenvorsorge zu trennen ist.[891] Seine mögliche Einordnung in die Gefahrenvorsorge ist davon überschattet, dass er teils als konkrete Gefahr oder einer Unterform dieser angesehen wird und so mit dem Verständnis eines „Vorfeldes“ beziehungsweise einer „Vorverlagerung“ konfligiert. Zudem geht es nach Ansicht eines Teils des Schrifttums beim Gefahrenverdacht um die Aufklärung einer Gefahr, die zeitlich absehbar („gegenwärtig“[892]) sei. Bei der Gefahrenvorsorge hingegen sei der zeitliche Abstand größer, eine Gefahr soll erst künftig entstehen.[893] Dies führt dazu, dass die Fälle des Gefahrenver-

[885] *Möstl*, DVBl. 2007, 581 (587 ff.); vgl. auch *Wapler*, DVBl. 2012, 86 (88 ff.).

[886] *Götz/Geis*, Allgemeines Polizei- und Ordnungsrecht, § 12 Rn. 7.

[887] *Meyer*, JZ 2017, 429 (429).

[888] Den Gefahrenverdacht als Teil der klassischen Gefahrenabwehr ansehend, vgl. BVerfGE 130, 151 (205); Gefahrenverdacht als Teil der Gefahrenvorsorge ansehend, vgl. BVerwGE 116, 347 (349).

[889] BVerfGE 155, 119 (187 Rn. 147).

[890] Vgl. die Gegenüberstellung von Gefahrenverdacht, welcher der konkreten Gefahr zugeordnet wird, und der „hinreichend konkretisierten Gefahr“ BVerfGE 155, 119 (186 f. Rn. 146 f.).

[891] *Aulehner*, Polizeiliche Gefahren- und Informationsvorsorge, S. 95; vgl. auch *Albers*, Die Determination polizeilicher Tätigkeit in den Bereichen der Straftatenverhütung und der Verfolgungsvorsorge, S. 126 f.; *Bäcker*, Kriminalpräventionsrecht, S. 94 ff., 99, 102 f.; *Kral*, Die polizeilichen Vorfeldbefugnisse als Herausforderung für Dogmatik und Gesetzgebung des Polizeirechts, S. 57; *Trute*, in: GS Jeand'Heur, S. 403 (408).

[892] *Thiel*, Die „Entgrenzung“ der Gefahrenabwehr, S. 300.

[893] *Thiel*, Die „Entgrenzung“ der Gefahrenabwehr, S. 300; ähnlich auch *Albers*, Die Determination polizeilicher Tätigkeit in den Bereichen der Straftatenverhütung und der Verfolgungsvorsorge, S. 126 f.

dachts nicht als Teil der Gefahrenvorsorge, sondern noch als Teil der traditionellen Gefahrenabwehr anzusehen seien.[894]

Möstl hingegen sieht in diesen zwei Zeitebenen zwei Varianten des Gefahrenverdachts.[895] Zum einen existiere der konkrete Gefahrverdacht, der auf einen konkret absehbaren Kausalverlauf bezogen sei und zu Maßnahmen der Gefahrerforschung berechtige.[896] Zum anderen bestehe der abstrakte Gefahrverdacht, bei dem zwischen einem personen- und lagebezogenen Gefahrenverdacht unterschieden werde und es am konkret absehbaren Kausalverlauf fehle.[897] Vielmehr solle auf der Basis allgemeinerer Verdachtsmomente erst herausgefunden werden, welche konkreten Verdachtsmomente es gebe.[898] Der abstrakte Gefahrenverdacht ist somit dem konkreten vorgelagert. Der konkrete Gefahrenverdacht ist Anlaufpunkt für die Problematik des Gefahrenerforschungseingriffs; der abstrakte Gefahrenverdacht soll dogmatisch die Befugnisse auffangen, die der informationellen Gefahrenvorsorge zugeordnet werden.[899]

Doch auch diese Auslegung vermag nicht über die rechtsstaatlichen Kritikpunkte am Gefahrenverdacht hinwegzutäuschen.[900] Weiter setzt die Rechtsprechung ihn bisher nicht mit der Gefahrenvorsorge in Verbindung. Der Begriff des Verdachts taucht allein im Zusammenhang mit dem Gefahrenerforschungseingriff auf.[901] Der Begriff des Gefahrenverdachts ist nicht in der Lage, die Intentionen des Vorfeldes darzustellen.[902] Er ist in nicht zu unterschätzendem Maße belastet durch die Diskussion um die Nähe zur konkreten Gefahr und zur überkommenen Gefahrenabwehrdogmatik.[903] Die Verwendung des Begriffs für die Gefahrenvorsorge in der Literatur ist sogar überspitzt dem Vorwurf ausgesetzt, sie sei ein „Versuch, durch die Verwendung tradierter Begriffe eine dogmatische Normalität zu vermitteln, die

---

[894] *Albers*, Die Determination polizeilicher Tätigkeit in den Bereichen der Straftatenverhütung und der Verfolgungsvorsorge, S. 126 f.; *Aulehner*, Polizeiliche Gefahren- und Informationsvorsorge, S. 95, 565; *Kral*, Die polizeilichen Vorfeldbefugnisse als Herausforderung für Dogmatik und Gesetzgebung des Polizeirechts, S. 57; *Trute*, in: GS Jeand'Heur, S. 403 (408).

[895] *Möstl*, DVBl. 2007, 581 (587); ähnlich *Meyer*, JZ 2017, 429 (433); *Wapler*, DVBl. 2012, 86 (90); s. auch *Darnstädt*, DVBl. 2011, 263 (265 ff.).

[896] *Möstl*, DVBl. 2007, 581 (587).

[897] *Möstl*, DVBl. 2007, 581 (587).

[898] *Möstl*, DVBl. 2007, 581 (587).

[899] *Möstl*, DVBl. 2007, 581 (588).

[900] Vgl. zur verfassungsrechtlichen Kritik am Gefahrenverdacht *Schenke*, JuS 2008, 505 (509).

[901] BVerwGE 160, 169 (175 Rn. 16); offener vermeintlich BVerfGE 130, 151 (205 f.), wo der Gefahrenverdacht aber als Schwelle der Auskunftserteilung nach § 113 Abs. 1 S. 1 TKG i. d. F. des Änderungsgesetzes v. 21. 12. 2007 (BGBl. I S. 3198) gesehen wird.

[902] *Aulehner*, Polizeiliche Gefahren- und Informationsvorsorge, S. 95, 565.

[903] Vgl. *Möstl*, Die staatliche Garantie für die öffentliche Sicherheit und Ordnung, S. 168; *Trute*, Die Verwaltung 37 (2003), 501 (515).

es so nicht gibt“[904]. Die Gefahrenvorsorge betrachtet indes eigene Lösungen für ein viel weiteres Feld als des singulären Gefahrenerforschungseingriffes, der keinesfalls die Vielfalt vorsorgender Eingriffsmöglichkeiten abbildet. Nur das Ziehen eigener Grenzlinien kann zu einer „ihren Besonderheiten Rechnung tragenden rechtsstaatlichen Systembildung führen“[905]. Daher ist der Gefahrenverdacht – auch als abstrakter Gefahrenverdacht – nicht als verfassungsgemäße Schwelle der Gefahrenvorsorge anzusehen.

6. „Tatsachen, die eine Annahme rechtfertigen“, und „tatsächliche Anhaltspunkte“

Bei der Findung einer verfassungskonformen Schwelle hilft der Blick in das geltende Recht. Hier taucht nicht selten die Formulierung „auf Grund tatsächlicher Anhaltspunkte“ beziehungsweise „Tatsachen, die eine Annahme rechtfertigen“, auf, vgl. z. B. Art. 13 Abs. 1 Nr. 2 a) beziehungsweise Art. 13 Abs. 1 Nr. 3 BayPAG.

Bäcker bezeichnet diese Tatbestände – in Anlehnung an frühe Systematisierungsversuche Trutes und Darnstädts –[906] als „*Dispositionstatbestände*[n]“[907]. Ob ein vom Gesetzeswortlaut abweichender Begriff notwendig ist, kann bezweifelt werden. Allerdings bietet diese Umschreibung den Vorteil, die sperrige Formulierung „Tatsachen, die eine Annahme rechtfertigen“, und „tatsächliche Anhaltspunkte“ zu verkürzen und die Eigenständigkeit der Rechtsfigur zu verdeutlichen.

Die Dispositionstatbestände schienen in der Vergangenheit ein Schattendasein zu führen.[908] Sie werden aber in jüngerer Zeit vermehrt durch Literatur und Rechtsprechung aufgegriffen.[909]

[904] Antrag auf abstrakte Normenkontrolle v. 6.9.2018, https://www.linksfraktion.de/fileadmin/user_upload/PDF_Dokumente/Normenkontrollantrag_Bayr._PAG_Endfassung_6.9.18.pdf, Stand: 11.12.2023, S. 31.

[905] *Möstl*, Die staatliche Garantie für die öffentliche Sicherheit und Ordnung, S. 169.

[906] *Trute*, in: GS Jeand'Heur, S. 403 (409 f.); *Darnstädt*, DVBl. 2011, 263 (269); vgl. aus jüngerer Zeit auch *Barczak*, Der nervöse Staat, S. 506; *Ogorek*, JZ 2019, 63 (67); *Tabbara*, GSZ 2022, 215 (219); *Waechter*, JZ 2015, 8 (13); *Wehr*, JURA 2019, 940 (947).

[907] *Bäcker*, Kriminalpräventionsrecht, S. 195 [Hervorhebung im Original].

[908] S. *Tabbara*, GSZ 2022, 215 (216 f.).

[909] Zur Rspr. s. u. § 5 B. I. 6. c), S. 237 ff.; zur Lit. s. *Bäcker*, Kriminalpräventionsrecht, S. 192 ff.; *Kral*, Die polizeilichen Vorfeldbefugnisse als Herausforderung für Dogmatik und Gesetzgebung des Polizeirechts, S. 106 ff., 195 ff.; *Kießling*, VerwArch 108 (2017), 282 (299); *Meyer*, JZ 2017, 429 (430 ff., 433); *Möstl*, DVBl. 2007, 581 (587 f.); *Schenke*, JuS 2018, 505 (509); *ders.*, Polizei- und Ordnungsrecht, Rn. 84a; *Tabbara*, GSZ 2022, 215 ff.; *Waechter*, JZ 2015, 8 (10).

a) Gesetzeshistorie und Eigenständigkeit der Rechtsfigur

Die Formulierung ist zuvörderst nicht zu verwechseln mit dem hinreichend konkreten Tatverdacht der Strafprozessordnung.[910] Dieser ist bezogen auf eine begangene Straftat und damit abzugrenzen vom Polizeirecht, bei dem es um künftige und mögliche Straftaten geht.[911] Zum Teil wird die Rechtsfigur als abstrakte Gefahr des Polizeirechts gesehen.[912] Andere sehe in ihr eine normative Ausprägung des Gefahrenverdachts.[913] Möstls Systematisierungsvorschläge hinsichtlich des Gefahrenverdachts knüpfen an diese Tatbestandsmerkmale an.[914] Nach anderer Anschauung handelt es sich bei ihnen um eigene „noch weiter vorgelagerte Eingriffsschwelle"[915] mit einem „Gewissheitsgrad eigener Art"[916], der sich durch seine Gefahrenunabhängigkeit auszeichnet.[917] Daher ist eine am Gefahrbegriff orientierte Bezeichnung als „Gefahrbegriff zweiten Grades"[918] unpassend.

Unsicherheiten provoziert ferner, dass die Formulierungen teils nicht als eigene Kategorie, sondern als tatsächliche Dimension der konkreten Gefahr wahrgenommen werden.[919] Gleichzeitig führt die Bayerische Staatsregierung nicht umsonst im Rahmen der Stellungnahme im Urteil des Bayerischen Verfassungsgerichtshof zur Schleierfahndung an, dass

> „Eingriffsschwellen im Sinn von Lagebildern, Lageerkenntnissen und kriminalistischem Erfahrungswissen als eingrenzende Tatbestandsmerkmale zu normieren, [...] ins Leere [ziele], weil damit nur etwas Selbstverständliches geregelt würde"[920].

---

[910] *Möstl*, DVBl. 2007, 581 (587).

[911] *Trute*, in: GS Jeand'Heur, S. 403 (407).

[912] *Schoch/Kießling*, in: Schoch/Eifert, Besonderes Verwaltungsrecht, Kap. 1 Rn. 509.

[913] In diesem Sinne *Poscher*, Die Verwaltung 41 (2008), 345 (368); *Kingreen/Poscher*, Polizei- und Ordnungsrecht, § 8 Rn. 53; wohl auch *Götz/Geis*, Allgemeines Polizei- und Ordnungsrecht, § 12 Rn. 39; *Meyer*, JZ 2017, 429 (430 ff., 433); s. ferner *Schenke*, JuS 2018, 505 (509); *ders.*, Polizei- und Ordnungsrecht, Rn. 84a.

[914] *Möstl*, DVBl. 2007, 581 (587 f.).

[915] *Meyer*, JZ 2017, 429 (430).

[916] *Meyer*, JZ 2017, 429 (430).

[917] *Thiel*, Polizei- und Ordnungsrecht, § 8 Rn. 63; *Trute*, in: GS Jeand'Heur, S. 403 (407 f.); *Waechter*, JZ 2015, 8 (13); vgl. auch *Bäcker*, Kriminalpräventionsrecht, S. 99, 102 f.; 205 ff.

[918] *Pieroth*, Die Verwaltung 53 (2020), 39 (48).

[919] *Schulze-Fielitz*, in: FS Glaeser, S. 407 (422); vgl. z.B. BVerfGE 110, 33 (55): „[...] bei der polizeilichen Gefahrenabwehr an eine Gefahr, also an Tatsachen, aus denen das Bevorstehen eines schädigenden Ereignisses abzuleiten ist"; vgl. ferner BVerfGE 120, 274 (328); 125, 260 (Ls. 5, 330); 141, 220 (303 Rn. 207).

[920] BayVerfGHE 56, 28 (39).

Das Bundesverfassungsgericht scheint, in jüngerer Zeit zu einer Anerkennung als eigenständige Schwelle zu tendieren.[921] Für die Einordnung empfiehlt sich die Betrachtung der Gesetzeshistorie.

aa) Bayerisches Polizeigesetz und Musterpolizeigesetze

Schon das bayerische Polizeiaufgabengesetz von 1954 verwendete die Formulierung „Tatsachen, aus denen zu schließen ist" in Bezug auf Gegenstände, aus denen strafbare Handlungen oder Rechtsgutsverletzungen drohen, im Rahmen der Sicherstellung gem. Art. 23 Abs. 1 BayPAG (1954) und mit Bezug darauf bei der Durchsuchung von Personen und Sachen gem. Art. 33 Abs. 1 BayPAG (1954) und Art. 34 Abs. 1 BayPAG (1954).[922] Die Gesetzesbegründung verhielt sich nicht eindeutig zum Verhältnis dieser Rechtsfigur zur klassischen Gefahrendogmatik.[923] Gleichwohl wurde hinsichtlich der Befugnisse, die sich dieser Figur bedienten und auf eine (konkrete) Gefahr im Wortlaut verzichteten, von einer „vorbeugenden"[924] Tätigkeit gesprochen.

Zu einem weiteren Anwendungsfall der Formulierung wurde in Bayern durch Gesetz zur Bereinigung des Landesrechts und zur Anpassung von Straf- und Bußgeldvorschriften an das Bundesrecht (StrBerAnpG) vom 31.7.1970 (BayGVBl. S. 345) die Identitätsfeststellung gem. Art. 14 Abs. 1 Nr. 5, 6, 7 BayPAG (1970) sowie die Durchsuchung von Personen und Sachen gem. Art. 34a BayPAG (1970). Hier ergab sich eine personenbezogene und orts- und objektbezogene Aufteilung der Tatbestände:[925] Die Tatsachen knüpften entweder an eine Eigenschaft wie die Wohnsitzlosigkeit oder an bestimmte bedrohte Orte an wie Flugplätze, Bahnanlagen beziehungsweise Versorgungsanlagen an.

---

[921] BVerfGE 110, 33 (61, 63, 67); 113, 348 (377 ff.); 150, 244 (290 ff. Rn. 117 ff., 292 ff. Rn. 123 ff.); vgl. auch BVerfGE 120, 274 (329); s. auch den Vergleich mit § 58a AufenthG bei *Enders*, DÖV 2019, 205 (209), bei dem das Bundesverwaltungsgericht die Prognose von einer konkreten Gefahr abkoppelt, vgl. BVerwGE 158, 225 (236 Rn. 19).

[922] Alle i. d. F. des Gesetzes über die Aufgaben und Befugnisse der Polizei in Bayern v. 16.10.1954 (BayGVBl. S. 237 ff.).

[923] Vgl. die Amtl. Begr. zu Art. 23 BayPAG i. d. F. des Gesetzes über die Aufgaben und Befugnisse der Polizei in Bayern v. 16.10.1954 (BayGVBl. S. 237), BayLT-Drs. 02/04460, S. 23: „Voraussetzung der Sicherstellung ist dabei stets, daß bestimmte Tatsachen vorliegen, aus denen nach pflichtmäßigem Ermessen zu schließen ist, daß eine konkrete Gefahr im Sinn eines der Tatbestände des Abs. 1 vorliegt".

[924] Amtl. Begr. zu Art. 34 BayPAG i. d. F. des Gesetzes über die Aufgaben und Befugnisse der Polizei in Bayern v. 16.10.1954 (BayGVBl. S. 237), BayLT-Drs. 02/04460, S. 27.

[925] Personenbezogen ist Art. 14 Abs. 1 Nr. 5 BayPAG; orts- objektbezogen hingegen sind Art. 14 Abs. 1 Nr. 6, 7 und Art. 37 Abs. 2 Nr. 2 BayPAG; Art. 34a BayPAG scheint, Elemente beider Zuordnungen zu inkorporieren; alle Vorschriften i. d. F. des Gesetzes zur Bereinigung des Landesrechts und zur Anpassung von Straf- und Bußgeldvorschriften an das Bundesrecht (StrBerAnpG) v. 31.7.1970 (BayGVBl. S. 345).

Auch der von der Innenministerkonferenz ausgearbeitete Musterentwurf eines einheitlichen Polizeigesetzes vom 25.11.1977 wählte häufig die Formulierung, „wenn Tatsachen die Annahme rechtfertigen“[926].[927] Die Schwellen waren ebenfalls teils gekoppelt an einen Ort beziehungsweise ein Objekt.[928] Teils waren sie auf eine Person bezogen.[929] Dass den Verfassern des ME PolG (1977) die Version des bayerischen Polizeirechts als Blaupause diente, belegt die Begründung zur Identitätsfeststellung des ME PolG (1977):

> „Die geltenden Polizeigesetze – mit Ausnahme der Regelung in Bayern – beschränken sich darauf, die Identitätsfeststellung zuzulassen, soweit das zur Erfüllung polizeilicher Aufgaben erforderlich ist. Das erscheint jedoch im Hinblick auf die Nr. 2, 3 und 4 nicht ausreichend“.[930]

Die bahnbrechende Neuerung in Bezug auf die geforderten Tatsachen im ME PolG (1977) war darin zu sehen, dass dessen Begründung – anders als die des bayerischen Polizeirechts – keine Zweifel daran ließ, dass hier die konkrete Gefahr nicht maßgeblich sein sollte. Sie forderte, dass ein „konkreter Verdacht gegen die zu überprüfende Person nicht vorzuliegen braucht“[931]. Zudem erbrachte die Begründung des ME PolG (1977) eine Definition der tatsächlichen Anhaltspunkte: „Tatsächliche Anhaltspunkte liegen vor, wenn sich an den fraglichen Orten nach den Erkenntnissen der Polizei die in Nr. 2 genannten Vorgänge erfahrungsgemäß zu ereignen pflegen“[932].

---

[926] § 9 Abs. 1 Nr. 3 (Identitätsfeststellung), § 11 Abs. 1 Nr. 1 (Vorladung), § 17 Abs. 1 Nr. 2 bzw. § 17 Abs. 1 Nr. 5 i. V. m. § 9 Abs. 1 Nr. 3 (Durchsuchung von Personen), § 18 Abs. 1 Nr. 1 i. V. m. § 17 Abs. 1 Nr. 2, § 18 Abs. 1 Nr. 2, 3, § 18 Abs. 1 Nr. 4, 5 i. V. m. § 9 Abs. 1 Nr. 3 (Durchsuchung von Sachen) ME PolG (1977) bzw. „aufgrund tatsächlicher Anhaltspunkte“, vgl. § 9 Abs. 1 Nr. 2 a) (Identitätsfeststellung), § 17 Abs. 1 Nr. 4 i. V. m. § 9 Abs. 1 Nr. 2 a) (Durchsuchung von Personen), § 18 Abs. 1 Nr. 1 i. V. m. § 17 Abs. 1 Nr. 4, § 9 Abs. 1 Nr. 2 a) (Durchsuchung von Sachen) ME PolG (1977), Abdr. in *Heise/Riegel*, Musterentwurf eines einheitlichen Polizeigesetzes, S. 46, 56, 71, 74.

[927] Zur Geschichte der Formulierung s. a. *Tabbara*, GSZ 2022, 215 (216).

[928] Vgl. § 9 Abs. 1 Nr. 2, 3, § 17 Abs. 1 Nr. 4 i. V. m. § 9 Abs. 1 Nr. 4, § 17 Abs. 1 Nr. 5 i. V. m. § 9 Abs. 1 Nr. 3, § 18 Abs. 1 Nr. 5 i. V. m. § 9 Abs. 1 Nr. 3 ME PolG (1977); allein an einen Ort knüpfen auch § 9 Abs. 1 Nr. 4 und § 18 Abs. 1 Nr. 6 ME PolG (1977) an, Abdr. in *Heise/Riegel*, Musterentwurf eines einheitlichen Polizeigesetzes, S. 46, 56, 71, 74.

[929] § 11 Abs. 1 Nr. 1, § 17 Abs. 1 Nr. 2, § 18 Abs. 1 Nr. 2 ME PolG (1977), Abdr. in *Heise/Riegel*, Musterentwurf eines einheitlichen Polizeigesetzes, S. 56, 71, 74.

[930] Begr. zu § 17 Abs. 1 Nr. 2 ME PolG (1977), Abdr. in *Heise/Riegel*, Musterentwurf eines einheitlichen Polizeigesetzes, S. 47.

[931] S. den Abdr. der Begr. zu § 9 Abs. 1 Nr. 2 ME PolG (1977) in *Heise/Riegel*, Musterentwurf eines einheitlichen Polizeigesetzes, S. 47; genauso der Abdr. der Begr. zu § 9 Abs. 1 Nr. 3 und 4 ME PolG (1977) in *Heise/Riegel*, Musterentwurf eines einheitlichen Polizeigesetzes, S. 47.

[932] Abdr. der Begr. zu § 17 Abs. 1 Nr. 2 ME PolG (1977) in *Heise/Riegel*, Musterentwurf eines einheitlichen Polizeigesetzes, S. 47.

Als Reaktion auf die Änderungen des ME PolG (1977) wurde durch das Gesetz über die Aufgaben und Befugnisse der Bayerischen Staatlichen Polizei vom 24.8. 1978 (BayGVBl. S. 561) unter Beibehaltung der bisherigen derartig ausgestalteten Tatbestände die Vorladung gem. Art. 14 Abs. 1 Nr. 1 BayPAG (1978) um die Rechtsfigur erweitert.[933] Auch hier fand sich ein Personenbezug: Es wurde darauf abgestellt, dass „Tatsachen die Annahme rechtfertigen, daß die Person sachdienliche Angaben machen kann, die für die Erfüllung einer bestimmten polizeilichen Aufgabe erforderlich sind". In der Gesetzesbegründung wurde ausdrücklich auf die konkrete Gefahr verzichtet und allein darauf abgestellt, ob „das Erscheinen von Personen für die Erfüllung polizeilicher Aufgaben erforderlich erscheint"[934].

Der VE ME PolG (1986) kennt einige Tatbestände, die auf „tatsächliche Anhaltspunkte" abstellen. Teilweise geschieht dies aber hier in Bezug auf Gefahren, vgl. die allgemeine Befugnis zur Datenerhebung gem. § 8b Abs. 1 und Abs. 2 VE ME PolG (1986) sowie die Befugnis zum Einsatz besonderer Formen des Datenabgleichs gem. § 10f Abs. 1 VE ME PolG (1986). Teilweise besteht eine Bezugnahme auf Straftaten, vgl. die Befugnis zur Datenerhebung bei öffentlichen Veranstaltungen, Ansammlungen und Versammlungen gem. § 8b Alt. 1 zu Abs. 2, die Befugnis zum Einsatz besonderer Formen der Datenerhebung gem. § 8c Abs. 1 Nr. 2 a) und b), die Befugnis zur polizeilichen Beobachtung gem. § 8d Abs. 1 Nr. 2 VE ME PolG (1986). Auch hier finden sich wieder orts- und objektbezogene Tatsachengrenzen in Art. 9 Abs. 1 Nr. 2 a) - 4, Abs. 2 S. 4 VE ME PolG (1986) für die Identitätsfeststellung und Prüfung der Berechtigungsscheine sowie die daraus resultierende Durchsuchung von mitgeführten Sachen. Leider geht die Begründung nicht näher auf die Maßstäbe dieser Grenze ein. Es lässt sich lediglich herauslesen,

---

[933] Im Zwangsbereich wird sie bei der Fesselung gem. Art. 44 BayPAG (1978) eingeführt, zu der sich aber die Gesetzesbegründung nicht äußert. Auch im Schusswaffengebrauch gegen Personen gem. Art. 46 Abs. 3 Nr. 3 b) BayPAG (1978) findet die Schwelle Anwendung, „um eine Person anzuhalten, die sich der Festnahme oder Identitätsfeststellung durch Flucht zu entziehen versucht, wenn sie eines Vergehens dringend verdächtig ist und Tatsachen die Annahme rechtfertigen, daß sie Schußwaffen oder Explosivmittel mit sich führt". Ähnlich wurde im Rahmen der Gesetzesänderung von 1978 der Schusswaffengebrauch bei der Fluchtvereitelung oder Ergreifung einer in amtlichem Gewahrsam zu haltenden Person nach richterlicher Anordnung oder dringendem Tatverdacht, wenn „Tatsachen die Annahme rechtfertigen, daß sie Schußwaffen oder Explosivmittel mit sich führt" gem. Art. 46 Abs. 3 Nr. 4 b) BayPAG (1978), eingefügt. Beide beziehen sich aber auf die strafprozessuale Schwelle des dringenden Tatverdachts, sodass hier die Figur der Tatsachen nicht allein steht, sondern bloß einen Zusatz darstellt. Es findet sich kein Hinweis auf eine niedrig angesetzte Schwelle, vgl. Amtl. Begr. zu Art. 46 BayPAG Gesetz über die Aufgaben und Befugnisse der Bayerischen Staatlichen Polizei v. 24.8.1978 (BayGVBl. S. 561), BayLT-Drs. 08/8134, S. 25.

[934] Amtl. Begr. zu Art. 14 BayPAG i.d.F. des Gesetzes über die Aufgaben und Befugnisse der Bayerischen Staatlichen Polizei v. 24.8.1978 (BayGVBl. S. 561), BayLT-Drs. 08/08134, S. 19.

dass hier, sofern im Tatbestand kein Bezug auf eine Gefahr genommen wird, nicht von den Maßstäben der Gefahr ausgegangen wird.[935]

Die Lehren des VE ME PolG (1986) sowie des Volkszählungsurteils wurden in Bayern in einer ersten Änderung durch das Dritte Gesetz zur Änderung des Polizeiaufgabengesetzes vom 24. 8. 1990 (BayGVBl. S. 329) berücksichtigt. Das Abrücken von der konkreten Gefahr zeigte sich bei der Befugnis zur Erstellung von Bild- und Tonaufnahmen oder -aufzeichnungen, die dies ermöglichte, „soweit tatsächliche Anhaltspunkte die Annahme rechtfertigen, daß an oder in Objekten dieser Art Straftaten begangen werden sollen, durch die Personen, diese Objekte oder andere darin befindliche Sachen gefährdet sind", vgl. Art. 28c Abs. 2 S. 1 BayPAG (1990).[936] Die Befugnis zum Einsatz besonderer Mittel der Datenerhebung nach Art. 28d Abs. 3 Nr. 2 BayPAG (1990) durch den verdeckten Einsatz technischer Mittel zum Abhören und zur Aufzeichnung des nichtöffentlich gesprochenen Wortes oder durch Verdeckte Ermittler knüpfte daran an, dass „Tatsachen die Annahme rechtfertigen, daß diese Personen eine Straftat von erheblicher Bedeutung begehen wollen, [...] wenn die Datenerhebung zur vorbeugenden Bekämpfung dieser Straftaten erforderlich ist". Gleichsam wurde die polizeiliche Beobachtung gem. Art. 28g Abs. S. 2 Nr. 2 BayPAG (1990) um diese Formulierung „zur vorbeugenden Bekämpfung dieser Straftaten" erweitert. Der Datenabgleich innerhalb der Polizei gem. Art. 28o Abs. 1 S. 2 BayPAG (1990) für personenbezogene Daten anderer Personen wurde daran gekoppelt, dass „Tatsachen die Annahme rechtfertigen, daß dies zur Erfüllung einer bestimmten polizeilichen Aufgabe erforderlich ist". Der Gesetzgeber blieb in der Begründung die Festlegung eines Maßstabs

---

[935] Abdr. der Begr. des VE ME PolG (1986) in *Kniesel/Vahle*, in: Clages, VE ME PolG, S. 53 f.

[936] I. d. F. des Dritten Gesetz zur Änderung des Polizeiaufgabengesetzes v. 24. 8. 1990 (BayGVBl. S. 329). Bemerkenswert im Rahmen der tatbestandlichen Entwicklung im Vorsorgebereich ist auch die Erweiterung der Gewahrsamnahme in der Gesetzesänderung 1989, wo der gefahrlose Tatbestand, bei dem Voraussetzung ist, dass der Gewahrsam „unerläßlich ist, um die unmittelbar bevorstehende Begehung oder Fortsetzung einer Straftat oder einer Ordnungswidrigkeit von erheblicher Bedeutung für die Allgemeinheit zu verhindern", um eine genauere Beschreibung der Annahme der Tatbegehung oder dem Beitrag zur Tat erweitert wird; Art. 16 Abs. 1 Nr. 2 Hs. 2 BayPAG i. d. F. des Gesetzes über die Aufgaben und Befugnisse der Bayerischen Staatlichen Polizei v. 23. 3. 1989 (BayGVBl. S. 79), fordert „die Annahme, daß eine Person eine solche Tat begehen oder zu ihrer Begehung beitragen wird, kann sich insbesondere darauf stützen, a) sie die Begehung der Tat angekündigt oder dazu aufgefordert hat oder Transparente oder sonstige Gegenstände mit einer solchen Aufforderung mit sich führt; dies gilt auch für Flugblätter solchen Inhalts, soweit sie in einer Menge mitgeführt werden, die zur Verteilung geeignet ist, oder b) bei ihr Waffen, Werkzeuge oder sonstige Gegenstände aufgefunden werden, die ersichtlich zur Tatbegehung bestimmt sind oder erfahrungsgemäß bei derartigen Taten verwendet werden, oder ihre Begleitperson solche Gegenstände mit sich führt und sie den Umständen nach hiervon Kenntnis haben mußte, oder c) sie bereits in der Vergangenheit mehrfach aus vergleichbarem Anlaß bei der Begehung von Straftaten oder Ordnungswidrigkeiten von erheblicher Bedeutung für die Allgemeinheit als Störer betroffen worden ist und nach den Umständen eine Wiederholung dieser Verhaltensweise zu erwarten ist".

schuldig und repetierte lediglich den Norminhalt.[937] Für die Datenerhebung bei öffentlichen Veranstaltungen und Ansammlungen sowie an besonders gefährdeten Objekten gab die Drucksache lediglich an, dass die Polizei in der Lage sein muss, „gewalttätige Entwicklungen rechtzeitig im Ansatz zu erkennen und die erforderlichen Gegenmaßnahmen einzuleiten“[938]. Häufig wurde Bezug genommen auf die Bedrohung durch Organisierte Kriminalität.[939] Hinsichtlich der Abhörungsbefugnis stellte der Gesetzgeber klar, dass es „Tatsachen (nicht nur tatsächliche[r] Anhaltspunkte)“[940] bedarf und schien so ein Rangverhältnis aufzuzeigen.

Gleichwohl existierten einige Befugnisse, welche die Eigenständigkeit der Figur durch eine Bezugnahme auf eine konkrete Gefahr in Frage stellten. Die Datenerhebung bei öffentlichen Veranstaltungen und Ansammlungen sowie an besonders gefährdeten Objekten nach Art. 28c Abs. 1 S. 1 BayPAG (1990) wurde für einen „für eine Gefahr Verantwortlichen“ ermöglicht, „wenn tatsächliche Anhaltspunkte die Annahme rechtfertigen, daß dabei Ordnungswidrigkeiten von erheblicher Bedeutung oder Straftaten begangen werden“.

Einen Sonderfall bildete die Befugnis zur verdeckten Wohnraumüberwachung. Diese durfte nach Art. 28e Abs. 1 Nr. 2 BayPAG (1990) „über Personen, soweit Tatsachen die Annahme rechtfertigen, daß diese Personen ein Verbrechen oder gewerbs-, gewohnheits- oder bandenmäßig ein in Art. 28a Abs. 5 genanntes Vergehen begehen wollen“, erfolgen. Die Gesetzesbegründung forderte im Ergebnis im Tatbestand insgesamt eine Gefahr.[941] Genauso verhielt es sich in der Änderung der Befugnis in 2005,[942] in der eine Erweiterung erfolgte zur Erhebung von Daten „über Personen, wenn konkrete Vorbereitungshandlungen für sich oder zusammen mit weiteren bestimmten Tatsachen die begründete Annahme rechtfertigen, dass sie eine schwerwiegende Straftat begehen werden“, vgl. Art. 34 Abs. 1 S. 1 Nr. 2 BayPAG (2005).[943] Zudem wurden in der Gesetzesänderung von 2005 „tatsächliche

---

[937] Amtl. Begr. zu Art. 28c, 28d, 28g und 28o BayPAG i. d. F. des Dritten Gesetzes zur Änderung des Polizeiaufgabengesetzes v. 24. 8. 1990 (BayGVBl. S. 329), BayLT-Drs. 11/16263, S. 10 f.

[938] Amtl. Begr. zu Art. 28c Abs. 1 S. 1 BayPAG i. d. F. des Dritten Gesetzes zur Änderung des Polizeiaufgabengesetzes v. 24. 8. 1990 (BayGVBl. S. 329), BayLT-Drs. 11/16263, S. 10.

[939] Vgl. Amtl. Begr. zu Art. 28c, 28d, 28g BayPAG i. d. F. des Dritten Gesetzes zur Änderung des Polizeiaufgabengesetzes v. 24. 8. 1990 (BayGVBl. S. 329), BayLT-Drs. 11/16263, S. 10 f.

[940] Amtl. Begr. zu Art. 28d BayPAG i. d. F. des Dritten Gesetzes zur Änderung des Polizeiaufgabengesetzes v. 24. 8. 1990 (BayGVBl. S. 329), BayLT-Drs. 11/16263, S. 11.

[941] Amtl. Begr. zu Art. 28e BayPAG i. d. F. des Dritten Gesetzes zur Änderung des Polizeiaufgabengesetzes v. 24. 8. 1990 (BayGVBl. S. 329), BayLT-Drs. 11/16263, S. 1.

[942] Vgl. Gesetz zur Änderung des Polizeiaufgabengesetzes und des Parlamentarischen Kontrollgremium-Gesetzes v. 24. 12. 2005 (BayGVBl. S. 641).

[943] Der verdeckte Einsatz automatisierter Kennzeichensysteme wird indes in der Gesetzesänderung 2005 an die Voraussetzungen der Identitätsfeststellung geknüpft, was auch die Tatbestände umfasst, welche „tatsächliche Anhaltspunkte“ bzw. „Tatsachen voraussetzen“, vgl. Art. 33 Abs. 2 S. 2 BayPAG i. d. F. des Gesetzes zur Änderung des Polizeiaufgabenge-

Anhaltspunkte“ bei Gesprächen über Gefahren oder Straftaten, vgl. Art. 34 Abs. 1 S. 2 Nr. 2 a) BayPAG (2005), sowie „Tatsachen“ bei der Überwachung von Wohnungen anderer Personen, vgl. Art. 34 Abs. 3 BayPAG (2005), als Zulässigkeitsvoraussetzung gefordert. Nach der Gesetzesbegründung sollte dies aber eine dringende Gefahr abbilden.[944] Intention sei, „die Gefährdung der öffentlichen Sicherheit und Ordnung einzubeziehen“[945].[946] Dies wurde in der Gesetzesänderung 2009 klargestellt, nach der eine konkrete Gefahr immer den Ausgangspunkt bildet und die „tatsächlichen Anhaltspunkte“ teils gestrichen wurden, teils nur noch zusätzliche Voraussetzungen darstellen.[947] Vorübergehend tauchte die in der Wohnraumüberwachung verwendete Formulierung der Kombination aus Vorbereitungshandlungen beziehungsweise Tatsachen und Straftaten auch in der Rasterfahndungsbefugnis auf, vgl. Art. 44 Abs. 1 Nr. 2 BayPAG (2008).[948] In der Neufassung durch Gesetz zur Neuordnung des bayerischen Polizeirechts (PAG-Neuordnungsgesetz) v. 18.5.2018 (BayGVBl. S. 301) wurde klargestellt, dass die Rasterfahndung eine konkrete Gefahr verlangt.[949]

Zwei weitere Vorschriften geben Einblick in die Zerrissenheit des Gesetzgebers hinsichtlich der Verwendung der Rechtsfigur der „Tatsachen“ und „tatsächlichen Anhaltspunkte“. Die Entwicklung ist im Endeffekt aber eine der Wohnraumüberwachung und Rasterfahndung konträre und endet nach Irrungen und Wirrungen angeführt durch die Rechtsprechung in der Abwendung von der konkreten Gefahr.[950] Die schon in der Wohnraumüberwachung verwendete Formulierung der konkreten Vorbereitungshandlung und bestimmten Tatsachen, die auf Straftaten deuten, findet sich nämlich auch in der Ermächtigung zur Datenerhebung und Eingriffen in den Telekommunikationsbereich in Art. 34a Abs. 1 S. 1 Nr. 2 BayPAG

---

setzes und des Parlamentarischen Kontrollgremium-Gesetzes v. 24.12.2005 (BayGVBl. S. 641).

[944] Vgl. die Amtl. Begr. zu Art. 34 Abs. 1 Nr. 2 BayPAG i.d.F. des Gesetzes zur Änderung des Polizeiaufgabengesetzes und des Parlamentarischen Kontrollgremium-Gesetzes v. 24.12. 2005 (BayGVBl. S. 641), BayLT-Drs. 15/2096, S. 17.

[945] Vgl. die Amtl. Begr. zu Art. 34 Abs. 1 Nr. 2 BayPAG i.d.F. des Gesetzes zur Änderung des Polizeiaufgabengesetzes und des Parlamentarischen Kontrollgremium-Gesetzes v. 24.12. 2005 (BayGVBl. S. 641), BayLT-Drs. 15/2096, S. 17.

[946] Vgl. die Amtl. zu Art. 34 Abs. 1 Nr. 2 BayPAG i.d.F. des Gesetzes zur Änderung des Polizeiaufgabengesetzes und des Parlamentarischen Kontrollgremium-Gesetzes v. 24.12. 2005 (BayGVBl. S. 641), BayLT-Drs. 15/2096, S. 17.

[947] Vgl. die Amtl. Begr. zu Art. 34 BayPAG i.d.F. des Gesetzes zur Änderung des Polizeiaufgabengesetzes, des Bayerischen Verfassungsschutzgesetzes und des Bayerischen Datenschutzgesetzes v. 27.7.2009 (BayGVBl. 380), BayLT-Drs. 16/1271, S. 6.

[948] I.d.F. des Gesetzes zur Änderung des Polizeiaufgabengesetzes v. 8.7.2008 (BayGVBl. S. 365).

[949] Vgl. die Amtl. Begr. zu Art. 44 BayPAG i.d.F. des Gesetzes zur Neuordnung des bayerischen Polizeirechts (PAG-Neuordnungsgesetz) v. 18.5.2018 (BayGVBl. S. 301), BayLT-Drs. 17/20435, S. 68.

[950] Vgl. BVerfGE 120, 274 ff., BVerfGE 125, 260 ff. sowie BVerfGE 140, 220 ff.

(2005). Ein personenbezogener Tatbestand mit dieser Ausgestaltung wurde zudem in Art. 34a Abs. 1 S. 1 Nr. 3 BayPAG (2005) eingeführt.[951] Wieder verhielt sich die Begründung nicht eindeutig und repetierte den Norminhalt.[952] Es hätte sich um eine Maßnahme der Gefahrenabwehr gehandelt.[953] Gleichzeitig wurde sie in Kontrast gesetzt zu Nr. 1 der Norm, die eine konkrete Gefahr forderte.[954] Im Rahmen einer späteren Änderung des Art. 34a Abs. 1 BayPAG (2008) behielt der Gesetzgeber die Formulierung im Kern unter Verweis auf einen eng gezogenen Straftatenkatalog bei. Er verwies in der Begründung aber regelmäßig darauf, dass der gesamte Abs. 1 S. 1 der Norm eine konkrete Gefahr voraussetze.[955]

In 2008 wurde auch beim verdeckten Zugriff auf informationstechnische Systeme die Kombination aus konkreten Vorbereitungshandlungen und bestimmten Tatsachen in Bezug auf eine begründete Annahme einer schwerwiegenden Straftat im Sinne eines aufgeführten Kataloges in den Tatbestand eingefügt, vgl. Art. 34d Abs. 1 S. 1 Nr. 2 BayPAG (2008).[956] Die Gesetzesbegründung beabsichtigte eine Orientierung an den Maßstäben der Telekommunikationsüberwachung.[957] Der Wahrscheinlichkeitsmaßstab wurde nicht vorgegeben. Die Je-Desto-Formel sollte hierauf anwendbar sein.[958] In diese war im konkreten Fall auch die spezifische Eingriffsintensität einzubeziehen.[959]

Im Jahr 2009 stellte der Gesetzgeber – wie bei der Wohnraumüberwachung und der Rasterfahndung – durch eine Neufassung der Telekommunikationsüberwachungsbefugnis vgl. Art. 34a Abs. 1 S. 1 Nr. 2 BayPAG (2009) und der Online-Durchsuchungsbefugnis vgl. Art. 34d Abs. 1 S. 1 Nr. 2 BayPAG (2009) klar, dass er beide Befugnisse bisher als auf eine konkrete Gefahr bezogen ansah und band

---

[951] I. d. F. des Gesetzes zur Änderung des Polizeiaufgabengesetzes und des Parlamentarischen Kontrollgremium-Gesetzes v. 24. 12. 2005 (BayGVBl. S. 641).

[952] Vgl. die Amtl. Begr. zu Art. 34a Abs. 1 S. 1 Nr. 2 i. d. F. des Gesetzes zur Änderung des Polizeiaufgabengesetzes und des Parlamentarischen Kontrollgremium-Gesetzes v. 24. 12. 2005 (BayGVBl. S. 641), BayLT-Drs. 15/2096, S. 21 f.

[953] Vgl. die Amtl. Begr. zu Art. 34a Abs. 1 S. 1 Nr. 2 i. d. F. des Gesetzes zur Änderung des Polizeiaufgabengesetzes und des Parlamentarischen Kontrollgremium-Gesetzes v. 24. 12. 2005 (BayGVBl. S. 641), BayLT-Drs. 15/2096, S. 21.

[954] Vgl. die Amtl. Begr. zu Art. 34a Abs. 1 S. 1 Nr. 2 i. d. F. des Gesetzes zur Änderung des Polizeiaufgabengesetzes und des Parlamentarischen Kontrollgremium-Gesetzes v. 24. 12. 2005 (BayGVBl. S. 641), BayLT-Drs. 15/2096, S. 21 f.

[955] Vgl. die Amtl. Begr. zu Art. 34a Abs. 1 Nr. 2 i. d. F. des Gesetzes zur Änderung des Polizeiaufgabengesetzes v. 8. 7. 2008 (BayGVBl. S. 365), BayLT-Drs. 15/10345, S. 5 f.

[956] I. d. F. des Gesetzes zur Änderung des Polizeiaufgabengesetzes v. 8. 7. 2008 (BayGVBl. S. 365).

[957] Vgl. die Amtl. Begr. zu Art. 34d i. d. F. des Gesetzes zur Änderung des Polizeiaufgabengesetzes v. 8. 7. 2008 (BayGVBl. S. 365), BayLT-Drs. 15/10345, S. 7.

[958] Vgl. die Amtl. Begr. zu Art. 34d Abs. 1 Nr. 2 i. d. F. des Gesetzes zur Änderung des Polizeiaufgabengesetzes v. 8. 7. 2008 (BayGVBl. S. 365), BayLT-Drs. 15/10345, S. 7.

[959] Vgl. die Amtl. Begr. zu Art. 34d Abs. 1 Nr. 2 i. d. F. des Gesetzes zur Änderung des Polizeiaufgabengesetzes v. 8. 7. 2008 (BayGVBl. S. 365), BayLT-Drs. 15/10345, S. 7.

den Gefahrenbezug nun auch tatbestandlich ein.[960] In neuerer Entwicklung von 2018 nahm der Gesetzgeber – anders als bei der Wohnraumüberwachung und der Rasterfahndung – dies wieder zurück. Er blieb nicht bei der vormaligen Formulierung und zeigte neue Wege auf.[961]

Ein Blick auf die Regelungen zeigt: Die Rechtsfigur der „Tatsachen" und „tatsächlichen Anhaltspunkte" hat in Bayern tiefgreifende Wurzeln. Die Befugnis zum Einsatz technischer Mittel in Wohnungen gem. Art. 41 BayPAG und die Rasterfahndungsbefugnis gem. Art. 45 BayPAG zeigen, dass wenn ein Tatbestand das Erfordernis von entsprechenden „Tatsachen" beziehungsweise „tatsächlichen Anhaltspunkten" und einer konkreten Gefahr enthält, als Maßstab lediglich letztere greift. Die jüngeren Gesetzesänderungen verschaffen hier Klarheit. Wenn aber keine konkrete Gefahr angeordnet ist, ist diese auch nicht hineinzulesen. Die Gesetzesbegründung knüpft in diesen Fällen nicht an die klassische Gefahrenabwehr an. So finden sich die entsprechenden „Tatsachen" und „tatsächliche Anhaltspunkte" bei der Identitätsfeststellung und Prüfung von Berechtigungsscheinen gem. Art. 13 Abs. 1 Nr. 2 a), 3 BayPAG, der Vorladung gem. Art. 15 Abs. 1 Nr. 1 BayPAG, der Durchsuchung von Personen gem. Art. 21 Abs. 1 Nr. 1, 4, 5 BayPAG, der Durchsuchung von Sachen gem. Art. 22 Abs. 1 Nr. 1, 2, 3, 5 BayPAG, bei der Befugnis zum Betreten und Durchsuchungen von Wohnungen gem. Art. 23 Abs. 1 S. 1 Nr. 1, 2 BayPAG, der Befugnis zur Anfertigung offener Bild- und Tonaufnahmen gem. Art. 33 Abs. 1 Nr. 1, Abs. 2 Nr. 2, 3, Abs. 3 BayPAG, der Befugnis zur automatisierten Kennzeichenerfassung gem. Art. 39 Abs. 1 S. 1, S. 3 Nr. 1 b) BayPAG, der Befugnis zur Ausschreibung zur polizeilichen Beobachtung gem. Art. 40 Abs. 1 Nr. 3 BayPAG, bei der Befugnis zu Eingriffen in den Telekommunikationsbereich gem. Art. 42 Abs. 1 S. 1 Nr. 2 BayPAG, der Befugnis zum verdeckten Zugriff auf informationstechnische Systeme gem. Art. 45 Abs. 1 S. 1 Nr. 2 BayPAG und beim Datenabgleich innerhalb der Polizei gem. Art. 61 Abs. 1 S. 2 BayPAG.[962]

---

[960] Vgl. die Amtl. Begr. zu Art. 34a Abs. 1 S. 1 Nr. 2 BayPAG und Art. 34d Abs. 1 S. 1 Nr. 2 BayPAG i.d.F. des Gesetzes zur Änderung des Polizeiaufgabengesetzes, des Bayerischen Verfassungsschutzgesetzes und des Bayerischen Datenschutzgesetzes v. 27.7.2009 (BayGVBl. S. 380), BayLT-Drs. 16/1271, S. 6 f.

[961] Vgl. Art. 41, 42 BayPAG i.d.F. des Gesetzes zur Neuordnung des bayerischen Polizeirechts (PAG-Neuordnungsgesetz) v. 18.5.2018 (BayGVBl. S. 301), BayLT-Drs. 17/20425, S. 62, 65.

[962] I.d.F. des Gesetzes zur Neuordnung des bayerischen Polizeirechts (PAG-Neuordnungsgesetz) v. 18.5.2018 (BayGVBl. S. 301) knüpfen die Regelungen der Telekommunikationsüberwachungsbefugnis gem. Art. 42 BayPAG und der Online-Durchsuchungsbefugnis gem. Art. 45 BayPAG (sowie der neuregulierten Postsicherstellung gem. Art. 35 Abs. 1 S. 1 Nr. 2 BayPAG) zudem an eine „drohende Gefahr" an, die in der Untersuchung später beleuchtet wird; vgl. ferner zu Kontakt-/Begleitpersonen und Nachrichtenmittlern Art. 40 Abs. 1 Nr. 3, 42 Abs. 1 S. 1 Nr. 2, 45 Abs. 1 S. 1 Nr. 2, 61 Abs. 1 S. 2 BayPAG; gleichsam findet sich die Formulierung bei der Fesselung von Personen gem. Art. 82 BayPAG, deren Tatbestand selbst keine konkrete Gefahr fordert, aber nur unter der Voraussetzung des Vorliegens der Anforderungen an die Festhaltung angeordnet werden darf, vgl. *Buggisch*, in: Möstl/Schwa-

bb) BKAG

Aus der Änderungshistorie des bayerischen Polizeiaufgabengesetzes ergibt sich im Gesamtbild ein Abrücken von der konkreten Gefahr und die Eigenständigkeit der sogenannten Dispositionstatbestände. Gleichwohl sind die Aussagen teils mehrdeutig. Es lohnt sich daher ein Blick auf die Entwicklung des Bundeskriminalamtgesetz, da der Gesetzgeber hier seine Intentionen klarer begründet. Außerdem besitzt dieses Gesetz vermehrt Vorbildfunktion für die Landesgesetze.[963]

Das BKA war zunächst nur begrenzt in der Gefahrenabwehr tätig, vgl. § 5 Abs. 1 und § 9 BKAG (1973). Die präventive Zuständigkeit war auf eine gesetzliche Anordnung beziehungsweise den Schutz der Mitglieder der Verfassungsorgane des Bundes beschränkt. Im Rahmen dieser letztgenannten Zuständigkeit kannte das BKAG vom 29.6.1973 (BGBl. I S. 704) zunächst über eine Verweisung in § 9 Abs. 3 S. 1 BKAG (1973) in das Bundesgrenzschutzgesetz (BGSG) in der Fassung vom 18.8.1972 (BGBl. I S. 1834) Befugnisse, die daran anknüpften, dass „Tatsachen darauf schließen lassen, daß […]“[964]. In Folge des Volkszählungsurteiles erfolgte in eben jenem engen Zuständigkeitsbereich durch Verweisung in § 9 Abs. 3 S. 1 BKAG (1994) eine Ausweitung durch Erweiterung des BGSG hinsichtlich solcher Befugnisse.[965] Im BGSG wurden einige Tatbestände aufgenommen, die die „Tatsachen“ in Bezug auf eine Gefahr fordern.[966] Eine Unterteilung in objekt- und

---

benbauer, BeckOK Polizei- und Sicherheitsrecht Bayern, Art. 82 BayPAG Rn. 13 f., und beim Schusswaffengebrauch gegen Personen gem. Art. 84 Abs. 1 Nr. 3 b), Nr. 4 b) BayPAG, für den im Ergebnis ein dringender Tatverdacht vorliegen muss, vgl. *Buggisch*, in: Möstl/Schwabenbauer, BeckOK Polizei- und Sicherheitsrecht Bayern, Art. 84 BayPAG Rn. 25 f.

[963] *Graulich*, GSZ 2019, 9 (9).

[964] Vgl. die objektbezogenen Regelungen § 23 Abs. 1 Nr. 2 BGSG (Durchsuchung von Personen) und § 24 Nr. 3 (Durchsuchung von Sachen) BGSG sowie die personenbezogenen Vorschriften § 18 Abs. 1 Nr. 1 (Vorladung) BGSG und § 24 Nr. 2 (Durchsuchung von Sachen) BGSG alle i. d. F. des Gesetzes vom 18.8.1972 (BGBl. I S. 1834).

[965] Gesetz zur Neuregelung der Vorschriften über den Bundesgrenzschutz (Bundesgrenzschutzneuregelungsgesetz – BGSNeuRegG) v. 19.10.1994 (BGBl. I S. 2978); vgl. § 21 Abs. 2 (Erhebung personenbezogener Daten), § 22 Abs. 1 (Befragung und Auskunftspflicht), § 23 Abs. 1 Nr. 2, Abs. 2 Nr. 1, 2 (Identitätsfeststellung und Prüfung von Berechtigungsscheinen), § 25 Abs. 1 Nr. 1 (Vorladung), § 26 Abs. 1, 2 (Datenerhebung bei öffentlichen Veranstaltungen oder Ansammlungen), § 28 Abs. 1 Nr. 2 (Besondere Mittel der Datenerhebung), § 30 Abs. 2 Nr. 2 (Ausschreibung zur Fahndung), § 31 Abs. 2 Nr. 2 (Ausschreibung zur grenzpolizeilichen Beobachtung), § 43 Abs. 1 Nr. 2, 4, Abs. 2 (Durchsuchung von Personen), § 44 Abs. 1 Nr. 2, 3, 4 Abs. 2 Nr. 1, 2 (Durchsuchung von Sachen) und § 45 Abs. 1 Nr. 1, 2, Abs. 3, 4 (Betreten und Durchsuchung von Wohnungen) BGSG (1994); leicht abgewandelt auch („für deren Begehung Tatsachen sprechen“) in § 23 Abs. 1 Nr. 2, Abs. 2 Nr. 3 BGSG (1994).

[966] Vgl. § 26 Abs. 1 BGSG, § 30 Abs. 2 Nr. 2 a) § 45 Abs. 1 Nr. 2, Abs. 4 BGSG (1994); in Bezug auf den Notstands- und Verteidigungsfall s. auch § 23 Abs. 2 Nr. 1, 2, 26 Abs. 2, § 43 Abs. 2, § 44 Abs. 2, § 45 Abs. 4 BGSG (1994); vgl. auch die Amtl. Begr. zu § 23 Abs. 2, § 26 Abs. 2 i. d. F. des Gesetzes zur Neuregelung der Vorschriften über den Bundesgrenzschutz

personenbezogene Befugnisse war zu erkennen.[967] Ebenso standen die Vorschriften oft in Bezug zu Straftaten.[968] Aber auch eine Verbindung beider Elemente kam vor.[969] Häufig wurde in diesem Zusammenhang in der Gesetzesbegründung von sogenannten „verrufenen Orten“[970] gesprochen.

Der Maßstab der Datenerhebungsvorschriften wäre die „Verhütung von Straftaten“[971]. Diese wäre

> „dadurch gekennzeichnet, daß es um polizeilich relevante Sachverhalte geht, die sich zum einen noch nicht zu einer konkreten Gefahr verdichtet haben, zum anderen aber auf Grund einer Prognose den Eintritt eines schädigenden Ereignisses (Begehung einer Straftat) möglich erscheinen lassen“[972].

In Bezug auf die allgemeine Datenerhebungsvorschrift des § 21 Abs. 2 Nr. 1 BGSG (1994) erläuterte die Gesetzesbegründung, dass diese Vorschrift

> „die Erhebung von Daten über eine Person [erlaubt], wenn Tatsachen die Annahme rechtfertigen, daß sie die Absicht hat, in überschaubarer Zukunft Straftaten mit erheblicher

---

(Bundesgrenzschutzneuregelungsgesetz – BGSNeuRegG) v. 19.10.1994 (BGBl. I S. 2978), BT-Drs. 12/7562, S. 53, 56.

[967] Objektbezogen § 43 Abs. 1 Nr. 2, § 44 Abs. 1 Nr. 3 BGSG (1994); personenbezogen § 21 Abs. 2, § 22 Abs. 1, § 25 Abs. 1 Nr. 1, § 30 Abs. 2 Nr. 2 b), c), § 31 Abs. 2 Nr. 2, § 44 Abs. 1 Nr. 2 BGSG (1994).

[968] § 21 Abs. 2, § 23 Abs. 1 Nr. 2, Abs. 2 Nr. 1, 2, § 26 Abs. 2, § 28 Abs. 1 Nr. 2, § 31 Abs. 2 Nr. 2, § 43 Abs. 1 Nr. 4, Abs. 2 Nr. 2, § 44 Abs. 1 Nr. 4, Abs. 2 Nr. 2 § 45 Abs. 3, 4 BGSG (1994).

[969] Vgl. z. B. § 23 Abs. 1 Nr. 2 BGSG (1994): „Der Bundesgrenzschutz kann die Identität einer Person feststellen, wenn […] 2. die Person sich in einer Einrichtung des Bundesgrenzschutzes (§ 1 Abs. 3), einer Anlage oder Einrichtung der Eisenbahnen des Bundes (§ 3), einer dem Luftverkehr dienenden Anlage oder Einrichtung eines Verkehrsflughafens (§ 4), dem Amtssitz eines Verfassungsorgans oder eines Bundesministeriums (§ 5) oder an einer Grenzübergangsstelle (§ 61) oder in unmittelbarer Nähe hiervon aufhält und Tatsachen die Annahme rechtfertigen, daß dort Straftaten begangen werden sollen, durch die in oder an diesen Objekten befindliche Personen oder diese Objekte selbst unmittelbar gefährdet sind, und die Feststellung der Identität auf Grund der Gefährdungslage oder auf die Person bezogener Anhaltspunkte erforderlich ist“; s. ansonsten § 23 Abs. 2 Nr. 1, 2, § 43 Abs. 1 Nr. 4, Abs. 2 Nr. 2, § 44 Abs. 1 Nr. 4, Abs. 2 Nr. 2 BGSG (1994).

[970] Vgl. z. B. die Amtl. Begr. zu § 23 Abs. 2 i. d. F. des Gesetzes zur Neuregelung der Vorschriften über den Bundesgrenzschutz (Bundesgrenzschutzneuregelungsgesetz – BGSNeuRegG) v. 19.10.1994 (BGBl. I S. 2978), BT-Drs. 12/7562, S. 53.

[971] Amtl. Begr. zu § 21 Abs. 2 i. d. F. des Gesetzes zur Neuregelung der Vorschriften über den Bundesgrenzschutz (Bundesgrenzschutzneuregelungsgesetz – BGSNeuRegG) v. 19.10.1994 (BGBl. I S. 2978), BT-Drs. 12/7562, S. 50.

[972] Amtl. Begr. zu § 21 Abs. 2 i. d. F. des Gesetzes zur Neuregelung der Vorschriften über den Bundesgrenzschutz (Bundesgrenzschutzneuregelungsgesetz – BGSNeuRegG) v. 19.10.1994 (BGBl. I S. 2978), BT-Drs. 12/7562, S. 49.

Bedeutung zu begehen, die vorhandenen Anhaltspunkte sich jedoch noch nicht zur Annahme einer Gefahr verdichtet haben".[973]

Aufgabe und Maßstab waren somit klar definiert. Ein Abrücken von der konkreten Gefahr wurde mehrfach ausdrücklich betont.[974]

Die Aufgabe der Gefahrenabwehr zum Schutz von Mitgliedern der Verfassungsorgane §§ 5, 21 ff. BKAG (1997) erfuhr 1997 eine Erweiterung durch Betonung der Tätigkeit als Zentralstelle nach §§ 2, 7 ff. BKAG (1997) und durch die Aufgabe der internationalen Zusammenarbeit nach §§ 3, 14 ff. BKAG (1997).[975] Hier wurden viele Tatbestände eingefügt, die auf „Tatsachen" beziehungsweise „tatsächliche Anhaltspunkte" abstellten.[976] Bei den Befugnissen sollten die Gedanken zum BGSG entsprechend gelten.[977] Bezug genommen wurde auf Straftaten mit meist „erheblicher Bedeutung", vgl. § 15 Abs. 4 Nr. 3 BKAG (1997), wobei die Gesetzesbegründung hier von sogenannten „gefährlichen Intensivtätern"[978] sprach. Die Befugnisse wurden „ausdrücklich"[979] vom Tatsachenmaßstab abhängig ge-

---

[973] Amtl. Begr. zu § 21 Abs. 2 i. d. F. des Gesetzes zur Neuregelung der Vorschriften über den Bundesgrenzschutz (Bundesgrenzschutzneuregelungsgesetz – BGSNeuRegG) v. 19. 10. 1994 (BGBl. I S. 2978), BT-Drs. 12/7562, S. 50.

[974] Amtl. Begr. zu § 22 i. d. F. des Gesetzes zur Neuregelung der Vorschriften über den Bundesgrenzschutz (Bundesgrenzschutzneuregelungsgesetz – BGSNeuRegG) v. 19. 10. 1994 (BGBl. I S. 2978), BT-Drs. 12/7562, S. 50; Amtl. Begr. zu § 23 Abs. 1 Nr. 2 i. d. F. des Gesetzes zur Neuregelung der Vorschriften über den Bundesgrenzschutz (Bundesgrenzschutzneuregelungsgesetz – BGSNeuRegG) v. 19. 10. 1994 (BGBl. I S. 2978), BT-Drs. 12/7562, S. 53; Amtl. Begr. zu § 26 Abs. 1 Nr. 2 i. d. F. des Gesetzes zur Neuregelung der Vorschriften über den Bundesgrenzschutz (Bundesgrenzschutzneuregelungsgesetz – BGSNeuRegG) v. 19. 10. 1994 (BGBl. I S. 2978), BT-Drs. 12/7562, S. 54.

[975] Gesetz über das Bundeskriminalamt und die Zusammenarbeit des Bundes und der Länder in kriminalpolizeilichen Angelegenheiten (Bundeskriminalamtgesetz – BKAG) v. 7. 7. 1997 (BGBl. I S. 1650).

[976] „Tatsachen die Annahme rechtfertigen, daß" in § 8 Abs. 5 BKAG, § 15 Abs. 4 Nr. 3, § 21 Abs. 2 Nr. 1–3 und § 23 Abs. 1 Nr. 1, 2 BKAG (1997); „tatsächliche Anhaltpunkte" in § 13 Abs. 5, § 14 Abs. 3 Nr. 1 und § 24 S. 1 BKAG (1997); bei den Befugnissen sollen die Gedanken des BGSG entsprechend gelten, vgl. Amtl. Begr. zu § 21 Abs. 2 BKAG i. d. F. des Gesetzes über das Bundeskriminalamt und die Zusammenarbeit des Bundes und der Länder in kriminalpolizeilichen Angelegenheiten (Bundeskriminalamtgesetz – BKAG) v. 7. 7. 1997 (BGBl. I S. 1650), BT-Drs. 13/1550, S. 34.

[977] Vgl. Amtl. Begr. zu § 21 Abs. 2 i. d. F. des Gesetzes über das Bundeskriminalamt und die Zusammenarbeit des Bundes und der Länder in kriminalpolizeilichen Angelegenheiten (Bundeskriminalamtgesetz – BKAG) v. 7. 7. 1997 (BGBl. I S. 1650), BT-Drs. 13/1550, S. 34.

[978] Amtl. Begr. zu § 15 Abs. 4 S. 1 Nr. 3 i. d. F. des Gesetzes über das Bundeskriminalamt und die Zusammenarbeit des Bundes und der Länder in kriminalpolizeilichen Angelegenheiten (Bundeskriminalamtgesetz – BKAG) v. 7. 7. 1997 (BGBl. I S. 1650), BT-Drs. 13/1550, S. 33.

[979] Amtl. Begr. zu § 21 Abs. 2 i. d. F. des Gesetzes über das Bundeskriminalamt und die Zusammenarbeit des Bundes und der Länder in kriminalpolizeilichen Angelegenheiten (Bundeskriminalamtgesetz – BKAG) v. 7. 7. 1997 (BGBl. I S. 1650), BT-Drs. 13/1550, S. 34: „Die Ausübung dieser Befugnisse wird ausdrücklich vom Vorliegen von Tatsachen abhängig

macht. Hier wurde wieder in Anlehnung an den VE ME PolG (1986) auf eine konkrete Gefahr verzichtet.[980] In der beim BKA geführten Antiterrordatei wurde im entsprechenden Gesetz auf tatsächliche Anhaltspunkte in § 2 S. 1, § 3 Abs. 1 Nr. 1 b), b) rr) ATDG (2006) in Bezug auf Personen und in Verbindung mit terroristischen Straftaten abgestellt. Dabei ist zu berücksichtigen, dass die ATD das Ziel hat, „Gefahren bereits im Vorfeld [zu] begegnen“[981].

Mit Übertragung der Aufgabe der Terrorismusbekämpfung im Zuge der Föderalismusreform durch die Änderung der Kompetenznorm des Art. 73 Abs. 1 Nr. 9a) GG wurden die Gefahrenabwehrbefugnisse des BKAG immens ausgeweitet.[982] Die Gesetzesbegründung des entsprechenden Änderungsgesetzes zum BKAG vom 25.12.2008 kündigte schon in der Darstellung der Schwerpunkte des Entwurfs an, dass das BKA „neben der Aufgabe der Abwehr konkreter Gefahren die Möglichkeit [erhält], die Aufgabe der Verhütung von bestimmten terroristischen Straftaten wahrzunehmen“[983]. Jegliche Ausweitung war aber gekoppelt an die Aufgabe der Terrorismusabwehr, vgl. § 4a BKAG (2008). Hier verwendete der Gesetzgeber mit großer Häufigkeit die Figur der „Tatsachen, die eine Annahme rechtfertigen“.[984]

---

gemacht, die die Annahme rechtfertigen, daß Straftaten begangen werden sollen, durch die die zu schützenden Personen oder Räumlichkeiten unmittelbar gefährdet sind“.

[980] Amtl. Begr. zu § 21 Abs. 2 i.d.F. des Gesetzes über das Bundeskriminalamt und die Zusammenarbeit des Bundes und der Länder in kriminalpolizeilichen Angelegenheiten (Bundeskriminalamtgesetz – BKAG) v. 7.7.1997 (BGBl. I S. 1650), BT-Drs. 13/1550, S. 34: „In Anlehnung an die § 9 Abs. 1 Nr. 3, § 17 Abs. 1 Nr. 5 und § 18 Abs. 1 Nr. 1 des Musterentwurfs gestattet die Vorschrift, polizeiliche Maßnahmen auch dann zu ergreifen, wenn keine konkrete Gefahr vorliegt. Dies ist wegen der besonderen Gefährdung der zu schützenden Personen sachlich geboten“.

[981] Amtl. Begr. zu § 2 ATDG i.d.F. des Gesetzes zur Errichtung gemeinsamer Dateien von Polizeibehörden und Nachrichtendiensten des Bundes und der Länder (Gemeinsame-Dateien-Gesetz) v. 22.12.2006 (BGBl. I S. 3409), BR-Drs. 0672/06, S. 27.

[982] Gesetz zur Abwehr von Gefahren des internationalen Terrorismus v. 25.12.2008 (BGBl. I S. 3083).

[983] Amtl. Begr. des Gesetzes zur Abwehr von Gefahren des internationalen Terrorismus v. 25.12.2008 (BGBl. I S. 3083), BR-Drs. 404/08, S. 34.

[984] Verhaltensbezug bei § 20b Abs. 2 (Erhebung personenbezogener Daten), § 20c Abs. 1 S. 1 (Befragung und Auskunftspflicht), § 20 f Abs. 1 Nr. 1 (Vorladung), § 20g Abs. 1 Nr. 2 (Einsatz besonderer Mittel der Datenerhebung), § 20i Abs. 2 Nr. 2 (Ausschreibung zur polizeilichen Beobachtung), § 20l Abs. 1 Nr. 2–4 (Überwachung der Telekommunikation), § 20m Abs. 1 Nr. 2–4 (Erhebung von Telekommunikationsdaten und Nutzungsdaten), § 20q Abs. 1 Nr. 5 (Durchsuchung von Personen), § 20r Abs. 1 Nr. 6 (Durchsuchung von Sachen), § 20 t Abs. 1 S. 1 Nr. 1 (Betreten und Durchsuchen von Wohnungen), Art. 20v Abs. 5 S. 3 Nr. 2, S. 3 (Übermittlung an Verfassungsschutzbehörden des Bundes und der Länder sowie an den Militärischen Abschirmdienst bzw. den Bundesnachrichtendienst) BKAG (2008); Objektbezug bei § 20q Abs. 1 Nr. 2 i.V.m. § 20s Abs. 1 Nr. 2 (Durchsuchung von Personen), § 20r Abs. 1 Nr. 2, 3 (Durchsuchung von Sachen), § 20t Abs. 1 S. 1 Nr. 2 (Betreten und Durchsuchen von Wohnungen), § 20t Abs. 1 S. 1 Nr. 2 (Betreten und Durchsuchen von Wohnungen) BKAG (2008); Mischung aus Verhaltens- (mit Straftatenbezug) und Ortsbezug bei § 20d Abs. 1 Nr. 2, 3 (Identitätsfeststellung und Prüfung von Berechtigungsscheinen) sowie § 20q Abs. 1 Nr. 3, 4 (Durchsuchung von Personen) und § 20r Abs. 1 Nr. 4, 5 (Durchsuchung von

Wiederum existierten vereinzelt Befugnisse mit Bezug auf eine konkrete Gefahr.[985] Die Gesetzesbegründung der Tatbestände, welche keine konkrete Gefahr voraussetzten, lieferte aber wieder Klarheit zum Verhältnis zur klassischen Gefahrenabwehr. Die Formulierung sei – im konkreten Fall erläutert durch die Gesetzesbegründung zu § 20b Abs. 2 BKAG (2008) –

> „dadurch gekennzeichnet, dass es um Sachverhalte geht, die sich zum einen noch nicht zu einer konkreten Gefahr verdichtet haben, zum anderen aber auf Grund einer Prognose den Eintritt eines schädigenden Ereignisses durch die Begehung einer Straftat im Sinne von § 4a Abs. 1 Satz 2 möglich erscheinen lassen"[986].

Maßnahmen, die mit Eingriffen in die Rechte Betroffener verbunden wären, kämen wegen des präventiven Charakters nur in eng umgrenzten Fällen in Betracht.[987] Es ginge darum, dass die „vorhandenen Tatsachen sich jedoch noch nicht zur Annahme einer Gefahr verdichtet haben"[988].

Das Urteil des Bundesverfassungsgerichts vom 20.4.2016 stellt indes die Ausgestaltung einiger auf „Tatsachen" und „tatsächliche Anhaltspunkte" bezogener Tatbestände in Frage.[989] Infolgedessen werden die Vorschriften an das noch zu besprechende Urteil angepasst.[990] Vorschriften, die nicht begutachtet wurden, bleiben abgesehen von einem Standortwechsel im Gesetz aber unverändert bestehen.[991]

Sachen) BKAG (2008); in Kombination mit Vorbereitungshandlungen mit und ohne Tatsachen begründete Annahme einer Straftatenbegehung bei § 20h Abs. 1 Nr. 1 b) (Besondere Bestimmungen über den Einsatz technischer Mittel in oder aus Wohnungen) BKAG (2008); Vorbereitungshandlungen in Verbindung mit tatsächlichen Anhaltspunkten bei Art. 20v Abs. 5 S. 3 Nr. 1 Alt. 2, S. 4 (Übermittlung an Verfassungsschutzbehörden des Bundes und der Länder sowie an den MAD bzw. den BND) BKAG (2008); „tatsächliche Anhaltspunkte" nur in Bezug auf kompensatorische Anordnungen, insbesondere den Kernbereichsschutz, vgl. § 20h Abs. 5 S. 2, § 20k Abs. 7 S. 1, § 20l Abs. 6 S. 1, 2 BKAG (2008); allerdings auch bei § 20x S. 1 (Übermittlung an das Bundeskriminalamt) BKAG (2008).

[985] § 20d Abs. 1 Nr. 1 (Identitätsfeststellung und Prüfung von Berechtigungsscheinen), § 20k Abs. 1 S. 1 (verdeckter Eingriff in informationstechnische Systeme) und § 20 t Abs. 3 (Betreten und Durchsuchen von Wohnungen) BKAG (2008); s. auch § 20h Abs. 1 S. 1 Nr. 1 b), Abs. 2 S. 2 (Einsatz technischer Mittel in oder aus Wohnungen bei anderen Personen) BKAG (2008).

[986] Amtl. Begr. zu § 20b Abs. 2 BKAG i. d. F. des Gesetzes zur Abwehr von Gefahren des internationalen Terrorismus v. 25. 12. 2008 (BGBl. I S. 3083), BR-Drs. 404/08, S. 53.

[987] Amtl. Begr. zu § 20b Abs. 2 BKAG i. d. F. des Gesetzes zur Abwehr von Gefahren des internationalen Terrorismus v. 25. 12. 2008 (BGBl. I S. 3083), BR-Drs. 404/08, S. 53.

[988] Amtl. Begr. zu § 20b Abs. 2 Nr. 1 BKAG i. d. F. des Gesetzes zur Abwehr von Gefahren des internationalen Terrorismus v. 25. 12. 2008 (BGBl. I S. 3083), BR-Drs. 404/08, S. 53.

[989] BVerfGE 141, 220 (222 f.) erklärt § 20g Abs. 1 S. 1 Nr. 2 BKAG, § 20l Abs. 1 S. 1 Nr. 2, § 20m Abs. 1 Nr. 2–4 BKAG, 20v Abs. 5 S. 3 Nr. 1, S. 4 BKAG (2008) für mit dem Grundgesetz nicht vereinbar; für § 20k Abs. 1 S. 2 BKAG (2008) hält es eine verfassungskonforme Auslegung möglich.

[990] Umsetzung der noch zu beleuchtenden BKAG-Entscheidung des Bundesverfassungsgerichts in § 45 Abs. 1 S. 1 Nr. 2, 3 (Besondere Mittel der Datenerhebung), § 49 Abs. 1 S. 2 Nr. 1, 2 (verdecktem Eingriff in informationstechnische Systeme), § 51 Abs. 1 S. 1 Nr. 2, 3

cc) Zwischenfazit

Die Rechtsfigur der „Tatsachen“ und „tatsächlichen Anhaltspunkte“ kommt bereits in den frühen Polizeigesetzen beispielsweise im Rahmen der Identitätsfeststellung vor. Durch die Einführung und Ausweitung der Datenerhebungs- und -verarbeitungsvorschriften greift sie immer weiter um sich. Sie ist Konsequenz der Aufnahme der vorbeugenden Straftatenbekämpfung in die Gesetze, bei der auf „potenzielle[n] Straftäter“[992] abgestellt wird.

Die bayerische Kodifikation verhält sich zumindest in frühen Gesetzesbegründungen eher verhalten. Das ME PolG (1970) beweist hingegen, dass es sich um ein „Mehr“ im Vergleich zu einem bloßen Abstellen auf die Aufgabe handelt.[993] Und die Ausführungen zum BKAG zeigen ein eindeutiges Abrücken von der klassischen Gefahrenabwehr und das Vorliegen einer Rechtsfigur, die (mit Ausnahme davon, dass das Vorliegen einer konkreten Gefahr tatbestandlich daneben angeordnet ist,) nicht bloß die Diagnosegrundlage beschreibt. Es ist daher – auch in Übereinstimmung mit der Rechtsprechung des Bundesverfassungsgerichts – von einer eigenständigen Rechtsfigur auszugehen.

(Überwachung der Telekommunikation), § 52 Abs. 1 Nr. 2, 3 (Erhebung von Telekommunikationsverkehrsdaten und Nutzungsdaten) BKAG (2017); vgl. zudem § 50 Abs. 1 Nr. 2, 3 (Postbeschlagnahme) BKAG (2017), Amtl. Begr. zu § 50 i.d.F. des Gesetzes zur Neustrukturierung des Bundeskriminalamtgesetzes v. 1.6.2017 (BGBl. I S. 1354), BT-Drs. 18/11163, S. 119; § 55 Abs. 1 Nr. 1, 2 (Aufenthaltsvorgabe und Kontaktverbot) BKAG (2017), Amtl. Begr. zu § 55 i.d.F. des Gesetzes zur Neustrukturierung des Bundeskriminalamtgesetzes v. 1.6.2017 (BGBl. I S. 1354), BT-Drs. 18/11163, S. 121; § 56 Abs. 1 Nr. 1, 2 (elektronische Aufenthaltsüberwachung) BKAG (2017), Amtl. Begr. zu § 56 i.d.F. des Gesetzes zur Neustrukturierung des Bundeskriminalamtgesetzes v. 1.6.2017 (BGBl. I S. 1354), BT-Drs. 18/11163, S. 121.

[991] § 39 Abs. 2 (Erhebung personenbezogener Daten), § 41 Abs. 1 (Befragung und Auskunftspflicht), § 42 Abs. 1 (Identitätsfeststellung und Prüfung von Berechtigungsscheinen), § 44 Abs. 1 Nr. 1 (Vorladung), § 46 Abs. 1 Nr. 1 b), Abs. 2 S. 2 (Besondere Bestimmungen über den Einsatz technischer Mittel in oder aus Wohnungen), § 47 Abs. 2 Nr. 2 (Ausschreibung zur polizeilichen Beobachtung oder gezielte Kontrolle), § 51 Abs. 1 S. 1 Nr. 4, 5 (Überwachung der Telekommunikation), § 52 Abs. 1 Nr. 4, 5 (Erhebung von Telekommunikationsverkehrsdaten und Nutzungsdaten), § 58 Abs. 1 S. 1 Nr. 1–5 (Durchsuchung von Personen), § 59 Abs. 1 S. 1 Nr. 2–6 (Durchsuchung von Sachen), § 61 Abs. 1 S. 1 Nr. 1, 2 (Betreten und Durchsuchen von Wohnungen) BKAG (2017); zudem wird auch hier noch vereinzelt zusätzlich auf die konkrete Gefahr abgestellt § 49 Abs. 1 S. 1 und § 61 Abs. 3 BKAG (2017); außerdem für den Schutz von Verfassungsorganen § 64 Abs. 1 S. 1 Nr. 1 (Besondere Mittel zur Datenerhebung) und § 65 Abs. 1 Nr. 2 (Ausschreibung zur polizeilichen Kontrolle oder gezielten Beobachtung) BKAG (2017).

[992] Vgl. *Shirvani*, VerwArch 101 (2010), 86 (91).

[993] Genauso *Bäcker*, Kriminalpräventionsrecht, S. 211 ff.

b) Konturen

aa) Diagnose und Prognose

Einigkeit herrscht dahingehend, dass zwischen personen- und verhaltensbezogenen und orts- und objektbezogenen Tatbeständen unterschieden werden muss.[994] Die Gesetzesbegründung des BayPAG und ein Teil der Literatur gehen dabei für das Wahrscheinlichkeitsurteil von einem Einzelfallbezug aus.[995] Bäcker beschreibt dieses differenzierter. Er gehe bei den sogenannten Dispositionstatbeständen vom Fehlen eines Einzelfallbezugs gleich einer konkreten Gefahr aus. Vielmehr knüpften die Tatbestände an ein „schadensträchtiges Individuum"[996] an. Die Diagnose als Prognosegrundlage beziehe sich somit auf eben jenes.[997] Maßstab bilden für die personen- und verhaltensbezogenen Tatbestände Eigenschaften und soziale Bezüge der Person;[998] bei den orts- und objektbezogenen Tatbeständen bilden eben jene Orte und Objekte Grundlage des Urteils, wobei hier nur ein mittelbarer Bezug zu den potenziellen Störern bestehe.[999] Unter der Disposition sei „allgemein das Potenzial eines Individuums zu verstehen, sich in einer bestimmten Weise zu verhalten"[1000]. Die Maßstäbe sind im Einzelnen jedoch höchst umstritten.[1001]

---

[994] *Kral*, Die polizeilichen Vorfeldbefugnisse als Herausforderung für Dogmatik und Gesetzgebung des Polizeirechts, S. 120, unterscheidet zwischen personenbezogen und entindividualisierten Tatbeständen; *Bäcker*, Kriminalpräventionsrecht, S. 206, unterscheidet zwischen persönlichen und sächlichen Tatbeständen; ähnlich auch in *Bäcker*, in: Lisken/Denninger, Handbuch des Polizeirechts, D. Rn. 282 ff.; vgl. auch die Unterteilung in personen- und lagebezogenen abstrakten Gefahrenverdacht bei *Möstl*, DVBl. 2007, 581 (588); eine Unterteilung in einzelfall- und lageabhängige Tatbestände erfolgt bei *Kießling*, VerwArch 108 (2017), 282 (284), wobei die einzelfallabhängigen Befugnisse, auf bestimmte Personen abzielen; vgl. auch *Waechter*, JZ 2015, 8 (10).

[995] Amtl. Begr. zu Art. 34a Abs. 1 S. 1 Nr. 2 i. d. F. des Gesetzes zur Änderung des Polizeiaufgabengesetzes und des Parlamentarischen Kontrollgremium-Gesetzes v. 24. 12. 2005 (BayGVBl. S. 641), BayLT-Drs. 15/2096, S. 22; vgl. auch die Amtl. Begr. zu § 2 ATDG i. d. F. des Gesetzes zur Errichtung gemeinsamer Dateien von Polizeibehörden und Nachrichtendiensten des Bundes und der Länder (Gemeinsame-Dateien-Gesetz) v. 22. 12. 2006 (BGBl. I S. 3409), BR-Drs. 0672/06, S. 27: „Das Tatbestandsmerkmal der tatsächlichen Anhaltspunkte ist erfüllt, wenn die im Einzelfall vorliegenden Anhaltspunkte nach nachrichtendienstlichen oder polizeilichen Erfahrungswerten die Einschätzung rechtfertigen, dass die Erkenntnisse zu den betreffenden Personen und Organisationen oder Sachen etc. (Satz 1 Nr. 4) zur Aufklärung oder Bekämpfung des internationalen Terrorismus beitragen". Aus der Lit. *Kral*, Die polizeilichen Vorfeldbefugnisse als Herausforderung für Dogmatik und Gesetzgebung des Polizeirechts, S. 110.

[996] *Bäcker*, Kriminalpräventionsrecht, S. 195.

[997] *Bäcker*, Kriminalpräventionsrecht, S. 195.

[998] *Bäcker*, Kriminalpräventionsrecht, S. 206.

[999] *Bäcker*, Kriminalpräventionsrecht, S. 206.

[1000] *Bäcker*, Kriminalpräventionsrecht, S. 205.

[1001] S. u. § 5 B. I 6. c), S. 237 ff.

bb) Rechtsgüterschutz

Die (gemischt) orts- und objektbezogenen Tatbestände begnügen sich meist neben der Beschreibung des Ortes mit dem Hinweis darauf, dass dort „Straftaten begangen werden sollen, durch die in oder an diesen Objekten befindliche Personen oder diese Objekte selbst unmittelbar gefährdet" werden, vgl. Art. 13 Abs. 1 Nr. 3 BayPAG. Personen- und verhaltensbezogene Tatbestände hingegen sind beziehungsweise waren[1002] häufig an Straftatenkataloge geknüpft. Das Strafmaß der Delikte diene als Anhaltspunkt für die Bedeutung des jeweils geschützten Rechtsguts.[1003]

Regelmäßig kommt eine weitere „besondere Ausprägung des Verhältnismäßigkeitsgrundsatzes"[1004] zum Tragen: die Erforderlichkeitsgrenze.[1005] Bei hoher Eingriffsintensität muss die Voraussetzung vorliegen, „dass im konkreten Fall die Abwehr der Gefahr oder die Verhütung der Straftaten auf andere Weise aussichtslos oder wesentlich erschwert wäre"[1006]. Die Maßnahme und die Bedeutung des aufzuklärenden Sachverhaltes sind verhältnismäßig abzuwägen.[1007] Sofern ein späteres Einschreiten ebenso angemessen erscheint, sei das Bedürfnis der Verlagerung in die Gefahrenvorsorge hier widerlegt.[1008] Ferner gilt bei ortsbezogenen Tatbeständen, dass hier Maßnahmen unzulässig seien, „wenn die Person ganz offensichtlich mit den zu erwartenden Straftaten in keinem Zusammenhang stehen kann (was z. B. bei Bediensteten des gefährdeten Objekts oder bei einem der gefährdeten Person offensichtlich gut bekannten Begleiter anzunehmen sein wird)"[1009].

[1002] S. dazu unten § 5 B. I 6. c) bb) (3) (c) (aa), S. 267 ff.

[1003] Vgl. die Amtl. Begr. zu Art. 34 BayPAG i. d. F. des Gesetzes zur Änderung des Polizeiaufgabengesetzes und des Parlamentarischen Kontrollgremium-Gesetzes v. 24. 12. 2005 (BayGVBl. S. 641), BayLT-Drs. 15/2096, S. 17.

[1004] Amtl. Begr. zu § 28 Abs. 1 Nr. 2 i. d. F. des Gesetzes zur Neuregelung der Vorschriften über den Bundesgrenzschutz (Bundesgrenzschutzneuregelungsgesetz – BGSNeuRegG) v. 19. 10. 1994 (BGBl. I S. 2978), BT-Drs. 12/7562, S. 57.

[1005] Vgl. dazu BVerfGE 100, 313 (392).

[1006] Vgl. die Amtl. Begr. zu § 20d Abs. 1 i. d. F. des Gesetzes zur Abwehr von Gefahren des internationalen Terrorismus v. 25. 12. 2008 (BGBl. I S. 3083), BR-Drs. 404/08, S. 57; vgl. auch Amtl. Begr. zu § 20g Abs. 1 i. d. F. des Gesetzes zur Abwehr von Gefahren des internationalen Terrorismus v. 25. 12. 2008 (BGBl. I S. 3083), BR-Drs. 404/08, S. 59; Amtl. Begr. zu § 20k Abs. 1 i. d. F. des Gesetzes zur Abwehr von Gefahren des internationalen Terrorismus v. 25. 12. 2008 (BGBl. I S. 3083), BR-Drs. 404/08, S. 70; Amtl. Begr. zu § 20l Abs. 1 Abs. 1 i. d. F. des Gesetzes zur Abwehr von Gefahren des internationalen Terrorismus v. 25. 12. 2008 (BGBl. I S. 3083), BR-Drs. 404/08, S. 76.

[1007] Vgl. die Amtl. Begr. zu § 20d Abs. 1 i. d. F. des Gesetzes zur Abwehr von Gefahren des internationalen Terrorismus v. 25. 12. 2008 (BGBl. I S. 3083), BR-Drs. 404/08, S. 57.

[1008] *Kral*, Die polizeilichen Vorfeldbefugnisse als Herausforderung für Dogmatik und Gesetzgebung des Polizeirechts, S. 118.

[1009] Amtl. Begr. zu § 23 Abs. 1 Nr. 2 i. d. F. des Gesetzes zur Neuregelung der Vorschriften über den Bundesgrenzschutz (Bundesgrenzschutzneuregelungsgesetz – BGSNeuRegG) v. 19. 10. 1994 (BGBl. I S. 2978), BT-Drs. 12/7562, S. 53.

c) *Einordnung in das Abwägungssystem*

Die Maßstäbe der Dispositionstatbestände sind höchst umstritten. Für eine Systematisierung und Bewertung soll zunächst auf die tatbestandliche Diagnosegrundlage eingegangen und sich daran anschließend mit den einzelnen Anforderungen der Varianten der Disposition auseinandergesetzt werden.

aa) Bestimmtheit von „Tatsachen" und „tatsächlichen Anhaltspunkten"

Die Tatbestandsvoraussetzungen der „Tatsachen" und „tatsächliche Anhaltspunkte" werden sehr unsystematisch in den Gesetzen verwandt.[1010] Entsprechend uneinheitlich ist auch der Umgang durch die Rechtsprechung und Literatur. Erste Ausführungen zu einer Abgrenzung der Rechtsfiguren finden sich im Rahmen der Bewertung der Schwelle der Übermittlung von Daten nach § 3 Abs. 3, Abs. 5 G 10 durch das Bundesverfassungsgericht.[1011] Das Anknüpfen an „tatsächliche Anhaltspunkte" (hier im Zusammenspiel mit dem Planungsstadium der aufgelisteten Straftaten)[1012] bewirke eine Vorverlagerung „weit im Vorfeld einer drohenden Verletzung des Rechtsguts"[1013]. Das Tatbestandsmerkmal „tatsächliche Anhaltspunkte" könne „den verfassungsrechtlichen Anforderungen im Ansatz nur genügen, wenn eine einengende Auslegung sicherstellt, daß nicht im wesentlichen Vermutungen, sondern konkrete und in gewissem Umfang verdichtete Umstände als Tatsachenbasis für den Verdacht vorliegen"[1014]. Den Ansatz einer einengenden Auslegung wählt das Gericht erneut später in der Zollkriminalamtsentscheidung vom 3. 3. 2004, als es feststellt, dass das „Tatbestandsmerkmal der ‚tatsächlichen Anhalts-

[1010] Vgl. z. B. Art. 13 Abs. 1 Nr. 2 a) bzw. Nr. 3 BayPAG.

[1011] Vgl. BVerfGE 100, 313 ff. zu § 3 Abs. 3 G 10 i. d. F. des Begleitgesetzes zum Telekommunikationsgesetz vom 17. 12. 1997 (BGBl. I S. 3108): „Bei der Durchführung von Maßnahmen nach Absatz 1 [Telekommunikationsüberwachung und -aufzeichnung bzw. Öffnung und Einsehen der dem Brief- oder Postgeheimnis unterliegenden Sendungen gem. § 3 Abs. 1 i. V. m. § 1 G 10] erlangte personenbezogene Daten dürfen nur zur Verhinderung, Aufklärung oder Verfolgung von Straftaten verwendet werden, die in § 2 dieses Gesetzes und in § 138 des Strafgesetzbuches bezeichnet sind, sowie von Straftaten nach den §§ 261 und 264 des Strafgesetzbuches, § 92 a des Ausländergesetzes, § 34 Abs. 1 bis 6 und 8 und § 35 des Außenwirtschaftsgesetzes, §§ 19 bis 21 und 22 a Abs. 1 Nr. 4, 5 und 7 des Gesetzes über die Kontrolle von Kriegswaffen oder § 29 a Abs. 1 Nr. 2, § 30 Abs. 1 Nr. 1, 4 oder § 30 a des Betäubungsmittelgesetzes, soweit gegen die Person eine Beschränkung nach § 2 angeordnet ist oder wenn tatsächliche Anhaltspunkte für den Verdacht bestehen, daß jemand eine der vorgenannten Straftaten plant, begeht oder begangen hat."; s. auch § 3 Abs. 5 G 10 in gleicher Fassung: „Die nach Absatz 1 erlangten Daten sind vollständig zu den in Absatz 3 bezeichneten Zwecken den Verfassungsschutzbehörden des Bundes und der Länder, dem Amt für den Militärischen Abschirmdienst, dem Zollkriminalamt, dem Bundesausfuhramt, den Staatsanwaltschaften und, vorbehaltlich der staatsanwaltschaftlichen Sachleitungsbefugnis, den Polizeien zu übermitteln, soweit dies zur Erfüllung der Aufgaben des Empfängers erforderlich ist."

[1012] BVerfGE 100, 313 (395).

[1013] BVerfGE 100, 313 (395).

[1014] BVerfGE 100, 313 (395).

punkte' […] in der Rechtsprechung gelegentlich im Vergleich zu dem der ‚Tatsachen' als weniger streng bewertet"[1015] wird. Lediglich „wenig aussagekräftige tatsächliche Anhaltspunkte"[1016] seien daher unzureichend. Es müssten „Tatsachen verlangt werden, die einen hinreichend sicheren Schluss auf die Teilnahme des Verdächtigen am Postverkehr des Dritten oder die Nutzung seines Telekommunikationsanschlusses ermöglichen"[1017]. Infolge der Einengung könnten dann Bestimmtheitsbedenken nicht durchgreifen.[1018]

Gleichwohl lässt es von einer Konnotation als Minus zu den „Tatsachen" nicht ab, wenn es davon spricht, „lediglich tatsächliche Anhaltspunkte"[1019] gefordert werden oder „schon"[1020] solche ausreichen.[1021] Der bayerische Gesetzgeber folgt ebenso vereinzelt dieser Auslegung.[1022] Die Literatur merkt an, dass „Tatsachen" auf eine Objektivierung ausgerichtet seien; tatsächliche Anhaltspunkte besäßen eine subjektive Konnotation.[1023]

Allerdings erfolgt durch das Bundesverfassungsgericht nicht selten eine synonyme Verwendung.[1024] Insbesondere hält das Gericht in einer jüngeren Entscheidung sowohl Tatbestände, die auf „tatsächliche Anhaltspunkte" als auch „Tatsachen, die eine Annahme rechtfertigen", abstellen, für verfassungsgemäß.[1025] Daher ist nach der herrschenden Meinung kein Unterschied in die Formulierung zu entnehmen.[1026] Es muss sich immer um äußere Tatsachen handeln, was die strengeren Maßstäbe bei der Diagnose klarstellen. Bei tatsächlichen Anhaltspunkten ist somit mit einer einengenden Auslegung zu arbeiten.[1027]

[1015] BVerfGE 110, 33 (61) m. V. a. SächsVerfGH, LKV 1996, 273 (284).

[1016] BVerfGE 110, 33 (61).

[1017] BVerfGE 110, 33 (61).

[1018] BVerfGE 110, 33 (61).

[1019] BVerfGE 120, 274 (333).

[1020] BVerfGE 133, 277 (339 Rn. 146).

[1021] In Bezug auf eine konkrete Gefahr, vgl. BVerfGE 133, 277 (365 Rn. 203); in diesem Sinne auch SächsVerfGH, LKV 1996, 273 (284); vgl. aus strafprozessrechtlicher Perspektive BVerfGE 109, 279 (350).

[1022] Art. 28c Abs. 3 Nr. 2 BayPAG i. d. F. des Dritten Gesetzes zur Änderung des Polizeiaufgabengesetzes v. 24. 8. 1990 (BayGVBl. S. 329), BayLT-Drs. 11/16263, S. 11: „Notwendig sind für diese Eingriffe nach Nr. 2 Tatsachen (nicht nur tatsächliche Anhaltspunkte) die auf eine künftige erhebliche Straftat der zu beobachtenden Personen schließen lassen".

[1023] *Kral*, Die polizeilichen Vorfeldbefugnisse als Herausforderung für Dogmatik und Gesetzgebung des Polizeirechts, S. 120; in diesem Sinne wohl auch BVerfGE 133, 277 (339 Rn. 146).

[1024] BVerfGE 120, 274 (328, 333), wo das Bundesverfassungsgericht trotz des Gesetzeswortlauts, der „Tatsachen" fordert, von „tatsächlichen Anhaltspunkten" spricht.

[1025] BVerfGE 150, 244 (290 ff. Rn. 117 ff.).

[1026] *Bäcker*, Kriminalpräventionsrecht, S. 232; *Kral*, Die polizeilichen Vorfeldbefugnisse als Herausforderung für Dogmatik und Gesetzgebung des Polizeirechts, S. 120; *Ogorek*, JZ 2019, 63 (67).

[1027] BVerfGE 100, 313 (395); 110, 33 (61).

bb) Maßstäbe der Dispositionstatbestände

(1) Verhältnis zur klassischen Gefahrenabwehr

Ein der mangelnden Eindeutigkeit des Tatbestands geschuldeter zweiter Streitpunkt ist der Prognosemaßstab, der an die Vorschrift angelegt werden soll. In seiner ausführlichen Analyse der Schwelle der „Tatsachen" beziehungsweise „tatsächlichen Anhaltspunkte" stellt Kral auf das Erfordernis einer hinreichenden Wahrscheinlichkeit ab.[1028] Durch die Zuordnung zum Gefahrenverdacht wird die Annahme dieses klassischen Wahrscheinlichkeitsmaßstabs ebenfalls bestärkt.[1029] Andererseits wird bei diesem auch die Annahme einer Möglichkeit für ausreichend erachtet.[1030] Dies kommt in Konflikt zu den Mindestanforderungen des Bundesverfassungsgerichts im Vorfeld, das eine Möglichkeit als Wahrscheinlichkeitsmaßstab nicht für ausreichend erachten.[1031] Gegen die Annahme eines Gefahrenverdachts spricht ferner, dass die auf dem Dispositionsurteil beruhenden Eingriffe nicht nur die von der herrschenden Meinung vom Gefahrenverdacht umfassten Gefahrenerforschungs-, sondern auch kausaleingreifende Gefahrbeseitigungsmaßnahmen betreffen.[1032] Indes könnten Möstls Erwägungen zum abstrakten Gefahrenverdacht helfen. Dieser verzichtet in Abgrenzung zum einfachen Gefahrenverdacht beim abstrakten Gefahrenverdacht auf den absehbaren Kausalverlauf.[1033] Wehr führt an, dass „sich die Annahme nicht auf das Bestehen einer Gefahr – die auch in der bevorstehenden Begehung einer bestimmten Straftat liegen könnte –, sondern auf ein zeitlich und örtlich nicht eingegrenztes Geschehen, das nur dadurch konkretisiert sein muss, dass dabei der objektive Tatbestand jedenfalls eines Strafgesetzes erfüllt werden wird"[1034], bezögen. Es erfolgt ein Abweichen vom klassischen Maßstab. Dennoch empfehlen nicht wenige Stimmen in der Literatur im Ergebnis keine Zuordnung zum Gefahrenverdacht, weil die „notorisch unklare Kategorie des Gefahrenverdachts"[1035] keinen Begriff des Gesetzes darstelle.[1036]

[1028] *Kral*, Die polizeilichen Vorfeldbefugnisse als Herausforderung für Dogmatik und Gesetzgebung des Polizeirechts, S. 110 ff., insb. S. 114.

[1029] *Gusy*, in: ders./Eichenhofer, Polizei- und Ordnungsrecht, Rn. 127; *Trurnit*, JURA 2019, 258 (264 f.).

[1030] BVerwGE 116, 347 (351); 160, 169 (175 Rn. 16); *Kingreen/Poscher*, Polizei- und Ordnungsrecht, § 8 Rn. 51; *Meyer*, JZ 2017, 429 (430); *Schoch/Kießling*, in: Schoch/Eifert, Besonderes Verwaltungsrecht, Kap. 1 Rn. 298 f.; *Wapler*, DVBl. 2012, 86 (87).

[1031] Vgl. BVerfGE 115, 320 (369); 141, 220 (269 Rn. 104).

[1032] Vgl. Art. 21 Abs. 1 Nr. 1, 4, 5 BayPAG (Durchsuchung von Personen), Art. 22 Abs. 1 Nr. 1, 2, 3, 5 BayPAG (Durchsuchung von Sachen) und Art. 23 Abs. 1 S. 1 Nr. 1, 2 BayPAG (Betreten und Durchsuchungen von Wohnungen).

[1033] *Möstl*, DVBl. 2007, 581 (587).

[1034] *Wehr*, JURA 2019, 940 (947).

[1035] *Trute*, Die Verwaltung 37 (2003), 501 (515).

[1036] *Kießling*, VerwArch 108 (2017), 282 (299); *Wehr*, JURA 2019, 940 (947); s.a. *Tabbara*, GSZ 2022, 215 (217).

Der veränderte, da auf die Disposition einer Person bezogene,[1037] Einzelfallbezug bedeutet, wie einige Stimmen des Schrifttums betonen, auch nicht die Typisierung gleich der abstrakten Gefahr.[1038] Eine Schadensdisposition soll nur vorliegen, wenn ein Individuum und nicht ein typischer Vertreter einer Klasse von Individuen schadensgeneigt ist.[1039] Zudem habe die abstrakte Gefahr das Ziel, die Sachverhaltsaufklärung im Einzelfall zu vermeiden. Diese Intention widerspreche den auf eine einzelfallabhängige Disposition ausgerichteten Vorschriften.[1040]

Entscheidend gegen eine am Gefahrenbegriff orientierte Position wie die Krals spreche nach Ansicht der Literatur, dass die Dispositionstatbestände „gefahrenunabhängig"[1041] ausgestaltet sind.[1042] In den Gesetzesmaterialien des BKAG wird mehrfach betont, dass es keiner Verdichtung zur konkreten Gefahr bedürfe.[1043] Das bayerische Recht kontrastiert gefahrenbezogene und nicht-gefahrenbezogene Tatbestände, vgl. z. B. Art. 13 Abs. 1 Nr. 1 a) BayPAG beziehungsweise Art. 13 Abs. 1 Nr. 2 a) BayPAG. Darüber hinaus hat der bayerische Gesetzgeber in jüngeren Vorhaben betont, dass für die polizeilichen Standardbefugnisse des Art. 13 Abs. 1 Nr. 2 bis 5 beziehungsweise Art. 32 Abs. 1 sowie Abs. 2 Satz 1 Nr. 2 und 3 Bay-

---

[1037] Vgl. *Bäcker*, Kriminalpräventionsrecht, S. 212 f.; *Ogorek*, JZ 2019, 63 (65).

[1038] *Bäcker*, Kriminalpräventionsrecht, S. 212 f.; genauso *Ogorek*, JZ 2019, 63 (65).

[1039] *Bäcker*, Kriminalpräventionsrecht, S. 212 f.; *Ogorek*, JZ 2019, 63 (65).

[1040] *Meyer*, JZ 2017, 429 (433).

[1041] *Thiel*, Polizei- und Ordnungsrecht, § 8 Rn. 63.

[1042] S. *Thiel*, Polizei- und Ordnungsrecht, § 8 Rn. 63; vgl. auch *Ogorek*, JZ 2019, 63 (63, 66); keine Verdichtung zu einer konkreten Gefahr fordernd auch *Wehr*, JURA 2019, 940 (947); vgl. für „gefährliche Orte" auch *Tomerius*, DVBl. 2017, 1399 (1399); ferner *Kirchhof*, NVwZ 2020, 1617 (1619, 1621) und *Barczak*, Der nervöse Staat, S. 524 f. Fn. 454.

[1043] Amtl. Begr. zu § 21 Abs. 2 i. d. F. des Gesetzes zur Neuregelung der Vorschriften über den Bundesgrenzschutz (Bundesgrenzschutzneuregelungsgesetz – BGSNeuRegG) v. 19. 10. 1994 (BGBl. I S. 2978), BT-Drs. 12/7562, S. 49 f.; Amtl. Begr. zu § 22 i. d. F. des Gesetzes zur Neuregelung der Vorschriften über den Bundesgrenzschutz (Bundesgrenzschutzneuregelungsgesetz – BGSNeuRegG) v. 19. 10. 1994 (BGBl. I S. 2978), BT-Drs. 12/7562, S. 50; Amtl. Begr. zu § 23 Abs. 1 Nr. 2 i. d. F. des Gesetzes zur Neuregelung der Vorschriften über den Bundesgrenzschutz (Bundesgrenzschutzneuregelungsgesetz – BGSNeuRegG) v. 19. 10. 1994 (BGBl. I S. 2978), BT-Drs. 12/7562, S. 53; Amtl. Begr. zu § 26 Abs. 1 Nr. 2 i. d. F. des Gesetzes zur Neuregelung der Vorschriften über den Bundesgrenzschutz (Bundesgrenzschutzneuregelungsgesetz – BGSNeuRegG) v. 19. 10. 1994 (BGBl. I S. 2978), BT-Drs. 12/7562, S. 54; Amtl. Begr. zu § 21 Abs. 2 Gesetz über das Bundeskriminalamt und die Zusammenarbeit des Bundes und der Länder in kriminalpolizeilichen Angelegenheiten (Bundeskriminalamtgesetz – BKAG) v. 7. 7. 1997 (BGBl. I S. 1650), BT-Drs. 13/1550, S. 34: „In Anlehnung an die § 9 Abs. 1 Nr. 3, § 17 Abs. 1 Nr. 5 und § 18 Abs. 1 Nr. 1 des Musterentwurfs gestattet die Vorschrift, polizeiliche Maßnahmen auch dann zu ergreifen, wenn keine konkrete Gefahr vorliegt. Dies ist wegen der besonderen Gefährdung der zu schützenden Personen sachlich geboten". Amtl. Begr. zu § 20b Abs. 2 BKAG i. d. F. des Gesetzes zur Abwehr von Gefahren des internationalen Terrorismus v. 25. 12. 2008 (BGBl. I S. 3083), BR-Drs. 404/08, S. 53.

PAG „anerkannt [ist], dass diese auch unterhalb der Schwelle einer klassischen konkreten Gefahr zur Anwendung gelangen können“[1044].

Die Rechtsprechung stellt die Tatbestände der „Tatsachen“ und „tatsächlichen Anhaltspunkte“ ebenfalls als gefahrenlose Befugnisse der konkreten Gefahr gegenüber.[1045] Gleichzeitig stünden die Regelungen auch konträr zu einer „bloß abstrakten Gefährlichkeit“[1046].

Die Maßstäbe der konkreten Gefahr und damit der klassischen Gefahrenabwehr gelten in Übereinstimmung mit der Gesetzesauslegung und der Überzeugung der Rechtsprechung nicht. Wenn die Gefahr nicht als Maßstab dienen kann, ist fraglich, wie die Wahrscheinlichkeit zu ermitteln ist.

(2) Orts- und objektbezogene Tatbestände

Die konkreten Maßstäbe der orts- und objektbezogenen Tatbestände sind zu ermitteln.

(a) Rechtsprechung

(aa) BVerfGE 120, 378 und BVerfGE 150, 244 – Automatisierte Kennzeichenerfassung

Eine ausführliche Befassung mit orts- und objektbezogenen Tatbeständen erfolgt im Rahmen der Rechtsprechung zur Befugnis zur automatisierten Kennzeichenerfassung. Eine erste Entscheidung vom 11.3.2008 begutachtet die Befugnis zur automatisierten Kennzeichenerfassung in den hessischen und schleswig-holsteinischen Sicherheits- beziehungsweise Verwaltungsgesetzen.[1047] Die betrachteten Landesgesetze verzichteten beide auf das Erfordernis der konkreten Gefahr, was das Gericht unter Verhältnismäßigkeitsgesichtspunkten monierte.[1048] Obwohl beide Regelungen nicht auf Dispositionstatbestände abstellen, sind sie wegen der Folgerechtsprechung von Bedeutung für eben diese.[1049]

[1044] Amtl. Begr. zu Art. 11 PAG i.d.F. des Gesetzes zur effektiveren Überwachung gefährlicher Personen v. 24.7.2017 (BayGVBl. S. 388), BayLT-Drs. 17/16299, S. 9; vgl. auch schon Abdr. der Begr. des VE ME PolG (1986) in *Kniesel/Vahle*, in: Clages, VE ME PolG, S. 53 f.

[1045] BVerfGE 150, 244 (282 f. Rn. 93 f.; 290 ff. Rn. 117 ff.), vgl. auch BVerwGE 141, 329 (335 Rn. 29).

[1046] BVerfGE 150, 244 (290 Rn. 119); in diesem Sinne auch *Meyer*, JZ 2017, 429 (433); a.A. wohl *Tomerius*, DVBl. 2017, 1399 (1402): „abstrakte ortstypische Gefahr“.

[1047] BVerfGE 120, 378 ff.

[1048] Begutachtet wurden § 14 Abs. 5 HSOG i.d.F. der Bekanntmachung vom 14.1.2005 (HessGVBl. I S. 14) und § 184 Abs. 5 LVwG S-H i.d.F. des Gesetzes zur Anpassung gefahrenabwehrrechtlicher und verwaltungsverfahrensrechtlicher Bestimmungen vom 13.4.2007 (S-H GVOBl. S. 234).

[1049] Lediglich die schleswig-holsteinische Norm zur Speicherung über die Speicherfrist von einem Monat hinaus nach § 184 Abs. 4 S. 3 Alt. 2, Abs. 5 i.V.m. § 179 LVwG S-H (S-H

Das Gericht stellt aufgrund der verschiedenen Einsatzmodi ein variables Gewicht bei Kennzeichenerfassungen fest.[1050] Die fehlende Verhältnismäßigkeit resultiere daraus, dass die Vorschriften sich als anlasslos und nicht zweckgebunden in Anbetracht der Weite der Anwendung darstellten.[1051] Die hessische Befugnis erlaubte eine automatisierte Erhebung der Daten von Kraftfahrzeugkennzeichen nach § 14 Abs. 5 HSOG (2005) „auf öffentlichen Straßen und Plätzen“. Die Vorschrift des § 184 Abs. 5 LVwG (2007), der die Informationserhebung an anderweitig gesetzlich geregelte „Kontrollen im öffentlichen Verkehrsraum“ anbindet und lediglich den „flächendeckenden Einsatz technischer Mittel“ verbietet, schließt anlasslose automatisierte Kennzeichenerfassungen nicht aus.[1052] In beiden Ländern werden daher die von der Verfassung nicht zugelassenen grundrechtseingreifenden Ermittlungen „ins Blaue hinein“[1053] ermöglicht. Aber das Gericht betrachtet auch, ob anstelle des Abstellens auf eine konkrete Gefahr eine Begrenzung auf „Eingriffe lediglich geringerer Intensität“[1054] durch stichprobenhafte Durchführung der Maßnahme oder „auf Situationen, […] in denen Umstände der konkreten Örtlichkeit – zum Beispiel das Fahren auf Straßen in Bereichen nahe der Bundesgrenze – oder dokumentierte Lageerkenntnisse über Kriminalitätsschwerpunkte einen Anknüpfungspunkt geben, der auf gesteigerte Risiken der Rechtsgutgefährdung oder -verletzung und zugleich auf eine hinreichende Wahrscheinlichkeit hinweist“[1055], erfolgen kann.

GVOBl. 2007, S. 234) stellt darauf ab, dass „Tatsachen dafür sprechen“, dass gewisse Straftaten begangen werden. Die Vorschrift wird aber nicht durch das Gericht erkenntnisbringend bewertet, vgl. BVerfGE 120, 378 (420 f.).

[1050] BVerfGE 120, 378 (403); zum einen spreche für ihre Intensität ihre Anlasslosigkeit und die Möglichkeit der Heimlichkeit sowie die Persönlichkeitsrelevanz durch die Möglichkeit zur Verknüpfung mit anderen Daten und von Folgemaßnahmen, vgl. BVerfGE 120, 378 (403 f.). Mildernd wirke sich aber die Durchführung in der Öffentlichkeit aus und die Engführung durch Abstellen auf einen prinzipiell bekannten Personenkreis mit bestimmten Verhaltensmerkmalen, vgl. BVerfGE 120, 378 (404). Eine Erhöhung erfährt die Intensität wiederum, wenn Informationen für weitere Zwecke genutzt werden sollen, insbesondere wenn über das Bewegungsverhalten und auch sonstiges Verhalten des Fahrers, aber auch der sonstigen Fahrzeuginsassen Rückschlüsse gezogen werden sollen, vgl. BVerfGE 120, 378 (405). Gleiches gelte, wenn durch die Möglichkeit des Einsatzes als Observationsmittel Bewegungsprofile erstellt werden können, vgl. BVerfGE 120, 378 (407).

[1051] Moniert wird, dass der Zweck des Abgleichs nicht ausreichend sei, da es lediglich um eine Beschreibung des Mittels handele; dies gelte insb. deshalb, weil die Daten auch zur Ausschreibung zur polizeilichen Beobachtung, also zur Erstellung von Bewegungsprofilen, verwendet werden könnten. Die betrachteten Normen seien für einen routinehaften und flächendeckenden Einsatz der Erfassungsgeräte zu unbestimmt, auch hinsichtlich der erhebbaren Informationen, vgl. BVerfGE 120, 378 (409 ff.). Außerdem sei bei der Anlassgebung nicht berücksichtigt, ob der Anlass entfallen ist, vgl. BVerfGE 120, 378 (431).

[1052] BVerfGE 120, 378 (430 f.).

[1053] BVerfGE 120, 378 (430).

[1054] BVerfGE 120, 378 (431).

[1055] BVerfGE 120, 378 (431).

Den von der konkreten Gefahr abgewandten Ansatz verfolgt das Gericht in seiner zweiten Entscheidung zur automatisierten Kennzeichenkontrolle vom 18.12. 2018.[1056] Betrachtet werden Art. 33 Abs. 2 S. 2 bis 5, Art. 13 Abs. 1 Nr. 1 bis 5 sowie Art. 38 Abs. 3 BayPAG in der Fassung der Bekanntmachung vom 14.9.1990 (BayGVBl S. 397), zuletzt geändert durch Verordnung zur Anpassung des Landesrechts an die geltende Geschäftsverteilung vom 22.7.2014 (BayGVBl S. 286), die in der Variante des Art. 13 Abs. 1 Nr. 2 a), 3 BayPAG an „tatsächliche Anhaltspunkte" und „Tatsachen, die die Annahme rechtfertigen", anknüpft.[1057] Die Eingriffsintensität wird wegen der Streubreite, der Vielzahl der Betroffenen, der

---

[1056] BVerfGE 150, 244 ff.; unter Aufgabe der Rspr. zu den „Nichttreffern" BVerfGE 150, 244 (Ls. 1), vgl. BVerfGE 120, 378 (399).

[1057] Vgl. Art. 33 Abs. 2 S. 2 (Besondere Mittel der Datenerhebung) BayPAG: „Darüber hinaus kann die Polizei unbeschadet des Art. 30 Abs. 3 Satz 2 durch den verdeckten Einsatz automatisierter Kennzeichenerkennungssysteme bei Vorliegen entsprechender Lageerkenntnisse in den Fällen des Art. 13 Abs. 1 Nrn. 1 bis 5 Kennzeichen von Kraftfahrzeugen sowie Ort, Datum, Uhrzeit und Fahrtrichtung erfassen. Zulässig ist der Abgleich der Kennzeichen mit polizeilichen Fahndungsbeständen, die erstellt wurden 1. über Kraftfahrzeuge oder Kennzeichen, die durch Straftaten oder sonst abhanden gekommen sind, 2. über Personen, die ausgeschrieben sind a) zur polizeilichen Beobachtung, gezielten Kontrolle oder verdeckten Registrierung, b) aus Gründen der Strafverfolgung, Strafvollstreckung, Auslieferung oder Überstellung, c) zum Zweck der Durchführung ausländerrechtlicher Maßnahmen, d) wegen gegen sie veranlasster polizeilicher Maßnahmen der Gefahrenabwehr. […] Die Kennzeichenerfassung darf nicht flächendeckend eingesetzt werden." Art. 38 Abs. 3 (Speicherung, Veränderung und Nutzung von Daten) BayPAG: „Die nach Art. 33 Abs. 2 Satz 2 erfassten Kennzeichen sind nach Durchführung des Datenabgleichs unverzüglich zu löschen. Soweit ein Kennzeichen in den abgeglichenen Fahndungsbeständen oder Dateien enthalten und seine Speicherung oder Nutzung im Einzelfall zur Abwehr einer Gefahr oder für Zwecke, zu denen die Fahndungsbestände erstellt oder die Dateien errichtet wurden, erforderlich ist, gelten abweichend hiervon Abs. 1 und 2 sowie die Vorschriften der Strafprozessordnung. Außer in den Fällen des Art. 33 Abs. 2 Satz 3 Nr. 2 Buchst. a dürfen Einzelerfassungen nicht zu einem Bewegungsbild verbunden werden." Art. 13 (Identitätsfeststellung und Prüfung von Berechtigungsscheinen) BayPAG: „(1) Die Polizei kann die Identität einer Person feststellen 1. zur Abwehr einer Gefahr, 2. wenn die Person sich an einem Ort aufhält, a) von dem auf Grund tatsächlicher Anhaltspunkte anzunehmen ist, dass dort aa) Personen Straftaten verabreden, vorbereiten oder verüben, bb) sich Personen ohne erforderliche Aufenthaltserlaubnis treffen, oder cc) sich Straftäter verbergen, oder b) an dem Personen der Prostitution nachgehen, 3. wenn sie sich in einer Verkehrs- oder Versorgungsanlage oder -einrichtung, einem öffentlichen Verkehrsmittel, Amtsgebäude oder einem anderen besonders gefährdeten Objekt oder in unmittelbarer Nähe hiervon aufhält und Tatsachen die Annahme rechtfertigen, dass in oder an Objekten dieser Art Straftaten begangen werden sollen, durch die in oder an diesen Objekten befindliche Personen oder diese Objekte selbst unmittelbar gefährdet sind, 4. an einer Kontrollstelle, die von der Polizei eingerichtet worden ist, um Straftaten im Sinn von § 100a der Strafprozessordnung (StPO) oder Art. 20 Abs. 1 Nrn. 1 und 3, Abs. 2 Nr. 5 oder Ordnungswidrigkeiten im Sinn von Art. 21 Abs. 1 Nrn. 8 und 9 des Bayerischen Versammlungsgesetzes (BayVersG) zu verhindern, 5. im Grenzgebiet bis zu einer Tiefe von 30 km sowie auf Durchgangsstraßen (Bundesautobahnen, Europastraßen und andere Straßen von erheblicher Bedeutung für den grenzüberschreitenden Verkehr) und in öffentlichen Einrichtungen des internationalen Verkehrs zur Verhütung oder Unterbindung der unerlaubten Überschreitung der Landesgrenze oder des unerlaubten Aufenthalts und zur Bekämpfung der grenzüberschreitenden Kriminalität".

Möglichkeit der Verdecktheit und der Anlasslosigkeit als erheblich eingestuft.[1058] Es wird indes nicht von einer „besonders hohe[n] Eingriffsintensität"[1059] ausgegangen.[1060]

Bei der Beschreibung der zu fordernden Schwelle geht das Gericht in der Entscheidung zur automatisierten Kennzeichenerfassung nach einem mehrstufigen Modell vor: zum einen könne eine Kontrolle „etwa auf das Bestehen einzelner Gefahren"[1061] abstellen. Eine zweite Variante sieht das Gericht dahingehend, dass der „Gesetzgeber […] aber auch unabhängig von einer konkreten Gefahr als rechtfertigende Anlässe schon Gefahrenlagen bestimmen [kann], die nur typisiert umschrieben sind"[1062]. Als dritte Variante führt es eine gefahrenunabhängige Ausgestaltung an, wenn „im Einzelfall oder typischerweise eine spezifisch gesteigerte Wahrscheinlichkeit besteht, gesuchte Personen oder Sachen aufzufinden"[1063]. Die gefahrenunabhängige Variante bedarf aber „jeweils eines die konkrete Kontrolle rechtfertigenden Grundes, der auf einer hinreichenden Tatsachenbasis beruht und dem staatlichen Handeln nachprüfbare Grenzen setzt"[1064]. Dann könne sogar das öffentliche Fahndungsinteresse mit der Konsequenz von Kontrollen gegen jedermann ausreichen.[1065] Für anlasslose Kontrollen legt das Gericht darüber hinaus, wie unter Prüfung der Schwelle des Risikos bereits erörtert,[1066] fest, dass ein gefährliches oder risikobehaftetes Tun oder die Beherrschung besonderer Gefahrenquellen im Raum stehen muss.[1067] Die Ausgangslage, die durch die Tatsachen beschrieben wird, entspricht nach Ansicht des Gerichts daher dem Umwelt- oder Wirtschaftsverwaltungsrecht.[1068] In seinen Leitsätzen fasst das Gericht dies folgendermaßen zusammen:

> „Polizeiliche Kontrollen zur gezielten Suche nach Personen oder Sachen setzen als Grundrechtseingriffe nach dem Grundsatz der Verhältnismäßigkeit grundsätzlich einen objektiv bestimmten und begrenzten Anlass voraus. Sie unterscheiden sich damit von

---

[1058] BVerfGE 150, 244 (283 Rn. 98).

[1059] BVerfGE 150, 244 (285 Rn. 101).

[1060] Keine besonders hohe Intensität sei dadurch anzunehmen, dass Kennzeichen ohnehin erkennbar, die Durchführung offen und in der Öffentlichkeit erfolge, nicht an persönliche Merkmale einer Person angeknüpft werde und viele Personen keine beeinträchtigenden Folgen ausgesetzt seien, insb. wenn eine Löschung erfolge, vgl. BVerfGE 150, 244 (283 Rn. 97, 101); krit. zum Eingriff, *Trute*, Die Verwaltung 53 (2020), 99 (110 ff.).

[1061] BVerfGE 150, 244 (281 Rn. 93).

[1062] BVerfGE 150, 244 (281 f. Rn. 93).

[1063] BVerfGE 150, 244 (282 Rn. 93).

[1064] BVerfGE 150, 244 (282 Rn. 93).

[1065] BVerfGE 150, 244 (282 Rn. 93 f.).

[1066] S. o. § 5 B. I. 2., S. 195 ff.

[1067] BVerfGE 150, 244 (282 Rn. 94).

[1068] BVerfGE 150, 244 (282 Rn. 94); s. o. § 5 B. I. 2., S. 195 ff.

Kontrollen, die an ein risikobehaftetes Tun oder die Beherrschung besonderer Gefahrenquellen anknüpfen und deshalb auch anlasslos gerechtfertigt sein können."[1069]

Bei der Betrachtung der Tatbestandsvarianten der automatisierten Kennzeichenkontrolle, welche auf die Befugnis zur Identitätsfeststellung und Prüfung von Berechtigungsscheinen Bezug nehmen, bewertet das Gericht jede Variante unter Berücksichtigung der vorangestellten Anforderungen einzeln.[1070] Anlasslos sei zumindest die Befugnis, welche auf die (nicht auf „Tatsachen" oder „tatsächliche Anhaltspunkte" abstellende) Schleierfahndung fuße.[1071] Sie sei als „nur final angeleitete[n] Maßnahme[n] [...] – so weit sie nicht an eine spezifische Verantwortlichkeit der Betroffenen anknüpft [...] – grundsätzlich mit verfassungsrechtlichen Anforderungen nicht vereinbar"[1072]. Die Rechtfertigung „unter besonderen Bedingungen"[1073] erlange die Befugnis durch den Ausgleich für den Wegfall der innereuropäischen Grenzkontrollen und durch „konsequenten Grenzbezug"[1074].[1075]

Die wohl nicht als anlasslos zu charakterisierende automatisierte Kennzeichenkontrolle an „gefährlichen Orten" sei indes grundsätzlich verfassungsgemäß. Dies rechtfertige sich „durch das Ziel, zur Sicherheit an diesen Orten beizutragen, und zu verhindern, dass sie zum schutzbietenden Ausgangspunkt für die Verübung von Straftaten werden".[1076] Es geht wie bereits beschrieben nach Ansicht des Bundesverfassungsgerichts nicht um abstrakte Situationen, sondern begrenzte Orte in Verbindung mit den in der Vorschrift genannten Personen.[1077] Dementsprechend ist in der Rechtsfolge auch eine Kontrolle nur an diesen Orten erlaubt.[1078] Insoweit ist das öffentliche Interesse an der Durchführung der Kontrollen in angemessenen Ausgleich zum Eingriff gebracht.[1079]

[1069] BVerfGE 150, 244 (Ls. 3).

[1070] Dem erheblichen Gewicht des Eingriffs durch die automatisierte Kennzeichenkontrolle werde durch den Tatbestand, der auf eine konkrete Gefahr abstellt nach Art. 33 Abs. 2 S. 2 bis 5, Art. 13 Abs. 1 Nr. 1 BayPAG, nicht ausreichend Rechnung getragen; hier müsse der Schutz der Rechtsordnung eingegrenzt werden, vgl. BVerfGE 150, 244 (285 Rn. 106). Bei der Kontrolle nach Art. 33 Abs. 2 Satz 2 bis 5, Art. 13 Abs. 1 Nr. 4 BayPAG, die auch auf eine konkrete Gefahr abstellt, sieht das Gericht den Rechtsgüterschutz gewahrt, vgl. BVerfGE 150, 244 (293 f. Rn. 130 ff.). Hier wird zudem auf Diagnoseseite die Notwendigkeit von belastbaren tatsächlichen Anhaltspunkten unterstrichen, vgl. BVerfGE 150, 244 (289 Rn. 114).

[1071] BVerfGE 150, 244 (297 Rn. 142).

[1072] BVerfGE 150, 244 (297 Rn. 142).

[1073] BVerfGE 150, 244 (297 Rn. 142).

[1074] BVerfGE 150, 244 (299 Rn. 147).

[1075] BVerfGE 150, 244 (297 f. Rn. 144); s. o. § 5 B. I. 4., S. 208 ff.

[1076] BVerfGE 150, 244 (290 Rn. 119).

[1077] BVerfGE 150, 244 (290 f. Rn. 120).

[1078] BVerfGE 150, 244 (291 Rn. 120).

[1079] BVerfGE 150, 244 (291 f. Rn. 122); die Schwelle sei auch für den eigenständigen Eingriff des Datenabgleichs heranzuziehen, vgl. BVerfGE 150, 244 (291 Rn. 121).

Die Befugnis, die zu Kraftfahrzeugkennzeichenkontrollen an „gefährdeten Orten“ ermächtigt, wird ebenfalls ohne vertiefende Ausführungen für verfassungsgemäß gehalten.[1080] Das Gericht fordert auf Diagnoseseite das Vorliegen von Lageerkenntnis, was aber der Gesetzgeber schon in Art. 33 Abs. 2 S. 2 BayPAG anordnet.[1081] Solche Orte seien Anlagen, „die auf Grund der aktuellen Gefährdungseinschätzung besonderen Schutzes bedürfen“[1082]. Die Vorschrift „zielt damit auf einen Schutz sowohl dieser Objekte selbst und ihrer Funktion für das öffentliche Leben sowie der in ihnen befindlichen Personen“.[1083]

(bb) BVerwGE 141, 329 – Offene Videoüberwachung

Ein weiteres Bild der Gefahrenvorsorge zeichnet das Bundesverwaltungsgericht in seiner Entscheidung vom 25.1.2012 über einen Unterlassungsanspruch hinsichtlich einer Maßnahme der offenen Videoüberwachung auf Basis des hamburgischen Gesetzes über die Datenverarbeitung der Polizei.[1084] Der auf „Tatsachen, die eine Annahme rechtfertigen“, abstellende § 8 Abs. 3 HmbPolDVG vom 16.6. 2005 (HmbGVBl S. 233)[1085] wird als anlasslose Maßnahme charakterisiert.[1086] Sie sei Teil der klassischen Gefahrenabwehr vorgelagerten Gefahrenvorsorge.[1087] Sie ist nach Ansicht des Bundesverwaltungsgerichts bestimmt und verhältnismäßig.[1088] Zwar stellt sie insbesondere für Menschen, die aus persönlichen oder beruflichen Gründen gezwungen sind, sich dieser Beobachtung häufig auszusetzen, einen erheblichen Grundrechtseingriff dar.[1089] Der Ausnahmecharakter der Vorschrift, die Offenheit und Betroffenheit der Öffentlichkeit milderten jedoch die Intensität.[1090] Eine Rechtfertigung des Eingriffs soll durch die örtliche Umgrenzung auf Schwer-

---

[1080] BVerfGE 150, 244 (292 Rn. 123).

[1081] BVerfGE 150, 244 (292 Rn. 124).

[1082] BVerfGE 150, 244 (292 Rn. 124).

[1083] BVerfGE 150, 244 (292 Rn. 124).

[1084] BVerwGE 141, 329 ff.

[1085] § 8 Abs. 3 HmbPolDVG i. d. F. des Gesetzes zur Erhöhung der öffentlichen Sicherheit in Hamburg v. 16.6.2005 (HmbGVBl S. 233): „(3) Die Polizei darf öffentlich zugängliche Orte mittels Bildübertragung und -aufzeichnung offen beobachten, soweit an diesen Orten wiederholt Straftaten begangen worden sind und Tatsachen die Annahme rechtfertigen, dass dort auch künftig mit der Begehung von Straftaten zu rechnen ist. Absatz 1 Sätze 2 bis 4 gilt entsprechend“.

[1086] BVerwGE 141, 329 (329 Rn. 16).

[1087] BVerwGE 141, 329 (335 ff. Rn. 28 ff.).

[1088] BVerwGE 141, 329 (334 Rn. 27); bestimmt und verhältnismäßig seien auch die über die grds. Frist von einem Monat hinausgehende Speicherung nach § 8 Abs. 1 S. 1 i. V. m. Abs. 3, Abs. 1 S. 3, 4 HmbPolDVG, die an Tatsachen, die die Annahme rechtfertigen, dass die Person künftig Straftaten begehen wird, und die Aufbewahrung zur vorbeugenden Bekämpfung von Straftaten mit erheblicher Bedeutung erforderlich ist, anknüpft, vgl. BVerwGE 141, 329 (346 Rn. 52).

[1089] BVerwGE 141, 329 (344 Rn. 47).

[1090] BVerwGE 141, 329 (344 Rn. 48).

punkte der Straßenkriminalität erfolgen.[1091] Die Angemessenheit folge durch den Schutz hochwertiger Rechtsgüter wie Leben und körperliche Unversehrtheit.[1092]

(b) Zwischenfazit

Die orts- und objektbezogenen Tatbestände, die meist in Kombination mit einer Annahme einer Straftatenbegehung vorkommen, sind früh in die Polizeigesetze eingezogen.[1093] Ihre Maßstäbe werden durch die Gesetzgebung und Rechtsprechung fortlaufend konkretisiert. Nachdem das Bundesverfassungsgericht zunächst wohl zu Anforderungen der klassischen Gefahrenabwehr tendierte,[1094] forderte es jüngst die hinreichende Wahrscheinlichkeit des Schadens nicht ausdrücklich.[1095] Es geht von einer gewissen Typisierung aus.[1096]

Die Verbindung der Betrachtung eines Einzelfalls anhand typisierter Merkmale wird auch durch das Musterpolizeigesetz von 1977 und das BKAG bestätigt. Die orts- und objektbezogene Identitätsfeststellung nach § 17 Abs. 1 Nr. 2 ME PolG (1977) erfordert nach der Begründung, dass sich „Vorgänge erfahrungsgemäß zu ereignen pflegen"[1097]. Für die orts- und objektbezogene Identitätsfeststellung nach § 20d Abs. 1 Nr. 2 BKAG (2008) würden „Orte erfasst, die nach polizeilichen Erkenntnissen typischerweise von potentiellen Tätern besucht werden"[1098]. Eine abschließende Definition des Prognosemaßstabs unterbleibt.

Problematisch gestaltet sich ferner, dass mit steigender Intensität eine Abgrenzung dieser Tatbestände zur Anlasslosigkeit im Sinne der Rechtsprechung durchzuführen ist.[1099] Sie ist gegeben, sobald keine zielgerichtete Verbindung zwischen dem Raum und der Maßnahme besteht beziehungsweise dieser Raum zu weit ge-

---

[1091] BVerwGE 141, 329 (342 Rn. 41).

[1092] BVerwGE 141, 329 (344 Rn. 47).

[1093] Vgl. z. B. Art. 23 Abs. 1 BayPAG (1954).

[1094] Statt einer konkreten Gefahr soll eine Eingriffsbegrenzung über die Beschreibung der Örtlichkeit oder dokumentierte Lageerkenntnisse, die „auf eine hinreichende Wahrscheinlichkeit hinweis[en]", erfolgen, vgl. BVerfGE 120, 378 (431). Fraglich bleibt, ob der Hinweis auf die hinreichende Wahrscheinlichkeit dasselbe ist, wie das Vorliegen einer hinreichenden Wahrscheinlichkeit.

[1095] BVerfGE 150, 244 (282 f. Rn. 93 f.; 290 ff. Rn. 117 ff.).

[1096] BVerfGE 150, 244 (282 Rn. 93).

[1097] Abdr. der Begr. zu § 17 Abs. 1 Nr. 2 ME PolG (1977) in *Heise/Riegel*, Musterentwurf eines einheitlichen Polizeigesetzes, S. 47.

[1098] Amtl. Begr. zu § 20d Abs. 1 Nr. 2 BKAG i. d. F. des Gesetzes zur Abwehr von Gefahren des internationalen Terrorismus v. 25. 12. 2008 (BGBl. I S. 3083), BR-Drs. 404/08, S. 56.

[1099] BVerfGE 120, 378 (430 f.); 150, 244 (281 ff. Rn. 93 ff.); BVerwGE 141, 329 (329 Rn. 16); Kießling weist zurecht darauf hin, dass der Begriff der „Anlasslosigkeit" irreführend gebraucht wird, da hierzu auch orts-/objektbezogene Tatbestände generell gezählt werden, die aber durch den Bezug auf gefährliche oder gefährdete Orte einen Anlass voraussetzen, *Kießling*, VerwArch 108 (2017), 282 (284); vgl. auch *Trute*, Die Verwaltung 53 (2020), 99 (112 ff.).

fasst wird.[1100] Die orts- und objektbezogenen Tatbestände werden nach Ansicht des Gesetzgebers, der Rechtsprechung und der Literatur unterteilt in gefährliche Orte, wobei die hieran anknüpfenden Maßnahme „gegenüber dem an solchen Orten verkehrenden Personenkreis in erster Linie abschreckend wirken"[1101] soll, und gefährdete Orten, „die auf Grund der aktuellen Gefährdungseinschätzung besonderen Schutzes bedürfen"[1102].[1103] Die Rechtsprechung des Bundesverfassungsgerichts fordert eine genaue Beschreibung der gefährlichen Orte im Sinne von strukturellen Kriminalitätsschwerpunkten beziehungsweise der gefährdeten Objekte.[1104] Bäcker konkretisiert dies, indem er fordert, dass ein solcher Dispositionstatbestand die Beziehung als Tatmittel, Tatgegenstand oder Tatort enthalten muss.[1105] Das zu beschreibende Objekt müsse sich aus der Masse vergleichbarer Objekte erkennbar abheben.[1106] Eine überdurchschnittliche Wahrscheinlichkeit der Straftatenbegehung müsse aus der Norm zu lesen sein.[1107]

Zwei Maßnahmen betitelt die Rechtsprechung als anlasslos: die Schleierfahndung nach dem bayerischen Recht und die Videoüberwachung in der betrachteten Ausgestaltung des HmbPolDVG. Für die Schleierfahndung übernimmt die Literatur diese Ansicht.[1108] Die Schleierfahndung als lediglich final angeleitete Maßnahme bedarf somit einer besonderen Rechtfertigung, die es nach Ansicht der Rechtsprechung im Wegfallen der Grenzkontrollen im Wege des Schengener Grenzabkommens findet.[1109] Die Literatur zweifelt indes auch nach weiteren Korrekturen an der

---

[1100] BVerfGE 120, 378 (430 f.).

[1101] Amtl. Begr. zu Art. 33 Abs. 2 S. 2, 3 BayPAG i. d. F. des Gesetzes zur Änderung des Polizeiaufgabengesetzes und des Parlamentarischen Kontrollgremium-Gesetzes v. 24. 12. 2005 (BayGVBl. S. 641), BayLT-Drs. 15/2096, S. 16.

[1102] Amtl. Begr. zu Art. 33 Abs. 2 S. 2, 3 BayPAG i. d. F. des Gesetzes zur Änderung des Polizeiaufgabengesetzes und des Parlamentarischen Kontrollgremium-Gesetzes v. 24. 12. 2005 (BayGVBl. S. 641), BayLT-Drs. 15/2096, S. 16; fast wortgleich auch BVerfGE 150, 244 (292 Rn. 124).

[1103] Zur Terminologie s. den Abdr. der Begr. zu § 8a Abs. 3 S. 1 Nr. 2, 3 VE MEPolG (1986) in *Kniesel/Vahle*, in: Clages, VE MEPolG (1986), S. 53; Amtl. Begr. zu Art. 33 Abs. 2 S. 2, 3 BayPAG i. d. F. des Gesetzes zur Änderung des Polizeiaufgabengesetzes und des Parlamentarischen Kontrollgremium-Gesetzes v. 24. 12. 2005 (BayGVBl. S. 641), BayLT-Drs. 15/2096, S. 16 sowie aus der Rspr. BVerfGE 150, 244 (290 Rn. 120, 292 Rn. 123) und aus der Lit. u. a. *Gusy*, in: ders./Eichenhofer, Polizei- und Ordnungsrecht, Rn. 127; *Tomerius*, DVBl. 2017, 1399 (1400).

[1104] Zu den Kriminalitätsschwerpunkten, vgl. BVerfGE 120, 378 (431); 150, 244 (290 Rn. 119, 292 Rn. 124).

[1105] *Bäcker*, Kriminalpräventionsrecht, S. 229; vgl. auch zur ausf. Beschreibung bei Dispositionsurteilen, *Trute*, in: GS Jeand'Heur, S. 403 (409 f.).

[1106] *Bäcker*, Kriminalpräventionsrecht, S. 229; vgl. auch *Trute*, in: GS Jeand'Heur, S. 403 (409 f.).

[1107] *Bäcker*, Kriminalpräventionsrecht, S. 229.

[1108] *Bäcker*, Kriminalpräventionsrecht, S. 439; *Kral*, Die polizeilichen Vorfeldbefugnisse als Herausforderung für Dogmatik und Gesetzgebung des Polizeirechts, S. 126.

[1109] BVerfGE 150, 244 (297 Rn. 142).

Ausgestaltung der Befugnisse.[1110] Bei der vom Bundesverwaltungsgericht betrachteten Ausgestaltung der Videoüberwachung ist zunächst davon auszugehen, dass diese mangels Lagebeschreibung anlasslos ist. Sie wird aber durch die einengende Auslegung hinsichtlich der Anwendung auf Kriminalitätsschwerpunkte zu einem anlassbezogenen Dispositionsurteil.[1111] Somit ähnelt die Rechtfertigung dieser der Tatbestände, welche auf „gefährliche Orte" abstellen und anlassbezogen sind.

Teile des Schrifttums weisen indes daraufhin, dass auch wenn die Grenze zur Anlasslosigkeit vielfach nicht überschritten wird, es dennoch genauer Regelungen bedarf und nicht lediglich mit einer einengenden Auslegung zu arbeiten sei.[1112] Das Konstrukt der gefährlichen Orte sei der Gefahr einer „selbsterfüllenden Prophezeiung"[1113] ausgesetzt und biete in der Einzelfallanwendung zudem erhebliches Missbrauchs- und Diskriminierungspotenzial.[1114] Dies könne nicht durch eine Anwendung auf Maßnahmen geringer Intensität abgetan werden. Die Intensität steige zum Beispiel durch Anwendung der orts- und objektbezogenen Tatbeständen auf Folgemaßnahmen.[1115] Außerdem sei die Anlassunabhängigkeit selbst ein intensitätssteigender Faktor.[1116]

In der Rechtsprechung zum Einsatz automatisierter Kennzeichenerfassungssysteme nach dem BayPAG, zeigt das Bundesverfassungsgericht aber, dass, sofern die Anforderungen an die tatbestandliche Ausgestaltung gewahrt sind, die orts- und objektbezogenen Tatbestände für nicht erhebliche Grundrechtseingriffe beziehungsweise Eingriffe geringerer Intensität zur Anwendung gelangen dürfen.[1117]

Im Ergebnis füllen die orts- und objektbezogenen Dispositionstatbestände spiegelbildlich die Lücke, welche bei nicht intensiven Eingriffen zur Gefahrenvorsorge entsteht, weil sie von der konkreten Gefahr nach herrschender Meinung in Literatur und Rechtsprechung gerade in orts-, aber auch objektbezogenen Entscheidungen nicht abgedeckt wird.[1118]

[1110] *Bäcker*, Kriminalpräventionsrecht, S. 450.

[1111] *Bäcker*, Kriminalpräventionsrecht, S. 426.

[1112] *Bäcker*, Kriminalpräventionsrecht, S. 429 f.; krit. auch *Trute*, Die Verwaltung 53 (2020), 99 (112 f.).

[1113] *Tomerius*, DVBl. 2017, 1399 (1401).

[1114] *Tomerius*, DVBl. 2017, 1399 (1401, 1405 f.); *dies.*, DVBl. 2019, 1581 (1586 ff.).

[1115] Vgl. Art. 13 Abs. 2 S. 3, Art. 14 Abs. 6, Art. 15 Abs. 3 Nr. 2, Art. 21 Abs. 1 Nr. 1, 4, 5, Art. 22 Abs. 1 Nr. 1, 2, 3, 5, Art. 33 Abs. 1 Nr. 1, Abs. 2 Nr. 2, 3, Abs. 3 BayPAG.

[1116] Vgl. *Aden/Fährmann*, ZRP 2019, 175 (176); vgl. dazu oben § 5 A. I. 2. b) aa) (4), S. 139 ff.

[1117] BVerfGE 150, 244 (285 Rn. 101); 120, 378 (431); BVerwGE 141, 329 (344 Rn. 48).

[1118] S. o. unter § 5 B. I. 1. b) cc) (2), S. 187 ff.

(3) Personen- und verhaltensbezogene Tatbestände

Die Rechtsprechung des Bundesverfassungsgerichts lässt in Bezug auf die personenbezogenen Tatbestände eine eindeutige Kategorisierung und Systembildung grundsätzlich vermissen. Sie entschlüsselt die Maßstäbe teilweise, betont aber gleichzeitig die Schwierigkeiten im Umgang mit diesem Dispositionstatbestand.

(a) Rechtsprechung

(aa) BVerfGE 100, 313 – Telekommunikationsüberwachung I

Die verfassungsgerichtliche Betrachtung der bereits erwähnten Schwelle der Übermittlungsbefugnis in §§ 3 Abs. 3, 5 G 10 i.d.F. des Begleitgesetzes zum Telekommunikationsgesetz vom 17.12.1997 (BGBl. I S. 3108) bringt erste Erkenntnisse zur Ausgestaltung der Tatsachengrenze. Bei der wegen des Zusammenspiels von Behörden mit unterschiedlichen Befugnissen durch das Gericht als intensiv eingestuften Maßnahme ist neben den bereits erwähnten Bedenken an der Ausgestaltung durch das Abstellen auf „tatsächliche Anhaltspunkte" die Angemessenheit problematisch.[1119] Das Bundesverfassungsgericht erinnert unter Anwendung der Je-Desto-Formel daran, dass bei beträchtlicher Ausweitung des Katalogs der in Bezug genommenen Schutzgüter und Einbeziehung von Handlungen, die einen relativ geringen Gefährdungsgrad hinsichtlich der zu verhütenden Erfolge besitzen, die Übermittlungsschwelle hoch angesetzt sein muss.[1120] Für die betrachtete Schwelle beanstandet es eine fehlende Begrenzung im Zusammenspiel des Straftatenkatalogs, des Diagnoseelements und der zeitlichen Erstreckung der Rechtsgutgefährdung.[1121] Konkret hält es den herangezogenen Straftatenkatalog für zu heterogen durch Einbeziehung von Verbrechen und Vergehen sowie von Tatbeständen unterschiedlichen Gewichts hinsichtlich der in Bezug genommenen Rechtsgüter.[1122] Hinzu komme, dass das Planungsstadium von Straftaten mit einbezogen werde.[1123] Dadurch rücke die Beurteilung der Rechtsgutsverletzung zu weit ins Vorfeld mit der Folge einer Herabsetzung des Wahrscheinlichkeitsgrades und der Prognosesicherheit.[1124]

[1119] BVerfGE 100, 313 (391 ff.); die Intensität resultiere daraus, dass hier eine Ermächtigung zu verdachtslosen Eingriffen mit hoher Streubreite vorliege, die andere Behörden teils nicht haben, vgl. BVerfGE 100, 313 (392 ff.). Für das Merkmal der „tatsächlichen Anhaltpunkte" führt das Gericht aus: „Überdies kann das Tatbestandsmerkmal ‚tatsächlicher Anhaltspunkt' den verfassungsrechtlichen Anforderungen im Ansatz nur genügen, wenn eine einengende Auslegung sicherstellt, daß nicht im wesentlichen Vermutungen, sondern konkrete und in gewissem Umfang verdichtete Umstände als Tatsachenbasis für den Verdacht vorliegen" BVerfGE 100, 313 (395).

[1120] BVerfGE 100, 313 (392 f.).

[1121] BVerfGE 100, 313 (393).

[1122] BVerfGE 100, 313 (393, 395).

[1123] BVerfGE 100, 313 (394, 395).

[1124] BVerfGE 100, 313 (395).

So erklärt das Bundesverfassungsgericht die Vorschrift wegen des Straftatenkatalogs, des Planungsstadiums und der offenen Formulierung der „tatsächlichen Anhaltspunkte“ mit der Verfassung für unvereinbar.[1125] Eine verfassungskonforme Auslegung scheitere an Bestimmtheitsanforderungen.[1126]

(bb) BVerfGE 110, 33 – Zollkriminalamt

Ähnliche Probleme treten in der Betrachtung der Befugnisse des Zollkriminalamtes durch das Bundesverfassungsgericht in der Entscheidung vom 3.3.2004 auf.[1127] In Rede steht die Befugnis, Sendungen, die dem Brief-, Post- oder Fernmeldegeheimnis unterliegen, zu öffnen und einzusehen sowie die Telekommunikation zu überwachen und aufzuzeichnen, sowie die Befugnis öffentlicher Stellen, die dabei erlangten personenbezogenen Daten zu verarbeiten, vgl. §§ 39 Abs. 2 S. 1 Nr. 1, 3, S. 2 AWG und § 40 Abs. 2 AWG (1992).[1128]

Mängel der Bestimmtheit werden für die als intensiv eingestufte Maßnahme aufgrund des Zusammenwirkens verschiedener Tatbestandsmerkmale sowie einer großen Zahl von Verweisungen auf andere Normen gesehen.[1129] Wieder wird das

[1125] BVerfGE 100, 313 (392 ff.).

[1126] BVerfGE 100, 313 (396).

[1127] BVerfGE 110, 33 ff.

[1128] § 39 Abs. 1, 2 AWG i. d. F. des Gesetzes zur Änderung des Außenwirtschaftsgesetzes, des Strafgesetzbuches und anderer Gesetze v. 28. 2. 1992 (BGBl. I S. 372): „(1) Zur Verhütung von Straftaten nach dem Außenwirtschaftsgesetz oder dem Kriegswaffenkontrollgesetz ist das Zollkriminalinstitut berechtigt, dem Brief-, Post- oder Fernmeldegeheimnis unterliegende Sendungen zu öffnen und einzusehen sowie den Fernmeldeverkehr zu überwachen und aufzuzeichnen. Das Grundrecht des Brief-, Post- und Fernmeldegeheimnisses (Artikel 10 des Grundgesetzes) wird insoweit eingeschränkt. (2) Beschränkungen nach Absatz 1 dürfen nur angeordnet werden gegenüber 1. Personen, bei denen Tatsachen die Annahme rechtfertigen, dass sie Straftaten von erheblicher Bedeutung nach § 34 Abs. 1 bis 6, auch in Verbindung mit § 35, dieses Gesetzes oder § 19 Abs. 1 bis 3, § 20 Abs. 1 und 2, jeweils auch in Verbindung mit § 21, oder § 22a Abs. 1 Nr. 4, 5 und 7 des Gesetzes über die Kontrolle von Kriegswaffen planen, 2. einer natürlichen oder juristischen Person oder einer Personenvereinigung, wenn eine der in Nummer 1 bezeichneten Personen für sie tätig ist und eine Maßnahme nach Nummer 1 nicht ausreicht, oder 3. anderen Personen, von denen auf Grund bestimmter Tatsachen anzunehmen ist, dass sie für eine in Nummer 1 bezeichnete Person bestimmte oder von ihr herrührende Mitteilungen entgegennehmen oder weitergeben oder dass eine solche Person ihren Anschluss benutzt. Die Maßnahme nach Nummer 2 darf nur angeordnet werden, soweit tatsächliche Anhaltspunkte die Annahme rechtfertigen, dass die Person an dem Postverkehr der natürlichen oder juristischen Person oder Personenvereinigung teilnimmt oder deren Fernmeldeanschluss benutzt.“ § 40 Abs. 2 AWG (1992): „(2) Die Anordnung ergeht durch das Landgericht, bei Gefahr im Verzug durch den Bundesminister der Finanzen. Die Anordnung des Bundesministers der Finanzen tritt außer Kraft, wenn sie nicht binnen drei Tagen von dem Landgericht bestätigt wird“.

[1129] BVerfGE 110, 33 (57); zur Intensität s. BVerfGE 110, 33 (53): „Durch die Kenntnisnahme des Inhalts von Briefen und das Abhören von Telefongesprächen wird auf intensive Weise in das Grundrecht eingegriffen. Die Schwere des Eingriffs wird auch dadurch geprägt, dass der Betroffene wegen der gebotenen Heimlichkeit nicht an dem Anordnungsverfahren beteiligt ist“.

Merkmal des Planens der Straftaten als klärungsbedürftig angesehen und die Kritik daran vertieft.[1130] Schwierig gestalte sich, dass „schwerpunktmäßig eine Prognose künftiger Entwicklungen, die sich in wesentlichen Teilen noch in der Vorstellungswelt des potentiellen Straftäters abspielen“[1131], angestellt würde. Mit der Bezugnahme auf Straftatenkatalogen ergebe sich das Problem, dass „Sachverhaltsfeststellung und Prognose [...] mit vorgreiflichen Einschätzungen über das weitere Geschehen, aber auch über die erst noch bevorstehende strafrechtliche Relevanz der festgestellten Tatsachen verkoppelt“[1132] sind.

> „Das Amt befindet sich vor der Schwierigkeit, entweder Wichtiges zu übersehen und damit seine Aufgabe zu verfehlen oder Überwachungsmaßnahmen auf Indizien zu stützen, die eventuell zu schwach sind, den schweren Grundrechtseingriff zu rechtfertigen.“[1133]

Diese aus dem Straftatenbezug und dem Merkmal des Planens resultierende Schwierigkeit ließe sich auch nicht durch Hinweis auf die Je-Desto-Formel beseitigen.[1134]

Problematisch gestalte sich dabei die Regelungstechnik, welche mit Verweisungen und Weiterverweisungen auf Strafrechtsnormen arbeitet.[1135] Das Gericht stellt fest, dass dieser Verweisungstechnik eine große Streubreite zukommt, da die unterschiedlichen Tatbestandselemente zum Teil in unterschiedlichen Zusammenhängen einsetzbar seien.[1136] In Kombination damit, dass noch nicht vollendete Straftaten gemeint seien, liege das Fehlerrisiko zu hoch.[1137] Hinzu komme die Heterogenität durch Abstellen auf Ordnungswidrigkeitstatbestände.[1138] Zwar werde durch die Norm auf Straftaten mit erheblicher Bedeutung abgestellt. Dies könne aber die Unbestimmtheit des in Bezug genommenen Straftatenkatalogs nicht auffangen.[1139] Die Mängel führten auch unter Berücksichtigung der Verfahrenskompensation zur Unbestimmtheit der Norm und so zur Unvereinbarkeit mit dem Grundgesetz.[1140]

[1130] BVerfGE 110, 33 (58).

[1131] BVerfGE 110, 33 (58).

[1132] BVerfGE 110, 33 (59).

[1133] BVerfGE 110, 33 (59 f.).

[1134] BVerfGE 110, 33 (61).

[1135] BVerfGE 110, 33 (61).

[1136] BVerfGE 110, 33 (61).

[1137] BVerfGE 110, 33 (61 f.).

[1138] BVerfGE 110, 33 (63).

[1139] BVerfGE 110, 33 (65) m. w. N.

[1140] BVerfGE 110, 33 (68, 76). „Soweit die Vorgaben bezüglich des zu schützenden Rechtsguts und der Art und Schwere seiner Gefährdung in § 39 Abs. 1 und 2 AWG nicht bestimmt genug sind, fehlen auch Bezugspunkte für die Beurteilung der Eignung, Erforderlichkeit und Angemessenheit der Ermächtigung. Eine Klärung, ob die Norm den weiteren verfassungsrechtlichen Anforderungen des Verhältnismäßigkeitsgrundsatzes genügt, kann jedoch angesichts der sonstigen Mängel unterbleiben“, BVerfGE 110, 33 (68).

(cc) BVerfGE 113, 348 – Vorbeugende Telekommunikationsüberwachung

Betrifft die Telekommunikationsüberwachungsentscheidung I noch die nachrichtendienstlichen Bereich und die Zollkriminalamts-Entscheidung einen Spezialbereich der Gefahrenabwehr, ist die Entscheidung des Bundesverfassungsgerichts vom 27.7.2005 zu den Telekommunikationsüberwachungsnormen des NdsSOG als erste maßgebliche verfassungsgerichtliche Weichenstellung für die Gefahrenvorsorge durch Dispositionsurteile im Polizeirecht anzusehen.[1141] Die Verfassungsbeschwerde richtet sich unmittelbar gegen § 33a Abs. 1 Nr. 2 und Nr. 3 NdsSOG (2003) und damit gegen die Ermächtigung der Polizei, personenbezogene Daten durch Überwachung und Aufzeichnung der Telekommunikation zur Vorsorge für die Verfolgung oder zur Verhütung einer Straftat von erheblicher Bedeutung zu erheben.[1142] Als Ermächtigung im „Vorfeld der Gefahrenabwehr"[1143] rekurriert die Ermächtigungsgrundlage darauf, dass Tatsachen die Annahme rechtfertigen, dass die Personen Straftaten von erheblicher Bedeutung begehen werden. Es handele sich bei der Maßnahme um einen durch Streubreite, Persönlichkeitsbezug sowie Vertiefung durch Folgeverwertung als intensiv zu bewertenden Eingriff.[1144]

Zunächst wird die Bestimmtheit als problematisch angesehen.[1145] Die Regelungen verlangten „keinen konkreten, in der Entwicklung begriffenen Vorgang oder dessen Planung [...], aber auch keine konkreten Vorbereitungshandlungen, wie sie etwa in § 23a Abs. 2 und 3 des Zollfahndungsdienstgesetzes (ZFdG) in der Fassung des Gesetzes zur Neuregelung der präventiven Telekommunikations- und Postüberwachung durch das Zollkriminalamt und zur Änderung der Investitionszulagengesetze 2005 und 1999 vom 21. Dezember 2004 (BGBl. I S. 3603) umschrieben sind"[1146]. Daraus schließt das Bundesverfassungsgericht, dass die „nicht näher konkretisierte Möglichkeit, dass jemand irgendwann in Zukunft Straftaten von erheblicher Bedeutung begehen wird"[1147], ausreiche.

[1141] BVerfGE 113, 348 ff.

[1142] § 33a Abs. 1 Nr. 2 und Nr. 3 NdsSOG i.d.F. des Gesetzes zur Änderung des Niedersächsischen Gefahrenabwehrgesetzes vom 11.12.2003 (NdsGVBl. S. 414), i.d.F. der Bekanntmachung vom 19.1.2005 (NdsGVBl. S. 9): „(1) Die Polizei kann personenbezogene Daten durch Überwachung und Aufzeichnung der Telekommunikation erheben [...] 2. über Personen, bei denen Tatsachen die Annahme rechtfertigen, dass sie Straftaten von erheblicher Bedeutung begehen werden, wenn die Vorsorge für die Verfolgung oder die Verhütung dieser Straftaten auf andere Weise nicht möglich erscheint, sowie 3. über Kontakt- und Begleitpersonen der in Nummer 2 genannten Personen, wenn dies zur Vorsorge für die Verfolgung oder zur Verhütung einer Straftat nach Nummer 2 unerlässlich ist."

[1143] BVerfGE 113, 348 (358, 377).

[1144] BVerfGE 113, 348 (382 ff.).

[1145] BVerfGE 113, 348 (378 ff.).

[1146] BVerfGE 113, 348 (378).

[1147] BVerfGE 113, 348 (378).

Die Bezugnahme auf Straftatbestände wird moniert.[1148] Es seien zu viele Anknüpfungspunkte für die Strafbarkeit vorhanden, und es fehlten tatsächliche Indikatoren oder die Begrenzung des Grades der Wahrscheinlichkeit.[1149] Das Risiko der Fehlprognose stamme maßgeblich aus der Bezugnahme auf „Straftaten von erheblicher Bedeutung". Eine Formulierung, die für sich genommen zu unbestimmt sei.[1150] Hier erfolge keine genaue Beschreibung des notwendigen Verhaltens des Adressaten.[1151] Moniert wird auch der heterogen zusammengesetzte Straftatenkatalog, der auch Vergehen mit einbezieht.[1152] Die fehlende Beschreibung der Voraussetzungen führe zu Verwerfungen in der Verhältnismäßigkeit durch fehlende Anknüpfungspunkte für das Schutzgut.[1153] Ohne Anknüpfen an Handlungsbeschreibungen wie die der „Planung" oder „Vorbereitungshandlungen" „steigen die Anforderungen an das Gewicht des Schutzguts und die Gefährlichkeit der erwarteten Verletzungshandlung weiter"[1154]. Die Forderung nach überragend wichtigen Allgemeinwohlbelangen in Anbetracht der offenen Umsetzung konfligiere in der konkreten Ausgestaltung mit der Bezugnahme auf Vergehen, aber auch der ansonsten unpassend erscheinenden Auswahl der Straftaten.[1155]

Eine einengende Auslegung scheitert.[1156] Das Gericht legt die personenbezogenen Dispositionstatbestände als Schwelle des Vorfelds der Gefahrenabwehr fest.[1157] Es sieht bei dieser aber noch derart starken Handlungsbedarf wegen Bestimmtheits- und Verhältnismäßigkeitsmängeln, die weder durch die kompensatorischen Maßnahmen wie den Richtervorbehalt ausgeglichen werden können und zusätzlich im Kernbereichsschutz versagen,[1158] dass es die Schwelle in der konkreten Ausgestaltung nicht ausreichen lässt und für nichtig erklärt.[1159] Insbesondere fehlten der Ermächtigung „Einengungen hinsichtlich der Anhaltspunkte für die Begehung zukünftiger Straftaten, für die Intensität der Gefährdung oder für den Grad der Wahrscheinlichkeit eines auf eine Straftat hindeutenden Ablaufs"[1160].

[1148] BVerfGE 113, 348 (378 f.).
[1149] BVerfGE 113, 348 (379).
[1150] BVerfGE 113, 348 (379).
[1151] BVerfGE 113, 348 (379).
[1152] BVerfGE 113, 348 (379).
[1153] BVerfGE 113, 348 (385 f.).
[1154] BVerfGE 113, 348 (386 f.).
[1155] BVerfGE 113, 348 (386 f.).
[1156] BVerfGE 113, 348 (388).
[1157] BVerfGE 113, 348 (377).
[1158] BVerfGE 113, 348 (389 f.).
[1159] BVerfGE 113, 348 (392).
[1160] BVerfGE 113, 348 (389 f.).

(dd) BVerfGE 120, 274 – Online-Durchsuchungen

Richtungsweisend für die personen- und verhaltensbezogenen Tatbestände ist sodann die Entscheidung des Bundesverfassungsgerichts vom 27.2.2008 zur Datenerhebung aus informationstechnischen Systemen, insbesondere durch heimlichen Zugriff auf informationstechnische Systeme nach § 5 Abs. 2 Nr. 11 S. 1 Alt. 2 i.V.m. § 7 Abs. 1 und § 3 Abs. 1 S. 1 des Gesetzes über den Verfassungsschutz in Nordrhein-Westfalen i.d.F. des Gesetzes vom 20.12.2006 (GV. NRW, S. 620).[1161] Wie auch beim Urteil zur Telekommunikationsüberwachung nach dem G 10 han-

[1161] § 5 (Befugnisse) VSG NRW i.d.F des Gesetzes zur Änderung des Gesetzes über den Verfassungsschutz in Nordrhein-Westfalen (Verfassungsschutzgesetz Nordrhein-Westfalen – VSG NRW) v. 20.12.2006 (GV. NRW S. 620): „(2) Die Verfassungsschutzbehörde darf nach Maßgabe des § 7 zur Informationsbeschaffung als nachrichtendienstliche Mittel die folgenden Maßnahmen anwenden: [...] 11. heimliches Beobachten und sonstiges Aufklären des Internets, wie insbesondere die verdeckte Teilnahme an seinen Kommunikationseinrichtungen bzw. die Suche nach ihnen, sowie der heimliche Zugriff auf informationstechnische Systeme auch mit Einsatz technischer Mittel. Soweit solche Maßnahmen einen Eingriff in das Brief-, Post- und Fernmeldegeheimnis darstellen bzw. in Art und Schwere diesem gleichkommen, ist dieser nur unter den Voraussetzungen des Gesetzes zu Artikel 10 Grundgesetz zulässig“. § 7 (Besondere Formen der Datenerhebung) VSG NRW (2006): „(1) Die Verfassungsschutzbehörde darf zur Erfüllung ihrer Aufgaben Informationen, insbesondere personenbezogene Daten, durch Befragung von nichtöffentlichen Stellen und mit den Mitteln gemäß § 5 Abs. 2 erheben, wenn Tatsachen die Annahme rechtfertigen, dass 1. auf diese Weise Erkenntnisse über Bestrebungen oder Tätigkeiten nach § 3 Abs. 1 oder die zur Erlangung solcher Erkenntnisse erforderlichen Quellen gewonnen werden können oder 2. dies zum Schutz der Mitarbeiter, Einrichtungen, Gegenstände und Quellen der Verfassungsschutzbehörde gegen sicherheitsgefährdende oder geheimdienstliche Tätigkeiten erforderlich ist“.§ 3 (Aufgaben) VSG NRW (2006): „(1) Aufgabe der Verfassungsschutzbehörde ist die Sammlung und Auswertung von Informationen, insbesondere von sach- und personenbezogenen Auskünften, Nachrichten und Unterlagen über 1. Bestrebungen, die gegen die freiheitliche demokratische Grundordnung, den Bestand oder die Sicherheit des Bundes oder eines Landes gerichtet sind oder eine ungesetzliche Beeinträchtigung der Amtsführung der Verfassungsorgane des Bundes oder eines Landes oder ihrer Mitglieder zum Ziel haben, 2. sicherheitsgefährdende oder geheimdienstliche Tätigkeiten für eine fremde Macht, 3. Bestrebungen, die durch Anwendung von Gewalt oder darauf gerichtete Vorbereitungshandlungen auswärtige Belange der Bundesrepublik Deutschland gefährden, 4. Bestrebungen und Tätigkeiten, die gegen den Gedanken der Völkerverständigung (Artikel 9 Abs. 2 des Grundgesetzes) oder das friedliche Zusammenleben der Völker (Artikel 26 des Grundgesetzes) gerichtet sind, im Geltungsbereich des Grundgesetzes, soweit tatsächliche Anhaltspunkte für den Verdacht solcher Bestrebungen und Tätigkeiten vorliegen“. § 7 (Besondere Formen der Datenerhebung) VSG NRW (2006): „(1) Die Verfassungsschutzbehörde darf zur Erfüllung ihrer Aufgaben Informationen, insbesondere personenbezogene Daten, durch Befragung von nichtöffentlichen Stellen und mit den Mitteln gemäß § 5 Abs. 2 erheben, wenn Tatsachen die Annahme rechtfertigen, dass 1. auf diese Weise Erkenntnisse über Bestrebungen oder Tätigkeiten nach § 3 Abs. 1 oder die zur Erlangung solcher Erkenntnisse erforderlichen Quellen gewonnen werden können oder 2. dies zum Schutz der Mitarbeiter, Einrichtungen, Gegenstände und Quellen der Verfassungsschutzbehörde gegen sicherheitsgefährdende oder geheimdienstliche Tätigkeiten erforderlich ist.“

delt es sich um ein Handeln im nachrichtendienstlichen Bereich, dessen Aufgabenfeld explizit im „Vorfeld konkreter Gefahren“[1162] liegt.[1163]

Kritisiert wird durch das Gericht zunächst, dass die tatbestandlichen Voraussetzungen nicht erkennbar seien und die Verweisungstechnik in das und das Verhältnis zum G 10 unklar sei, was insoweit schon zur fehlenden Bestimmtheit führe.[1164] Ferner sei auch hier die Verhältnismäßigkeit problematisch. Durch das hohe Potential für die Ausforschung der Persönlichkeit des Betroffenen (mit der Gefahr der Bildung von Verhaltens- und Kommunikationsprofilen) infolge des ermöglichten Zugriffs auf einen vielfältigen Bestand von Daten jeder Art, die Streubreite und die Heimlichkeit sei von einem intensiven Eingriff auszugehen,[1165] dessen Gewicht mit der Dauer des Eingriffs ansteige.[1166] Hinzu komme, dass auch die Integrität des Zugriffsrechners beeinträchtigt werde und so die Rechtsgüter des Betroffenen oder auch Dritter gefährdet würden.[1167] Wegen der hohen Intensität der Maßnahme gelten nach Ansicht des Gerichts die gleichen Maßstäbe wie für die polizeiliche Maßnahme.[1168]

Es stellt zunächst auf die Aufgabeneröffnungsnorm des § 3 Abs. 1 VSG NRW i.d.F. des Gesetzes vom 20.12.2006 (GV. NRW, S. 620) ab, die mit der Voraussetzung der tatsächlichen Anhaltspunkte für die Annahme, dass auf diese Weise Erkenntnisse über verfassungsfeindliche Bestrebungen gewonnen werden können, „sowohl hinsichtlich der tatsächlichen Voraussetzungen für den Eingriff als auch des Gewichts der zu schützenden Rechtsgüter keine hinreichende materielle Eingriffsschwelle“[1169] darstelle. Der Verweis auf das G 10 genüge nicht, da der in die Verweisung eingeschlossene Straftatenkatalog als Anlass für die heimliche Infiltration „kein Konzept erkennen“[1170] lasse. Zudem setze auch diese Schwelle, die das Vorliegen „tatsächlicher Anhaltspunkte für den Verdacht“ in Verbindung mit dem

[1162] BVerfGE 120, 274 (319).

[1163] Vgl. BVerfGE 100, 313 ff.; 120, 274 ff.

[1164] BVerfGE 120, 274 (316 ff.).

[1165] BVerfGE 120, 274 (322 ff.).

[1166] BVerfGE 120, 274 (323).

[1167] BVerfGE 120, 274 (325).

[1168] BVerfGE 120, 274 (329 f.): „Die verfassungsrechtlichen Anforderungen an die Regelung des tatsächlichen Eingriffsanlasses sind im Fall des heimlichen Zugriffs auf ein informationstechnisches System für alle Eingriffsermächtigungen mit präventiver Zielsetzung zu beachten. Da die Beeinträchtigung durch den Eingriff in allen diesen Fällen für die Betroffenen die Gleiche ist, besteht hinsichtlich seiner Anforderungen kein Anlass zu behördenbezogenen Differenzierungen, etwa zwischen Polizeibehörden und anderen mit präventiven Aufgaben betrauten Behörden wie Verfassungsschutzbehörden“.

[1169] BVerfGE 120, 274 (333); das Gericht ignoriert, dass hier ebenfalls der durch das Gericht zitierte § 7 Abs. 1 Nr. 1 VSG NRW (2006) herangezogen werden muss, der auf „Tatsachen, die eine Annahme rechtfertigen“, abstellt.

[1170] BVerfGE 120, 274 (334).

genannten Katalog fordert, keine hinreichende Wahrscheinlichkeit voraus.[1171] Es bedürfe einer Begrenzung auf überragend wichtige Rechtsgüter.[1172] Insoweit sei eine Unverhältnismäßigkeit der Vorschrift anzunehmen.[1173] Das Bundesverfassungsgericht kommt an dieser Stelle auf die Notwendigkeit einer „drohenden Gefahr" zu sprechen, die im Einzelnen später noch zu beleuchten ist.[1174]

(ee) BVerfGE 133, 277 – ATDG

Ferner Anlass, Konturen der personenbezogenen Gefahrenvorsorge festzulegen, gab eine Verfassungsbeschwerde vom 24.4.2013 gegen Vorschriften der Anti-Terrordatei-Gesetz.[1175] Die beim BKA geführte Verbunddatei verschiedener Sicherheitsbehörden soll zum Informationsaustausch hinsichtlich erhobener Daten, bei denen polizeiliche oder nachrichtendienstliche Erkenntnisse vorliegen, aus denen sich tatsächliche Anhaltspunkte dafür ergeben, dass sich diese auf einen gesetzlich festgelegten Personenkreis oder Objekte beziehen und dass die Kenntnis der Daten für die Aufklärung oder Bekämpfung des internationalen Terrorismus mit Bezug zu Deutschland erforderlich ist, beitragen.[1176] Da es gleichsam um den Austausch mit Polizeibehörden geht und diese in Anbetracht ihrer Befugnisse grundrechtsintensiv tätig werden können, stellt das Urteil fest, dass „hinreichend konkrete und qualifizierte Eingriffsschwellen auf der Grundlage normenklarer gesetzlicher Regelungen gesichert sein"[1177] müssen. § 2 S. 1 Nr. 1a) ATDG (2008) stellt auf „tatsächliche Anhaltspunkte" ab.[1178] Die in Bezug genommenen Straf-

---

[1171] BVerfGE 120, 274 (334).

[1172] BVerfGE 120, 274 (334).

[1173] BVerfGE 120, 274 (333 ff.); gleiches gelte für den wegen der Streubreite, Heimlichkeit und Persönlichkeitsrelevanz ebenfalls erheblichen Eingriff nach § 5 Abs. 2 Nr. 11 S. 1 Alt. 1 VSG NRW (2006) durch die Ermächtigung zum heimlichen Aufklären des Internets, vgl. BVerfGE 120, 274 (342 f.).

[1174] BVerfGE 120, 274 (326).

[1175] BVerfGE 133, 277 ff.

[1176] Zum Anwendungsbereich, vgl. BVerfGE 133, 277 (280 ff. Rn. 3 ff.).

[1177] BVerfGE 133, 277 (329 Rn. 123).

[1178] § 2 (Inhalt der Antiterrordatei und Speicherungspflicht) ATDG i. d. F. des Gesetzes zur Änderung des Bundespolizeigesetzes v. 26.2.2008 (BGBl. I S. 215): „Die beteiligten Behörden sind verpflichtet, bereits erhobene Daten nach § 3 Abs. 1 in der Antiterrordatei zu speichern, wenn sie gemäß den für sie geltenden Rechtsvorschriften über polizeiliche oder nachrichtendienstliche Erkenntnisse (Erkenntnisse) verfügen, aus denen sich tatsächliche Anhaltspunkte dafür ergeben, dass die Daten sich beziehen auf 1. Personen, die a) einer terroristischen Vereinigung nach § 129a des Strafgesetzbuchs, die einen internationalen Bezug aufweist, oder einer terroristischen Vereinigung nach § 129a in Verbindung mit § 129b Abs. 1 Satz 1 des Strafgesetzbuchs mit Bezug zur Bundesrepublik Deutschland oder b) einer Gruppierung, die eine Vereinigung nach Buchstabe a unterstützt, angehören oder diese unterstützen, 2. Personen, die rechtswidrig Gewalt als Mittel zur Durchsetzung international ausgerichteter politischer oder religiöser Belange anwenden oder eine solche Gewaltanwendung unterstützen, vorbereiten, befürworten oder durch ihre Tätigkeiten vorsätzlich hervorrufen, 3. Personen, bei denen tatsächliche Anhaltspunkte vorliegen, dass sie mit den in Nummer 1 normen, die „ihrerseits strafbares Handeln schon weit in das Vorfeld von Rechtsgutverletzungen vorverlagern“[1179], befindet das Gericht im konkreten Fall für unbedenklich, da sie als ausreichender Ansatz für die Befugnisse im Rahmen der hier (mit Ausnahme dringender Eilfälle) praktizierten „Informationsanbahnung“[1180] angesehen werden können.[1181] So lässt es die Ausgestaltung bestehen. Gleichwohl wird hierdurch deutlich, dass die „tatsächlichen Anhaltspunkte“ als Grundlage von Eingriffen außerhalb der auf die bloße Anbahnung ausgerichteten Anti-Terrordatei problematisch sein können.

(b) Analyse und Kritik

Anhand des Umgangs mit den personen- und verhaltensbezogenen Dispositionstatbeständen durch das Bundesverfassungsgericht ergeben sich diverse Kritikpunkte an ihrer Legitimität und Ausgestaltung. Die vom Bundesverfassungsgericht betrachteten personen- und verhaltensbezogenen Maßnahmen sind (mit Ausnahme der Speicherpflicht nach dem ATDG) als intensiv eingestuft worden.[1182] Im Mittelpunkt der Rechtsprechung stehen die Maßnahmen der Telekommunikationsüberwachung und Online-Durchsuchungsbefugnis. Es handelt sich nicht um gelegenheitsorientierte Prävention, sondern strategische Überwachung.[1183]

Das Gericht lässt die Vorschriften (mit Ausnahme der Speicherpflicht nach dem ATDG) im Ergebnis nicht bestehen. Dies bedeutet aber nicht den Untergang des personen- beziehungsweise verhaltensbezogenen Tatbestands. Zum einen haben weitere personen- und verhaltensbezogenen Maßnahmen Bestand.[1184] Zum anderen ist unklar, welche Konsequenzen aus der Verfassungswidrigkeit der Vorschriften zu ziehen sind. Ob eine Rückkehr zur klassischen Gefahrenabwehr, das Anlegen einer konkreten Gefahr oder eine Anpassung der Ausgestaltung der Dispositionstatbestände gewollt ist, bleibt offen.

Buchstabe a oder in Nummer 2 genannten Personen nicht nur flüchtig oder in zufälligem Kontakt in Verbindung stehen und durch sie weiterführende Hinweise für die Aufklärung oder Bekämpfung des internationalen Terrorismus zu erwarten sind (Kontaktpersonen), oder 4. […] und die Kenntnis der Daten für die Aufklärung oder Bekämpfung des internationalen Terrorismus mit Bezug zur Bundesrepublik Deutschland erforderlich ist. Satz1 gilt nur für Daten, die die beteiligten Behörden nach den für sie geltenden Rechtsvorschriften automatisiert verarbeiten dürfen“.

[1179] BVerfGE 133, 277 (339 Rn. 146).

[1180] BVerfGE 133, 277 (339 Rn. 146).

[1181] BVerfGE 133, 277 (339 Rn. 146).

[1182] BVerfGE 100, 313 (391 ff.); 110, 33 (53); 113, 348 (382 ff.); 120, 274 (322 ff.).

[1183] Vgl. dazu *Bäcker*, Kriminalpräventionsrecht, S. 53 ff.

[1184] Vgl. aber auch Art. 15 Abs. 1 Nr. 1, Art. 21 Abs. 1 Nr. 1, Art. 23 Abs. 1 S. 1 Nr. 1 i.V.m. Art. 15 Abs. 1 Nr. 2 BayPAG; vgl. auch Art. 40 Abs. 1 Nr. 1 BayPAG.

(aa) Maßstab des Wahrscheinlichkeitsurteils

Das Bundesverfassungsgericht bestätigt zunächst im nachrichtendienstlichen Bereich für personen- und verhaltensbezogene Tatbestände bei der Verwendung der Schwelle der tatsächlichen Anhaltspunkte eine „Herabsetzung des Wahrscheinlichkeitsgrades“[1185]. Für das präventive Polizeirecht führt es an, dass im „Bereich der Vorfeldermittlung [...] der Grad der Wahrscheinlichkeit der Rechtsgutverletzung aufgrund der fehlenden Nähe der bekannten Tatsachen zu einer konkreten Straftat regelmäßig geringer sein [wird] als bei Maßnahmen zur Gefahrenabwehr oder zur Verfolgung konkreter Straftaten“[1186]. Das „Erfordernis tatsächlicher Anhaltspunkte führe dazu, dass Vermutungen oder allgemeine Erfahrungssätze allein nicht ausreichen“[1187]. Hier darf demnach, wie bereits auf verfassungsrechtlicher Ebene festgestellt, „nicht auf bloße Spekulationen“[1188] abgestellt werden und keine Ermittlung ins „ins Blaue hinein“[1189] stattfinden.

Allerdings stiftet das Bundesverfassungsgericht durch seine Ausführungen zum Rasterfahndungstatbestand Verwirrung.[1190] Hier führt es aus, dass einige Bundesländer im Rahmen der Befugnisnorm auf „Tatsachen oder auf Tatsachen beruhende[n] Anhaltspunkte“[1191] abstellen. Sie verzichten auf eine Gefahr und haben demnach nach Ansicht des Gerichts die „Ermächtigung zur Rasterfahndung also zu einer polizeilichen Vorfeldbefugnis umgestaltet“[1192]. Die in diesem Beschluss erfolgte Festlegung des Gerichts, „[s]elbst bei höchstem Gewicht der drohenden Rechtsgutbeeinträchtigung [...] auf das Erfordernis einer hinreichenden Wahrscheinlichkeit nicht verzichte[n]“[1193] zu können, limitiert folglich auch die Dispositionstatbestände. Die Ausführungen repetiert die Rechtsprechung zur Online-Durchsuchungsbefugnis, welche auf „Tatsachen, die eine Annahme rechtfertigen“, abstellt.[1194] Gleichzeitig scheint diese Entscheidung wiederum anzudeuten, dass eine Unterschreitung dennoch möglich zu sein scheint.[1195] So wird ebenso von Teilen der Literatur für solche Tatbestände der vorbeugenden Bekämpfung von

---

[1185] BVerfGE 100, 313 (395).

[1186] BVerfGE 113, 348 (386).

[1187] BVerfGE 120, 274 (328); 113, 348 (378).

[1188] BVerfGE 133, 277 (339 Rn. 146).

[1189] Amtl. Begr. zu Art. 28a BayPAG i.d.F. des Dritten Gesetz zur Änderung des Polizeiaufgabengesetzes v. 24.8.1990 (BayGVBl. S. 329), BayLT-Drs. 11/16263, S. 9.

[1190] Vgl. z.B. *Meyer*, JZ 2017, 429 (431 f.) sowie *Möstl*, DVBl. 2020, 160 (162).

[1191] BVerfGE 115, 320 (322 f.).

[1192] BVerfGE 115, 320 (322 f.).

[1193] BVerfGE 115, 320 (361).

[1194] BVerfGE 120, 274 (327); vgl. dazu *Kießling*, VerwArch 108 (2017), 282 (286).

[1195] BVerfGE 120, 274 (329); *Kießling*, VerwArch 108 (2017), 282 (286).

Straftaten zunächst ein „ungleich *geringere*[r] *Wahrscheinlichkeitsgrad* einer künftigen Straftatbegehung als bei der Gefahrenprognose“[1196] gefordert.[1197]

Zudem besteht wie bei den orts- und objektbezogenen Dispositionstatbeständen bei personen- und verhaltensbezogenen Tatbeständen die Tendenz, eine Abstrahierung anzunehmen.[1198] Problematisch ist indes, ob in Anbetracht der Intensität der unterschiedlichen Maßnahmen der gleiche Maßstab gelten darf. Einigkeit besteht aber wieder dahingehend, dass die Je-Desto-Formel zum Einsatz kommt.[1199] Allerdings bleiben Gesetzgeber sowie Gerichte insbesondere für personen- und verhaltensbezogene Tatbestände einer Grenzziehung der Je-Desto-Formel schuldig. Dies gilt insbesondere für den Fall, dass die konkrete Gefahr nach Ansicht der herrschenden Meinung versagt.

Dies führt dazu, dass Bäcker neben den Dispositionstatbeständen sogenannte „Bedrohungstatbestände“[1200] annimmt, welche die Anforderungen an „die Konkretisierung des drohenden Schadensereignisses absenken“[1201]. Hinsichtlich des Wahrscheinlichkeitsmaßstabs fordert er eine „Bedrohungslage, in der Schadensereignisse mit erhöhter Wahrscheinlichkeit drohen“[1202]. Darnstädt sieht hingegen

---

[1196] *Rachor/Graulich*, in: Lisken/Denninger, Handbuch des Polizeirechts, 6. Aufl. 2018, E. Rn. 147 [Hervorhebung im Original].

[1197] Ähnlich *Waechter*, JZ 2015, 8 (10).

[1198] Amtl. Begr. zu § 2 ATDG i. d. F. des Gesetzes zur Errichtung gemeinsamer Dateien von Polizeibehörden und Nachrichtendiensten des Bundes und der Länder (Gemeinsame-Dateien-Gesetz) v. 22. 12. 2006 (BGBl. I S. 3409), BR-Drs. 0672/06, S. 27: „Das Tatbestandsmerkmal der tatsächlichen Anhaltspunkte ist erfüllt, wenn die im Einzelfall vorliegenden Anhaltspunkte nach nachrichtendienstlichen oder polizeilichen Erfahrungswerten die Einschätzung rechtfertigen, dass die Erkenntnisse zu den betreffenden Personen und Organisationen oder Sachen etc. (Satz 1 Nr. 4) zur Aufklärung oder Bekämpfung des internationalen Terrorismus beitragen“.

[1199] Vgl. BVerfGE 100, 313 (392); 110, 33 (60); 113, 348 (386); 120, 378 (429); vgl. die Amtl. Begr. zu Art. 34a Abs. 1 S. 1 Nr. 2 BayPAG i. d. F. des Gesetzes zur Änderung des Polizeiaufgabengesetzes und des Parlamentarischen Kontrollgremium-Gesetzes v. 24. 12. 2005 (BayGVBl. S. 641), BayLT-Drs. 15/2096, S. 22: „Im konkreten Einzelfall ist unter Berücksichtigung des Grundsatzes der Verhältnismäßigkeit gemäß Art. 4 und der Einschränkungen, die hinsichtlich der Tatsachengrundlage und der Begründetheit der Gefahrprognose gesetzlich vorgesehen sind, eine Abwägung zu treffen. Dabei ist wie im gesamten Gefahrenabwehrrecht zu berücksichtigen, dass das Gewicht des durch die Strafnorm geschützten Rechtsguts und die Anforderungen an die Wahrscheinlichkeit des Eintritts der Rechtsgutsverletzung in einem umgekehrten Verhältnis stehen.“ Vgl. zudem die Amtl. Begr. zu Art. 34d Abs. 1 Nr. 2 BayPAG i. d. F. des Gesetzes zur Änderung des Polizeiaufgabengesetzes v. 8. 7. 2008 (BayGVBl. S. 365), BayLT-Drs. 15/10345, S. 7; aus der Lit. *Bäcker*, Kriminalpräventionsrecht, S. 209; *Ogorek*, JZ 2019, 63 (67); insofern geht die Annahme fehl, die Je-Desto-Formel käme im Vorfeldbereich nur auf gesetzgeberischer Ebene und nicht bei der Einzelfallmaßnahme zur Anwendung, vgl. *Möstl*, Die staatliche Garantie für die öffentliche Sicherheit und Ordnung, S. 235 ff.; vgl. ohne diese Unterscheidung *ders.*, DVBl. 2007, 581 (587).

[1200] *Bäcker*, Kriminalpräventionsrecht, S. 195.

[1201] *Bäcker*, Kriminalpräventionsrecht, S. 195.

[1202] *Bäcker*, Kriminalpräventionsrecht, S. 232.

ähnlich der orts- und objektbezogenen Tatbestände bei personen- und verhaltensbezogenen Tatbeständen eine auf den Einzelfall bezogene Typisierung: „Es handelt sich, polizeirechtsdogmatisch gesehen, um in einer Person liegende abstrakte Gefahren“[1203].

Kral bleibt für alle Tatbestände auf der sicheren Seite, indem er stets die Maßstäbe der Rasterfahndungsentscheidung anlegt. Bei ihm läuft die Anerkennung der hinreichenden Wahrscheinlichkeit im Ergebnis lediglich auf eine Anerkennung der Je-Desto-Formel in der Gefahrenvorsorge hinaus.[1204] Im Zuge dessen wird durch die Literatur angenommen, dass – ähnlich der Unterscheidung von konkreter und abstrakter Gefahr – bei den personen- und verhaltensbezogenen Dispositionstatbeständen der Unterschied nur im Bezugspunkt der immer auf der hinreichenden Wahrscheinlichkeit basierenden Prognose (des Schadensereignisses bei der konkreten Gefahr, der Schadensgeneigtheit einer Person bei der Tatsachengrenze)[1205] liege.[1206] Auch wenn sich der Gehalt der hinreichenden Wahrscheinlichkeit darauf reduzieren lasse,[1207] müsse es nach Ansicht einiger selbst davon noch Abweichungen geben.[1208] Dies gipfelt darin, dass eine bloße Möglichkeit für ausreichend erachtet wird,[1209] was wohl mit der bisherigen Rechtsprechung konfligiert. Differenzierter scheint das Vorgehen Möstls, der (schon für die Dispositionstatbestände)[1210] in Abgrenzung zur hinreichenden Wahrscheinlichkeit keinen absehbaren Kausalverlauf fordert.[1211] Was das wiederum im Einzelnen bedeutet, ist indes zunächst wiederum unklar.[1212]

(bb) Nähe als Kompensation eines unbestimmbaren Schadensereignisses

Bei der Konturierung und Überprüfung der Schwelle ist anzumerken, dass das Bundesverfassungsgericht selbst in frühen Entscheidungen nie die Maßstäbe einer konkreten Gefahr in die personen- und verhaltensbezogenen Dispositionsurteile hineinliest. Dies ließ sich zunächst durch den nachrichtendienstlichen Bezug erklären.[1213] Aber auch später im polizeirechtlichen Rahmen fordert es keine konkrete

---

[1203] *Darnstädt*, DVBl. 2011, 263 (269).

[1204] *Kral*, Die polizeilichen Vorfeldbefugnisse als Herausforderung für Dogmatik und Gesetzgebung des Polizeirechts, S. 114.

[1205] *Ogorek*, JZ 2019, 63 (67, 69).

[1206] *Ogorek*, JZ 2019, 63 (67).

[1207] *Möstl*, DVBl. 2020, 160 (164).

[1208] *Möstl*, DVBl. 2020, 160 (164).

[1209] Vgl. *Rachor/Graulich*, in: Lisken/Denninger, Handbuch des Polizeirechts, 6. Aufl. 2018, E. Rn. 153.

[1210] S. dazu später zur „konkretisierten“ und „drohenden Gefahr“ § 6 C. I. 1. b) bb), S. 328 ff.

[1211] *Möstl*, DVBl. 2007, 581 (588).

[1212] Dazu unter § 6, S. 287 ff.

[1213] BVerfGE 100, 313 (383).

Gefahr, sondern hält vielmehr ein Abweichen für möglich.[1214] Und dabei wiederholt das Bundesverfassungsgericht etwas, das später in die konkrete Gefahr hineingedeutet wurde: Es macht die Nähe zur Rechtsgutsbedrohung zum Faktor im Vorfeld konkreter Gefahren.[1215]

In der Gefahrenvorsorge ist das Schadensereignis nicht absehbar.[1216] Verzichtet man aber auf die einzelnen Konkretisierungsparameter, steigt die Wahrscheinlichkeit des Eintritts des Schadens.[1217] Um rechtsstaatlichen Bedingungen zu genügen, kann man aber auf die Parameter nicht vollständig verzichten, da für den Einzelnen dann ein Eingriff nicht mehr vorhersehbar wäre. Die Gesetzgebung und Rechtsprechung beschränken sich bei den Dispositionsurteilen auf die Prognose eines Faktors:[1218] Statt an eine Situation anzuknüpfen, wird auf eine Verknüpfung von Rechtsgutsbedrohung und der betroffenen Person im Sinne eines „schadensträchtigen Individuum[s]“[1219] abgestellt.[1220] Insoweit wird das Erfordernis eines sich im Einzelfall abzeichnenden Schadensereignisses – des Situationsbezugs – fallengelassen.[1221] Die Schadensprognose wird eine über das Verhalten einer Person.[1222] Erst indirekt ergibt sich daraus eine Prognose eines Schadens.[1223]

(cc) Vermischung von Verantwortlichkeit und Schwelle

Wie auch für die konkrete Gefahr ergibt sich in der Gefahrenvorsorge in der Konsequenz das Problem der Vermischung von Verantwortlichkeit und Schwelle. Die Entscheidungen des Bundesverfassungsgerichts selbst lassen den Rezipienten im Unklaren, welcher Parameter der Befugnis – Schwelle oder Adressat – durch die geforderte Nähe modifiziert werden soll.[1224] Dadurch, dass es die Nähe ebenfalls zur Voraussetzung der konkreten Gefahr und zumindest in frühen Entscheidungen die

---

[1214] BVerfGE 113, 348 (377).

[1215] S.o. § 5 B.I.1.b)bb)(1), S. 174 ff.; BVerfGE 113, 348 (389); 115, 320 (361 f.); vgl. dazu auch *Kießling*, VerwArch 108 (2017), 282 (289).

[1216] S.o. § 5 B.I.1.b)bb)(1), S. 174 ff.

[1217] *Darnstädt*, DVBl. 2017, 88 (92).

[1218] *Darnstädt*, DVBl. 2017, 88 (93).

[1219] *Bäcker*, Kriminalpräventionsrecht, S. 195.

[1220] BVerfGE 115, 320 (361 f.).

[1221] *Bäcker*, Kriminalpräventionsrecht, S. 195; *Darnstädt*, GSZ 2017, 16 (19); *ders.*, DVBl. 2011, 263 (268); *Trute*, in: GS Jeand'Heur, S. 403 (408).

[1222] *Bäcker*, Kriminalpräventionsrecht, S. 195, 205; *Darnstädt*, DVBl. 2011, 263 (268).

[1223] *Darnstädt*, DVBl. 2017, 88 (93).

[1224] Zunächst scheint das Gericht am Adressaten anzusetzen, vgl. BVerfGE 113, 348 (389); später bleibt unklar, ob am Adressaten oder der Schwelle angesetzt wird, vgl. BVerfGE 115, 320 (355 f.; 361 f.); vgl. auch BVerfGE 150, 244 (297 Rn. 142).

hinreichende Wahrscheinlichkeit (und somit ebenso die konkrete Gefahr) zur Voraussetzung eines Eingriffs macht, wird die Lage noch diffuser.[1225]

Um diese Systematisierungsschwierigkeiten zu verstehen, empfiehlt sich ein Blick auf den Ursprung der Entwicklung. Ein Ansatz, der diese „täterorientierte Verdachtsgewinnung"[1226] aus der „Natur der Sache"[1227] ableitet, scheint unbefriedigend.[1228] Nach Darnstädt sei diese Entwicklung Konsequenz der personenbezogenen frühen Terrorismusabwehr, die ihre Tradition im „Deutschen Herbst" in den repressiven Ermächtigungen zur „Jagd auf die Täter"[1229] finde.[1230] Aus dem Gedanken, dass es sich um singuläre Verbrechen eines begrenzten Täterkreises handele, waren die Abwehrmittel auf diese ausgerichtet.[1231] Die Anschläge des 11.9. 2001 bewiesen aber, dass sich ein repressives Vorgehen gegen Terror unzureichend erweist, wenn Strafen keine Abschreckung entfalten und der Täterkreis unüberblickbar wird.[1232] So wurde das präventive Polizeirecht um die tradierten Überwachungsmaßnahmen erweitert – aus Fahndung wurde Überwachung.[1233] Die täterbezogene Vorgehensweise der Instrumente dieser Terrorabwehr kollidierte mit dem traditionellen situationsbezogenen Verständnis des präventiven Polizeirechts, wie es zum Beispiel in der konkreten Gefahr zum Ausdruck kommt.[1234] Die vermehrte Fokussierung der Gesetzgebung und Rechtsprechung zurück auf den Täter scheint ein Schritt zurück zu deren Ursprung.[1235] Gleichzeitig tritt im Rahmen der Gefahrenvorsorge der Umstand hinzu, dass die Fokussierung auf das personale Element den entfallenen Situationsbezug kompensieren soll.[1236] Es gehe um die Behandlung

[1225] BVerfGE 120, 274 (329); 125, 260 (330); die geforderte Nähe kann nach Ansicht des Gerichts nicht die Unterschreitung der hinreichenden Wahrscheinlichkeit kompensieren, vgl. BVerfGE 115, 320 (361 f.).

[1226] *Kniesel/Vahle*, in: Clages, Polizeiliche Informationsverarbeitung und Datenschutz im künftigen Polizeirecht, S. 97 Rn. 165.

[1227] *Kießling*, VerwArch 108 (2017), 282 (294): „Die Nähebeziehung des Adressaten zur Rechtsgutsgefährdung, die das BVerfG bei seiner vorfeldbezogenen Eingriffsschwelle fordert, ergibt sich bei Maßnahmen wie der Online-Durchsuchung, der Telekommunikationsüberwachung, der Observation und dem Abruf der gespeicherten Daten bei der Vorratsdatenspeicherung – also insbesondere bei den Überwachungsmaßnahmen – aus der Natur der Sache, sollen die Maßnahmen überhaupt geeignet zur Gefahraufklärung sein".

[1228] Ähnlich auch noch *Darnstädt*, DVBl. 2011, 263 (268).

[1229] *Darnstädt*, GSZ 2017, 16 (19); vgl. in Bezug auf die Rasterfahndung schon, *Volkmann*, JURA 2007, 132 (133).

[1230] *Darnstädt*, GSZ 2017, 16 (19); vgl. dazu auch *Barczak*, Der nervöse Staat, S. 321 ff., insb. S. 329.

[1231] *Darnstädt*, GSZ 2017, 16 (17); vgl. auch *Hoffmann-Riem*, ZRP 2002, 497 (499 f.).

[1232] *Darnstädt*, GSZ 2017, 16 (17).

[1233] *Darnstädt*, GSZ 2017, 16 (19).

[1234] *Darnstädt*, GSZ 2017, 16 (17 ff.).

[1235] Vgl. *Darnstädt*, GSZ 2017, 16 (19 f.).

[1236] *Kulick*, AöR 143 (2018), 175 (185).

einer bestimmten „‚Art' von Verbrechen"[1237], sodass nicht auf eine konkrete Situation, sondern an die potenziellen Täter angeknüpft werde.[1238] Die Entwicklungen werden regelmäßig in Verbindung gebracht mit einem Begriff, dessen rechtliche Bedeutung sogar noch unbestimmter ist als die der Dispositionsurteile: dem Gefährder.[1239]

(dd) Gefährderbegriff als unnötige Anreicherung der Diskussion

Der Gefährderbegriff tritt in Verbindung mit intensiven Überwachungsmaßnahmen in der Rezeption in der Literatur immer wieder auf.[1240] Früher wurde der passive Begriff des Schläfers verwandt,[1241] der durch das Element des Abwartens der Person im Wege eines unauffälligen, legalen Verhaltens, um punktuell überraschend zuschlagen zu können, geprägt war.[1242] Der Gefährderbegriff inkorporiert dieses passive Element und erweitert es um eine aktive Seite.[1243] Als Gefährder wird „nach der gemeinsamen Definition von Bund und Ländern"[1244] eine Person bezeichnet, „bei der bestimmte Tatsachen die Annahme rechtfertigen, dass sie politisch motivierte Straftaten von erheblicher Bedeutung, insbesondere solche im Sinne des § 100a StPO, begehen wird"[1245]. Die Figur wird durch die Bundesregierung nicht als Rechtsbegriff bewertet und es wird darauf hingewiesen, dass es sich lediglich um Annahmen der Sicherheitsbehörden handelt.[1246] Der Verwendung in

---

[1237] *Darnstädt*, DVBl. 2011, 263 (268).

[1238] *Darnstädt*, DVBl. 2011, 263 (268).

[1239] Vgl. dazu *Darnstädt*, DVBl. 2011, 263 (268); *ders.*, GSZ 2017, 16 (19).

[1240] *Brodowski/Jahn/Schmitt-Leonardy*, GSZ 2017, 7 (10); *Hanschmann*, KJ 50 (2017), 434 ff.; *Kuch*, DVBl. 2018, 343 (343 insb. auch Fn. 4); *Leisner-Egensperger*, DÖV 2018, 677 (681 f.); *Schenke*, Polizei- und Ordnungsrecht, Rn. 239, 253.

[1241] BVerfGE 115, 320 (369); *Austermann/Schlichte*, KJ 51 (2018), 479 (479); *Hoffmann-Riem*, ZRP 2002, 497 (499); *Schulze-Fielitz*, in: FS Glaeser, S. 407 (421); *Wehr*, JURA 2019, 940 (943); zur Passivität *Waechter*, NVwZ 2018, 458 (459).

[1242] *Hoffmann-Riem*, ZRP 2002, 497 (499); *Schulze-Fielitz*, in: FS Glaeser, S. 407 (421).

[1243] Vgl. *Waechter*, NVwZ 2018, 458 (459); den Schläfer als Unterfall des Gefährders ansehend auch *Leisner-Egensperger*, DÖV 2018, 677 (681 f.).

[1244] Antwort der Bundesregierung auf eine schriftliche Frage des Abgeordneten Dr. Max Stadler, BT-Drs. 15/3284, S. 16; wortgleich Antwort der Bundesregierung auf die Kleine Anfrage der Abgeordneten Ulla Jelpke et al. und der Fraktion DIE LINKE. – Drucksache 18/6959 –, BT-Drs. 18/7151, S. 1; vgl. auch Wissenschaftliche Dienste des Deutschen Bundestages, Legaldefinition des Begriffes „Gefährders", WD 3-3000-046/17 v. 27.2.2017, S. 3 ff.

[1245] Antwort der Bundesregierung auf eine schriftliche Frage des Abgeordneten Dr. Max Stadler, BT-Drs. 15/3284, S. 16; wortgleich Antwort der Bundesregierung auf die Kleine Anfrage der Abgeordneten Ulla Jelpke et al. und der Fraktion DIE LINKE. – Drucksache 18/6959 –, BT-Drs. 18/7151, S. 1.

[1246] Antwort der Bundesregierung auf die Kleine Anfrage der Abgeordneten Ulla Jelpke et al. und der Fraktion DIE LINKE. – Drucksache 18/11064 –, BT-Drs. 18/113669, S. 1; in diesem Sinne auch noch *Darnstädt*, DVBl. 2011, 263 (268); zur Entwicklung des Gefährderbegriffs s. *Böhm*, Der „Gefährder" und das „Gefährdungsrecht", S. 223 ff.; krit. zur Haltung der Bundesregierung *Brodowski/Jahn/Schmitt-Leonardy*, GSZ 2017, 7 (8 f.).

der Praxis liegen diverse Dateien zugrunde – zunächst DABIS, heute RADAR-iTE sowie RADAR-rechts –,[1247] die eine Einstufung als „Gefährder" oder „relevante Person"[1248] für eine Risikoeinschätzung zulassen.

Der Negierung eines Rechtsbegriffs wird in der Literatur vereinzelt nicht mehr zugestimmt.[1249] Der Begriff des Gefährders sei nicht neu. Die sogenannte Gefährderansprache bei „potenziellen Gefahrenverursacher[n]"[1250] sei schon länger Gegenstand der polizeirechtlichen Auseinandersetzung.[1251] Der Begriff erfährt direkte und indirekte Bestätigung durch den Gesetzgeber: Zum Beispiel kennt das Niedersächsische Polizei- und Ordnungsbehördengesetz eine Befugnis für die „Gefährderansprache, Gefährderanschreiben" in § 12a NPOG, die an eine Gefahr bzw. daran anknüpft, dass „Tatsachen die Annahme, dass eine Person innerhalb eines übersehbaren Zeitraums auf eine zumindest ihrer Art nach konkretisierte Weise eine Straftat begehen wird", rechtfertigen. Ferner verwendet der bayerische Gesetzgeber den Begriff im Rahmen der Novellierung der Überwachungsmaßnahmen – indes lediglich in der Gesetzesbegründung.[1252] In Spezialbereichen wie dem Ausländer-

[1247] In der „Datenbank Islamismus" (DABIS) wurden „personenbezogene Daten von ‚Gefährdern' im Zusammenhang mit der Bekämpfung des islamistischen Terrorismus gespeichert", Antwort der Bundesregierung auf eine Schriftliche Frage des Abgeordneten Dr. Max Stadler, BT-Drs. 15/3284, S. 16. Das Instrument „regelbasierte Analyse potentiell destruktiver Täter zur Einschätzung des akuten Risikos – islamistischer Terrorismus" (RADAR-iTE) soll die Risikobewertung „potentiell gewaltbereiter Personen des militant-salafistischen Spektrums" ermöglichen" und dabei „die von diesen Personen ausgehenden Gefährdungen in ein hohes, ein auffälliges und moderates Risiko" kategorisieren, Antwort der Bundesregierung auf die Kleine Anfrage der Abgeordneten Ulla Jelpke et al. und der Fraktion DIE LINKE. – Drucksache 18/13301 –, BT-Drs. 18/13422, S. 1; für rechtsextremistische Taten, s. RADAR-rechts, https://www.bka.de/DE/UnsereAufgaben/Deliktsbereiche/PMK/PMKrechts/RADAR/radar_node.html, Stand: 11.12.2023.s. ferner unter § 6 C.I.4.a)cc), S. 372 ff.

[1248] Antwort der Bundesregierung auf die Kleine Anfrage der Abgeordneten Ulla Jelpke et al. und der Fraktion DIE LINKE. – Drucksache 18/11064 –, BT-Drs. 18/113669, S. 2: „Eine Person ist als relevant anzusehen, wenn sie innerhalb des extremistischen/ terroristischen Spektrums die Rolle a) einer Führungsperson, b) eines Unterstützers/Logistikers, c) eines Akteurs einnimmt und objektive Hinweise vorliegen, die die Prognose zulassen, dass sie politisch motivierte Straftaten von erheblicher Bedeutung, insbesondere solche im Sinne des § 100a StPO, fördert, unterstützt, begeht oder sich daran beteiligt, oder d) es sich um eine Kontakt- oder Begleitperson eines Gefährders, eines Beschuldigten oder eines Verdächtigen einer politisch motivierten Straftat von erheblicher Bedeutung, insbesondere einer solchen im Sinne des § 100a StPO, handelt."

[1249] *Brodowski/Jahn/Schmitt-Leonardy*, GSZ 2017, 7 (11).

[1250] *Hebeler*, NVwZ 2011, 1364 (1364).

[1251] *Brodowski/Jahn/Schmitt-Leonardy*, GSZ 2017, 7 (11); *Hanschmann*, KJ 50 (2017), 434 (437).

[1252] Amtl. Begr. zum Gesetz zur effektiveren Überwachung gefährlicher Personen v. 24.7. 2017 (BayGVBl. S. 388), BayLT-Drs. 17/16299, S. 1: „Immer wichtiger wird dabei eine, im Einzelfall auch langanhaltende Überwachung der von Seiten der Sicherheitsbehörden als gefährlich eingeschätzten Personen, darunter vor allem auch die sog. Gefährder, insbesondere aus dem terroristischen und sonst extremistischem Spektrum – gerade auch dann, wenn sich noch keine konkreten Straftaten einschließlich strafbarer Vortaten gesichert nachweisen lassen recht hat gleichsam die Rechtsprechung auf den Begriff des Gefährders abgestellt.[1253]

Tatsächlich ist der Begriff aber vollständig abzulehnen, in Anbetracht dessen, dass beispielsweise den verschieden intensiven Maßnahmen der Gefährderansprache und der Überwachungsmaßnahmen wie der Online-Durchsuchung allein schon unter Bestimmtheitsgründen ein anderes Verständnis eines Gefährders zugrunde liegen muss.[1254]

Letztlich ist maßgeblich, dass bei den eingriffsintensiven Überwachungsmaßnahmen der Begriff nicht in den Gesetzeswortlaut übernommen wurde.[1255] Mangels gesetzlichem Anknüpfungspunkt ist der Begriff im betrachteten Kontext des Gefahrenabwehrrechts nicht tragfähig.

(ee.) Wertungsabhängigkeit des Dispositionsurteils

Allerdings sind die zugrunde liegenden Probleme näher zu betrachten, wobei sich aber zunächst am Wortlaut der Vorschriften des Polizeirechts zu orientieren ist. Die Ausgangslage ist eine Situation, in der anhand einer Typisierung von einer gesteigerten relativen Häufigkeit eines Schadens ausgegangen wird. Sodann erfolgt eine dispositionsbezogene Beurteilung.[1256] Die Disposition,[1257] die „innere Gesetzmäßigkeit“[1258] als Reaktion einer Person unter definierten Umständen,[1259], ist im Hinblick auf die rechtsstaatlichen Standards ein kritikwürdiger Anknüpfungspunkt.[1260]

Die Literatur bemängelt, dass zum einen diese Einschätzung durch eine sehr hohe Subjektivität geprägt ist, da der Willen einer Person zur Straftatbegehung eingeschätzt werden muss.[1261] Hier werde maßgeblich auf vermutete Kriminalität auslösende, soziale Zusammenhänge abgestellt.[1262] Zum anderen läge dieser Beurteilung ein Makel im Sinne eines Unwerturteils zugrunde, das erhebliches Diskri-

---

oder eine Verurteilung bereits zurückliegt, die von einer Person ausgehende Gefahr aber erneut bzw. nach wie vor hoch ist.“

[1253] S. u. § 6 C. I. 4. a) bb), S. 369 ff.

[1254] So auch *Hanschmann*, KJ 50 (2017), 434 (437 f.).

[1255] Ausf. zur Kritik am Gefährderbegriff und zum Einsatz von daran anknüpfenden Prognosetools unter § 6 C. I. 4. a) cc. und § 6 C. I. 4. a) dd, S. 372 ff.

[1256] *Darnstädt*, DVBl. 2017, 88 (91).

[1257] *Bäcker*, Kriminalpräventionsrecht, S. 195; *Darnstädt*, DVBl. 2011, 263 (269); *ders.*, DVBl. 2017, 88 (91); *ders.*, GSZ 2017, 16 (19); *Trute*, in: GS Jeand'Heur, S. 403 (409 f.).

[1258] *Darnstädt*, DVBl. 2011, 263 (269).

[1259] *Darnstädt*, DVBl. 2011, 263 (269).

[1260] *Darnstädt*, DVBl. 2011, 263 (269); *ders.*, GSZ 2017, 16 (19).

[1261] *Kral*, Die polizeilichen Vorfeldbefugnisse als Herausforderung für Dogmatik und Gesetzgebung des Polizeirechts, S. 116; *Meyer*, JZ 2017, 429 (433).

[1262] *Trute*, in: GS Jeand'Heur, S. 403 (409).

minierungspotential besitze.[1263] Die Befürchtung eines Schadens großen Ausmaßes scheint, ein Eingreifen von leichter Hand zu rechtfertigen. Problematisch sei aber, dass nicht einmal das Gefahrenpotenzial hier geklärt sei.[1264] Dadurch, dass alles unter Wertungsgesichtspunkten stehe, komme es zu „Rationalitätseinbußen“[1265].[1266] Der Betroffene verliere durch die Einbeziehung des Umfelds den Einfluss auf die eigene Inanspruchnahme.[1267] Er werde Objekt der Analyse.[1268] Die Verknüpfung von Person und möglicher Rechtsgutsverletzung sei bei den Dispositionstatbeständen vielfach zu weit gefasst.[1269]

Das Bundesverfassungsgericht setzt im Polizeirecht zunächst auf eine Verfeinerung der tatbestandlichen Voraussetzungen und einer Engziehung des Rechtsgüterschutzes.[1270] Und auch die Literatur sieht eine Engziehung der tatbestandlichen Bedingungen als Ausweg der aus dem Vorwurf der fehlenden Objektivität.[1271] Je höher tatbestandliche Konkretisierung, desto geringer sei die Wahrscheinlichkeit eines unzulässigen Eingriffs.[1272]

(c) Nachkorrektur

Die Ausgestaltung der personen- und verhaltensbezogenen Tatbestände erfolgt durch den Gesetzgeber überwiegend alles andere als rechtssicher. Die zwei Ebenen, die das Bundesverfassungsgericht fortwährend nachkorrigiert, sind die des Straftatenbezugs und der Diagnosegrundlage.

(aa) Straftatenbezug

Die Bestimmtheitsanforderungen sind im Sinne des Bundesverfassungsgerichts spezifisch an dieser Vorfeldsituation auszurichten.[1273] Das erste Element, welches das Gericht anpasst, ist der Rechtsgüterschutz. Hier arbeiteten die Gesetzgeber zu-

---

[1263] *Darnstädt*, DVBl. 2011, 263 (269); vgl. auch *Hoffmann-Riem*, ZRP 2002, 497 (500); Darnstädt diskutiert sogar, ob es sich dabei um einen Menschenwürdeverstoß handelt, vgl. *Darnstädt*, DVBl. 2011, 263 (269).

[1264] *Darnstädt*, DVBl. 2011, 263 (269); vgl. auch die Ausführungen zum „Bedrohungstatbestand“ durch *Bäcker*, Kriminalpräventionsrecht, S. 215 ff.

[1265] *Meyer*, JZ 2017, 429 (437).

[1266] *Meyer*, JZ 2017, 429 (437).

[1267] *Trute*, in: GS Jeand'Heur, S. 403 (409); so würde „im Wesentlichen ausreichen, dass eine Person in ein kriminelles Umfeld verstrickt ist“ *ders.*, Die Verwaltung 37 (2003), 501 (516).

[1268] *Kulick*, AöR 143 (2018), 175 (188).

[1269] *Darnstädt*, GSZ 2017, 16 (19).

[1270] BVerfGE 113, 348 (386 f.); im nachrichtendienstlichen Bereich, vgl. auch BVerfGE 100, 313 (392).

[1271] *Bäcker*, Kriminalpräventionsrecht, S. 208; *Darnstädt*, DVBl. 2017, 88 (91); *Trute*, in: GS Jeand'Heur, S. 403 (410).

[1272] *Bäcker*, Kriminalpräventionsrecht, S. 208.

[1273] BVerfGE 113, 348 (377).

nächst mit einem Straftatenbezug.[1274] Die straftatenbezogene Vorgehensweise begründete der Gesetzgeber zunächst mit der Abwehr von Gefahren im Waffen- oder im Betäubungsmittelrecht, bei denen die geschützten Güter nicht ohne weiteres benannt werden können.[1275]

Die dargestellten Entscheidungen kritisieren immer wieder die Ausgestaltung des Straftatenbezugs. Bemängelt werden die Größe der Straftatenkataloge,[1276] die teils heterogene Zusammensetzung mit dem Einbeziehen von Vergehen und Verbrechen,[1277] die unübersichtliche Verweisungstechniken[1278] sowie das Abstellen auf zu unterschiedliche Rechtsgüter.[1279] Ferner beanstandet wird das Anknüpfen an ein Planungsstadium.[1280] Dies berge das Problem der Abhängigkeit von der Vorstellungswelt des Täters.[1281] Die strafrechtliche Relevanz bleibe unklar.[1282] Ein Abstellen auf die „Erheblichkeit" der Straftaten könne nicht alles auffangen.[1283] Das Gericht verlange nach Ansicht der Literatur „bei personenbezogenen Eingriffstatbeständen im Gefahrenvorfeld eine Ausgestaltung des Tatbestandes, die über allgemeine Beschreibungen wie ‚Begehung' oder ‚Planung' von bestimmten Straftaten hinausgeht"[1284].

Das Schutzgut gerät durch das Abstellen auf Straftatenkataloge aus dem Fokus.[1285] Kral schlägt wegen der zahlreichen Probleme eine vollständige Abwendung vom Bezug auf die Straftatbestände zur Umsetzung des „Rechtsgüterschutzmodells"[1286] vor,[1287] da so auch bei einem frühen Eingriffszeitpunkt bestimmbare Maßstäbe geschaffen werden und der Kreis der zum Einschreiten berechtigenden Rechtsgüter praxisnah eng gezogen wird.[1288] Dieses Vorgehen wird in anderem

---

[1274] S. o. § 5 B. I. 6. a), S. 220 ff.

[1275] Vgl. die Amtl. Begr. zu Art. 34 BayPAG i. d. F. des Gesetzes zur Änderung des Polizeiaufgabengesetzes und des Parlamentarischen Kontrollgremium-Gesetzes v. 24. 12. 2005 (BayGVBl. S. 641), BayLT-Drs. 15/2096, S. 17.

[1276] BVerfGE 100, 313 (392 f.).

[1277] BVerfGE 100, 313 (393 ff.); 110, 33 (61 ff.); 113, 348 (379); vgl. auch BVerfGE 120, 274 (334).

[1278] BVerfGE 110, 33 (57, 61).

[1279] BVerfGE 100, 313 (393 ff.); vgl. auch BVerfGE 120, 274 (334).

[1280] BVerfGE 100, 313 (394 f.); 110, 33 (58).

[1281] BVerfGE 110, 33 (58).

[1282] BVerfGE 110, 33 (59).

[1283] BVerfGE 110, 33 (68, 76); 113, 348 (379).

[1284] *Kießling*, VerwArch 108 (2017), 282 (290).

[1285] BVerfGE 113, 348 (385 f.); 120, 274 (334).

[1286] *Kral*, Die polizeilichen Vorfeldbefugnisse als Herausforderung für Dogmatik und Gesetzgebung des Polizeirechts, S. 197.

[1287] *Kral*, Die polizeilichen Vorfeldbefugnisse als Herausforderung für Dogmatik und Gesetzgebung des Polizeirechts, S. 197; s. auch *Barczak*, Der nervöse Staat, S. 531 ff.

[1288] *Kral*, Die polizeilichen Vorfeldbefugnisse als Herausforderung für Dogmatik und Gesetzgebung des Polizeirechts, S. 184, 197.

Kontext durch das Bundesverfassungsgericht als bevorzugte Variante sogar bestätigt.[1289] Schon zuvor erfolgt in Bayern eine Abwendung vom Straftatenbezug hin zum Rechtsgutsbezug: Initiiert wurde dieser Vorgang durch ein Fallenlassen des Straftatenbezugs bei der Online-Durchsuchungsbefugnis durch die Gesetzesänderung in 2009.[1290] Und er gipfelte in der vollständigen Streichung des Straftatenbezugs durch das Gesetz zur Neuordnung des bayerischen Polizeirechts (PAG-Neuordnungsgesetz) vom 18.5.2018 (BayGVBl. S. 301).[1291] Anachronistisch erscheint § 5 BKAG, der weiterhin auf den Straftatenbezug abstellt, was aber auch mit dem Terrorismusbekämpfungsbezug der Norm zusammenhängt, der sich in der seit Jahrzehnten in der Anwendung gefestigten Norm des § 129a StGB manifestiert.[1292]

(bb) Diagnose

Sodann wird das tatsächliche Element immer wieder neu konkretisiert. Das Gericht erkennt:

> „Je weniger die eingrenzende Funktion der Bezugnahme auf Tatbestandsmerkmale einer schon verwirklichten oder in Verwirklichung begriffenen Straftat zum Tragen kommt, umso wichtiger sind sonstige Einengungen der Ermächtigung, die das Risiko einer Fehlprognose grundrechtlich hinnehmbar sein lassen."[1293]

Diese Verknüpfung von Betroffenem und der Rechtsgutsverletzung im Wege der Beschreibung der notwendigen Tatsachen greift das Bundesverfassungsgericht im Urteil zu den Telekommunikationsüberwachungsnormen des NdsSOG vom 27.7. 2005 auf.[1294] Es benötige die tatbestandliche Beschreibung eines „konkreten, in der Entwicklung begriffenen Vorgang[s] oder dessen Planung"[1295] oder von „konkrete[n] Vorbereitungshandlungen"[1296].

[1289] § 6 C.II.1.b)cc)(1)(b), S. 410 ff.

[1290] Vgl. die Amtl. Begr. zu Art. 34a Abs. 1 S. 1 Nr. 2 BayPAG und Art. 34d Abs. 1 S. 1 Nr. 2 BayPAG i.d.F. des Gesetzes zur Änderung des Polizeiaufgabengesetzes, des Bayerischen Verfassungsschutzgesetzes und des Bayerischen Datenschutzgesetzes v. 27.7.2009 (BayGVBl. S. 380), BayLT-Drs. 16/1271, S. 6 f.

[1291] Amtl. Begr. zu Art. 31 BayPAG i.d.F. des Gesetzes zur Neuordnung des bayerischen Polizeirechts (PAG-Neuordnungsgesetz) vom 18.5.2018 (BayGVBl. S. 301), BayLT-Drs. 17/20425, S. 49: „Die bislang in Abs. 5 enthaltenen Kataloge schwerwiegender Straftaten und Straftaten von erheblicher Bedeutung werden gestrichen. Die unmittelbare gesetzliche Bedeutung dieser Kataloge war auf Grund diverser vorangegangener Änderungen im PAG zuletzt gering. Die verbliebenen, bisher in Art. 33, 36 und 44 geregelten Bezugnahmen entfallen künftig zu Gunsten eines konsequenten Rechtsgüterschutzes. Zur ggf. für bestimmte Bereiche für die Praxis erforderlichen Auslegungsorientierung stehen in der StPO eine Reihe verschiedener, ausdifferenzierter Straftatenkataloge zur Verfügung (vgl. §§ 98a Abs. 1 Satz 1, 100a Abs. 2, 100b Abs. 2, 100g Abs. 2 Satz 2, 110a Abs. 1 Satz 1 StPO)."

[1292] Vgl. insoweit auch die Amtl. Begr. zu Gesetzes zur Abwehr von Gefahren des internationalen Terrorismus v. 25.12.2008 (BGBl. I S. 3083), BR-Drs. 404/08, S. 47, 53.

[1293] BVerfGE 110, 33 (60).

[1294] BVerfGE 113, 348 (378).

[1295] BVerfGE 113, 348 (378).

Durch diese Rechtsprechung veranlasst, ziehen die „Vorbereitungshandlungen" in die Polizeigesetze ein. Sowohl die Befugnis zur Telekommunikationsüberwachung durch Änderung in 2005 (Art. 34a Abs. 1 S. 1 Nr. 2 BayPAG [2005]) sowie zur Online-Durchsuchung durch Änderung in 2008 (Art. 34d Abs. 1 S. 1 Nr. 2 BayPAG [2008]) stellen darauf ab, dass bei Personen „konkrete Vorbereitungshandlungen für sich oder zusammen mit weiteren bestimmten Tatsachen die begründete Annahme rechtfertigen, dass sie eine schwerwiegende Straftat begehen werden"[1297].

(d) Personen- und verhaltensbezogener Tatbestand als Gegenstand permanenter Auseinandersetzung

Mit der Einbeziehung der Vorbereitungshandlungen ist die Entwicklung gleichwohl nicht abgeschlossen. Veranlasst durch die Bezugnahme auf die hinreichende Wahrscheinlichkeit im Online-Durchsuchungsurteil kehrt der Gesetzgeber wieder zur Einbeziehung der konkreten Gefahr zurück.[1298] Später wird er dies jedoch wieder in Frage stellen.[1299] Das Gericht muss sich 2016 erneut mit den Vorschriften der Telekommunikationsüberwachung und der Online-Durchsuchung befassen, sodass die Literatur davon ausgeht, „dass dem Gericht mit seinen Vorentscheidungen keine abschließende Klärung gelungen ist"[1300]. Es sind Überwachungsmaßnahmen „von hoher Intensität"[1301], bei denen der Gesetzgeber und die Rechtsprechung keine abschließende Lösung für die Problematik der Schadenskonkretisierung finden.[1302]

Der wichtigste Bestandteil des Wahrscheinlichkeitsurteils der konkreten Gefahr bleibt nach Ansicht des Bundesverfassungsgerichts und der Gesetzgebung jedenfalls bestehen – die Je-Desto-Formel.[1303] Allerdings ist diese sprachlich durch das

[1296] BVerfGE 113, 348 (378).

[1297] Einziger Unterschied ist, dass Art. 34d Abs. 1 Nr. 2 BayPAG die schwerwiegenden Straftaten konkretisiert auf solche „nach Art. 30 Abs. 5 Satz 1 Nrn. 1, 2 (ohne § 129 Abs. 1 in Verbindung mit Abs. 4 StGB) bis 9", Art. 34d Abs. 1 Nr. 2 i. d. F. des Gesetzes zur Änderung des Polizeiaufgabengesetzes v. 8. 7. 2008 (BayGVBl. S. 365).

[1298] Vgl. BVerfGE 120, 274 (Ls. 2); vgl. die Begr. zu Art. 34a Abs. 1 S. 1 Nr. 2 BayPAG und Art. 34d Abs. 1 S. 1 Nr. 2 BayPAG i. d. F. des Gesetzes zur Änderung des Polizeiaufgabengesetzes, des Bayerischen Verfassungsschutzgesetzes und des Bayerischen Datenschutzgesetzes v. 27. 7. 2009 (BayGVBl. S. 380), BayLT-Drs. 16/1271, S. 6 f.

[1299] Vgl. die Amtl. Begr. zu Art. 41, 42 BayPAG i. d. F. des Gesetzes zur Neuordnung des bayerischen Polizeirechts (PAG-Neuordnungsgesetz) v. 18. 5. 2018 (BayGVBl. S. 301), BayLT-Drs. 17/20425, S. 62, 65.

[1300] *Darnstädt*, DVBl. 2017, 88 (89).

[1301] BVerfGE 120, 274 (322).

[1302] Vgl. BVerfGE 113, 348 (382): „schwerwiegenden Eingriff".

[1303] Vgl. die Amtl. Begr. zu Art. 34d Abs. 1 Nr. 2 BayPAG i. d. F. des Gesetzes zur Änderung des Polizeiaufgabengesetzes v. 8. 7. 2008 (BayGVBl. S. 365), BayLT-Drs. 15/10345, S. 7; BVerfGE 100, 313 (392); 110, 33 (60); 113, 348 (386); 120, 378 (429).

Bundesverfassungsgericht nicht bezogen auf den Schaden, sondern auf die Rechtsgutsverletzung.[1304]

Die Literatur rätselt über den genauen Prognosemaßstab: Angeführt wird eine Beweismaßreduktion.[1305] Was für die orts- und objektbezogenen Tatbestände infolge des fehlenden Abstellens auf ein Verhalten für sinnvoll gehalten werden kann, scheitert bei den personen- und verhaltensbezogenen Tatbeständen, da, auch wenn keine Gefahr bewiesen werden muss, die Voraussetzungen des Dispositionstatbestands bewiesen vorliegen müssen. Ebenfalls benannt wird ein Abrücken vom Erfordernis des zeitlichen Elements der Gefahr.[1306] Differenzierter ist das Vorgehen Möstls, der in Abgrenzung zur hinreichenden Wahrscheinlichkeit keinen absehbaren Kausalverlauf fordert.[1307] Diesen Ansatz wird das Bundesverfassungsgericht später erneut aufgreifen.[1308]

Die dargestellten Unklarheiten bewegen die Literatur dazu, die Tatsachengrenze als Einschreitschwelle der Nachrichtendienste zu betrachten.[1309] Hier und im Bereich der Informationsanbahnung haben die Vorschriften in ihrer ursprünglichen Fassung Bestand.[1310] Für das Polizeirecht hingegen wird konstatiert, dass eine weite Vorgreiflichkeit bestehe und die Polizei kaum Direktiven in den Tatbeständen fin-

---

[1304] BVerfGE 113, 348 (386): „Je gewichtiger das gefährdete Rechtsgut ist und je weitreichender es durch die jeweiligen Handlungen beeinträchtigt würde oder beeinträchtigt worden ist, desto geringere Anforderungen dürfen an den Grad der Wahrscheinlichkeit gestellt werden, mit der auf eine drohende oder erfolgte Verletzung geschlossen werden kann, und desto weniger fundierend dürfen gegebenenfalls die Tatsachen sein, die auf die Gefährdung oder Verletzung des Rechtsguts schließen lassen“. S. auch BVerfGE 100, 313 (392): „Je gewichtiger das Rechtsgut ist und je weitreichender es durch die jeweiligen Handlungen beeinträchtigt würde oder worden ist, desto geringer darf die Wahrscheinlichkeit sein, mit der auf eine drohende oder erfolgte Verletzung geschlossen werden kann, und desto weniger fundierend dürfen gegebenenfalls die Tatsachen sein, die dem Verdacht zugrunde liegen. Je gewichtiger das Rechtsgut ist, desto weiter darf auch die Übermittlungsschwelle bereits in das Vorfeld einer drohenden Rechtsgutverletzung verlagert werden“. BVerfGE 110, 33 (60): „Je gewichtiger das durch die geplante Tat betroffene Rechtsgut ist und je weiter gehend es beeinträchtigt würde, desto geringer darf die Wahrscheinlichkeit sein, mit der auf eine geplante Straftat geschlossen werden kann, und desto weniger fundierend dürfen gegebenenfalls die Tatsachen sein, die dem Verdacht zu Grunde liegen“. BVerfGE 120, 378 (429): „Je gewichtiger die drohende oder erfolgte Rechtsgutbeeinträchtigung und je weniger gewichtig der Grundrechtseingriff ist, um den es sich handelt, desto geringer darf die Wahrscheinlichkeit sein, mit der auf eine drohende oder erfolgte Verletzung des Rechtsguts geschlossen werden kann, und desto weniger fundiert dürfen gegebenenfalls die Tatsachen sein, die dem Verdacht zugrunde liegen“.

[1305] *Kießling*, VerwArch 108 (2017), 282 (298 f.).

[1306] *Darnstädt*, DVBl. 2011, 263 (265, 268); *Rachor/Graulich*, in: Lisken/Denninger, Handbuch des Polizeirechts, 6. Aufl. 2018, E. Rn. 153.

[1307] *Möstl*, DVBl. 2007, 581 (588).

[1308] Vgl. unter § 6 C. I. 1. c) bb) (2), S. 346 ff.

[1309] *Graulich*, GSZ 2019, 9 (14).

[1310] Vgl. BVerfGE 133, 277 (339 Rn. 146).

de.[1311] Zudem merkt die Literatur an, dass nicht alles, was polizeipraktisch gewollt ist, umzusetzen ist.[1312] Gleichzeitig könne, wenn eine verfassungsrechtliche Prüfung niedrigerer Voraussetzungen scheitert, nicht unbedingt ein Rückgriff auf die traditionelle Gefahrenabwehr erfolgen. Ein großer Teil der Literatur fordert, dass ein Abstellen auf eine konkrete Gefahr unterbleibt, da es – neben der Praxisuntauglichkeit –[1313] sonst zur Entgrenzung und nicht zur Engziehung der Anforderungen im Vorfeld kommen würde.[1314]

Problematisch bleibt für eine verfassungsgemäße Schwelle der Gefahrenvorsorge die Beschreibung der Verknüpfung zwischen den Tatsachen und dem zu prognostizierenden Verhalten.[1315] In neueren Entscheidungen versucht das Bundesverfassungsgericht, die Annahme klarzustellen und die Abweichung von oder Modifizierung der konkreten Gefahr zu definieren, um der Lage Herr zu werden.

7. Zwischenfazit

Die konkrete Gefahr vermag es nach überzeugender Auffassung, insbesondere auch der Rechtsprechung, nicht, die Gefahrenvorsorge zu konturieren. Risiko, abstrakte, allgemeine Gefahr und die höchst umstrittenen Kategorien der erhöht abstrakten Gefahr und des Gefahrenverdachts sind Kategorien mit einem eigenen, begrenzten Anwendungsbereich. Solange die Eingriffsintensität gefahrenvorsorgender Maßnahmen als niedrig angesehen wurde oder man sie über die konkrete Gefahr auffangen wollte, rückte die Ausfüllung der vermeintlichen Lücken nicht in den Vordergrund.[1316] In den letzten Jahren ist der Blick der Rechtsdogmatik auf die Dispositionstatbestände gefallen. Sie werden vermehrt als Schwelle der Gefahrenvorsorge wahrgenommen.[1317]

Für die orts- und objektbezogenen Tatbestände konkretisiert die Rechtsprechung in jüngerer Zeit die notwendigen Anforderungen. Sie hält an den Regelungen im

---

[1311] *Wehr*, JURA 2019, 940 (948).

[1312] *Kießling*, VerwArch 108 (2017), 282 (296).

[1313] *Shirvani*, VerwArch 101 (2010), 86 (98 f.).

[1314] *Trute*, Die Verwaltung 37 (2003), 501 (516); ähnlich *Kießling*, VerwArch 108 (2017), 282 (300); vgl. auch *Baldus*, Die Verwaltung (2014) 47, 1 (18); s. schon *Kniesel/Vahle*, in: Clages, Polizeiliche Informationsverarbeitung und Datenschutz im künftigen Polizeirecht, S. 97 Rn. 165.

[1315] *Darnstädt*, DVBl. 2017, 88 (95); s. dazu auch *Kießling*, VerwArch 108 (2017), 282 (289 f.).

[1316] Vgl. *Darnstädt*, GSZ 2017, 16 (18); für weniger eingriffsintensive Maßnahmen Dispositionstatbestände für verfassungsgemäß erachtend, *Barczak*, Der nervöse Staat, S. 524 f.

[1317] Vgl. u. a. *Bäcker*, Kriminalpräventionsrecht, S. 192 ff.; *ders.*, in: Lisken/Denninger, Handbuch des Polizeirechts, D. Rn. 282; *Götz/Geis*, Allgemeines Polizei- und Ordnungsrecht, § 12 Rn. 7, § 17 Rn. 115; *Kießling*, VerwArch 108 (2017), 282 (284); *Rachor/Graulich*, in: Lisken/Denninger, Handbuch des Polizeirechts, 6. Aufl. 2018, E. Rn. 148; *Thiel*, Polizei- und Ordnungsrecht, § 8 Rn. 63; *Wehr*, JURA 2019, 940 (946 f.).

Grundsatz fest. Somit sind sie als verfassungsgemäße Schwelle der Gefahrenvorsorge anzusehen. Für intensive personen- und verhaltensbezogene Überwachungsmaßnahmen der Gefahrenvorsorge scheint im Dispositionsansatz noch keine Lösung gefunden worden zu sein. Sie werden daher fortlaufend weiterentwickelt, was Konsequenzen für die noch zu betrachtenden neuen Kategorien des Bundesverfassungsgerichts und des bayerischen Gesetzgebers hat.[1318]

II. Verantwortlichkeit

Die Gefahrenvorsorge bietet nicht nur für die Schwelle, sondern auch im Rahmen der Verantwortlichkeit Lösungen für die auftretenden Zurechnungsprobleme.[1319] Eine zunächst eher der Betrachtung der Schwelle nachgeordnete Analyse der Verantwortlichkeit[1320] ist in den letzten Jahren in der Rechtsprechung des Bundesverfassungsgerichts in eine mit der Schwelle gleichwertigen und an der Schwelle ausgerichtete Systematisierung übergegangen.[1321]

1. Klassische Verantwortlichkeitskategorien

Die klassischen Verantwortlichkeitskategorien der Verhaltens- und Zustandsverantwortlichkeit knüpfen tatbestandlich an eine Gefahr an, vgl. Art. 7 f. BayPAG. Es gilt das Prinzip der unmittelbaren Verursachung, welches den Verursacher danach bestimmt, dass „dessen Verhalten die Gefahr ‚unmittelbar' herbeigeführt, also bei einer wertenden Zurechnung die polizeirechtliche Gefahrenschwelle überschritten hat"[1322]. Die Kernelemente der Befugnis greifen hier ineinander.[1323] Sowohl für die Gefahr als auch die Verantwortlichkeit braucht es stabile Kausalverläufe. Diese scheitern nach Ansicht der Literatur bei Verzicht oder Modifizierung der Gefahrenschwelle und dem zugrunde liegenden Kausalschema.[1324] Bleibe die Gefahr unklar, bleibe auch der Störer konturlos.[1325]

[1318] § 6, S. 287 ff.

[1319] Vgl. *Trute*, in: GS Jeand'Heur, S. 403 (411).

[1320] *Kral*, Die polizeilichen Vorfeldbefugnisse als Herausforderung für Dogmatik und Gesetzgebung des Polizeirecht, S. 150.

[1321] BVerfGE 113, 348 (380 f.); 133, 277 (340 ff. Rn. 149 ff.); 141, 220 (273 f. Rn. 114 ff., 298 f. Rn. 191 ff.).

[1322] BVerwG, Beschl. v. 12. April 2006 – 7 B 30/06 –, juris Rn. 4; BVerwG, NVwZ 2008, 684 (684 Ls. 2); so auch schon OVG Münster, NVwZ 1985, 355 (356); genauso *Götz/Geis*, Allgemeines Polizei- und Ordnungsrecht, § 13 Rn. 12; *Gusy*, in: ders./Eichenhofer, Polizei- und Ordnungsrecht, Rn. 335; *Schenke*, Polizei- und Ordnungsrecht, Rn. 314.

[1323] *Götz/Geis*, Allgemeines Polizei- und Ordnungsrecht, § 13 Rn. 12; *Kingreen/Poscher*, Polizei- und Ordnungsrecht, § 9 Rn. 15 ff.; *Schenke*, Polizei- und Ordnungsrecht, Rn. 314.

[1324] *Schoch*, Der Staat 43 (2004), 347 (355); *Trute*, in: GS Jeand'Heur, S. 403 (411); vgl. auch *Bäcker*, Kriminalpräventionsrecht, S. 137; *Schulze-Fielitz*, in: FS Glaeser, S. 407 (414).

Sodann wird der Begriff des Nichtstörers für die auseinanderfallenden Kausalverläufe sprachlich gerne herangezogen.[1326] Seine gesetzlich einheitlich vorgeschriebenen Voraussetzungen, vgl. beispielsweise Art. 10 BayPAG, knüpfen aber gleichwohl ebenfalls an eine Gefahr an. Diese Rechtsfigur kann bei einem Abweichen vom klassischen Gefahrenbegriff nicht helfen.[1327] Infolge des Scheiterns der klassischen Kategorien wird von der Literatur eine „Jedermanns-Verantwortlichkeit"[1328], das heißt „eine unspezifische, also nicht an das Verhalten einer Person, den Zustand einer Sache oder auch nur eine wie auch immer zu bestimmende Beziehung zu einer Gefahren- oder Verdachtslage anknüpfende Verantwortlichkeit"[1329], befürchtet. Diese sei deshalb gefährlich, da es zu einer Einebnung der Unterscheidung von Störer und Nicht-Störer komme,[1330] welche den Betroffenen schon wegen der fehlenden Ausgleichsmechanismen, wie den hohen gesetzlichen Voraussetzungen, vgl. Art. 10 BayPAG, und dem Entschädigungsanspruch, vgl. Art. 87 BayPAG, schlechter stelle.[1331] Der Bürger könne den Staat „nicht mehr auf Abstand halten"[1332].

Die Forderung nach „überindividuell[en]"[1333] Wahrscheinlichkeitsprognosen gab es indes schon früh. Für die vorbeugende Verbrechensbekämpfung hält die Begründung des Entwurfs von 1986 fest, dass die traditionellen Kategorien der Gefahrenabwehr, die konkrete Gefahr und der Störerbegriff, „hierauf kaum anwendbar"[1334] sind. In Bezug auf eine Datenerhebung wird gefordert, dass diese „auch gegenüber Personen möglich sein [muss], die weder Störer i. S. d. §§ 4 und 5 ME PolG noch Nichtstörer gemäß § 6 ME PolG sind"[1335]. Dem schließt sich die bayerische Umsetzung an, die – wie auch die bayerische Rechtsprechung –[1336] „personenbezogene Daten auch über andere Personen (Nichtverantwortliche) als

[1325] *Baldus*, Die Verwaltung (2104) 47, 1 (2); *Kral*, Die polizeilichen Vorfeldbefugnisse als Herausforderung für Dogmatik und Gesetzgebung des Polizeirecht, S. 150; *Möstl*, DVBl. 2007, 581 (586); *Poscher*, Die Verwaltung 41 (2008), 345 (348); *Trute*, Die Verwaltung 37 (2003), 501 (517).

[1326] *Kießling*, VerwArch 108 (2017), 282 (296); *Schoch*, Der Staat 43 (2004), 347 (355).

[1327] Vgl. *Bäcker*, Kriminalpräventionsrecht, S. 139; *Baldus*, Die Verwaltung (2104) 47, 1 (2); *Möstl*, DVBl. 2007, 581 (586); *Poscher*, Die Verwaltung 41 (2008), 345 (348); *Trute*, Die Verwaltung 37 (2003), 501 (517).

[1328] *Trute*, in: GS Jeand'Heur, S. 403 (411); genauso *Baldus*, Die Verwaltung (2104) 47, 1 (3).

[1329] *Trute*, Die Verwaltung 37 (2003), 501 (518).

[1330] *Schoch*, Der Staat 43 (2004), 347 (360); *Trute*, in: GS Jeand'Heur, S. 403 (411).

[1331] *Trute*, in: GS Jeand'Heur, S. 403 (422).

[1332] *Baldus*, Die Verwaltung (2104) 47, 1 (3).

[1333] *Erichsen*, VVDStRL 35 (1976), 171 (186).

[1334] Abdr. der Allg. Begr. des VE ME PolG (1986) in *Kniesel/Vahle*, in: Clages, VE ME PolG, S. 49.

[1335] Abdr. der Allg. Begr. des VE ME PolG (1986) in *Kniesel/Vahle*, in: Clages, VE ME PolG, S. 52.

[1336] Vgl. BayVerfGHE 47, 241 (258).

die in Art. 7, 8 und 10 PAG Genannten" [1337] erheben will. Ein Teil des Schrifttums führt an, dass das Vorgehen gegen Nicht-Störer beispielweise nach Art. 10 BayPAG beweise, dass Sonderopfer durch die Gemeinschaftsgebundenheit im Gefahrenabwehrrecht schon lange anerkannt sind.[1338] Es bestehe eine Sozialpflichtigkeit, wobei das Beispiel der Fluggastkontrollen genannt wird.[1339] Letztlich bestätigt das Bundesverfassungsgericht, dass Ermächtigungen „unabhängig von einer Störereigenschaft"[1340] bestehen beziehungsweise auf „nicht verantwortliche Dritte"[1341] ausgerichtet sein können.

Im Ergebnis braucht es nach der eine Abweichung befürwortenden Literatur und der Rechtsprechung Eingrenzungen über den Bestimmtheits- und Verhältnismäßigkeitsgrundsatz.[1342] Für die der Gefahrenvorsorge besonders verbundenen Datenverarbeitung ist anzumerken, dass es zu einer europarechtlichen Überlagerung durch Art. 6 der Richtlinie (EU) 2016/680 kommt,[1343] die aber schon wegen ihrer gesetzesfremden und auf den repressiven Bereich ausgerichteten Begrifflichkeiten die Polizeigesetzgeber nicht davon abbringt, ihre Kategorien in der Gefahrenabwehr und -vorsorge weiter zu benutzen.[1344] Sowohl das BKAG als das BayPAG lassen die

[1337] Begr. zu Art. 28b BayPAG i.d.F. des Dritten Gesetzes zur Änderung des Polizeiaufgabengesetzes v. 24.8.1990, (BayGVBl. S. 329), Bay-LT-Drs. 11/16263, S. 9.

[1338] *Kießling*, VerwArch 108 (2017), 282 (296); vgl. auch *Kral*, Die polizeilichen Vorfeldbefugnisse als Herausforderung für Dogmatik und Gesetzgebung des Polizeirecht, S. 156, sowie *Bäcker*, Kriminalpräventionsrecht, S. 222.

[1339] OLG Düsseldorf, NVwZ 2002, 629 (630); vgl. *Lindner/Unterreitmeier*, DÖV 2017, 90 (97 f.), die eine Sozialpflichtigkeit gleich dem Eigentumsrecht erwägen.

[1340] BVerfGE 150, 244 (195 Rn. 133).

[1341] BVerfGE 141, 220 (Ls. 1 b)).

[1342] Für die Rspr. s.o. § 5 A., S. 128 ff.; aus der Lit. u.a. *Kral*, Die polizeilichen Vorfeldbefugnisse als Herausforderung für Dogmatik und Gesetzgebung des Polizeirecht, S. 156; *Schenke*, Polizei- und Ordnungsrecht, Rn. 302; *Schoch*, Der Staat 43 (2004), 347 (366 f.); *Trute*, in: GS Jeand'Heur, S. 403 (411).

[1343] Vgl. Art. 6 Richtlinie (EU) 2016/680 (Unterscheidung verschiedener Kategorien betroffener Personen): „Die Mitgliedstaaten sehen vor, dass der Verantwortliche gegebenenfalls und so weit wie möglich zwischen den personenbezogenen Daten verschiedener Kategorien betroffener Personen klar unterscheidet, darunter: a) Personen, gegen die ein begründeter Verdacht besteht, dass sie eine Straftat begangen haben oder in naher Zukunft begehen werden, b) verurteilte Straftäter, c) Opfer einer Straftat oder Personen, bei denen bestimmte Fakten darauf hindeuten, dass sie Opfer einer Straftat sein könnten, und d) andere Parteien im Zusammenhang mit einer Straftat, wie Personen, die bei Ermittlungen in Verbindung mit der betreffenden Straftat oder beim anschließenden Strafverfahren als Zeugen in Betracht kommen, Personen, die Hinweise zur Straftat geben können, oder Personen, die mit den unter den Buchstaben a und b genannten Personen in Kontakt oder in Verbindung stehen".

[1344] Vgl. Amtl. Begr. zu Art. 30 i.d.F. des Gesetzes zur Neuordnung des bayerischen Polizeirechts (PAG-Neuordnungsgesetz) v. 18.5.2018 (BayGVBl. S. 301), BayLT-Drs. 17/20425, S. 49, sowie die Amtl. Begr. zu § 19 Abs. 1 BKAG i.d.F. des Gesetzes zur Neustrukturierung des Bundeskriminalamtgesetzes v. 1.6.2017 (BGBl. I S. 1354), BT-Drs. 18/11163, S. 100.

europarechtlichen Kategorien einfließen, bringen aber ihre Vorbehalte in der Gesetzesbegründung zum Ausdruck.[1345]

2. Orts- und objektbezogene Tatbestände

Auch wenn eine Verantwortlichkeit nicht unbedingt nach den klassischen Voraussetzungen gegeben sein muss, darf grundsätzlich nicht auf einen Anlass verzichtet werden. Der Zweck der Gefahrenvorsorge biete nur begrenzte Determinationswirkung.[1346] Für die orts- und objektbezogenen Dispositionstatbestände ist die Beziehung zum Objekt oder Ort maßgeblich für den Eingriff.[1347] Gerade bei gefahrenvorsorgerischen Maßnahmen an gefährlichen oder gefährdeten Orten genügt der Aufenthalt. Problem ist, dass die Allgemeinheit Maßnahmeadressat wird,[1348] so dass schnell der Vorwurf der Anlasslosigkeit und Unverhältnismäßigkeit erhoben werden kann.[1349] Doch gerade hier erfolgt eine Rechtfertigung über die Gemeinschaftsgebundenheit.[1350] Wie bereits dargelegt, ist dies zum Beispiel über die Bekämpfung von Kriminalitätsschwerpunkten oder über den Wegfall der Grenzkontrollen im Wege des Schengener Grenzabkommens zu rechtfertigen.[1351] Diese „besonderen Bedingung[en]“[1352] sind in Kombination mit einem enggezogenen Eingriffsumkreis nach Ansicht der Rechtsprechung Legitimation genug.[1353]

3. Personen- und verhaltensbezogene Tatbestände

a) Anlasspersonen

Wie bei den orts- und objektbezogenen Tatbeständen kommt es bei den personen- und verhaltensbezogenen Maßnahmen zu einer Vermischung von Verant-

---

[1345] Amtl. Begr. zu Art. 30 i. d. F. des Gesetzes zur Neuordnung des bayerischen Polizeirechts (PAG-Neuordnungsgesetz) v. 18.5.2018 (BayGVBl. S. 301), BayLT-Drs. 17/20425, S. 49: „Insoweit soll die Polizei künftig – soweit möglich – auch bezüglich dieser in Abs. 4 benannten Kategorien unterscheiden“. Vgl. Amtl. Begr. zu § 19 Abs. 1 BKAG i. d. F. des Gesetzes zur Neustrukturierung des Bundeskriminalamtgesetzes v. 1.6.2017 (BGBl. I S. 1354), BT-Drs. 18/11163, S. 100: Eine „Erweiterung der Befugnisse des Bundeskriminalamtes findet damit nicht statt“.

[1346] BVerfGE 150, 244 (297 Rn. 142); *Trute*, Die Verwaltung 37 (2003), 501 (518).

[1347] *Bäcker*, Kriminalpräventionsrecht, S. 221.

[1348] *Ogorek*, DÖV 2018, 688 (690); vgl. auch *Bäcker*, Kriminalpräventionsrecht, S. 141.

[1349] Vgl. *Baldus*, Die Verwaltung (2104) 47, 1 (3).

[1350] *Bäcker*, Kriminalpräventionsrecht, S. 222; *Kral*, Die polizeilichen Vorfeldbefugnisse als Herausforderung für Dogmatik und Gesetzgebung des Polizeirecht, S. 162 f., der diese Tatbestände aber von einer konkreten Gefahr abhängig macht.

[1351] BVerfGE 150, 244 (297 Rn. 142); BVerwGE 141, 329 (344 Rn. 47).

[1352] BVerfGE 150, 244 (297 Rn. 142).

[1353] BVerfGE 120, 378 (430 f.); 150, 244 (281 ff. Rn. 93 ff.); BVerwGE 141, 329 (344 Rn. 47).

wortlichkeit und Schwelle.[1354] Voraussetzung ist hier eine Individualisierung.[1355] Kral spricht von „Maßnahmeadressaten erster Ordnung“[1356] als Personen, „die primär zu dem Bedrohungspotenzial in Beziehung gesetzt werden“[1357] und bei denen „auf keine weitere Person als den Mittler zurückgegriffen“[1358] werden muss. Die Rechtsprechung nennt den Adressaten jüngst „Zielperson“[1359] oder auch – im Sinne der vorbeugenden Straftatenbekämpfung – in älteren Entscheidungen „potenziele[n] Straftäter“[1360]. Die neueste Gesetzgebung bezeichnet sie als „Anlasspersonen“, vgl. § 18 Abs. 1 BKAG. Sie sind die Personen, bei denen die Gesetzgebung zunächst verbreitet forderte, dass „Tatsachen“ beziehungsweise „tatsächliche Anhaltspunkte“ zur Annahme eines Eingriffs berechtigen. Teils wird der umstrittene Begriff des Verdachtsstörers hierauf angewandt.[1361] Der damit in Verbindung gebrachte Störererforschungseingriff werde der Gefahrenvorsorge aber nach Ansicht eines Teils der Literatur nicht gerecht und weder Gesetzgebung noch Rechtsprechung bedienen sich nicht dieses Begriffs.[1362]

Die Gemeinschaftsgebundenheit rechtfertige ein Vorgehen bei gering intensiven Maßnahmen wie beispielsweise der Vorladung.[1363] Da aber die Verantwortlichkeit abhängig ist von der Ausgestaltung der personen- und verhaltensbezogenen Tatbestände, ist diese einer stetigen Entwicklung unterlegen und wird nicht abschließend durch die auf „Tatsachen“ beziehungsweise „tatsächliche Anhaltspunkte“ abstellenden Tatbestände bei intensiven Maßnahmen eingegrenzt.[1364]

[1354] *Bäcker*, Kriminalpräventionsrecht, S. 221; *Kral*, Die polizeilichen Vorfeldbefugnisse als Herausforderung für Dogmatik und Gesetzgebung des Polizeirecht, S. 157; vgl. schon *Kniesel/Vahle*, in: Clages, Polizeiliche Informationsverarbeitung und Datenschutz im künftigen Polizeirecht, S. 97 Rn. 165.

[1355] *Kral*, Die polizeilichen Vorfeldbefugnisse als Herausforderung für Dogmatik und Gesetzgebung des Polizeirecht, S. 157.

[1356] *Kral*, Die polizeilichen Vorfeldbefugnisse als Herausforderung für Dogmatik und Gesetzgebung des Polizeirecht, S. 155.

[1357] *Kral*, Die polizeilichen Vorfeldbefugnisse als Herausforderung für Dogmatik und Gesetzgebung des Polizeirecht, S. 155.

[1358] *Kral*, Die polizeilichen Vorfeldbefugnisse als Herausforderung für Dogmatik und Gesetzgebung des Polizeirecht, S. 156.

[1359] BVerfGE 141, 220 (273 Rn. 115); s. auch *Trute*, in: GS Jeand'Heur, S. 403 (411); *ders.*, Die Verwaltung 53 (2020), 99 (108).

[1360] BVerfGE 113, 348 (380); s. auch *Shirvani*, VerwArch 101 (2010), 86 (87).

[1361] Eine Einordnung in diesem Sinne vornehmend *Meyer*, JZ 2017, 429 (438); vgl. zum Begriff *Schenke*, Polizei- und Ordnungsrecht, Rn. 323 ff., 334.

[1362] *Kral*, Die polizeilichen Vorfeldbefugnisse als Herausforderung für Dogmatik und Gesetzgebung des Polizeirecht, S. 135 f.

[1363] *Kral*, Die polizeilichen Vorfeldbefugnisse als Herausforderung für Dogmatik und Gesetzgebung des Polizeirecht, S. 156.

[1364] S. u. § 6, S. 287 ff.

b) Umfeldüberwachung

Als Verantwortlichkeit „zweiter Ordnung“[1365] wird an Personen angesetzt, „deren Inanspruchnahme sich erst auf der Grundlage einer Zuordnung zu den Adressaten der ersten Ordnung ergibt“[1366]. Die vom Bundesverfassungsgericht als „Umfeldüberwachung“[1367] betitelte Kategorie wird von vereinzelten Stimmen in der Literatur als das „funktionale Äquivalent für den Nichtstörer im Vorfeldbereich“[1368] betrachtet. Hierzu zählen insbesondere sogenannte Nachrichtenmittler sowie Kontakt- und Begleitpersonen.[1369]

Für diese Kategorie besteht das besondere Problem, dass die Zurechnung noch weiter verloren geht, wenn schon die Zielperson nur nach Vorfeldmaßstäben bestimmt wird.[1370] Die gesetzgeberische Entwicklung der zahlreichen Legaldefinitionen dieser Adressatenmodi ist stark durch die Rechtsprechung geprägt. Zunächst setzte sich das Bundesverfassungsgericht mit der Legaldefinition des Niedersächsischen Gesetzes über die öffentliche Sicherheit und Ordnung auseinander.[1371] An dieser Stelle stellte das Gericht Defizite in der Bestimmtheit fest, da es in der betreffenden Regelung eben jene Verbindung zur Anlassperson nicht klar definiert ansah.[1372] Auch eine restriktive Auslegung, dass „nähere persönliche oder geschäftliche Beziehungen zu der eigentlichen Zielperson bestehen müssen oder der Kontakt über einen längeren Zeitraum unterhalten oder aber unter konspirativen Umständen hergestellt oder gepflegt wird, während äußerlich flüchtige oder zufällige Alltagskontakte nicht ausreichen sollen“[1373], sowie das Erfordernis der „Unerlässlichkeit“ könnten nicht über den Mangel hinweghelfen.[1374] Der Gesetzgeber stehe in der Verantwortung nachzubessern.[1375]

[1365] *Kral*, Die polizeilichen Vorfeldbefugnisse als Herausforderung für Dogmatik und Gesetzgebung des Polizeirecht, S. 158.

[1366] *Kral*, Die polizeilichen Vorfeldbefugnisse als Herausforderung für Dogmatik und Gesetzgebung des Polizeirecht, S. 155.

[1367] BVerfGE 141, 220 (273 Rn. 114).

[1368] *Trute*, in: GS Jeand'Heur, S. 403 (411); *ders.*, Die Verwaltung 37 (2003), 501 (518).

[1369] BVerfGE 141, 220 (274 Rn. 116); *Möstl*, DVBl. 2007, 581 (588); *Trute*, in: GS Jeand'Heur, S. 403 (409 f., 417).

[1370] *Trute*, in: GS Jeand'Heur, S. 403 (411).

[1371] BVerfGE 113, 348 (380 f.); vgl. die Legaldefinition in § 33a Abs. 1 Nr. 3 NdsSOG i.V.m. § 2 Nr. 11 NdsSOG i.d.F. des Gesetzes zur Änderung des Niedersächsischen Gefahrenabwehrgesetzes vom 11.12.2003 (NdsGVBl. S. 414): „[E]ine Person, die mit einer anderen Person, von der Tatsachen die Annahme rechtfertigen, dass diese eine Straftat von erheblicher Bedeutung begehen wird, in einer Weise in Verbindung steht, die erwarten lässt, dass durch sie Hinweise über die angenommene Straftat gewonnen werden können“.

[1372] BVerfGE 113, 348 (380 f.).

[1373] BVerfGE 113, 348 (380).

[1374] BVerfGE 113, 348 (381).

[1375] BVerfGE 113, 348 (381).

Weitere Erkenntnisse erlangt das Bundesverfassungsgericht bei Betrachtung der Speicherungspflicht in der Anti-Terrordatei, bei der die verfassungsrechtlichen Anforderungen, wie beschrieben, infolge des Zwecks der Informationsanbahnung herabgesetzt sind. Hier enthalten ist eine Legaldefinition der Kontaktpersonen in § 2 S. 1 Nr. 3 ATDG (2008), deren Verfassungswidrigkeit nach Ansicht des Bundesverfassungsgerichts anzunehmen war.[1376] Nicht ausreichend sei es, Personen mit nur flüchtigem oder zufälligem Kontakt aus der Vorschrift auszuklammern.[1377] Ebenso genüge eine Einschränkung über ein Erforderlichkeitskriterium nicht.[1378] Aber der Begriff der Kontaktperson sei nicht per se verfassungswidrig.[1379] Eine zur Steigerung der Intensität führende Streubreite müsse vermieden werden.[1380] Dabei müsse eine objektive Absicherung der Grundintention des Vermittelns des „Aufschluss[es] über die als terrorismusnah geltende Hauptperson"[1381] hergestellt werden.[1382]

Sodann führte das Bundesverfassungsgericht diese Erkenntnisse in der Entscheidung zum BKAG, das in § 20b Abs. 2 Nr. 2 c) BKAG (2008) eine Legaldefinition von Kontaktpersonen und in § 20l Abs. 1 Nr. 3, 4 BKAG (2008) eine Legaldefinition von Nachrichtenmittlern enthielt, zusammen.[1383] Im Rahmen der Umfeldüberwachung sei ein Vorgehen gegen Kontaktpersonen oder Nachrichtenmittler verfassungsgemäß. Voraussetzung sei eine „spezifische individuelle Nähe

---

[1376] BVerfGE 133, 277 (349 f. Rn. 164 f.); vgl. § 2 S. 1 Nr. 3 ATDG i.d.F. des Gesetzes v. 26.2.2008 (BGBl. I S. 215): „Personen, bei denen tatsächliche Anhaltspunkte vorliegen, dass sie mit den in Nummer 1 Buchstabe a oder in Nummer 2 genannten Personen nicht nur flüchtig oder in zufälligem Kontakt in Verbindung stehen und durch sie weiterführende Hinweise für die Aufklärung oder Bekämpfung des internationalen Terrorismus zu erwarten sind (Kontaktpersonen)".

[1377] BVerfGE 133, 277 (349 Rn. 164).

[1378] BVerfGE 133, 277 (349 Rn. 164).

[1379] BVerfGE 133, 277 (349 Rn. 165).

[1380] BVerfGE 133, 277 (349 f. Rn. 165).

[1381] BVerfGE 133, 277 (350 Rn. 165).

[1382] BVerfGE 133, 277 (349 f. Rn. 165).

[1383] Vgl. § 20b Abs. 2 Nr. 2c) BKAG i.d.F. des Gesetzes zur Abwehr von Gefahren des internationalen Terrorismus durch das Bundeskriminalamt v. 25.12.2008 (BGBl. I S. 3083): „2. die Person mit einer Person nach Nummer 1 [Zielperson] nicht nur flüchtig oder in zufälligem Kontakt in Verbindung steht und a) von der Vorbereitung einer Straftat gemäß § 4a Abs. 1 Satz 2 Kenntnis hat, b) aus der Verwertung der Tat Vorteile ziehen oder c) die Person nach Nummer 1 sich ihrer zur Begehung der Straftat bedienen könnte (Kontakt- und Begleitperson) und die Verhütung dieser Straftaten auf andere Weise aussichtslos oder wesentlich erschwert wäre." § 20l Abs. 1 Nr. 3, 4 BKAG i.d.F. des Gesetzes zur Abwehr von Gefahren des internationalen Terrorismus durch das Bundeskriminalamt v. 25.12.2008 (BGBl. I S. 3083): „(1) Das Bundeskriminalamt kann ohne Wissen des Betroffenen die Telekommunikation einer Person überwachen und aufzeichnen, [...] 3. bei der bestimmte Tatsachen die Annahme rechtfertigen, dass sie für eine Person nach Nummer 1 bestimmte oder von dieser herrührende Mitteilungen entgegennimmt oder weitergibt, oder 4. bei der bestimmte Tatsachen die Annahme rechtfertigen, dass eine Person nach Nummer 1 deren Telekommunikationsanschluss oder Endgerät benutzen wird, und die Abwehr der Gefahr oder Verhütung der Straftaten auf andere Weise aussichtslos oder wesentlich erschwert wäre."

der Betroffenen zu der aufzuklärenden Gefahr oder Straftat".[1384] Ein irgendwie gearteter Austausch mit der Zielperson genüge nicht.[1385] Es bedürfe „zusätzlicher Anhaltspunkte, dass der Kontakt einen Bezug zum Ermittlungsziel aufweist und so eine nicht unerhebliche Wahrscheinlichkeit besteht, dass die Überwachungsmaßnahme der Aufklärung der Gefahr dienlich sein wird".[1386] Bei intensiven Überwachungsmaßnahmen genüge eine Überwachung mit dem Ziel, erst herauszufinden, ob hierüber weitere Ermittlungsansätze ermittelt werden können, nicht.[1387] Explizit schließt es sie für die heimliche Wohnraumüberwachung und den Zugriff auf informationstechnische Systeme aus.[1388] Bei gering intensiven Maßnahmen könne sie aber verfassungsgemäß sein.[1389]

Infolge des Urteils hat der Gesetzgeber das BKAG hinsichtlich der tatbestandlichen Beschreibung von Kontakt- und Begleitpersonen angepasst und verlangt, dass „Personen nicht nur flüchtig oder in zufälligem Kontakt und in einer Weise in Verbindung stehen, die erwarten lässt, dass Hinweise für die Verfolgung oder vorbeugende Bekämpfung dieser Straftaten gewonnen werden können, weil Tatsachen die Annahme rechtfertigen, dass die Personen von der Planung oder der Vorbereitung der Straftaten oder der Verwertung der Tatvorteile Kenntnis haben oder daran mitwirken", vgl. z.B. § 19 Abs. 1 S. 1 Nr. 3 BKAG (2017).[1390] Wichtig seien „konkrete Tatsachen für einen objektiven Tatbezug"[1391]. Die Regelung der Nachrichtenmittler ließ es mangels Regelungsbedarf unverändert.[1392] Für die Regelung des § 39 Abs. 2 Nr. 2 BKAG bestätigt das Bundesverfassungsgericht die an die BKAG-Entscheidung angelehnten Nähekriterien –[1393] und lässt sogar im Vergleich dazu etwas offenere Formulierungen in Bezug auf Kontaktpersonen nach dem BPolG genügen.[1394] Der bayerische Gesetzgeber begnügt sich mit einer kürzeren

---

[1384] BVerfGE 141, 220 (274 Rn. 116).

[1385] BVerfGE 141, 220 (274 Rn. 116).

[1386] BVerfGE 141, 220 (274 Rn. 116); vgl. zudem BVerfGE 141, 220 (311 Rn. 233).

[1387] BVerfGE 141, 220 (274 f. Rn. 116).

[1388] BVerfGE 141, 220 (273 Rn. 114; 298 f. Rn. 191 ff.).

[1389] BVerfGE 141, 220 (275 Rn. 116).

[1390] Amtl. Begr. zu § 19 Abs. 1 Nr. 3 BKAG i.d.F. des Gesetzes zur Neustrukturierung des Bundeskriminalamtgesetzes v. 1.6.2017 (BGBl. I S. 1354), BT-Drs. 18/11163, S. 100.

[1391] Amtl. Begr. zu § 19 Abs. 1 Nr. 3 BKAG i.d.F. des Gesetzes zur Neustrukturierung des Bundeskriminalamtgesetzes v. 1.6.2017 (BGBl. I S. 1354), BT-Drs. 18/11163, S. 100.

[1392] Vgl. Amtl. Begr. zu § 52 BKAG i.d.F. des Gesetzes zur Neustrukturierung des Bundeskriminalamtgesetzes v. 1.6.2017 (BGBl. I S. 1354), BT-Drs. 18/11163, S. 121.

[1393] BVerfGE 155, 119 (219 f. Rn. 228).

[1394] BVerfGE 155, 119 (221 Rn. 232): Ausreichend sei auch, „dass Tatsachen die Annahme rechtfertigen, dass die Kontaktperson zu einer Zielperson in einer Weise in Verbindung steht, die erwarten lässt, dass eine Maßnahme zur Straftatenverhütung führen wird, oder eine solche Verbindung hergestellt wird."

Definition, die den Zusammenhang mit der Gefahrenlage in den Vordergrund stellt.[1395]

c) *Unvermeidbar betroffene Dritte*

Verfassungsrechtlich nicht zu beanstanden ist nach Ansicht des Bundesverfassungsgerichts allerdings die Situation, dass die gegen die Verantwortlichen angeordneten Maßnahmen, „soweit unvermeidbar, auch Dritte miterfassen“[1396]. Dies gilt nach Ansicht des Gerichts auch bei intensiven Maßnahmen.[1397] Diese sind nicht Zielperson der Maßnahme, gleichwohl werden sie miterfasst,

> „wenn aufgrund bestimmter Tatsachen vermutet werden kann, dass die Zielperson sich dort zur Zeit der Maßnahme aufhält, sie dort für die Ermittlungen relevante Gespräche führen wird und eine Überwachung ihrer Wohnung allein zur Erforschung des Sachverhalts nicht ausreicht“[1398].

So kann zum Beispiel eine Online-Durchsuchung auf informationstechnische Systeme Dritter erstreckt werden, wenn tatsächliche Anhaltspunkte dafür bestehen, dass die Zielperson dort ermittlungsrelevante Informationen speichert und ein auf ihre eigenen informationstechnischen Systeme beschränkter Zugriff zur Erreichung des Ermittlungsziels nicht ausreicht.[1399]

4. Zwischenfazit

Durch informationelle Befugnisse erfolgt eine Entfernung von der bekannten Dogmatik des polizeilichen Adressaten.[1400] Es entsteht ein weitgehend stimmiges System. Die Regelungen weiten allerdings den Kreis der Adressaten aus, ohne eine Entschädigung wie bei der Nichtstörerinanspruchnahme vorzusehen. Dies ist ein Hauptkritikpunkt.[1401]

[1395] Amtl. Begr. zu Art. 36 BayPAG i. d. F. des Gesetzes zur Neuordnung des bayerischen Polizeirechts (BayGVBl. 2018, S. 301), BayLT-Drs. 17/20425, S. 55.

[1396] BVerfGE 141, 220 (273 f. Rn. 115); vgl. auch *Bäcker*, Kriminalpräventionsrecht, S. 138 f.; *Kral*, Die polizeilichen Vorfeldbefugnisse als Herausforderung für Dogmatik und Gesetzgebung des Polizeirecht, S. 161.

[1397] BVerfGE 141, 220 (274 Rn. 115).

[1398] BVerfGE 141, 220 (274 Rn. 115); 109, 279 (353, 355 f.).

[1399] BVerfGE 141, 220 (273 f. Rn. 115).

[1400] So auch *Knemeyer*, Polizei- und Ordnungsrecht, Rn. 194.

[1401] *Trute*, in: GS Jeand’Heur, S. 403 (422 f.).

III. Zweckbindung und Kompensationen

Im Sinne eines gerechten Ausgleichs von Freiheit und Sicherheit ist stets das verfassungsrechtliche Gebot der Zweckbindung zu beachten.[1402] Außerdem sind die Maßnahmen im Einzelfall durch entsprechende Verfahrensabsicherungen zu begleiten.[1403] Bei Heimlichkeit einer Maßnahme ist zur Wahrung des individuellen Rechtsschutzes eine Benachrichtigungspflicht zu integrieren.[1404] Sie besitzt einen „*Rechtsschutzinitiativeffekt*"[1405] und wird abgesichert durch die Möglichkeit, nachträglichen Rechtsschutz zum Beispiel durch Anerkennung eines Fortsetzungsfeststellungsinteresses zu erlangen.[1406] Die Benachrichtigung wird kompensatorisch zuvörderst bei tief in das Privatleben eingreifenden heimlichen Überwachungsmaßnahmen gefordert.[1407] Weiter können zur Flankierung Auskunftsrechte für den Adressaten eingeräumt werden.[1408] Allerdings kann in Abwägung mit verfassungsrechtlich geschützten Rechtsgütern Dritter die Kenntnisgewährung eingegrenzt beziehungsweise bei weniger intensiven Eingriffen auf sie verzichtet werden, sofern gegen Folgemaßnahmen Rechtsschutz erlangt werden kann.[1409] Gleichzeitig besteht beim Umgang mit Daten eine zu protokollierende Vernichtungspflicht,[1410] die mit der eventuell bestehenden Benachrichtigungspflicht in Einklang gebracht werden muss.[1411] Desgleichen ist Datensicherheit nach dem Stand der Technik zu gewähr-

---

[1402] BVerfGE 115, 320 (365); 120, 378 (408); s. dazu § 5 A. I. 4. a), S. 152 ff.

[1403] S. o. § 5 A. I. 4. b), S. 154 ff.

[1404] Abgeleitet aus Art. 10 GG, BVerfGE 100, 313 (364); 110, 33 (75); 125, 260 (337 ff.); aus Art. 13 GG, vgl. BVerfGE 109, 279 (364); aus dem Verhältnismäßigkeitsprinzip BVerfGE 150, 244 (285 Rn. 101); aus dem Transparenzgebot, vgl. BVerfGE 125, 260 (335); 141, 220 (282 Rn. 135); zum Rechtsschutzgebot, vgl. BVerfGE 65, 1 (70); 141, 220 (282 f. Rn. 136); aus der Lit. *Brugger*, Freiheit und Sicherheit, S. 94; *Kniesel/Vahle*, in: Clages, Polizeiliche Informationsverarbeitung und Datenschutz im künftigen Polizeirecht, S. 98 Rn. 166; *Schoch*, Der Staat 43 (2004), 347 (368); *Schulze-Fielitz*, in: FS Glaeser, S. 407 (430).

[1405] *Trute*, in: GS Jeand'Heur, S. 403 (421) [Hervorhebung im Original].

[1406] *Trute*, in: GS Jeand'Heur, S. 403 (421); *Kniesel/Vahle*, in: Clages, Polizeiliche Informationsverarbeitung und Datenschutz im künftigen Polizeirecht, S. 98 Rn. 166.

[1407] BVerfGE 141, 220 (Ls. 1b)); 150, 244 (285 Rn. 101).

[1408] BVerfGE 141, 220 (283 Rn. 137).

[1409] BVerfGE 125, 260 (336); 141, 220 (282 Rn. 136); 150, 244 (302 Rn. 154); im strafprozessualen Kontext BVerfGE 109, 279 (364); zu zufällig Miterfassten, vgl. BVerfGE 125, 260 (336); 141, 220 (282 Rn. 136).

[1410] BVerfGE 65, 1 (46); 125, 260 (333); 141, 220 (Ls. 1b), 285 f. Rn. 144); 150, 244 (303 Rn. 158); *Kniesel/Vahle*, in: Clages, Polizeiliche Informationsverarbeitung und Datenschutz im künftigen Polizeirecht, S. 98 Rn. 166; *Schoch*, Der Staat 43 (2004), 347 (368); *Schulze-Fielitz*, in: FS Glaeser, S. 407 (428); *Trute*, in: GS Jeand'Heur, S. 403 (421).

[1411] BVerfGE 109, 279 (380 f.): „Dies kann in der Weise geschehen, dass in Fällen, in denen der Betroffene ein ernsthaftes – grundsätzlich zu vermutendes – Interesse an Rechtsschutz oder an der Geltendmachung seines Datenschutzrechts gegenüber der zuständigen Stelle haben kann, die Daten einstweilen nicht gelöscht, wohl aber gesperrt werden und zu keinem anderen Zweck als dem zur Information des Betroffenen und zur gerichtlichen Kontrolle verwendet werden dürfen. Eine Vernichtung kommt erst dann in Betracht, wenn sileisten.[1412] Ferner kann für bestimmte Daten eine Kennzeichnungspflicht bestehen.[1413]

Bei manchen Maßnahmen kann die (besonders hohe)[1414] Intensität über einen Richtervorbehalt kompensiert werden,[1415] was sich besonders zur vorbeugenden Kontrolle bei heimlichen Maßnahmen anbietet.[1416] Hier bestehen strenge Anforderungen an den Inhalt und die Begründung der gerichtlichen Anordnung.[1417] Möglich ist auch eine vorherige Kontrolle durch eine andere unabhängige Stelle.[1418] Vorgeschlagen wird auch ein Behördenleitervorbehalt.[1419] Im Rahmen solcher Anordnungen sind die Anforderungen an zeitliche Obergrenzen gerade bei Überwachungsmaßnahmen zu wahren.[1420] Wenn die Durchführung von heimlichen Überwachungsmaßnahmen sich der Wahrnehmung der Betroffenen und der Öffentlichkeit entzieht und sonstige Kompensationen nur begrenzt entgegenwirken können, kann eine hinreichend gehaltvolle Berichtspflicht an Parlament und Öffentlichkeit angeordnet werden. [1421]

Zur Rationalisierung beitragen soll auch eine Protokoll- beziehungsweise Dokumentationspflicht,[1422] die durch ein Begründungserfordernis flankiert werden kann.[1423] Deren Erkenntnisse sind Grundlage einer möglichen aufsichtlichen Kon-

chergestellt ist, dass die Daten für eine gerichtliche Nachprüfung der Rechtmäßigkeit der Maßnahme nicht oder nicht mehr benötigt werden". Vgl. auch BVerfGE 100, 313 (364 f.).

1412 BVerfGE 125, 260 (325 ff.).

1413 BVerfGE 109, 279 (379); 110, 33 (75); 125, 260 (334).

1414 Im nachrichtendienstlichen Kontext BVerfGE 120, 274 (332).

1415 BVerfGE 125, 260 (338); ausf. zu den näheren Anforderungen an die gerichtliche Anordnung BVerfGE 141, 220 (S. 275 f. Rn. 117 f.); vgl. zudem im nachrichtendienstlichen Kontext BVerfGE 120, 274 (274 Ls. 3); *Brugger*, Freiheit und Sicherheit, S. 92; *Kniesel/Vahle*, in: Clages, Polizeiliche Informationsverarbeitung und Datenschutz im künftigen Polizeirecht, S. 98 Rn. 166; *Schoch*, Der Staat 43 (2004), 347 (368); *Schulze-Fielitz*, in: FS Glaeser, S. 407 (425); *Trute*, Die Verwaltung 37 (2003), 501 (521).

1416 BVerfGE 125, 260 (338); im nachrichtendienstlichen Kontext BVerfGE 120, 274 (331).

1417 BVerfGE 109, 279 (358 f.); 125, 260 (338).

1418 BVerfGE 141, 220 (275 Rn. 117); *Trute*, in: GS Jeand'Heur, S. 403 (419).

1419 *Brugger*, Freiheit und Sicherheit, S. 94; *Schoch*, Der Staat 43 (2004), 347 (368); *Schulze-Fielitz*, in: FS Glaeser, S. 407 (424 f.); *Trute*, in: GS Jeand'Heur, S. 403 (425); *ders.*, Die Verwaltung 37 (2003), 501 (521).

1420 BVerfGE 141, 220 (293 Rn. 171); *Kniesel/Vahle*, in: Clages, Polizeiliche Informationsverarbeitung und Datenschutz im künftigen Polizeirecht, S. 98 Rn. 166.

1421 BVerfGE 133, 277 (372 Rn. 221 f.); 141, 220 (285 Rn. 142 f.).

1422 BVerfGE 125, 260 (333); 133, 277 (370 Rn. 215); 141, 220 (284 f. Rn. 141); 150, 244 (302 Rn. 157).

1423 BVerfGE 130, 151 (187); Amtl. Begr. zum Gesetz zur Neuordnung des bayerischen Polizeirechts (PAG-Neuordnungsgesetz) v. 18.5.2018 (BayGVBl. S. 301), BayLT-Drs. 17/20425, S. 2; *Trute*, in: GS Jeand'Heur, S. 403 (424); *Schulze-Fielitz*, in: FS Glaeser, S. 407 (428).

trolle,[1424] welche zum Ausgleich für mangelnde Gewährleistung subjektiven Rechtsschutzes zum Beispiel in Form des Einsatzes von Datenschutzbeauftragten[1425] angeordnet werden kann.[1426] Ferner sind tatbestandliche Begrenzungen zum Beispiel zum Schutz von Vertrauensbeziehungen[1427] beziehungsweise Berufsgeheimnisträgern[1428] oder solche nach Art oder Adressat der Daten möglich.[1429] Bei Rechtsverletzungen durch den Staat können letztlich Sanktionen angeordnet werden.[1430] Durch die Literatur wird zudem die parlamentarische Kontrolle der Exekutive angeführt.[1431] Ferner können Sperrpflichten,[1432] Berichtigungspflichten[1433] und eine Evaluierung[1434] eingesetzt werden.

Auf nächster Stufe ist der verfassungsrechtlich gebotene Kernbereichsschutz nach Ansicht des Bundesverfassungsgerichts im Wege eines zweistufigen Schutzkonzepts zu gewährleisten.[1435] Die gesetzliche Regelung hat zunächst darauf hinzuwirken, dass die Erhebung kernbereichsrelevanter Daten so weit wie informationstechnisch und ermittlungstechnisch möglich unterbleibt.[1436] Da aber nicht ausgeschlossen werden kann, dass bei der Erfassung Daten betroffen sind, die sich auf den Kernbereich höchstpersönlicher Lebensgestaltung beziehen,[1437] sind bei einer nachgelagerten Auswertung und Verwertung die Folgen eines dennoch nicht vermiedenen Eindringens in den Kernbereich privater Lebensgestaltung strikt zu minimieren.[1438] Werden absolut geschützte Inhalte betroffen, müssen ab Erkennbarkeit des Eindringens in den Kernbereich die Maßnahme abgebrochen werden und Auf-

---

1424 BVerfGE 133, 277 (370 ff. Rn. 217 ff.); 141, 220 (Ls. 1b), 282 Rn. 134 f., 284 f. Rn. 141); 150, 244 (285 Rn. 101, 303 Rn. 157).

1425 BVerfGE 141, 220 (284 f. Rn. 141); 150, 244 (302 Rn. 155); vgl. auch BVerfGE 113, 348 (389 f.).

1426 BVerfGE 133, 277 (370 ff. Rn. 217 ff.); 141, 220 (284 f. Rn. 141); 150, 244 (303 Rn. 157).

1427 BVerfGE 125, 260 (356); 141, 220 (281 Rn. 131).

1428 BVerfGE 141, 220 (Ls. 1 b)).

1429 BVerfGE 115, 320 (349 f.); *Schulze-Fielitz*, in: FS Glaeser, S. 407 (428); *Trute*, in: GS Jeand'Heur, S. 403 (418); *ders.*, Die Verwaltung 37 (2003), 501 (520).

1430 BVerfGE 125, 260 (339); 141, 220 (284 Rn. 139).

1431 Amtl. Begr. zum Gesetz zur Neuordnung des bayerischen Polizeirechts (PAG-Neuordnungsgesetz) v. 18.5.2018 (BayGVBl. S. 301), BayLT-Drs. 17/20425, S. 2; *Trute*, in: GS Jeand'Heur, S. 403 (424); *Schulze-Fielitz*, in: FS Glaeser, S. 407 (428).

1432 *Schoch*, Der Staat 43 (2004), 347 (368).

1433 *Schoch*, Der Staat 43 (2004), 347 (368); *Trute*, Die Verwaltung 37 (2003), 501 (520).

1434 *Schoch*, Der Staat 43 (2004), 347 (368).

1435 BVerfGE 141, 220 (278 Rn. 124); im nachrichtendienstlichen Kontext BVerfGE 120, 274 (338).

1436 BVerfGE 141, 220 (278 Rn. 124); im nachrichtendienstlichen Kontext BVerfGE 120, 274 (338).

1437 BVerfGE 113, 348 (390 f.); im strafprozessualen Kontext BVerfGE 109, 279 (311 ff.).

1438 BVerfGE 141, 220 (278 Rn. 126); im nachrichtendienstlichen Kontext BVerfGE 120, 274 (337 ff.).

zeichnungen gelöscht werden; jede Weitergabe oder Verwertung solcher Informationen ist ausgeschlossen.[1439] Für die Erhebung bedarf es einer vorgelagerten Prüfung bei kernbereichsrelevanten Situationen oder Gesprächen. Bei Gesprächen mit Personen höchstpersönlichen Vertrauens gilt die widerlegbare Vermutung, dass sie dem Kernbereich unterfallen.[1440] Schutz in der Auswertungsphase erfolgt grundsätzlich durch Herausfiltern der kernbereichsrelevanten Informationen durch unabhängige Stellen vor der Verwendung.[1441] Die Ausgestaltung ist abhängig von der Art der Befugnis und der Nähe zum geschützten Bereich privater Lebensgestaltung.[1442]

Eigene verfassungsrechtliche Grenzen ergeben sich hinsichtlich des Zusammenwirkens der verschiedenen Überwachungsmaßnahmen bei einem sogenannten „‚additiven‘ Grundrechtseingriff“[1443]. Eine mit der Menschenwürde nicht vereinbare lückenlose Überwachung, welche die Möglichkeit der Erstellung eines Persönlichkeitsprofils bietet, soll verhindert werden.[1444] Das Zusammenspiel der (digitalen) Maßnahmen ist vom Gesetzgeber zu beachten.[1445]

Am Ende ist zu berücksichtigen, dass der Gesetzgeber, wie das Bundesverfassungsgericht betont, einen Regelungsspielraum für die Verfahrenskompensation etwa bei der Entscheidung über die kontrollierende Stelle und das anzuwendende Verfahren besitzt.[1446] Bei besonders intensiven Maßnahmen kann sich dieser reduzieren.[1447] Verfahrensgarantien, insbesondere gerichtlicher Rechtsschutz oder der Richtervorbehalt, vermögen indes nicht, einer insgesamt unbestimmten Norm zur Bestimmtheit zu verhelfen.[1448] Sie können nicht eine zu niedrig angesetzte Eingriffsschwellen ausgleichen.[1449] Die Mängel der materiellen Vorschriften können sogar – wie im Fall einer zu späten Unterrichtung – durch die Kompensation vertieft werden.[1450] Es ist stets zu prüfen, wie die vom Gesetzgeber vorgesehenen Verfahrensgarantien einen Ausgleich für Mängel der Vorhersehbarkeit und Justi-

---

[1439] BVerfGE 109, 279 (Ls. 5); 113, 348 (391 ff.); 141, 220 (279 Rn. 128); im nachrichtendienstlichen Kontext BVerfGE 120, 274 (337 ff.).

[1440] BVerfGE 141, 220 (279 Rn. 128).

[1441] BVerfGE 141, 220 (280 Rn. 129); im nachrichtendienstlichen Kontext BVerfGE 120, 274 (339).

[1442] BVerfGE 141, 220 (279 Rn. 127).

[1443] BVerfGE 141, 220 (280 Rn. 130).

[1444] BVerfGE 141, 220 (281 Rn. 131); im strafprozessualen Kontext BVerfGE 109, 279 (323).

[1445] BVerfGE 141, 220 (281 Rn. 131).

[1446] BVerfGE 141, 220 (281 Rn. 131); im nachrichtendienstlichen Kontext BVerfGE 120, 274 (332).

[1447] Im nachrichtendienstlichen Kontext BVerfGE 120, 274 (332).

[1448] BVerfGE 110, 33 (68); im nachrichtendienstlichen Kontext BVerfGE 120, 274 (331).

[1449] Im nachrichtendienstlichen Kontext BVerfGE 120, 274 (331); vgl. auch *Bäcker*, Kriminalpräventionsrecht, S. 222 f.

[1450] BVerfGE 113, 348 (389).

ziabilität schaffen.[1451] Zudem sind die sonstigen tatbestandlichen Anforderungen, die sich aus dem Verhältnismäßigkeitsgrundsatz und der Bestimmtheitsgrundsatz ergeben, zu wahren. So kann zum Beispiel kein Ausgleich über den Richtervorbehalt erfolgen, wenn der Richter keine Anhaltspunkte mehr im Gesetz findet.[1452]

Die Verfahrensanforderungen sind gleichzeitig auch Triebkraft der Verrechtlichung und werden nicht komplett unkritisch gesehen.[1453] Zudem sind bei der Verfahrensabsicherung die Grenzen des Ausgleichs zu beachten.[1454] Bei intensiven personen- beziehungsweise tatsachenbezogenen Eingriffstatbeständen wurde in jüngerer Vergangenheit die Verfahrenskompensationen für unzureichend erachtet.[1455] Der Gesetzgeber musste hier die materiellen Grenzen nachbessern, was er unter Anwendung der verfassungsgerichtlichen Direktiven getan hat.

IV. Fazit

Das Bundesverfassungsgericht hat vornehmlich aus dem Bestimmtheits- und Verhältnismäßigkeitsgrundsatz verfassungsrechtliche Eckpfeiler der Gefahrenvorsorge entworfen. Diese Vorgaben lassen Spielraum in der einfachgesetzlichen Umsetzung. Entsprechend gehen für deren Ausgestaltung die Meinungen nicht selten auseinander. Dennoch bekennt sich das Bundesverfassungsgericht jüngst zu gewissen Grundannahmen und treibt, was für die Praxis von Bedeutung ist, eine Typenbildung voran. Die Literatur gewärtigt eine Entwertung aller drei Ebenen der klassischen Befugnis.[1456] Dies ist ein Eindruck, der durch die verbleibenden Unsicherheiten, insbesondere im Umgang mit intensiven Maßnahmen, in der Gefahrenvorsorge noch verstärkt wird. Die Entwicklung stagniert gleichwohl nicht und in einem Aufsehen erregenden Urteil aus 2016 zum BKAG gibt das Gericht neue Impulse.

[1451] BVerfGE 110, 33 (68).

[1452] BVerfGE 110, 33 (68); im nachrichtendienstlichen Kontext BVerfGE 120, 274 (331).

[1453] Vgl. z.B. *Hanschmann*, KJ 50 (2017), 434 (445 f.).

[1454] BVerfGE 110, 33 (68); 113, 348 (389); 120, 274 (331).

[1455] BVerfGE 110, 33 (68); 113, 348 (389); 120, 274 (331).

[1456] Besonders prägnant *Schoch/Kießling*, in: Schoch/Eifert, Besonderes Verwaltungsrecht, Kap. 1 Rn. 13.

§ 6 „Konkretisierte“ und „drohende Gefahr“

Die Unstimmigkeiten, welche die Dispositionstatbestände hinterlassen, bedeuten für die Rechtsprechung und den Gesetzgeber die Suche nach neuen Lösungen. Ergebnis dieser Suche sind Begriffe und Kategorien, die in der Literatur im Vergleich zu ihren Vorgängerregelungen nicht minder umstritten sind. Kern der Diskussion sind die sogenannte „konkretisierte“ und „drohende Gefahr“.

Deren Ursprung, der schon vor dem viel zitierten BKAG-Urteil des Bundesverfassungsgerichts liegt, wird zunächst aufgezeigt. Im Rahmen der Betrachtung des verfassungsrechtlichen Bestimmtheitsgebots wird das Verhältnis zu überkommenen Kategorien klargestellt. Die Auslegungsfähigkeit und die Maßstäbe der neuen Gefahrenkategorien werden abgebildet und bewertet. Im Rahmen der Verhältnismäßigkeitsprüfung wird analysiert, weshalb keine Entwertung der überkommenen Kategorien der Befugnis erfolgt. Sodann wird begutachtet, weshalb der fehlende Bezug auf die Terrorismusabwehr der bayerischen „drohenden Gefahr“ nun bestätigt verfassungsgemäß ist. Bei Untersuchung der Integration der „drohenden Gefahr“ in die Generalermächtigung wird zwischen dem Aufklärungsgehalt und der aktionellen Dimension unterschieden.

Dass sich die neuen Gefahrenkategorien im Ergebnis als Konsequenz der kritikwürdigen Engziehung der konkreten Gefahr darstellen, wird anhand der Schutzlückenthese aufgezeigt.[1]

A. Gesetzeshistorie

I. BVerfGE 120, 274 – Online-Durchsuchungen

Begonnen hat die Ausformung der neuen Rechtsfigur im nachrichtendienstlichen Urteil vom 27. 2. 2008 zur Online-Durchsuchungsbefugnis.[2] Ausgangspunkt war die Annahme der Verfassungswidrigkeit der dispositionellen Schwelle des § 5 Abs. 2 Nr. 11 S. 1 Alt. 2 in Verbindung mit § 7 Abs. 1 und § 3 Abs. 1 S. 1 VSG NRW (2006).[3] Diese Tatbestandsausgestaltung stelle – für das Recht der Nachrichten-

[1] Dazu § 3 B. II., S. 73 ff.; § 5 B. I. 1. b) cc), S. 184 ff.; § 5 B. I. 6. c) bb) (3) (d), S. 270 ff.; § 6 C. II. 1. b) aa) (2), S. 383 ff.; § 6 D. II., S. 436 ff.

[2] BVerfGE 120, 274 ff.; vgl. dazu schon oben unter § 5 B. I. 6. c) bb) (3) (a) (dd), S. 255 ff.

[3] S. o. § 5 B. I. 6. c) bb) (3) (a) (dd), S. 255 ff.

dienste sowie der Polizei –[4] „keine hinreichende materielle Eingriffsschwelle“[5] dar. Auf der Suche nach einer dem intensiven[6] Eingriff in das Grundrecht auf Gewährleistung der Vertraulichkeit und Integrität informationstechnischer Systeme gem. Art. 2 Abs. 1 i.V.m. Art. 1 Abs. 1 S. 1 GG angemessenen Befugnis gibt das Gericht einige Direktiven.[7]

So sei die Angemessenheit für den heimlichen Zugriff auf informationstechnische Systeme gewahrt, „wenn bestimmte Tatsachen auf eine im Einzelfall drohende Gefahr für ein überragend wichtiges Rechtsgut hinweisen, selbst wenn sich noch nicht mit hinreichender Wahrscheinlichkeit feststellen lässt, dass die Gefahr schon in näherer Zukunft eintritt“[8]. Die von starker Offenheit geprägten einleitenden Bemerkungen des Gerichts werden unterbrochen durch eine Einengung dahingehend, dass – unter Verweis auf die Rasterfahndungsentscheidung –[9] „selbst bei höchstem Gewicht der drohenden Rechtsgutsbeeinträchtigung […] auf das Erfordernis einer hinreichenden Eintrittswahrscheinlichkeit nicht verzichtet werden“[10] kann. Anschließend daran fordert das Urteil das Vorliegen von „tatsächliche[n] Anhaltspunkte[n] einer konkreten Gefahr für ein überragend wichtiges Rechtsgut“[11]. Die Prognose müsse auf die Entstehung einer konkreten Gefahr bezogen sein.[12] Ferner stellt das Gericht fest:

> „Der hier zu beurteilende Zugriff auf das informationstechnische System kann allerdings schon gerechtfertigt sein, wenn sich noch nicht mit hinreichender Wahrscheinlichkeit feststellen lässt, dass die Gefahr schon in näherer Zukunft eintritt, sofern bestimmte Tatsachen auf eine im Einzelfall drohende Gefahr für ein überragend wichtiges Rechtsgut hinweisen. Die Tatsachen müssen zum einen den Schluss auf ein wenigstens seiner Art nach konkretisiertes und zeitlich absehbares Geschehen zulassen, zum anderen darauf, dass bestimmte Personen beteiligt sein werden, über deren Identität zumindest so viel bekannt ist, dass die Überwachungsmaßnahme gezielt gegen sie eingesetzt und weitgehend auf sie beschränkt werden kann. Dagegen wird dem Gewicht des Grundrechtseingriffs, der in dem

---

[4] BVerfGE 120, 274 (329 f.): „Die verfassungsrechtlichen Anforderungen an die Regelung des tatsächlichen Eingriffsanlasses sind im Fall des heimlichen Zugriffs auf ein informationstechnisches System für alle Eingriffsermächtigungen mit präventiver Zielsetzung zu beachten. Da die Beeinträchtigung durch den Eingriff in allen diesen Fällen für die Betroffenen die Gleiche ist, besteht hinsichtlich seiner Anforderungen kein Anlass zu behördenbezogenen Differenzierungen, etwa zwischen Polizeibehörden und anderen mit präventiven Aufgaben betrauten Behörden wie Verfassungsschutzbehörden“.

[5] BVerfGE 120, 274 (333).

[6] BVerfGE 120, 274 (322 ff.); s. dazu schon § 5 B.I.6.c)bb)(3)(a)(dd), S. 255 ff.

[7] Zum Eingriff in das Grundrecht auf Gewährleistung der Vertraulichkeit und Integrität informationstechnischer Systeme gem. Art. 2 Abs. 1 i.V.m. Art. 1 Abs. 1 S. 1 GG BVerfGE 120, 274 (302).

[8] BVerfGE 120, 274 (326).

[9] Vgl. den Verweis auf BVerfGE 115, 320 (360 f.) in BVerfGE 120, 274 (327).

[10] BVerfGE 120, 274 (327).

[11] BVerfGE 120, 274 (328).

[12] BVerfGE 120, 274 (328).

heimlichen Zugriff auf ein informationstechnisches System liegt, nicht hinreichend Rechnung getragen, wenn der tatsächliche Eingriffsanlass noch weitergehend in das Vorfeld einer im Einzelnen noch nicht absehbaren konkreten Gefahr für die Schutzgüter der Norm verlegt wird."[13]

II. BVerfGE 125, 260 – Vorratsdatenspeicherung

An diese Überlegungen knüpft das Urteil des Bundesverfassungsgerichts vom 2.3.2010 an.[14] Betrachtet wurden die Vorschriften des §§ 113a, 113b TKG (2007),[15] welche eine sechsmonatige, vorsorglich anlasslose Speicherung von Telekommunikationsverbindungsdaten durch private Dienstanbieter vorschrieben, sogenannte Vorratsdatenspeicherung. Der Abruf und die Nutzung von Daten bei Telekommunikationsanbietern als schwerwiegender[16] Eingriff soll zur „Abwehr von Gefahren für Leib, Leben oder Freiheit einer Person, für den Bestand oder die Sicherheit des Bundes oder eines Landes oder zur Abwehr einer gemeinen Gefahr zugelassen werden"[17].[18] Ferner heißt es dort, dass „zumindest tatsächliche Anhaltspunkte einer konkreten Gefahr für die zu schützenden Rechtsgüter"[19] verlangt werden müssen. Darauf folgt allerdings eine Wiedergabe der Entscheidung zur Online-Durchsuchungsbefugnis:

„Die Abfrage der vorsorglich gespeicherten Daten kann allerdings schon gerechtfertigt sein, wenn sich noch nicht mit hinreichender Wahrscheinlichkeit feststellen lässt, dass die

---

[13] BVerfGE 120, 274 (329); wesentlich kürzer fallen die Ausführungen zur Aufklärungsbefugnis aus, die lediglich postulieren, dass die gewählten Eingriffsschwellen ohne Rücksicht auf das Gewicht des Eingriffs und die Bedeutung der Rechtsgüter „in weitem Umfang im Vorfeld konkreter Gefährdungen" Maßnahmen zulassen und daher unverhältnismäßig sind, ohne indes auf die Ausführungen zur Infiltrationsbefugnis zu verweisen BVerfGE 120, 274 (342); bei der Befugnis zur Erhebung von Kontoinhalten und -bewegungen sollen „tatsächliche Anhaltspunkte für schwerwiegende Gefahren" für die gesetzlich festgelegten Schutzgüter der Verfassungsschutzbehörde ausreichen, vgl. BVerfGE 120, 274 (348).

[14] BVerfGE 125, 260 ff.

[15] Vgl. § 113a und § 113b TKG i.d.F. des Gesetzes zur Neuregelung der Telekommunikationsüberwachung und anderer verdeckter Ermittlungsmaßnahmen sowie zur Umsetzung der Richtlinie 2006/24/EEG v. 21.12.2007 (BGBl. I S. 3189).

[16] Vgl. BVerfGE 125, 260 (335): „Eine vorsorglich anlasslose Speicherung aller Telekommunikationsverkehrsdaten über sechs Monate ist unter anderem deshalb ein so schwerwiegender Eingriff, weil sie ein Gefühl des ständigen Überwachtwerdens hervorrufen kann; sie erlaubt in unvorhersehbarer Weise tiefe Einblicke in das Privatleben, ohne dass der Rückgriff auf die Daten für den Bürger unmittelbar spürbar oder ersichtlich ist. Der Einzelne weiß nicht, was welche staatliche Behörde über ihn weiß, weiß aber, dass die Behörden vieles, auch Höchstpersönliches über ihn wissen können."

[17] BVerfGE 125, 260 (330).

[18] Zum später entwickelten „Doppeltürmodell" s. BVerfGE 130, 151 (184); BVerfG, BeckRS 2020, 16263 Rn. 93 ff., 201 ff.; vgl. aus der Lit., *Eckhardt*, in: Geppert/Schütz, Beck'scher TKG-Kommentar, § 174 Rn. 12 ff.

[19] BVerfGE 125, 260 (330).

Gefahr schon in näherer Zukunft eintritt, sofern bestimmte Tatsachen auf eine im Einzelfall drohende Gefahr für ein überragend wichtiges Rechtsgut hinweisen. Die Tatsachen müssen zum einen den Schluss auf ein wenigstens seiner Art nach konkretisiertes und zeitlich absehbares Geschehen zulassen, zum anderen darauf, dass bestimmte Personen beteiligt sein werden, über deren Identität zumindest so viel bekannt ist, dass die Maßnahme gezielt gegen sie eingesetzt und auf sie konzentriert werden kann. Dagegen wird dem Gewicht des Grundrechtseingriffs nicht hinreichend Rechnung getragen, wenn der tatsächliche Eingriffsanlass noch weitgehend in das Vorfeld einer im Einzelnen noch nicht absehbaren konkreten Gefahr für die Schutzgüter der Norm verlegt wird.“[20]

Eine Verlagerung „weitgehend“[21] – in der Online-Durchsuchungsentscheidung war indes von „weitergehend“[22] die Rede – in das Vorfeld der konkreten Gefahr soll nicht zulässig sein.

III. BVerfGE 141, 220 – Bundeskriminalamtgesetz

In der viel beachteten Entscheidung des Bundesverfassungsgerichtes zum BKAG vom 20.4.2016 fand eine weitere Vertiefung der Erwägungen statt. Neben der Aufgabeneröffnungsnorm der Tätigkeit des BKA, vgl. § 4a BKAG, monierten die Beschwerdeführer der Verfassungsbeschwerden § 14 BKAG (Übermittlungsbefugnis) und eine Vielzahl der Befugnisse des Unterabschnitts 3a (Abwehr von Gefahren des internationalen Terrorismus) wie § 20a (Allgemeinen Befugnisse), § 20b (Befugnis zur Erhebung personenbezogener Daten), § 20g (Befugnis zum Einsatz Besonderer Mittel der Datenerhebung), § 20h (besondere Bestimmungen über den Einsatz technischer Mittel in oder aus Wohnungen), § 20j (Befugnis zur Rasterfahndung), § 20k (die Befugnis zum verdeckten Eingriff in informationstechnische Systeme), § 20l (Befugnis zur Überwachung der Telekommunikation) und § 20m (Erhebung von Telekommunikationsverkehrsdaten und Nutzungsdaten) sowie § 20v (Vorschrift zur gerichtlichen Zuständigkeit, Kennzeichnung, Verwendung und Löschung) BKAG.[23]

Für das BKAG stellt das Bundesverfassungsgericht klar, dass die Aufgabeneröffnungsnorm die Straftatenverhütung und „Ermittlungen im Vorfeld konkreter

[20] BVerfGE 125, 260 (330 f.).

[21] BVerfGE 125, 260 (331).

[22] BVerfGE 120, 274 (329).

[23] Mit Ausnahme des § 14 BKAG, das auf das Bundeskriminalamtgesetz i.d.F. v. 7.7. 1997 (BGBl. I S. 1650) zurückgeht, sind alle Befugnisse i.d.F. des Gesetzes zur Abwehr von Gefahren des internationalen Terrorismus durch das Bundeskriminalamt v. 25.12.2008 (BGBl. I S. 3083). Zusätzlich standen zur Überprüfung – in gleicher, letztgenannter Fassung – die Befugnis zur Befragung und Auskunftspflicht gem. § 20c BKAG, die Vorschrift zum Schutz zeugnisverweigerungsberechtigter Personen gem. § 20u BKAG und die Vorschrift zur Benachrichtigung gem. § 20w BKAG.

Gefahren einschließt“[24].[25] Sodann erfolgt eine Darstellung der verfassungsrechtlichen Grenzen und zu wahrenden Prinzipien des Vorfeldrechts bei heimlicher Überwachung:[26] Nach einem Verweis darauf, dass Eingriffe in Art. 13 Abs. 1, Art. 10 Abs. 1, Art. 2 Abs. 1 i.V.m. Art. 1 Abs. 1 GG – in Ausprägung als Recht auf Gewährleistung der Vertraulichkeit und Integrität informationstechnischer Systeme – vorliegen, ohne näher darauf einzugehen, durch welche Befugnis welcher Eingriff erfolgt,[27] beginnt die übergreifende Prüfung der Verhältnismäßigkeit der Eingriffe.[28] Zwar betont das Urteil, dass die „Verfassungsmäßigkeit der Befugnisse [...] von den sich aus diesen Grundrechten jeweils einzeln zu ermittelnden Verhältnismäßigkeitsanforderungen ab[hängt].“[29] Ohne aber weiter zu differenzieren gelangt das Gericht zur Prüfung der Verhältnismäßigkeit im engeren Sinne.[30] Hier stellt es fest, dass an „breitenwirksame[r] Grundrechtsgefährdungspotenziale, insbesondere solche der elektronischen Datenverarbeitung [...] ebenso wie einzelfallbezogene[r] Maßnahmen gegen Betroffene, die in den Fokus der handelnden Behörden geraten sind“[31], die bereits erwähnten „übergreifende[n[Anforderungen“[32] angelegt werden können, die sich aus dem Verhältnismäßigkeitsprinzip im engeren Sinne ableiten.

Diese stellt es dann für heimliche Überwachungsmaßnahmen in fortwährender Pauschalität auf.[33] Das Gericht wiederholt im Rahmen der Begutachtung der Erhebung von Daten durch derartige Maßnahmen mit hoher Eingriffsintensität, wozu es die betrachteten Eingriffsbefugnisse zählt –[34] unter mehrfacher Betonung dieses eng abgesteckten Begutachtungsgegenstands –[35], das bereits Gesagte hinsichtlich der

---

[24] BVerfGE 141, 220 (331 Rn. 297).

[25] BVerfGE 141, 220 (263 Rn. 88).

[26] BVerfGE 141, 220 (269 ff. Rn. 104 ff., 316 Rn. 250).

[27] BVerfGE 141, 220 (264 Rn. 91); vgl. insoweit auch *Sachs*, JuS 2016, 662 (663).

[28] BVerfGE 141, 220 (264 Rn. 90).

[29] BVerfGE 141, 220 (265 Rn. 93).

[30] BVerfGE 141, 220 (267 ff. Rn. 98 ff.).

[31] BVerfGE 141, 220 (269 f. Rn. 103).

[32] BVerfGE 141, 220 (269 ff. Rn. 104 ff.), wo zunächst das Erfordernis hinreichend gewichtiger Rechtsgüter und belastbarer tatsächlicher Anhaltspunkte sowie einer Differenzierung nach Eingriffsintensität statuiert werden.

[33] BVerfGE 141, 220 (269 Rn. 104).

[34] Bei der Überwachung außerhalb von Wohnungen geht das Bundesverfassungsgericht davon aus, dass trotz des großen Spektrums potentieller Eingriffsintensität „auch gravierende Eingriffe möglich sind“, BVerfGE 141, 220 (286 Rn. 149); ähnlich auch bei der Telekommunikationsüberwachung bzw. der Erhebung von Telekommunikationsverkehrsdaten, vgl. BVerfGE 141, 220 (310 Rn. 229, 238, 316 Rn. 250); anders hingegen bei der Wohnraumüberwachung und Online-Durchsuchung, bei denen die Eingriffsintensität von vornherein hoch eingeschätzt wird, vgl. BVerfGE 141, 220 (298 Rn. 192, 304 Rn. 210). Es fehlt lediglich eine Einschätzung der Eingriffsintensität für die Rasterfahndung, auf die das Gericht ohnehin sehr verkürzt eingeht, vgl. BVerfGE 141, 220 (303 Rn. 206).

[35] BVerfGE 141, 220 (268 Rn. 103, 269 Rn. 104, 270 Rn. 106, 271 Rn. 109, 273 Rn. 113).

Ausgestaltung von Eingriffsschwellen im Vorfeldbereich. Neben qualifizierten Voraussetzungen, die über die konkrete Gefahr hinausgehen, wie Art. 13 Abs. 4 GG sie für die Wohnraumüberwachung durch das Erfordernis der dringenden Gefahr aufstellt, sind im Übrigen „zunächst die Anforderungen zur Abwehr konkreter, unmittelbar bevorstehender oder gegenwärtiger Gefahren“[36] „[v]erfassungsrechtlich ausreichend“[37]. Anschließend daran wiederholt das Bundesverfassungsgericht fast wortgleich eine Passage, die schon die Rasterfahndungsentscheidung vom 4.6.2006 enthielt:[38]

> „Der Gesetzgeber ist von Verfassungs wegen aber nicht von vornherein für jede Art der Aufgabenwahrnehmung auf die Schaffung von Eingriffstatbeständen beschränkt, die dem tradierten sicherheitsrechtlichen Modell der Abwehr konkreter unmittelbar bevorstehender oder gegenwärtiger Gefahren entsprechen. Vielmehr kann er die Grenzen für bestimmte Bereiche mit dem Ziel schon der Straftatenverhütung auch weiter ziehen, indem er die Anforderungen an die Vorhersehbarkeit des Kausalverlaufs reduziert. Allerdings müssen die Eingriffsgrundlagen auch dann eine hinreichend konkretisierte Gefahr in dem Sinne verlangen, dass zumindest tatsächliche Anhaltspunkte für die Entstehung einer konkreten Gefahr für die Schutzgüter bestehen“[39].

Wie im Online-Durchsuchungsurteil vom 27.2.2008 und im Vorratsdatenspeicherungsurteil vom 2.3.2010 fordert das Gericht hier, dass tatsächliche Anhaltspunkte vorliegen, welche eine hinreichend konkrete Gefahr in dem Sinne darstellen, und statuiert, dass allgemeine Erfahrungssätze nicht ausreichen.[40] Die Diagnose soll tatsachenbasiert sein und so „im Einzelfall die Prognose eines Geschehens, das zu einer zurechenbaren Verletzung der hier relevanten Schutzgüter führt, tragen“[41].

Dann wiederholt es die Aussage des Online-Durchsuchungsurteils vom 27.2. 2008 und des Vorratsdatenspeicherungs-Urteils vom 2.3.2010:

> „Eine hinreichend konkretisierte Gefahr in diesem Sinne kann danach auch schon bestehen, wenn sich der zum Schaden führende Kausalverlauf noch nicht mit hinreichender Wahrscheinlichkeit vorhersehen lässt, sofern bereits bestimmte Tatsachen auf eine im Einzelfall drohende Gefahr für ein überragend wichtiges Rechtsgut hinweisen. Die Tatsachen müssen dafür zum einen den Schluss auf ein wenigstens seiner Art nach konkretisiertes und zeitlich absehbares Geschehen zulassen, zum anderen darauf, dass bestimmte Personen beteiligt sein werden, über deren Identität zumindest so viel bekannt ist, dass die Überwachungsmaßnahme gezielt gegen sie eingesetzt und weitgehend auf sie beschränkt werden kann.“[42]

---

[36] BVerfGE 141, 220 (271 Rn. 111).

[37] BVerfGE 141, 220 (271 Rn. 111).

[38] BVerfGE 115, 320 (360).

[39] BVerfGE 141, 220 (272 Rn. 112).

[40] BVerfGE 141, 220 (272 Rn. 112); im Online-Durchsuchungsurteil, vgl. BVerfGE 120, 274 (328); im Vorratsdatenspeicherungsurteil, vgl. BVerfGE 125, 260 (330).

[41] BVerfGE 141, 220 (272 Rn. 112) m. V. a. BVerfGE 110, 33 (56 f., 61); 113, 348 (377 f.).

[42] BVerfGE 141, 220 (272 Rn. 112).

Ein signifikanter Unterschied der Entscheidungen besteht darin, dass die genannten Vorgänger-Urteile in der Hinleitung zu den Ausführungen zur konkreten Gefahr unmittelbar Bezug auf die jeweils betrachtete Befugnis nehmen.[43] Das Urteil zum BKAG fordert ohne einen Normbezug, dass in

> „Bezug auf terroristische Straftaten, die oft durch lang geplante Taten von bisher nicht straffällig gewordenen Einzelnen an nicht vorhersehbaren Orten und in ganz verschiedener Weise verübt werden, […] Überwachungsmaßnahmen auch dann erlaubt werden [können], wenn zwar noch nicht ein seiner Art nach konkretisiertes und zeitlich absehbares Geschehen erkennbar ist, jedoch das individuelle Verhalten einer Person die konkrete Wahrscheinlichkeit begründet, dass sie solche Straftaten in überschaubarer Zukunft begehen wird“[44].

Als Beispiel für einen derartigen Sachverhalt wird die Rückkehr einer Person aus einem Ausbildungslager für Terroristen angeführt.[45] Gleichzeitig wird unter Wiederholung der Überlegungen des Online-Durchsuchungsurteils vom 27.2.2008, des Zollkriminalamtsurteils vom 3.3.2004 sowie des Urteils zur vorbeugenden Telekommunikationsüberwachung vom 27.7.2005 gemahnt:

> „Eine Anknüpfung der Einschreitschwelle an das Vorfeldstadium ist verfassungsrechtlich angesichts der Schwere des Eingriffs nicht hinnehmbar, wenn nur relativ diffuse Anhaltspunkte für mögliche Gefahren bestehen. Die Tatsachenlage ist dann häufig durch eine hohe Ambivalenz der Bedeutung einzelner Beobachtungen gekennzeichnet. Die Geschehnisse können in harmlosen Zusammenhängen verbleiben, aber auch den Beginn eines Vorgangs bilden, der in eine Gefahr mündet“[46].

Anknüpfend an die pauschalen Vorüberlegungen folgt eine spezifische Befassung mit den Ermächtigungsnormen des BKAG, bei der das Bundesverfassungsgericht im gleichen Zug auch seine Ausführungen zu den Eingriffsvoraussetzungen weiter konkretisiert. Es verdeutlicht, wo das Gericht die Anwendung der neuen Erwägungen angezeigt sieht: bei der Erhebung von personenbezogenen Daten mit besonderen Mitteln außerhalb von Wohnungen gem. § 20g BKAG (2008), bei den fast identisch formulierten Befugnissen zur Telekommunikationsüberwachung gem. § 20l BKAG (2008) und zur Erhebung der Telekommunikationsverkehrsdaten gem. § 20m BKAG (2008) sowie bei der Online-Durchsuchungsbefugnis gem. § 20k BKAG (2008).[47]

---

[43] Die relevanten Passagen der Vorgängerurteile finden sich zum einen in BVerfGE 125, 260 (330) zum anderen in BVerfGE 120, 274 (329).

[44] BVerfGE 141, 220 (273 Rn. 112).

[45] BVerfGE 141, 220 (273 Rn. 112).

[46] BVerfGE 141, 220 (273 Rn. 113).

[47] Alle Anforderungen der Erhebung von personenbezogenen Daten mit besonderen Mitteln sollen nach Ansicht des Gerichts auch für die fast identisch formulierte Tatbestandsvariante der Befugnis zur Telekommunikationsüberwachung und zur Erhebung der Telekommunikationsverkehrsdaten gelten, vgl. BVerfGE 141, 220 (291 Rn. 164, 310 Rn. 232, 316 Rn. 247, 250); für die Online-Durchsuchung, vgl. BVerfGE 141, 220 (302 Rn. 205 f.).

Die drei erstgenannten Befugnisse eint, dass die jeweils kritisierte Tatbestandsvariante an eine Person, bei der „bestimmte Tatsachen die Annahme rechtfertigen, dass sie Straftaten gemäß § 4a Abs. 1 Satz 2“ begehen wird beziehungsweise vorbereitet, anknüpft.[48] Für diese fordert das Bundesverfassungsgericht, trotz einer Einordnung in die Straftatenverhütung, „zumindest einer auf bestimmte Tatsachen und nicht allein auf allgemeine Erfahrungssätze gestützte Prognose, die auf eine konkrete Gefahr bezogen ist“[49], wobei hierzu „grundsätzlich“[50] gehöre, „dass insoweit ein wenigstens seiner Art nach konkretisiertes und zeitlich absehbares Geschehen erkennbar ist“[51]. Lediglich bei terroristischen Straftaten könne darauf abgestellt werden, dass das „individuelle Verhalten einer Person die konkrete Wahrscheinlichkeit begründet, dass sie in überschaubarer Zukunft terroristische Straftaten begeht“[52]. Genauso ausreichend sei als zweite Alternative ein „wenigstens seiner Art nach konkretisiertes und absehbares Geschehen“[53]. Wieder wird eine Prognose auf Basis von Erfahrungssätzen als hinter diesen Voraussetzungen zurückbleibend angesehen.[54] Da die Normen aber weder die überkommenen Maßstäbe noch die Anforderungen der neuen Alternativen erfüllen, sind sie nach Meinung des Gerichts wegen Unbestimmtheit und Unverhältnismäßigkeit als verfassungswidrig anzusehen.[55]

Bei der Online-Durchsuchungsbefugnis hat der Gesetzgeber nach eigenen Angaben hingegen die Anforderungen des Online-Durchsuchungsurteils in der Tatbestandsvariante des § 20k Abs. 1 S. 2 BKAG (2008) umgesetzt, was zu einer sich von den vorgenannten Vorschriften unterscheidenden verfassungsrechtlichen Bewertung führt.[56] Zunächst erklärt das Gericht, dass die Tatbestandsvariante nach S. 1 der Vorschrift, welche eine konkrete Gefahr beinhaltet, verfassungsrechtlich legitim ist.[57] Darüber hinaus hält das Gericht auch die Tatbestandsvariante, welche, am Online-Durchsuchungsurteil orientiert, eine Maßnahme mit Verweis auf S. 1 zulässt, „wenn sich noch nicht mit hinreichender Wahrscheinlichkeit feststellen lässt, dass ohne Durchführung der Maßnahme in näherer Zukunft ein Schaden eintritt, sofern bestimmte Tatsachen auf eine im Einzelfall durch bestimmte Personen drohende Gefahr für eines der in Satz 1 genannten Rechtsgüter hinweisen“ gem. § 20k Abs. 1 S. 2 BKAG (2008), für grundsätzlich durch die Auslegungsfähigkeit verfassungsrechtlich unbedenklich. Die notwendigen Anforderungen über eine

[48] § 20g Abs. 1 S. 1 Nr. 2, § 20l Abs. 1 S. 1 Nr. 2 und § 20m Abs. 1 Nr. 2 BKAG (2008).
[49] BVerfGE 141, 220 (291 Rn. 164).
[50] BVerfGE 141, 220 (291 Rn. 164).
[51] BVerfGE 141, 220 (291 Rn. 164).
[52] BVerfGE 141, 220 (291 Rn. 164).
[53] BVerfGE 141, 220 (291 Rn. 165).
[54] BVerfGE 141, 220 (291 Rn. 165).
[55] BVerfGE 141, 220 (290 Rn. 164 f., 310 Rn. 232, 316 Rn. 250).
[56] Vgl. BVerfGE 141, 220 (302 Rn. 205 f.).
[57] BVerfGE 141, 220 (304 f. Rn. 212 f.).

verfassungskonforme Auslegung konkretisiert das Gericht dahingehend, dass „Tatsachen den Schluss auf ein wenigstens seiner Art nach konkretisiertes und zeitlich absehbares Geschehen zulassen, und [...] erkennbar ist, dass bestimmte Personen beteiligt sein werden, über deren Identität zumindest so viel bekannt ist, dass die Überwachungsmaßnahme gezielt gegen sie eingesetzt und weitgehend auf sie beschränkt werden kann“[58]. Dies stellt eine Wiederholung der schon durch das Online-Durchsuchungsurteil aufgestellten Voraussetzungen dar, welche der Gesetzestext aber an der entsprechenden Stelle noch nicht aufgenommen hatte.[59] Diese Anforderungen, die „in enger Anlehnung an die Rechtsprechung des Bundesverfassungsgerichts formuliert“[60] sind, sind so nach Ansicht des Gerichts in verfassungskonformer Auslegung zu erweitern.[61] Gleiches soll für die Übermittlung dieser Daten gelten, sofern diese nicht eine Gefahr voraussetzen.[62]

---

[58] BVerfGE 141, 220 (305 Rn. 213).

[59] Vgl. BVerfGE 120, 274 (329).

[60] BVerfGE 141, 220 (305 Rn. 214).

[61] BVerfGE 141, 220 (305 Rn. 214).

[62] Nach einer Betrachtung verfahrenstechnischer Vorschriften, vgl. BVerfGE 141, 220 (317 ff. Rn. 253 ff.), gelangt das Gericht zur Begutachtung der Befugnisse zur weiteren Nutzung der durch die Überwachungsvorschriften gewonnenen Daten und zu ihrer Übermittlung an inländische und ausländische Behörden, vgl. BVerfGE 141, 220 (324 ff. Rn. 275 ff.). Für die weitere Nutzung soll auf die Maßstäbe der ursprünglichen Datenerhebungsnorm, insbesondere deren Zweckbindungen, das heißt eine Nutzung im selben Aufgabenkreis zum Schutz derselben Rechtsgüter und zur Verfolgung oder Verhütung derselben Straftat, abzustellen sein, vgl. BVerfGE 141, 220 (324 ff. Rn. 279 ff.); die Anforderungen an die Einschreitschwelle sollen ausdr. nicht für die weitere Nutzung gelten, vgl. BVerfGE 141, 220 (325 f. Rn. 279 ff.). In Anbetracht des hohen Eingriffsgewichts soll diese Regel indes eine Grenze finden in zwei Fällen: bei der Wohnraumüberwachung und der Online-Durchsuchung, vgl. BVerfGE 141, 220 (326 Rn. 283). Hier ist auch für die Nutzung für die erstgenannte entsprechende Befugnisnorm eine dringende Gefahr und für die letztgenannte eine drohende Gefahr vonnöten, vgl. BVerfGE 141, 220 (326 Rn. 283). Die Zweckänderung, welche durch die Übermittlung eintreten kann, vgl. BVerfGE 141, 220 (328 Rn. 287), hingegen stehe unter etwas strengeren Anforderungen und bedürfe, zwar nicht eines der Erhebungsvorschrift entsprechenden, aber „eigenen hinreichend spezifischen Anlasses“. BVerfGE 141, 220 (328 f. Rn. 289). Wiederum gelten die erweiterten Verschärfungen der Wohnraumüberwachung und der Online-Durchsuchung, welche bei der Nutzung anzulegen waren, entsprechend, vgl. BVerfGE 141, 220 (329 Rn. 291). In concreto sind damit die Nutzungsvorschriften des BKAG nicht verfassungsgemäß anzusehen, soweit sie für die Wohnraumüberwachung und der Online-Durchsuchung nicht die entsprechenden Eingriffshürden normieren, vgl. BVerfGE 141, 220 (333 Rn. 302). Die Übermittlung an Verfassungsschutzbehörden und den Militärischen Abschirmdienst genauso wie die Übermittlung an öffentliche Stellen anderer Staaten, welche als Zweckänderung anzusehen sei, vgl. BVerfGE 141, 220 (336 Rn. 313), bräuchten im Grunde einen eigenen hinreichend spezifischen Anlass; in Bezug auf die Online-Durchsuchung und Wohnraumüberwachung gelten die Ausführungen zur Nutzung entsprechend, vgl. BVerfGE 141, 220 (329 Rn. 291). Diesen Maßstab legt das Gericht auch bei der Übermittlung an öffentliche Stellen anderer Staaten wieder an, BVerfGE 141, 220 (343 Rn. 330).

Das Urteil wird flankiert von zwei Sondervoten von Eichberger[63] und Schluckebier[64].

IV. Gesetz zur Neustrukturierung des Bundeskriminalamtgesetzes (2017)

Durch das Gesetz zur Neustrukturierung des Bundeskriminalamtgesetzes vom 1.6.2017 (BGBl. I S. 1354, in Kraft ab dem 25.5.2018) strebte der Bundesgesetzgeber eine Umsetzung der Vorgaben des Bundesverfassungsgerichts an.[65] Konkret Einzug erhalten die Formulierungen der BKAG-Entscheidung des Bundesverfassungsgerichts in § 45 Abs. 1 S. 1 Nr. 2, 3 (Einsatz Besonderer Mittel der Datenerhebung, insb. die Überwachung außerhalb von Wohnungen), § 49 Abs. 1 S. 2 Nr. 1, 2 (verdeckter Eingriff in informationstechnische Systeme), § 51 Abs. 1 S. 1 Nr. 2, 3 (Überwachung der Telekommunikation) und § 52 Abs. 1 Nr. 2, 3 (Erhebung von Telekommunikationsverkehrsdaten und Nutzungsdaten) BKAG (2017). Zudem kommt es auch zur Einfügung der neuen Formulierung in die Befugnisse nach § 50 Abs. 1 Nr. 2, 3 (Postbeschlagnahme), § 55 Abs. 1 Nr. 1, 2 (Aufenthaltsvorgabe und Kontaktverbot) sowie § 56 Abs. 1 Nr. 1, 2 (elektronischen Aufenthaltsüberwachung) BKAG (2017).[66]

Dabei entscheidet sich der Bundesgesetzgeber für die Formulierung von zwei Alternativen, die er in unterschiedlichen Nummern einbringt: Die erste Alternative greift bei einer „Person, bei der bestimmte Tatsachen die Annahme rechtfertigen, dass sie innerhalb eines übersehbaren Zeitraums auf eine zumindest ihrer Art nach konkretisierte Weise eine Straftat nach § 5 Absatz 1 Satz 2 begehen wird“.[67] Die

---

[63] *Eichberger*, Sondervotum zu BVerfGE 141, 220 ff., BVerfGE 141, 353 Rn. 1 ff.

[64] *Schluckebier*, Sondervotum zu BVerfGE 141, 220 ff., BVerfGE 141, 362 Rn. 1 ff.

[65] Amtl. Begr. zum Gesetz zur Neustrukturierung des Bundeskriminalamtgesetzes v. 1.6. 2017 (BGBl. I S. 1345), BT-Drs. 18/11163, S. 1.

[66] Die letzten beiden Befugnisse wurden in einer vorläufigen Änderung mit Wirkung zum 1.6.2017 bereits vor Inkrafttreten des finalen Neustrukturierungsgesetzes eingefügt, vgl. BGBl. I 2017, S. 1354 (1395).

[67] Bei den Befugnissen zur Erteilung von Aufenthalts- und Kontaktverboten findet sich eine minimale Abweichung hinsichtlich der Personen; hier darf eingegriffen werden, wenn „bestimmte Tatsachen die Annahme rechtfertigen, dass die betroffene Person innerhalb eines übersehbaren Zeitraums auf eine zumindest ihrer Art nach konkretisierte Weise eine Straftat nach § 5 Absatz 1 Satz 2 begehen wird oder 2. das individuelle Verhalten der betroffenen Person die konkrete Wahrscheinlichkeit begründet, dass sie innerhalb eines übersehbaren Zeitraums eine Straftat nach § 5 Absatz 1 Satz 2 begehen wird“, vgl. § 55 Abs. 1 Nr. 1, 2 BKAG (2017); ähnlich auch die Ermächtigung zur elektronischen Aufenthaltsüberwachung gem. § 56 Abs. 1 Nr. 1, 2 BKAG (2017): „Das Bundeskriminalamt kann eine Person dazu verpflichten, ein technisches Mittel, mit dem der Aufenthaltsort dieser Person elektronisch überwacht werden kann, ständig in betriebsbereitem Zustand am Körper bei sich zu führen und dessen Funktionsfähigkeit nicht zu beeinträchtigen, wenn 1. bestimmte Tatsachen die Annahme rechtfertigen, dass diese Person innerhalb eines übersehbaren Zeitraums auf eine zu-

zweiten Alternative betrifft „eine Person, deren individuelles Verhalten die konkrete Wahrscheinlichkeit begründet, dass sie innerhalb eines übersehbaren Zeitraums eine Straftat nach § 5 Absatz 1 Satz 2 begehen wird". Beide Versionen werden in der Befugnis zum verdeckten Eingriff in informationstechnische Systeme statt auf eine Straftat auf eine Schädigung von Rechtsgütern – in concreto Leib, Leben oder Freiheit einer Person oder solche Güter der Allgemeinheit, deren Bedrohung die Grundlagen oder den Bestand des Bundes oder eines Landes oder die Grundlagen der Existenz der Menschen berührt, – bezogen.

Außerdem kommt ihnen der aus den Dispositionstatbeständen bekannte Hinweis zu, dass die „Abwehr der Gefahr oder die Verhütung der Straftaten" oder auch die Aufgabenerfüllung nach § 5 BKAG auf andere Weise „aussichtslos ist beziehungsweise wesentlich erschwert wäre", vgl. §§ 45 Abs. 1 a.E., 49 Abs. 1 S. 2 BKAG (2017). Teils besteht das zusätzliche Erfordernis der Erforderlichkeit, vgl. §§ 49 Abs. 1 S. 2 BKAG (2017). Auf einen solchen Hinweis verzichtet die Anordnungsbefugnis zur elektronischen Aufenthaltsüberwachung nach § 56 BKAG (2017).

V. Gesetz zur effektiveren Überwachung gefährlicher Personen (2017)

Unter dem Eindruck einer, wie es die Gesetzesbegründung formuliert, „aktuellen Terrorgefahr"[68] infolge der Anschläge[69] im Juli 2016 in Würzburg und Dezember in Berlin hielt auch der bayerische Gesetzgeber, der bereits mit einer Reformierung des bayerischen Polizeiaufgabengesetzes befasst war,[70] „allerdings eine zeitlich vorgezogene Normierung einiger besonders wichtiger Befugnisse und Regelungen"[71] für notwendig.[72] Diese Novelle sieht sich als Teil des Maßnahmenkonzepts „Sicherheit durch Stärke" und des „Sofortprogramms Innere Sicherheit" der Bayerischen Staatsregierung,[73] die selbst aber noch keinen konkreten Bezug auf das BKAG-Urteil nahmen.[74]

---

mindest ihrer Art nach konkretisierte Weise eine Straftat nach § 5 Absatz 1 Satz 2 begehen wird oder 2. deren individuelles Verhalten eine konkrete Wahrscheinlichkeit dafür begründet, dass sie eine Straftat nach § 5 Absatz 1 Satz 2 begehen wird".

[68] Amtl. Begr. zum Gesetz zur effektiveren Überwachung gefährlicher Personen v. 24.7. 2017 (BayGVBl. S. 388), BayLT-Drs. 17/16299, S. 1.

[69] Amtl. Begr. zum Gesetz zur effektiveren Überwachung gefährlicher Personen v. 24.7. 2017 (BayGVBl. S. 388), BayLT-Drs. 17/16299, S. 1.

[70] Amtl. Begr. zum Gesetz zur effektiveren Überwachung gefährlicher Personen v. 24.7. 2017 (BayGVBl. S. 388), BayLT-Drs. 17/16299, S. 1.

[71] Amtl. Begr. zum Gesetz zur effektiveren Überwachung gefährlicher Personen v. 24.7. 2017 (BayGVBl. S. 388), BayLT-Drs. 17/16299, S. 1.

[72] Zum Gesetzgebungsprozess ausf. *Müller*, BayVBl. 2018, 109 (109 ff.).

[73] Vgl. der Wortbeitrag in der Ersten Lesung v. Joachim Herrmann (CSU) zum Gesetzesentwurf BayLT-Drs. 17/16299, ProtokollauszuG 102. Plenum, 25.4.2017, S. 2.

Mit dem Gesetz zur effektiveren Überwachung gefährlicher Personen vom 24.7. 2017 (BayGVBl. S. 388) überführt der Gesetzgeber – unter ausdrücklicher Bezugnahme auf die Rechtsprechung des Bundesverfassungsgerichts im BKAG-Urteil –[75] die „drohende Gefahr" in das bayerische Polizeiaufgabengesetz. Einzug findet sie, nach diversen Anpassungen des ersten Entwurfs für die Verbandsanhörungen vom 21.2.2017,[76] zunächst an prominenter Stelle, der Generalklausel gem. Art. 11 Abs. 3 BayPAG (2017).[77] Diese lautete in der finalen Fassung der Verkündung im BayGVBl. 2017, S. 388:

> „(3) Die Polizei kann unbeschadet der Abs. 1 und 2 die notwendigen Maßnahmen treffen, um den Sachverhalt aufzuklären und die Entstehung einer Gefahr für ein bedeutendes Rechtsgut zu verhindern, wenn im Einzelfall 1. das individuelle Verhalten einer Person die konkrete Wahrscheinlichkeit begründet oder 2. Vorbereitungshandlungen für sich oder zusammen mit weiteren bestimmten Tatsachen den Schluss auf ein seiner Art nach konkretisiertes Geschehen zulassen, wonach in absehbarer Zeit Angriffe von erheblicher Intensität oder Auswirkung zu erwarten sind (drohende Gefahr), so weit nicht die Art. 12 bis 48 die Befugnisse der Polizei besonders regeln. Bedeutende Rechtsgüter sind: 1. der Bestand oder die Sicherheit des Bundes oder eines Landes, 2. Leben, Gesundheit oder Freiheit, 3. die sexuelle Selbstbestimmung, 4. erhebliche Eigentumspositionen oder 5. Sachen, deren Erhalt im besonderen öffentlichen Interesse liegt".

Zudem erfolgt eine Einfügung dieser Rechtsfigur direkt oder durch Verweisungen in diverse bestehende Überwachungsbefugnisse wie Art. 13 Abs. 1 Nr. 1 b) (Identitätsfeststellung), Art. 14 Abs. 1 S. 1 Nr. 3 Alt. 2 (erkennungsdienstliche Maßnahmen), Art. 15 Abs. 1 Nr. 2 i.V.m. Art. 14 Abs. 1 S. 1 Nr. 3 Alt. 2 (Vorladung zur Durchsetzung Erkennungsdienstlicher Maßnahmen), Art. 16 Abs. 1 S. 1 Nr. 2 (Platzverweis), Art. 17 Abs. 1 S. 1 Nr. 4 i.V.m. 16 Abs. 1 S. 1 Nr. 2, S. 2

---

[74] Vgl. zum Maßnahmenkonzept „Sicherheit durch Stärke", s. Meldung der Bayerischen Staatsregierung v. 28.7.2016, https://www.bayern.de/kabinettsklausur-in-st-quirin-kabinett-beschliesst-neues-sicherheitskonzept-fuer-bayern/, Stand: 11.12.2023; zum „Sofortprogramm Innere Sicherheit" des Ministerrats, vgl. BayRVR Meldung v. 24.1.2017, https://bayrvr.boorberg.de/2017/01/24/staatskanzlei-bayerisches-sofortprogramm-innere-sicherheit-aenderung-pag-und-baydsg-angekuendigt/, Stand: 11.12.2023.

[75] Amtl. Begr. zum Gesetz zur effektiveren Überwachung gefährlicher Personen v. 24.7. 2017 (BayGVBl. S. 388), BayLT-Drs. 17/16299, S. 1.

[76] Die erste Fassung (I.F. des Entwurfs für die Verbandsanhörungen [BayPAG-Vorentwurf v. 21.2.2017], https://www.stmi.bayern.de/assets/stmi/ser/gesetzentwuerfe/gesetzentwurf_-_gesetz_zur_effektiveren_%C3%9Cberwachung_gef%C3%A4hrlicher_personen.pdf, Stand: 11.12.2023, S. 4) lautete: „(3) Die Polizei kann die notwendigen Maßnahmen zur Gefahrenabwehr auch treffen, wenn im Einzelfall 1. das individuelle Verhalten einer Person die konkrete Wahrscheinlichkeit begründet, oder 2. Vorbereitungshandlungen für sich oder zusammen mit weiteren bestimmten Tatsachen den Schluss auf ein seiner Art nach konkretisiertes und zeitlich absehbares Geschehen zulassen, dass eine Gefahr für die öffentliche Sicherheit oder Ordnung entsteht (drohende Gefahr), soweit nicht die Art. 12 bis 48 die Befugnisse der Polizei besonders regeln".

[77] I.d.F. des Gesetzes zur effektiveren Überwachung gefährlicher Personen v. 24.7.2017 (BayGVBl. S. 388).

(Präventivgewahrsam zur Durchsetzung des Platzverweis), Art. 21 Abs. 1 Nr. 3 (Durchsuchung von Personen), Art. 22 Abs. 1 Nr. 1 i.V.m. Art. 21 Abs. 1 Nr. 3 (Durchsuchung von mitgeführten Sachen) und Art. 32 Abs. 2 S. 1 Nr. 1 b) (Datenerhebung bei öffentlichen Veranstaltungen und Ansammlungen sowie an besonders gefährdeten Objekten) BayPAG (2017). Ebenfalls erfolgte eine Einfügung diverser neuer Befugnisse, die die „drohende Gefahr“ direkt als Tatbestandsalternative inkorporieren, vgl. Art. 16 Abs. 2 S. 1 (Kontaktverbot, Aufenthaltsver- und -gebot), Art. 17 Abs. 1 S. 1 Nr. 4 i.V.m. 16 Abs. 2 S. 1 (Präventivgewahrsam zur Durchsetzung des Kontaktverbots, Aufenthaltsver- und -gebots),[78] Art. 32 Abs. 1 S. 1 Nr. 1 b) BayPAG (offene Bild- und Tonaufnahmen von Personen), Art. 32a Abs. 1 S. 1 Alt. 2 BayPAG (elektronische Aufenthaltsüberwachung) und Art. 17 Abs. 1 S. 1 Nr. 5 i.V.m. Art. 32a Abs. 1 S. 1 Alt. 2 (Präventivgewahrsam zur Durchsetzung der elektronischen Aufenthaltsüberwachung) BayPAG (2017). Gleichzeitig wird vereinzelt allein auf die bedeutenden Schutzgüter Bezug genommen.[79]

Einengungsversuche der FREIEN WÄHLER durch eine tatbestandliche Bezugnahme auf nationale und internationale terroristische sowie extremistische Straftaten scheiterten.[80] Als Folge der Sachverständigenanhörung wurde noch während des Gesetzgebungsverfahrens 2017 das Tatbestandsmerkmal „Gewalttaten von erheblicher Intensität oder Auswirkung“ durch das Merkmal „Angriffe von erheblicher Intensität oder Auswirkung“ ersetzt.[81] In dieser Fassung trat das Gesetz am 1.8. 2017 in Kraft.[82]

---

[78] Zur Anwendung des Merkmals der „drohenden Gefahr“ durch Verweisungstechnik z.B. i.R.d. Präventivgewahrsams s. unten § 6 D.II., S. 436 ff.

[79] Art. 17 Abs. 1 Nr. 3 BayPAG (2017).

[80] Vgl. den Änderungsantrag der Abgeordneten Hubert Aiwanger et al. und Fraktion FREIE WÄHLER zu BayLT-Drs. 17/16299, BayLT-Drs. 17/17191; s. auch der Wortbeitrag in der Zweiten Lesung v. Eva Gottstein (FREIE WÄHLER) zum Gesetzesentwurf BayLT-Drs. 17/16299, ProtokollauszuG 109. Plenum, 19.7.2017, S. 8.

[81] Änderungsantrag der Abgeordneten Dr. Florian Herrmann et al. (CSU) zu BayLT-Drs. 17/16299, BayLT-Drs. 17/17058; s.a. den vorherigen Wortlaut des Art. 11 Abs. 3 BayPAG i.S.d. BayLT-Drs. 17/16299, S. 5: „Die Polizei kann unbeschadet der Abs. 1 und 2 die notwendigen Maßnahmen treffen, um den Sachverhalt aufzuklären und die Entstehung einer Gefahr für ein bedeutendes Rechtsgut zu verhindern, wenn im Einzelfall 1. das individuelle Verhalten einer Person die konkrete Wahrscheinlichkeit begründet oder 2. Vorbereitungshandlungen für sich oder zusammen mit weiteren bestimmten Tatsachen den Schluss auf ein seiner Art nach konkretisiertes Geschehen zulassen, wonach in absehbarer Zeit Gewalttaten von erheblicher Intensität oder Auswirkung zu erwarten sind (drohende Gefahr), soweit nicht die Art. 12 bis 48 die Befugnisse der Polizei besonders regeln. Bedeutende Rechtsgüter sind 1. der Bestand oder die Sicherheit des Bundes oder eines Landes, 2. Leben, Gesundheit oder Freiheit, 3. die sexuelle Selbstbestimmung, 4. erhebliche Eigentumspositionen oder 5. Sachen, deren Erhalt im besonderen öffentlichen Interesse liegt“.

[82] Zum Datum des Inkrafttretens, vgl. die Abstimmung im ProtokollauszuG 109. Plenum, 19.7.2017, S. 18 sowie die Beschlussempfehlung und den Bericht des Ausschusses für Kommunale Fragen, Innere Sicherheit und Sport zu BayLT-Drs. 17/16299, BayLT-Drs. 17/17058 sowie BayLT-Drs. 17/17191, BayLT-Drs. 17/17415, S. 1 f.

VI. Gesetz zur Neuordnung des bayerischen Polizeirechts (2018)

Die angekündigte grundlegende Reform des bayerischen Polizeiaufgabengesetzes schloss sich ein Jahr später an. Neben der Umsetzung der Richtlinie (EU) 2016/680 sollte eine „Anpassung an die verfassungsrechtlichen Maßgaben des BKAG-Urteils"[83] erfolgen durch „Einfügung der Gefahrenkategorie der drohenden Gefahr für bedeutende Rechtsgüter (vgl. Art. 11 Abs. 3 PAG) konsequenter Weise auch in weitere, im BKAG-Urteil vorgezeichnete Befugnisse"[84].

Namentlich erfolgt eine Überführung der Kategorie direkt oder durch Verweisungen in Art. 15 Abs. 1 Nr. 2 i.V.m. Art. 34 Abs. 1 S. 1 Alt. 2 (Vorladung zur Durchsetzung der elektronischen Aufenthaltsüberwachung), Art. 15 Abs. 3 Nr. 1 (Durchsetzung der Vorladung), Art. 16 Abs. 2 S. 2 (Meldeanordnung), Art. 17 Abs. 1 S. 1 Nr. 4 i.V.m. 16 Abs. 2 S. 2 (Präventivgewahrsam zur Durchsetzung der Meldeanordnung),[85] Art. 22 Abs. 2 i.V.m. Abs. 1 Nr. 1, Art. 21 Abs. 1 Nr. 3 (Durchsuchung räumlich getrennter Speichermedien beim Mitsichführen von Zugangsgeräten), Art. 25 Abs. 1 Nr. 1 lit. b), beziehungsweise Art. 25 Abs. 2 i.V.m. Abs. 1, Art. 25 Abs. 3 i.V.m. Abs. 1 (Sicherstellung von Sachen, Vermögensrechten bzw. Daten), Art. 30 Abs. 2 S. 1 Nr. 2 lit. b (Verarbeitung besonderer Kategorien personenbezogener Daten), Art. 33 Abs. 4, 5 i.V.m. Abs. 2 Nr. 1 b) (Verwendung sog. Bodycams und Verwendung automatischer Mustererkennungssysteme bei offenen Bild- und Tonaufnahmen), Art. 35 Abs. 1 S. 1 Nr. 1 Alt. 2 (Postsicherstellung), Art. 36 Abs. 2 Alt. 2 (Verwendung besonderer Mittel der Datenerhebung), Art. 37 i.V.m. Art. 36 Abs. 2 Alt. 2 (Einsatz Verdeckter Ermittler), Art. 38 i.V.m. Art. 36 Abs. 2 Alt. 2 (Einsatz von Vertrauensleuten), Art. 39 Abs. 1 S. 1 i.V.m. Art. 13 Abs. 1 S. 1 lit. b), Art. 39 Abs. 3 S. 3 i.V.m. Abs. 1 S. 2 Nr. 2 lit. a), Art. 13 Abs. 1 S. 1 lit. b) (Einsatz automatisierter Kennzeichenerkennungssysteme bzw. Erstellung von Bewegungsbildern durch Einsatz automatisierter Kennzeichenerkennungssysteme), Art. 40 Abs. 1 Nr. 2 (Ausschreibung zur polizeilichen Beobachtung), Art. 42 Abs. 1 S. 1 Nr. 1 Alt. 2 (Telekommunikationsüberwachung), Art. 42 Abs. 1 S. 2 i.V.m. S. 1 Nr. 1 Alt. 2 (Überwachung räumlich getrennter Kommunikationssysteme), Art. 42 Abs. 2 i.V.m. Abs. 1 S. 1 Nr. 1 Alt. 2 (Quellen-Telekommunikationsüberwachung), Art. 42 Abs. 3 i.V.m. Abs. 1 S. 1 Nr. 1 Alt. 2 (Befugnis für Einsatz technischer Mittel zur Identifikation von Telekommunikationsteilnehmern und zur Lokalisation eines Mobilfunkendgerätes), Art. 42 Abs. 4 Alt. 2 (Telekommunikationsüberwachung zu Schutzzwecken), Art. 43 Abs. 2 S. 1 bzw. Abs. 4 i.V.m. Art. 42 Abs. 1 S. 1 Nr. 1 Alt. 2 bzw. Art. 43 Abs. 4 i.V.m. Art. 42 Abs. 1 S. 1 Nr. 1 Alt. 2 bzw. Abs. 4 Alt. 2 bzw. Art. 43 Abs. 5 S. 1 Alt. 2

---

[83] Amtl. Begr. zum Gesetz zur Neuordnung des bayerischen Polizeirechts (PAG-Neuordnungsgesetz) v. 18.5.2018 (BayGVBl. S. 301), BayLT-Drs. 17/20425, S. 2.

[84] Amtl. Begr. zum Gesetz zur Neuordnung des bayerischen Polizeirechts (PAG-Neuordnungsgesetz) v. 18.5.2018 (BayGVBl. S. 301), BayLT-Drs. 17/20425, S. 2.

[85] Zum Streit, § 6 D., S. 434 ff.; vgl. auch z.B. Antrag auf abstrakte Normenkontrolle v. 6.9.2018, (Fn. 904), S. 93 f.

(Auskunftsersuchen betreffend Vorratsdaten bzw. betreffend Telemedien-Nutzungsdaten bzw. Telekommunikationsbestandsdaten), Art. 45 Abs. 1 S. 1 Nr. 1 Alt. 2 (Onlinedurchsuchung), Art. 45 Abs. 1 S. 2 (Überwachung räumlich getrennter informationstechnische Systeme), Art. 45 Abs. 1 S. 7, (Veränderungen an informationstechnischen Systemen), Art. 45 Abs. 2 S. 1 (Einsatz technischer Mittel zur Ermittlung von Kennungen sowie des Standorts des informationstechnischen Systems), Art. 47 Abs. 1 Nr. 1, 2, 4, 5 i.V.m. Art. 33 Abs. 2 Nr. 1 b), Art. 42 Abs. 1 S. 1 Nr. 1 Alt. 2, Art. 45 Abs. 1 S. 1 Nr. 1, Abs. 2 S. 1 (Einsatz von unbemannten Luftfahrtsystemen) und Art. 60 Abs. 3 Nr. 1 Alt. 2 (Übermittlungsersuchen an nachrichtendienstliche Stellen) BayPAG (2018).

Wieder wird daneben teils unter Beibehaltung einer konkreten Gefahr auf die bedeutenden Rechtsgüter nach Art. 11 Abs. 3 S. 2 BayPAG verwiesen.[86]

VII. Proteste, „Klagewelle“ und PAG-Kommission

Den Gesetzesänderungen folgten umgehend diese angreifende Anträge auf diverse Formen des Rechtsschutzes vor dem Bayerischen Verfassungsgerichtshof und dem Bundesverfassungsgericht.[87] Genauso gab es in zahlreichen bayerischen Städ-

[86] Vgl. Art. 42 Abs. 5 S. 1, 3 und Art. 46 Abs. 1 S. 1 BayPAG (2018).

[87] Vgl. u.a. vor dem Bayerischen Verfassungsgerichtshof den Antrag auf Popularklage nach Art. 98 S. 4 BV i.V.m. Art. 2 Nr. 7, 55 BayVfGHG v. Dr. Martin Heidebach et al. v. 3.5. 2018, https://www.jura.uni-wuerzburg.de/fileadmin/02160030/Popularklage-Endgueltige-Fassung_ohne-Adressen-neu.pdf, Stand: 11.12.2023; den Antrag auf Popularklage nach Art. 98 S. 4 BV i.V.m. Art. 2 Nr. 7, 55 BayVfGHG und Antrag auf Erlass einer einstweiligen Anordnung gem. Art. 26 BayVfGHG des Bundes für Geistesfreiheit München K.d.ö.R. (bfg München) und Bundes für Geistesfreiheit Bayern K.d.ö.R. v. 25.8.2018, https://www.bfg-muenchen.de/portal/node/2231, Stand: 11.12.2023, s.a. BayVerfGH, BeckRS 2019, 3113; den Antrag auf Entscheidung von Meinungsverschiedenheiten nach Art. 75 Abs. 3 BV i.V.m. Art. 2 Nr. 8 BayVfGHG der Fraktion Bündnis 90/Die Grünen im Bayerischen Landtag v. 26.3.2018, https://katharina-schulze.de/wp-content/uploads/2018/04/Klageschrift-BayPAG-Novelle-2017.pdf, Stand: 11.12.2023; den Antrag auf Entscheidung von Meinungsverschiedenheiten nach Art. 75 Abs. 3 BV i.V.m. Art. 2 Nr. 8 BayVfGHG der Fraktion Bündnis 90/Die Grünen im Bayerischen Landtag v. 6.6.2018, https://www.gruene-fraktion-bayern.de/fileadmin/bayern/user_upload/download_dateien/Klagen/Klageschrift_BayPAG-Novelle_2017.pdf, Stand: 11.12.2023; den Antrag auf Entscheidung von Meinungsverschiedenheiten nach Art. 75 Abs. 3 BV i.V.m. Art. 2 Nr. 8 BayVfGHG der Fraktion SPD v. 5.9.2018, https://bayernspd-landtag.de/workspace/media/static/pk_rinderspacher_+_kohnen-5b18f91f5f7d8.pdf und https://bayernspd-landtag.de/api/fo/ltf/180905-pressemitteilung-414096.pdf, Stand: 11.12. 2023 sowie vor dem Bundesverfassungsgericht den Antrag auf abstrakte Normenkontrolle nach Art. 93 Abs. 1 Nr. 2 GG i.V.m. §§ 13 Nr. 6, 76 ff. BVerfGG von 216 Abgeordneten des Deutschen Bundestages v. 6.9.2018, (Fn. 904); den Antrag auf Verfassungsbeschwerde nach Art. 93 Abs. 1 Nr. 4a GG i.V.m. §§ 13 Nr. 8a, 90 ff. BVerfGG v. Stephan Thomae und Sabine Leutheusser-Schnarrenberger v. 17.8.2018, https://sthomae.abgeordnete.fdpbt.de/sites/default/files/2018-08/Zusammenfassung%20Verfassungsbeschwerde%20PAG.pdf, Stand: 11.12.2023 und den Antrag auf Verfassungsbeschwerde nach Art. 93 Abs. 1 Nr. 4a GG i.V.m. §§ 13 Nr. 8a, 90 ff. BVerfGG v. Laura Meschede et al. (Gesellschaft für Freiheitsrechte e.V. u.

ten Proteste gegen die Novellierungen. Diese erfolgten teils unter dem Vorwurf der Schaffung eines „Polizeistaates“.[88] Besonders beteiligt an der Organisation der Demonstrationen war das Bündnis „noPAG“.[89]

Unter dem Eindruck dieses Widerstandes beauftragte am 12. 6. 2018 der bayerische Ministerrat den bayerischen Staatsminister des Innern und für Integration, eine Kommission zur Begleitung des neuen Polizeiaufgabengesetzes unter Vorsitz des Präsidenten des Bayerischen Verfassungsgerichtshofs a. D., Dr. Karl Huber, einzurichten.[90] Der Auftrag der Kommission war – und dies hatte nach eigener Aussage „Pioniercharakter“[91] auf Landesebene – der einer Evaluierung.[92] Betrachtet wurden ausgewählte Bestimmungen der 2017 und 2018 erfolgten Gesetzesänderungen –[93] insbesondere auch der Begriff und die Bedeutung der „drohenden Gefahr“.[94]

Diese vom 2. 7. 2018 bis zum 27. 8. 2019 an 24 Sitzungsterminen tagende Kommission hatte eine lediglich beratende Funktion inne.[95] Ziel war die „die Rückkopplung von Vollzugserfahrungen an die Gesetzgebung und die daraus abgeleitete Benennung von Optimierungspotenzialen“[96], insbesondere durch Betrachtung folgender Faktoren:

> „Übereinstimmung bzw. Realisierbarkeit von Einschätzungen und Prognosen des Gesetzgebers einerseits, tatsächlichen Gegebenheiten und Entwicklungen andererseits. […] Kohärenz der gesetzlichen Regelungen innerhalb des PAG, v. a. im Verhältnis zu den bereits bestehenden Gefahrbegriffen. […] Verständlichkeit der gesetzlichen Regelung für die Vollzugspraxis“[97].

NoPAG) v. 5. 10. 2018, https://freiheitsrechte.org/home/wp-content/uploads/2018/10/GFF_Verfassungsbeschwerde_BayPAG_anonym.pdf, Stand: 11. 12. 2023.

[88] Vgl. zur medialen Berichterstattung u. a., *Ratzesberger* für SZ.de, Großdemo gegen bayerisches Polizeigesetz, „Das ist so krass, da muss jeder was tun“, 10. 5. 2018, https://www.sueddeutsche.de/muenchen/polizeiaufgabengesetz-demo-muenchen-1.3974391, Stand: 11. 12. 2023; zur Wahrnehmung in der medialen Öffentlichkeit, insb. zum Missverständnis, dass die Figur der „drohenden Gefahr“ erst durch die Novelle von 2018 eingeführt worden sei, vgl. *Leisner-Egensperger*, DÖV 2018, 677 (682); s. zudem *Apostel*, KJ 52 (2019), 147 (151 f.).

[89] Vgl. https://no-pag.de/, Stand: 11. 12. 2023.

[90] Teil der Kommission waren außerdem Dr. Erwin Allesch, Dr. Martin Burgi, Peter Dathe, Dr. Karl Huber, Elisabeth Mette, Professor Dr. Thomas Petri, vgl. *Huber (Vorsitz)/Allesch/Burgi/Dathe/Mette/Petri*, PAG: Kommission zur Begleitung des neuen Polizeiaufgabengesetzes, Abschlussbericht, 30. 8. 2019 (PAG-Kommission, Abschlussbericht v. 30. 8. 2019), https://www.pag.bayern.de/assets/stmi/direktzu/190830_abschlussbericht_pag-kommission.pdf, Stand: 11. 12. 2023, S. 8.

[91] PAG-Kommission, Abschlussbericht v. 30. 8. 2019, (Fn. 90), S. 9.

[92] PAG-Kommission, Abschlussbericht v. 30. 8. 2019, (Fn. 90), S. 9.

[93] PAG-Kommission, Abschlussbericht v. 30. 8. 2019, (Fn. 90), S. 10.

[94] PAG-Kommission, Abschlussbericht v. 30. 8. 2019, (Fn. 90), S. 11.

[95] PAG-Kommission, Abschlussbericht v. 30. 8. 2019, (Fn. 90), S. 8.

[96] PAG-Kommission, Abschlussbericht v. 30. 8. 2019, (Fn. 90), S. 9.

[97] PAG-Kommission, Abschlussbericht v. 30. 8. 2019, (Fn. 90), S. 12.

Eine Überprüfung auf Übereinstimmung mit höherrangigem Recht erfolgte ausdrücklich nicht,[98] obwohl sich nach Ansicht der Kommission Überschneidungen beispielsweise durch die Prüfung einer Erforderlichkeit ergeben könnten.[99] Beschlussgrundlage waren Berichte und Stellungnahmen sowie gegebenenfalls vorhandene Statistiken.[100]

In ihrem Abschlussbericht stellte die Kommission diverse Korrekturempfehlungen auf, gibt aber grundsätzlich für die „drohende Gefahr" an, sie habe „keine Tatsachen festgestellt, die aus der Perspektive der Gesetzesanwendung gegen die Einführung der drohenden Gefahr als solcher und die damit verbundene Erweiterung der Generalklausel sprechen"[101]. Gleichwohl schlägt sie eine Legaldefinition der konkreten Gefahr in Abgrenzung zur „drohenden Gefahr" vor.[102] Im Sinne der Klärung des Verhältnisses dieser Gefahrenkategorien wäre der einleitende Satz der drohenden Gefahr folgendermaßen anzupassen: „*Wenn die Voraussetzungen des Abs. 1 u. 2 nicht vorliegen, kann die Polizei die notwendigen Maßnahmen treffen, ... (drohende Gefahr) ...*"[103].

Hinsichtlich des Rechtsgüterschutzes sollte das Tatbestandsmerkmal der „erheblichen Eigentumspositionen" nach Art. 11 Abs. 3 S. 2 Nr. 4 BayPAG (2018) gestrichen und das der „sexuellen Selbstbestimmung" nach Art. 11 Abs. 3 S. 2 Nr. 3 BayPAG (2018) auf Fälle mit einem Bezug zu gravierenden Straftaten nach den §§ 174 ff. StGB (Tatbestände des sexuellen Missbrauchs bzw. sexuellen Übergriffs, der sexuellen Nötigung oder der Vergewaltigung) beschränkt werden.[104] „Sachen, deren Erhalt im besonderen öffentlichen Interesse liegt", nach Art. 11 Abs. 3 S. 2 Nr. 5 BayPAG (2018) sollten auf Anlagen der „kritischen Infrastruktur sowie Kul-

---

[98] PAG-Kommission, Abschlussbericht v. 30.8.2019, (Fn. 90), S. 12.

[99] PAG-Kommission, Abschlussbericht v. 30.8.2019, (Fn. 90), S. 12.

[100] PAG-Kommission, Abschlussbericht v. 30.8.2019, S. 14; Teil der Evaluierung waren Stellungnahmen des Staatsministerium des Innern, für Sport und Integration sowie der Justiz und Anhörungen des Landespolizeipräsidenten Prof. Dr. Wilhelm Schmidbauer, der Vertreter der drei Polizeigewerkschaften (Bund Deutscher Kriminalbeamter, Deutsche Polizeigewerkschaft im DBB und Gewerkschaft der Polizei, jeweils Landesverband Bayern), der bayerischen Polizeipräsidenten, der Wissenschaftler des Bayerischen Landeskriminalamtes bzw. vom Institut für Rechtsmedizin der LMU München zum Komplex „Molekulargenetische Untersuchungen", von Leitenden Beamten des Polizeipräsidiums München zum Komplex „Molekulargenetische Untersuchungen" sowie zum Komplex „Body Cams" eines Rechtsanwalts, der von polizeilichen Maßnahmen Betroffene vertritt und (in schriftlicher Form) der Vertreter des „Bündnisses noPAG", s. PAG-Kommission, Abschlussbericht v. 30.8.2019, (Fn. 90), S. 14, 102 ff.

[101] PAG-Kommission, Abschlussbericht v. 30.8.2019, (Fn. 90), S. 36.

[102] PAG-Kommission, Abschlussbericht v. 30.8.2019, (Fn. 90), S. 36: „Unter konkreter Gefahr ist eine Sachlage zu verstehen, die bei ungehindertem Ablauf des objektiv zu erwartenden Geschehens im Einzelfall mit hinreichender Wahrscheinlichkeit zu einer Verletzung der Schutzgüter der öffentlichen Sicherheit oder Ordnung führt."

[103] PAG-Kommission, Abschlussbericht v. 30.8.2019, (Fn. 90), S. 36 [Hervorhebung im Original].

[104] PAG-Kommission, Abschlussbericht v. 30.8.2019, (Fn. 90), S. 37.

turgüter von mindestens überregionalem Rang“ bezogen sein.[105] In die Vollzugsbekanntmachung zum BayPAG sollten Fallbeispiele aufgenommen werden.[106]

VIII. Richtungsweisende Folgeentscheidungen

1. BayVerfGH v. 7.3.2019

Weder die öffentliche Kritik noch die Evaluierung der Übernahme im BayPAG führte zu einer Abschaffung des neuen Begriffes. In der Folgezeit erfolgten unter Eindruck der stark antizipierten endgültigen Entscheidung des Bundesverfassungsgerichts einige richtungsweisende Entscheidungen auf Landes- und Bundesebene.

In der vorläufigen Entscheidung des Bayerischen Verfassungsgerichtshofs vom 7.3.2019 betrachtete das Gericht den Begriff der „drohenden Gefahr“, ließ aber ausdrücklich „offen“[107], ob es diese mit der Bayerischen Verfassung vereinbar hielt.[108] Im Ergebnis geriet das Gericht in seiner Folgenabwägung dazu, dass es das Interesse am Normvollzug überwiegen ließ.[109]

2. BVerfGE 154, 152 – Ausland-Ausland-Fernmeldeaufklärung

Nachdem das Bundesverfassungsgericht zunächst in der Entscheidung zur automatisierten Kennzeichenerfassung vom 18.12.2018 bewusst auf eine Bewertung der „drohenden Gefahr“ verzichtete,[110] greift es die Gedanken des BKAG-Urteils in einer Entscheidung zur Ausland-Ausland-Fernmeldeaufklärung[111] des Bundes-

---

[105] PAG-Kommission, Abschlussbericht v. 30.8.2019, (Fn. 90), S. 37.

[106] PAG-Kommission, Abschlussbericht v. 30.8.2019, (Fn. 90), S. 37.

[107] BayVerfGH, BeckRS 2019, 3113 Rn. 36.

[108] BayVerfGH, BeckRS 2019, 3113 (Ls. 2, Rn. 60 ff.); das Gericht führt zudem an, dass Bedenken bestünden, „ob dem Vorbringen der Antragsteller hinreichend substanziierte Grundrechtsrügen zu entnehmen sind. Denn die Antragsteller führen mit ihren Rügen zum Bestimmtheitsgebot und zum Verhältnismäßigkeitsgrundsatz Argumente an, die in erster Linie das Rechtsstaatsprinzip (Art. 3 Abs. 1 Satz 1 BV) und damit objektives Verfassungsrecht betreffen, auf das eine Popularklage nicht gestützt werden kann“, BayVerfGH, BeckRS 2019, 3113 (Rn. 61).

[109] BayVerfGH, BeckRS 2019, 3113 (Ls. 2, Rn. 64 ff.).

[110] BVerfGE 150, 244 (381 Rn. 105).

[111] Gesetz zur Ausland-Ausland-Fernmeldeaufklärung des Bundesnachrichtendienstes v. 23.12.2016 (BGBl. I S. 3346) in das Gesetz über den Bundesnachrichtendienst (BND-Gesetz – BNDG) v. 20.12.1990 (BGBl. I S. 2954, 2979), zuletzt geändert durch Art. 4 des Gesetzes zur Anpassung des Datenschutzrechts an die Verordnung (EU) 2016/679 und zur Umsetzung der Richtlinie (EU) 2016/680 v. 30.6.2017 (BGBl. I S. 2097).

nachrichtendienstes am 19.5.2020 in knappen Ausführungen wieder auf.[112] Die Übermittlung zur Gefahrenabwehr sollte der Gesetzgeber

> „nicht nach dem tradierten sicherheitsrechtlichen Modell von der Abwehr einer konkreten, unmittelbar bevorstehenden oder gegenwärtigen Gefahr abhängig machen. Zu verlangen ist jedoch eine hinreichend konkretisierte Gefahr in dem Sinne, dass zumindest tatsächliche Anhaltspunkte für die Entstehung einer konkreten Gefahr für die Schutzgüter bestehen“[113].

Eine nähere Konkretisierung erfolgt indes nicht.

3. BVerfGE 155, 119 – Bestandsdatenauskunft II

Von besonderer Bedeutung für die Gefahrenabwehr ist die Verfassungsbeschwerde vom 27.5.2020 gegen § 113 TKG i.d.F. des Gesetzes zur Änderung des Telekommunikationsgesetzes und zur Neuregelung der Bestandsdatenauskunft vom 20.6.2013 (BGBl. I S. 1602), der es Sicherheitsbehörden ermöglicht, Telekommunikationsanschlüsse und dynamische IP-Adressen individuellen Anschlussinhabern zuzuordnen sowie Zugangsdaten von Endgeräten und Speichereinrichtungen zu erfragen, und gegen diverse Abrufregelungen für Bestandsdaten von Telekommunikationsdiensteanbietern.[114] Gemessen wurden die Vorschriften an Art. 2 Abs. 1 i.V.m. Art. 1 Abs. 1 GG sowie Art. 10 Abs. 1 GG.[115]

Die in § 113 Abs. 1 S. 1 TKG (2013) geregelte Befugnis zur allgemeinen Bestandsdatenauskunft sei wegen ihrer Reichweite mangels begrenzender Eingriffsschwellen unverhältnismäßig.[116] In Bezug auf die Übermittlungsbefugnis stellt das Gericht ein „nicht sehr großes“[117], aber ebenso „nicht unerhebliches Eingriffsgewicht“[118] fest.[119] Trotz dieses „gemäßigten Eingriffsgewichts“[120] soll grundsätzlich

[112] BVerfGE 154, 152 ff.

[113] BVerfGE 154, 152 (269 Rn. 222, 285 f. Rn. 263, 304 f. Rn. 312).

[114] BVerfGE 155, 119 ff.; § 22a Abs. 1 S. 1, 2, Abs. 2 BPolG, § 7 Abs. 5 S. 1, 2, Abs. 6 § 15 Abs. 2 S. 1, 2, Abs. 3 ZFdG, § 8d Abs. 1 S. 1, 2, Abs. 2 S. 1 BVerfSchG, § 2b S. 1 BNDG, § 4b S. 1 MADG alle i.d.F. des Gesetzes zur Änderung des Telekommunikationsgesetzes und zur Neuregelung der Bestandsdatenauskunft v. 20.6.2013 (BGBl. I S. 1602); § 4 S. 1 BNDG i.d.F. des Gesetzes zur Ausland-Ausland-Fernmeldeaufklärung des Bundesnachrichtendienstes vom 23.12.2016 (BGBl. I S. 3346); § 10 Abs. 1 S. 1, 2, Abs. 2, § 40 Abs. 1 S. 1, 2, Abs. 2 BKAG i.d.F. des Gesetzes zur Neustrukturierung des Bundeskriminalamtgesetzes v. 1.6.2017 (BGBl. I S. 1354).

[115] BVerfGE 155, 119 (176 Rn. 122, 205 Rn. 189).

[116] BVerfGE 155, 119 (182 Rn. 136).

[117] BVerfGE 155, 119 (183Rn. 138).

[118] BVerfGE 155, 119 (183 Rn. 139).

[119] Die Möglichkeit der heimlichen Ermittlung jeder Telekommunikationsnummer und jedes Anschlussinhabers inklusive individualisierender Angaben trage zur Intensivierung bei BVerfGE 155, 119 (183 Rn. 139). Reduziert werde das Gewicht dadurch, dass die Abfrage sich auf „inhaltlich eng begrenzte Daten, die weder höchstpersönliche Informationen erfassen noch die Erstellung von Persönlichkeits- oder Bewegungsprofilen ermöglichen“, beschränkt

eine konkrete Gefahr auch in Form eines Gefahrenverdachts angeordnet werden.[121] Auf die Wiederholung des bereits in seinen Entscheidungen zur Rasterfahndung, zur automatisierten Kennzeichenerfassung und zum BKAG Gesagten zum Verlassen der Grenzen des „tradierten sicherheitsrechtlichen Modell[s]"[122] folgt die Bestätigung des Maßstabs des letztgenannten Urteils. Mit Verweis auf das BKAG-Urteil referiert das Gericht, der Gesetzgeber könne „die Grenzen unter besonderen Voraussetzungen auch weiter ziehen, indem er die Anforderungen an die Vorhersehbarkeit des Kausalverlaufs reduziert"[123].

Eine den Anforderungen an die Prognosesicherheit entsprechende Schwelle, die es als „hinreichend konkretisierte Gefahr"[124] bezeichnet, definiert das Gericht angelehnt an das BKAG-Urteil:

> „Eine solche kann schon dann bestehen, wenn sich der zum Schaden führende Kausalverlauf noch nicht mit hinreichender Wahrscheinlichkeit vorhersehen lässt, sofern bereits bestimmte Tatsachen auf eine im Einzelfall drohende Gefahr hinweisen. Die Tatsachen müssen dafür zum einen den Schluss auf ein wenigstens seiner Art nach konkretisiertes und zeitlich absehbares Geschehen zulassen, zum anderen darauf, dass bestimmte Personen beteiligt sein werden, über deren Identität zumindest so viel bekannt ist, dass die Überwachungsmaßnahme gezielt gegen sie eingesetzt und weitgehend auf sie beschränkt werden kann (BVerfGE 141, 220 [272 Rn. 112] mit Verweis auf BVerfGE 120, 274 [328 f.] und 125, 260 [330 f.]). Eine solche Absenkung der Eingriffsschwellen ist aus Gründen der Verhältnismäßigkeit aber untrennbar verbunden mit erhöhten Anforderungen an die konkret geschützten Rechtsgüter (vgl. BVerfGE 141, 220 [272 Rn. 112]). Zum Schutz herausgehobener Rechtsgüter, wie etwa zur Verhütung terroristischer Straftaten, können die Anforderungen an die Vorhersehbarkeit des Geschehensablaufs in dieser Weise auch dann weiter abgesenkt und Eingriffe erlaubt werden, wenn zwar noch kein seiner Art nach konkretisiertes und zeitlich absehbares Geschehen erkennbar ist, jedoch zumindest das individuelle Verhalten einer Person die konkrete Wahrscheinlichkeit begründet, dass sie solche Straftaten in überschaubarer Zukunft begehen wird (vgl. BVerfGE 141, 220 [272 f. Rn. 112, 291 Rn. 164]). Zu berücksichtigen ist stets auch das Eingriffsgewicht der konkreten Maßnahme. Während der Absenkung von Eingriffsschwellen bei tief in die Privatsphäre eingreifenden Maßnahmen deutliche Grenzen gesetzt sind, bestehen bei weniger

---

BVerfGE 155, 119 (183 Rn. 140). Umstände und Inhalte der Telekommunikation würden nicht mitgeteilt, es bestehe keine Speicherungspflicht und nicht unbedingt müsse ein über § 111 TKG hinausgehender Datenbestand angelegt worden sein BVerfGE 155, 119 (183 f. Rn. 140). Das Gewicht werde auch nicht durch die individualisierende Zuordnung einer statischen IP-Adresse erhöht, die grundsätzlich weitreichenderen Informationserhebungen ermöglicht, aber deren Zuweisung derzeit im Wesentlichen auf Institutionen oder Großnutzer beschränkt sei BVerfGE 155, 119 (184 Rn. 141). Eine Begrenzung erfolge auch durch die in § 113 Abs. 3 TKG angeordnete Textform der Anordnung der dort genannten Stellen zur Aufgabenwahrnehmung im Einzelfall BVerfGE 155, 119 (185 Rn. 142).

[120] BVerfGE 155, 119 (186 Rn. 144).

[121] BVerfGE 155, 119 (186 Rn. 146).

[122] BVerfGE 155, 119 (187 Rn. 147).

[123] BVerfGE 155, 119 (187 Rn. 147).

[124] BVerfGE 155, 119 (187 f. Rn. 148).

gewichtigen Eingriffen auch weiterreichende Gestaltungsmöglichkeiten (vgl. BVerfGE 141, 220 [269 Rn. 104]).“[125]

In Anbetracht des geringeren Gewichts der Übermittlungsbefugnis sieht sich das Bundesverfassungsgericht damit konfrontiert, den Rechtsgüterschutz anzupassen:

> „Weniger gewichtige Eingriffe – wie sie die allgemeine Bestandsdatenauskunft begründet – können daher beim Vorliegen einer konkretisierten Gefahr bereits dann zu rechtfertigen sein, wenn sie dem Schutz von Rechtsgütern von zumindest erheblichem Gewicht dienen (vgl. dazu BVerfGE 150, 244 [284 Rn. 99[; 150, 309 [336 Rn. 73]), wie dies etwa bei der Verhütung von Straftaten von zumindest erheblicher Bedeutung (vgl. dazu BVerfGE 141, 220 [270 Rn. 107] m. w. N.) der Fall ist. Hochrangige, überragend wichtige oder auch besonders gewichtige Rechtsgüter (vgl. BVerfGE 115, 320 [346]; 120, 274 [328]; 141, 220 [270 Rn. 108]) sind demgegenüber nur dann erforderlich, wenn die Eingriffsschwelle noch weiter hinter einer konkretisierten Gefahr zurückbleiben sollte oder es sich etwa um tief in die Privatsphäre eingreifende Befugnisse handelte.“[126]

Da die Regelung des § 113 Abs. 1 S. 1 TKG (2013) lediglich die Aufgabeneröffnung und einen Einzelfallbezug, aber keine Eingriffsschwelle voraussetzt, scheitere eine verfassungskonforme Auslegung und eine Verfassungswidrigkeit sei anzunehmen.[127] Gleiches gelte für § 113 Abs. 1 S. 2 TKG (2013).[128] Zuletzt stellt das Bundesverfassungsgericht klar, dass „[d]iese verfassungsrechtlichen Anforderungen […] grundsätzlich für alle Eingriffsermächtigungen mit präventiver Zielrichtung“[129], also auch für die der Nachrichtendienste, gelten.[130]

Für die Übermittlung von Bestandsdaten anhand dynamischer IP-Adressen nach § 113 Abs. 1 S. 3 TKG (2013) nimmt das Bundesverfassungsgericht ein „gegenüber der allgemeinen Bestandsdatenauskunft erhöhtes Eingriffsgewicht“[131] durch die „Aussagekraft und Verwendungsmöglichkeiten sowohl der zu beauskunftenden Bestandsdaten als auch der zu deren Bestimmung von den Diensteanbietern auszuwertenden Verkehrsdaten“[132] an. Im Sinne der Verhältnismäßigkeit sei daher für die zur Gefahrenabwehr zuständigen Behörden eine konkrete Gefahr bezogen auf eine „Rechtsgutbeeinträchtigung, der von der Rechtsordnung auch sonst ein hervorgehobenes Gewicht beigemessen wird“[133], oder eine „konkretisierte Gefahr“[134]

---

[125] BVerfGE 155, 119 (187 f. Rn. 148 f.).
[126] BVerfGE 155, 119 (188 f. Rn. 150).
[127] BVerfGE 155, 119 (190 f. Rn. 154 ff.).
[128] BVerfGE 155, 119 (190 f. Rn. 154 ff.).
[129] BVerfGE 155, 119 (189 Rn. 151).
[130] BVerfGE 155, 119 (189 Rn. 151).
[131] BVerfGE 155, 119 (195 Rn. 164).
[132] BVerfGE 155, 119 (195 f. Rn. 166).
[133] BVerfGE 155, 119 (201 Rn. 177).
[134] BVerfGE 155, 119 (202 Rn. 179).

zu fordern.[135] Um dem Eingriffsgewicht gerecht zu werden, bedürfe es hier eine Begrenzung auf „zumindest besonders gewichtige[n] Rechtsgüter“[136].

Hinsichtlich der Abrufregelungen von Bestandsdaten stellt das Gericht klar, dass eine Absenkung der notwendigen Eingriffsschwellen möglich ist, wenn sie im Sinne des Doppeltür-Modells den Schutz der Übermittlungsreglungen nicht unterlaufen.[137] Ohne vertiefend auf das Eingriffsgewicht der diversen Normen einzugehen, lässt das Gericht sie größtenteils an der Verhältnismäßigkeit scheitern.[138] Im Kontext von § 10 Abs. 1 S. 1 Nr. 1 BKAG (2017) lässt es durchblicken, dass es wohl auch hier eine konkrete oder hinreichend konkretisierte Gefahr voraussetzt.[139] Für §§ 40 Abs. 1 S. 1, 39 Abs. 2 Nr. 1 BKAG (2017), eine Vorschrift, die auf Tatsachen, die die Annahme rechtfertigen, dass eine Person eine Straftat nach § 5 Abs. 1 S. 2 BKAG begeht, abstellt, nimmt das Gericht an, dass diese Schwelle „weder die Erkennbarkeit eines wenigstens seiner Art nach konkretisierten und absehbaren Geschehens voraus[setzt] noch alternativ, dass das individuelle Verhalten einer Person die konkrete Wahrscheinlichkeit begründet, dass sie in überschaubarer Zukunft Straftaten begehen wird (vgl. BVerfGE 141, 220 [291 Rn. 165])“[140], womit das Gericht die „konkretisierte Gefahr“ auch hier fordert. Gleiches gilt für die ebenfalls an auf Tatsachen bezogene Dispositionstatbestände anknüpfende Regelung des § 22a Abs. 1 S. 1 BPolG (2013).[141]

In Bezug auf den Abruf von Bestandsdaten, die anhand einer dynamischen IP-Adresse bestimmt werden, gibt das Gericht an, dass zwar einige Vorschriften dem Rechtsgüterschutz in Bezug auf abgesenkte Eingriffsschwellen genügten durch einen etwaigen Terrorismusbezug oder den Bezug auf den Aufgabenbereich der Nachrichtendienste, der dem Schutz besonders gewichtiger Rechtsgüter oder vergleichbar gewichtiger öffentlicher Interessen diene.[142] Es fehle aber stets an der Formulierung einer Eingreifschwelle, so dass das Gericht auch hier die Übernahme der „konkretisierten Gefahr“ fordert.[143]

4. BVerfGE 156, 11 – Antiterrordateigesetz II

Eine Entscheidung über eine Verfassungsbeschwerde vom 10.11.2020 gegen § 6a ATDG i.d.F. des Gesetzes zur Änderung des Antiterrordateigesetzes und an-

---

[135] BVerfGE 155, 119 (200 f. Rn. 176 ff.).

[136] BVerfGE 155, 119 (202 Rn. 180).

[137] BVerfGE 155, 119 (208 f. Rn. 197 ff.).

[138] BVerfGE 155, 119 (211 f. Rn. 206 ff.).

[139] BVerfGE 155, 119 (213 Rn. 211).

[140] BVerfGE 155, 119 (219 Rn. 226).

[141] BVerfGE 155, 119 (220 Rn. 229).

[142] BVerfGE 155, 119 (224 Rn. 240).

[143] BVerfGE 155, 119 (224 Rn. 240).

derer Gesetze (2014)[144], die eine Verletzung des Rechts auf informationelle Selbstbestimmung aus Art. 2 Abs. 1 i.V.m. Art. 1 Abs. 1 GG rügt, knüpft an die Linie des Bestandsdatenauskunftsurteils an. Hier wird das sogenannte Datamining[145] als Eingriff erheblichen Gewichts erachtet, da die Verknüpfung der verschiedenen nachrichtendienstlichen und polizeilichen Quellen zur Erzeugung neuer Erkenntnisse und Zusammenhänge genutzt und operativ eingesetzt werden können.[146] Dieser über den ursprünglichen Einsatzbereich der Antiterrordatei als Informationsanbahnungsmittel hinausgehenden Anwendungsbereich bedürfe neuer Schwellen.[147]

Zum Zwecke der Gefahrenabwehr muss eine „wenigstens hinreichend konkretisierte Gefahr in dem Sinne gegeben sein, dass zumindest tatsächliche Anhaltspunkte für die Entstehung einer konkreten Gefahr vorliegen“[148].

> „Soweit wie bei terroristischen Straftaten besonders gewichtige Rechtsgüter wie Leib, Leben, Freiheit der Person, Bestand oder Sicherheit des Bundes oder eines Landes betroffen sind, ist die konkretisierte Gefahr als Eingriffsschwelle allerdings auch ausreichend“[149].

Insoweit ist die Ausgestaltung der Schwelle, die an ein Dispositionsurteil anknüpft,[150] verfassungskonform dahingehend auszulegen,

> „dass eine weitere Nutzung der Datei erst zulässig ist, wenn die Behörde bereits ein wenigstens seiner Art nach konkretisiertes und absehbares Geschehen erkennt oder erkennt, dass das individualisierte Verhalten einer Person die konkrete Wahrscheinlichkeit begründet, dass sie in absehbarer Zeit terroristische Straftaten begeht“[151].

5. BVerfGE 156, 63 – Elektronische Aufenthaltsüberwachung

Erwähnenswert ist sodann eine Entscheidung zur Anordnung einer elektronischen Aufenthaltsüberwachung nach § 68b Abs. 1 S. 1 Nr. 12, S. 3 StGB i.V.m.

---

[144] BVerfGE 156, 11 (39 f. Rn. 73).

[145] Vgl. zum Begriff BVerfGE 156, 11 (229 Rn. 74) und Antwort der Bundesregierung auf die Kleine Anfrage der Abgeordneten Ulla Jelpke et al. und der Fraktion DIE LINKE. – Drucksache 17/11130 –, BT-Drs. 17/11582, S. 3: „In der Regel werden mit diesem Begriff in erster Linie durch die Privatwirtschaft eingesetzte Verfahren und Methoden bezeichnet, mit deren Hilfe bereits vorhandene große Datenbestände, zumeist auf statistisch-mathematischen Verfahren basierend, selbständig auf Zusammenhänge analysiert werden, um auf diesem Wege ‚neues Wissen‘ zu generieren.“

[146] BVerfGE 156, 11 (46 Rn. 90, 51 f. Rn. 105, 53 Rn. 109, 53 Rn. 111).

[147] BVerfGE 156, 11 (53 Rn. 110).

[148] BVerfGE 156, 11 (55 Rn. 118).

[149] BVerfGE 156, 11 (55 Rn. 118); für Nachrichtendienste soll diese Anforderung grds. auch gelten BVerfGE 156, 11 (56 Rn. 119).

[150] § 6a Abs. 3 ATDG (2014).

[151] BVerfGE 156, 11 (60 f. Rn. 129 f.).

§ 463a Abs. 4 StPO[152] vom 1. 12. 2020.[153] Hier greift das Bundesverfassungsgericht die Allgemeinerwägungen des BKAG-Urteils für tief in die Privatsphäre eingreifende Ermittlungs- und Überwachungsmaßnahmen auf, die somit eine gewisse Vorwirkung für entsprechende Grundlagen im präventiven Polizeirecht erkennen lassen. Für Maßnahmen des Gefahrenabwehrrechts

> „müssen die Eingriffsgrundlagen selbst dann eine hinreichend konkretisierte Gefahr in dem Sinne verlangen, dass zumindest tatsächliche Anhaltspunkte für die Entstehung einer konkreten Gefahr für die Schutzgüter bestehen. Allgemeine Erfahrungssätze reichen insoweit nicht aus. Vielmehr müssen bestimmte Tatsachen im Einzelfall die Prognose eines Geschehens, das zu einer zurechenbaren Schutzgutverletzung führt, tragen […]. Eine hinreichend konkretisierte Gefahr in diesem Sinne kann schon bestehen, wenn sich der zum Schaden führende Kausalverlauf noch nicht mit hinreichender Wahrscheinlichkeit vorhersehen lässt, sofern bereits bestimmte Tatsachen auf eine im Einzelfall drohende Gefahr für ein überragend wichtiges Rechtsgut hinweisen“[154].

Diese Ausführungen zur repressiven Maßnahme, welche im Ergebnis vom Gericht für verfassungsgemäß gehalten wird,[155] orientieren sich naturgemäß nicht direkt an diesen Vorgaben des Gefahrenabwehrrechts, haben aber zumindest Einfluss auf die Auslegung des Begriffs der Gefahr in § 68b Abs. 1 S. 3 Nr. 3 StGB, der nicht mit dem des Gefahrenabwehrrechts übereinstimmt.[156]

6. BVerfGE 162, 1 – Bayerisches Verfassungsschutzgesetz

Eine weitere Verfestigung des Begriffs der „konkretisierten Gefahr“ erfolgt bei der Überprüfung von Regelungen des Bayerischen Verfassungsschutzgesetzes.[157] Hier geht es um Vorschriften zur heimlichen Erhebung und zur Übermittlung personenbezogener Daten, die an den Grundrechten aus Art. 2 I i. V. m. Art. 1 I GG (allgemeines Persönlichkeitsrecht), Art. 10 I GG (Brief-, Post- und Fernmeldegeheimnis) und Art. 13 I GG (Unverletzlichkeit der Wohnung) gemessen werden. Zwar handelt es sich um Ermächtigungen für den Nachrichtendienst, für den nicht die gleichen Vorgaben wie Gefahrenabwehrbehörden gelten.[158] Bei der Übermittlungsbefugnis an Gefahrenabwehrbehörden fordert das Bundesverfassungsgericht, dass dieser Eingriff dem Schutz eines besonders gewichtigen Rechtsguts dient, für

---

[152] Die elektronische Aufenthaltsüberwachung wurde durch das Gesetz zur Neuordnung des Rechts der Sicherungsverwahrung und zu begleitenden Regelungen v. 22. 12. 2010 (BGBl. I S. 2300) als Weisung im Rahmen der Führungsaufsicht eingeführt.

[153] BVerfGE 156, 63 ff.

[154] BVerfGE 156, 63 (121 Rn. 205).

[155] BVerfGE 156, 63 (113 Rn. 184).

[156] BVerfGE 156, 63 (145 Rn. 280 ff.).

[157] BVerfGE 162, 1 ff.; betrachtet werden Art. 5, 8, 8b, 9–19a, 25 des Bayerischen Verfassungsschutzgesetzes (BayVSG) vom 12. 7. 2016, zuletzt geändert durch § 3 des Gesetzes vom 23. 7. 2021 (BayGVBl. S. 418).

[158] BVerfGE 162, 1 (76 f. Rn. 158 ff.).

das wenigstens eine hinreichend konkretisierte Gefahr besteht.[159] Dabei definiert das Gericht, dass es diese Anforderungen „im Bereich der Gefahrenabwehr für heimliche Überwachungsmaßnahmen mit hoher Eingriffsintensität gelten"[160].

7. BVerfG v. 9.12.2022 – SOG MV

Die „konkretisierte Gefahr" wird sodann zur Voraussetzung bei verfassungsgerichtlicher Überprüfung des SOG Mecklenburg-Vorpommerns gemacht.[161] Dass „Tatsachen die Annahme der Begehung" bestimmter Straftaten rechtfertigen, genüge bei den betrachteten Vorschriften zur Anwendung der besonderen Mittel der Datenerhebung nicht.[162] Die konkretisierte Gefahr sei vielmehr taugliche Eingriffsgrundlage.[163]

Eine neue Nuance der Rechtsprechungslinie zeigt sich in der ausdifferenzierten Kritik am Straftatenbezug der überprüften Normen. Kritisiert wird die Verweisung auf Straftaten nach § 67c SOG MV. Es fehle der „von Verfassungs wegen erforderliche Bezug zur Gefährdung oder Verletzung des Rechtsguts"[164]. Nicht ausreichend sei es, auf „Vorfeldtaten"[165] als Straftaten, „bei denen mit der Tatbestandsverwirklichung nicht zwangsläufig bereits eine Rechtsgutsverletzung oder wenigstens eine konkretisierte oder konkrete Gefahr für die tatbestandlich geschützten Rechtsgüter einhergeht"[166], abzustellen.

Für die Wohnraumüberwachung nach § 33b Abs. 1 SOG MV wird hingegen festgestellt, dass ein Verweis auf die an der „konkretisierten Gefahr" orientierten Vorschrift des § 67a Abs. 1 SOG MV den Anforderungen des Art. 13 Abs. 4 GG, der eine dringende Gefahr fordert, nicht gerecht wird.[167] Genauso wird für die Rasterfahndung – in Abgrenzung zur „konkretisierten Gefahr" – eine konkrete Gefahr gefordert.[168]

---

[159] BVerfGE 162, 1 (1 Ls. 3 a), 115 f. Rn. 245 ff.).

[160] BVerfGE 162, 1 (116 Rn. 246), erneut in BVerfGE 162, 1 (117 Rn. 248).

[161] Betrachtet wurden §§ 26a Abs. 3 S. 1, Abs. 4, 33 Abs. 2, 33b Abs. 1 S. 2, 33c Abs. 1 S. 2, S. 4, Abs. 5, 33d Abs. 1 S. 1 Nr. 2–4, Abs. 3, 35 Abs. 1, Abs. 2, 44 Abs. 1 S. 1 Nr. 1, 46a Abs. 2, 48b Abs. 1, 2 SOG MV i. d. F. des Gesetzes über die öffentliche Sicherheit und Ordnung in Mecklenburg-Vorpommern und zur Änderung anderer Gesetze v. 27.4.2020 (GVBl. MV S. 334).

[162] BVerfG, BeckRS 2022, 41609, Rn. 94.

[163] BVerfG, BeckRS 2022, 41609, Rn. 94, s. dazu *Graulich*, NVwZ-Beilage 2023, 27 ff.

[164] BVerfG, BeckRS 2022, 41609, Rn. 95.

[165] BVerfG, BeckRS 2022, 41609, Rn. 95.

[166] BVerfG, BeckRS 2022, 41609, Rn. 95.

[167] BVerfG, BeckRS 2022, 41609, Rn. 124 ff.

[168] BVerfG, BeckRS 2022, 41609, Rn. 185 ff.

8. BVerfG v. 16.2.2023 – Automatisierte Datenanalyse

Bei Betrachtung der Regelungen zur Datenanalyse oder -auswertung zur vorbeugenden Bekämpfung von Straftaten nach § 25a HSOG[169] und § 49 HmbPolDVG[170] werden durch das Bundesverfassungsgericht die Maßstäbe angelegt, die nach Ansicht des Gerichts allgemein für eingriffsintensive heimliche Überwachungsmaßnahmen gelten.[171]

Es erfolgt eine Abstufung nach Eingriffsintensität. Bei einem schwerwiegenden Eingriff in die informationelle Selbstbestimmung soll zumindest eine „konkretisierte Gefahr“ zur Voraussetzung gemacht werden.[172] Soll darauf verzichtet werden, müssen die zugelassenen Analyse- und Auswertungsmöglichkeiten durch Regelungen insbesondere zur Begrenzung von Art und Umfang der Daten und zur Beschränkung der Datenverarbeitungsmethoden normenklar und hinreichend bestimmt in der Sache so eng begrenzt seien, dass das Eingriffsgewicht der Maßnahmen erheblich gemindert ist.[173]

9. BayVerfGH v. 14.6.2023

Im Anschluss an die Entscheidung über den Eilantrag am 7.3.2019 nahm sich der Bayerische Verfassungsgerichtshof 2023 final der Popularklage an.[174] Hinsichtlich eines Großteils der angegriffenen Vorschriften, welche die „drohende Gefahr“ inkorporierten, wurde das Verfahren eingestellt. Die Vorschriften waren außer Kraft getreten und teils ersetzt. Ein öffentliches Interesse an einer verfassungsgerichtlichen Klärung bestehe nach Ansicht des Gerichts nicht.[175] Dies gelte, da die ursprüngliche Popularklage mangels hinreichender Darlegung einer Grundrechtsverletzung hinsichtlich der Angriffe auf Bestimmungen, die den Begriff der „drohenden Gefahr“ inkorporieren, unzulässig sei.[176]

Die (verbleibende) gerügte Verletzung des Grundrechts der allgemeinen Handlungsfreiheit nach Art. 101 BV i. V. m. dem Rechtsstaatsprinzip des Art. 3 Abs. 1 S. 1 BV, weil der Begriff der „drohenden Gefahr für ein bedeutendes Rechtsgut“

---

[169] I. d. F. des Gesetzes zur Neuausrichtung des Verfassungsschutzes in Hessen vom 25.6. 2018 (HessGVBl. S. 302).

[170] I. d. F. des Gesetzes über die Datenverarbeitung der Polizei und zur Änderung weiterer polizeirechtlicher Vorschriften vom 12.12.2019 (HmbGVBl. S. 485).

[171] BVerfG, NJW 2023, 1196 (1196 Ls. 4, 1206 Rn. 106 f.).

[172] BVerfG, NJW 2023, 1196 (1196 Ls. 4, 1206 Rn. 106 f.), s. dazu *Graulich*, NVwZ-Beilage 2023, 27 (30 ff.).

[173] BVerfG, NJW 2023, 1196 (1196 Ls. 4, 1206 f. Rn. 110 ff.).

[174] BayVerfGH, BeckRS 2023, 19409.

[175] BayVerfGH, BeckRS 2023, 19409 Rn. 51.

[176] BayVerfGH, BeckRS 2023, 19409 Rn. 54.

gegen das Bestimmtheitsgebot und den Verhältnismäßigkeitsgrundsatz verstoße, war nach Ansicht des Gerichts ebenfalls nicht substantiiert dargelegt.[177]

Zum Bestimmtheitsgrundsatz wird durch den Bayerischen Verfassungsgerichtshof darauf verwiesen, dass die Voraussetzungen der drohenden Gefahr in Art. 11a BayPAG näher bestimmt werden. Art. 11a BayPAG verweise auf Art. 11 Abs. 1 S. 2 BayPAG, wenn er von der Entstehung einer Gefahr spreche.[178] Die in der Norm inkorporierten Legaldefinitionen seien durch die Antragsteller nicht substantiiert angegriffen worden.[179]

Eine Verletzung des Verhältnismäßigkeitsgrundsatzes dadurch, dass die Schwere der durch Art. 11a PAG zugelassenen Grundrechtseingriffe außer Verhältnis zu dem Gewicht der durch Art. 11a Abs. 1 i.V.m. Abs. 2 BayPAG geschützten bedeutenden Rechtsgüter stünde, sei dem pauschalen Vortrag der Antragsteller nicht zu entnehmen.[180]

Sowohl mit dem Merkmal des „individuellen Verhaltens einer Person" in Nr. 1 als auch mit dem Merkmal der „Vorbereitungshandlungen" in Nr. 2 habe der Gesetzgeber gerade Tatbestandsvoraussetzungen normiert, die auf bestimmten Tatsachen fußen.[181] Entsprechend unsubstantiiert sei damit auch die Rüge der Verletzung der übrigen Vorschriften, die auf die „drohende Gefahr" als Tatbestandsmerkmal abstellen.[182]

Soweit die Antragsteller im Zusammenhang mit diesen Befugnisnormen subjektive verfassungsmäßige Rechte als verletzt bezeichnet hätten, insbesondere die Grundrechte der Menschenwürde (Art. 100 BV) und der allgemeinen Handlungsfreiheit (Art. 101 BV), beschränkten sie sich zur Begründung auf die Wiedergabe der als verletzt behaupteten Grundrechte und – wie zu Art. 11a BayPAG – auf die unsubstantiierte Behauptung von Verstößen gegen objektives Verfassungsrecht.[183]

Klargestellt wird, dass die Ingewahrsamnahme nach Art. 17 Abs. 1 Nr. 4 und 5 BayPAG nicht zur Abwehr einer „drohenden Gefahr" zulässig sei. Dies gelte, selbst wenn Maßnahmen, die durchgesetzt werden sollen, unter bestimmten Voraussetzungen bereits bei einer „drohenden Gefahr" im Sinne des Art. 11a BayPAG angeordnet werden könnten.[184] Die Normen, welche verfassungskonform ausgelegt werden,[185] dienten der Abwehr von konkreten Verstößen des jeweiligen Adressaten gegen die ihm gegenüber angeordneten Maßnahmen und damit der rechtsstaatlich

[177] BayVerfGH, BeckRS 2023, 19409 Rn. 73.
[178] BayVerfGH, BeckRS 2023, 19409 Rn. 77.
[179] BayVerfGH, BeckRS 2023, 19409 Rn. 77.
[180] BayVerfGH, BeckRS 2023, 19409 Rn. 78 ff.
[181] BayVerfGH, BeckRS 2023, 19409 Rn. 82.
[182] BayVerfGH, BeckRS 2023, 19409 Rn. 83.
[183] BayVerfGH, BeckRS 2023, 19409 Rn. 84.
[184] BayVerfGH, BeckRS 2023, 19409 Rn. 119.
[185] BayVerfGH, BeckRS 2023, 19409 Rn. 120.

gebotenen Durchsetzung wirksamer und vollziehbarer polizeilicher bzw. richterlicher Anordnungen, ohne die insoweit eine effektive Aufgabenwahrnehmung und Schutzpflichterfüllung nicht möglich wäre.[186] Die Auslegung gebiete das ultima ratio Prinzip insbesondere in Fällen, in denen polizeilicher Zwang im herkömmlichen Sinne scheitere beispielsweise durch Wiederholungsaktionen des Adressaten (faktisches Unterlaufen der Maßnahme).[187] Die Möglichkeit, durch eigenes Verhalten, eine Ingewahrsamnahme zu vermeiden und repressiv Rechtsschutz zu ergreifen, genügten den Anforderungen des Verhältnismäßigkeitsgrundsatzes, auch wenn die Behörde fälschlich die Maßnahme auf eine drohende Gefahr stütze.[188] Hinzu komme, dass eine Maßnahme unverzüglich zu beenden sei, sobald die Anordnungsvoraussetzungen entfallen. Die Polizei müsse zudem unverzüglich eine richterliche Entscheidung über die Zulässigkeit und die Fortdauer der Freiheitsentziehung herbeiführen, womit die verfassungskonforme Anwendung der Art. 17 Abs. 1 Nrn. 4 und 5 BayPAG spätestens dann auch zur Aufgabe der Judikative werde.[189]

IX. Änderung des Polizeiaufgabengesetzes (2021 und 2023)

Infolge der Vorschläge der PAG-Kommission und des Bestandsdatenauskunftsurteils von 2020 erfolgt 2021 eine erneute Anpassung des bayerischen Polizeiaufgabengesetzes.[190] Die Änderungen greifen für die Definition und Systematik der „drohenden Gefahr“ die Empfehlungen der Kommission weitgehend auf. Die konkrete Gefahr erfährt eine Legaldefinition in Art. 11 Abs. 1 S. 2 BayPAG. Die „drohende Gefahr“ wird in den neugeschafften Art. 11a BayPAG überführt, ohne eine Änderung des Verhältnisses zu Art. 11 BayPAG zu intendieren,[191] und die vorgeschlagene klarstellende Subsidiaritätsformulierung („Wenn die Voraussetzungen des Art. 11 Abs. 1 und 2 nicht vorliegen“) wird aufgenommen.[192]

Bei den Rechtsgütern erfolgt eine Anpassung bei der sexuellen Selbstbestimmung, die nun nur greift, „soweit sie durch Straftatbestände geschützt ist, die im Mindestmaß mit wenigstens drei Monaten Freiheitsstrafe bedroht sind“. Der Eigentumsschutz wird gestrichen und die Nr. 5 der Norm wird auf „Anlagen der

---

[186] BayVerfGH, BeckRS 2023, 19409 Rn. 119.

[187] BayVerfGH, BeckRS 2023, 19409 Rn. 117 f.

[188] BayVerfGH, BeckRS 2023, 19409 Rn. 119.

[189] BayVerfGH, BeckRS 2023, 19409 Rn. 120.

[190] Amtl. Begr. zum Gesetz zur Änderung des Polizeiaufgabengesetzes und weiterer Rechtsvorschriften v. 27.3.2021 (BayGVBl. S. 418), BayLT-Drs. 18/13716.

[191] Amtl. Begr. zu Art. 11 BayPAG i.d.F. des Gesetzes zur Änderung des Polizeiaufgabengesetzes und weiterer Rechtsvorschriften v. 27.3.2021 (BayGVBl. S. 418), BayLT-Drs. 18/13716, S. 21.

[192] Art. 11a BayPAG: „Wenn die Voraussetzungen des Art. 11 Abs. 1 und 2 nicht vorliegen, [...]“.

kritischen Infrastruktur sowie Kulturgüter von mindestens überregionalem Rang" begrenzt.[193] Dem Vorschlag der PAG-Kommission, die „drohende Gefahr" für die elektronische Aufenthaltsüberwachung zu entfernen, trägt die Novelle indes nicht Rechnung.[194] Ferner erfolgt eine Einführung der „drohenden Gefahr" in Art. 14 Abs. 1 Nr. 8 Alt. 2 BayPAG.

2023 folgt eine Anpassung der bereits bestehenden Inbezugnahme der „drohenden Gefahr" hinsichtlich der Eingriffsregeln im Telekommunikationsbereich durch eine Beschränkung der hier abzuwägenden Rechtsgüter nach Vorbild des Bundesrechts.[195]

X. Gesetzesvorhaben in anderen Bundesländern

Mögen Umfang und Modus variieren, ist dennoch festzustellen, dass fast alle Bundesländer die „konkretisierte Gefahr" des BKAG-Urteils in ihre Polizeigesetze überführen.[196] Dies erfolgt nicht so umfangreich und nicht an derart prominenter

---

[193] Amtl. Begr. zu Art. 11a BayPAG i.d.F. des Gesetzes zur Änderung des Polizeiaufgabengesetzes und weiterer Rechtsvorschriften v. 27.3.2021 (BayGVBl. S. 418), BayLT-Drs. 18/13716.

[194] Amtl. Begr. zu Art. 11a BayPAG i.d.F. des Gesetzes zur Änderung des Polizeiaufgabengesetzes und weiterer Rechtsvorschriften v. 27.3.2021 (BayGVBl. S. 418), BayLT-Drs. 18/13716, S. 23: „Vor diesem Hintergrund ist es aus polizeipraktischer Sicht sinnvoll, wenn die relevanten Maßnahmen (bspw. Elektronische Aufenthaltsüberwachung (EAÜ), Kontaktverbote usw.) bereits bei Vorliegen einer drohenden Gefahr getroffen werden können."

[195] Art. 43 Abs. 4 S. 1 Nr. 3, Abs. 5 S. 1 Nr. 2, 3, Abs. 6 S. 1 Nr. 2, S. 2, Art. 44 Abs. 1 S. 1, Art. 50 Abs. 1 S. 1 Nr. 6, Art. 52 Abs. 1 S. 1 Nr. 6 BayPAG, s. Amtl. Begr. zum Gesetz zur Änderung des Polizeiaufgabengesetzes und des Polizeiorganisationsgesetzes v. 24.3.2023 (BayGVBl. S. 98), BayLT-Drs. 18/13716, S. 2.

[196] § 23b Abs. 1 Nr. 2, 3, § 27b Abs. 1, § 27c Abs. 1 BW PolG i.d.F. des Gesetzes zur Änderung des Polizeigesetzes v. 10.12.2017 (BW GBl. S. 624), BW LT-Drs. 16/2741, später auch § 15 Abs. 3 Nr. 2 b), § 31 Abs. 1, § 32 Abs. 1 Nr. 2, 3, § 49 Abs. 1 Nr. 2, 3, § 53 Abs. 1 Nr. 2, 3, § 54 Abs. 1 Nr. 2, 3, § 56 Abs. 1 Nr. 2, 3, § 70 Nr. 3 BW PolG i.d.F. des Gesetzes zur Umsetzung der Richtlinie (EU) 2016/680 für die Polizei in Baden-Württemberg und zur Änderung weiterer polizeirechtlicher Vorschriften 6.10.2020 (BW GBl. S. 735), BW LT-Drs. 16/8484; § 25a Abs. 1 Nr. 2, 3 ASOG Bln i.d.F. des Gesetzes zur Änderung des Allgemeinen Sicherheits- und Ordnungsgesetzes und anderer Gesetze v. 22.3.2021 (BlnGVBl. S. 318), BerlLT-Drs. 18/2787; § 28b Abs. 3, S. 2, Abs. 4, Abs. 5, § 28c Abs. 1, 2, § 28d Abs. 1 S. 2 BbgPolG i.d.F. des Zwölften Gesetzes zur Änderung des Brandenburgischen Polizeigesetzes v. 1.4.2019 (BbgGVBl. S. 1), BbgPolGLT-Drs. 6/9821; § 47 Abs. 1 S. 1 Nr. 2, § 57 Abs. 1 BremPolG i.d.F. des Gesetzes zur Änderung des Bremischen Polizeigesetzes und weiterer Gesetze v. 24.11.2020 (BremGVBl. S. 1486), BremLT-Drs. 20/511; § 20 Abs. 1 S. 1 Nr. 2, § 21 Abs. 1 S. 1 Nr. 2, § 30 Abs. 1 HmbPolDVG i.d.F. des Gesetzes über die Datenverarbeitung der Polizei und zur Änderung weiterer polizeirechtlicher Vorschriften v. 12.12.2019 (HmbGVBl. S. 485), HmbLT-Drs. 21/17906; § 15 Abs. 2 S. 1 Nr. 2, 3, § 31a Abs. 1 Nr. 2, 3, Abs. 2 S. 1 HSOG i.d.F. des Gesetzes zur Neuausrichtung des Verfassungsschutzes in Hessen v. 25.6.2018 (HessGVBl. S. 302), HessLT-Drs. 19/05412; § 67a

Stelle wie bei der bayerischen Generalklausel.[197] Die Regelungsgehalte treten besonders häufig bei Befugnissen zur Aufenthaltsvorgabe, zur automatischen Kennzeichenerfassung, zur elektronischen Aufenthaltsüberwachung, zur Erhebung von Telekommunikationsverkehrsdaten und Nutzungsdaten, zur Observation, zur Überwachung der Telekommunikation, zum Kontaktverbot und zum verdeckten Eingriff in informationstechnische Systeme sowie bei einigen Übermittlungsvorschriften auf und sind sehr stark an der „konkretisierten Gefahr“ des BKAG-Urteils orientiert.[198] So stellt sich die Frage, ob in den anderen Bundesländern, wie es

Abs. 1 Nr. 1, 2, § 67b Abs. 1 Nr. 1, 2 SOG MV i. d. F. des Sechstes Gesetz zur Änderung des Sicherheits- und Ordnungsgesetzes v. 22. 3. 2018 (MV GVOBl. S. 114), MV LT-Drs. 7/1320; § 12a Abs. 1 S. 1, § 16a Abs. 1, § 17b Abs. 1 S. 1 Nr. 1, 2, Abs. 2 S. 1, § 17c Abs. 1 Nr. 1, 2, § 33a Abs. 1 S. 1 Nr. 2, 3, § 33d Abs. 1 S. 1 Nr. 2, 3, § 34 Abs. 1 S. 1 Nr. 2, 3, § 37 Abs. 1, § 39 Abs. 2 S. 1 Nr. 2 a), b) NPOG i. d. F. des Sechsten Gesetzes zur Änderung des Sicherheits- und Ordnungsgesetzes v. 20. 5. 2019 (NdsGVBl. S. 88), NdsLT-Drs. 18/850; § 20c Abs. 1 S. 1 Nr. 2, § 34b Abs. 1 S. 1 Nr. 1, 2, § 34c Abs. 1 Nr. 1, 2 PolG NRW i. d. F. des Gesetzes zur Stärkung der Sicherheit in Nordrhein-Westfalen – Sechstes Gesetz zur Änderung des Polizeigesetzes des Landes Nordrhein-Westfalen v. 13. 12. 2018 (GV. NRW S. 683), NRW LT-Drs. 17/2351, 17/4466; zuvor nicht umgesetzt NRW LT-Drs. 17/1351, dazu unten § 6 C. II. 1. b) bb) (2) (b), S. 392 ff.; § 28 Abs. 1 Nr. 2, § 29 Abs. 1 S. 4, § 31 Abs. 1 S. 2, Abs. 3 S. 2, § 31b, § 31c Abs. 1 S. 3, Abs. 3, § 31e Abs. 1 S. 2 RhPfPOG i. d. F. des Neunten Landesgesetz zur Änderung des Polizei- und Ordnungsbehördengesetzes v. 30. 6. 2017 (RhPfGVBl. S. 123), RhPfLT-Drs. 17/2895, später auch § 34 Abs. 1 Nr. 2, § 35 Abs. 1 S. 4, § 36 Abs. 1 S. 2, Abs. 3 S. 2, § 38 Abs. 1 S. 2, § 39 Abs. 1 S. 3, Abs. 3, § 41 Abs. 1 S. 2 RhPfPOG i. d. F. des Landesgesetzes zur Änderung des Polizei- und Ordnungsbehördengesetzes sowie beamtenrechtlicher Vorschriften v. 23. 9. 2020 (RhPfGVBl. S. 516), RhPfLT-Drs. 17/12072; § 12 Abs. 4 S. 2 Nr. 1, 2 SPolG sowie § 31 Abs. 1 S. 1 Nr. 1, 2, § 38 Abs. 1 S. 1 Nr. 1, 2 i. d. F. des Gesetzes Nr. 2007 zur Neuregelung der polizeilichen Datenverarbeitung im Saarland v. 6./7. 10. 2020 (SaarlAmtsbl. I S. 1133), SaarlLT-Drs. 16/1180; § 20 Abs. 1 S. 1, § 21 Abs. 1 S. 1, Abs. 2 Nr. 1, 2, § 57 Abs. 2, § 60 Abs. 2 Nr. 1, 2, Abs. 3 Nr. 1, 2, § 61, § 63 Abs. 2 S. 1 Nr. 2, 3, § 66 Abs. 1 S. 2 Nr. 1, 2 SächsPVDG i. d. F. des Gesetzes zur Neustrukturierung des Polizeirechtes des Freistaates Sachsen v. 11. 5. 2019 (SächsGVBl. S. 358), SächsLT-Drs. 6/14791; § 36a Abs. 1, 2 Nr. 1, 2 SOG LSA i. d. F. des Siebenten Gesetzes zur Änderung des Gesetzes über die öffentliche Sicherheit und Ordnung des Landes Sachsen-Anhalt v. 18. 10. 2018 (GVBl. LSA S. 376), LSA LT-Drs. 7/2402; § 185a Abs. 1 Nr. 1, 2, § 185b Nr. 1, 2, § 201 Abs. 4 Nr. 1, 2, § 201b Abs. 1 Nr. 1, 2 LVwG S-H i. d. F. des Gesetzes zur Änderung polizei- und ordnungsrechtlicher Vorschriften im Landesverwaltungsgesetz (LVwGPORÄndG) v. 18. 3. 2021 (S-H GVOBl. S. 222), S-H LT-Drs. 19/2118.

[197] Dazu *Möstl*, GSZ 2021, 89 ff.

[198] Vgl. z. B. § 31 Abs. 1, § 32 Abs. 1, § 53 Abs. 1 Nr. 2, 3, § 54 Abs. 1 Nr. 2, 3 BW PolG, § 25a Abs. 1 Nr. 2, 3 ASOG Bln, § 28b Abs. 3, Abs. 4, Abs. 5, § 28c Abs. 1, Abs. 2 BbgPolG, § 57 Abs. 1 BremPolG, § 20 Abs. 1 S. 1 Nr. 2, § 21 Abs. 1 S. 1 Nr. 2, § 30 Abs. 1 HmbPolDVG, § 15 Abs. 1 S. 1 Nr. 2, 3, § 31a Abs. 1 Nr. 2, 3, Abs. 2 S. 1 HSOG, § 67a Abs. 1 Nr. 1, 2, § 67b Abs. 1 Nr. 1, 2 SOG MV, § 17b Abs. 1 S. 1 Nr. 1, 2, Abs. 2 S. 1, § 17c Abs. 1 Nr. 1, 2, § 33a Abs. 1 S. 1 Nr. 2, 3, § 33d Abs. 1 S. 1 Nr. 2, 3, § 34 Abs. 1 S. 1 Nr. 2, 3 NPOG, § 36 Abs. 1 S. 2, Abs. 3 S. 2, § 38 Abs. 1 S. 2, § 39 Abs. 1 S. 3, Abs. 3 RhPfPOG, § 12 Abs. 4 S. 2, SPolG, § 38 Abs. 1 S. 1 SPolDVG, § 21 Abs. 1 S. 1, § 61, § 63 Abs. 2 S. 1, § 66 Abs. 1 S. 2 SächsPVDG, § 36a SOG LSA, § 185a, § 185b, § 201 Abs. 4, § 201b Abs. 1 LVwG S-H.

Hundert/Lippmann für Sachsen beschreibt, „die drohende Gefahr faktisch eingeführt“[199] wird.[200]

B. Konturen der bayerischen „drohenden Gefahr“

Das Herzstück der Gefahrenvorsorge in Bayern soll der neue Art. 11a BayPAG – bis 2021 Art. 11 Abs. 3 BayPAG (2017) – darstellen. Dieser enthält sowohl eine Legaldefinition[201] des neuen Schwellenbegriffs der „drohenden Gefahr“ als auch eine Eingriffsermächtigung „ohne standardisierte Rechtsfolge (Generalklausel)“[202].

Die Norm beginnt mit einem Hinweis zur Anwendbarkeit, dass die Polizei, „[w]enn die Voraussetzungen des Art. 11 Abs. 1 und 2 nicht vorliegen“, handeln könne. Gleichsam erfolgt in Abs. 1 S. 1 a.E. der Hinweis darauf, dass ein Einschreiten nach der Norm nur zulässig ist, „soweit nicht die Art. 12 bis 65 die Befugnisse der Polizei besonders regeln“.

Ferner beschreibt die Regelung ihre diagnostischen Elemente. Betrachtet werden soll „im Einzelfall“ nach Nr. 1 das „individuelle Verhalten einer Person“ beziehungsweise nach Nr. 2 „Vorbereitungshandlungen für sich oder zusammen mit weiteren bestimmten Tatsachen“. Die Diagnose soll in die Prognose münden, die nach Nr. 1 die „konkrete Wahrscheinlichkeit“ und nach Nr. 2 „den Schluss auf ein seiner Art nach konkretisiertes Geschehen“ fordert, „wonach in absehbarer Zeit Angriffe von erheblicher Intensität oder Auswirkung zu erwarten sind (drohende Gefahr), soweit nicht die Art. 12 bis 65 die Befugnisse der Polizei besonders regeln“. Im zweiten Absatz erfolgt eine enumerative Aufzählung der in Abs. 1 bereits genannten „[b]edeutende[n] Rechtsgüter“, zu denen „der Bestand oder die Sicherheit des Bundes oder eines Landes“ (Nr. 1), „Leben, Gesundheit oder Freiheit“ (Nr. 2), „die sexuelle Selbstbestimmung, soweit sie durch Straftatbestände ge-

---

[199] *Hundert/Lippmann*, SächsVBl. 2019, 305 (307).

[200] Vgl. auch *Trurnit*, JURA 2019, 258 (265), der den Begriff der „drohenden Gefahr“ auf die Regelung in BW überträgt, die selbst auf diesen verzichtet; s. auch *ders.*, in: Möstl/Trurnit, BeckOK Polizeirecht Baden-Württemberg, § 32 BW PolG Rn. 14f.; vgl. zudem *Möstl*, Die Verwaltung 53 (2020), 21 (27).

[201] Als Legaldefinition deklarierend Amtl. Begr. zu Art. 11a BayPAG i.d.F. des Gesetzes zur Änderung des Polizeiaufgabengesetzes und weiterer Rechtsvorschriften v. 27.3. 2021(BayGVBl. S. 418), BayLT-Drs. 18/13716, S. 21; BayVerfGH, BeckRS 2019, 3113 Rn. 2; PAG-Kommission, Abschlussbericht v. 30.8.2019, (Fn. 90), S. 16f.; aus der Lit. *Holzner*, DÖV 2018, 946 (947); *Leisner-Egensperger*, DÖV 2018, 677 (681); *Schmid/Wenner*, BayVBl. 2019, 109 (110); *Shirvani*, DVBl. 2018, 1393 (1394); *Waechter*, NVwZ 2018, 458 (459); *Wehr*, JURA 2019, 940 (941); *Weinrich*, NVwZ 2018, 1680 (1680).

[202] PAG-Kommission, Abschlussbericht v. 30.8.2019, (Fn. 90), S. 17; Amtl. Begr. zu Art. 11a BayPAG i.d.F. des Gesetzes zur Änderung des Polizeiaufgabengesetzes und weiterer Rechtsvorschriften v. 27.3.2021 (BayGVBl. S. 418), BayLT-Drs. 18/13716, S. 21: „Generalklausel“.

schützt ist, die im Mindestmaß mit wenigstens drei Monaten Freiheitsstrafe bedroht sind“ (Nr. 3) sowie „Anlagen der kritischen Infrastruktur sowie Kulturgüter von mindestens überregionalem Rang“ (Nr. 4) gehören.

Die Befugnis nennt sodann bereits im ersten Absatz zwei Rechtsfolgenalternativen im Rahmen ihrer Generalklauseleigenschaft: Zum einen kann die Polizei „die notwendigen Maßnahmen treffen, um den Sachverhalt aufzuklären“. Zum anderen kann sie die notwendigen Maßnahmen treffen, um „die Entstehung einer Gefahr für ein bedeutendes Rechtsgut zu verhindern“.

C. Einordnung in das Abwägungssystem

Die Rezeption der neuen Kategorie reicht von der Annahme einer „mutige[n] Begriffsneuschöpfung“[203] hinzu der Einordnung einer Gesetzgebung „am Rande der Verfassungsmäßigkeit und darüber hinaus“[204]. Wie bei den zuvor betrachteten Schwellen und Verantwortlichkeitsregelungen soll eine Prüfung anhand des Bestimmtheits- und des Verhältnismäßigkeitsgrundsatzes erfolgen. Im Rahmen der Schwelle erfolgt jeweils eine Betrachtung der Vorgaben des Bundesverfassungsgerichts, um im Anschluss auf die „drohende Gefahr“ des bayerischen Gesetzgebers einzugehen. Dies gilt, da hinsichtlich beider Kategorien keine vollständige Identität besteht,[205] auch wenn sich der bayerische Gesetzgeber ausdrücklich und mehrfach auf das BKAG-Urteil beruft.[206]

In der Literatur wurde vereinzelt angenommen, dass eine Prüfung der neuen Schwelle lediglich anhand der jeweiligen Maßnahme erfolgen kann.[207] Andererseits wird darauf verwiesen, dass die Senatsmehrheit des Bundesverfassungsgerichts weitgehend frei vom Verfassungstext auf einer Metaebene Grundsätze formuliert, die als Ableitungen des Verhältnismäßigkeitsgrundsatzes für alle heimlichen Überwachungsmaßnahmen gelten sollen, welche typischerweise tief in die Privatsphäre vordringen können.[208] Diese übergreifenden Anforderungen finden Anwendung, da die zu berücksichtigenden verfassungsrechtlichen Prinzipien – das Bestimmtheitsgebot, der Grundsatz der Verhältnismäßigkeit sowie die kompetenzrechtlichen Eingrenzungen – beispielsweise durch das Rechtsstaatsgebot aus Art. 20 Abs. 3 GG eigenständigen Wert erhalten, so dass eine von den Grundrech-

---

[203] *Möstl*, Stellungnahme zu BayLT-Drs. 17/16299, S. 1.

[204] *Löffelmann*, BayVBl. 2018, 145 (145).

[205] Mit Hinweis darauf auch *Möstl*, BayVBl. 2018, 156 (159 Fn. 34).

[206] Amtl. Begr. zum Gesetz zur effektiveren Überwachung gefährlicher Personen v. 24. 7. 2017 (BayGVBl. S. 388), BayLT-Drs. 17/16299, S. 1.

[207] *Welzel/Ellner*, DÖV 2019, 211 (212).

[208] *Lindner/Unterreitmeier*, DÖV 2017, 90 (92).

ten unabhängige Prüfung erfolgen kann.[209] Hinzu kommt, dass die Generalklausel an der allgemeinen Handlungsfreiheit aus Art. 2 Abs. 1 GG zu messen ist, wobei im Rahmen dessen bei der geforderten Prüfung des Verstoßes gegen die „verfassungsmäßige Ordnung" die Analyse auf eine Betrachtung der genannten Grundsätze hinausläuft.[210]

I. Bestimmtheit

1. Schwelle

a) Im Allgemeinen

aa) „Konkretisierte Gefahr"

Schon der Versuch der Skizzierung der neuen Kategorie wird dadurch erschwert, dass deren Beschreibung sowohl zwischen den diversen Entscheidungen als auch innerhalb der tragenden Entscheidung zum BKAG zwischen „drohende[r] Gefahr"[211], „im Einzelfall drohende[r] konkrete[r] Gefahr"[212], „hinreichend konkretisierte[r] Gefahrenlage"[213] sowie „hinreichend konkretisiert drohende[r] Gefahr"[214] changiert.[215] Hinzu kommt, wie die Literatur aufzeigt, dass die maßgebliche Ausgangspassage des Bundesverfassungsgerichts bereits nicht leicht verständlich und teils widersprüchlich erscheint, beispielsweise durch die Kombination von althergebrachten Begriffen wie konkreter Gefahr und neuen Ansätzen.[216] Dieser Umstand tritt hinzu zur „Vielfalt der gesetzlichen Umschreibungen der Eingriffsanlässe unterhalb der Schwelle der konkreten Gefahr, die eine Systematisierung sowie die Herausbildung einer konsentierten Terminologie erschweren und immer wieder Anlass für verfassungsgerichtliche Korrekturen gaben"[217]. Gleichwohl wird diese „begriffliche Unschärfe"[218] nicht durchweg negativ bewertet und treibt Spekulatio-

---

[209] Vgl. BVerfGE 141, 220 (269 ff. Rn. 104 ff.); BVerfGE 155, 119 (189 Rn. 151); vgl. Antrag auf abstrakte Normenkontrolle v. 6.9.2018, (Fn. 904), S. 28.

[210] Antrag auf abstrakte Normenkontrolle v. 6.9.2018, (Fn. 904), S. 28.

[211] BVerfGE 120, 271 (329), 125, 260 (330); 141, 220 (272 Rn. 112).

[212] BVerfGE 141, 220 (305 Rn. 212).

[213] BVerfGE 141, 220 (333 Rn. 302); auch „hinreichend konkretisierte Gefahr", BVerfGE 141, 220 (329 Rn. 291).

[214] BVerfGE 141, 220 (348 f. Rn. 348).

[215] Darauf am Beispiel der Online-Durchsuchung im BKAG-Urteil hinweisend, *Kießling*, VerwArch 108 (2017), 282 (289 Fn. 36).

[216] Vgl. *Kießling*, VerwArch 108 (2017), 282 (289 Fn. 36); *Möstl*, BayVBl. 2018, 156 (157); *ders.*, DVBl. 2020, 160 (162); vgl. auch *Apostel*, KJ 52 (2019), 147 (149); *Shirvani*, DVBl. 2018, 1393 (1393); *Wehr*, JURA 2019, 940 (941).

[217] *Wehr*, JURA 2019, 940 (942).

[218] *Möstl*, BayVBl. 2018, 156 (159).

nen voran, dass die sprachliche Offenheit dem Gesetzgeber „Spielräume“[219] für eigene Erwägungen lassen soll.[220]

Ein Teil des Schrifttums misst den begrifflichen Unstimmigkeiten ohnehin überwiegend nicht viel Bedeutung bei.[221] Zumal das Bundesverfassungsgericht in den Folgeentscheidungen daran interessiert scheint, hinsichtlich der Begrifflichkeiten Eindeutigkeit zu postulieren. Die aufgezeigten Entscheidungen, allen voran das Bestandsdatenauskunftsurteil aus 2021, deuten darauf, dass das Gericht den Begriff der „hinreichend konkretisierten Gefahr“[222] beziehungsweise der „konkretisierte[n] Gefahr“[223] präferiert. Die letztgenannte Bezeichnung findet sich im Leitsatz des Bestandsdatenauskunftsurteils und wird dieser Arbeit zugrunde gelegt.[224]

Die sich wie ein roter Faden durch die Entscheidungen ziehende Kritik der zunehmenden Verrechtlichung infolge der detailgenauen, umfangreichen Vorgaben durch die Rechtsprechung lebt indes in Bezug auf die „konkretisierte Gefahr“ wieder auf.[225] Selbst Befürworter der bundesverfassungsrechtlichen Linie weisen auf die bemerkenswerte Fülle der Vorgaben mit einer Regelungstiefe, deren Umfang tief in die Dogmatik des einfachgesetzlichen Polizeirechts hinabsteige, hin.[226] Gestaltungsspielräume würden ausgehebelt und das Bemühen um Bestimmtheit endete in einem regelrechten Wettstreit um die Formulierung neuer Befugnisnor-

---

[219] *Brodmerkel*, Die Neuregelung der TKÜ im PAG als exemplarisches Beispiel einer umfangreichen Anpassungsgesetzgebung, https://bayrvr.de/2017/12/19/die-neuregelung-der-tkue-im-pag-als-exemplarisches-beispiel-einer-umfangreichen-anpassungsgesetzgebung/, Stand: 11.12.2023.

[220] *Möstl*, BayVBl. 2018, 156 (157).

[221] *Möstl*, in: ders./Schwabenbauer, BeckOK Polizei- und Sicherheitsrecht Bayern, Systematische und begriffliche Vorbemerkungen zum Polizeirecht in DE Rn. 36, 41; vgl. auch *Ogorek*, JZ 2019, 63 (68); *Thiel*, Polizei- und Ordnungsrecht, § 8 Rn. 72; vgl. auch Amtl. Begr. zum Gesetz zur Änderung des Polizeiaufgabengesetzes und weiterer Rechtsvorschriften v. 27.3.2021 (BayGVBl. S. 418), BayLT-Drs. 18/13716. S. 1.

[222] BVerfGE 155, 119 (188 Rn. 148, 190 Rn. 151, 213 Rn. 211); genauso BVerfGE 154, 152 (269 Rn. 222); 156, 63 (121 Rn. 205, 126 Rn. 218); s. auch BVerfGE 156, 11 (11 Ls. 3 b), 55 Rn. 118, 60 Rn. 129); ferner BVerfGE 154, 152 (303 Rn. 310) sowie BVerfGE 156, 63 (144 Rn. 275): „hinreichend konkretisierte Gefahrenlage“.

[223] BVerfGE 155, 119 (119 Ls. 4 und 202 Rn. 180, 205 Rn. 187); genauso BVerfGE 156, 11 (55 Rn. 118); s. auch BVerfGE 156, 11 (60 f. Rn. 130); BVerfGE 154, 152 (Ls. 6 u. 7, 266 Rn. 211): „konkretisierte Gefahrenlage“

[224] BVerfGE 155, 119 (119 Ls. 4).

[225] *Kießling*, VerwArch 108 (2017), 282 (293); *Lindner/Unterreitmeier*, DÖV 2017, 90 (92); vgl. auch *Brodmerkel*, Die Neuregelung der TKÜ im PAG als exemplarisches Beispiel einer umfangreichen Anpassungsgesetzgebung, https://bayrvr.de/2017/12/19/die-neuregelung-der-tkue-im-pag-als-exemplarisches-beispiel-einer-umfangreichen-anpassungsgesetzgebung/, Stand: 11.12.2023; *Trurnit*, JURA 2019, 258 (266).

[226] *Möstl*, BayVBl. 2018, 156 (156); ähnlich auch *ders.*, DVBl. 2020, 160 (162); s. a. *Vasel*, NJW 2023, 1174 (1176 18 f.)

men, deren Wert häufig in Frage zu stellen sei,[227] so dass sogar davon ausgegangen wird, dass die Vorgaben die Handhabbarkeit der Norm sogar stören.[228]

Gestützt wird die Kritik vermeintlich durch die Inhalte der Sondervoten zum BKAG-Urteil. Beide betonen die Einschätzungsprärogative des Gesetzgebers,[229] insbesondere bei der Schaffung der Prognosetatbestände.[230] Daher sehen sie in den ihrer Meinung nach „kleinteilige[n]"[231], „überzogene[n] Anforderungen"[232] hinsichtlich des Verfahrens und der Vorgaben der Weiterverwendung einen Verstoß gegen den Grundsatz des „judicial self-restraint",[233] da sich viele der allgemeinen Anforderungen des Urteils aus dem Verhältnismäßigkeitsgrundsatz speisen.[234] Diese Detailgenauigkeit der zurückliegenden Rechtsprechung sei Konsequenz der Breitenwirksamkeit der in der Vergangenheit betrachteten Befugnisse.[235] Allerdings ist zu beachten, dass sich diese Missbilligung nicht auf die neugestalteten Eingreifschwellen erstreckt. Vielmehr werden diese durch Eichberger als „gelungene Präzisierung des Gefahrbegriffs im Vorfeldbereich der Straftatenverhütung"[236] und als „deutlichen Gewinn"[237] beschrieben. Schluckebier kann gleichsam „die vom Senat akzeptierten reduzierten Anforderungen an den Gefahrenbegriff, die Anforderungen an die Vorhersehbarkeit des Kausalverlaufs sowie die Maßnahmen der Umfeldüberwachung bei der ins Vorfeld der klassischen Gefahrenabwehr verschobenen Straftatenverhütung"[238] mittragen. Indes sehen beide Richter die verfassungsgerichtlichen Vorgaben bloß als Grundlage für eine verfassungskonforme

[227] *Graulich*, GSZ 2019, 9 (13).

[228] *Kießling*, VerwArch 108 (2017), 282 (293); vgl. auch *Lindner/Unterreitmeier*, DÖV 2017, 90 (92); *Brodmerkel*, Die Neuregelung der TKÜ im PAG als exemplarisches Beispiel einer umfangreichen Anpassungsgesetzgebung, https://bayrvr.de/2017/12/19/die-neuregelung-der-tkue-im-pag-als-exemplarisches-beispiel-einer-umfangreichen-anpassungsgesetzgebung/, Stand: 11.12.2023.

[229] *Eichberger*, Sondervotum zu BVerfGE 141, 220 ff., BVerfGE 141, 353 (354 Rn. 3); *Schluckebier*, Sondervotum zu BVerfGE 141, 220 ff., BVerfGE 141, 362 (363 Rn. 2).

[230] BVerfGE 141, 353 (354 Rn. 3).

[231] *Schluckebier*, Sondervotum zu BVerfGE 141, 220 ff., BVerfGE 141, 362 (364 Rn. 3).

[232] *Eichberger*, Sondervotum zu BVerfGE 141, 220 ff., BVerfGE 141, 353 (353 f. Rn. 2); genauso *Schluckebier*, Sondervotum zu BVerfGE 141, 220 ff., BVerfGE 141, 362 (363 Rn. 2).

[233] *Eichberger*, Sondervotum zu BVerfGE 141, 220 ff., BVerfGE 141, 353 (355 Rn. 5); *Schluckebier*, Sondervotum zu BVerfGE 141, 220 ff., BVerfGE 141, 362 (363 Rn. 2).

[234] *Eichberger*, Sondervotum zu BVerfGE 141, 220 ff., BVerfGE 141, 353 (355 Rn. 5).

[235] *Eichberger*, Sondervotum zu BVerfGE 141, 220 ff., BVerfGE 141, 353 (355 Rn. 4); *Schluckebier*, Sondervotum zu BVerfGE 141, 220 ff., BVerfGE 141, 362 (365 f. Rn. 6).

[236] *Eichberger*, Sondervotum zu BVerfGE 141, 220 ff., BVerfGE 141, 353 (358 Rn. 9).

[237] *Eichberger*, Sondervotum zu BVerfGE 141, 220 ff., BVerfGE 141, 353 (358 Rn. 9).

[238] *Schluckebier*, Sondervotum zu BVerfGE 141, 220 ff., BVerfGE 141, 362 (364 Rn. 4).

Auslegung der Vorschriften und nicht als Basis der Erklärung der Verfassungswidrigkeit.[239]

Befürworter der „konkretisierten Gefahr" sehen hingegen eine Auslegungsfähigkeit eben dieser. Es sei keine polizeirechtliche Begriffsbildung betrieben, sondern die verfassungsrechtlichen Voraussetzungen für Wahrscheinlichkeitsentscheidungen im Sicherheitsrecht beschrieben worden.[240] Die sich in den vergangenen Jahren in einer Entwicklung befindende Kategorie habe durch die zusätzlichen Voraussetzungen an Klarheit gewonnen.[241]

bb) „Drohende Gefahr"

Wie auch ihre „Blaupause" wird die „drohende Gefahr" des bayerischen Gesetzgebers teils als „vage"[242], „unscharf"[243] und sogar „vollkommen unverständlich"[244] charakterisiert.

(1) Tautologie

Dies beginnt mit dem Vorwurf, bei der „drohenden Gefahr" handele es sich um eine Tautologie.[245] Der Gefahr wohne die Unsicherheit und das Potentielle inne, bei der es an einer Konkretisierung zum Schaden fehle.[246] Kurzum: Gefahren sind drohende Schäden.[247] Mithin wird postuliert, von der Begrifflichkeit abzurücken.[248]

Schon im Rahmen der Analyse des BKAG-Urteils wurde auf diese Fehlinterpretation hingewiesen, wenn das Gericht von einer „erst drohende[n] Gefahr"[249] spreche, so dass lediglich von einer „noch bevorstehend[en]"[250] Gefahr auszugehen sei. Weiteres Indiz, dass das Bundesverfassungsgericht den Begriff der „drohenden

[239] *Eichberger*, Sondervotum zu BVerfGE 141, 220 ff., BVerfGE 141, 353 (358 Rn. 9); *Schluckebier*, Sondervotum zu BVerfGE 141, 220 ff., BVerfGE 141, 362 (363 Rn. 3; 367 Rn. 9).

[240] *Petri*, ZD 2018, 453 (455).

[241] *Darnstädt*, GSZ 2017, 16 (19 f.).

[242] *Weinrich*, NVwZ 2018, 1680 (1682).

[243] Wortbeitrag in der Zweiten Lesung v. Katharina Schulze (GRÜNE), zum Gesetzesentwurf BayLT-Drs. 17/16299, ProtokollauszuG 109. Plenum, 19. 7. 2017, S. 10.

[244] Antrag auf abstrakte Normenkontrolle v. 6. 9. 2018, (Fn. 904), S. 46.

[245] *Löffelmann*, Stellungnahme zu BayLT-Drs. 17/16299, S. 2; s. auch *Barczak*, Der nervöse Staat, S. 522; *Pieroth*, Die Verwaltung 53 (2020), 39 (44); Antrag auf abstrakte Normenkontrolle v. 6. 9. 2018, (Fn. 904), S. 46.

[246] Antrag auf abstrakte Normenkontrolle v. 6. 9. 2018, (Fn. 904), S. 46.

[247] *Löffelmann*, Stellungnahme zu BayLT-Drs. 17/16299, S. 2; *Pieroth*, Die Verwaltung 53 (2020), 39 (44); *Wehr*, JURA 2019, 940 (940).

[248] *Löffelmann*, BayVBl. 2018, 145 (148 Rn. 39).

[249] BVerfGE 141, 220 (305 Rn. 213); mit Verweis darauf *Meyer*, JZ 2017, 429 (431).

[250] *Meyer*, JZ 2017, 429 (431).

Gefahr" eben in jenem Sinne versteht, könnte in der Begriffsverwendung der neueren Rechtsprechung zur Bestandsdatenauskunft gesehen werden. Hier spricht das Gericht zwar immer noch von einer „drohende[n] Gefahr"[251]. Gleichsam stellt es mehrfach und an prominenter Stelle in den Leitsätzen auf den Begriff der „hinreichend konkretisierten Gefahr"[252] beziehungsweise „konkretisierte[n] Gefahr"[253] ab.

Befürworter der „drohenden Gefahr" stellen indes die Frage, ob das Problem der Bezeichnung überhaupt verfassungsrechtlicher Natur oder nicht rein dogmatisch Problem einer stimmigen Gesetzgebungstechnik sei.[254]

(2) Undurchsichtige Normsystematik

Ein vordringlicher Kritikpunkt wird außerdem darin gesehen, dass der Bezug der einzelnen Tatbestandsmerkmale und Handlungsalternativen ungeklärt sei.[255] Die Aufzählungen und Verschachtelungen würden nicht zur Normklarheit beitragen.[256]. Sprachlich nicht gelungen sei die Verwendung des Wortes „wonach" als Einleitung in den letzten Teilabschnitt der Norm.[257] Dieses Adverb, das im gewöhnlichen Sprachgebrauch als Interrogativ- oder Relativpronomen benutzt würde,[258] würde vorliegend im Sinne einer kausalen Konjunktion gebraucht.[259] Im Antrag auf abstrakte Normenkontrolle von Abgeordneten von FDP, Bündnis 90/Die Grünen und Die Linke vom 6.9.2018 wird klargestellt, dass hier eigentlich nur „dass"[260] gemeint sein könne.

Konkret inhaltliche Kritik wird zum einen hinsichtlich des Bezugspunktes der genannten bedeutenden Rechtsgüter im Rahmen der „drohenden Gefahr" nach dem BayPAG geäußert, da unklar bliebe, ob sie auf beide Tatbestandsalternativen bezogen seien.[261] Zum anderen gehe grundlegend in der Systematik der Norm der zu fordernde Rechtsgutsbezug verloren, da die zu prognostizierenden Angriffe nicht

---

[251] BVerfGE 155, 119 (188 Rn. 148).

[252] BVerfGE 155, 119 (188 Rn. 148, 189 Rn. 151, 213 Rn. 211).

[253] BVerfGE 155, 119 (119 Ls. 4, 203 Rn. 180, 204 Rn. 187).

[254] *Möstl*, BayVBl. 2018, 156 (159); s. auch *Schmid/Wenner*, BayVBl. 2019, 109 (110); für die im Ergebnis nicht umgesetzte Einführung einer „drohenden Gefahr" in NRW, *Thiel*, Stellungnahme zu NRW LT-Drs. 17/2351, NRW LT-Drs. 17/651, S. 5.

[255] *Löffelmann*, Stellungnahme zu BayLT-Drs. 17/16299, S. 3; *ders.*, BayVBl. 2018, 145 (148); *Schenke*, KPLLR 87 (2019), 1085 (1096 f.).

[256] Antrag auf abstrakte Normenkontrolle v. 6.9.2018, (Fn. 904), S. 46.

[257] *Löffelmann*, Stellungnahme zu BayLT-Drs. 17/16299, S. 4; Antrag auf abstrakte Normenkontrolle v. 6.9.2018, (Fn. 904), S. 46.

[258] *Löffelmann*, Stellungnahme zu BayLT-Drs. 17/16299, S. 4.

[259] *Löffelmann*, Stellungnahme zu BayLT-Drs. 17/16299, S. 4.

[260] Antrag auf abstrakte Normenkontrolle v. 6.9.2018, (Fn. 904), S. 46.

[261] S. dazu unten § 6 C. I. 1. c) cc) (1), S. 358 ff.

mehr auf Rechtsgüter abstellen.[262] Der Rechtsgutsbezug sei lediglich Voraussetzung für die Zielrichtung der Maßnahme als subjektives Element.[263] Nur die Qualität der Angriffe sei damit ein begrenzendes, objektives Merkmal.[264] Ferner überzeuge hinsichtlich der Systematik die vermeintliche Alternativität der Handlungsvarianten nicht, wenn in Bezug auf die erste Tatbestandsalternative keine „Tatsachen, die den Schluss auf ein seiner Art nach konkretisiertes Geschehen zulassen“, im Sinne der Bundesverfassungsgerichtsentscheidung gefordert würden.[265] Bei beiden handele es sich um einen Schluss aus Anknüpfungstatsachen auf eine zukünftige Weiterentwicklung im Tatsächlichen, die „konkretisiert“ sein müsse.[266] Entsprechend sei eine Differenzierung nicht angebracht und verwirre.[267]

Gegen Letzteres ist anzuführen, dass das Bundesverfassungsgericht im Rahmen seiner zweiten Alternative der „konkretisierenden Gefahr“ Eingriffe ausdrücklich dann erlaubt,

> „wenn zwar noch nicht ein seiner Art nach konkretisiertes und zeitlich absehbares Geschehen erkennbar ist, jedoch das individuelle Verhalten einer Person die konkrete Wahrscheinlichkeit begründet, dass sie solche Straftaten in überschaubarer Zukunft begehen wird“[268].

Daher wird in der Literatur im Rahmen der ersten Alternative der „konkretisierten Gefahr“ beziehungsweise Nr. 1 der „drohenden Gefahr“ nach dem BayPAG kein „der Art nach konkretisiertes Geschehen“ gefordert.[269]

Zum vermeintlichen Verlust des Rechtsgutsbezugs ist auf die Gesetzesbegründung der Änderung von 2021 zu verweisen, die diesen immer wieder als unverzichtbares Element der Verschiebungen herausstellt.[270] Generell nehmen selbst kritische Stimmen in der Literatur zudem die Möglichkeit einer Systematisierung an, die aufteilt in Diagnose-, Prognoseelemente und Rechtsfolgenalternativen jeweils mit Rechtsgutsbezug.[271] Das „Drehen“ der Alternativen, die durch das Bun-

---

[262] *Löffelmann*, BayVBl. 2018, 145 (148).

[263] *Löffelmann*, BayVBl. 2018, 145 (148).

[264] *Löffelmann*, BayVBl. 2018, 145 (148).

[265] *Löffelmann*, Stellungnahme zu BayLT-Drs. 17/16299, S. 3.

[266] *Löffelmann*, Stellungnahme zu BayLT-Drs. 17/16299, S. 3.

[267] Vgl. *Löffelmann*, Stellungnahme zu BayLT-Drs. 17/16299, S. 3.

[268] BVerfGE 141, 220 (272 f. Rn. 112 f.); bestätigt (in minimaler Abweichung) durch, BVerfGE 155, 119 (188 Rn. 149): „[...] wenn zwar noch kein seiner Art nach konkretisiertes und zeitlich absehbares Geschehen erkennbar ist“.

[269] Vgl. *Enders*, DÖV 2019, 205 (208); s. auch *Darnstädt*, DVBl. 2017, 88 (93 ff.).

[270] Amtl. Begr. zu Art. 11a BayPAG i. d. F. des Gesetzes zur Änderung des Polizeiaufgabengesetzes und weiterer Rechtsvorschriften v. 27. 3. 2021 (BayGVBl. S. 418), BayLT-Drs. 18/13716. S. 21 ff.

[271] Zur Systematisierung s. z. B. *Schmidbauer*, in: ders./Steiner, PAG, Art. 11a Rn. 1 ff.

desverfassungsgericht vorgegeben waren, im bayerischen Tatbestand liegt ebenso innerhalb des gesetzgeberischen Gestaltungsspielraums.[272]

(3) Häufung unbestimmter Rechtsbegriffe

Ohne Zweifel enthält die neue Schwelle eine Vielzahl unbestimmter Rechtsbegriffe.[273] Schon die Opposition im Bayerischen Landtag äußerte infolgedessen in den Lesungen die Befürchtung einer allmächtigen Polizei,[274] welche sich der Überprüfung ihrer Maßnahmen durch die Judikative entziehen könne.[275] Anders als im Rahmen einer zulässigen Offenheit würden bei der „drohenden Gefahr" unbestimmte Termini wiederum durch eben solche definiert.[276] Im Ergebnis käme es zu einer Häufung unbestimmter Merkmale, mit denen eine gesetzliche Präzisierung und Systematisierung lediglich suggeriert werde.[277] Dabei ließe die „drohende Gefahr" offen, welche Tatsachen die Schwelle auslösen und überlasse dies der Polizei.[278] Weder für die Gesetzesadressaten noch für Polizei und Justiz sei der Regelungsgehalt erkennbar.[279]

Positiv formuliert resümiert Brodmerkel, dass Spielräume, die das BKAG-Urteil dem Polizeigesetzgeber belässt, ausgeschöpft werden.[280] Und so wird die „drohende Gefahr" durch einen anderen Teil des Schrifttums als „inspirationslos"[281], indes wegen der Orientierung an den Vorgaben des Bundesverfassungsgerichts als verfassungsrechtlich abgesichert angesehen.[282] Rechtfertigend wird angeführt, dass

---

[272] So auch *Leisner-Egensperger*, DÖV 2018, 677 (681).

[273] *Kremer*, GSZ 2019, 169 (176); *Löffelmann*, BayVBl. 2018, 145 (147); *ders.*, Stellungnahme zu BayLT-Drs. 17/16299, S. 4; *Schenke*, KPLLR 87 (2019), 1085 (1100); *Shirvani*, DVBl. 2018, 1393 (1395).

[274] Wortbeitrag in der Zweiten Lesung v. Claudia Stamm (fraktionslos), zum Gesetzesentwurf BayLT-Drs. 17/16299, ProtokollauszuG 109. Plenum, 19.7.2017, S. 12.

[275] Wortbeitrag in der Zweiten Lesung v. Claudia Stamm (fraktionslos), zum Gesetzesentwurf BayLT-Drs. 17/16299, ProtokollauszuG 109. Plenum, 19.7.2017, S. 12.

[276] *Weinrich*, NVwZ 2018, 1680 (1682).

[277] Vgl. *Löffelmann*, Stellungnahme zu BayLT-Drs. 17/16299, S. 4.

[278] *Löffelmann*, Stellungnahme zu BayLT-Drs. 17/16299, S. 4.

[279] Zu den Gesetzesadressaten, vgl. Antrag auf abstrakte Normenkontrolle v. 6.9.2018, (Fn. 904), S. 48; zur Justiz, vgl. Wortbeitrag in der Zweiten Lesung v. Katharina Schulze (GRÜNE), zum Gesetzesentwurf BayLT-Drs. 17/16299, ProtokollauszuG 109. Plenum, 19.7.2017, S. 10.

[280] *Brodmerkel*, Die Neuregelung der TKÜ im PAG als exemplarisches Beispiel einer umfangreichen Anpassungsgesetzgebung, https://bayrvr.de/2017/12/19/die-neuregelung-der-tkue-im-pag-als-exemplarisches-beispiel-einer-umfangreichen-anpassungsgesetzgebung/, Stand: 11.12.2023.

[281] *Holzner*, DÖV 2018, 946 (950); s. auch *Schmid/Wenner*, BayVBl. 2019, 109 (110): „Fantasielosigkeit".

[282] *Holzner*, DÖV 2018, 946 (950); *Möstl*, BayVBl. 2018, 156 (159); *Schmidbauer/Holzner*, Bayerisches Polizei- und Sicherheitsrecht, Rn. 520; *Schmid/Wenner*, BayVBl. 2019, 109 (110); *Wehr*, JURA 2019, 940 (942 f.).

allen voran der Bundesgesetzgeber sich, gleichwohl näher an der „Vorlage“ des Bundesverfassungsgerichts, ebenfalls an den Aussagen des Bundesverfassungsgerichts orientiert.[283]

Gegen dieses Argument der Orientierung an der „gerichtlichen Vorlage“ wird angebracht, dieses könne sich lediglich auf die Verhältnismäßigkeit, nicht auf die Bestimmtheit beziehen, da sonst der Gesetzgeber die Verantwortung für die Unbestimmtheit einer Norm auf das Bundesverfassungsgericht abschieben könnte.[284]

Als Lösung wird von Befürwortern gleichwohl auch bei der „drohenden Gefahr“ die Auslegungsbedürftigkeit und -fähigkeit bei Ermächtigungsgrundlagen des Gefahrenabwehrrechts angeführt,[285] wobei die Präzisierung durch die Gerichte auf eine lange Tradition im Polizeirecht blicken kann.[286]

Es ist daher im Sinne der bereits betrachteten verfassungsrechtlichen Vorgaben zu prüfen, ob unter Anwendung der juristischen Methodik eine Auslegung gelingt und sich verbleibenden Ungewissheiten soweit entgegengestellt werden kann, dass die Vorhersehbarkeit und Justitiabilität des Handelns der durch die Normen ermächtigten staatlichen Stellen gewährleistet ist.[287]

b) Einordnung der neuen Gefahrenbegriffe

Den Begriff der „drohenden Gefahr“ trifft der Vorwurf der „rechtsdogmatischen ‚Ortlosigkeit‘“[288]. Es ist mithin zu prüfen, ob sich die „drohende Gefahr“ und ihre Vorlage, die „konkretisierte Gefahr“, in überkommene Kategorien einordnen lassen und ob sowie in welchem Umfang sich Abweichungen ergeben.

aa) Abstrakte Gefahr

In der Auslegung der „konkretisierten Gefahr“ wird die betrachtete Lage als eine abstrakte beschrieben.[289] Gerade der vom Bundesverfassungsgericht dargestellte Prognosemaßstab der ersten Variante ähnele einer abstrakten Gefahr:[290] Denn es handele sich nicht um eine Voraussage eines konkreten Einzelereignisses, sondern

[283] *Möstl*, BayVBl. 2018, 156 (159); *Schmidbauer*, in: ders./Steiner, PAG, Art. 11a Rn. 137.

[284] Antrag auf abstrakte Normenkontrolle v. 6.9.2018, (Fn. 904), S. 49.

[285] *Leisner-Egensperger*, DÖV 2018, 677 (686); *Petri*, ZD 2018, 453 (459); *Schmid/Wenner*, BayVBl. 2019, 109 (110); *Trurnit*, JURA 2019, 258 (266).

[286] BVerfGE 54, 143 (144 f.); *Kingreen/Poscher*, Polizei- und Ordnungsrecht, § 5 Rn. 4; s. auch oben unter § 5 A., S. 128 ff.

[287] S. auch BVerfGE 110, 33 (56 f.); 120, 378 (316); 156, 11 (45 Rn. 86).

[288] Antrag auf abstrakte Normenkontrolle v. 6.9.2018, (Fn. 904), S. 51.

[289] *Darnstädt*, DVBl. 2017, 88 (91); *Meyer*, JZ 2017, 429 (433).

[290] *Darnstädt*, DVBl. 2017, 88 (91).

die Aussage über das Vorliegen einer bestimmten Ereignisklasse.[291] Allerdings sehen einige Stimmen in der Literatur im Ergebnis eine Konkretisierung dieser grundsätzlich abstrakten Schwelle.[292] Dies erfolgt durch die Forderung, dass „bestimmte Personen beteiligt sein werden, über deren Identität zumindest so viel bekannt ist, dass die Überwachungsmaßnahme gezielt gegen sie eingesetzt und weitgehend auf sie beschränkt werden kann“[293].[294]

Gegen die „drohende Gefahr“ (in der Fassung des Vorentwurfs vom 21.2.2017) wurde ebenfalls der Vorwurf der Einordnung als „bloß“ abstrakte Gefahr erhoben.[295] Eine Parallele wird hier darin gesehen, dass beiden Situationen ein Defizit bei der Prognosegrundlage innewohne.[296] Hiergegen wird vielfach angeführt, dass der in der Vorschrift an verschiedener Stelle zum Ausdruck kommende Einzelfallbezug („im Einzelfall“, „individuelles Verhalten“, „bestimmte Tatsachen“, „Vorbereitungshandlungen“) sie von der abstrakten Gefahr abgrenze.[297] Atypische Anhaltspunkte würden miteinbezogen in die Beurteilung und nicht wie bei der abstrakten Gefahr von diesen abstrahiert.[298]

Angeknüpft wird beim neuen Gefahrenbegriff nicht bloß an allgemeinen Regelsätze oder generelle hypothetische Abläufe.[299] Den Einzelfallbezug gibt auch die Gesetzesbegründung wieder.[300] Zusätzlich grenzen der in der Norm angeordnete qualifizierte Rechtsgüterschutz des S. 1 und das Intensitätserfordernis die „drohende Gefahr“ von der abstrakten Gefahr ab.[301]

---

[291] *Darnstädt*, DVBl. 2017, 88 (91).

[292] *Darnstädt*, DVBl. 2017, 88 (91); *Meyer*, JZ 2017, 429 (433).

[293] BVerfGE 141, 220 (272 Rn. 112).

[294] *Darnstädt*, DVBl. 2017, 88 (91).

[295] *Heidebach*, Abstrakte Gefahr als Eingriffsvoraussetzung, https://www.juwiss.de/30-2017/, Stand: 11.12.2023; *ders.*, Der Gesetzentwurf zur effektiveren Überwachung gefährlicher Personen, https://bayrvr.de/2017/03/13/der-gesetzentwurf-zur-effektiveren-ueberwachung-gefaehrlicher-personen-wider-rechtsstaatliche-kernsaetze-des-polizeirechts/, Stand: 11.12.2023.

[296] *Hanschmann*, KJ 50 (2017), 434 (440).

[297] *Holzner*, DÖV 2018, 946 (947); *Leisner-Egensperger*, DÖV 2018, 677 (685); *Lindner*, Das neue Bayerische Polizeirecht, https://publicus.boorberg.de/das-neue-bayerische-polizeirecht/, Stand: 11.12.2023; *ders.*, Stellungnahme zu BayLT-Drs. 17/16299, S. 4; *Müller*, BayVBl. 2018, 109 (113); *Waechter*, NVwZ 2018, 458 (461); *Wehr*, JURA 2019, 940 (947); *Wollenschläger*, in: Huber/Wolleschläger, Landesrecht Bayern, § 4 Rn. 79; s. auch Antrag auf abstrakte Normenkontrolle v. 6.9.2018, (Fn. 904), S. 32 f., 52.

[298] *Leisner-Egensperger*, DÖV 2018, 677 (685); s. insoweit auch *Lindner*, Das neue Bayerische Polizeirecht, https://publicus.boorberg.de/das-neue-bayerische-polizeirecht/, Stand: 11.12.2023.

[299] So auch *Holzner*, DÖV 2018, 946 (947); *Lindner*, Stellungnahme zu BayLT-Drs. 17/16299, S. 4.

[300] Amtl. Begr. zum Gesetz zur effektiveren Überwachung gefährlicher Personen v. 24.7.2017 (BayGVBl. S. 388), BayLT-Drs. 17/16299, S. 9.

[301] *Lindner*, Stellungnahme zu BayLT-Drs. 17/16299, S. 8.

Somit ist im Ergebnis keine abstrakte Gefahr anzunehmen.[302]

bb) Konkrete Gefahr

(1) „Konkretisierte Gefahr“

Die Einordnung der neuen Begriffe bereitet ferner, wie bereits erwähnt, erhebliche Schwierigkeiten, da die zugrunde liegende Rechtsprechung ihre Intentionen nicht eindeutig erkennen lässt. So findet sich im Online-Durchsuchungsurteil (und teils im Urteil zur Vorratsdatenspeicherung) die Forderung, dass „tatsächliche Anhaltspunkte einer konkreten Gefahr“[303] vorliegen müssen und der Passus, dass auf eine „hinreichende[n] Eintrittswahrscheinlichkeit nicht verzichtet“[304] werden kann. Dies sind Passagen, die auf die Forderung einer konkreten Gefahr deuten. Gleichzeitig wird hier verlautbart, dass der Bereich abgedeckt sein muss, wenn sich „noch nicht mit hinreichender Wahrscheinlichkeit feststellen lässt, dass die Gefahr in näherer Zukunft eintritt“[305] sowie diese „Prognose [...] auf die Entstehung einer konkreten Gefahr“[306] bezogen sein muss. Dieses „Hin-und-Her“ sorgt für Verwirrung in der Literatur, ob ein Abrücken von der konkreten Gefahr gewollt war oder nicht.[307] Einige sehen in dieser Gefahr der ersten Urteile eine konkrete Gefahr sui generis.[308] Andere sehen wegen des Bezugs auf den Einzelfall eine konkrete Gefahr.[309] Möstl hält diese Gefahr bereits für eine neue Vorfeldschwelle.[310]

Die Gesetzgeber haben infolge des Online-Durchsuchungsurteils (und des Vorratsdatenspeicherungsurteils)[311] eine konkrete Gefahr in die entsprechenden Bestimmungen der Polizeigesetze auf Bundes- und Landesebene eingefügt.[312] Dem

---

[302] So auch die Unterrichtung durch die Bundesregierung, Evaluationsbericht zu den §§ 4a, 20j, 20k des Bundeskriminalamtgesetzes v. 23.6.2017, BT-Drs. 18/13031, S. 57.

[303] BVerfGE 120, 274 (Ls. 2); fast wortgleich BVerfGE 125, 260 (Ls. 5).

[304] BVerfGE 120, 274 (327).

[305] BVerfGE 120, 274 (Ls. 2); 125, 260 (330).

[306] BVerfGE 120, 274 (328).

[307] *Kießling*, VerwArch 108 (2017), 282 (286 f. mit Fn. 26); *Meyer*, JZ 2017, 429 (430 f.); *Thiel*, Die „Entgrenzung“ der Gefahrenabwehr, S. 295 ff.; *ders.*, Die Verwaltung 53 (2020), 1 (4 ff.).

[308] *Böckenförde*, JZ 2008, 925 (931).

[309] *Bäcker*, Kriminalpräventionsrecht, S. 123 f.

[310] *Möstl*, DVBl. 2020, 160 (162).

[311] Dieses Urteil soll erneut den Eindruck erweckt haben, als handele es sich bei der diskutierten Rechtsfigur um einen Unterfall der konkreten Gefahr *Möstl*, DVBl. 2020, 160 (162).

[312] Amtl. Begr. zu § 20k BKAG i. d. F. des Gesetzes zur Abwehr von Gefahren des internationalen Terrorismus v. 25.12.2008 (BGBl. I S. 3083), BR-Drs. 404/08, S. 69; Amtl. Begründung zu Art. 34a Abs. 1 S. 1 Nr. 2 BayPAG und Art. 34d Abs. 1 S. 1 Nr. 2 BayPAG i. d. F. des Gesetzes zur Änderung des Polizeiaufgabengesetzes, des Bayerischen Verfassungsschutzgesetzes und des Bayerischen Datenschutzgesetzes v. 27.7.2009 (BayGVBl. S. 380), BayLT-Drs. 16/1271, S. 6 f.

wurde aber angesichts der fehlenden Schadenskonkretisierung vorgeworfen, nicht praxistauglich zu sein.[313]

Der „Kurs der Verwirrung" setzt sich fort, wenn im BKAG-Urteil nicht wie im Online-Durchsuchungsurteil schlicht von einer „drohenden Gefahr" gesprochen wird,[314] sondern vielmehr davon, „dass tatsächliche Anhaltspunkte für eine im Einzelfall drohende konkrete Gefahr für ein überragend wichtiges Rechtsgut vorliegen"[315]. Auch die gerichtliche Annahme eines Regelbeispiels einer konkreten Gefahr im Tatbestand der Rasterfahndung,[316] vertieft die Unsicherheiten.[317] So kommt es, dass acht Jahre nach dem Online-Durchsuchungsurteil keine Einigkeit darüber besteht, ob das Gericht eine neue Eingriffsschwelle einführen wollte.[318] Und wieder gibt es solche, die gerade in Bezug auf die erste Alternative des BKAG-Urteils das Erfordernis einer „hinreichend konkretisierten Gefahr" so ausgelegen, dass darunter eine konkrete Gefahr zu verstehen sei.[319] Nur für die zweite Alternative habe das Gericht durch den Ausnahmecharakter der Formulierung durch Bezugnahme auf terroristische Straftaten tatsächlich eine Absenkung intendiert.[320]

Eichberger bezeichnet in seinem Sondervotum die „konkretisierte Gefahr" noch als stimmige Präzisierung des Gefahrbegriffs im Vorfeldbereich der Straftatenverhütung,[321] aber gleichzeitig als verfassungsgemäße Verlagerung der Gefahrenschwelle ins Vorfeld einer konkreten Gefahr.[322] Diesem Vorfeldgedanken folgt auch Kießling.[323] Der Passus, dass dem Gewicht der betrachteten Maßnahmen nicht Rechnung getragen wird, wenn der Anlass „noch weiter in das Vorfeld einer in ihren Konturen noch nicht absehbaren konkreten Gefahr"[324] verlagert würde, dürfe nicht überinterpretiert werden.[325] Er sei aber ein Beleg für eine erweiterte Vorverlagerung im Vergleich zum Online-Durchsuchungsurteil und Vorratsdatenspeicherungsurteil.[326]

---

[313] *Darnstädt*, DVBl. 2017, 88 (89).

[314] BVerfGE 120, 274 (329).

[315] BVerfGE 141, 220 (305 Rn. 212).

[316] BVerfGE 141, 220 (303 Rn. 207).

[317] *Meyer*, JZ 2017, 429 (432).

[318] *Ogorek*, JZ 2019, 63 (68); in diesem Sinne auch *Brodowski/Jahn/Schmitt-Leonardy*, GSZ 2017, 7 (10); *Möstl*, DVBl. 2020, 160 (162); *Shirvani*, DVBl. 2018, 1393 (1393); *Thiel*, Die Verwaltung 53 (2020), 1 (4).

[319] Vgl. *Meyer*, JZ 2017, 429 (431); *Ogorek*, JZ 2019, 63 (68); *Pieroth*, GSZ 2018, 133 (135); Antrag auf abstrakte Normenkontrolle v. 6.9.2018, (Fn. 904), S. 50.

[320] Antrag auf abstrakte Normenkontrolle v. 6.9.2018, (Fn. 904), S. 50.

[321] *Eichberger*, Sondervotum zu BVerfGE 141, 220 ff., BVerfGE 141, 353 (358 Rn. 9).

[322] *Eichberger*, Sondervotum zu BVerfGE 141, 220 ff., BVerfGE 141, 353 (358 Rn. 9).

[323] *Kießling*, VerwArch 108 (2017), 282 (285).

[324] BVerfGE 141, 220 (273 Rn. 113).

[325] *Kießling*, VerwArch 108 (2017), 282 (288).

[326] *Kießling*, VerwArch 108 (2017), 282 (228 f.).

Vermehrt wird folglich resümiert, dass es sich bei der Schwelle des Urteils zum BKAG nicht um eine konkrete Gefahr handelt.[327] Genauso sei nach Müller keineswegs eine Ausweitung der konkreten Gefahr anzunehmen.[328] Es werde durch die Ausführungen des Bundesverfassungsgerichts ein Zeitraum definiert, in dem keine konkrete Gefahr vorliege, aber ein Eingreifen möglich ist.[329] Dass ganzheitlich von einem Abrücken von der konkreten Gefahr auszugehen sei, werde dadurch belegt, dass das Gericht im BKAG-Urteil in seinen einleitenden, beiden Alternativen der „konkretisierten Gefahr“ vorangestellten Bemerkungen darauf hinweist, dass der Gesetzgeber nicht an das „tradierte[n] sicherheitsrechtliche[n] Modell der Abwehr konkreter, unmittelbar bevorstehender oder gegenwärtiger Gefahren“[330] gebunden sei.[331] Eine Aussage, die das Gericht – wieder der Beschreibung der beiden Alternativen der „konkretisierten Gefahr“ vorangestellt – in der Entscheidung aus 2020 zur Bestandsdatenauskunft wiederholt[332] und die keinen Sinn ergäbe, wenn die sich daran anschließenden Ausführungen auf das hergebrachte Eingriffsmerkmal der konkreten Gefahr bezögen.[333] Das Bundesverfassungsgericht betont, dass die betrachtete Maßnahme „nicht stets das Vorliegen einer konkreten Gefahr im tradierten Sinne erfordert“ [334]. Eine Absenkung bis auf die Anforderungen einer „konkretisierten Gefahr“ sei möglich.[335]

Spätestens seit der Rechtsprechung zur Rasterfahndung nach dem SOG MV, wo die Abgrenzung zur konkreten Gefahr noch einmal herausgehoben wird, ist eindeutig, dass das Gericht von zwei Gefahrenbegriffen ausgeht.[336] Auch das Argument des wegen des Bezugs auf terroristische Straftaten bestehenden Ausnahmecharakters der zweiten Alternative wird durch die Weitung in der Rechtsprechung zur Bestandsdatenauskunft („wie etwa zur Verhütung terroristischer Straftaten“[337]) abgeschwächt.[338]

Darnstädt löst die Unklarheiten in der Formulierung für die im Online-Durchsuchungs- und Vorratsdatenspeicherungsurteil beschriebene Schwelle in der These

---

[327] *Darnstädt*, DVBl. 2017, 88 (89 ff.); vgl. auch *Enders*, DÖV 2019, 205 (206); *Kießling*, VerwArch 108 (2017), 282 (288 f.); *Wehr*, JURA 2019, 940 (940); im Ergebnis wohl auch *Ogorek*, JZ 2019, 63 (68).

[328] *Müller*, BayVBl. 2018, 109 (113).

[329] *Müller*, BayVBl. 2018, 109 (113).

[330] BVerfGE 141, 220 (272 Rn. 112).

[331] *Ogorek*, JZ 2019, 63 (68); vgl. auch *Kießling*, VerwArch 108 (2017), 282 (288).

[332] BVerfGE 155, 119 (187 Rn. 147).

[333] *Ogorek*, JZ 2019, 63 (68).

[334] BVerfGE 155, 119 (202 Rn. 179).

[335] BVerfGE 155, 119 (202 Rn. 179).

[336] BVerfG, BeckRS 2022, 41609, Rn. 185 ff.

[337] BVerfGE 155, 119 (188 Rn. 149).

[338] Vgl. dazu unten unter § 6 C. II. 1. b) bb), S. 389 ff.

einer „Gefahrengefahr"[339] auf. Dadurch, dass die Gerichte – auch in neuerer Rechtsprechung – fordern, dass die „Prognose […] auf eine konkrete Gefahr bezogen ist"[340], werde die traditionelle konkrete Gefahr Gegenstand des Wahrscheinlichkeitsurteils der „konkretisierten Gefahr".[341]

In Anbetracht der eindeutigen Ausführungen der Rechtsprechung des Bundesverfassungsgerichts ist für die „konkretisierte Gefahr" im Ergebnis das Entstehen einer neuen Gefahrenkategorie anzunehmen.[342]

(2) „Drohende Gefahr"

Kritiker der bayerischen Kodifikation sezieren im Rahmen der Abgrenzung zunächst den Begriff der „drohenden Gefahr". Auf erste Zweifel an der Eindeutigkeit der Begrifflichkeit stößt die amtliche Begründung zur Gesetzesnovelle von 2017 zur Verwunderung von Teilen der Literatur ihre Leser selbst. Hier wird dargelegt, dass „bereits heute der Begriff der ‚drohenden Gefahr' zur Charakterisierung einer konkreten Gefahr herangezogen [wird], bei der eine besondere Nähe des – jedoch absehbaren – Schadenseintrittes nicht vorliegt"[343]. In diversen Gesetzen – sogar im Grundgesetz – wird der Begriff schon seit Jahren verwendet, vgl. Art. 11 Abs. 2, 87a Abs. 4, 91 GG, § 1 Abs. 1 Nr. 1 G 10 sowie § 6 Abs. 2 Alt. 2 VwVG.[344] Selbst vor dem Online-Durchsuchungsurteil wurde das Adjektiv durch die Rechtspre-

---

[339] *Darnstädt*, DVBl. 2011, 263 (265).

[340] BVerfGE 141, 220 (291 Rn. 164); 155, 119 (218 Rn. 225); vgl. schon BVerfGE 120, 274 (328): „Prognose muss auf die Entstehung einer konkreten Gefahr bezogen sein"; im BKAG wird eine Umsetzung des Online-Durchsuchungsurteils vollzogen – indes mit der Abweichung, dass die Prognose auf einen „Schaden" statt einer „Gefahr" bezogen sein soll, vgl. Amtl. Begr. zu § 20k BKAG i. d. F. des Gesetzes zur Abwehr von Gefahren des internationalen Terrorismus durch das Bundeskriminalamt v. 25. 12. 2008 (BGBl. I S. 3083), BT-Drs. 16/10121, S. 28 mit ausdr. Verweis auf BVerfGE 120, 274 ff.; mit Verweis darauf *Darnstädt*, DVBl. 2011, 263 (264 f.); *Meyer*, JZ 2017, 429 (431); dass aber ein Abstellen auf die Gefahr durch das Bundesverfassungsgericht gewollt war, zeige sich schon darin, dass es im Vorratsdatenspeicherungsurteil (und später im BKAG- sowie Bestandsdatenauskunftsurteil) bei der Formulierung blieb, vgl. *Darnstädt*, DVBl. 2011, 263 (264 f.).

[341] *Darnstädt*, DVBl. 2011, 263 (265); so schon *Calliess*, DVBl. 2003, 1096 (1098).

[342] So z. B. explizit auch *Petri*, Stellungnahme zu BayLT-Drs. 17/16299, S. 3; a. A. wohl *Thiel*, Die Verwaltung 53 (2020), 1 (15).

[343] Amtl. Begr. zu Art. 11 BayPAG i. d. F. des Gesetzes zur effektiveren Überwachung gefährlicher Personen v. 24. 7. 2017 (BayGVBl. S. 388), BayLT-Drs. 17/16299, S. 9 f. m. V. a. *Schmidbauer*, in: ders./Steiner, PAG, 4. Aufl. 2014, Art. 11 Rn. 54; *Heckmann*, in: Becker/ Heckmann/Kempen/Manssen, Öffentliches Recht in Bayern, 6. Aufl. 2015, 3. Teil Rn. 116.

[344] Mit Verweis darauf *Löffelmann*, Stellungnahme zu BayLT-Drs. 17/16299, S. 7; *ders.*, BayVBl. 2018, 145 (148); *Wehr*, JURA 2019, 940 (940); Antrag auf abstrakte Normenkontrolle v. 6. 9. 2018, (Fn. 904), S. 46; s. auch Wissenschaftliche Dienste des Deutschen Bundestages, Der Begriff der „drohenden Gefahr" im Polizeirecht, WD 3-3000-433/18 v. 16. 1. 2019, S. 7 f.

chung – und sogar durch den bayerischen Gesetzgeber –[345] in der Nähe des klassischen Gefahrenbegriffs gebraucht.[346] Alle Verwendungen erfolgten und erfolgen,[347] wie die Gesetzesbegründung aufzeigte, als Synonym für die konkrete Gefahr,[348] aber auch im Sinne der Qualifikation als gegenwärtige[349] Gefahr und abstrakte[350] Gefahr. Aufgrund dieser Vielfalt nimmt ein Teil der Literatur eine fehlende Normenklarheit an.[351] Hinzu komme, dass mehrfach auf Begriffe des klassischen Gefahrenabwehrrechts und auf Merkmale der konkreten Gefahr rekurriert werde („Einzelfall“, „konkrete Wahrscheinlichkeit“, „konkretisiertes Geschehen“).[352] Deswegen und insbesondere wegen des Einzelfallbezugs fiele die Abgrenzung zur konkreten Gefahr schwer.[353]

Der stets erfolgende Verweis, dass der Gesetzgeber sich klar an Vorgaben des Bundesverfassungsgerichts orientiert und der Begriff der Auslegung zugänglich bleibe,[354] kann die Kritik nicht unterminieren. Die Verwendung des Begriffs der „drohenden Gefahr“ sei nach Ansicht einiger auf ein Fehlverständnis der Rechtsprechung zurückzuführen: Die Formulierung „drohend“ – anders als die zweifelsohne im attributiven Sinne zu verstehenden Qualitäten „abstrakt“, „konkret“ oder „dringend“ – würde nicht als Attribut, sondern als Verb, im Sinne eines abgeleiteten

---

[345] Amtl. Begr. zum Gesetz zur Änderung des Polizeiaufgabengesetzes und des Parlamentarischen Kontrollgremium-Gesetzes v. 24.12.2005 (BayGVBl. S. 641), BayLT-Drs. 15/2096, S. 2.

[346] BVerfGE 100, 313 (Ls. 5): „drohender schwerer Gefahren“; BVerfGE 113, 348 (385 f.): „drohende Gefahr“; BVerfGE 115, 118 (145): „unmittelbar drohende Gefahrenzustände“; BVerfGE 115, 320 (329): „drohenden Gefahr“; s. auch BVerwGE 141, 329 (335 Rn. 29): „noch nicht konkret drohender Gefahren“.

[347] Jüngst BVerfGE 150, 244 (274 Rn. 70): „Kompetenzrechtlich den Ländern zugewiesen sind auch Maßnahmen der Gefahrenvorsorge. Bei dieser wird der Staat bereits im Vorfeld konkreter Gefahren aktiv, die zwar zum Zeitpunkt des Handelns noch nicht konkret drohen, aber später entstehen können“. S. aber den ausdr. Verzicht auf die Auseinandersetzung mit der „drohenden Gefahr“ in, BVerfGE 150, 244 (381 Rn. 105).

[348] *Barczak*, Der nervöse Staat, S. 521; *Holzner*, DÖV 2018, 946 (947); *Leisner-Egensperger*, DÖV 2018, 677 (679 f.); *Möstl*, Stellungnahme zu BayLT-Drs. 17/16299, S. 2; *Pieroth*, Die Verwaltung 53 (2020), 39 (45); *Wehr*, JURA 2019, 940 (940); Wissenschaftliche Dienste des Deutschen Bundestages, Der Begriff der „drohenden Gefahr“ im Polizeirecht, WD 3-3000-433/18 v. 16.1.2019, S. 8.

[349] *Barczak*, Der nervöse Staat, S. 521; *Löffelmann*, Stellungnahme zu BayLT-Drs. 17/16299, S. 6; *Wehr*, JURA 2019, 940 (940).

[350] *Pieroth*, Die Verwaltung 53 (2020), 39 (45); Antrag auf abstrakte Normenkontrolle v. 6.9.2018, (Fn. 904), S. 46 Fn. 103 m. w. N.

[351] *Löffelmann*, Stellungnahme zu BayLT-Drs. 17/16299, S. 6; *ders.*, BayVBl. 2018, 145 (148).

[352] Antrag auf abstrakte Normenkontrolle v. 6.9.2018, (Fn. 904), S. 47.

[353] *Lindner*, Stellungnahme zu BayLT-Drs. 17/16299, S. 4; Antrag auf abstrakte Normenkontrolle v. 6.9.2018, (Fn. 904), S. 47.

[354] *Möstl*, BayVBl. 2018, 156 (159); *Schmid/Wenner*, BayVBl. 2019, 109 (110).

Partizips,[355] verwendet.[356]. Damit wichen das Begriffsverständnis von Bundesverfassungsgericht und bayerischem Gesetzgeber voneinander ab.[357] Schon im Rahmen der Auslegung des Online-Durchsuchungsurteils sowie der Umsetzung im BKAG wurde durch die Literatur festgestellt, dass das Merkmal „drohend" mehrdeutig sei.[358] Immer wieder wird die problembehaftete Nähe zur konkreten Gefahr hervorgehoben.[359] Übereinkommend wird zum Begriff aber letztlich festgestellt, dass sich der bayerische Gesetzgeber trotz aller Unstimmigkeiten nicht an der Auslegung der bestehenden Vorschriften insbesondere der konkreten Gefahr orientieren und ebenso wenig an ihr festhalten wollte.[360] Dies sei belegt durch die Statuierung einer Legaldefinition, die in ihren Merkmalen von denen der konkreten Gefahr abweicht,[361] den Subsidiaritätsgedanken der einleitenden Tatbestandsmerkmale, die Engziehung der geschützten Rechtsgüter und gesetzessystematisch durch das tatbestandliche Nebeneinander von „drohender" und konkreter Gefahr in diversen Standardmaßnahmen.[362] Ebenso möchte die Rechtsfolge in beiden Varianten „die Entstehung einer Gefahr für ein bedeutendes Rechtsgut [...] verhindern".[363] So wird in Literatur und Rechtsprechung ganz mehrheitlich resümiert, dass eine neue Gefahrenkategorie statuiert worden ist.[364]

---

[355] *Löffelmann*, Stellungnahme zu BayLT-Drs. 17/16299, S. 2.

[356] *Löffelmann*, BayVBl. 2018, 145 (147 f.); *ders.*, Stellungnahme zu BayLT-Drs. 17/16299, S. 2; Antrag auf abstrakte Normenkontrolle v. 6. 9. 2018, (Fn. 904), S. 46.

[357] Antrag auf abstrakte Normenkontrolle v. 6. 9. 2018, (Fn. 904), S. 46; so auch Antrag auf Entscheidung von Meinungsverschiedenheiten v. 26. 3. 2018, (Fn. 87), S. 31.

[358] *Meyer*, JZ 2017, 429 (431).

[359] *Pieroth*, Die Verwaltung 53 (2020), 39 (45); „Strukturell handelt es sich bei der drohenden Gefahr um eine konkrete Gefahr" *Kingreen/Poscher*, Polizei- und Ordnungsrecht, § 8 Rn. 16; nur eine Ausprägung des Je-Desto-Prinzips annehmend *Thiel*, Polizei- und Ordnungsrecht, § 8 Rn. 72.

[360] *Enders*, DÖV 2019, 205 (207); *Holzner*, DÖV 2018, 946 (946); *Leisner-Egensperger*, DÖV 2018, 677 (683); *Lenk/Wiedmann*, BayVBl. 2018, 803 (805); *Lindner*, Stellungnahme zu BayLT-Drs. 17/16299, S. 3 f.; *Schenke*, KPLLR 87 (2019), 1085 (1097 f.); *Schwarz*, Stellungnahme zu BayLT-Drs. 17/16299, S. 3; Antrag auf abstrakte Normenkontrolle v. 6. 9. 2018, (Fn. 904), S. 46; *Shirvani*, DVBl. 2018, 1393 (1394); *Wehr*, JURA 2019, 940 (940); *Welzel/Ellner*, DÖV 2019, 211 (213 ff.); Antrag auf Entscheidung von Meinungsverschiedenheiten v. 26. 3. 2018, (Fn. 87), S. 30; im Ergebnis auch *Kingreen/Poscher*, Polizei- und Ordnungsrecht, § 8 Rn. 16.

[361] *Shirvani*, DVBl. 2018, 1393 (1395).

[362] *Lenk/Wiedmann*, BayVBl. 2018, 803 (805); *Löffelmann*, Stellungnahme zu BayLT-Drs. 17/16299, S. 6 Fn. 19; ähnlich Antrag auf abstrakte Normenkontrolle v. 6. 9. 2018, (Fn. 904), S. 46; *Schenke*, KPLLR 87 (2019), 1085 (1098); *Shirvani*, DVBl. 2018, 1393 (1395); eine Legaldefinition annehmend auch *Holzner*, DÖV 2018, 946 (947); *Leisner-Egensperger*, DÖV 2018, 677 (681); *Schmid/Wenner*, BayVBl. 2019, 109 (110); *Shirvani*, DVBl. 2018, 1393 (1394); *Waechter*, NVwZ 2018, 458 (459); *Wehr*, JURA 2019, 940 (941); *Weinrich*, NVwZ 2018, 1680 (1680).

[363] *Schenke*, KPLLR 87 (2019), 1085 (1097).

[364] BayVerfGH, BeckRS 2019, 3113 Rn. 2: „neue Gefahrenkategorie"; *Holzner*, DÖV 2018, 946 (948), *Lindner*, Stellungnahme zu BayLT-Drs. 17/16299, S. 4 und *ders.*, Das neue

Selbst Kritiker der „drohenden Gefahr“ gestehen ein, dass keine konkrete Gefahr gemeint sein kann, wenn dies doch schon durch Auslegung erreicht werden könne.[365] Allerdings bleibt der Vorwurf, dass der bayerische Gesetzgeber das BKAG-Urteil falsch ausgelegt habe: Das Gericht habe bei der ersten Alternative keine Vorfeldkategorie statuieren wollen, da der dort formulierte Konkretisierungsgrad der konkreten Gefahr entspreche; höchstens sei dies bei der zweiten Variante anzunehmen.[366] Dieser Umstand wird indes, wie aufgezeigt, durch die jüngere Rechtsprechung widerlegt.

Der bayerische Gesetzesentwurf von 2017 sieht die „drohende Gefahr“ als „zusätzliche Gefahrbegriffskategorie“[367]. Gleichzeitig will sich der Entwurf nicht ganz seiner polizeirechtlichen Traditionen entledigen und zielt auf eine am BKAG-Urteil orientierte „moderate, von den Voraussetzungen her eng begrenzte Arrondierung des polizeilichen Gefahrenbegriffs“[368]. Eine konkrete Gefahr sei nach überwiegender Ansicht in der Literatur in der „drohenden Gefahr“ nicht inkorporiert, sondern sie sei vielmehr Gegenstand der Prognose bei der „drohenden Gefahr“.[369] Dies stellt der Gesetzesentwurf von 2017 klar, wenn er ausführt, dass die „drohende Gefahr“ zu „Maßnahmen zur Abwehr der (weiteren) Entstehung der Gefahr“[370] berechtige.

Bayerische Polizeirecht, https://publicus.boorberg.de/das-neue-bayerische-polizeirecht/, Stand: 11.12.2023: „neue Gefahrenkategorie“; *Leisner-Egensperger*, DÖV 2018, 677 (684): „besondere Gefahrenkategorie […], die der konkreten Gefahr unter bestimmten, vom Gesetzgeber verfassungskonform zu normierenden Voraussetzungen in der Rechtsfolge, der Begründung einer Eingriffsermächtigung, gleichzustellen ist“; *Lenk/Wiedmann*, BayVBl. 2018, 803 (803): „neue Gefahrenbegriffskategorie“; *Möstl*, DVBl. 2020, 160 (160): „neue Gefahren(vorfeld)schwelle“; *Petri*, Stellungnahme zu BayLT-Drs. 17/16299, S. 3: „bundesweit um eine neue Gefahrenkategorie“; *Schenke*, KPLLR 87 (2019), 1085 (1088): „neuen Gefahrenbegriff“; *Wollenschläger*, in: Huber/Wolleschläger, Landesrecht Bayern, § 4 Rn. 77: „neuen Gefahrenbegriff“; s. zudem *Löffelmann*, BayVBl. 2018, 145 (146): „Einführung eines neuen polizeirechtlichen Begriffs“; Antrag auf abstrakte Normenkontrolle v. 6.9.2018, (Fn. 904), S. 13: „einen dem Bundes- und Landespolizeirecht zuvor unbekannten neuen Gefahrbegriff“.

[365] *Löffelmann*, Stellungnahme zu BayLT-Drs. 17/16299, S. 6; s. auch *Holzner*, DÖV 2018, 946 (948); gegen eine erweiternde Auslegung der konkreten Gefahr, *Möstl*, Stellungnahme zu BayLT-Drs. 17/16299, S. 4: keine schlichte Erstreckung ins Vorfeld; s. auch *Petri*, ZD 2018, 453 (454).

[366] Antrag auf abstrakte Normenkontrolle v. 6.9.2018, (Fn. 904), S. 50.

[367] Amtl. Begr. zum Gesetz zur effektiveren Überwachung gefährlicher Personen v. 24.7. 2017 (BayGVBl. S. 388), BayLT-Drs. 17/16299, S. 2.

[368] Amtl. Begr. zu Art. 11 BayPAG i.d.F. des Gesetzes zur effektiveren Überwachung gefährlicher Personen v. 24.7.2017 (BayGVBl. S. 388), BayLT-Drs. 17/16299, S. 9.

[369] *Waechter*, NVwZ 2018, 458 (459); *Wehr*, JURA 2019, 940 (940); vgl. auch Antrag auf abstrakte Normenkontrolle v. 6.9.2018, (Fn. 904), S. 34; zum Vorentwurf v. 2017, *Brodmerkel*, Der Gesetzentwurf zur effektiveren Überwachung gefährlicher Personen, https://bayrvr.de/2017/03/09/der-gesetzentwurf-zur-effektiveren-ueberwachung-gefaehrlicher-personen-gelungen-mit-einschraenkungen/, Stand: 11.12.2023.

[370] Amtl. Begr. zu Art. 11 PAG i.d.F. des Gesetzes zur effektiveren Überwachung gefährlicher Personen v. 24.7.2017 (BayGVBl. S. 388), BayLT-Drs. 17/16299, S. 10.

Die „drohende Gefahr" sei „eine konkrete Gefahr, die erst noch zu entstehen droht"[371].

Die jüngeren Anpassungsversuche gehen vertieft auf das Verhältnis zu Art. 11 BayPAG ein. In den Gesetzesmaterialien der Änderung von 2021 wird hinsichtlich der Subsidiarität[372] der „drohenden Gefahr" klargestellt, „dass zunächst das Vorliegen einer konkreten Gefahr zu prüfen ist, bevor die Kategorie der drohenden Gefahr zur Anwendung kommen kann"[373]. Es handele sich um ein „Regel-Ausnahme-Verhältnis zwischen konkreter und drohender Gefahr"[374], dass bei allen Anwendungsfeldern der neuen Kategorie gelte.[375] Die „drohende Gefahr" sei weder lex specialis zur konkreten Gefahr.[376] Noch würde aber die fälschliche Annahme der „drohenden Gefahr" zur Rechtswidrigkeit der Maßnahme führen, da die „drohende Gefahr" an engere Voraussetzung geknüpft sei.[377]

Mit dem Gesetzeswortlaut und der -begründung ist daher für die „drohende Gefahr" davon auszugehen, dass es sich nicht um eine konkrete Gefahr in neuem Gewand handelt.

cc) Gefahrenverdacht

(1) „Konkretisierte Gefahr"

Die Ausgangssituation der „konkretisierten Gefahr" ist geprägt durch ein Erkenntnisdefizit.[378] Dies verleitet einige Autoren dazu, die Schwelle des BKAG-Urteils sowie zuvor bereits des Online-Durchsuchungsurteils als Gefahrenverdacht,

---

[371] *Wehr*, JURA 2019, 940 (940).

[372] Amtl. Begr. zu Art. 11a BayPAG i. d. F. des Gesetzes zur Änderung des Polizeiaufgabengesetzes und weiterer Rechtsvorschriften v. 27.3.2021 (BayGVBl. S. 418), BayLT-Drs. 18/13716, S. 21: „subsidiär".

[373] Amtl. Begr. zu Art. 11a BayPAG i. d. F. des Gesetzes zur Änderung des Polizeiaufgabengesetzes und weiterer Rechtsvorschriften v. 27.3.2021 (BayGVBl. S. 418), BayLT-Drs. 18/13716, S. 21.

[374] Amtl. Begr. zu Art. 11a BayPAG i. d. F. des Gesetzes zur Änderung des Polizeiaufgabengesetzes und weiterer Rechtsvorschriften v. 27.3.2021 (BayGVBl. S. 418), BayLT-Drs. 18/13716, S. 21.

[375] Amtl. Begr. zu Art. 11a BayPAG i. d. F. des Gesetzes zur Änderung des Polizeiaufgabengesetzes und weiterer Rechtsvorschriften v. 27.3.2021 (BayGVBl. S. 418), BayLT-Drs. 18/13716, S. 21.

[376] Amtl. Begr. zu Art. 11a BayPAG i. d. F. des Gesetzes zur Änderung des Polizeiaufgabengesetzes und weiterer Rechtsvorschriften v. 27.3.2021 (BayGVBl. S. 418), BayLT-Drs. 18/13716, S. 21.

[377] Amtl. Begr. zu Art. 11a BayPAG i. d. F. des Gesetzes zur Änderung des Polizeiaufgabengesetzes und weiterer Rechtsvorschriften v. 27.3.2021 (BayGVBl. S. 418), BayLT-Drs. 18/13716, S. 21.

[378] *Darnstädt*, DVBl. 2017, 88 (92); auch *ders.*, DVBl. 2017, 88 (93): „Wissensdefizit"; *Shirvani*, DVBl. 2018, 1393 (1394): „Informationsdefizit"; *Meyer*, JZ 2017, 429 (431): „Ungewissheitslage".

teils auch als Sonderfall des Gefahrenverdachts,[379] zu interpretieren.[380] Teils wird explizit eine Einordnung als personenbezogener abstrakter Gefahrenverdacht im Sinne der frühen Erwägungen Möstls zur Gefahrenvorsorge geprüft.[381] Im Sinne dieser Erwägungen ist anzuführen, dass der Gefahrenverdacht nach einigen Stimmen im Schrifttum als Grundkategorie des Gefahrenvorfeldes anzusehen ist.[382]

Gleichzeitig äußern gleichsam solche Autoren, die einen Gefahrenverdacht annehmen, Kritik daran, dass hierdurch dogmatische Probleme sowohl dieser Kategorie als auch der Gefahrenvorsorge nicht notwendigerweise gelöst würden.[383] Der Annahme eines Gefahrenverdachts wird vorgeworfen, dass auf sie lediglich in Ermangelung anderer Anknüpfungspunkte abgestellt werde.[384] Welzel/Ellner grenzen die erste Alternative des BKAG-Urteils ferner insoweit vom Gefahrenverdacht ab, als dass dort nicht klar sei, ob ein Schadenseintritt (das „Ob“) hinreichend wahrscheinlich sei.[385] Bei der „konkretisierten Gefahr“ sei hingegen das „Wie“ unklar: der Geschehensablauf in zeitlicher oder örtlicher Hinsicht.[386] Park lehnt die Einordnung als Gefahrenverdacht in Bezug auf das Online-Durchsuchungsurteil ab, da mit der Schwelle nicht der Umgang mit Unsicherheiten bei ermittelten Anknüpfungstatsachen, sondern bei der Aufklärung bewältigt werden soll.[387]

Das Bundesverfassungsgericht stellt in keiner Entscheidung auf die ihm geläufige und als verfassungsgemäß erachtete Kategorie des Gefahrenverdachts ab, so dass hier von einer solchen Auslegung nicht ausgegangen werden kann. Vielmehr erfolgte jüngst sogar eine Gegenüberstellung.[388] Die Annahme eines Gefahrenverdachts ist abzulehnen.

---

[379] *Shirvani*, DVBl. 2018, 1393 (1394).

[380] *Meyer*, JZ 2017, 429 (430 f.); vgl. auch *Enders*, DÖV 2019, 205 (210); Unterrichtung durch die Bundesregierung, Evaluationsbericht zu den §§ 4a, 20j, 20k des Bundeskriminalamtgesetzes v. 23.6.2017, BT-Drs. 18/13031, S. 58: „konkrete[r] Gefahrenlagenverdacht“; für die erste Tatbestandsvariante, *Bäcker*, in: Lisken/Denninger, Handbuch des Polizeirechts, D. Rn. 267.

[381] *Hanschmann*, KJ 50 (2017), 434 (442 mit Fn. 41) m.V.a. *Möstl*, DVBl. 2007, 581 (587 f.) und *ders.*, DVBl. 2010, 808 (810 f.).

[382] Vgl. *Wehr*, JURA 2019, 940 (945); dazu schon § 5 B.I.5.b)bb), S. 216 ff.

[383] *Meyer*, JZ 2017, 429 (430 f.).

[384] *Leisner-Egensperger*, DÖV 2018, 677 (684).

[385] *Welzel/Ellner*, DÖV 2019, 211 (216).

[386] *Welzel/Ellner*, DÖV 2019, 211 (216).

[387] *Park*, Wandel des klassischen Polizeirechts zum neuen Sicherheitsrecht, S. 349.

[388] BVerfGE 155, 119 (186 f. Rn. 146).

(2) „Drohende Gefahr"

Für die „drohende Gefahr" werden ebenfalls Überschneidungen aufgezeigt.[389] Bei beiden Varianten der neuen Kategorie nach dem BayPAG werde nach Möstl in Tradition seiner frühen Erwägungen zur Gefahrenvorsorge ein „Gefahrenverdachtsgrad"[390] beschrieben. Das Gefahrenvorfeld sei geprägt von abgestuften Gefahrverdachtsgraden.[391] Bei Nr. 2 zeichne dieser Grad sich sachlich durch eine fortgeschrittene Konkretisierung der Art des Geschehens und personell durch einen Gruppenbezug aus.[392] Bei Nr. 1 fehle es sachlich an der Konkretisierung der Art des Geschehens und dies sei noch sehr abstrakt.[393] Hier sei personell aber das Maß an Individualisierung höher und es bestehe nicht nur ein Gruppenbezug wie bei Nr. 2.[394]

Dagegen wird gehalten, dass schon begrifflich eine solche Annahme in Bezug auf die „drohende Gefahr" ausscheide.[395] Die Gesetzesbegründung von 2017 spricht von „Gefahraufklärung"[396], nicht aber vom Gefahrenverdacht. Der Unterschied besteht nach Ansicht vieler Stimmen des Schrifttums wie bei der „konkretisierten Gefahr" darin, dass beim Gefahrenverdacht eine Unsicherheit auf Diagnoseseite vorliegt. Bei der „drohenden Gefahr" sei hingegen ein tatbestandlich festgelegter, konkretisierter Sachverhalt in Bezug genommen. Die Unsicherheiten bestünden auf Prognoseseite.[397] Diese prognostischen Unsicherheiten würden durch geringere Anforderungen an das Wahrscheinlichkeitsurteil im Wege der Absenkung der An-

---

[389] *Schenke*, KPLLR 87 (2019), 1085 (1098); vgl. auch *Kremer*, GSZ 2019, 169 (176); *Schenke*, JuS 2018, 505 (509, 513 f.); *Knemeyer/Schmidt*, Polizei- und Ordnungsrecht, Rn. 58; *Schmidt*, Polizei- und Ordnungsrecht, Rn. 673b. Das Eingehen der Vertreter der Praxis auf die Anscheinsgefahr, zeigt die Brisanz der Thematik, vgl. Stellungnahmen der Vertreter der Gewerkschaft der Polizei (GdP) und der Deutschen Polizeigewerkschaft (DPolG) in PAG-Kommission, Abschlussbericht v. 30.8.2019, (Fn. 90), S. 20 f. Nach Leisner-Egensperger stehe die „drohende Gefahr" der Anscheinsgefahr näher als der abstrakten Gefahr, vgl. *Leisner-Egensperger*, DÖV 2018, 677 (685).

[390] *Möstl*, BayVBl. 2018, 156 (158).

[391] *Möstl*, BayVBl. 2018, 156 (158) bezeichnet diese als „abstrakt bis konkret; individuell, gruppenbezogen, lagebezogen etc."

[392] *Möstl*, BayVBl. 2018, 156 (158) führt zum Gruppenbezug aus, dass „eine Gruppe möglicher Beteiligter identifiziert werden [kann], auf die sich die Maßnahmen beschränken können".

[393] *Möstl*, BayVBl. 2018, 156 (158); das Geschehen sei „nicht einmal der Art nach konkretisiert, wobei der immerhin mögliche Schluss auf bestimmte Straftaten doch eine gewisse Zielrichtung des möglichen Schadens erkennen lässt", *Möstl*, BayVBl. 2018, 156 (158).

[394] *Möstl*, BayVBl. 2018, 156 (158).

[395] *Trurnit*, JURA 2019, 258 (265).

[396] Amtl. Begr. zu Art. 11 BayPAG i.d.F. des Gesetzes zur effektiveren Überwachung gefährlicher Personen v. 24.7.2017 (BayGVBl. S. 388), BayLT-Drs. 17/16299, S. 9.

[397] *Holzner*, DÖV 2018, 946 (948); *Kingreen/Poscher*, Polizei- und Ordnungsrecht, § 8 Rn. 16; *Lindner*, Stellungnahme zu BayLT-Drs. 17/16299, S. 4; *Wehr*, JURA 2019, 940 (946); Antrag auf abstrakte Normenkontrolle v. 6.9.2018, (Fn. 904), S. 31, 54 f.

forderungen an die Vorhersehbarkeit des Kausalverlaufs kompensiert.[398] Der Gefahrenverdacht sei mithin der „Verdacht des Vorliegens einer konkreten Gefahr“[399]. Die „drohende Gefahr“ beziehe sich erst auf die Entstehung dieser.[400]

Außerdem sei die Kategorie des Gefahrenverdachts unzureichend, wenn die betrachtete Situation zeitlich weit ausgedehnt und abhängig von der Manifestation des Willens einer Person als Zäsur sei, wie es etwa bei potenziellen Terroristen oder Sexualtätern anzunehmen sei.[401] Dies seien jedoch die Abläufe, die die „drohende Gefahr“ in den Blick nehmen möchte.[402] Überdies bringt die Fokussierung auf ein Individuum vereinzelt Stimmen der Literatur dazu, bei solchen Einschätzungen keinen Gefahrenverdacht anzunehmen.[403]

Die geregelten Rechtsfolgen und das Gewicht der Maßnahmen widerlegen die Annahme des Verdachts. Zwar sehen die polizeilichen Gewerkschaften und einige Stimmen in der Literatur in der „drohenden Gefahr“ eine Grundlage des Gefahrenerforschungseingriffs,[404] für den endlich eine normklare Regelung der Aufklärung statuiert worden sei.[405] Andere weisen darauf hin, dass die Rechtsfolgen über den Gefahrenerforschungseingriff bzw. die Aufklärung hinausgehen: Die „drohende Gefahr“ sei auch darauf gerichtet, die „Entstehung einer Gefahr für ein bedeutendes Rechtsgut zu verhindern“.[406] Bei minderem Eingriffsgewicht sei es, sofern man ihn als eine rechtmäßige Eingriffskategorie erachtet,[407] unproblematisch, an den Gefahrenverdacht zu denken. [408] Die intendierten Maßnahmen könnten aber regelmäßig ein hohes Gewicht erreichen.[409] Die Rechtsprechung des Bundesverwaltungsgerichts zum Gefahrenverdacht bestätigt, dass selbst bei Gefährdung

---

[398] *Holzner*, DÖV 2018, 946 (948); *Lindner*, Stellungnahme zu BayLT-Drs. 17/16299, S. 4.

[399] *Waechter*, NVwZ 2018, 458 (461).

[400] *Waechter*, NVwZ 2018, 458 (461).

[401] *Leisner-Egensperger*, DÖV 2018, 677 (685); s. auch Antrag auf abstrakte Normenkontrolle v. 6.9.2018, (Fn. 904), S. 55.

[402] Vgl. *Leisner-Egensperger*, DÖV 2018, 677 (685).

[403] *Hanschmann*, KJ 50 (2017), 434 (439).

[404] Vgl. die Stellungnahmen der Vertreter der Deutschen Polizeigewerkschaft (DPolG) in PAG-Kommission, Abschlussbericht v. 30.8.2019, (Fn. 90), S. 20 f.; aus der Lit., *Holzner*, DÖV 2018, 946 (948); *Shirvani*, DVBl. 2018, 1393 (1395).

[405] *Holzner*, DÖV 2018, 946 (948); *Schmidbauer/Holzner*, Bayerisches Polizei- und Sicherheitsrecht, Rn. 514; daneben seien aber immer noch Gefahrenerforschungseingriffe auf Basis der konkreten Gefahr aufgrund der Subsidiarität der „drohenden Gefahr“ möglich, vgl. *Holzner*, DÖV 2018, 946 (948); vgl. auch *Schenke*, KPLLR 87 (2019), 1085 (1098).

[406] Vgl. *Hanschmann*, KJ 50 (2017), 434 (439 f.); s. auch *Schwarz*, Stellungnahme zu BayLT-Drs. 17/16299, S. 3 und *Schenke*, Polizei- und Ordnungsrecht, Rn. 102.

[407] Dazu ausf. oben § 5 B.5.b), S. 213 ff.

[408] Vgl. *Petri*, ZD 2018, 453 (454); s. auch *Darnstädt*, GSZ 2017, 16 (18).

[409] Vgl. *Petri*, ZD 2018, 453 (454); s. auch *Darnstädt*, GSZ 2017, 16 (18).

höchstrangiger Rechtsgüter Abwehrmaßnahmen auf Basis dessen nicht in Betracht kommen.[410]

Die „drohende Gefahr" ist keine Normierung des Gefahrenverdachts.

dd) Zwischenfazit

Die überkommenen Kategorien vermögen mit der herrschenden Meinung weder die „konkretisierte" noch die „drohende Gefahr" zu charakterisieren. Vielmehr generieren solche Einordnungen größere Unstimmigkeiten als Rechtssicherheit. Gleichwohl ist für beide Kategorien eine unbestreitbare Nähe zur konkreten Gefahr abzulesen.

c) Modifizierung des klassischen Gefahrenbegriffs

Darnstädt hält für das BKAG-Urteil fest, dass Modifikationen des Gefahrenbegriffs erfolgt sind.[411] Und diese Idee setzt sich für die „drohende Gefahr" fort.[412] Es bestehe eine Ähnlichkeit, aber keine vollständige Identität zwischen der „drohenden Gefahr" und der konkreten Gefahr des tradierten Polizeirechts.[413]

aa) Diagnose

(1) „Konkretisierte Gefahr"

Grundlage der Diagnose sind nach dem Online-Durchsuchungs-, Vorratsdatenspeicherungs- und BKAG-Urteil „bestimmte Tatsachen"[414], was auch in der Literatur größtenteils Widerhall findet.[415] Es ginge um die Bildung eines „Gesamtdatums aller zum Zeitpunkt der Prognose zur Verfügung stehenden Informationen"[416]. Nach der Rechtsprechung des Bundesverfassungsgerichts reichen allgemeine Erfahrungssätze insoweit allein nicht aus.[417] Für die erste Variante fordert das Gericht,

---

[410] BVerwGE 116, 347 (356 f.): „Maßnahmen, die über die Abklärung des Verdachts hinaus auf die Abwehr der vermuteten Gefahr gerichtet sind, [sind] ohne spezialgesetzliche Ermächtigung zur Gefahrenvorsorge nicht zulässig, und zwar auch dann nicht, wenn höchstrangige Rechtsgüter auf dem Spiel stehen."

[411] *Darnstädt*, DVBl. 2017, 88 (92); zuvor schon zum Online-Durchsuchungsurteil *Thiel*, Die „Entgrenzung" der Gefahrenabwehr, S. 295.

[412] *Möstl*, BayVBl. 2018, 156 (156); Wissenschaftlichen Dienste des Deutschen Bundestages, Einzelfragen zu einem bundesweiten Musterpolizeigesetz, WD 3-3000-202/18 v. 22. 6. 2018, S. 3.

[413] *Lindner*, Stellungnahme zu BayLT-Drs. 17/16299, S. 4.

[414] BVerfGE 120, 274 (Ls. 2, 329); 125, 260 (330); 141, 220 (272 Rn. 112); 155, 119 (188 Rn. 148).

[415] *Darnstädt*, DVBl. 2017, 88 (90).

[416] *Darnstädt*, DVBl. 2017, 88 (94).

[417] BVerfGE 141, 220 (272 Rn. 112); krit. *Trute*, Die Verwaltung 53 (2020), 99 (107).

dass die Tatsachen zum einen auf ein (in der Prognose wenigstens seiner Art nach konkretisiertes und zeitlich absehbares) Geschehen bezogen sein müssen und auf die Beteiligung einer Person, „über deren Identität zumindest so viel bekannt ist, dass die Überwachungsmaßnahme gezielt gegen sie eingesetzt und weitgehend auf die beschränkt werden kann“[418]. Bei der zweiten Variante ist das „individuelle Verhalten“[419] einer Person zu betrachten.

(2) „Drohende Gefahr“

Eine Ansicht in der Literatur betont zunächst, dass hinsichtlich der „drohenden Gefahr“ ein Diagnosemaßstab gleich der konkreten Gefahr gelte.[420] Zugrunde zu legen seien keine Vermutungen ohne tatsächlichen Bezug,[421] sondern Tatsachen.[422] Ziel sei – auch nach der Gesetzesbegründung von 2021 –[423] die Absenkung der Anforderungen an die Vorhersehbarkeit des Kausalverlaufs bei notwendiger Feststellung bestimmter Tatsachen.[424] Daher erfolgt eine besondere Betonung der „Ableitungstatsachen“[425].[426] Die Begehungsalternativen verdeutlichten nach einer Ansicht in der Literatur die erhöhten Anforderungen an die Prognosegrundlage.[427] Gleichwohl sind sie nicht frei von Kritik.[428]

(a) Nr. 1 – „Individuelles Verhalten“

Auch wenn diese Formulierung den Vorgaben des BKAG-Urteils folgt, kann das Schrifttum das Abstellen auf das „individuelle Verhalten“ im Rahmen von Nr. 1 der „drohenden Gefahr“ teils nicht überzeugen. Naturgemäß sei das menschliche Verhalten individuell.[429] Gleichwohl wird dem Gesetzgeber und dem Gericht zugestanden, ein „individualisierbar[es]“[430] Verhalten zu intendieren, das „also einer bestimmten Person zugeordnet werden können muss“[431]. So sei die Beschreibung

---

[418] BVerfGE 141, 220 (272 Rn. 112).

[419] BVerfGE 141, 220 (273 Rn. 112).

[420] *Leisner-Egensperger*, DÖV 2018, 677 (683); unklar hingegen *Lindner*, Das neue Bayerische Polizeirecht, https://publicus.boorberg.de/das-neue-bayerische-polizeirecht/, Stand: 11. 12. 2023.

[421] *Leisner-Egensperger*, DÖV 2018, 677 (683).

[422] *Leisner-Egensperger*, DÖV 2018, 677 (686).

[423] Amtl. Begr. zum Gesetz zur Änderung des Polizeiaufgabengesetzes und weiterer Rechtsvorschriften v. 27. 3. 2021 (BayGVBl. S. 418), BayLT-Drs. 18/13716, S. 1.

[424] Vgl. *Trurnit*, JURA 2019, 258 (266).

[425] *Waechter*, NVwZ 2018, 458 (460).

[426] *Trurnit*, JURA 2019, 258 (267).

[427] *Müller*, BayVBl. 2018, 109 (112).

[428] *Aden/Fährmann*, ZRP 2019, 175 (176).

[429] *Löffelmann*, Stellungnahme zu BayLT-Drs. 17/16299, S. 3.

[430] *Löffelmann*, Stellungnahme zu BayLT-Drs. 17/16299, S. 3.

[431] *Löffelmann*, Stellungnahme zu BayLT-Drs. 17/16299, S. 3.

dieses Verhaltens zwar offen, aber durch die Nähe der Ausführungen zu den jüngeren Richtungsweisungen des Bundesverfassungsgerichts sowie der ausdrücklichen Bezugnahme in der Gesetzesbegründung auf das BKAG-Urteil sachgerecht auslegbar.[432]

(b) Nr. 2 – Verzicht auf eine Passage des BKAG-Urteils und Vorbereitungshandlungen

Für die zweite Begehungsvariante der „drohenden Gefahr" besteht Klärungsbedarf zum einen hinsichtlich eines Verzichts und zum anderen hinsichtlich eines Hinzufügens von Anforderungen im Vergleich zum BKAG-Urteil. Abweichend zur zitierten Passage des Bundesverfassungsgerichts wird in der Nr. 2 des BayPAG nicht darauf abgestellt, „dass bestimmte Personen beteiligt sein werden, über deren Identität zumindest so viel bekannt ist, dass die Überwachungsmaßnahme gezielt gegen sie eingesetzt und weitgehend auf sie beschränkt werden kann"[433]. Diese von der Rechtsprechung vorausgesetzte Individualisierung fehle „systemwidrig"[434] bei der zweiten Alternative.[435] Enders sieht folglich diese Begehungsalternative als von der Person gelöst an und ist über die fehlende Konkretisierung nicht verwundert.[436] Der Ansatz harmoniert mit der Auslegung der „drohenden Gefahr" durch Möstl, der die Alternative als „gruppenbezogen"[437] charakterisiert.

Anzumerken ist, dass der Passus sowohl im BKAG, vgl. z.B. § 45 Abs. 1 S. 1 Nr. 2 BKAG (2017) als auch in den Polizeigesetzen anderen Bundesländer fehlt, vgl. exemplarisch § 31 Abs. 1 Alt. 1 BW PolG, § 25a Abs. 1 Nr. 2 ASOG Bln, § 28b Abs. 3 2 BbgPolG, § 47 Abs. 1 S. 1 Nr. 2 BremPolG, § 20 Abs. 1 S. 1 Nr. 2 HmbPolDVG, § 15 Abs. 2 S. 1 Nr. 2 HSOG, § 67 Abs. 1 Nr. 1 SOG M-V, § 17b Abs. 1 S. Nr. 1 NPOG, § 34 Abs. 1 S. 1 Nr. 1 PolG NRW und § 34 Abs. 1 Nr. 2 RhPfPOG. Gleichwohl ist diesen Varianten gemein, dass sie in der Umsetzung der ersten Variante des BKAG-Urteils darauf abstellen, dass bei den durch die Maßnahme adressierten Personen Tatsachen die Annahme rechtfertigen, dass diese eine Straftat begehen werden.[438]

---

[432] *Müller*, BayVBl. 2018, 109 (112); vgl. auch *Schenke*, KPLLR 87 (2019), 1085 (1097).

[433] BVerfGE 141, 220 (272 Rn. 112).

[434] *Löffelmann*, BayVBl. 2018, 145 (148).

[435] *Löffelmann*, Stellungnahme zu BayLT-Drs. 17/16299, S. 9; *ders.*, BayVBl. 2018, 145 (148); *Shirvani*, DVBl. 2018, 1393 (1396).

[436] *Enders*, DÖV 2019, 205 (208).

[437] *Möstl*, BayVBl. 2018, 156 (158); s.a. Fn. 392.

[438] Vgl. § 45 Abs. 1 S. 1 Nr. 2 BKAG (2017): „eine Person, bei der bestimmte Tatsachen die Annahme rechtfertigen, dass sie innerhalb eines übersehbaren Zeitraums auf eine zumindest ihrer Art nach konkretisierte Weise eine Straftat nach § 5 Absatz 1 Satz 2 begehen wird"; s. auch z.B. § 31 Abs. 1 Alt. 1 BW PolG: „wenn bestimmte Tatsachen die Annahme rechtfertigen, dass die betroffene Person innerhalb eines überschaubaren Zeitraums auf eine zumindest ihrer Art nach konkretisierte Weise eine solche Straftat begehen wird".

Selbst die diese Variante als „gruppenbezogen“ auslegenden Stimmen in der Literatur behelfen sich aber damit, die individualisierende Anforderung des BKAG-Urteils in die Formulierung der Tatbestandsalternative der Nr. 2 des BayPAG hineinzulesen.[439] Davon scheint auch die Gesetzesbegründung von 2017 auszugehen.[440] Insoweit ist von einer Auslegbarkeit auszugehen.

Die zweite zu betrachtende Abweichung besteht darin, dass der bayerische Gesetzgeber in seine Befugnisnormen den Begriff der „Vorbereitungshandlungen“ in Nr. 2 einfügt. Nach der Gesetzesbegründung soll die „drohende Gefahr“ allgemein der „besseren Erfassung vor allem von Vorbereitungshandlungen“[441] dienen, was diverse Abgeordnete der CSU schon im Gesetzgebungsprozess mehrfach deutlich machten.[442] Nicht überraschend ist daher, dass das vermeintliche Fehlen einer Absicherung in der Rechtsprechung als Makel des neuen Gefahrenbegriffs angesehen wird.[443] Mit dem Begriff der Vorbereitungshandlungen betritt der bayerische Gesetzgeber indes keineswegs Neuland.[444] Schon im Rasterfahndungsurteil wurde Bezug genommen auf die „Vorbereitung terroristischer Anschläge“[445], was den Bundesgesetzgeber dazu bewegt, diese Formulierung in das BKAG aufzunehmen.[446] Hier findet sich die Anforderung der konkreten Gefahr neben dem Hinweis in S. 2, dass „eine solche Gefahr [...] in der Regel auch dann vor[liegt], wenn konkrete Vorbereitungshandlungen die Annahme rechtfertigen, dass eine Straftat nach § 4a Abs. 1 Satz 2 begangen werden soll“.

439 Vgl. *Möstl*, BayVBl. 2018, 156 (163): „Da Art. 11 Abs. 3 PAG n. F. maßgeblich auf diese Stelle des BKAG-Urteils Bezug nimmt, wäre es ganz fernliegend, wenn man annähme, dass diese Einschränkungen nicht gelten sollen.“

440 Amtl. Begr. zu Art. 11 PAG i. d. F. des Gesetzes zur effektiveren Überwachung gefährlicher Personen v. 24. 7. 2017 (BayGVBl. S. 388), BayLT-Drs. 17/16299, S. 9: „Es müssen allerdings auch dann zumindest bestimmte tatsächliche Anhaltspunkte bzw. Tatsachen auf eine im Einzelfall drohende Gefahr für ein gewichtiges Rechtsgut hinweisen und den Schluss auf ein wenigstens der Art nach konkretisiertes und zeitlich absehbares Geschehen sowie über die Beteiligung von bestimmten Personen zulassen, so dass hiergegen Maßnahmen ergriffen werden können.“

441 Amtl. Begr. zum Gesetz zur effektiveren Überwachung gefährlicher Personen v. 24. 7. 2017 (BayGVBl. S. 388), LT-Drs. 17/16299, S. 2.

442 Vgl. der Wortbeitrag in der Zweiten Lesung v. Joachim Herrmann (CSU) zum Gesetzesentwurf BayLT-Drs. 17/16299, ProtokollauszuG 102. Plenum, 25. 4. 2017, S. 2 sowie der Wortbeitrag in der Zweiten Lesung v. Dr. Florian Herrmann (CSU) zum Gesetzesentwurf BayLT-Drs. 17/16299, ProtokollauszuG 109. Plenum, 19. 7. 2017, S. 3, 14 f.

443 *Löffelmann*, Stellungnahme zu BayLT-Drs. 17/16299, S. 3 f.; zur Bezugnahme auf Vorbereitungshandlungen krit. *Aden/Fährmann*, ZRP 2019, 175 (176).

444 *Schenke*, KPLLR 87 (2019), 1085 (1097) m. V. a. § 20h BKAG (2008).

445 BVerfGE 115, 320 (365).

446 Amtl. Begr. zu § 20j BKAG i. d. F. des Gesetzes zur Abwehr von Gefahren des internationalen Terrorismus v. 25. 12. 2008 (BGBl. I S. 3083), BT-Drs. 16/10121, S. 27 f.; dazu *Meyer*, JZ 2017, 429 (432).

Explizit Vorbereitungshandlungen fordert sodann das Gericht im Urteil zur Telekommunikationsüberwachung des NdsSOG vom 27.7.2005.[447] Es brauche die tatbestandliche Beschreibung eines „konkreten, in der Entwicklung begriffenen Vorgang[s] oder dessen Planung“[448] oder „konkrete[r] Vorbereitungshandlungen“[449]. Der vom Gericht genannte Tatbestand aus dem Zollfahndungsdienstgesetz, der ausdrücklich Vorbereitungshandlungen voraussetzt, ist sehr detailreich in der Beschreibung möglicher Begehungsvarianten, vgl. § 23a Abs. 2 ZFdG. Es erfolgt aber keine trennscharfe Definition des Vorbereitungsbegriffs.[450] Schon in Bezug darauf ist gefragt worden, was der Begriff der Vorbereitungshandlung für einen Mehrwert biete.[451] Durch diese Rechtsprechung veranlasst ziehen, wie bereits beschrieben, die „Vorbereitungshandlungen“ gleichwohl in die Dispositionstatbestände des BayPAG ein.[452]

Bei genauem Hinsehen bleiben Vorbereitungshandlungen ebenso in der verfassungsgerichtlichen Entscheidung zum BKAG nicht vollkommen unerwähnt. Im Rahmen der Wohnraumüberwachung nach § 20h Abs. 1 Nr. 1b BKAG (2008) wird deren tatbestandliche Erwähnung gerade als Beschreibung eines „seiner Art nach konkretisierte[n] und zeitlich absehbare[n] Geschehen[s]“[453] angesehen. Der Begriff des „Vorbereitens“ wird für § 201 Abs. 1 S. 1 Nr. 2 BKAG (2008) dann aber für unzulässig gehalten.[454] Dass darüber hinaus das Gericht im BKAG-Urteil für die Rasterfahndungsbefugnis von einem zulässigen „Regelbeispiel“[455] einer konkreten Gefahr spricht, vertieft indes die Unsicherheiten im Umgang mit der Formulierung der „Tatsachen, die eine Annahme rechtfertigen“.[456] Der Passus bleibt gleichwohl unbeanstandet bestehen. Die Literatur interpretiert das Vorgehen des Bundesgesetzgebers als misslungenen Versuch, den gerichtlichen Anforderungen gerecht zu werden.[457] Die Betrachtung der Historie des Begriffs lässt den Rezipienten daher

---

[447] BVerfGE 113, 348 (378).

[448] BVerfGE 113, 348 (378).

[449] BVerfGE 113, 348 (378).

[450] Mit Verweis darauf *Kießling*, VerwArch 108 (2017), 282 (290, 293); zudem zur weiten Vorverlagerung durch eine Verbindung von „Vorbereitungshandlungen“ mit Straftatbeständen, die selbst an solche anknüpfen, vgl. *Kießling*, VerwArch 108 (2017), 282 (294).

[451] *Kießling*, VerwArch 108 (2017), 282 (293): „Was außer Handlungen, die daraus bestehen, bestimmte Straftaten vorzubereiten, kann sonst die Annahme rechtfertigen, dass diese Straftaten begangen werden sollen?“

[452] Vgl. dazu schon oben § 5 B.I.6.c)bb)(3)(c)(bb), S. 269 ff., vgl. Änderung der Befugnis zur Telekommunikationsüberwachung in 2005 in Art. 34a Abs. 1 S. 1 Nr. 2 BayPAG (2005) sowie der Online-Durchsuchungsbefugnis in 2008 in Art. 34d Abs. 1 S. 1 Nr. 2 BayPAG (2008).

[453] BVerfGE 141, 220 (298 Rn. 190).

[454] BVerfGE 141, 220 (310 Rn. 232).

[455] BVerfGE 141, 220 (303 Rn. 207).

[456] *Meyer*, JZ 2017, 429 (432).

[457] *Meyer*, JZ 2017, 429 (432).

eher ratlos zurück. Die neuere Rechtsprechung verwendet den Begriff der Vorbereitungshandlungen nicht.[458]

Hervorgehoben wird in der Betrachtung durch die Literatur, dass der Begriff der Vorbereitungshandlung aus Sicht der Anwender die Kenntnis des weiteren Ablaufes des Geschehens impliziert.[459] Gerade diese ist aber regelmäßig in den Situationen, die bekämpft werden sollen, eben nicht absehbar. Der Begriff greife somit die künftige Rechtsgutsverletzung vorweg, sei daher „normativ aufgeladen“[460] und „zirkulär“[461].[462] Er trage durch seine Offenheit nicht zur Eingrenzung bei, da er es unterlasse, einzelne Handlungen aufzuzählen.[463] Damit entspreche er auch nicht dem Begriff der „bestimmte[n] Tatsachen“[464] der BKAG-Entscheidung.[465]

Nach anderer Ansicht gebiete das Wesen einer abstrakten Norm den Verzicht auf eine genauere Beschreibung der Handlungen.[466] Dies erhöhe die Lesbarkeit und das Verständnis der Vorschrift.[467] Das Merkmal der Vorbereitungshandlungen verdeutliche (wie das des individuellen Verhaltens) im Gegenteil die tatsächliche Rückbindung der Prognose.[468] Wieder wird daraus sogar eine Erhöhung der Maßstäbe, die im Vergleich zum BKAG-Urteil aus Bestimmtheitsaspekten vorzuziehen sei, gesehen.[469]

Letztlich ist durch die Nähe zu den Ausführungen zu den jüngsten Richtungsweisungen des Bundesverfassungsgerichts sowie der ausdrücklichen Bezugnahme in der Gesetzesbegründung auf das BKAG-Urteil eine Auslegung möglich.[470] Vorbereitungshandlungen mit einzubeziehen liegt daher im Gestaltungsspielraum des Gesetzgebers.[471]

---

[458] BVerfGE 155, 119 ff.

[459] *Löffelmann*, BayVBl. 2018, 145 (148).

[460] *Löffelmann*, Stellungnahme zu BayLT-Drs. 17/16299, S. 4.

[461] *Löffelmann*, Stellungnahme zu BayLT-Drs. 17/16299, S. 4.

[462] *Löffelmann*, Stellungnahme zu BayLT-Drs. 17/16299, S. 4.

[463] Vgl. *Löffelmann*, BayVBl. 2018, 145 (148); diese Kritik aufgreifend auch *Müller*, BayVBl. 2018, 109 (112).

[464] BVerfGE 141, 220 (272 Rn. 112).

[465] *Löffelmann*, Stellungnahme zu BayLT-Drs. 17/16299, S. 4.

[466] *Müller*, BayVBl. 2018, 109 (112).

[467] *Müller*, BayVBl. 2018, 109 (112).

[468] *Leisner-Egensperger*, DÖV 2018, 677 (681); *Müller*, BayVBl. 2018, 109 (112).

[469] *Leisner-Egensperger*, DÖV 2018, 677 (681).

[470] So auch *Müller*, BayVBl. 2018, 109 (112); vgl. auch *Lindner*, Stellungnahme zu BayLT-Drs. 17/16299, S. 7.

[471] *Leisner-Egensperger*, DÖV 2018, 677 (688).

bb) Prognose

(1) Klassische hinreichende Wahrscheinlichkeit

Die wohl größten Probleme bereitet die Bestimmung des Prognosemaßstabes.

(a) „Konkretisierte Gefahr"

Den beschriebenen Zick-Zack-Kurs insbesondere, dass auf eine „hinreichende[n] Eintrittswahrscheinlichkeit nicht verzichtet"[472] werden könne unter gleichzeitigem Aufzeigen einer Eingriffsmöglichkeit, „wenn sich der zum Schaden führende Kausalverlauf noch nicht mit hinreichender Wahrscheinlichkeit vorhersehen lässt"[473],[474] lässt das Bundesverfassungsgericht hinter sich. Das BKAG-Urteil und das Bestandsdatenauskunftsurteil enthalten keine Aussage dahin, dass die hinreichende Wahrscheinlichkeit eine Untergrenze der Gefahrenabwehr darstelle. Vielmehr bestätigen beide, dass „der zum Schaden führende Kausalverlauf noch nicht mit hinreichender Wahrscheinlichkeit"[475] vorhersehbar sein muss. Gemeint sei ein Urteil „unterhalb der konkreten Gefahrenprognose"[476].

(b) „Drohende Gefahr"

Das Gesetz spricht nicht von einer hinreichenden Wahrscheinlichkeit. Dies ist ein Merkmal, das bei der konkreten Gefahr aufgrund der Änderung von 2021 tatbestandlich in Art. 11 Abs. 1 S. 2 BayPAG festgehalten wird.

Der von vielen Seiten – nicht zuletzt der Gesetzesbegründung von 2018 indizierte und von der Rechtsprechung im Bestandsdatenauskunftsurteil bestätigte –[477] postulierte Absenkungsgedanke[478] lässt auf eine Modifizierung des Wahrscheinlichkeitsgrades schließen.[479] Dem tritt indes die Bayerische Staatsregierung entgegen:

---

[472] BVerfGE 120, 274 (327).

[473] BVerfGE 141, 220 (272 Rn. 112); 155, 119 (188 Rn. 148).

[474] Dazu unter § 5 B. I. 6. c) bb) (3), S. 250 ff.

[475] BVerfGE 141, 220 (272 Rn. 112); 155, 119 (188 Rn. 148).

[476] *Darnstädt*, DVBl. 2017, 88 (93).

[477] Amtl. Begr. zu Art. 46 BayPAG i. d. F. des Gesetzes zur Neuordnung des bayerischen Polizeirechts (PAG-Neuordnungsgesetz) v. 18.5.2018 (BayGVBl. S. 301), BayLT-Drs. 17/20425, S. 68: „nicht etwa bereits bei einer ‚nur' drohenden Gefahr i. S. d. Art. 11 Abs. 3 Satz 1"; BVerfGE 155, 119 (188 Rn. 148): „Eine solche Absenkung der Eingriffsschwellen ist aus Gründen der Verhältnismäßigkeit aber untrennbar verbunden mit erhöhten Anforderungen an die konkret geschützten Rechtsgüter".

[478] So ausdr. u. a. *Apostel*, KJ 52 (2019), 147 (149 f.); *Enders*, DÖV 2019, 205 (205); *Holzner*, DÖV 2018, 946 (948); *Shirvani*, DVBl. 2018, 1393 (1395).

[479] *Lindner*, Stellungnahme zu BayLT-Drs. 17/16299, S. 4; *Schenke*, KPLLR 87 (2019), 1085 (1098).

„Die drohende Gefahr unterscheide sich von der konkreten Gefahr auch nicht dadurch, dass sie sich mit einem geringeren Grad an Wahrscheinlichkeit eines Schadens begnügen würde. Vielmehr würden lediglich unter strengen Voraussetzungen die Anforderungen an die Vorhersehbarkeit des Kausalverlaufs im eng begrenzten Umfang zum Schutz bedeutender Rechtsgüter reduziert. Dies habe das Bundesverfassungsgericht im Urteil vom 20. April 2016 (BVerfGE 141, 220) für verfassungsgemäß erklärt.“[480]

Teile der Literatur schließen sich dem an.[481]

Gleichwohl wird mit Verweis auf die Aussagen der Rechtsprechung zur „konkretisierten Gefahr“ bei der „drohenden Gefahr“ durch die herrschende Meinung in der Literatur nicht das Bestehen einer hinreichenden Wahrscheinlichkeit im Sinne des traditionellen Gefahrenbegriffs gefordert.[482]

Maßgeblich ist der Vergleich des Gesetzeswortlauts zu Art. 11 Abs. 1 S. 2 BayPAG, sodass keine hinreichende Wahrscheinlichkeit in diesem Sinne zu fordern ist.

(2) Absenkung der Anforderungen an die Vorhersehbarkeit des Kausalverlaufs

Einigkeit besteht sowohl für die „konkretisierte“ als auch die „drohende Gefahr“ darin, dass mit der verfassungsgerichtlichen Rechtsprechung die „Anforderungen an die Vorhersehbarkeit des Kausalverlaufs reduziert“[483] seien.[484] Dies entspricht dem Vorgehen Möstls, der schon vor dem Online-Durchsuchungsurteil in Abgrenzung zur klassischen hinreichenden Wahrscheinlichkeit keinen absehbaren Kausalverlauf forderte.[485] Der bayerische Gesetzesentwurf verwendet die offengehaltene Formulierung, dass der Gesetzgeber die „Grenzen ggf. auch weiter ziehen kann, indem er die Anforderungen an den Kausalverlauf reduziert“[486]. Zumal die

---

[480] Bayerische Staatsregierung, Antrag auf Abweisung der Einstweiligen Anordnung, BayVerfGH, BeckRS 2019, 3113 Rn. 29.

[481] *Kingreen/Poscher*, Polizei- und Ordnungsrecht, § 8 Rn. 16.

[482] *Enders*, DÖV 2019, 205 (205); *Leisner-Egensperger*, DÖV 2018, 677 (678); *Löffelmann*, BayVBl. 2018, 145 (149); *Schenke*, Polizei- und Ordnungsrecht, Rn. 102; *Shirvani*, DVBl. 2018, 1393 (1395); *Waechter*, NVwZ 2018, 458 (460); im Erg. wohl auch *Kingreen/Poscher*, Polizei- und Ordnungsrecht, § 8 Rn. 16.

[483] BVerfGE 141, 220 (272 Rn. 112).

[484] Das Bundesverfassungsgericht spricht von der Absenkung der „Anforderungen an die Anforderungen an die Vorhersehbarkeit des Geschehensablaufs“, BVerfGE 155, 119 (188 Rn. 148); für die „drohende Gefahr“ aus der Lit., *Holzner*, DÖV 2018, 946 (947 f.); *Möstl*, Stellungnahme zu BayLT-Drs. 17/16299, S. 3; zum Vorentwurf v. 2017, vgl. *Brodmerkel*, Der Gesetzentwurf zur effektiveren Überwachung gefährlicher Personen, https://bayrvr.de/2017/03/09/der-gesetzentwurf-zur-effektiveren-ueberwachung-gefaehrlicher-personen-gelungen-mit-einschraenkungen/, Stand: 11.12.2023.

[485] *Möstl*, DVBl. 2007, 581 (587); s. o. § 5 B. I. 6. c) bb) (3) (b) (aa), S. 259 ff.

[486] Amtl. Begr. zu Art. 11 BayPAG i. d. F. des Gesetzes zur effektiveren Überwachung gefährlicher Personen v. 24.7.2017 (BayGVBl. S. 388), BayLT-Drs. 17/16299, S. 9.

Gesetzbegründung kaum über eine Wiederholung des Norminhalts hinausgeht,[487] bleibt zunächst unklar, welche Auswirkungen diese Modifikation hat. Darauf, dass keine grundsätzlichen Abweichungen vorgenommen werden sollen, weist die Passage hin, dass eine „moderate, von den Voraussetzungen her eng begrenzte Arrondierung des polizeilichen Gefahrenbegriffs"[488] intendiert sei.

(a) Aufgabe des zeitlichen Elements

(aa) „Konkretisierte Gefahr"

In Bezug auf das Online-Durchsuchungsurteil wurde in der Literatur ein Abrücken vom zeitlichen Element der Schadensprognose diskutiert.[489] Auch für die erste Alternative des BKAG-Urteils wird durch die Forderung eines „zeitlich absehbare[n] Geschehen[s]"[490] ein Abrücken von der zeitlichen Schadenskonkretisierung angenommen.[491] Anzumerken ist indes, dass die Umschreibung „in absehbarer Zeit"[492] lange Zeit Teil des klassischen Gefahrenbegriffs war und noch immer ist.[493] Erst durch die Forderung einer „zeitliche[n] Nähe des Umschlagens einer Gefahr in einen Schaden"[494] ist in jüngster Vergangenheit dieses Element durch das Bundesverfassungsgericht für die konkrete Gefahr eng gezogen worden.[495]

Die Kritik der Literatur, durch dieses Element nähere sich der neue Gefahrbegriff der traditionellen Gefahrenvorstellung wieder an und unterminiere sogleich den eigenen Vorfeldbezug, ist demnach verständlich.[496] Gleichwohl passt die Auslegung der „konkretisierten Gefahr" zum Verständnis, dass die „konkretisierte Gefahr" einen im Vergleich zur konkreten Gefahr vorgelagerten Bereich abdecken soll, indem die Anforderungen an die zeitliche Eingrenzbarkeit reduziert seien.[497] Nach Welzel/Ellner sei ein Abrücken von der zeitlichen Nähe und der Bestimmbarkeit

---

[487] Amtl. Begr. zu Art. 11 BayPAG i.d.F. des Gesetzes zur effektiveren Überwachung gefährlicher Personen v. 24.7.2017 (BayGVBl. S. 388), BayLT-Drs. 17/16299, S. 9.

[488] Amtl. Begr. zu Art. 11 BayPAG i.d.F. des Gesetzes zur effektiveren Überwachung gefährlicher Personen v. 24.7.2017 (BayGVBl. S. 388), BayLT-Drs. 17/16299, S. 9.

[489] *Darnstädt*, DVBl. 2011, 263 (265); a.A. *Werner-Kappler*, NVwZ-Beilage 2022, 63 (65).

[490] BVerfGE 141, 220 (272 Rn. 112).

[491] *Welzel/Ellner*, DÖV 2019, 211 (215).

[492] S. dazu schon oben unter § 3 B.II.1., S. 75 ff.; BVerfGE 115, 320 (364); 120, 274 (328); 125, 260 (330); 141, 220 (271 Rn. 111); BVerwGE 116, 347 (350); aus der Lit. u.a. *Bäcker*, Kriminalpräventionsrecht, S. 94; *Schenke*, Polizei- und Ordnungsrecht, Rn. 74.

[493] Dazu § 3 B.II., S. 73 ff.

[494] BVerfGE 120, 274 (329); 125, 260 (330).

[495] Dazu § 3 B.II., S. 73 ff.; § 5 B.I.1.b)cc), S. 184 ff.; § 5 B.I.6.c)bb)(3)(d), S. 270 ff.

[496] Zur Verwendung des Begriffs „in absehbarer Zeit" in der bayerischen drohenden Gefahr *Löffelmann*, Stellungnahme zu BayLT-Drs. 17/16299, S. 6; die Umsetzung des bayerischen Gesetzgebers bezüglich zeitlichen Zusammenhangs sachgerecht ansehend *Lindner*, Stellungnahme zu BayLT-Drs. 17/16299, S. 7.

[497] *Welzel/Ellner*, DÖV 2019, 211 (215).

des Ortes bei der ersten Alternative des Bundesverfassungsgerichts anzunehmen.[498] Anders sei bei dieser aber die personelle und sachliche Ebene nicht im Vergleich zur konkreten Gefahr modifiziert.[499] Andere Stimmen in der Literatur sind ebenso der Überzeugung, durch die Ausführungen des Bundesverfassungsgerichts werde ein Zeitraum definiert, in dem keine konkrete Gefahr vorliege, aber ein Eingreifen möglich sei.[500]

Darnstädt sieht in Anforderungen des Online-Durchsuchungs- und Vorratsdatenspeicherungsurteils eine Schwelle entsprechend dem verbreiteten Bild des Gefahrenvorfeldes, das räumlich bzw. zeitlich der Gefahr vorgelagert ist.[501] Das BKAG-Urteil hingegen berge einen Perspektivwechsel bei der Betrachtung des Vorfeldes von Gefahren.[502] Eine Anknüpfung am Kausalverlauf bedeute eine Modifizierung hinsichtlich der sachlichen Schadenskonkretisierung.[503] Wehr bestätigt diese Auslegung: Die erste Variante des Bundesverfassungsgerichts sei noch konkretisierter, die zweite Variante des Bundesverfassungsgerichts verzichte auf die sachliche und zeitliche Konkretisierung.[504]

Die zeitliche Ebene scheint demnach nicht die Einzige, die eine Modifizierung erfährt.

(bb) „Drohende Gefahr“

Die tatbestandliche Anordnung des Eingreifens „in absehbarer Zeit“ bringt für die „drohende Gefahr“ keine weitergehenden Erkenntnisse als schon für die „konkretisierte Gefahr“. Dies gilt, da in Bayern diese zeitliche Dimension ebenfalls für die konkrete Gefahr durch Auslegung gelten soll, da die überkommene Definition angelegt werden muss laut der Gesetzesbegründung.[505]

Für die „drohende Gefahr“ wird fast unisono eine sprachliche Verknüpfung mit dem Gefahrenvorfeld hergestellt, [506] sodass sich daraus für einige Stimmen des

---

[498] *Welzel/Ellner*, DÖV 2019, 211 (215).

[499] *Welzel/Ellner*, DÖV 2019, 211 (215).

[500] *Müller*, BayVBl. 2018, 109 (113).

[501] *Darnstädt*, DVBl. 2017, 88 (92).

[502] *Darnstädt*, DVBl. 2017, 88 (92).

[503] *Darnstädt*, DVBl. 2017, 88 (92): „Wenn das spezifische Defizit in der mangelnden Übersehbarkeit des *Kausalverlaufs* liegt, bedeutet das Ungewissheit über das konkrete Schadensereignis“ [Hervorhebung im Original].

[504] *Wehr*, JURA 2019, 940 (944).

[505] Dazu § 3 B.II.3., S. 80 ff.; s.a. (Fn. 291).

[506] *Enders*, DÖV 2019, 205 (205) und *Petri*, Stellungnahme zu BayLT-Drs. 17/16299, S. 3: „Vorfeld der konkreten Gefahr“; *Leisner-Egensperger*, DÖV 2018, 677 (678) u. *Müller*, BayVBl. 2018, 109 (111): „im Vorfeld einer konkreten Gefahr“; *Lindner*, Stellungnahme zu BayLT-Drs. 17/16299, S. 4: „*vor* der Schwelle der konkreten Gefahr“ [Hervorhebung im Original]; *Möstl*, BayVBl. 2018, 156 (161): „nicht sehr weit vorgelagertem (s. o.) Gefahrenvorfeld“; *Löffelmann*, BayVBl. 2018, 145 (147): „Gefahrenvorfeld“; *Schwarz*, Stellungnahme zu BayLT-Drs. 17/16299, S. 3: „im Vorfeld von Gefahren“; zum Vorentwurf v. 2017 *Brod-*

Schrifttums im Vergleich zur konkreten Gefahr dennoch eine zeitliche Vorverlagerung andeutet.[507] Es ginge darum, frühzeitig in der Phase der Entstehung von Gefahrensituationen anzusetzen, um aufzuklären und die vollständige Entstehung abwenden zu können.[508] Unterstützt wird der Eindruck einer zeitlichen Vorverlagerung durch die Stellungnahme der Praktiker in Form der Vertreter der Deutschen Polizeigewerkschaft im Rahmen der Anhörung vor der PAG-Kommission. Auch wenn hier davon ausgegangen wird, dass der Prognosezeitraum nur geringfügig nach vorne verlagert werde.[509]

Vereinzelt wird darauf verwiesen, dass Vorfeldmaßnahmen eine zeitliche Verlagerung nach vorne immanent sei.[510] Andere nehmen hingegen unter Verweis darauf, dass die Ausführungen des Bundesverfassungsgerichts einem ins Gefahrenvorfeld überbordenden Gefahrenbegriff Grenzen setzen möchte, keine Vorverlagerung an.[511]

Dem ist entgegenzuhalten, dass auch die Gesetzesbegründung von 2017 und der Bayerische Verfassungsgerichtshof sich der Vorverlagerungsthese anschließen.[512] Außerdem fügt sich dies in das beschriebene jüngere – wenn auch kritikwürdige –[513] Verständnis der konkreten Gefahr ein.[514] Gleichwohl ist die zeitliche Komponente hier nicht das einzige Stellrad, an dem gedreht wird.[515] Die Gesetzesbegründung beschreibt die umgesetzten Vorgaben des Bundesverfassungsgerichts als „inhaltlich-zeitliche"[516].

---

merkel, Der Gesetzentwurf zur effektiveren Überwachung gefährlicher Personen, https://bayrvr.de/2017/03/09/der-gesetzentwurf-zur-effektiveren-ueberwachung-gefaehrlicher-personen-gelungen-mit-einschraenkungen/, Stand: 11.12.2023: „Vorfeld einer konkreten Gefahr"; s. auch Antrag auf abstrakte Normenkontrolle v. 6.9.2018, (Fn. 904), S. 47: „in das Vorfeld der Gefahr".

[507] So ausdr. z.B. *Lindner*, Das neue Bayerische Polizeirecht, https://publicus.boorberg.de/das-neue-bayerische-polizeirecht/, Stand: 11.12.2023; vgl. auch *Holzner*, DÖV 2018, 946 (946); *Möstl*, Stellungnahme zu BayLT-Drs. 17/16299, S. 3.

[508] *Löffelmann*, BayVBl. 2018, 145 (146).

[509] PAG-Kommission, Abschlussbericht v. 30.8.2019, (Fn. 90), S. 21.

[510] *Leisner-Egensperger*, DÖV 2018, 677 (686).

[511] *Schmid/Wenner*, BayVBl. 2019, 109 (110).

[512] Amtl. Begr. zu Art. 31 BayPAG i.d.F. i.d.F. des Gesetzes zur effektiveren Überwachung gefährlicher Personen v. 24.7.2017 (BayGVBl. S. 388), BayLT-Drs. 17/16299, S. 11: „Vorfeld einer klassischen konkreten Gefahr" und „zeitlich vorgelagerten Situation"; BayVerfGH, BeckRS 2019, 3113 Rn. 2: „bereits vor der Entstehung einer (konkreten) Gefahr".

[513] Dazu § 3 B.II., S. 73ff.; § 5 B.I.1.b)cc), S. 184ff.; § 5 B.I.6.c)bb)(3)(d), S. 270ff.; so auch u.a. *Wehr*, JURA 2019, 940 (944).

[514] *Leisner-Egensperger*, DÖV 2018, 677 (684); *Wehr*, JURA 2019, 940 (944).

[515] Vgl. *Möstl*, BayVBl. 2018, 156 (159): „Anforderungen [...] gegebenenfalls auch der zeitlichen Nähe abgesenkt".

[516] Amtl. Begr. zu Art. 11 BayPAG i.d.F. des Gesetzes zur effektiveren Überwachung gefährlicher Personen v. 24.7.2017 (BayGVBl. S. 388), BayLT-Drs. 17/16299, S. 10.

(b) Aufgabe des Situationsbezugs

(aa) „Konkretisierte Gefahr“

Einige Stimmen in der Literatur gehen über die zeitliche Entkoppelung hinaus und nehmen – wie zuvor für die personen- und verhaltensbezogenen Dispositionstatbestände –[517] für die „konkretisierte Gefahr“ die Aufgabe des Situationsbezugs der Schadensprognose für beide Alternativen des BKAG-Urteils an.[518] Betrachtet würde eine Situation, in welcher der Schaden nicht konkret genug auszumachen sei.[519] Dies passt zur Definition der Aufgabe der Gefahrenvorsorge durch das Bundesverfassungsgericht: „Zur Gefahrenvorsorge gehört als Unterfall auch die Verhütung von Straftaten, die noch nicht *konkret* drohen, die sogenannte Straftatenverhütung“[520].

Es erfolge ein Perspektivwechsel vom konkretisierten Schadensereignis hin zu einem „konkretisierbare[n]“[521] Schadensereignis.[522] Teils wird ferner für die erste Alternative des BKAG-Urteils eine „umfassende Konkretisierbarkeit“[523], die sich im Rahmen der Leitlinien der klassischen Gefahrenabwehr bewegt, [524] angenommen, so dass nur für die zweite Alternative des BKAG-Urteils ein Verzicht auf die Konkretisierung auszumachen sei.[525] Der Evaluationsbericht zum BKAG von 2017 versteht das jüngste, an die Rechtsprechung angelehnte Gesetz so, dass im Rahmen des Aufgabenbereichs des BKA die Voraussetzungen des Handelns derart gelockert seien, dass der Schaden nicht in jeder Dimension konkretisierbar sein müsse.[526] Eine Teilkonkretisierung genüge nach dem Bericht auch für die erste Variante der neuen Schwelle.[527] In diesem Sinne geht die Literatur vermehrt für beide Varianten von einer fehlenden modalen Konkretisierung aus,[528] die in ihrer Ausprägung zwischen den Varianten aber variieren kann.[529]

---

[517] S.o. § 5 B. I. 6. c) bb) (3) (b) (bb), S. 261 ff.

[518] *Darnstädt*, DVBl. 2017, 88 (92 f.); *Leisner-Egensperger*, DÖV 2018, 677 (680); *Ogorek*, JZ 2019, 63 (69); *Trute*, Die Verwaltung 53 (2020), 99 (108); s. a. *Werner-Kappler*, AöR 148 (2023), 205 (227).

[519] *Darnstädt*, DVBl. 2017, 88 (92).

[520] BVerfGE 150, 244 (274 Rn. 70) [Hervorhebung hinzugefügt]; ähnlich BVerwGE 141, 329 (335 Rn. 29).

[521] *Ogorek*, JZ 2019, 63 (69).

[522] *Ogorek*, JZ 2019, 63 (68 f.).

[523] Antrag auf abstrakte Normenkontrolle v. 6. 9. 2018, (Fn. 904), S. 41.

[524] Antrag auf abstrakte Normenkontrolle v. 6. 9. 2018, (Fn. 904), S. 41.

[525] *Welzel/Ellner*, DÖV 2019, 211 (214); Antrag auf abstrakte Normenkontrolle v. 6. 9. 2018, (Fn. 904), S. 41.

[526] Unterrichtung durch die Bundesregierung, Evaluationsbericht zu den §§ 4a, 20j, 20k des Bundeskriminalamtgesetzes v. 23. 6. 2017, BT-Drs. 18/13031, S. 57.

[527] Unterrichtung durch die Bundesregierung, Evaluationsbericht zu den §§ 4a, 20j, 20k des Bundeskriminalamtgesetzes v. 23. 6. 2017, BT-Drs. 18/13031, S. 58.

[528] *Darnstädt*, DVBl. 2017, 88 (92 f.); *Leisner-Egensperger*, DÖV 2018, 677 (680); *Ogorek*, JZ 2019, 63 (69).

(bb) „Drohende Gefahr“

Im Gesetzesentwurf von 2017 sieht der bayerische Gesetzgeber die Vorgaben des Bundesverfassungsgerichts als „inhaltlich-zeitliche“[530] Anforderungen an. Die Gesetzesmaterialien von 2021 sprechen davon, dass „etwa [...] die Frage nach dem ‚wann‘ oder ‚wo‘ noch nicht mit hinreichender Sicherheit beantwortet werden kann“[531]. Der Bayerische Verfassungsgerichtshof nimmt einen Anwendungsfall für die „drohende Gefahr“ an, wenn das „konkrete Geschehen nach Art und Zeitpunkt noch nicht hinreichend erkennbar“[532] ist. Demzufolge betonen einige Stimmen in der Literatur, aber auch die PAG-Kommission ausdrücklich, dass das Schadensereignis „hinsichtlich Ort, Zeit, Art und Weise“[533] noch nicht so genau beschrieben werden muss, wie es bei der konkreten Gefahr der Fall sei.[534] Dies knüpft damit ebenfalls an das jüngere, kritikwürdige Verständnis der konkreten Gefahr des Bundesverfassungsgerichts an.[535] Die Annahme, dass für die erste Nummer der bayerischen Kodifikation ein zu konkretisierendes Schadensereignis fehle, falle leichter als bei Nr. 2, da es sich hier um Situationen handele, die unter das alte Begriffsverständnis der konkreten Gefahr subsumiert werden könnten.[536]

Festzuhalten ist indes, dass in Bezug auf einige Merkmale der Schadenskonkretisierung auf eine hinreichende Wahrscheinlichkeit verzichtet wird. Anzulegen ist sie indes für das individuelle Verhalten nach Nr. 1 oder für die konkreten Vorbereitungshandlungen nach Nr. 2, für die insoweit ein der Art nach konkretisiertes Geschehen verlangt wird.[537]

Die hinreichende Wahrscheinlichkeit mit der Voraussetzung eines konkretisierten Schadens insbesondere im Sinne der jüngeren Rechtsprechung wird demnach zur hinreichenden Wahrscheinlichkeit eines konkretisierbaren Schadens.

---

[529] Vgl. *Darnstädt*, DVBl. 2017, 88 (92 ff.).

[530] Amtl. Begr. zu Art. 11 BayPAG i. d. F. des Gesetzes zur effektiveren Überwachung gefährlicher Personen v. 24. 7. 2017 (BayGVBl. S. 388), BayLT-Drs. 17/16299, S. 10.

[531] Amtl. Begr. zu Art. 11a BayPAG i. d. F. des Gesetzes zur Änderung des Polizeiaufgabengesetzes und weiterer Rechtsvorschriften v. 27. 3. 2021 (BayGVBl. S. 418), BayLT-Drs. 18/13716, S. 22.

[532] BayVerfGH, BeckRS 2019, 3113 Rn. 70.

[533] PAG-Kommission, Abschlussbericht v. 30. 8. 2019, (Fn. 90), S. 18; fast wortgleich, *Möstl*, BayVBl. 2018, 156 (158): „hinsichtlich Zeit, Ort, Art und Weise“; s. auch schon *ders.*, Stellungnahme zu BayLT-Drs. 17/16299, S. 3.

[534] *Möstl*, BayVBl. 2018, 156 (158); ähnlich auch *Barczak*, Der nervöse Staat, S. 522; *Kingreen/Poscher*, Polizei- und Ordnungsrecht, § 8 Rn. 16; *Wehr*, JURA 2019, 940 (943 f.).

[535] Dazu § 3 B. II., S. 73 ff.; § 5 B. I. 1. b) cc), S. 184 ff.; § 5 B. I. 6. c) bb) (3) (d), S. 270 ff.; § 6 C. II. 1. b) aa) (2), S. 383 ff.; § 6 D. II., S. 436 ff.

[536] Vgl. *Wehr*, JURA 2019, 940 (945, 948).

[537] *Möstl*, BayVBl. 2018, 156 (159); vgl. auch *ders.*, ZRP 2020, 26 (27); *Barczak*, Der nervöse Staat, S. 522; *Darnstädt*, DVBl. 2017, 88 (92).

(3) Maßstäbe der modifizierten hinreichenden Wahrscheinlichkeit

Zwischen den Alternativen beider Gefahrenkategorien zeichnen sich gleichwohl Unterschiede in der Prognose ab.

(a) „Seiner Art nach konkretisiertes (und zeitlich absehbares) Geschehen“

(aa) „Konkretisierte Gefahr“

Wie bereits erwähnt, fällt historisch und sprachlich bedingt im Rahmen der ersten Alternative der „konkretisierten Gefahr“ eine Abgrenzung zur konkreten Gefahr und damit zu einer dieser Schwelle entsprechenden Schadenskonkretisierung schwer.[538] Prognosen sind regelmäßig Aussagen über nur nach der Art konkretisierte Geschehen und deren Eintrittswahrscheinlichkeit,[539] so dass dieses Merkmal wenig weiterhilft. Mithin verbleibt nach dem BKAG-Urteil die Annahme einer situationsbezogenen Schwelle, [540] für die nicht selten eine Konkretisierung der verschiedenen Dimensionen gleich der jüngeren Rechtsprechung zur konkreten Gefahr gefordert wird.[541]

Von Bedeutung ist aber neben der Forderung eines nach „wenigstens seiner Art konkretisierte[n] und zeitlich absehbare[n] Geschehen[s]“[542] der Hinweis darauf, dass „bestimmte Personen beteiligt sein werden, über deren Identität zumindest so viel bekannt ist, dass die Überwachungsmaßnahme gezielt gegen sie eingesetzt und weitgehend auf sie beschränkt werden kann“[543]. Würde die personelle Konkretisierung des zweiten Halbsatzes zu einer der konkreten Gefahr gleichen Schadenskonkretisierung hinzukommen, wäre im Ergebnis die Schwelle strenger als die des klassischen Gefahrenabwehrrechts.[544] Dies widerspräche der Aussage des Verzichts auf die hinreichende Wahrscheinlichkeit.[545] Wären die Anforderungen abgesenkt (als abstrakt-generelle Aussage, die beschränkt auf Situationen, die mit einer konkreten Person verbunden sind, als Dispositionsurteil zu beurteilen wäre,)[546] widerspräche das wiederum der Intensität der im Online-Durchsuchungs- und Vorratsdatenspeicherungs- und BKAG-Urteil betrachteten Maßnahmen.[547]

Für die erste Alternative des Bundesverfassungsgerichts gelte daher, dass die hinreichende Wahrscheinlichkeit Maßstab bliebe.[548] Sie wäre aber nur noch auf ein

---

[538] Vgl. *Darnstädt*, DVBl. 2017, 88 (91); dazu ausf. unter § 6 C. II. 1. b) aa), S. 378 ff.

[539] *Darnstädt*, DVBl. 2017, 88 (92).

[540] *Welzel/Ellner*, DÖV 2019, 211 (214).

[541] Antrag auf abstrakte Normenkontrolle v. 6. 9. 2018, (Fn. 904), S. 41.

[542] BVerfGE 141, 220 (272 Rn. 112).

[543] BVerfGE 141, 220 (272 Rn. 112).

[544] *Darnstädt*, DVBl. 2017, 88 (91).

[545] *Darnstädt*, DVBl. 2017, 88 (91).

[546] *Darnstädt*, DVBl. 2017, 88 (91).

[547] *Darnstädt*, DVBl. 2017, 88 (91).

[548] *Darnstädt*, DVBl. 2017, 88 (92).

„wenigstens seiner Art nach konkretisiertes und zeitlich absehbares Geschehen" bezogen.[549] Die Konkretisierung der Art nach dürfe nicht ausufern durch unbestimmte Parameter, die einen zu großen Wahrscheinlichkeitswert provozierten.[550]

Die Suche nach einem Merkmal, das eine Eingrenzung bewirkt, wird wie im Rahmen der Dispositionsurteile gefunden in der Individualisierung.[551] Die Bezugnahme auf diese „Zielperson"[552] sei elementar.[553] Sie verdeutliche, dass nicht beliebig auf Konkretisierungsmerkmale verzichtet werden kann.[554] In diesem „gemischt situations- und personenbezogenen Gefahrenbegriff"[555] wird der Adressat Teil der Schwelle.[556] Die offene Formulierung des BKAG-Urteils („zumindest so viel bekannt"[557]) lässt aber Spielraum hinsichtlich der genauen Beurteilung. Da die Vorschrift stark auf die Lage bezogen ist, fällt der Umgang mit der gleichzeitig geforderten Personalisierung nicht leicht.[558] Teils soll das personale Element über das Verhalten einer konkreten Person zu bestimmen sein.[559] Häufiger wird aber abstrakter auf eine Beteiligung am Anschlag abgestellt.[560] Enders führt dazu aus, dass, sofern die personale Ebene, die Verantwortlichkeit oder Zurechnung eines Plans, scheitere, die tatsachenabgesicherte Identifizierung eines Personenkreises für ein mögliches Schadensereignis genüge, wobei die Verantwortungsaufteilung innerhalb dieses Kreises offenbleiben könne.[561] Als Beispiel nennt er die Zugehörigkeit zu einem Terrornetzwerk.[562]

Dieser Gruppenbezug ist ein Element, das zwar Problematiken, die durch die Vernetzung und Strukturen von Terrorismus oder Organisierter Kriminalität ent-

---

[549] *Darnstädt*, DVBl. 2017, 88 (92): „*Wenn die Aussage über ein künftiges konkret beschriebenes Schadensereignis nicht mit dem hinreichenden Wahrscheinlichkeitswert möglich ist, so muss wenigstens die Aussage eines geringeren Konkretisierungsgrades über das Schadensereignis möglich sein – und zwar mit hinreichender Wahrscheinlichkeit.*" [Hervorhebung im Original].

[550] *Darnstädt*, DVBl. 2017, 88 (92); dazu auch oben unter § 5 B. I. 1. b) cc) (1), S. 184 ff.

[551] *Darnstädt*, DVBl. 2017, 88 (91); vgl. auch *Kießling*, VerwArch 108 (2017), 282 (288 f.); *Kulick*, AöR 143 (2018), 175 (186); *Leisner-Egensperger*, DÖV 2018, 677 (680, 686); *Trute*, Die Verwaltung 53 (2020), 99 (108); *Werner-Kappler*, AöR 148 (2023), 205 (227); s. auch schon *Darnstädt*, DVBl. 2010, 263 (264) und *Thiel*, Die „Entgrenzung" der Gefahrenabwehr, S. 297.

[552] *Leisner-Egensperger*, DÖV 2018, 677 (680).

[553] *Darnstädt*, DVBl. 2017, 88 (93).

[554] *Darnstädt*, DVBl. 2017, 88 (93).

[555] *Darnstädt*, GSZ 2017, 16 (19).

[556] *Kießling*, VerwArch 108 (2017), 282 (289).

[557] BVerfGE 141, 220 (272 Rn. 112).

[558] *Kießling*, VerwArch 108 (2017), 282 (294 ff.).

[559] *Kießling*, VerwArch 108 (2017), 282 (289).

[560] *Darnstädt*, DVBl. 2017, 88 (93); *Shirvani*, DVBl. 2018, 1393 (1394).

[561] *Enders*, DÖV 2019, 205 (208).

[562] *Enders*, DÖV 2019, 205 (208).

stehen,[563] auffängt. Allerdings birgt der Gruppenbezug die Gefahr, für fremdes Handeln in Anspruch genommen zu werden. Im schlimmsten Fall geschieht dies aufgrund einer bloßen, gegebenenfalls sogar falschen Assoziierung mit dem betrachteten Personenkreis. Besser ist daher ähnlich wie bei den Dispositionsurteilen unter Betonung des Abstellens auf ein Verhalten von einem personen- und situationsbezogenen Urteil zu sprechen.[564] Die Prognose muss immer auf einem Verhalten der Person fußen, und eine reine Zugehörigkeit zu einer Gruppe genügt nicht.

(bb) „Drohende Gefahr“

Hinsichtlich der Umsetzung des bayerischen Gesetzgebers monieren vereinzelte Stimmen der Literatur, die Formulierung sei absolut unbestimmt.[565] Leisner-Egensperger betont die Auslegungsbedürftigkeit in der Praxis.[566] Im Tatbestand der Norm werde in den Vordergrund gestellt, dass an ein Geschehen angeknüpft werde.[567] Allerdings seien diverse Parameter der Schadenskonkretisierung abgesenkt,[568] wenn auch nicht so stark wie bei Nr. 1,[569] was zu Abgrenzungsproblemen führe.[570] Typischerweise ist nach Leisner-Egensperger bei dieser Variante zwar die sachliche und zeitliche Schadensdimension erkennbar, nicht hingegen die örtliche.[571]

Der Ausgleich soll wie im Rahmen der Lösung des Bundesverfassungsgerichts über das personale Element erfolgen.[572] Nr. 2 unterscheide sich indes von Dispositionsurteilen, indem im Rahmen dieser Variante der „drohenden Gefahr“ ein absehbarer Kausalverlauf gefordert werde, der auf ein jedenfalls in seinen Konturen erkennbares Schadensereignis hindeute.[573] Durch das Anknüpfen an Vorbereitungshandlungen sehen Teile des Schrifttums sich darin bestätigt, nicht an ein Verhalten einer konkreten Person anzuknüpfen, sondern ebenso wie bei der entsprechenden Variante der „konkretisierten Gefahr“ an die Beteiligung.[574] Es ginge um einen Wahrscheinlichkeitsgrad, der sich sachlich durch eine fortgeschrittene Konkretisierung der Art des Geschehens und personell durch einen Gruppenbezug

---

[563] Dazu schon unter § 4 C. II., S. 98 ff.

[564] *Darnstädt*, GSZ 2017, 16 (19).

[565] *Löffelmann*, BayVBl. 2018, 145 (148).

[566] Vgl. *Leisner-Egensperger*, DÖV 2018, 677 (686).

[567] Zum Vorentwurf v. 2017, *Brodmerkel*, Der Gesetzentwurf zur effektiveren Überwachung gefährlicher Personen, https://bayrvr.de/2017/03/09/der-gesetzentwurf-zur-effektiveren-ueberwachung-gefaehrlicher-personen-gelungen-mit-einschraenkungen/, Stand: 11. 12. 2023; vgl. auch u. a. *Möstl*, BayVBl. 2018, 156 (158).

[568] *Leisner-Egensperger*, DÖV 2018, 677 (686); *Möstl*, BayVBl. 2018, 156 (158); *Waechter*, NVwZ 2018, 458 (460).

[569] *Waechter*, NVwZ 2018, 458 (460).

[570] *Schenke*, KPLLR 87 (2019), 1085 (1097); *Waechter*, NVwZ 2018, 458 (460).

[571] *Leisner-Egensperger*, DÖV 2018, 677 (686).

[572] *Leisner-Egensperger*, DÖV 2018, 677 (680).

[573] *Wehr*, JURA 2019, 940 (948).

[574] *Möstl*, BayVBl. 2018, 156 (158).

auszeichne.[575] Abzustellen sei auf eine abstrakte Gefährlichkeit der Person als Milieu- oder Gruppenangehöriger.[576] Als konkrete Beispiele werden die Angehörigkeit zu einer terroristischen Organisation, Religionsgemeinschaft oder Partei, aber auch die bloße Zugehörigkeit zu einem Familienclan genannt.[577]

Die Elemente einer gewissen, wenn auch nur leicht modifizierten Schadenskonkretisierung bei gleichzeitigem Anknüpfen an eine Beteiligung fasst Möstl unter dem Begriff des „gruppenbezogene[n] Gefahrenverdacht[s]"[578] zusammen.

Auch hier greifen die Bedenken einer Inanspruchnahme aufgrund bloßer Assoziierung. Abweichend von der Meinung einiger in der Literatur ist stets mit dem Wortlaut eine konkrete Handlung des Betroffenen als Grundlage der Prognose zu fordern. Eine Zugehörigkeit zu einer Gruppe genügt keineswegs. Besser ist insoweit unter Klarstellung des Anknüpfens an ein Verhalten die Bezeichnung als personen- und situationsbezogenes Urteil.[579]

(b) „Konkrete Wahrscheinlichkeit"

(aa) „Konkretisierte Gefahr"

Die erste Dimension der neuen Schwelle wird durch das BKAG-Urteil erneut ergänzt.[580] Das schon begriffliche Abstellen auf das „individuelle Verhalten"[581] rückt die personale Dimension hier weiter in den Fokus. Hier werde auf das konkretisierbare Schadensereignis als Mindestanforderungen der Wahrscheinlichkeitsprognose verzichtet.[582] Durch den Verzicht sei die Individualisierung von größerer Bedeutung.[583] Und zur Ausfüllung der personalen Dimension stellt die Literatur im Sinne des Wortlauts der Entscheidung auf das Verhalten ab.[584]

Es bestünden weder Erfahrungswerte für das zu erwartende Ereignis noch für die potentiellen Täter, sodass auch ein Dispositionsurteil nicht in Frage komme.[585] Darnstädt resümiert, dass durch die Schwelle Personen in den Fokus gelangten, über

---

575 *Möstl*, BayVBl. 2018, 156 (158).

576 *Ogorek*, JZ 2019, 63 (68).

577 Vgl. *Ogorek*, JZ 2019, 63 (68); *Shirvani*, DVBl. 2018, 1393 (1396).

578 *Möstl*, BayVBl. 2018, 156 (158).

579 Für die „konkretisierte Gefahr" *Darnstädt*, GSZ 2017, 16 (19).

580 *Möstl*, DVBl. 2020, 160 (162); *Shirvani*, DVBl. 2018, 1393 (1394).

581 BVerfGE 141, 220 (273 Rn. 112).

582 *Darnstädt*, DVBl. 2017, 88 (93 ff.); *Kießling*, VerwArch 108 (2017), 282 (289); *Kulick*, AöR 143 (2018), 175 (186); *Shirvani*, DVBl. 2018, 1393 (1394); *Wehr*, JURA 2019, 940 (944); vgl. auch Antrag auf abstrakte Normenkontrolle v. 6.9.2018, (Fn. 904), S. 41.

583 *Darnstädt*, DVBl. 2017, 88 (95); *Kießling*, VerwArch 108 (2017), 282 (288); *Shirvani*, DVBl. 2018, 1393 (1394).

584 *Kießling*, VerwArch 108 (2017), 282 (289).

585 *Darnstädt*, DVBl. 2017, 88 (93 f.).

die bis dahin wenig aufzuklären gewesen sei.[586] Insbesondere könne auch ein konkreter Tatplan fehlen.[587]

Aber nach dem Rechtsstaatsgebot seien immer das gesamte Wissen zum Zeitpunkt der Prognose, auch sogenannte „Zusatzumstände“[588], nicht bloß einzelne Verhaltensweisen mit hoher Wahrscheinlichkeit eines terroristischen Handelns zugrunde zu legen. Enders fordert eine umfassende Beurteilung dieser Person im Sinne der Betrachtung eines „Persönlichkeitsprofil[s]“[589], die ihre spezifische Gefährlichkeit erweise.[590] Darnstädt führt für die Notwendigkeit einer ganzheitlichen Betrachtung das Beispiel eines Journalisten an, der lediglich für eine Berichterstattung in ein Terrorlager reist.[591] Wichtiger als die Prognose eines Schadens, der nur in gröbsten Konturen erkennbar seien muss und so immer noch mittelbar Teil der Prognose sei, sei hier die Täterschaft, die hinreichend wahrscheinlich sein müsse.[592]

Durch das BKAG-Urteil komme es „erstmals neben einer schadensbezogenen auch auf eine personenbezogene Gefahrenbeurteilung“[593] an.[594] Belegt werden kann dies durch die Ausführungen im Urteil zum SOG MV. Die konkrete Gefahr stellt „höhere Anforderungen an die Vorhersehbarkeit des objektiv zu erwartenden konkreten Geschehensverlaufs, ohne aber wie die konkretisierte Gefahr bereits einen spezifischen Personenbezug zu verlangen“[595].

Dieser spezifische Personenbezug ist maßgebliches Charakteristikum der Wahrscheinlichkeitsbeurteilung.

(bb) „Drohende Gefahr“

Die Gesetzesbegründung von 2017 stellt durch eine Bezugnahme auf das BKAG-Urteil klar, dass in der Auslegung der „drohenden Gefahr“ noch kein

---

[586] *Darnstädt*, DVBl. 2017, 88 (94): „Das Gericht skizziert einen Prognose-Tatbestand, der Informationseingriffe gerade in solchen Situationen erlaubt, in denen bislang möglicherweise völlig unbekannte oder jedenfalls nicht einschlägig in Erscheinung getretene Zielpersonen auftauchen – kurz Menschen, über deren Disposition nichts in Erfahrung zu bringen ist.“

[587] *Enders*, DÖV 2019, 205 (208).

[588] *Darnstädt*, DVBl. 2017, 88 (94).

[589] *Enders*, DÖV 2019, 205 (208).

[590] *Enders*, DÖV 2019, 205 (208); krit. dazu unter § 6 C. I. 4. a) aa), S. 366 ff.; § 6 C. I. 4. a) cc), S. 372 ff.

[591] *Darnstädt*, DVBl. 2017, 88 (94).

[592] *Darnstädt*, DVBl. 2017, 88 (95).

[593] *Darnstädt*, DVBl. 2017, 88 (88); ähnlich auch in *ders.*, GSZ 2017, 16 (16); *Darnstädt* schlägt sodann vor, einen solchen „personenbezogener Gefahrenbegriff“ „sprachlich als ‚Gefahr durch …‘ anstelle von ‚Gefahr für …‘ (vgl. ‚Gefahr *für* die öffentliche Sicherheit oder Ordnung‘)“ zu charakterisieren, *Darnstädt*, DVBl. 2017, 88 (96) [Hervorhebung im Original].

[594] S. insoweit auch *Welzel/Ellner*, DÖV 2019, 211 (214).

[595] BVerfG, BeckRS 2022, 41609, Rn. 190.

„konkretes Geschehen“[596] erkennbar sein muss.[597] Ein genauer Wahrscheinlichkeitsmaßstab, so Stimmen im Schrifttum, werde durch den Gesetzgeber nicht definiert und bliebe daher grundsätzlich unbestimmt.[598] Die Kategorie der „konkreten Wahrscheinlichkeit“ füge sich nicht in die bestehende „ordinale Skala“[599] der Wahrscheinlichkeitsstufen zwischen absoluter Sicherheit und absoluter Unsicherheit ein. So halten Einige die Übernahme des Maßstabes der „konkreten Wahrscheinlichkeit“ für bedeutungslos, da die hinreichende Wahrscheinlichkeit nicht unterschritten werden könne.[600] Andere sagen, dass die zweite Alternative des bayerischen Gesetzgebers lediglich den Wahrscheinlichkeitsmaßstab der ersten Alternative paraphrasiere („konkrete Wahrscheinlichkeit“) und daher insoweit redundant sei.[601]

Einige sehen für Nr. 1 der bayerischen Kodifikation gerade in Verbindung mit dem Beispiel der Rückkehr aus dem Terror-Ausbildungslager eine, wie hinsichtlich der „konkretisierten Gefahr“ angenommene, von der Situation abstrahierte personenbezogene Gefahrprognose.[602] Für die Identifikation sei auf das Verhalten und nicht alleine die – kritikwürdige und als Merkmal abzulehnende – Zugehörigkeit zu einer Gruppe abzustellen.[603] Ferner sei nicht von einer bloßen Disposition oder entfernten Möglichkeit auszugehen. Der Maßstab könnte vielmehr im Sinne einer „hinreichenden Wahrscheinlichkeit“ verstanden werden.[604]

---

[596] Amtl. Begr. zu Art. 11 BayPAG i. d. F. des Gesetzes zur effektiveren Überwachung gefährlicher Personen v. 24. 7. 2017 (BayGVBl. S. 388), BayLT-Drs. 17/16299, S. 9.

[597] Amtl. Begr. zu Art. 11 BayPAG i. d. F. des Gesetzes zur effektiveren Überwachung gefährlicher Personen v. 24. 7. 2017 (BayGVBl. S. 388), BayLT-Drs. 17/16299, S. 9: „Maßnahmen kommen gemäß dem BVerfG gerade im terroristischen Bereich aber auch dann in Betracht, wenn zwar ein konkretes Geschehen noch nicht im vorgenannten Sinne erkennbar ist, jedoch das individuelle Verhalten einer Person die konkrete Wahrscheinlichkeit begründet, dass sie Straftaten in überschaubarer Zukunft begehen wird.“

[598] *Lenk/Wiedmann*, BayVBl. 2018, 803 (805), *Löffelmann*, BayVBl. 2018, 145 (148); *Waechter*, NVwZ 2018, 458 (460).

[599] *Löffelmann*, Stellungnahme zu BayLT-Drs. 17/16299, S. 3; wobei *Löffelmann*, Stellungnahme zu BayLT-Drs. 17/16299, S. 3 die Grade dieser Skala als „hoch, mittel, niedrig, höher als, niedriger als, hinreichend, etc.“ definiert.

[600] *Ogorek*, JZ 2019, 63 (68).

[601] *Löffelmann*, Stellungnahme zu BayLT-Drs. 17/16299, S. 3.

[602] *Wehr*, JURA 2019, 940 (947) mit dem Hinweis, dass es sich gegebenenfalls auch bloß um eine Fehlinterpretation des Urteils angesichts eines unterkomplex gebildeten Beispiels handeln kann.

[603] *Ogorek*, JZ 2019, 63 (68); *Wehr*, JURA 2019, 940 (948); zum Vorentwurf v. 2017 als ein Anknüpfen an eine Person deutend, vgl. schon *Brodmerkel*, Der Gesetzentwurf zur effektiveren Überwachung gefährlicher Personen, https://bayrvr.de/2017/03/09/der-gesetzentwurf-zur-effektiveren-ueberwachung-gefaehrlicher-personen-gelungen-mit-einschraenkungen/, Stand: 11. 12. 2023.

[604] *Wehr*, JURA 2019, 940 (948); zum Ausschluss eines Dispositionsurteils auch *Ogorek*, JZ 2019, 63 (69).

Diese Kompensation der abgesenkten Vorhersehbarkeit des Schadensereignisses durch eine ausgeprägtere Personalisierung der Gefahrprognose nennt Möstl „individuelle[n] (…) Gefahrenverdacht“[605].

cc) Rechtsgüterschutz

Zuletzt gibt es auf der Ebene der in Bezug genommenen Rechtsgüter Auslegungsbedarf.

(1) „Bedeutende Rechtsgüter“

Schon die sprachliche Umschreibung als „bedeutend“ entspreche nicht dem vom Bundesverfassungsgericht im Online-Durchsuchungs-, Vorratsdatenspeicherungs- oder BKAG-Urteil geforderten „überragend wichtige[n] Rechtsgut“[606].[607] Löffelmann weist darauf hin, dass der Begriff der „bedeutender[n] Rechtsgüter“[608] lediglich in der Kalkar-Entscheidung im Zusammenhang mit den Grenzen der Weisungsbefugnis nach Art. 85 GG in der Rechtsprechung des Bundesverfassungsgerichts Verwendung fand.[609] Selbst hier käme es aber nicht zu einer Ausfüllung des Begriffs.[610] Außerdem verweise das BKAG-Urteil im Zusammenhang mit der Übermittlung von Daten mit der Formulierung der „Gefahr für ein bedeutsames Rechtsgut“[611] lediglich auf eine Auslegung des Begriffs der „erheblichen Gefahr“ im allgemeinen Sicherheitsrecht.[612] In diesem Kontext der Qualifikation des Begriffs der konkreten Gefahr verweisen auch die Polizeigesetze auf den Begriff der bedeutsamen Rechtsgüter, vgl. z. B. § 2 Nr. 3 NPOG oder § 14 Abs. 2 S. 2 BPolG.

Dass das Gericht indes nicht auf die viel zitierten überragend wichtigen Rechtsgüter festgelegt ist, beweist es im Rahmen mehrerer Urteile, indem es „Rechtsgüter[n] von zumindest erheblichem Gewicht“[613] für „weniger gewichtige Eingriffe“[614], „die unterhalb dieser für besonders eingriffsintensive Überwa-

---

[605] *Möstl*, BayVBl. 2018, 156 (158).

[606] BVerfGE 120, 274 (Ls. 2, 326, 328); 125, 260 (330); 141, 220 (272 Rn. 112).

[607] *Löffelmann*, Stellungnahme zu BayLT-Drs. 17/16299, S. 9; *ders.*, BayVBl. 2018, 145 (147).

[608] BVerfGE 81, 310 (334).

[609] *Löffelmann*, BayVBl. 2018, 145 (148 Fn. 36).

[610] *Löffelmann*, BayVBl. 2018, 145 (148 Fn. 36).

[611] BVerfGE 141, 220 (336 Rn. 312).

[612] *Löffelmann*, BayVBl. 2018, 145 (148 Fn. 36); s. dazu BVerfGE 141, 220 (336 Rn. 312): „[…] sondern erhält seine Konturen in der Verbindung mit dem Begriff der ‚erheblichen‘ Gefahr. Nach dem Verständnis des allgemeinen Sicherheitsrechts setzt dieser voraus, dass eine Gefahr für ein bedeutsames Rechtsgut gegeben sein muss, zu denen insbesondere Leib, Leben, Freiheit oder der Bestand des Staates gerechnet werden“.

[613] BVerfGE 155, 119 (188 Rn. 150); genauso BVerfGE 150, 244 (284 Rn. 99); 150, 309 (336 Rn. 73).

[614] BVerfGE 155, 119 (188 Rn. 150).

chungsmaßnahmen geltenden Schwelle liegen“[615], fordert.[616] Die Abweichung durch den Gesetzgeber an sich scheint daher nicht von vornherein abwegig, indes drängt sich die Frage auf, ob die Begrifflichkeiten an denen des Bundesverfassungsgerichts orientiert sein sollten. Denn das Wort „bedeutend“ umgrenze den Tatbestand nicht weiter,[617] da es keine unbedeutenden Rechtsgüter gebe.[618] Die PAG-Kommission argumentiert mit Verweis auf die Anwendungspraxis, dass sich keine Notwendigkeit für die Verwendung des Begriffs des BKAG-Urteils ergebe.[619]

Die Wortwahl trägt nicht zur Rechtssicherheit bei. Allerdings schafft der an die „bedeutenden Rechtsgüter“ geknüpfte Katalog Klarheit, obwohl er Gegenstand von nicht minder großer Kritik war und auch nach der Anpassung infolge der Vorschläge der PAG-Kommission ist.[620]

(2) „Angriffe von erheblicher Intensität und Auswirkung“

Der erste Entwurf der Bayerischen Staatsregierung von 2017 setzte voraus, dass „Gewalttaten von erheblicher Intensität und Auswirkung“ zu erwarten sind.[621] Schon hierin lag eine Abweichung zur Definition nach dem Bundesverfassungsgericht, das ein solches Merkmal nicht forderte. In Anbetracht der physischen Komponente des Gewaltbegriffs und des durch die Version des Vorentwurfs von 2017 erfolgenden Unterminierens von nicht physischen Handlungen wie Cyberangriffen oder Stalking, die „nur schwer unter den tradierten Gewaltbegriff gefasst werden“[622] könnten, erfolgte eine „Ausdehnung“[623] noch im Gesetzgebungsverfahren auf den Begriff des „Angriffs“.[624] Dieser im Recht immer wieder aufgegriffene Begriff umfasse nach den Gesetzesmaterialien „menschliches Handeln, das eine noch nicht endgültig abgeschlossene Rechtsgutverletzung oder einen Zustand verursacht, der

[615] BVerfGE 150, 244 (284 Rn. 99).

[616] Dazu ausf. unten § 6 C. II. 1. b) cc) (1) (a), S. 409 ff.

[617] *Löffelmann*, Stellungnahme zu BayLT-Drs. 17/16299, S. 9.

[618] *Löffelmann*, BayVBl. 2018, 145 (148 Fn. 36); *ders.*, Stellungnahme zu BayLT-Drs. 17/16299, S. 9.

[619] Vgl. PAG-Kommission, Abschlussbericht v. 30. 8. 2019, (Fn. 90), S. 30.

[620] Dazu ausf. unten § 6 C. II. 1. b) cc) (2), S. 412 ff.; PAG-Kommission, Abschlussbericht v. 30. 8. 2019, (Fn. 90), S. 31 f., 94 f.

[621] Amtl. Begr. zum Gesetz zur effektiveren Überwachung gefährlicher Personen v. 24. 7. 2017 (BayGVBl. S. 388), BayLT-Drs. 17/16299, S. 5.

[622] Änderungsantrag zum Gesetzentwurf der Staatsregierung zur effektiveren Überwachung gefährlicher Personen (Drs. 17/16299), BayLT-Drs. 17/17058.

[623] Änderungsantrag zum Gesetzentwurf der Staatsregierung zur effektiveren Überwachung gefährlicher Personen (Drs. 17/16299), BayLT-Drs. 17/17058.

[624] Änderungsantrag zum Gesetzentwurf der Staatsregierung zur effektiveren Überwachung gefährlicher Personen (Drs. 17/16299), BayLT-Drs. 17/17058.

die unmittelbare Gefahr einer Rechtsgutverletzung begründet“[625]. Außerdem verstehe man „im Zivilrecht, das den Begriff etwa in § 227 BGB (Notwehr) kennt, […] darunter die unmittelbare Bedrohung rechtlich geschützter Güter durch aktives menschliches Verhalten“[626].

Diese Erfassung von (nicht-physischer) Cyberkriminalität wird durch die Literatur teils positiv aufgenommen.[627] Andere überzeugt das Abstellen auf „Angriffe von erheblicher Intensität und Auswirkung“ nicht.[628] So wird die Unterscheidung von Intensität und Auswirkung angezweifelt, da mit einer erheblichen Einwirkung grundsätzlich eine erhebliche Auswirkung einhergehe.[629] Die Formulierung ließe offen, wann die Schwelle der Erheblichkeit erreicht sei.[630]

Löffelmann weist unter Inbezugnahme der Bedeutung im strafprozessualen Kontext ferner darauf hin, dass mit dem Begriff der Erheblichkeit regelmäßig ein „mittleres Niveau“[631] gekennzeichnet werde. Hier werden bei der Skalierung des Gewichts von Straftaten und des öffentlichen Strafverfolgungsinteresses mit dem Merkmal der Erheblichkeit Straftaten gekennzeichnet, die im Bereich der mittleren Kriminalität anzusiedeln und geeignet sind, das gesellschaftliche Sicherheitsempfinden in nicht unbedeutendem Umfang zu beeinträchtigen.[632] Demzufolge sei die Schwelle zu niedrig angesetzt.[633]

Auch Waechter fragt sich, was Angriffe „erheblicher Intensität“ seien.[634] Zwar werde der Modus des Beitrags unter Verwendung von wertenden Merkmalen näher umschrieben.[635] Dies habe eine breite Anwendbarkeit zu Lasten der Bestimmtheit

[625] Änderungsantrag zum Gesetzentwurf der Staatsregierung zur effektiveren Überwachung gefährlicher Personen (Drs. 17/16299), BayLT-Drs. 17/17058; für die Def. s. *Fischer*, StGB, § 32 Rn. 5.

[626] Änderungsantrag zum Gesetzentwurf der Staatsregierung zur effektiveren Überwachung gefährlicher Personen (Drs. 17/16299), BayLT-Drs. 17/17058; für die Def. s. *Grothe*, in: Münchener Kommentar, Bd. 1, § 227 BGB Rn. 4.

[627] *Möstl*, BayVBl. 2018, 156 (160, 162); vgl. aber auch *Waechter*, NVwZ 2018, 458 (460).

[628] *Löffelmann*, BayVBl. 2018, 145 (147); *Petri*, ZD 2018, 453 (455); *Waechter*, NVwZ 2018, 458 (459); *Weinrich*, NVwZ 2018, 1680 (1682); vgl. auch Antrag auf abstrakte Normenkontrolle v. 6.9.2018, (Fn. 904), S. 60.

[629] *Löffelmann*, BayVBl. 2018, 145 (148 Fn. 37); *ders.*, Stellungnahme zu BayLT-Drs. 17/16299, S. 4, 9; *Waechter*, NVwZ 2018, 458 (460); ähnlich Antrag auf abstrakte Normenkontrolle v. 6.9.2018, (Fn. 904), S. 60.

[630] *Löffelmann*, BayVBl. 2018, 145 (148 Fn. 37).

[631] *Löffelmann*, Stellungnahme zu BayLT-Drs. 17/16299, S. 9; *ders.*, BayVBl. 2018, 145 (148 Fn. 37).

[632] *Löffelmann*, Stellungnahme zu BayLT-Drs. 17/16299, S. 9; *ders.*, BayVBl. 2018, 145 (148 Fn. 37). m.V.a. BVerfGE 103, 21, (33 f.); 107, 299, (321 f.); 110, 33 (65); BVerfG, NJW 2001, 2320 (2321); BVerfG, StV 2003, 1 (1); BVerfG, NJW 2009, 2431 (2435); vgl. auch *Rieß*, GA 2004, 623 ff. m.w.N. sowie BT-Drs. 13/10791, S. 5.

[633] *Löffelmann*, Stellungnahme zu BayLT-Drs. 17/16299, S. 10.

[634] *Waechter*, NVwZ 2018, 458 (459).

[635] *Waechter*, NVwZ 2018, 458 (459).

zur Konsequenz.[636] Die von Waechter ebenfalls aufgeworfene Frage, ob Vorsatz oder Schuldhaftigkeit des Angriffs zu berücksichtigen sind,[637] wird durch die Literatur weitgehend richtigerweise umgehend als im Gefahrenabwehrrecht irrelevant abgetan.[638] Gleichwohl bietet er eine Auslegung der Intensität des Begehungsmodus als ein Angriff, der mit Waffen, mit mehreren Personen, mit bestimmter Dauer durch Überwindung von Schutzmaßnahmen oder räumlicher Erstreckung erfolgt, an.[639]

Andere wählen eine differenzierte Auslegung, die zwischen den Auswirkungen als Rechtsgutseinbußen und der Intensität als Anstrengungen des Angriffes auf die geschützten Rechtsgüter unterscheidet.[640] Schon zu den Gewalttaten und später zum Angriff existieren Befürworter dieser Beschreibung der Begehungsart.[641] „Angriffe von erheblicher Intensität oder Auswirkung" verdeutlichten den intendierten Ausnahmecharakter.[642] Das Merkmal führe über die Definition weiterer Ableitungstatsachen zur Beschränkung der Vorschrift.[643] Die Legitimation der neuen Vorfeldkategorie komme zudem durch das dem Merkmal des Angriffs innewohnenden Überraschungsmoment zum Ausdruck, das durch den Begriff aufgefangen werden soll.[644]

Im Ergebnis handelt sich bei der „drohenden Gefahr" jedenfalls um eine am Bundesverfassungsgericht orientierte Tatbestandsbeschreibung. Dieses selbst rückt zunächst die Intensität oder das Gewicht der Beeinträchtigung des Geschützten in das Sichtfeld. Dabei verfährt das Gericht keineswegs sprachlich eindeutig. Neben den Formulierungen hoch[645] und besonders[646] findet sich die Begrifflichkeit des „erheblichen Eingriffsgewicht[s]"[647]. Bei diesem soll sich mit im Vergleich „zu

---

[636] *Waechter*, NVwZ 2018, 458 (459).

[637] *Waechter*, NVwZ 2018, 458 (460).

[638] *Ogorek*, JZ 2019, 63 (69); s. auch *Weinrich*, NVwZ 2018, 1680 (1682).

[639] *Waechter*, NVwZ 2018, 458 (460); ähnlich auch *Löffelmann*, BayVBl. 2018, 145 (148).

[640] *Schenke*, KPLLR 87 (2019), 1085 (1096): „Erhebliche Auswirkungen hat ein Angriff, wenn fühlbare Rechtsgutseinbußen zu erwarten sind, erhebliche Intensität kommt ihm dagegen zu, wenn beträchtliche Anstrengungen unternommen werden, die geschützten Rechtsgüter anzugreifen."

[641] Noch zu „Gewalttaten", vgl. *Möstl*, Stellungnahme zu BayLT-Drs. 17/16299, S. 4; *Petri*, Stellungnahme zu BayLT-Drs. 17/16299, S. 3; *Schwarz*, Stellungnahme zu BayLT-Drs. 17/16299, S. 3; zu „Angriffen", vgl. *Leisner-Egensperger*, DÖV 2018, 677 (681); *Möstl*, BayVBl. 2018, 156 (159).

[642] *Petri*, ZD 2018, 453 (455).

[643] *Leisner-Egensperger*, DÖV 2018, 677 (686); *Petri*, ZD 2018, 453 (455); *ders.*, Stellungnahme zu BayLT-Drs. 17/16299, S. 3.

[644] Vgl. *Möstl*, BayVBl. 2018, 156 (160).

[645] Vgl. BVerfGE 120, 274 (327).

[646] Vgl. BVerfGE 125, 260 (324).

[647] BVerfGE 150, 244 (284 Rn. 99).

besonders eingriffsintensive[n]"[648] Maßnahmen abgesenkten Maßstäben bei der Rechtfertigung zufriedengegeben werden.[649] Die Einschätzung Löffelmanns, dass die Erheblichkeit ein geringeres Maß der Intensität indiziert, scheint richtig, allerdings bezieht sich diese auf die Intensität beim Adressaten, bei der gegen eine Absenkung nichts einzuwenden ist.

2. Verantwortlichkeit

Da alle Varianten das personale Element schon als Teil der Schwelle sehen, zieht die Beurteilung der Verantwortlichkeit in diesen Tatbestand mit ein und ist an sie gekoppelt, was für die „konkretisierte Gefahr" wohl einhellige Meinung ist.[650] Hinsichtlich der „drohenden Gefahr" nach dem BayPAG wird indes vermehrt angenommen, dass die Norm keine (ausdrückliche) Aussage über den Adressaten treffe.[651] Allerdings wird vorgeschlagen, die Verantwortlichkeitsregeln der Art. 7 ff. BayPAG direkt oder mangels klassischer Gefahr analog anzuwenden.[652] Andere halten dies für ausgeschlossen oder jedenfalls – in Anbetracht der Gefahr der Ausuferung des staatlichen Eingriffs – den Rückgriff auf die Notstandsgrundsätze des Art. 10 BayPAG verwehrt.[653] Auch wird angenommen, die Analogie sei „verfassungsrechtlich zwingend"[654]. Shirvani möchte für Nr. 1 insbesondere an die Verhaltensverantwortlichkeit anknüpfen.[655] Andere interpretieren die Individualisierung der Nr. 1 wiederum dahin, dass nur diese Personen Adressaten sein könne.[656] Eine Eingrenzung der Verantwortlichkeit scheint hier nach Ansicht einiger Stimmen des Schrifttums möglich.

Besondere Probleme bereitet Nr. 2.[657] Ein Rückgriff auf Art. 7 ff. BayPAG scheitere, da Nr. 1 die Verhaltensverantwortlichkeit abdecke und Nr. 2 i. V. m.

---

[648] BVerfGE 150, 244 (284 Rn. 99).

[649] BVerfGE 150, 244 (284 Rn. 99); zur Abstufung s. § 6 C. II. 1. b) cc) (1) (a), S. 409 ff.

[650] Vgl. z. B. zur ersten Variante der konkretisierten Gefahr u. a. *Darnstädt*, DVBl. 2011, 263 (264); zur zweiten Variante, vgl. z. B. *Kießling*, VerwArch 108 (2017), 282 (289).

[651] *Möstl*, BayVBl. 2018, 156 (163); *Schenke*, KPLLR 87 (2019), 1085 (1104); *Shirvani*, DVBl. 2018, 1393 (1396); *Waechter*, NVwZ 2018, 458 (460).

[652] *Leisner-Egensperger*, DÖV 2018, 677 (686); *Möstl*, BayVBl. 2018, 156 (163); *Ogorek*, JZ 2019, 63 (69); *Schenke*, JuS 2018, 505 (514); *Shirvani*, DVBl. 2018, 1393 (1394); vgl. auch für die elektronische Aufenthaltsüberwachung nach dem BayPAG, die eine drohende Gefahr voraussetzt *Müller*, BayVBl. 2018, 109 (114).

[653] *R.P. Schenke*, KPLLR 87 (2019), 1085 (1104); gegen die Anwendung von Art. 10 BayPAG auch *W.R. Schenke*, JuS 2018, 505 (515).

[654] *Möstl*, BayVBl. 2018, 156 (163).

[655] *Shirvani*, DVBl. 2018, 1393 (1396); vgl. auch Antrag auf abstrakte Normenkontrolle v. 6. 9. 2018, (Fn. 904), S. 64.

[656] *Möstl*, BayVBl. 2018, 156 (163).

[657] *Shirvani*, DVBl. 2018, 1393 (1396); vgl. auch Antrag auf abstrakte Normenkontrolle v. 6. 9. 2018, (Fn. 904), S. 64.

Art. 7 BayPAG dann redundant wäre.[658] Somit könnten andere als solche, die Vorbereitungshandlungen vornehmen, Adressat werden.[659] Dieser Ansatz verkennt aber die Eigenständigkeit der beiden Varianten in ihrem Inhalt über die Verantwortlichkeitsdimension hinaus und die Anordnung der Maßgeblichkeit der personellen Dimension in Nr. 2. Allerdings wird dazu erneut auf den Verzicht auf den zielgenauen und beschränkten Einsatz im Sinne des BKAG-Urteils verwiesen.[660] Es erfolge eine systemwidrige Möglichkeit des Vorgehens gegen Unbeteiligte.[661] Nach anderer Ansicht ist diese Voraussetzung des zielgenauen Einsatzes in die Norm hineinzulesen.[662]

Es bleibt daher – bei aller Kritik – bei der Unterscheidung zwischen „Zielperson"[663] und Umfeldüberwachung[664] sowie unvermeidbar betroffener Dritter.[665] Vorgeschlagen wird für Bayern eine nähere gesetzliche Beschreibung des Verhältnisses dieser Personen.[666]

3. Generalklausel

Für die Generalklausel wird konkret Kritik daran geübt, dass die Rechtsfolge, die auf „notwendige" Maßnahmen rekurriert, zu unbestimmt sei.[667] Möstl hält dagegen, dass keine „pauschale Ermächtigung zu Gefahrenabwehrmaßnahmen bereits im Gefahrenvorfeld"[668] vorliege, sondern es sich um eine solche Ermächtigung handelt, die darauf gerichtet sei, Gefahren aufzuklären und ihre weitere Entstehung zu verhindern.[669] Andere halten aber selbst diesen Zweck der Regelung des BayPAG in Form der „Sachverhaltsaufklärung oder Verhinderung der Gefahrentstehung"[670] für nicht besonders spezifisch.[671]

---

[658] Antrag auf abstrakte Normenkontrolle v. 6.9.2018, (Fn. 904), S. 64.

[659] Antrag auf abstrakte Normenkontrolle v. 6.9.2018, (Fn. 904), S. 64.

[660] *Löffelmann*, BayVBl. 2018, 145 (148); vgl. auch Antrag auf abstrakte Normenkontrolle v. 6.9.2018, (Fn. 904), S. 64.

[661] *Löffelmann*, BayVBl. 2018, 145 (148); vgl. auch Antrag auf abstrakte Normenkontrolle v. 6.9.2018, (Fn. 904), S. 64.

[662] Vgl. *Möstl*, BayVBl. 2018, 156 (163): „Da Art. 11 Abs. 3 PAG n.F. maßgeblich auf diese Stelle des BKAG-Urteils Bezug nimmt, wäre es ganz fernliegend, wenn man annähme, dass diese Einschränkungen nicht gelten sollen."

[663] *Leisner-Egensperger*, DÖV 2018, 677 (686).

[664] Vgl. *Leisner-Egensperger*, DÖV 2018, 677 (686).

[665] *Leisner-Egensperger*, DÖV 2018, 677 (686).

[666] *Bäcker*, in: Lisken/Denninger, Handbuch des Polizeirechts, D. Rn. 274.

[667] *Weinrich*, NVwZ 2018, 1680 (1682 f.).

[668] *Möstl*, BayVBl. 2018, 156 (161); *ders.*, Stellungnahme zu BayLT-Drs. 17/16299, S. 4.

[669] *Möstl*, BayVBl. 2018, 156 (161); *ders.*, Stellungnahme zu BayLT-Drs. 17/16299, S. 4.

[670] *Waechter*, NVwZ 2018, 458 (459).

[671] Vgl. *Waechter*, NVwZ 2018, 458 (459).

Moniert wurde auch, dass die Generalklausel die Bezugnahme auf ein bedeutendes Rechtsgut nur im Rahmen der Rechtsfolgenalternative der Verhinderung der Gefahrenentstehung anspricht.[672]

Es sei aber dem Gesamtkontext nach hinreichend eindeutig, dass durch die neue Kategorie insgesamt nur „drohende Gefahren" für solche Rechtsgüter gemeint sein sollen.[673] Dies bestätigt auch die Gesetzesbegründung, die den beschriebenen Rechtsgüterschutz auf beide Rechtsfolgenalternative anwenden möchte.[674]

4. Zwischenfazit

a) Auslegungsfähigkeit

Der Gesetzgeber befindet sich in einem Dilemma zwischen einem „copy and paste"[675]-Vorwurf und der Annahme „mutiger einfachgesetzlicher Systembildung"[676]. Für die bayerische Kodifikation hat sich der Gesetzgeber dafür entschieden, relativ wortgetreu an die Passagen des BKAG-Urteil anzuknüpfen.[677] Eine zu genaue Orientierung am BKAG-Urteil wird indes teils zum Vorwurf der die „drohende Gefahr" befürwortenden Literatur.[678] Das durch Möstl als „Klein-Klein des ständigen Hin-und-Her"[679] zwischen Judikative und Legislative beschriebene Vorgehen hat in der Vergangenheit nicht zum Erfolg geführt, was sich an der Entwicklung des BKAG, aber auch den sonstigen Polizeigesetzen ablesen lässt. Wortgetreue Übernahmen der Rechtsprechung scheinen nicht Erfolgsgarant zu sein.

Der neue, ausführlich gefasste Tatbestand wird vielfach positiv aufgenommen. Durch die Definition von Tatsachen für die Prognoseentscheidung entstünde größere Rechtssicherheit, und die besondere Bedeutung des Anknüpfens an eine Tatsachengrundlage würde verdeutlicht.[680] Es würden dem „ins Gefahrenvorfeld ausufernden Gefahrenbegriff Grenzen gesetzt"[681]. Nach Ansicht der PAG-Kommission

---

672 *Löffelmann*, BayVBl. 2018, 145 (147 f.); *ders.*, GSZ 2018, 85 (87 f.); *Waechter*, NVwZ 2018, 458 (460).

673 *Möstl*, BayVBl. 2018, 156 (160) m. V. a. das Verständnis bei *Petri*, Stellungnahme zu BayLT-Drs. 17/16299, S. 2; s. auch schon *Möstl*, Stellungnahme zu BayLT-Drs. 17/16299, S. 4.

674 Amtl. Begr. zu Art. 11 BayPAG i. d. F. des Gesetzes zur effektiveren Überwachung gefährlicher Personen v. 24. 7. 2017 (BayGVBl. S. 388), BayLT-Drs. 17/16299, S. 10; mit Verweis darauf auch *Möstl*, BayVBl. 2018, 156 (160).

675 *Löffelmann*, BayVB. 2018, 145 (155); *Möstl*, BayVBl. 2018, 156 (156).

676 *Möstl*, BayVBl. 2018, 156 (159).

677 Vgl. *Möstl*, Stellungnahme zu BayLT-Drs. 17/16299, S. 2.

678 *Möstl*, BayVBl. 2018, 156 (159); *ders.*, Stellungnahme zu BayLT-Drs. 17/16299, S. 1.

679 *Möstl*, BayVBl. 2018, 156 (159).

680 *Leisner-Egensperger*, DÖV 2018, 677 (677, 684); genauso *Möstl*, DVBl. 2020, 160 (166); vgl. auch *Schenke*, KPLLR 87 (2019), 1085 (1099).

681 *Schmid/Wenner*, BayVBl. 2019, 109 (110).

wurde die konkrete Gefahr im Wege der Einführung der „drohenden Gefahr" um eine die Rechtssicherheit fördernde Einschreitschwelle ergänzt.[682] Gegner der neuen Kategorie erkennen an, dass es durch sie zu einer tatbestandlichen Abgrenzung von klassischer Gefahrenabwehr und Gefahrenvorsorge käme.[683] Gleichzeitig erleichtertere die Orientierung an Merkmalen des klassischen Gefahrenabwehrrechts („Einzelfall", „konkrete Wahrscheinlichkeit", „konkretisiertes Geschehen") die Auslegung.[684]

Diese Ergänzung ist jedoch lediglich notwendig aufgrund der neuen Auslegung der konkreten Gefahr durch das Bundesverfassungsgericht, die mit ihren bekannten Maßstäben und der Flexibilität viele nun von der „drohenden Gefahr" umfasste Fälle auffangen konnte.[685]

Um die Gehalte des neuen Begriffs zu umgrenzen, hilft die Differenzierung zwischen einer „individualisierte[n] personenbezogene[n]"[686] Schwelle in Nr. 1 und einer „gemischt situations- und personenbezogenen"[687] Schwelle in Nr. 2, die analog laufen zum Inhalt der „konkretisierten Gefahr". Maßgeblich ist jeweils mit dem Gesetzeswortlaut eine Rückbindung an das Verhalten der Person. Die Schadenskonkretisierung ist bei Nr. 1 weiter auf das personale Element beschränkt als bei Nr. 2.[688] Bei Nr. 2 können zusätzlich andere Parameter neben dem personalen Element erfüllt sein, was die tatbestandliche Inbezugnahme auf das konkretisierte Geschehen beweist.

Die „drohende Gefahr" liegt noch im gesetzgeberischen Spielraum.[689] Maßgeblich für die Verfassungskonformität ist die gebotene restriktive Auslegung.[690] Stimmen in der Literatur äußern die Hoffnung auf eine langfristige Rechtsprechungspraxis.[691] Dagegen wird gehalten, es sei keine einschränkende Auslegung durch Fachgerichte erwartbar.[692] Wegen der Rückläufigkeit der polizeirechtlichen Streitsachen würde sich die Bildung einer Auslegungspraxis durch die Verwal-

---

[682] PAG-Kommission, Abschlussbericht v. 30.8.2019, (Fn. 90), S. 27.

[683] *Löffelmann*, Stellungnahme zu BayLT-Drs. 17/16299, S. 6.

[684] Ohne diese These zu stützen, indes die Orientierung an der konkreten Gefahr aufzeigend, Antrag auf abstrakte Normenkontrolle v. 6.9.2018, (Fn. 904), S. 47.

[685] Dazu § 3 B.II., S. 73 ff.; § 5 B.I.1.b)cc), S. 184 ff.; § 5 B.I.6.c)bb)(3)(d), S. 270 ff.

[686] *Möstl*, BayVBl. 2018, 156 (159).

[687] Zur entsprechenden Variante in der konkretisierten Gefahr *Darnstädt*, GSZ 2017, 16 (19).

[688] Vgl. z.B. *Waechter*, NVwZ 2018, 458 (460).

[689] *Schmid/Wenner*, BayVBl. 2019, 109 (110).

[690] So auch *Petri*, ZD 2018, 453 (459).

[691] *Leisner-Egensperger*, DÖV 2018, 677 (686).

[692] *Shirvani*, DVBl. 2018, 1393 (1396); so schon Wortbeitrag in der Zweiten Lesung v. Katharina Schulze (GRÜNE), zum Gesetzesentwurf BayLT-Drs. 17/16299, ProtokollauszuG 109. Plenum, 19.7.2017, S. 10; s.a. *Löffelmann*, BayVBl. 2018, 145 (147).

tungsgerichte über Jahre hinziehen.[693] Und viel wichtiger, es könne keine Praxis entstehen, wenn die gesetzliche Grundlage – aus den genannten Gründen – unzureichend sei.[694] Auch die Orientierung an der verfassungsgerichtlichen Rechtsprechung entlaste nicht von der Pflicht, normklare Bestimmungen zu schaffen.[695]

Die Polizei und Literatur bemühen sich darum, die neue Gefahr auszufüllen.[696] Ein erstes Indiz für die Möglichkeit einer Auslegungsfähigkeit in der Praxis liefert das OLG München in seinem Urteil vom 1.4.2019 zur Anordnung der elektronischen Aufenthaltsüberwachung.[697] Außerdem hat die Rechtsprechung des Bundesverfassungsgerichts in die Auslegung des Aufenthaltsgesetzes ausgestrahlt.

aa) OLG München v. 1.4.2019

Das OLG München beschäftigte sich im Rahmen einer Beschwerde gegen die verlängernde Anordnung der elektronischen Aufenthaltsüberwachung nach Art. 34 Abs. 1 S. 1, Abs. 2 S. 3, Abs. 3 S. 4 BayPAG (2018) durch das AG München mit der neuen Kategorie der „drohenden Gefahr“.[698] Im Fall ging es um die Anordnung dieser Maßnahme aufgrund diverser Tatsachen, welche auf eine Anschlagsplanung durch Herstellung einer Sprengvorrichtung durch den Betroffenen hindeuteten.[699]

In der Prüfung, ob die Maßnahme der elektronischen Aufenthaltsüberwachung im Fall rechtmäßig erfolgte, wird durch das Gericht nicht eindeutig dargelegt, welche Variante der „drohenden Gefahr“ geprüft wird. Grundlage der Prognoseentscheidung seien die bei der Durchsuchung von Wohnung und Kellerraum beim Betroffenen gemachten Funde, die gutachterliche Einschätzung einer sichergestellten Skizze und chemische Analyse einer im Kellerraum sichergestellten Flüssigkeit, Tattoos, welche der Betroffene trägt, und ein auf seinem Mobiltelefon gespeichertes Bild (der „thumbnail“ eines IS-Propagandavideos zur Herstellung von Sprengvorrichtungen) sowie der Inhalt eines Telegramchats unter Berücksichtigung

---

[693] PAG-Kommission, Abschlussbericht v. 30.8.2019, (Fn. 90), S. 85.

[694] *Enders*, DÖV 2019, 205 (211 Fn. 50); *Kremer*, GSZ 2017, 169 (176); vgl. auch Antrag auf abstrakte Normenkontrolle v. 6.9.2018, (Fn. 904), S. 48 f.

[695] *Kremer*, GSZ 2019, 169 (176); s. auch *Löffelmann*, BayVBl. 2018, 145 (147); *ders.*, Stellungnahme zu BayLT-Drs. 17/16299, S. 4; *Shirvani*, DVBl. 2018, 1393 (1395).

[696] Vgl. die FAQ auf der Internetseite des Bayerischen Staatsministeriums des Innern, für Sport und Integration zum bayerischen PAG, https://www.polizeiaufgabengesetz.bayern.de/faq/index.php, Stand: 11.12.2023; PAG-Kommission, Abschlussbericht v. 30.8.2019, (Fn. 90), S. 28; *Leisner-Egensperger*, DÖV 2018, 677 (678, 682); *Möstl*, BayVBl. 2018, 156 (160); *Müller*, BayVBl. 2018, 109 (113); *Ogorek*, JZ 2019, 63 (69); vgl. auch *Waechter*, NVwZ 2018, 458 (461); vgl. die Stellungnahmen des Polizeipräsidenten in PAG-Kommission, Abschlussbericht v. 30.8.2019, (Fn. 90), S. 22.

[697] OLG München, NJW 2019, 2404 ff.

[698] OLG München, NJW 2019, 2404 ff.

[699] OLG München, NJW 2019, 2404 (2405).

der Einlassung des Betroffenen.[700] Hinsichtlich der Herstellung einer Sprengvorrichtung sei der Betroffene danach in die Phase des Ausprobierens getreten und habe versucht, einzelne Abschnitte des Herstellungsprozesses umzusetzen.[701]

Sodann befasst sich das Gericht mit der „Einstellung“[702] und Persönlichkeit[703] des Betroffenen.[704] Konkret erfolgt eine Einschätzung der Anhängerschaft der radikalislamistischen „Märtyrer“-Ideologie.[705]

An mehreren Stellen geht das Gericht auf eine „Zusammenschau“[706] ein. Das Verhalten des Betroffenen rechtfertigte nach dieser den

> „Schluss, dass die konkret gegebene Situation ohne staatliche Intervention in absehbarer Zeit zu einer Verletzung gewichtiger Schutzgüter erheblichen Ausmaßes führen würde, nämlich zur Verletzung von Leben und Gesundheit einer Vielzahl von Menschen durch einen ideologisch motivierten Anschlag.“[707]

In der Prüfung der Verhältnismäßigkeit der Maßnahme erfolgt eine Berücksichtigung der Intensität dieser durch Erstellung eines Bewegungsbildes durch die Überwachung und der fehlenden Streubreite der Maßnahme.[708]

Eine einschränkende Auslegung sei geboten, wobei das Gericht dafür die Ausführungen aus dem BKAG-Urteil des Bundesverfassungsgerichts zur konkretisierten Gefahr wiederholt.[709]

Auch erfolgt eine Auseinandersetzung mit der „konkreten Wahrscheinlichkeit“.[710] Hier hält das Gericht eine Anwendung der Je-Desto-Formel für geboten.[711]

Das OLG München bedient sich hinsichtlich der neuen Gefahrenkategorie ausdrücklich einer verfassungskonformen Auslegung, welche es insbesondere für Fälle eines drohenden ideologisch motivierten Anschlags als durchführbar ansieht.[712] Es sei kein Verstoß gegen den Grundsatz der Normenklarheit und -bestimmtheit anzunehmen,[713] da die „‚neue‘ Begriffskategorie“[714] der „drohenden Gefahr“ an das

---

[700] OLG München, NJW 2019, 2404 (2406 Rn. 39).

[701] OLG München, NJW 2019, 2404 (2407 Rn. 47).

[702] OLG München, NJW 2019, 2404 (2407 Rn. 54).

[703] OLG München, NJW 2019, 2404 (2408 Rn. 59): „Zweckgerichteter Gewalteinsatz ist dem Bet. zu 1 nämlich nicht persönlichkeitsfremd“.

[704] OLG München, NJW 2019, 2404 (2407 ff. Rn. 54 ff.).

[705] OLG München, NJW 2019, 2404 (2407 Rn. 54).

[706] OLG München, NJW 2019, 2404 (2407 Rn. 50, 2408 Rn. 62, 2409 Rn. 63).

[707] OLG München, NJW 2019, 2404 (2408 f. Rn. 63).

[708] OLG München, NJW 2019, 2404 (2409 ff. Rn. 68 ff., 84).

[709] OLG München, NJW 2019, 2404 (2410 Rn. 82).

[710] OLG München, NJW 2019, 2404 (2411 Rn. 87).

[711] OLG München, NJW 2019, 2404 (2411 Rn. 87).

[712] OLG München, NJW 2019, 2404 (2411 Rn. 90, 94).

[713] OLG München, NJW 2019, 2404 (2411 Rn. 91).

BKAG-Urteil angelehnt und eine weitergehende Präzisierung des Online-Durchsuchungsurteils darstelle.[715]

Dass das Gericht eine konkrete Gefahr ausdrücklich ablehnt, da ein Bauteil der geplanten Sprengvorrichtung ungeeignet sei, [716] ist kritikwürdig. Die ausgeführten Vorbereitungshandlungen an sich begründen schon eine konkrete Gefahr nach der alten Auslegung der Eingriffskategorie. Nach der neuen Auslegung müsste das Gericht hier auf das Fehlen der Schadenskonkretisierung abstellen, was es insoweit nicht tut.

Ein Gewinn für die Auslegungspraxis ist im Abstellen auf die Je-Desto-Formel im Rahmen der „konkreten Wahrscheinlichkeit“ zu sehen. Kremer konstatiert aber zurecht, dass das OLG es unterlässt, die Norm im Verhältnis der Varianten oder hinsichtlich der einzelnen unbestimmten Rechtsbegriffe näher zu konkretisieren.[717] Außerdem rutsche es sprachlich unter die Anforderungen der Norm ab, indem es selbst nur „tatsächliche Anhaltspunkte“ fordere.[718] Die Betrachtung der auf Tatsachen basierenden Prognosegrundlage erfolgt gleichwohl im Ergebnis dezidiert.

Gleichfalls zeigt sich, dass nach Ansicht des Gerichts neben diese Tatsachen auch eine Einschätzung der Persönlichkeit tritt. Diese scheint befremdlich und kann Einfallstor für subjektive bis hin zu willkürlichen Erwägungen sein.[719] Ausreichend sieht das Gericht, dass verschiedene Anschlagszenarien denkbar sind und die Zusammenschau zu Lasten des Beteiligten ausfällt. Insbesondere an das Verhältnis zum straffälligen Bruder des Betroffenen im Rahmen dieser Bewertung anzuknüpfen,[720] ist äußerst kritikwürdig. Das Gesetz verlangt im Rahmen der bayerischen „drohenden Gefahr“ in beiden Varianten ein Anknüpfen an ein Verhalten der Person, nicht an eine Assoziierung mit einer Gruppe oder eine Betrachtung seiner Familienverhältnisse.

Die Entscheidung offenbart über die Fragwürdigkeit des Abstellens auf die Persönlichkeit hinaus im Ergebnis auch an prominenter Stelle schwerwiegende Unsicherheiten hinsichtlich des Verhältnisses zur konkreten Gefahr. Die Ausführungen im 2. Leitsatz vermischen die Anforderungen von konkreter und „drohender Gefahr“ nach Nr. 2. Sodann erfolgt keine Differenzierung, welche Nummer zur Anwendung kommt. Es ist lediglich davon auszugehen, dass das Gericht Nr. 1 für einschlägig hält aufgrund des Abstellens auf die „konkrete Wahrscheinlichkeit“.

---

[714] OLG München, NJW 2019, 2404 (2411 Rn. 91).

[715] OLG München, NJW 2019, 2404 (2411 Rn. 91).

[716] OLG München, NJW 2019, 2404 (2407 Rn. 53).

[717] *Kremer*, GSZ 2019, 169 (176).

[718] *Kremer*, GSZ 2019, 169 (176); s. OLG München, NJW 2019, 2404 (2406 Rn. 38, 2407 Rn. 51, 2408 Rn. 61).

[719] S.a. *Enders*, DÖV 2019, 205 (210).

[720] OLG München, NJW 2019, 2404 (2407 Rn. 60).

Damit ist die Rechtsprechung noch von einer die Bestimmtheit fördernden Auslegung der Norm weit entfernt. Das OLG München hingegen sieht sich unter Bezugnahme auf die Gesetzesmaterialien zu einem sachgerechten Umgang mit der Schwelle im Stande, wobei klargestellt wird, es ginge um eine Betrachtung von „Gefährdern"[721].

bb) Vergleich mit der Auslegung des Aufenthaltsgesetzes

Maßgeblich ist die Betrachtung des Vorverhaltens einer Person auch bei der Auslegung des § 58a AufenthG,[722] wobei das Bundesverwaltungsgericht sich wiederum sprachlich der Figur des „Gefährders" bedient.[723] Nach dieser Vorschrift kann die oberste Landesbehörde „gegen einen Ausländer auf Grund einer auf Tatsachen gestützten Prognose zur Abwehr einer besonderen Gefahr für die Sicherheit der Bundesrepublik Deutschland oder einer terroristischen Gefahr ohne vorhergehende Ausweisung eine Abschiebungsanordnung erlassen". Die aufenthaltsrechtliche Schwelle ist nach der Rechtsprechung des Bundesverwaltungsgerichts eine in beiden Varianten vergleichbare[724] auf Tatsachen gestützte Prognose,[725] die von der konkreten Gefahr sowie von anderen Qualifikationen des klassischen Gefahrenbegriffs des Polizeirechts divergiert.[726] Gleichsam sei die Kategorie auch kein Gefahrenverdacht.[727] Nach der Rechtsprechung des Bundesverwaltungsgerichts sei ein abgesenkter Gefahrenmaßstab aufgrund der Wertigkeit des Schutzguts und der

---

[721] OLG München, NJW 2019, 2404 (2411 Rn. 91).

[722] § 58a AufenthG: „Die oberste Landesbehörde kann gegen einen Ausländer auf Grund einer auf Tatsachen gestützten Prognose zur Abwehr einer besonderen Gefahr für die Sicherheit der Bundesrepublik Deutschland oder einer terroristischen Gefahr ohne vorhergehende Ausweisung eine Abschiebungsanordnung erlassen".

[723] BVerwGE 158, 225 (225); vgl. zur Rechtsfigur des Gefährders im Aufenthaltsrecht auch *Brodowski/Jahn/Schmitt-Leonardy*, GS 2017, 7 (8 ff.); *Hanschmann*, KJ 50 (2017), 434 (434); s. auch *Trute*, Die Verwaltung 53 (2020), 99 (101).

[724] BVerwGE 158, 225 (234 Rn. 17): „In diesem Sinne muss die besondere Gefahr für die innere Sicherheit aufgrund der gleichen Eingriffsvoraussetzungen eine mit der terroristischen Gefahr vergleichbare Gefahrendimension erreichen". So auch BVerwG, BeckRS 2017, 113651 Rn. 17; insoweit gleichfalls BVerwG, BeckRS 2017, 113651 Rn. 21; BeckRS 2017, 118023 Rn. 26; BVerwGE 159, 296 (303 Rn. 23); BVerwG, BeckRS 2018, 9650 Rn. 30.

[725] BVerwGE 158, 225 (226, 236 Rn. 19 f.); 159, 296 (303 Rn. 24).

[726] BVerwGE 158, 225 (226, 236 Rn. 19 f.); 158, 249 (249); BVerwG, BeckRS 2017, 113651 Rn. 19; BeckRS 2017, 118023 Ls. 3; BVerwGE 159, 296 (304 Rn. 25); BVerwG, BeckRS 2018, 9650 Rn. 32; NVwZ-RR 2019, 971 (972); zur Unterschiedlichkeit s. auch *Austermann/Schlichte*, KJ 51 (2018), 479 (485); *Kuch*, DVBl. 2018, 343 (347 f.); die besondere Gefahr i. S. d. AufenthG fordere insbesondere keine zeitliche Nähe des Schadenseintritts, vgl. BVerwGE 158, 225 (234 Rn. 17); 159, 296 (303 f. Rn. 23).

[727] BVerwG, BeckRS 2017, 118023 Rn. 30.

Anwendung zur Terrorismusbekämpfung anzulegen.[728] Das Bundesverwaltungsgericht wiederholt für die Abschiebeanordnung, dass „auf der Grundlage einer hinreichend zuverlässigen Tatsachengrundlage eine vom Ausländer ausgehende Bedrohungssituation im Sinne eines beachtlichen Risikos, das sich jederzeit aktualisieren und in eine konkrete Gefahr umschlagen kann“[729], genügt.

Besonderes Augenmerk ist auf die Entscheidungen zu legen, seitdem in der Auslegung durch das Bundesverwaltungsgericht ein Verweis auf das BKAG-Urteil des Bundesverfassungsgerichts erfolgt.[730] Für die Abschiebeanordnung seien „die Anforderungen an die Vorhersehbarkeit des Kausalverlaufs reduziert“[731], und es wird von einer „hinreichend konkretisierten Gefahr“[732] gesprochen. Das Bundesverwaltungsgericht repetiert jedoch lediglich die zweite Alternative der „konkretisierten Gefahr“ des BKAG-Urteils des Bundesverfassungsgerichts.[733]

Nach Ansicht einiger Stimmen in der Literatur habe das Bundesverfassungsgericht mit seiner Entscheidung zum BKAG über diesen Bereich hinaus ein Einfallstor für eine personenbezogene Gefahrenbeurteilung geschaffen.[734] Enders hält daher die Tatbestandsvariante der Nr. 1 des bayerischen Gesetzgebers für vergleichbar mit der Auslegung des § 58a AufenthG.[735] Andere übertragen die Maßstäbe sogar unspezifischer.[736]

Dabei geht das Bundesverwaltungsgericht im Aufenthaltsrecht bei der Einschätzung nach einer „Gesamtschau“[737] – nach ausdrücklicher Einbeziehung der Maßstäbe des BKAG-Urteils –[738] im Sinne einer „umfassenden Würdigung der

---

[728] BVerwGE 158, 225 (236 Rn. 19); BVerwG, BeckRS 2017, 113651 Rn. 19; BeckRS 2017, 118023 Rn. 26 BeckRS 2018, 9650 Rn. 32; vgl. auch BVerwG, NVwZ-RR 2019, 971 (972).

[729] BVerwGE 158, 225 (226); 158, 249 (249); ähnlich auch BVerwG, BeckRS 2017, 118023 Rn. 28; BeckRS 2017, 118023 Ls. 3; BVerwGE 159, 296 (297); BeckRS 2018, 9650 Ls. 2; BeckRS 2018, 9650 Rn. 34.

[730] *Enders*, DÖV 2019, 205 (206) m.V.a. BVerwG, BeckRS 2017, 113651 Rn. 20; BVerwGE 159, 296 (304 f. Rn. 26); BeckRS 2018, 9650 Rn. 33.

[731] BVerwG, BeckRS 2017, 113651 Rn. 20; BeckRS 2017, 118023 Rn. 29; BVerwGE 159, 296 (304 Rn. 26); BeckRS 2018, 9650 Rn. 33.

[732] BVerwG, BeckRS 2017, 113651 Rn. 20; BeckRS 2017, 118023 Rn. 29; BVerwGE 159, 296 (304 f. Rn. 23); BeckRS 2018, 9650 Rn. 33.

[733] BVerwG, BeckRS 2017, 113651 Rn. 20; fast wortgleich auch BVerwG, BeckRS 2017, 118023 Rn. 10; BVerwGE 159, 296 (305 Rn. 26); BeckRS 2018, 9650 Rn. 33.

[734] *Darnstädt*, GSZ 2017, 16 (20); vgl. auch *Kuch*, DVBl. 2018, 343 (348); zum Gefährderbegriff im Aufenthaltsrecht und im Polizeirecht auch *Brodowski/Jahn/Schmitt-Leonardy*, GSZ 2017, 7 (9).

[735] *Enders*, DÖV 2019, 205 (208); ähnlich auch *Shirvani*, DVBl. 2018, 1393 (1397).

[736] *Trurnit*, JURA 2019, 258 (267); vgl. auch *Trute*, Die Verwaltung 53 (2020), 99 (101); *Werner-Kappler*, AöR 148 (2023), 205 (229 ff.).

[737] BVerwGE 158, 225 (237 Rn. 21); BeckRS 2017, 118023 Rn. 29; BVerfG, NVwZ 2017, 1526 (1528 ff. Rn. 35 ff.); BVerwGE 159, 296 (306 Rn. 28); BeckRS 2018, 9650 Rn. 35.

[738] BVerwG, BeckRS 2017, 113651 Rn. 22.

Persönlichkeit des Ausländers, seines bisherigen Verhaltens, seiner nach außen erkennbaren oder geäußerten inneren Einstellung, seiner Verbindungen zu anderen Personen und Gruppierungen, von denen eine terroristische Gefahr und/oder eine Gefahr für die innere Sicherheit der Bundesrepublik ausgeht sowie sonstiger Umstände, die geeignet sind, den Ausländer in seinem gefahrträchtigen Denken oder Handeln zu belassen oder zu bekräftigen"[739], vor.

Ausgeschlossen sei unter Verweis auf das BKAG-Urteil, dass allein darauf abgestellt werde, dass sich der Betroffene zu einem fundamentalistischen Religionsverständnis tendiere.[740] Teilweise werden mehr oder weniger konkreten Anschlagspläne durch das Bundesverwaltungsgericht gefordert.[741] Teils wird das Erfordernis konkreter Pläne ausdrücklich ausgeschlossen.[742] Das Deuten der Gewaltbereitschaft wird ausdrücklich durch das Beispiel Anis Amris geprägt.[743] Nach Kritik, dass gegen diesen keine Abschiebungsanordnung erging, erlebte die Anordnung nach § 58a AufenthG eine regelrechte Renaissance.[744]

Die Literatur ist auch hier gespalten. Zum einen wird die Gesamtschau als eine Blaupause für den praktischen Umgang mit der polizeirechtlichen bayerischen „drohenden Gefahr" gesehen.[745] Die bundesverwaltungsgerichtliche Gesamtschau lege der Entscheidung Faktoren zugrunde, die die Entscheidung handhabbar machen.[746] Zum anderen wird betont, dass die aufenthaltsrechtliche Prognose einen Sonderfall betrachte, und es gelte im Hinterkopf zu behalten, dass dogmatische

---

[739] BVerwGE 158, 225 (237 Rn. 21); BeckRS 2017, 113651 Rn. 22; BeckRS 2017, 118023 Rn. 31; BVerwGE 159, 296 (306 Rn. 28); BeckRS 2018, 9650 Rn. 35; BVerwG, NVwZ-RR 2019, 971 (972); s. dazu *Darnstädt*, GSZ 2017, 16 (19); *Kuch*, DVBl. 2018, 343 (345).

[740] BVerwG, BeckRS 2017, 113651 Rn. 20; BeckRS 2017, 118023 Rn. 29.

[741] BVerwGE 158, 249 (252 Rn. 25 ff.).

[742] BVerwGE 158, 225 (238 Rn. 23); BeckRS 2017, 113651 Rn. 22, 24 ff.; BeckRS 2017, 118023 Rn. 33; vgl. auch BVerwGE 159, 296 (307 ff. Rn. 30 ff.); BeckRS 2018, 9650 Rn. 37 ff.

[743] BVerwGE 158, 225 (243 Rn. 30): „Ideologische Einwirkung auf eine gewaltbereite Person kann in die Ausführung einer nach § 58a AufenthG relevanten Gewalttat umschlagen; die damit verbundenen Prognoseprobleme unterstreicht der Fall des Berliner Attentäters A. A."; ähnlich mit ausdr. Verweis auf Amri, BVerwG, BeckRS 2017, 113651 Rn. 35.

[744] *Austermann/Schlichte*, KJ 51 (2018), 479 (484 f.); *Kießling*, NVwZ 2017, 1019 (1019); *Kulick*, AöR 143 (2018), 175 (198).

[745] *Enders*, DÖV 2019, 205 (209); *Kuch*, DVBl. 2018, 343 (348); positiv dieser Bewertung gegenüberstehend auch *Barczak*, Der nervöse Staat, S. 559.

[746] Eine Auswertung dieser findet sich bei *Görig*, jM 2019, 238 (241): „a. Einbindung in die extremistische/islamistische Szene, Stellung innerhalb der Szene; b. Ausstieg aus dem ‚bürgerlichen Leben' (Studium, Beruf, Sportverein, Familie); c. Besitz extremistischen/islamistischen Propagandamaterials; d. Ausreise in ‚IS'-Kampfgebiete oder Versuch dazu; e. Gewaltbereitschaft/Verfügbarkeit von Waffen/Anleitung zum Bombenbau; f. Aussprache von konkreten Drohungen, Ankündigung von Gewaltakten; g. Labile Persönlichkeitsstruktur/ leichte Beeinflussbarkeit/Selbstmordgedanken; h. Fehlende oder vorhandene Stabilisierung durch Familie/Partnerin/Verantwortung für Kinder; i. Keine Deradikalisierung nach der Tat"; s. auch *Kulick*, AöR 143 (2018), 175 (202 ff.); *Shirvani*, DVBl. 2018, 1393 (1397).

Unterschiede zwischen den Gefahrenbegriffen des Aufenthaltsrechts einerseits und des Polizeirechts andererseits bestünden.[747]

Problematisch sei auch, dass die für die Terrorgefahr sprechenden Gründe nicht gewichtiger sein müssten als die dagegensprechenden Gründe.[748] Dies sei ein sehr niedriger Maßstab und rücke diese Prognose in die Nähe der Möglichkeit,[749] welche im Polizeirecht nicht ausreichend ist.[750] Allerdings ist anzumerken, dass ein Überwiegen auch in den überkommenen Gefahrenkategorien des Polizeirechts nicht gefordert wird.[751] Vielmehr genügt eine hinreichende Wahrscheinlichkeit. Der beschriebene Maßstab ist näher an dem einer solchen hinreichenden Wahrscheinlichkeit als der unzulässigen Möglichkeit.

cc) Grenzen der „personifizierbaren Gefahren“

Wie im Rahmen des Dispositionsurteils kommt es bei der „drohenden Gefahr“ zur Verwendung des Begriffs des Gefährders.[752] Erneut ist der Mehrwert dieses nicht gesetzlich abgesicherten Begriffs nicht anzunehmen.[753] Der Begriff des Ge-

---

[747] Vgl. *Dollinger*, in: Bergmann/Dienelt, Ausländerrecht, § 58a Vorb. 1.1.; *Kuch*, DVBl. 2018, 343 (348).

[748] BVerwG, BeckRS 2017, 118023 Rn. 67; s.a. BVerwGE 158, 225 (237 Rn. 20); BVerwG, BeckRS 2017, 113651 Rn. 21.

[749] *Enders*, DÖV 2019, 205 (209).

[750] Vgl. BVerfGE 115, 320 (369); 141, 220 (269 Rn. 104).

[751] Dazu § 3 B.I.b)bb), S. 45.

[752] In der Rezeption des BKAG-Urteils *Darnstädt*, GSZ 2017, 16 (19); *Kulick*, AöR 143 (2018), 175 (186); *Waechter*, NVwZ 2018, 458 (459). Im Rahmen der elektronischen Aufenthaltsüberwachung nach dem BKAG wird kurz nach Abstellen auf die vom Bundesverfassungsgericht im BKAG-Urteil aufgestellten Maßstäbe durch die Gesetzesbegründung des BKAG erwähnt, dass „auf den polizeifachlichen Umgang mit sogenannten Gefährdern zurückgegriffen“ kann, Amtl. Begr. zu § 56 BKAG i.d.F. des Gesetzes zur Neustrukturierung des Bundeskriminalamtgesetzes v. 1.6.2017 (BGBl. I S. 1354), BT-Drs. 18/11163, S. 122; s.a. *Shirvani*, DVBl. 2018, 1393 (1397); in der Amtl. Begr. zum Gesetz zur effektiveren Überwachung gefährlicher Personen v. 24.7.2017 (BayGVBl. S. 388), BayLT-Drs. 17/16299, S. 2; in der Rezeption der bayerischen „drohenden Gefahr“ *Apostel*, KJ 52 (2019), 147 (150); *Austermann/Schlichte*, KJ 51 (2018), 479 (480, 482 ff.); *Barczak*, Der nervöse Staat, S. 548 ff.; *Darnstädt*, DVBl. 2017, 88 (91); *Kulick*, AöR 143 (2018), 175 (197); *Leisner-Egensperger*, DÖV 2018, 677 (680); *Lindner*, Das neue Bayerische Polizeirecht, https://publicus.boorberg.de/das-neue-bayerische-polizeirecht/, Stand: 11.12.2023; *Löffelmann*, Stellungnahme zu BayLT-Drs. 17/16299, S. 1; *Möstl*, BayVBl. 2018, 156 (156); *Schwarz*, Stellungnahme zu BayLT-Drs. 17/16299, S. 1; *Waechter*, NVwZ 2018, 458 (459); in Bezug auf die elektronische Aufenthaltsüberwachung nach dem BayPAG, vgl. *Möstl*, Stellungnahme zu BayLT-Drs. 17/16299, S. 8 sowie *Petri*, Stellungnahme zu BayLT-Drs. 17/16299, S. 7; bereits in der ersten Lesung zum bayerischen Gesetzesentwurf offenbarte sich Kritik an der Verwendung des Begriffs des Gefährders, da dieser „juristisch nicht definiert“ sei s. den Wortbeitrag in der Ersten Lesung v. Claudia Stamm (fraktionslos) zum Gesetzesentwurf BayLT-Drs. 17/16299, ProtokollauszuG 102. Plenum, 25.4.2017, S. 17.

[753] Dazu § 5 B.I.6.c)bb)(3)(b)(dd), S. 264.

fährders ist ohnehin nur eine Chiffre für den Umgang mit einem Rechtsproblem.[754] Charakteristisch sei nach Ansicht nicht weniger Stimmen des Schrifttums eine an einer Person orientierte Prognoseentscheidung und ein Abweichen von der klassischen konkreten Gefahr.[755]

Um den rechtsstaatlichen Bedenken des Umgangs mit den von der Gesetzesbegründung als „personifizierbare Gefahren"[756] bezeichneten Eingreifschwellen zu begegnen,[757] wird ein Vergleich angeführt. Eine Kompensation durch eine Personalisierung sei ebenso im Gewerbe- oder Waffenrecht Usus.[758] Außerdem kenne man es im Umgang mit Hooligans oder der Erteilung der Fahrerlaubnis.[759] Dies übersieht aber, dass es sich bei Konstellationen der „konkretisierten" und „drohenden Gefahr" um schwerwiegende Grundrechtseingriffe handeln kann.[760]

Einigkeit besteht dahingehend, dass, wie Bundesverfassungsgericht ausführt, es nicht ausreicht, dass eine Person sich zu einem fundamentalistischen Religionsverständnis hingezogen fühlt.[761] In der Aussage des Bundesverfassungsgerichts sieht Darnstädt eine Engziehung, so dass allgemeine Dispositionsaussagen ohne Berücksichtigung des Einzelfalls vermieden würden.[762]

Denn solange eine Bewertung auf abstrakten Aussagen zur Veranlagung einer Person beruht,[763] ist sie unzureichend. Dies gilt erst recht, wenn sogar ein vollständiger Verzicht jeglicher Maßstäbe eines Dispositionsurteils bei der „drohenden Gefahr" angenommen wird.[764] Der Gegenbeweis der „Ungefährlichkeit" fällt schwer, wenn die Gefährlichkeit an wenigen Parametern – ausdrücklich fernab von

---

[754] Vgl. *Enders*, DÖV 2019, 205 (207): „Ob man diese Absenkung mit dem Begriff des ‚Gefährders' markiert, wie das Bundesverwaltungsgericht in seiner Rechtsprechung zu § 58a AufenthG, oder den Begriff der ‚drohenden Gefahr' einführt, wie dies im BayPAG geschehen ist, spielt dafür keine Rolle."

[755] Vgl. zum Personenbezug *Kulick*, AöR 143 (2018), 175 (210); vgl. auch *Austermann/Schlichte*, KJ 51 (2018), 479 (479); zum Abweichen von der konkreten Gefahr *Schwarz*, Stellungnahme zu BayLT-Drs. 17/16299, S. 3; ähnlich *Kulick*, AöR 143 (2018), 175 (186 f.).

[756] Amtl. Begr. zum Gesetz zur effektiveren Überwachung gefährlicher Personen v. 24.7. 2017 (BayGVBl. S. 388), BayLT-Drs. 17/16299, S. 11.

[757] *Austermann/Schlichte*, KJ 51 (2018), 479 (492 f.).

[758] *Möstl*, DVBl. 2020, 160 (165).

[759] *Kulick*, AöR 143 (2018), 175 (191 ff.).

[760] *Darnstädt*, DVBl. 2017, 88 (91); s. auch *Barczak*, Der nervöse Staat, S. 555 f.

[761] BVerfGE 141, 220 (273 Rn. 113); *Leisner-Egensperger*, DÖV 2018, 677 (686); *Löffelmann*, Stellungnahme zu BayLT-Drs. 17/16299, S. 5.

[762] *Darnstädt*, DVBl. 2017, 88 (91, 95).

[763] *Darnstädt*, DVBl. 2017, 88 (91); s. auch *Kulick*, AöR 143 (2018), 175 (187): „Personen [...], von denen eine in der Regel andauernde Bedrohung ausgeht".

[764] *Darnstädt*, DVBl. 2017, 88 (96).

strafrechtlicher Relevanz oder gar einer Verurteilung –[765] festgemacht wird.[766] Dies ist unter Umständen erst nach der Überwachung und damit der Grundrechtsbeeinträchtigung möglich.[767]

Die durch das OLG München angeführte Beurteilung der Persönlichkeit lässt Raum für die Befürchtung willkürlicher Maßnahmen.[768] Gleichzeitig wird auch wie bei den Dispositionsurteilen erneut[769] auf die Probleme der Beurteilung der „Neigung“[770] und der zeitunabhängigen Einstufung als gefährlich hingewiesen,[771] welche zudem aus der Ferne erfolge.[772]

Das entspricht nicht dem „präventiv-objektiv[em]“[773] Maßstab der Gefahrenabwehr, den das Bundesverfassungsgericht selbst vorgibt. Anzuknüpfen ist vielmehr mit dem Gesetzeswortlaut der „drohenden Gefahr“ an das Verhalten bzw. Vorbereitungshandlungen der Personen.

dd) Prognose mittels Predictive Policing

Nicht wenige Stimmen in der Literatur schlagen für die Einschätzung – ähnlich der Sicherheitsverwahrung –[774] eine Anbindung an wissenschaftliche Prognoseelemente vor.[775] Sie merken an, dass ein Abstellen auf „Täterprofile oder Fahndungsraster“[776] den erhöhten Anforderungen an die Diagnose entsprechen könne.[777] Nicht unkritisch wird auf die Prognosetools des BKA verwiesen,[778] die ebenfalls als

---

[765] Amtl. Begr. zum Gesetz zur effektiveren Überwachung gefährlicher Personen v. 24.7. 2017 (BayGVBl. S. 388), BayLT-Drs. 17/16299, S. 9: „gerade auch dann“; vgl. auch OLG München, NJW 2019, 2404 (2408 Rn. 63); *Müller*, BayVBl. 2018, 109 (113 Fn. 46).

[766] *Wehr*, JURA 2019, 940 (947); s. auch *Barczak*, Der nervöse Staat, S. 549.

[767] *Wehr*, JURA 2019, 940 (947).

[768] Vgl. zur Beurteilung der Persönlichkeit *Barczak*, Der nervöse Staat, S. 549.

[769] Dazu § 5 B.I.6.c)bb)(3)(b)(dd), S. 264 ff.

[770] *Darnstädt*, GSZ 2017, 16 (20).

[771] *Darnstädt*, GSZ 2017, 16 (20); vgl. auch *Pieroth*, Die Verwaltung 53 (2020), 39 (50).

[772] Vgl. *Darnstädt*, DVBl. 2011, 263 (269); *ders.*, DVBl. 2017, 88 (91).

[773] BVerfGE 150, 244 (174 Rn. 69).

[774] Mit Verweis darauf *Darnstädt*, DVBl. 2011, 263 (269); s. zum Vergleich mit der nachträglichen Sicherheitsverwahrung auch *Böhm*, Der „Gefährder“ und das „Gefährdungsrecht“ S. 104 ff.; *Ogorek*, JZ 2019, 63 (64 f.).

[775] Schon für die Dispositionstatbestände *Meyer*, JZ 2017, 429 (437); s. ferner *Apostel*, KJ 52 (2019), 147 (153 f.); *Löffelmann*, BayVBl. 2018, 145 (155); *Darnstädt*, DVBl. 2017, 88 (91); *ders.*, GSZ 2017, 16 (19 f.); *Trute*, Die Verwaltung 53 (2020), 99 (113 ff.); *Vasel*, NJW 2023, 1174 (1177 Rn. 27).

[776] *Leisner-Egensperger*, DÖV 2018, 677 (686).

[777] *Leisner-Egensperger*, DÖV 2018, 677 (686).

[778] *Apostel*, KJ 52 (2019), 147 (153); *Löffelmann*, BayVBl. 2018, 145 (155); vgl. auch *Darnstädt*, DVBl. 2017, 88 (91); *ders.*, GSZ 2017, 16 (19 f.); vgl. erneut *Meyer*, JZ 2017, 429 (437 f.).

„Gefährderliste[n]“[779] bezeichnet werden. Letztere existieren im Bereich der islamistischen Terrorismusabwehr bereits in Form der RADAR-iTE.[780] Dieses Tool berechnet unter Zuhilfenahme von standardisierten Bewertungsbögen[781] „aufgrund bereits vorhandener Informationen die in die Stufen ‚moderat‘, ‚auffällig‘ und ‚hoch‘ aufgegliederte Gefährlichkeit einer Person in Hinsicht auf deren Bereitschaft zu terroristischen Gewalttaten“[782]. Abgestellt werde auf feststellbares Verhalten und nicht auf Merkmale einer inneren Überzeugung wie die Gesinnung oder Religiosität einer Person.[783] „Im Anschluss wägt die sachbearbeitende Dienststelle die Handlungsoptionen ab und wählt anhand der festgestellten Risiko- und Schutzbereiche individuell passende Interventionsmaßnahmen im rechtlich zulässigen und tatsächlich möglichen Rahmen“[784]. Für rechtsextremistische Taten existiert seit März 2020 das Risikobewertungsinstrument RADAR-rechts.[785] Zudem verweist Apostel auf das Verbundprojekt „X-SONAR“[786], welches von Februar 2017 bis Februar 2020 durch das Bundesministerium für Bildung und Forschung gefördert wurde.[787]

Diese Tools sind Teil des sogenannten Predictive Policing[788], bei dem es um wahrscheinlichkeitsbasierte Aussagen geht.[789] Hauptsächliches Einsatzfeld in Deutschland ist die Prognose des Wohnungseinbruchsdiebstahls,[790] bei dem die

---

[779] *Darnstädt*, GSZ 2017, 16 (20).

[780] S.o. § 5 B.I.6.c)bb)(3)(b)(dd), S. 264 ff.; *Meyer*, JZ 2017, 429 (437) sowie später *Apostel*, KJ 52 (2019), 147 (155 f.); zum Einsatz dieser Elemente in der „Gefährderhaft“ *Kuch*, DVBl. 2018, 343 (349); zum Forschungsprojekt „X-SONAR“ zur Analyse extremistischer Bestrebungen in sozialen Netzwerken, vgl. *Apostel*, KJ 52 (2019), 147 (155).

[781] BKA, Presseinformation, 2.2.2017, https://www.bka.de/DE/Presse/Listenseite_Pressemitteilungen/2017/Presse2017/170202_Radar.html, Stand: 11.12.2023.

[782] Antwort der Bundesregierung auf die Kleine Anfrage der Abgeordneten Ulla Jelpke et al. und der Fraktion DIE LINKE.– Drucksache 19/12401 –, BT-Drs. 19/12859, S. 1.

[783] Presseinformation: Neues Instrument zur Risikobewertung von potentiellen Gewaltstraftätern, 2.2.2017, (Fn. 781).

[784] Presseinformation: Neues Instrument zur Risikobewertung von potentiellen Gewaltstraftätern, 2.2.2017, (Fn. 781).

[785] BKA, RADAR-rechts, https://www.bka.de/DE/UnsereAufgaben/Deliktsbereiche/PMK/PMKrechts/RADAR/radar_node.html, Stand: 11.12.2023.

[786] Bundesministerium für Bildung und Forschung, https://www.sifo.de/sifo/de/projekte/schutz-vor-kriminalitaet-und-terrorismus/terrorismusbekaempfung/x-sonar/x-sonar_node.html, Stand: 11.12.2023.

[787] Zum Ziel, ein softwaregestütztes Instrument für die Erkennung extremistischer Netzwerkstrukturen und zur Einschätzung individueller und kollektiver Radikalisierungsprozesse zu entwickeln Bundesministerium für Bildung und Forschung, https://www.sifo.de/sifo/shareddocs/Downloads/files/projektumriss_x-sonar.pdf?__blob=publicationFile&v=2, Stand: 11.12.2023; *Apostel*, KJ 52 (2019), 147 (153).

[788] Dazu ausf. *Hofmann*, Predictive Policing sowie *Sommerer*, Personenbezogenes Predictive Policing.

[789] *Rademacher*, AöR 142 (2017), 366 (369); *Apostel*, KJ 52 (2019), 147 (153).

[790] Verwendung des Prognosetools „PRECOBS“ in Baden-Württemberg, Sachsen und Teilen der Schweiz, vgl. Internetseite des IfmPt Institut für musterbasierte Prognosetechnik

Wirksamkeit der Tools indes höchst umstritten ist.[791] Die personenbezogenen Analysen eröffnen das neue Feld des „personenbezogenen Predictive Policing“[792] beziehungsweise „Predicitive Profiling“[793] zur „Bestimmung der Wahrscheinlichkeit der Begehung einer Straftat durch einzelne Personen oder Personengruppen“[794].[795]

Predictive Policing ringt seit Langem mit der Frage, wie mit nachträglich als fehlerhaft erkannten Prognosen umzugehen ist.[796] Kritisch zu sehen ist zudem – aufgrund der Erkenntnis, dass selbst die Prognosemittel keine vollständige Verobjektivierung der Prognose ermöglichen, –[797] die verminderte Steuerungskraft des Rechts durch den Einsatz solcher wissenschaftlichen Mittel.[798] Die Parameter bergen selbst ein Diskriminierungspotential.[799] Außerdem versagen die überkommenen Strukturen nach Meinung vieler nicht nur im Terrorismus, sondern auch bei sonstigen Gewaltereignissen mit großem Schadensausmaß.[800] Für verschiedene Täterformen bräuchte es verschiedene Instrumente.

Für das Aufenthaltsrecht hat das Bundesverwaltungsgericht explizit klargestellt, dass es das Risikobewertungsinstrument RADAR-iTE nicht verwendet.[801] Allerdings sieht es einen Anwendungsbereich in der sicherheitsbehördlichen Risikoeinschätzung.[802] Es handele sich um ein „Instrument zur strukturierten Erhebung der für eine Gefährdungsprognose relevanten Tatsachen, das der Priorisierung der po-

---

Verwaltungs-GmbH, http://www.ifmpt.de/projects.html, Stand: 11. 12. 2023; Verwendung von „SKALA“ in NRW, vgl. die Internetseite des Ministeriums des Innern des Landes Nordrhein-Westfalen zum Projekt „SKALA“ v. 8. 7. 2018, https://polizei.nrw/artikel/projekt-skala-predictive-policing-in-nrw-ergebnisse, Stand: 11. 12. 2023 bzw. das baden-württembergische Pilotprojekt P4, vgl. Internetseite der Max-Planck-Gesellschaft zur Förderung der Wissenschaften e. V., https://www.mpg.de/14268002/mpicc_jb_2019, Stand: 11. 12. 2023 und hessenDATA bzw. Gotham der Firma Palantir in Hessen, dazu ausf. BVerfG, NJW 2023, 1196 (1197).

791 *Egbert*, APuZ 32–33/2017, 17 (21); s. auch *Apostel*, KJ 52 (2019), 147 (155) m. w. N.

792 *Sommerer*, Personenbezogenes Predictive Policing, S. 36 f.

793 *Apostel*, KJ 52 (2019), 147 (155); vgl. auch *Egbert*, APuZ 32–33/2017, 17 (19).

794 *Apostel*, KJ 52 (2019), 147 (156).

795 Zur Unterscheidung von orts- und personenbezogenem Predictive Policing, vgl. ausf. *Sommerer*, Personenbezogenes Predictive Policing, S. 36 ff.

796 *Apostel*, KJ 52 (2019), 147 (157); *Hofmann*, Predictive Policing, S. 272 ff.; s. a. *Bäcker*, in: Lisken/Denninger, Handbuch des Polizeirechts, D. Rn. 278.

797 *Hofmann*, Predictive Policing, S. 267 ff.

798 *Meyer*, JZ 2017, 429 (438).

799 *Hofmann*, Predictive Policing, S. 281 ff.; *Sommerer*, Personenbezogenes Predictive Policing, S. 177 ff., insb. 182 ff.

800 Dazu unter § 6 C. II. 1. b) bb) (3) (c), S. 402 ff.

801 BVerwG, BeckRS 2017, 113651 Rn. 22; BeckRS 2017, 118023 Rn. 68; BeckRS 2018, 9650 Rn. 76.

802 BVerwG, BeckRS 2017, 113651 Rn. 22; BeckRS 2017, 118023 Rn. 68; BeckRS 2018, 9650 Rn. 76.

lizeilichen Arbeit dient, eine eigenständige Gefahrenbewertung durch die Polizeibehörden aber nicht ersetzt."[803]

Die Prognose im Wege der Gesamtschau ohne Berücksichtigung des Ergebnisses des Risikobewertungsinstruments RADAR-iTE bestätigte das Bundesverfassungsgericht gleich zweifach.[804] Dass das OLG München auf die Verwendung von Prognosetools verzichtet, scheint dessen Grenzen zu Recht in Anbetracht der dargestellten Probleme zu bestätigen.

b) Blick auf andere Bundesländer

Andere Bundesländer, die versucht haben, den Begriff der „drohenden Gefahr" zu etablieren, scheiterten. So wurde im Gesetzgebungsverfahren zur Änderung der Landspolizeigesetze in NRW und in Rheinland-Pfalz der Begriff der „drohenden Gefahr" wieder gestrichen.[805] In Baden-Württemberg hingegen wurde der Begriff in die Vorschrift zur zweckändernden Datennutzung eingefügt.[806] Gleichzeitig wurde aber im baden-württembergischen Polizeirecht im Gros der angepassten Überwachungsmaßnahmen auf den Begriff verzichtet, wenn auch die Inhalte der BKAG-Entscheidung in diversen Vorschriften umgesetzt wurden.[807]

Diese Uneinheitlichkeit hindert eine übergreifende Begriffsbildung.[808] Das Bundesverfassungsgericht verstärkt den Eindruck, indem es von einer „konkretisierten Gefahr" spricht. Hinzu kommt, dass bisher auch nicht vorgesehen ist, den Begriff in das neu zu entwerfende (und vorerst gescheiterte) Musterpolizeigesetz zu

---

[803] BVerwG, BeckRS 2018, 9650 Rn. 76.

[804] BVerfG, NVwZ 2017, 1526 (1529 Rn. 42) (vorgehend BVerwG, BeckRS 2017, 113651) sowie BVerfG, BeckRS 2017, 118709 Rn. 8 f. (vorgehend BVerwG, BeckRS 2017, 118023).

[805] Für NRW, vgl. § 8 Abs. 4, 5 PolG NRW i. d. F. der NRW LT-Drs. 17/2351, S. 29 f.; Streichung der „drohenden Gefahr" und „drohenden terroristischen Gefahr" durch Annahme des Änderungsantrags NRW LT-Drs. 17/3865, S. 6; s. die finale Fassung im Gesetz zur Stärkung der Sicherheit in Nordrhein-Westfalen – Sechstes Gesetz zur Änderung des Polizeigesetzes des Landes Nordrhein-Westfalen v. 13. 12. 2018 (GV. NRW S. 684); für Rheinland-Pfalz, vgl. § 51 Abs. 2 RhPfPOG i. d. F. der RhPfLT-Drs. 17/12072, S. 113 f., Streichung der „drohenden Gefahr" durch Annahme des Änderungsantrags RhPfLT-Drs. 17/12986 s. die finale Fassung im Landesgesetz zur Änderung des Polizei- und Ordnungsbehördengesetzes sowie beamtenrechtlicher Vorschriften v. 23. 9. 2020 (RhPfGVBl. S. 516).

[806] Vgl. Amtl. Begr. zu § 15 Abs. 3 Nr. 2 b) BW PolG i. d. F. des Gesetzes zur Umsetzung der Richtlinie (EU) 2016/680 für die Polizei in Baden-Württemberg und zur Änderung weiterer polizeirechtlicher Vorschriften v. 6. 10. 2020 (BW GBl. S. 735), LT-Drs. 16/8484, S. 127 f.

[807] Vgl. die Umsetzungen in § 31 Abs. 1, § 32 Abs. 1 § 49 Abs. 1 Nr. 2, 3, § 53 Abs. 1 Nr. 2, 3, § 54 Abs. 1 Nr. 2, 3, § 56 Abs. 1 Nr. 2, 3, § 70 Nr. 3 BW PolG.

[808] Vgl. *Welzel/Ellner*, DÖV 2019, 211 (214).

übernehmen.[809] Zu bedenken ist aber, dass die Rolle des Musterpolizeigesetzes durch das BKAG und das BPolG abgelöst wird.[810] Dies ist eine Entwicklung, die davon profitiert, dass diesen vermeintlichen Vorlagen demokratisch abgesicherte Gesetzgebungsverfahren zugrunde liegen.[811] Eine Bindung an diese Vorlagen existiert für den Landesgesetzgeber gleichwohl nicht. Dass sich in der Bundesgesetzgebung eine Variante der „konkretisierten Gefahr“ findet, kann für die Länder im Rahmen eigener Vorhaben als absichernde Leitlinie dienen.

II. Verhältnismäßigkeit

Die Auslegung der „konkretisierten“ und „drohenden Gefahr“ führt je nach Ansicht zu mehr oder weniger großen Problemen in der Angemessenheit.[812] Mit Abwendung von den Maßstäben der klassischen Gefahrenabwehr wird eine Entwertung der klassischen Kategorien befürchtet. Vielmehr erfolgen hingegen eine Weiterentwicklung bereits etablierter Maßstäbe und ein Ausfüllen einer Schutzlücke, welche die Rechtsprechung des Bundesverfassungsgerichts hinterlässt.

1. Schwelle

a) Absenkung des Prognosemaßstabes

aa) „Konkretisierte Gefahr“

Auch wenn in der Literatur teils eine Absenkung unter die Maßstäbe der konkreten Gefahr abgelehnt wird, da die konkrete Gefahr wegen des Grundsatzes der umgekehrten Proportionalität schon selbst einen geringen Maßstab an die Ein-

---

[809] Wissenschaftliche Dienste des Deutschen Bundestages, Der Begriff der „drohenden Gefahr“ im Polizeirecht, WD 3-3000-433/18 v. 16. 1. 2019; Wissenschaftlichen Dienste des Deutschen Bundestages, Einzelfragen zu einem bundesweiten Musterpolizeigesetz, WD 3-3000-202/18 v. 22. 6. 2018, S. 3 ff.; vgl. auch Wissenschaftlichen Dienste des Deutschen Bundestages, Ausweitung polizeilicher Befugnisse in Deutschland und Europa, WD 3-3000-226/18 v. 27. 7. 2018, S. 3–7; Antwort der Bundesregierung auf die Kleine Anfrage der Abgeordneten Konstantin Kuhle et al. und der Fraktion der FDP – Drucksache 19/5725 –, BT-Drs. 19/6074, S. 3; s. zudem Koalitionsvertrag zwischen CDU, CSU und SPD v. 12. 3. 2018, https://www.bundesregierung.de/resource/blob/974430/847984/0bad5cb7d094fa10ed58a431d2f907ce/2018-03-14-koalitionsvertrag-data.pdf?download=1, Stand: 11. 12. 2023, Rn. 594 ff.; dazu auch *Aden/Fährmann*, in: Heinrich-Böll-Stiftung e. V., Gutachten und Vorstudie, S. 9 ff.; *Graulich*, GSZ 2019, 9 (12); *Struzina/Kaiser*, BayVBl. 2020, 509 (512); *Leisner-Egensperger*, DÖV 2018, 677 (686); *Möstl*, Die Verwaltung 53 (2020), 21 (23); *Pieroth*, Die Verwaltung 53 (2020), 39 (44); *Thiel*, Die Verwaltung 53 (2020), 1 (15).

[810] *Graulich*, GSZ 2019, 9 (9); *Barczak*, ZRP 2023, 148 (149); dagg. *Pieroth*, Die Verwaltung 53 (2020), 39 (43).

[811] *Graulich*, GSZ 2019, 9 (9).

[812] Dazu § 5 A. I. 2. a), S. 133 f. a. E.

griffsschwelle anlege,[813] verhält sich das Bundesverfassungsgericht eindeutig. Sowohl in der BKAG- als auch in der Bestandsdatenauskunftsentscheidung spricht es von einer „Absenkung der Eingriffsschwellen“[814]. Wohingegen dies beim Urteil von 2016 allgemein gehaltener, in einem vorgelagerten Teil zur Straftatenverhütung erfolgt,[815] schließt sich die Passage im Bestandsdatenauskunftsurteil direkt an die Statuierung der „konkretisierten Gefahr“ an.[816] Mehrheitlich kommt das Schrifttum mit der Schlussfolgerung einer Absenkung unterhalb der Gefahrenprognose der konkreten Gefahr diesen gerichtlichen Ausführungen nach.[817]

Innerhalb der Rechtsfigur deutet das Gericht in Bezug auf die erste Alternative der „konkretisierten Gefahr“ durch die Wortwahl[818] die Annahme eines „Weniger“ im Verhältnis zur zweiten Alternative an. Mangels Schadenskonkretisierbarkeit in der zweiten Variante wird hier im Schrifttum von einem weiteren Vorrücken in das Vorfeld der Gefahr als bei der ersten Alternative des Bundesverfassungsgerichts ausgegangen.[819]

bb) „Drohende Gefahr“

Die bayerische „drohende Gefahr“ sieht sich nach den Gesetzesmaterialien von 2017 in der Tradition anderer polizeilicher Befugnisse, die „unterhalb der Schwelle einer klassischen konkreten Gefahr zur Anwendung gelangen können“[820]. In den Folgeänderungen 2018 und 2021 wird indiziert, dass sie ein „Weniger“ zur konkreten Gefahr sei.[821]

---

[813] *Welzel/Ellner*, DÖV 2019, 211 (216).

[814] BVerfGE 155, 119 (188 Rn. 148, vgl. zudem 202 Rn. 179) und BVerfGE 141, 220 (269 Rn. 104).

[815] BVerfGE 141, 220 (269 Rn. 104).

[816] Vgl. BVerfGE 155, 119 (188 Rn. 148).

[817] *Darnstädt*, DVBl. 2017, 88 (93); *Meyer*, JZ 2017, 429 (438); *Lindner*, Das neue Bayerische Polizeirecht, https://publicus.boorberg.de/das-neue-bayerische-polizeirecht/, Stand: 11.12.2023.

[818] „[Z]umindest“ in BVerfGE 155, 119 (188 Rn. 148); „ausreichen“ in BVerfGE 155, 119 (119 Ls. 4).

[819] *Kießling*, VerwArch 108 (2017), 282 (289); *Ogorek*, JZ 2019, 63 (68); *Welzel/Ellner*, DÖV 2019, 211 (214).

[820] Amtl. Begr. zu Art. 11 BayPAG i.d.F. des Gesetzes zur effektiveren Überwachung gefährlicher Personen v. 24.7.2017 (BayGVBl. S. 388), BayLT-Drs. 17/16299, S. 9, genannt werden dort „Art. 13 Abs. 1 Nr. 2 bis 5 bzw. Art. 32 Abs. 1 sowie Abs. 2 Satz 1 Nr. 2 und 3“.

[821] Amtl. Begr. zu Art. 46 BayPAG i.d.F. des Gesetzes zur Neuordnung des bayerischen Polizeirechts (PAG-Neuordnungsgesetz) v. 18.5.2018 (BayGVBl. S. 301), BayLT-Drs. 17/20425, S. 68: „nur zur Abwehr einer (konkreten) Gefahr für die o.g. bedeutenden Rechtsgüter, nicht etwa bereits bei einer ‚nur‘ drohenden Gefahr i.S.d. Art. 11 Abs. 3 Satz 1“; Amtl. Begr. zum Gesetz zur Änderung des Polizeiaufgabengesetzes und weiterer Rechtsvorschriften v. 27.3.2021 (BayGVBl. S. 418), BayLT-Drs. 18/13716, S. 1: „(nur) drohenden Gefahren“.

In Übereinstimmung mit der Gesetzesbegründung wird von einem überwiegenden Anteil des Schrifttums wie für die verfassungsgerichtliche „Vorlage“ eine Absenkung der Anforderungen im Vergleich zum klassischen Gefahrenbegriff angenommen. Dies erfolgt teils bezogen auf die Schwelle an sich,[822] teils spezifisch bezogen auf die Wahrscheinlichkeitsanforderungen.[823]

Zu offen formuliert ist die Charakterisierung als „Gefahrengefahr“[824], welche zu der Annahme der „Verdoppelung der Wahrscheinlichkeitsanforderungen“[825] führe. Eine solche Interpretation wird in der Auslegung als Forderung einer bloßen Möglichkeit angesehen und provoziert den Vorwurf der Willkür.[826] Der Maßstab der Vorverlagerung ist anders zu bestimmen.

Trotz des dargelegten Verzichts auf die hinreichende Wahrscheinlichkeit[827] im klassischen Sinne bestehen Teile der Literatur darauf, dass keine Absenkung der Schwelle zu befürchten sei.[828] Nach dieser Auslegung stehe eine Absenkung der Wahrscheinlichkeitsschwelle nicht im Mittelpunkt,[829] sondern es gehe vielmehr um reduzierte Anforderungen an die Vorhersehbarkeit und damit im Ergebnis um das bereits beschriebene Abrücken von der Schadenskonkretisierung.[830] Im Rahmen der Beurteilung der hinreichenden Wahrscheinlichkeit werde nicht das „Ob“ eines Schadens, sondern lediglich das „Wie“ modifiziert.[831] Gleichzeitig erfolge eine Verengung sonstiger Merkmale.[832] Damit genüge auch für die „drohende Gefahr“ keine bloße Möglichkeit.[833] Es handele sich um ein Wahrscheinlichkeitsurteil, das sich nicht nur ein aus einem allgemeinen Lebensrisiko oder aus der reinen Vorstellung speise.[834]

---

[822] *Enders*, DÖV 2019, 205 (205); *Kulick*, AöR 143 (2018), 175 (210 f.); *Waechter*, NVwZ 2018, 458 (459).

[823] *Apostel*, KJ 52 (2019), 147 (150); *Holzner*, DÖV 2018, 946 (948); *Petri*, ZD 2018, 453 (453); vgl. auch *Schenke*, KPLLR 87 (2019), 1085 (1097).

[824] *Darnstädt*, DVBl. 2011, 263 (265).

[825] *Brodmerkel*, Der Gesetzentwurf zur effektiveren Überwachung gefährlicher Personen, https://bayrvr.de/2017/03/09/der-gesetzentwurf-zur-effektiveren-ueberwachung-gefaehrlicher-personen-gelungen-mit-einschraenkungen/, Stand: 11.12.2023; *Enders*, DÖV 2019, 205 (209).

[826] Vgl. *Enders*, DÖV 2019, 205 (209); s. auch zur Willkür, *Leisner-Egensperger*, DÖV 2018, 677 (683), die im Ergebnis indes der „drohenden Gefahr“ positiv gegenübersteht.

[827] *Leisner-Egensperger*, DÖV 2018, 677 (678).

[828] *Leisner-Egensperger*, DÖV 2018, 677 (677); *Möstl*, BayVBl. 2018, 156 (158); *Ogorek*, JZ 2019, 63 (69).

[829] *Möstl*, BayVBl. 2018, 156 (158).

[830] *Möstl*, BayVBl. 2018, 156 (157 Fn. 18) m. V. a. *Darnstädt*, DVBl. 2017, 88 (92); vgl. auch schon *Möstl*, Stellungnahme zu BayLT-Drs. 17/16299, S. 3.

[831] *Möstl*, Stellungnahme zu BayLT-Drs. 17/16299, S. 3.

[832] PAG-Kommission, Abschlussbericht v. 30.8.2019, (Fn. 90), S. 18; ähnlich auch *Apostel*, KJ 52 (2019), 147 (150).

[833] *Weinrich*, NVwZ 2018, 1680 (1682).

[834] *Lindner*, Stellungnahme zu BayLT-Drs. 17/16299, S. 4.

b) Grenzen der Absenkung

aa) Verhältnis zur klassischen Gefahrenabwehr

(1) Entwertung der konkreten Gefahr

Die „drohende" und die „konkretisierte" Gefahr spitzen das permanente Problem der Schadenskonkretisierung des Gefahrenbegriffs zu.[835] Es offenbart sich, dass diese Begriffe die Konsequenz des engen, kritikwürdigen Verständnisses der konkreten Gefahr darstellen.[836] Häufig wird der Vorwurf erhoben, dass mit Blick auf die Flexibilität der konkreten Gefahr eine solche bereits bestand oder besteht bei den von der „konkretisierten" oder „drohenden" Gefahr in den Blick genommenen Konstellationen.[837] In Anbetracht der Flexibilität der klassischen Auslegung der konkreten Gefahr brauche es keinen neuen Gefahrenbegriff.[838] Thiel sieht in den Ausführungen des BKAG-Urteils lediglich eine Ausprägung des Je-Desto-Grundsatzes.[839]

Zusätzlich erschwerten die Orientierung am Einzelfall und der hinreichenden Wahrscheinlichkeit die Einordnung.[840] So wird teils in dem von der BKAG-Rechtsprechung angeführten Beispiel der Rückreise aus einem Terrorcamp trotz fehlender Anschlagspläne von der konkreten Gefahr ausgegangen.[841] Wehr weist daraufhin, dass bei Planungs- und Vorbereitungshandlungen aufgrund eines mutmaßlichen Kontakts zu Terrornetzwerken und der mutmaßlichen Rückkehr aus Terrorlagern bisher sogar eine dringende Gefahr angenommen wurde.[842]

Der Grundlage der Verschiebungen, dem BKAG-Urteil, wird allem voran die Intention zugeschrieben, eigentlich begrenzen zu wollen.[843] Der Gesetzgeber hingegen habe das Urteil als Inspirationsquelle für eigene weitreichendere Erwägungen

[835] Vgl. *Brodowski/Jahn/Schmitt-Leonardy*, GSZ 2017, 7 (10); *Leisner-Egensperger*, DÖV 2018, 677 (683).

[836] Dazu § 3 B. II., S. 73; § 5 B. I. 1. b) cc), S. 184.

[837] *Darnstädt*, DVBl. 2017, 88 (93 ff.); *Pieroth*, Die Verwaltung 53 (2020), 39 (49); *Wehr*, JURA 2019, 940 (944 f.); vgl. auch *Brodowski/Jahn/Schmitt-Leonardy*, GSZ 2017, 7 (10); *Möstl*, BayVBl. 2018, 156 (158 f.).

[838] Antrag auf abstrakte Normenkontrolle v. 6. 9. 2018, (Fn. 904), S. 53.

[839] *Thiel*, Polizei- und Ordnungsrecht, § 8 Rn. 72; vgl. auch *ders.*, Die Verwaltung 53 (2020), 1 (4).

[840] *Möstl*, BayVBl. 2018, 156 (158 f.); *ders.*, Stellungnahme zu BayLT-Drs. 17/16299, S. 2.

[841] *Schenke*, KPLLR 87 (2019), 1085 (1098).

[842] *Wehr*, JURA 2019, 940 (944) m. V. a. BGH, NJW 2009, 3448 (3455 Rn. 63); vgl. auch BVerfGE 130, 1 (19 Rn. 86, 32 Rn. 129).

[843] *Enders*, DÖV 2019, 205 (205 f.); vgl. auch *Hundert/Lippmann*, SächsVBl. 2019, 305 (307).

angesehen,[844] da die „drohende Gefahr“ sich von den klassischen Kategorien löse.[845] In den Fokus der Behörden gerate bei intensiven Eingriffen der „Alltagsstörer“[846] statt Terroristen oder Extremisten.[847] Kritisiert wird neben der Aufnahme in die Generalklausel, dass durch die bayerische Novelle von 2018 eine Erweiterung durch Einfügung der „drohenden Gefahr“ in zahlreiche Standardbefugnisse erfolgte.[848] Damit ginge der Ausnahmecharakter der Ausführungen des BKAG-Urteils verloren, da die neuen Begrifflichkeiten zur Regel gemacht würden.[849] Die Ausweitung auf eine Vielzahl von Überwachungsbefugnissen führe zudem infolge additiver Grundrechtseingriffe zu einer negativen „Überwachungsgesamtbilanz“[850]. Die an den Tag gelegte Offenheit für Experimentalität sei bei grundrechtssensiblen Maßnahmen nicht erstrebenswert.[851] Die traditionellen Maßstäbe hätten sich hingegen über die Jahre selbst bei gesellschaftspolitischen Veränderungen bewährt.[852]

Unterstützt werden diese Aussagen durch die Erkenntnisse der PAG-Kommission. Bei Maßnahmen der elektronischen Aufenthaltsüberwachung oder im Telekommunikationsbereich wird nach der Kommission in der Praxis „offenbar vielfach nur noch der Tatbestand der drohenden Gefahr herangezogen, obwohl in den der Kommission mitgeteilten Fällen regelmäßig auch der Tatbestand der konkreten Gefahr erfüllt gewesen wäre“[853]. Es bestünde die Möglichkeit, dass die Praxis „zu oft und insbesondere auch in Fällen, in denen das Eingreifen der tatbestandlichen Voraussetzungen für eine konkrete Gefahr zweifelhaft ist, auf die neue Kategorie zugreift“[854]. Beispielhaft zeige sich eine solche Tendenz nach Ansicht der PAG-Kommission bei der elektronischen Aufenthaltsüberwachung nach Art. 34 BayPAG: Hier bemängelt sie, dass im betrachteten Zeitraum vom 1.8.2017 bis 30.6. 2019 ausschließlich auf eine „drohende Gefahr“ abgestellt wurde. Und dies, obgleich die konkret gefährdeten Personen, die zu erwartenden Straftaten und die

---

[844] *Enders*, DÖV 2019, 205 (205 f.); *Wehr*, JURA 2019, 940 (941); vgl. auch *Hundert/Lippmann*, SächsVBl. 2019, 305 (307).

[845] *Löffelmann*, Stellungnahme zu BayLT-Drs. 17/16299, S. 10.

[846] *Wächtler*, Stellungnahme zu BayLT-Drs. 17/16299, S. 2; so schon der Änderungsantrag der Abgeordneten Hubert Aiwanger et al. und Fraktion FREIE WÄHLER zu BayLT-Drs. 17/16299, BayLT-Drs. 17/17191; s. auch der Wortbeitrag in der Zweiten Lesung v. Eva Gottstein (FREIE WÄHLER) zum Gesetzesentwurf BayLT-Drs. 17/16299, ProtokollauszuG 109. Plenum, 19.7.2017, S. 8.

[847] *Wächtler*, Stellungnahme zu BayLT-Drs. 17/16299, S. 2.

[848] *Löffelmann*, BayVBl. 2018, 145 (154).

[849] *Löffelmann*, BayVBl. 2018, 145 (147); vgl. *Barczak*, Der nervöse Staat, S. 529; *Kulick*, AöR 143 (2018), 175 (211); *Petri*, ZD 2018, 453 (454); *Pieroth*, Die Verwaltung 53 (2020), 39 (52).

[850] *Löffelmann*, BayVBl. 2019, 121 (130); s. a. *ders.*, GSZ 2023, 92 (94).

[851] *Löffelmann*, BayVBl. 2018, 145 (147).

[852] Vgl. *Thiel*, GSZ 2019, 1 (2).

[853] PAG-Kommission, Abschlussbericht v. 30.8.2019, (Fn. 90), S. 27.

[854] PAG-Kommission, Abschlussbericht v. 30.8.2019, (Fn. 90), S. 28.

zeitliche Nähe der Gefahr bekannt war.[855] Gerade im Bereich des Gewaltschutzes gegenüber Familienangehörigen sei die Maßnahme auf Basis einer „drohenden Gefahr" häufig zum Einsatz gekommen, obwohl in diesen Fällen eine konkrete Gefahr vorgelegen hätte.[856] Es gelte der Entwicklung vorzubeugen, dass sich die „drohende Gefahr" zum allgemeingültigen Gefahrenbegriff entwickelt.[857]

Ein Teil der Literatur resümiert, es brauche keine neuen Gesetze. Die alten sollten vielmehr von „Durchführungsmängel[n]"[858] befreit werden.[859] Ansonsten wird das jüngst ausgeweitete Staatsschutzstrafrecht (vgl. § 89a und § 129b StGB)[860] als Auffangbecken vorgeschlagen.[861] Sonst werde die Kategorie der konkreten Gefahr „ausgehöhlt"[862].

(2) Schutzlückentheorie und Rechtfertigung des modifizierten Maßstabes

(a) „Konkretisierte Gefahr"

Ob es sich aber um eine Entwertung, eine bloße Verschmälerung oder gar eine Erweiterung des Anwendungsbereiches handelt, liegt im Auge des Betrachters. Die neuen Kategorien übernehmen vielmehr die Rolle von Lückenfüllern hinsichtlich offener Stellen, welche durch die kritikwürdige Engziehung der konkreten Gefahr und die verbleibenden Unklarheiten der Auslegung der Dispositionsurteile verbleiben.[863]

Insoweit baut die „konkretisierte Gefahr" historisch auf vorhandenen Erwägungen des Rechts der Gefahrenvorsorge auf. Sie soll vielfach die Formulierung der Dispositionsurteile ersetzen.[864] Damit steht sie in der Tradition dieser Kategorie und übernimmt das Problem der auf den Täter fokussierten strafprozessualen Vor-

---

[855] PAG-Kommission, Abschlussbericht v. 30.8.2019, (Fn. 90), S. 68 f.: Die Maßnahmen erfolgten im Rahmen laufender Ermittlungsverfahren im Anschluss an Präventiv- bzw. Untersuchungshaft bzw. nach Verurteilungen.

[856] PAG-Kommission, Abschlussbericht v. 30.8.2019, (Fn. 90), S. 69.

[857] PAG-Kommission, Abschlussbericht v. 30.8.2019, (Fn. 90), S. 28.

[858] *Löffelmann*, BayVBl. 2018, 145 (154).

[859] *Löffelmann*, BayVBl. 2018, 145 (154); vgl. z. B. zum Fall Anis Amris auch *Wächtler*, Stellungnahme zu BayLT-Drs. 17/16299, S. 2.

[860] Einfügung durch Gesetz zur Änderung der Verfolgung der Vorbereitung von schweren staatsgefährdenden Gewalttaten (GVVG-Änderungsgesetz – GVVG-ÄndG) v. 12.6.2015 (BGBl. I S. 926) und Gesetz zur Reform der strafrechtlichen Vermögensabschöpfung v. 13.4. 2017 (BGBl. I S. 872).

[861] *Löffelmann*, BayVBl. 2018, 145 (154).

[862] *Löffelmann*, Stellungnahme zu BayLT-Drs. 17/16299, S. 6.

[863] Dazu § 3 B. II., S. 73 ff.; § 5 B. I. 1. b) cc), S. 184 ff.; § 5 B. I. 6. c) bb) (3) (d), S. 270 ff.

[864] Vgl. *Kießling*, VerwArch 108 (2017), 282 (292, 294 f.); s. § 6 A., S. 287 ff. und insb. die urspr. Fassung der betrachteten Befugnisnormen in BVerfGE 120, 274 ff., BVerfGE 141, 220 ff. sowie BVerfGE 155, 119 ff.

schriften, die ins Gefahrenabwehrrecht übertragen wurden.[865] In Vorgängerentscheidungen wurde insbesondere die Beschreibung der „Anknüpfung“[866] der Prognoseentscheidung der Dispositionsurteile als unzureichend gesehen.[867] In der Bestandsdatenauskunftsentscheidung verdeutlicht das Bundesverfassungsgericht, dass das Dispositionsurteil daran scheitere, dass es keine „begrenzenden Anforderungen an die Vorhersehbarkeit des Kausalverlaufs“[868] forderte. Die Präzisierungsversuche im Online-Durchsuchungs- und Vorratsdatenspeicherungsurteil münden in die Modifizierungen des BKAG-Urteils, wo der Grad der Konkretisierung des Geschehens nachjustiert werde.[869] So soll eine Abgrenzung gegenüber Besorgnissituationen erfolgen.[870]

An der neuen Konstruktion führe nach Darnstädt kein Weg vorbei.[871] Auch Möstl sieht nach der Verengung des Begriffes der konkreten Gefahr als „Sündenfall“ keinen Raum für anderweitige Interpretationen.[872] Die Rechtsprechung habe sich durch die Verengung keine Alternative gelassen, um das Gefahrenvorfeld abzudecken, als eine neue Kategorie einzuführen.[873] Es gebe in diesem Bereich keine verfassungsrechtliche Gebotenheit des Abstellens auf eine konkrete Gefahr (mehr).[874] Die Begründung des Gesetzes zur Neustrukturierung des BKAG von 2017 greift diese Gedanken in sehr allgemein gehaltenen Ausführungen auf und geht von „Schutzlücken“[875] aus, die aus einer hohen Gefährdungslage bezüglich terroristischer Anschläge resultieren.[876]

---

[865] *Darnstädt*, DVBl. 2017, 88 (90); *Wehr*, JURA 2019, 940 (947 f.); s. auch für die „drohende Gefahr“ nach dem Vorentwurf v. 2017 *Brodmerkel*, Die Neuregelung der TKÜ im PAG als exemplarisches Beispiel einer umfangreichen Anpassungsgesetzgebung, https://bayrvr.de/2017/12/19/die-neuregelung-der-tkue-im-pag-als-exemplarisches-beispiel-einer-umfangreichen-anpassungsgesetzgebung/, Stand: 11. 12. 2023; vgl. auch *Tabbara*, GSZ 2022, 215 (218 f.); *Waechter*, NVwZ 2018, 458 (459); für NRW, *Zaremba*, DÖV 2019, 221 (222).

[866] *Darnstädt*, DVBl. 2017, 88 (90).

[867] *Darnstädt*, DVBl. 2017, 88 (90) m. V. a. BVerfGE 113, 348 ff.; s. dazu oben § 5 B. I. 6. c) bb) (3) (d), S. 270 ff.

[868] BVerfGE 155, 119 (219 Rn. 226); vgl. auch BVerfGE 156, 11 (60 f. Rn. 129 f.).

[869] *Leisner-Egensperger*, DÖV 2018, 677 (680); vgl. auch *Darnstädt*, GSZ 2017, 16 (19).

[870] *Darnstädt*, DVBl. 2017, 88 (92); vgl. noch *Bäcker*, Kriminalpräventionsrecht, S. 215, zu Bedrohungstatbeständen bei „allgemeinen Bedrohungslagen“.

[871] *Darnstädt*, GSZ 2017, 16 (20).

[872] Vgl. *Möstl*, DVBl. 2020, 160 (165 f.): „Hätte man die ursprüngliche Großzügigkeit in der Handhabung der Schwelle der konkreten Gefahr bewahrt, hätten sich die von ihr erfassten Situationen auch mit dem klassischen Gefahrbegriff adäquat bewältigen lassen, und die ganze Diskussion um die drohende Gefahr hätten wir uns sparen können.“

[873] *Möstl*, DVBl. 2020, 160 (164 f.).

[874] *Möstl*, DVBl. 2020, 160 (164 f.); vgl. auch *Kulick*, AöR 143 (2018), 175 (213).

[875] Amtl. Begr. zum Gesetz zur Neustrukturierung des Bundeskriminalamtgesetzes v. 1. 6. 2017 (BGBl. I S. 1354), BT-Drs. 18/11163, S. 77 u. S. 78.

[876] Amtl. Begr. zum Gesetz zur Neustrukturierung des Bundeskriminalamtgesetzes v. 1. 6. 2017 (BGBl. I S. 1354), BT-Drs. 18/11163, S. 78.

(b) „Drohende Gefahr“

In Bayern kann die Entwertungsthese ebenfalls nicht durchdringen. Die bayerische Gesetzesbegründung der Änderung 2017 verdeutlicht, dass ausdrücklich keine Einschränkung der polizeilichen Befugnisse aus Art. 11 Abs. 1 BayPAG,[877] sondern eine Ergänzung intendiert sei.[878] Ferner wird von einer „moderate[n], von den Voraussetzungen her eng begrenzte[n] Arrondierung des polizeilichen Gefahrenbegriffs“[879] gesprochen. Es wird darauf verwiesen, dass die Vorschrift durch Kritiker zu weit ausgelegt würde, um diese Auslegung, die weder in der Gesetzesbegründung noch im Wortlaut einen Anhaltspunkt finde, dann für verfassungswidrig zu deklarieren.[880] Die entsprechenden Hiobsbotschaften hätten sich nach Ansicht der Literatur nicht bewahrheitet.[881] Hier wird angeführt, dass an anderer Stelle, im Rahmen der Schleierfahndung, die Absenkung für verfassungsgemäß erachtet wird.[882]

Der Kritik einer Verallgemeinerung der Gefahrenvorsorge wird entgegengehalten, dass die „drohende Gefahr“ stets eine einzelfallbezogene Prüfung zur Voraussetzung habe.[883] Die Gesetzesmaterialien von 2018 bestätigen einen „eingeschränkten Anwendungsbereich“[884] der „drohende Gefahr“ infolge der Beschränkung der Anwendung auf Angriffe von erheblicher Intensität oder Auswirkung auf ein bedeutendes Rechtsgut. Einer übereilten Annahme einer konkreten Gefahr infolge der Bedrohung hochrangiger Rechtsgüter werde die „drohende Gefahr“ entgegengesetzt und der Anwendungsbereich der klassischen Gefahrenabwehr reduziert.[885] In jedem Fall erfolge keine Ausweitung der konkreten Gefahr.[886]

Zwar war und ist die konkrete Gefahr Teil der „verfassungsrechtlichen Normalvorstellung der rechtsstaatlichen Konkordanz von Freiheit und Sicherheit unter Ungewissheitsbedingungen“[887]. Die Engziehung des Begriffs der konkreten Gefahr hinterlasse nach Ansicht der Literatur und der Gesetzesbegründung von 2021

---

[877] Amtl. Begr. zu Art. 11 BayPAG i. d. F. des Gesetzes zur effektiveren Überwachung gefährlicher Personen v. 24. 7. 2017 (BayGVBl. S. 388), BayLT-Drs. 17/16299, S. 10.

[878] Amtl. Begr. zu Art. 11 BayPAG i. d. F. i. d. F. des Gesetzes zur effektiveren Überwachung gefährlicher Personen v. 24. 7. 2017 (BayGVBl. S. 388), BayLT-Drs. 17/16299, S. 10.

[879] Amtl. Begr. zu Art. 11 BayPAG i. d. F. des Gesetzes zur effektiveren Überwachung gefährlicher Personen v. 24. 7. 2017 (BayGVBl. S. 388), BayLT-Drs. 17/16299, S. 9.

[880] *Schmid/Wenner*, BayVBl. 2019, 109 (110).

[881] *Möstl*, BayVBl. 2018, 156 (158).

[882] *Lindner*, Stellungnahme zu BayLT-Drs. 17/16299, S. 7.

[883] *Müller*, BayVBl. 2018, 109 (112).

[884] Amtl. Begr. zu Art. 25 BayPAG i. d. F. des Gesetzes zur Neuordnung des bayerischen Polizeirechts (PAG-Neuordnungsgesetz) v. 18. 5. 2018 (BayGVBl. S. 301), BayLT-Drs. 17/20425, S. 45.

[885] *Leisner-Egensperger*, DÖV 2018, 677 (677, 684); *Wehr*, JURA 2019, 940 (943 ff.).

[886] *Müller*, BayVBl. 2018, 109 (113).

[887] *Möstl*, BayVBl. 2018, 156 (161); *ders.*, Stellungnahme zu BayLT-Drs. 17/16299, S. 4.

„Schutzlücken“[888], die der bayerische Gesetzgeber erkannt habe,[889] sodass das Vorgehen konsequent sei.[890] Auch hier wird betont, dass die Engziehung der konkreten Gefahr angreifbar sein mag, aber der Auslegung zugrunde zu legen sei.[891]

Dies lässt sich auch nicht durch einen Verweis auf die Funktionenordnung abweisen. Der bayerische Gesetzgeber bindet sein Verständnis der Gefahrenbegriffe an das des Bundesverfassungsgerichts: Die bayerische Novelle von 2021 sieht die Statuierung der „drohenden Gefahr“ durch das BKAG-Urteil 2016 als Punkt, an dem „jedenfalls nicht mehr ohne weiteres davon ausgegangen werden [kann], dass diese Fallgruppen einer drohenden Gefahr auch weiterhin vom Begriff der konkreten Gefahr erfasst sein würden“[892]. Statt auf die scheiternde konkrete Gefahr zurückzugreifen, sollten „ausdrücklich und wiederum in Anknüpfung an das BVerfG im Gesetz selbst die einengenden Voraussetzungen im Einzelnen ausdrücklich bestimmt und insoweit nicht mehr einer bloßen Anwendung der tradierten ‚Je-Desto-Formel‘ überlassen“[893] werden. Die Einführung der „drohenden Gefahr“ sollte einen „Ausgleich für die eingeschränkte Auslegung der Gefahrenkategorie der konkreten Gefahr darstellen und keine Vorverlagerung oder Ausweitung eines möglichen Tätigwerdens der Polizei weit in das Gefahrenvorfeld bewirken“[894]. Die Bayerische Staatsregierung betont, dass keine Abwendung von der Anbindung polizeilicher Maßnahmen an den Gefahrenbegriff erfolgen soll.[895]

Eine solche Argumentationslinie verfolgt auch der Bayerische Verfassungsgerichtshof in seiner Entscheidung im einstweiligen Rechtsschutz von 2019.[896] Bei Nichtigerklärung der „drohenden Gefahr“ bleibe lediglich die konkrete Gefahr und es käme zu einer Schutzlücke. Sei das zu beurteilende Geschehen im Einzelfall nach

---

[888] Amtl. Begr. zum Gesetz zur Änderung des Polizeiaufgabengesetzes und weiterer Rechtsvorschriften v. 27.3.2021 (BayGVBl. S. 418), BayLT-Drs. 18/13716, S. 1; *Möstl*, BayVBl. 2018, 156 (159); *ders.*, Die Verwaltung 53 (2020), 21 (30); *ders.*, Stellungnahme zu BayLT-Drs. 17/16299, S. 3.

[889] *Möstl*, BayVBl. 2018, 156 (159); vgl. auch *Petri*, ZD 2018, 453 (454); *Schmidbauer*, in: ders./Steiner, PAG, Art. 11 Rn. 74; für die Umsetzung im PolG NRW *Zaremba*, DÖV 2019, 221 (222); indes ablehnend für die bayerische Übernahme in die Generalklausel, *ders.*, DÖV 2019, 221 (223 f.).

[890] *Möstl*, BayVBl. 2018, 156 (159); vgl. auch *ders.*, Die Verwaltung 53 (2020), 21 (28 f.).

[891] *Möstl*, BayVBl. 2018, 156 (159); fast wortgleich *ders.*, Stellungnahme zu BayLT-Drs. 17/16299, S. 2.

[892] Amtl. Begr. zum Gesetz zur Änderung des Polizeiaufgabengesetzes und weiterer Rechtsvorschriften v. 27.3.2021 (BayGVBl. S. 418), BayLT-Drs. 18/13716, S. 1.

[893] Amtl. Begr. zum Gesetz zur Änderung des Polizeiaufgabengesetzes und weiterer Rechtsvorschriften v. 27.3.2021 (BayGVBl. S. 418), BayLT-Drs. 18/13716, S. 1.

[894] Amtl. Begr. zu Art. 11a BayPAG i. d. F. des Gesetzes zur Änderung des Polizeiaufgabengesetzes und weiterer Rechtsvorschriften v. 27.3.2021 (BayGVBl. S. 418), BayLT-Drs. 18/13716, S. 22.

[895] Bayerische Staatsregierung, Antrag auf Abweisung der Einstweiligen Anordnung, BayVerfGH, BeckRS 2019, 3113 Rn. 29.

[896] BayVerfGH, BeckRS 2019, 3113 Rn. 70.

Art und Zeit noch nicht hinreichend erkennbar, müssten Eingriffsmaßnahmen vorerst unterbleiben und es wäre abzuwarten.[897] Dann wäre in Anbetracht der Hinderung einer effektiven Gefahrenabwehr der Schutzauftrag verfehlt.[898]

Die PAG-Kommission schließt sich diesen Erwägungen in Rechtsprechung und Literatur an und hält die Einführung der „drohenden Gefahr“ im Zuge der BayPAG-Novelle für „nachvollziehbar“[899], aber mangels Vorliegens problematischer Praxisfälle nicht für „unabdingbar“[900]. Die bayerischen Polizeipräsidenten sehen den Grund der Neuregelung in den Unsicherheiten, die die verfassungsgerichtliche Rechtsprechung hinterlasse.[901] Diese Überlegung hält die PAG-Kommission für plausibel, da sich seit dem Online-Durchsuchungsurteil eine Engziehung der konkreten Gefahr abzeichne.[902] Diese Schutzlücke solle geschlossen werden.[903] Der Flexibilität der konkreten Gefahr und der Je-Desto-Formel würden Grenzen gesetzt.[904] Der Anwendungsbereich der konkreten Gefahr sei so partiell eingeschränkt.[905] Ergebnis der Einführung der „drohenden Gefahr“ sei auch, dass der klassische Gefahrbegriff deutlicher als bisher auf konkrete Schadensereignisse bezogen wird.[906]

(3) Zwischenfazit

Die Entwertungsthese und die Schutzlückentheorie haben vollständig unterschiedliche Ausgangspunkte und stehen sich diametral gegenüber.

Die besseren Argumente sprechen für die Schutzlückentheorie. Die „drohende Gefahr“ greift in einem Bereich ein, in dem zuvor die konkrete Gefahr zur Anwendung kam, und reichert die Maßnahmen in diesem Bereich um Tatbestandsvoraussetzungen an.[907] Sie ist Konsequenz des neuen Verständnisses der konkreten Gefahr. Dass die „drohende Gefahr“ in einem Subsidiaritätsverhältnis zur konkreten Gefahr steht, betont die Novelle von 2021 durch eine ausdrückliche Anordnung im Wortlaut des Art. 11a Abs. 1 BayPAG.[908]

---

[897] BayVerfGH, BeckRS 2019, 3113 Rn. 70.

[898] Vgl. BayVerfGH, BeckRS 2019, 3113 Rn. 70.

[899] PAG-Kommission, Abschlussbericht v. 30. 8. 2019, (Fn. 90), S. 25.

[900] PAG-Kommission, Abschlussbericht v. 30. 8. 2019, (Fn. 90), S. 25.

[901] PAG-Kommission, Abschlussbericht v. 30. 8. 2019, (Fn. 90), S. 25.

[902] PAG-Kommission, Abschlussbericht v. 30. 8. 2019, (Fn. 90), S. 26.

[903] PAG-Kommission, Abschlussbericht v. 30. 8. 2019, (Fn. 90), S. 26.

[904] Vgl. PAG-Kommission, Abschlussbericht v. 30. 8. 2019, (Fn. 90), S. 26.

[905] PAG-Kommission, Abschlussbericht v. 30. 8. 2019, (Fn. 90), S. 27.

[906] PAG-Kommission, Abschlussbericht v. 30. 8. 2019, (Fn. 90), S. 27.

[907] Vgl. *Möstl*, ZRP 2020, 26 (27); ähnlich auch *ders.*, Die Verwaltung 53 (2020), 21 (28 f.).

[908] S. dazu auch Amtl. Begr. zu Art. 11a BayPAG i. d. F. des Gesetzes zur Änderung des Polizeiaufgabengesetzes und weiterer Rechtsvorschriften v. 27. 3. 2021 (BayGVBl. S. 418), BayLT-Drs. 18/13716, S. 21.

Fraglich bleibt, welche Fallgruppen sie in der Praxis umfassen will.

Das bayerische Innenministerium, die PAG-Kommission und die Literatur versuchen, die Validität der „drohenden Gefahr“ durch Beispiele abseits der aus dem Terrorcamp zurückkehrenden Person[909] zu untermauern. So wird der in der Ehre gekränkte Ehemann genannt, der untergetaucht ist, nachdem er zuvor angekündigt hatte, seine Frau zu töten.[910] Vergleichbarkeit bestünde auch allgemein bei häuslicher Gewalt oder Stalking.[911] Leisner-Egensperger nennt sodann einen Pädophilen, der in der Nähe von Kinderspielplätzen sexuell auffälliges Verhalten offenbart und im Internet in kinderpornografisch ausgerichteten Foren aktiv ist.[912] Die Organisierte Kriminalität wird ebenso für vergleichbar gehalten.[913] Dies gelte beispielsweise bei der Überwachung einer als Auftragsmörder bekannten Person.[914] Die PAG-Homepage des bayerischen Ministeriums nennt das Beispiel des Drogenhändlers, durch dessen „Kräutermischung“ Konsumenten sterben.[915]

Das viel genannte Beispiel des drohenden Ehemanns erscheint wegen der Konkretisierung auf das Opfer schon hinreichend bestimmt. Gleichwohl sind Zeitpunkt und Ort hier unklar. Bei den restlichen Beispielen sind die Parameter, insbesondere

---

[909] Für das Beispiel s. BVerfGE 141, 220 (273 Rn. 112); aus der Lit., *Leisner-Egensperger*, DÖV 2018, 677 (680).

[910] PAG-Kommission, Abschlussbericht v. 30.8.2019, (Fn. 90), S. 28; *Leisner-Egensperger*, DÖV 2018, 677 (678, 682); vgl. die Stellungnahmen des Polizeipräsidenten in PAG-Kommission, Abschlussbericht v. 30.8.2019, (Fn. 90), S. 22, der Befugnisnormen mit der Voraussetzung der „drohenden Gefahr“ z.B. in den Bereichen der häuslichen Gewalt oder bei Sexualdelikten für notwendig erachtet; Internetseite des Bayerischen Staatsministeriums des Innern, für Sport und Integration zum bayerischen PAG, (Fn. 696): „Der in seiner Ehre gekränkte Ehemann ist untergetaucht und hat angekündigt, seine Frau zu töten. Die Polizei darf Maßnahmen ergreifen, um die drohende Gefahr abzuwehren. Insbesondere wird sie versuchen, den Ehemann ausfindig zu machen und gleichzeitig die bedrohte Ehefrau schützen.“

[911] *Müller*, BayVBl. 2018, 109 (113): „Losgelöst von der Terrorgefahr lässt sich die vom BVerfG vorgenommene Wertung zum Beispiel auch auf einen Fall übertragen, in der eine Person einer anderen unbefugt nachstellt und dabei ihre Handlungen trotz Gefährderansprachen durch die Polizei fortsetzt und diese mit der Zeit quantitativ oder qualitativ weiter steigert.“ Vgl. auch Amtl. Begr. zu Art. 11a BayPAG i.d.F. des Gesetzes zur Änderung des Polizeiaufgabengesetzes und weiterer Rechtsvorschriften v. 27.3.2021 (BayGVBl. S. 418), BayLT-Drs. 18/13716, S. 23.

[912] *Leisner-Egensperger*, DÖV 2018, 677 (682).

[913] *Möstl*, BayVBl. 2018, 156 (160); *Ogorek*, JZ 2019, 63 (69); vgl. auch *Waechter*, NVwZ 2018, 458 (461).

[914] *Leisner-Egensperger*, DÖV 2018, 677 (682).

[915] Internetseite des Bayerischen Staatsministeriums des Innern, für Sport und Integration zum bayerischen PAG, (Fn. 696): „Durch Hinweise eines Bürgers wird bekannt, dass ein Drogenhändler im großen Stil neuartige gefährliche und verbotene Kräutermischungen per Post verschickt. Es gab bereits zwei Todesfälle. Die Polizei kann beim zuständigen Richter die Anordnung der Sicherstellung eines entsprechenden Pakets beantragen und dieses dann dem Richter nach Sicherstellung zur Überprüfung und Öffnung vorlegen. Ziel der Maßnahme ist es, mögliche Käufer vor den unberechenbaren und möglicherweise sogar lebensgefährlichen Folgen des Konsums der Kräutermischungen zu schützen.“

die möglichen Opfer, weniger absehbar. Indes sind in allen Gruppen die möglichen Täter stets ausgemacht, sodass es sich ausschließlich um Beispiele für Nr. 1 der „drohenden Gefahr“ des BayPAG handeln kann. Hinzu kommt, dass das Innenministerium selbst nicht vollständig sicher in der Auswahl der Beispiele ist, was sich darin zeigt, dass es das Beispiel eines minderjährigen, wohl ein Attentat ankündigenden Jungens wieder von der Homepage entfernte.[916]

Ob in den genannten Fällen die Je-Desto-Formel scheitert, wird durch viele Stimmen in der Literatur in Frage gestellt. Der bayerische Gesetzgeber ist sich in Anbetracht der Rechtsprechung des Bundesverfassungsgerichts hingegen sicher.[917] Beispiele für Nr. 2 bleibt auch das neueste Gesetzgebungsvorhaben in Bayern hingegen schuldig. So verwundert es nicht, dass auch das OLG München auf Nr. 1 abzustellen scheint, ohne aber eine Abgrenzung darzulegen.[918]

bb) Rechtfertigung durch Terrorismusbekämpfungsbezug

Ein spezieller Aspekt der neuen Schwelle des Gefahrenabwehrrechts bleibt indes besonders diskussionswürdig: der Bezug auf die Terrorismusbekämpfung. Schon Vorgängerentscheidungen der BKAG-Rechtsprechung weisen durchweg einen derartigen Hintergrund auf.[919] Der Terrorismusbekämpfung wird nach den Urteilen im rechtsstaatlichen Rahmen der Verhältnismäßigkeitsabwägung ein „erhebliches Gewicht“ beigemessen.[920]

Die im BKAG-Urteil betrachteten Normen nehmen ausdrücklich Bezug auf die Aufgabennorm des § 5 BKAG (§ 4a BKAG a. F.)[921] und sind durch den begrenzten

---

[916] Internetseite des Bayerischen Staatsministeriums des Innern, für Sport und Integration zum bayerischen PAG, https://www.polizeiaufgabengesetz.bayern.de/faq/index.php, Stand: 4.8.2020: „Ein 13-jähriger, bislang unauffälliger Schüler wird von seinen Mitschülern wegen seiner Leibesfülle ständig gehänselt. Über seine Mitschüler wird bekannt, dass er Folgendes in die Whatsapp-Gruppe der Schachgruppe der Schule geschrieben hat: ‚Die Jungs und ihr werdet schon noch sehen, was ihr alle davon habt. Und ich nehme die Drecks-Lehrer gleich mit. Ich kriege euch alle! Viel Spaß noch, ihr Opfer!‘ Im Anschluss löst er die Whatsapp-Gruppe ‚Schach‘, die er bislang mit viel Begeisterung administrierte, auf. Diese Umstände begründen noch keine konkrete Gefahr. Die Polizei kann das Zimmer des Jungen durchsuchen und ggf. eine aus dem Darknet bestellte Waffe sicherstellen.“ Grund für das Entfernen dieses Beispiels kann zum einen die wohl schon größtenteils vorliegende Konkretisierung sein, da Opfer, Täter und wohl auch Ort bekannt sind. Gleichwohl fehlt es wohl an der neuerlich zu fordernden zeitlichen Nähe. Aber das Beispiel ist wegen der Minderjährigkeit und auch wegen der Antizipation der sicherzustellenden Sachen besonders kontrovers.

[917] Amtl. Begr. zum Gesetz zur Änderung des Polizeiaufgabengesetzes und weiterer Rechtsvorschriften v. 27.3.2021 (BayGVBl. S. 418), BayLT-Drs. 18/13716, S. 1.

[918] Dazu oben unter § 6 C.I.4.b) aa), S. 366 ff.

[919] BVerfGE 100, 313 (371); 113, 348 ff.; 115, 320 (357 f.); 120, 274 (319); 125, 260 (276); 133, 277 (334 Rn. 133).

[920] BVerfGE 133, 277 (334 Rn. 133) m. V. a. BVerfGE 115, 320 (357 f.).

[921] Vgl. § 20g Abs. 1 Nr. 2, § 20k Abs. 1 S. 3, § 20l Abs. 1 Nr. 2, § 20m Abs. 1 Nr. 2 BKAG mit Bezug auf § 4 Abs. 1 S. 2 BKAG alle i. d. F. des Gesetzes zur Abwehr von Ge-

Gesetzgebungskompetenzrahmen des Art. 73 Abs. 1 Nr. 9 a) GG stets ausgerichtet auf die „Abwehr von Gefahren des internationalen Terrorismus“. Das Bundesverfassungsgericht stellt diesen Bezug vereinzelt in den Gründen heraus.[922]

In der Rezeption des Urteils wird die vom Gericht entwickelte Schwelle zunächst als in das allgemeine Polizeirecht nicht übertragbarer Gefahrbegriff dargestellt.[923] Die einschlägigen Entscheidungen bezögen sich durchweg auf informationelle und überwiegend auch heimliche Maßnahmen mit nachrichtendienstlichem Einschlag.[924] Die Bezugnahme auf Terrorbekämpfung setzt sich naturgemäß später in der Umsetzung der verfassungsgerichtlichen Rechtsprechung im BKAG von 2017 fort.[925] Gleichzeitig nimmt auch die Gesetzesbegründung zum BKAG fortlaufend Bezug auf derartige Gefahrenlagen.[926] Eine allgemeine Gefahrenabwehr durch die Normen sei ausdrücklich nicht Wille des Gesetzgebers.[927]

(1) Fehlender Terrorismusbekämpfungsbezug im BayPAG

Im Sondervotum zum BKAG-Urteil prognostiziert Schluckebier bereits, dass die „vom Senat vertretenen Positionen […] zugleich erhebliche Auswirkungen auf die Landespolizeigesetze der Länder [haben], ohne dass diese Konsequenzen im Verfahren hinreichend vertieft worden wären“[928]. Der Einzug der „konkretisierten Gefahr“ in die Landesgesetze bringt durch die Landesgesetzgeber vorgenommenen Anpassungen entsprechend einige Schwierigkeiten. In Bayern wurde schon im Gesetzgebungsprozess 2017 mehrfach moniert, dass anders als im BKAG und im darauf basierenden Urteil des Bundesverfassungsgerichts kein Terrorismusbekämpfungsbezug aufrechterhalten wird.[929]

---

fahren des internationalen Terrorismus durch das Bundeskriminalamt v. 25. 12. 2008 (BGBl. I S. 3083); § 5 BKAG (2017) entspricht im Wesentlichen § 4a BKAG (2008); in Abs. 1 S. 2 wird lediglich „zunächst der Begriff Gefahren des internationalen Terrorismus als Gefahren der Verwirklichung von Straftaten definiert“, Amtl. Begr. zu § 5 BKAG i. d. F. des Gesetzes zur Neustrukturierung des Bundeskriminalamtgesetzes v. 1. 6. 2017 (BGBl. I S. 1354), BT-Drs. 18/11163, S. 89.

[922] BVerfGE 141, 220 (168 Rn. 102).

[923] *Kießling*, VerwArch 108 (2017), 282 (288); s. a. *Bäcker*, in: Lisken/Denninger, Handbuch des Polizeirechts, D. Rn. 271, 274; *Welzel/Ellner*, DÖV 2019, 211 (214).

[924] Antrag auf abstrakte Normenkontrolle v. 6. 9. 2018, (Fn. 904), S. 34.

[925] Vgl. § 45 Abs. 1 Nr. 2, 3, § 50 Abs. 1 Nr. 2, 3, § 51 Abs. 1 Nr. 2, 3, § 52 Abs. 1 Nr. 2, 3, § 55 Abs. 1 Nr. 2, 3, § 56 Abs. 1 Nr. 2, 3 BKAG mit Bezug auf § 5 Abs. 1 S. 2 BKAG alle i. d. F. des Gesetzes zur Neustrukturierung des Bundeskriminalamtgesetzes v. 1. 6. 2017 (BGBl. I S. 1354).

[926] Amtl. Begr. des Gesetzes zur Neustrukturierung des Bundeskriminalamtgesetzes v. 1. 6. 2017 (BGBl. I S. 1354), BT-Drs. 18/11163, S. 1, 75.

[927] Amtl. Begr. zum Gesetz zur Abwehr von Gefahren des internationalen Terrorismus durch das Bundeskriminalamt v. 25. 12. 2008 (BGBl. I S. 3083), BR-Drs. 404/08, S. 34.

[928] *Schluckebier*, Sondervotum zu BVerfGE 141, 220 ff., BVerfGE 141, 362 (363 Rn. 2).

[929] Wortbeitrag in der Zweiten Lesung v. Katharina Schulze (GRÜNE) zum Gesetzesentwurf BayLT-Drs. 17/16299, ProtokollauszuG 109. Plenum, 19. 7. 2017, S. 11.

Dies führt sogar dazu, dass ein Änderungsantrag durch einzelne Abgeordnete und der Fraktion der FREIEN WÄHLER eingereicht wird, der anstelle von „Angriffen von erheblicher Intensität oder Auswirkung“, unter Verweis auf den Terrorismusbezug des BKAG-Urteils, „Angriffe des nationalen oder internationalen Terrorismus oder Extremismus“ fordert.[930] Der entsprechende Antrag scheitert.[931] Trotzdem wird die Opposition ebenso bei der zweiten Änderung 2018 nicht müde, den fehlenden Terrorbezug herauszustellen.[932]

Die Diskrepanz wird durch viele Stimmen in der Literatur hervorgehoben.[933] Die einen merken an, die Umsetzung des bayerischen Gesetzgebers sei etwas weitreichender.[934] Andere proklamieren, der bayerische Gesetzgeber reiße die Norm aus ihren Zusammenhängen.[935]

(2) Terrorismusbekämpfungsbezug in Gesetz und Auslegung

(a) Gesetzesvorhaben anderer Bundesländer

Bei der Überführung der Erwägungen des Bundesverfassungsgerichts in die Polizeigesetze der anderen Länder wird überwiegend auf „terroristische Straftaten“ abgestellt. Dazu werden entsprechende Kataloge für derartige Straftaten tatbe-

[930] Art. 11 Abs. 3 S. 1 BayPAG i.S.d. Änderungsantrag der Abgeordneten Hubert Aiwanger et al. und Fraktion FREIE WÄHLER zu BayLT-Drs. 17/16299, BayLT-Drs. 17/17191.

[931] Vgl. den Änderungsantrag der Abgeordneten Hubert Aiwanger et al. und Fraktion FREIE WÄHLER zu BayLT-Drs. 17/16299, BayLT-Drs. 17/17191; s. auch der Wortbeitrag in der Zweiten Lesung v. Eva Gottstein (FREIE WÄHLER) zum Gesetzesentwurf BayLT-Drs. 17/16299, ProtokollauszuG 109. Plenum, 19.7.2017, S. 8.

[932] Wortbeitrag in der Ersten Lesung v. Franz Schindler (SPD) zum Gesetzesentwurf BayLT-Drs. 17/20425, Protokollauszug 123. Plenum, 7.2.2018, S. 7.

[933] Vgl. u.a. *Apostel*, KJ 52 (2019), 147 (150); *Kingreen/Poscher*, Polizei- und Ordnungsrecht, § 8 Rn. 16; *Leisner-Egensperger*, DÖV 2018, 677 (677); *Löffelmann*, BayVBl. 2018, 145 (146); *Möstl*, BayVBl. 2018, 156 (156, 160); *Pieroth*, Die Verwaltung 53 (2020), 39 (51); *Schenke*, KPLLR 87 (2019), 1085 (1101); *Schmidbauer*, in: ders./Steiner, PAG, Art. 11a Rn. 122; *Schmid/Wenner*, BayVBl. 2019, 109 (110 f.); *Shirvani*, DVBl. 2018, 1393 (1397); *Waechter*, NVwZ 2018, 458 (458); *Wehr*, JURA 2019, 940 (941); zum Vorentwurf v. 2017 bereits *Brodmerkel*, Der Gesetzentwurf zur effektiveren Überwachung gefährlicher Personen, https://bayrvr.de/2017/03/09/der-gesetzentwurf-zur-effektiveren-ueberwachung-gefaehrlicher-personen-gelungen-mit-einschraenkungen/, Stand: 11.12.2023; *Heidebach*, Der Gesetzentwurf zur effektiveren Überwachung gefährlicher Personen, https://bayrvr.de/2017/03/13/der-gesetzentwurf-zur-effektiveren-ueberwachung-gefaehrlicher-personen-wider-rechts staatliche-kernsaetze-des-polizeirechts/, Stand: 11.12.2023; vgl. auch *Welzel/Ellner*, DÖV 2019, 211 (213); vgl. auch Antrag auf abstrakte Normenkontrolle v. 6.9.2018, (Fn. 904), S. 42.

[934] *Möstl*, BayVBl. 2018, 156 (160).

[935] *Pieroth*, Die Verwaltung 53 (2020), 39 (49); Antrag auf abstrakte Normenkontrolle v. 6.9.2018, (Fn. 904), S. 49.

standlich integriert.[936] Vielfach erfolgt eine Definition der terroristischen Straftaten gleich § 129a StGB.[937] Einige Bundesländer fassen diese Regelungen in einem Abschnitt zusammen. So findet sich in Brandenburg der Abschnitt für „Besondere Befugnisse zur Abwehr von Gefahren des Terrorismus“, vgl. §§ 28a–28e BbgPolG und in Mecklenburg-Vorpommern der Unterabschnitt für „Besondere Maßnahmen der Polizei im Zusammenhang mit drohenden terroristischen Straftaten“, vgl. §§ 67a-67d SOG M-V. Lediglich vereinzelt erfolgt ein Bezug auf anderweitige Straftaten, wobei meist auf „erhebliche Straftaten“ oder Straftaten nach § 100a beziehungsweise § 100b StPO rekurriert wird.[938]

(b) Gesetzgebungsvorhaben in NRW

Das Problem des Terrorismusbekämpfungsbezugs illustriert in besonderem Maße das Gesetzgebungsvorhaben in NRW.[939] In einem ersten Entwurf vom 11.4. 2018 erstrebte die Landesregierung eine Umsetzung des BKAG-Urteils von 2016.[940] Zum einen wurde aufgrund internationaler terroristischer Bedrohungen eine hohe abstrakte Gefährdungslage für Europa und Deutschland festgestellt,[941] was durch einen Verweis auf die Anschläge in Würzburg, Ansbach, Hannover,

[936] § 25a Abs. 1 Nr. 2, 3 ASOG Bln, § 28a BbgPolG, § 2 Nr. 7 BremPolG, § 30 Abs. 1 HmbPolDVG, § 13 Abs. 3 HSOG, § 67c SOG MV, § 4 Nr. 5 SächsPVDG, § 3 Nr. 5 SOG LSA.

[937] § 129a Abs. 2 StGB: „[...] Taten bestimmt ist, die Bevölkerung auf erhebliche Weise einzuschüchtern, eine Behörde oder eine internationale Organisation rechtswidrig mit Gewalt oder durch Drohung mit Gewalt zu nötigen oder die politischen, verfassungsrechtlichen, wirtschaftlichen oder sozialen Grundstrukturen eines Staates oder einer internationalen Organisation zu beseitigen oder erheblich zu beeinträchtigen, und durch die Art ihrer Begehung oder ihre Auswirkungen einen Staat oder eine internationale Organisation erheblich schädigen kann.“ Vgl. insoweit § 31 Abs. 1, § 32 Abs. 1 BWPolG, § 25a Abs. 1 Nr. 2, 3 ASOG Bln, § 28a BbgPolG; § 2 Nr. 7 a.E. BremPolG, § 30 Abs. 1 S. 2 HmbPolDVG, § 13 Abs. 3 HSOG; § 67c SOG MV, § 2 Nr. 15 NPOG, § 34 Abs. 1 RhPfPOG, § 12 Abs. 4 S. 2 Nr. 2 SPolG, § 31 Abs. 1, § 38 Abs. 1 S. 1 SPolDVG, § 4 Nr. 5 SächsPVDG, § 3 Nr. 5 SOG LSA, § 185a, § 185b, § 201 Abs. 4, § 201b Abs. 1 LVwG S-H.

[938] § 56 Abs. 1 Nr. 2, 3 BW PolG: „eine Straftat mit erheblicher Bedeutung“; § 70 Nr. 3 BWPolG: „Straftat“; § 47 Abs. 1 S. 1 Nr. 2 BremPolG: „Straftaten nach § 100b Absatz 2 der Strafprozessordnung“; § 20 Abs. 1 S. 1 Nr. 2, § 21 Abs. 1 S. 1 Nr. 2, § 30 Abs. 1 HmbPolDVG: „Straftaten von erheblicher Bedeutung“; § 15 Abs. 2 Nr. 2 HSOG: „Straftat mit erheblicher Bedeutung“; § 12a Abs. 1 S. 1, § 16a Abs. 1 NPOG: „Straftat“; § 17c Abs. 1 Nr. 1 Alt. 2, § 33a Abs. 1 S. 1 Nr. 2 Alt. 2 NPOG: „organisierte Gewalttat“; § 34 Abs. 1 S. 1 Nr. 2, § 37 Abs. 1 NPOG: „Straftat von erheblicher Bedeutung“; § 34 Abs. 1 Nr. 2 RhPfPOG: „Straftaten von erheblicher Bedeutung“; § 12 Abs. 4 S. 2 Nr. 1 SPolG: „eine Straftat nach § 100a Absatz 1 Nummer 1 in Verbindung mit § 100a Absatz 2 der Strafprozessordnung“; § 20 Abs. 1, § 21 Abs. 1 S. 1, Abs. 2 Nr. 1, § 57 Abs. 2, § 60 Abs. 2, Abs. 3, § 63 Abs. 2 S. 1 Nr. 2 SächsPVDG: „ihrer Art nach konkretisierte Straftat“, § 66 Abs. 1 S. 2 Nr. 2 SächsPVDG: „konkretisierte Straftat im Sinne des § 100a Absatz 2 der Strafprozessordnung“.

[939] Überblick bei *Worms/Gusy*, in: Möstl/Kugelmann, BeckOK Polizei- und Ordnungsrecht NRW, § 8 PolG NRW Rn. 137 ff.

[940] NRW LT-Drs. 17/2351, S. 1; zum Gesetzgebungsverfahren *Thiel*, GSZ 2019, 1 ff.

[941] NRW LT-Drs. 17/2351, S. 1.

Essen, Berlin und Trèbes (Südfrankreich) untermauert wurde.[942] Zum anderen wurde auf der ersten Seite des Entwurfs klargestellt, dass man das Vorhaben nicht nur auf die Terrorismusbekämpfung beschränkt sehe, da Alltagskriminalität gleichsam grenzüberschreitend und organisiert erfolge.[943]

Um beide Regelungsgehalte der BKAG-Rechtsprechung umzusetzen, wurde eine Unterscheidung von „drohender Gefahr" und „drohender terroristischer Gefahr" vorgeschlagen.[944] Einzug nehmen sollten die Legaldefinitionen dieser Gefahrenkategorien in § 8 Abs. 4 PolG NRW,[945] angelehnt an die erste Alternative der „konkretisierten Gefahr" des BKAG-Urteils, und in § 8 Abs. 5 PolG NRW,[946] angelehnt an die zweite Alternative des entsprechenden Urteils.

Auch hier waren die im Gesetzgebungsprozess beteiligten Experten geteilter Meinung.[947] Einige erachteten die Anbindung der zweiten Kategorie an den Terrorismus als „zutreffend"[948];[949] andere lehnten dies als zu unbestimmt ab.[950] Manche

---

[942] NRW LT-Drs. 17/2351, S. 1.

[943] NRW LT-Drs. 17/2351, S. 1.

[944] NRW LT-Drs. 17/2351, S. 2.

[945] § 8 Abs. 4 PolG NRW i. d. F. NRW LT-Drs. 17/2351: „Eine drohende Gefahr liegt vor, wenn im Einzelfall hinsichtlich einer Person bestimmte Tatsachen die Annahme rechtfertigen, dass die Person innerhalb eines absehbaren Zeitraums auf eine zumindest ihrer Art nach konkretisierte Weise eine Straftat von erheblicher Bedeutung begehen wird."

[946] § 8 Abs. 4 PolG NRW i. d. F. NRW LT-Drs. 17/2351: „Sofern die drohende Gefahr bestimmt und geeignet ist, 1. die Bevölkerung auf erhebliche Weise einzuschüchtern, 2. eine Behörde, eine nationale oder internationale Organisation oder ein Organ der Meinungsäußerung rechtswidrig mit Gewalt oder durch Drohung mit Gewalt zu nötigen oder 3. die politischen, verfassungsrechtlichen, wirtschaftlichen oder sozialen Grundstrukturen eines Staates, eines Landes, einer nationalen oder einer internationalen Organisation zu beseitigen oder erheblich zu beeinträchtigen, handelt es sich um eine drohende terroristische Gefahr. Unter den Voraussetzungen der Nummern 1 bis 3 liegt diese auch dann vor, wenn lediglich das individuelle Verhalten einer Person die konkrete Wahrscheinlichkeit begründet, dass die Person innerhalb eines absehbaren Zeitraums eine Straftat von erheblicher Bedeutung begehen wird."

[947] Diese Regelung grds. befürwortend *v. Coelln*, Stellungnahme zu NRW LT-Drs. 17/2351, NRW LT-Drs. 17/663, S. 3 f.; *Schwarz*, Stellungnahme zu NRW LT-Drs. 17/2351, NRW LT-Drs. 17/632, S. 4 f.; *Thiel*, Stellungnahme zu NRW LT-Drs. 17/2351, NRW LT-Drs. 17/651, S. 5 ff.; hinsichtlich der „drohenden terroristischen Gefahr" *Grumke*, Stellungnahme zu NRW LT-Drs. 17/2351, NRW LT-Drs. 17/648, S. 3 ff.; dagg. aber, *Arzt*, Stellungnahme zu NRW LT-Drs. 17/2351, NRW LT-Drs. 17/652, S. 2 ff.; *Böhlje*, JUSTIZ 2018, 112 (115); *Ennuschat*, Stellungnahme zu NRW LT-Drs. 17/2351, NRW LT-Drs. 17/657, S. 9; *Gusy*, Stellungnahme zu NRW LT-Drs. 17/2351, NRW LT-Drs. 17/630, S. 4; *Löffelmann*, Stellungnahme zu NRW LT-Drs. 17/2351, NRW LT-Drs. 17/641, S. 2 ff.; *Ogorek*, JZ 2019, 63 (69 f.); s. auch *Amnesty International*, Stellungnahme zu NRW LT-Drs. 17/2351, NRW LT-Drs. 17/646, S. 3 f.; *Block* (Landesbeauftragte für Datenschutz), Stellungnahme zu NRW LT-Drs. 17/2351, NRW LT-Drs. 17/657, S. 4 f.

[948] *Löffelmann*, Stellungnahme zu NRW LT-Drs. 17/2351, NRW LT-Drs. 17/641, S. 2.

[949] Vgl. auch *Gusy*, Stellungnahme zu NRW LT-Drs. 17/2351, NRW LT-Drs. 17/630, S. 4 f.; im Ergebnis auch bei dieser Alternative krit. *Gazeas*, Stellungnahme zu NRW LT-Drs. 17/2351, NRW LT-Drs. 17/662, S. 11 ff.

betonten, dass eine solche Begrenzung (zumindest bei erster Variante) nicht notwendig sei.[951] Begründet wurde dies mit einer allgemeinen Gültigkeit der Erwägungen des Bundesverfassungsgerichts wegen der Ableitung aus den Grundrechten.[952] Die im Rahmen der bayerischen „drohenden Gefahr“ geäußerten Monita hinsichtlich der Begrifflichkeiten treten wieder hervor.[953]

Die einen wollten im Wege einer restriktiven Auslegung in Bezug auf die hinter den Straftaten stehenden Rechtsgüter eine Übereinstimmung mit der Verfassung erreichen.[954] Dies sei schon wegen der Bezugnahme des Gesetzesvorhabens auf die Rechtsprechung des Bundesverfassungsgerichts geboten.[955] Die Praxis sah unter dem Vorbehalt der Definition eines Straftatenkatalogs beziehungsweise eines Einsatzes unter Wahrung des restriktiv auszulegenden Rechtsgutsbezugs die Regelungen ebenfalls positiv.[956]

Von den anderen wurde in Anbetracht der Unbestimmtheit – durch die breiten Straftatenkataloge und die Kettenverweise –[957] lediglich eine an das BKAG angelehnte Formulierung in den Standardmaßnahmen empfohlen.[958] Hier wurde konstatiert, die Gefahrenbegriffe führten den Gefährderbegriff in das nordrhein-west-

---

[950] *Arzt*, Stellungnahme zu NRW LT-Drs. 17/2351, NRW LT-Drs. 17/652, S. 8 ff.

[951] *v. Coelln*, Stellungnahme zu NRW LT-Drs. 17/2351, NRW LT-Drs. 17/663, S. 3.

[952] *v. Coelln*, Stellungnahme zu NRW LT-Drs. 17/2351, NRW LT-Drs. 17/663, S. 4.

[953] *Thiel*, Stellungnahme zu NRW LT-Drs. 17/2351, NRW LT-Drs. 17/651, S. 5.

[954] *Thiel*, Stellungnahme zu NRW LT-Drs. 17/2351, NRW LT-Drs. 17/651, S. 7.

[955] *v. Coelln*, Stellungnahme zu NRW LT-Drs. 17/2351, NRW LT-Drs. 17/663, S. 4; *Schwarz*, Stellungnahme zu NRW LT-Drs. 17/2351, NRW LT-Drs. 17/632, S. 4 f.; *Thiel*, Stellungnahme zu NRW LT-Drs. 17/2351, NRW LT-Drs. 17/651, S. 5 ff.

[956] *Deutsche Polizeigewerkschaft (Landesverband NRW)*, Stellungnahme zu NRW LT-Drs. 17/2351, NRW LT-Drs. 17/647, S. 1 f.; *Gewerkschaft der Polizei NRW*, Stellungnahme zu NRW LT-Drs. 17/2351, NRW LT-Drs. 17/642, S. 2 ff.; *Pohlmeier* (Referatsleiterin beim Bundeskriminalamt), Stellungnahme zu NRW LT-Drs. 17/2351, NRW LT-Drs. 17/640, S. 3.

[957] Zur Unbestimmtheit der Straftatenkataloge *Arzt*, Stellungnahme zu NRW LT-Drs. 17/2351, NRW LT-Drs. 17/652, S. 6 f., 9 mit dem Verweis darauf, dass eine „nur drohenden Wahrscheinlichkeit der Fälschung von Zahlungskarten mit Garantiefunktion und Vordrucken für Euroschecks, des bandenmäßigen besonders schweren Diebstahl, der bandenmäßigen und gewerbsmäßigen Hehlerei sowie verschiedenen Formen des Betrugs, der Untreue, des Bankrotts oder Wuchers mit dem Ziel der unter Absatz 5 Nr. 1 bis 3 genannten Zielen“ ausreiche; s. auch *Amnesty International*, Stellungnahme zu NRW LT-Drs. 17/2351, NRW LT-Drs. 17/646, S. 6; *Block* (Landesbeauftragte für Datenschutz), Stellungnahme zu NRW LT-Drs. 17/2351, NRW LT-Drs. 17/657, S. 4 f.; *Klein*, Stellungnahme zu NRW LT-Drs. 17/2351, NRW LT-Drs. 17/644, S. 2 f.; *Gazeas*, Stellungnahme zu NRW LT-Drs. 17/2351, NRW LT-Drs. 17/662, S. 9 f.; *Löffelmann*, Stellungnahme zu NRW LT-Drs. 17/2351, NRW LT-Drs. 17/641, S. 4; zu den Kettenverweisen *Arzt*, Stellungnahme zu NRW LT-Drs. 17/2351, NRW LT-Drs. 17/652, S. 6.

[958] *Löffelmann*, Stellungnahme zu NRW LT-Drs. 17/2351, NRW LT-Drs. 17/641, S. 4 mit Kritik an der Bezugnahme auf „erhebliche Straftaten“ und die „konkrete Wahrscheinlichkeit“.

fälische Polizeigesetz ein.[959] Dafür bestünde keine Schutzlücke.[960] Die Regelung in NRW besaß schon in dieser Version indes den unbestreitbaren Vorteil in Bezug auf die Diskussionswürdigkeit gegenüber Bayern, dass keine Einfügung in die Generalklausel, sondern lediglich in Standardbefugnisse erfolgte.[961]

Die geäußerte Kritik führte zum Änderungsantrag vom 10.10.2018, der die „drohende Gefahr" streicht und eine Legaldefinition der „drohenden terroristischen Gefahr" unter Nennung eines Straftatenkatalogs und eine Anlehnung an die Formulierung des § 129a StGB statuiert, ohne dabei die Begrifflichkeit der „drohenden terroristischen Gefahr" beizubehalten.[962] Die Gehalte der „drohenden Gefahr" wurden in Standardbefugnisse eingeführt,[963] namentlich in § 20c (Datenerhebung durch die Überwachung der laufenden Kommunikation), § 34b (Aufenthaltsvorgabe und Kontaktverbot) und § 34c (elektronische Aufenthaltsüberwachung) PolG

[959] *Gusy*, Stellungnahme zu NRW LT-Drs. 17/2351, NRW LT-Drs. 17/630, S. 3; ebenso *Böhlje*, JUSTIZ 2018, 112 (115).

[960] *Arzt*, Stellungnahme zu NRW LT-Drs. 17/2351, NRW LT-Drs. 17/652, S. 4 mit Kritik hinsichtlich einer fehlenden Zuordnung der Aufgabe; vgl. auch *Ennuschat*, Stellungnahme zu NRW LT-Drs. 17/2351, NRW LT-Drs. 17/657, S. 9; *Gusy*, Stellungnahme zu NRW LT-Drs. 17/2351, NRW LT-Drs. 17/630, S. 4.

[961] *v. Coelln*, Stellungnahme zu NRW LT-Drs. 17/2351, NRW LT-Drs. 17/663, S. 4; vgl. auch *Griebel/Schäfer*, NVwZ 2020, 511 (511 ff.).

[962] Anpassung des § 8 PolG NRW nach dem Änderungsantrag NRW LT-Drs. 17/3865, S. 1 f.: „2. Dem § 8 wird folgender Absatz 4 angefügt: (4) Straftaten nach 1. § 89a, § 89b, § 89c, § 129a, § 129b in Verbindung mit § 129a, § 211, § 212, § 224, § 226, § 227, § 239a, § 239b, § 303b, § 305, § 305a, §§ 306 bis 306c, § 307 Absatz 1 bis 3, § 308 Absatz 1 bis 4, § 309 Absatz 1 bis 5, § 310 Absatz 1 oder 2, § 313, § 314, § 315 Absatz 1, 3 oder 4, § 316b Absatz 1 oder 3, § 316c Absatz 1 bis 3, § 317 Absatz 1, § 328 Absatz 1 oder 2, § 330 Absatz 1 oder 2 oder § 330a Absatz 1 bis 3 des Strafgesetzbuchs,2. den §§ 6 bis 12 des Völkerstrafgesetzbuchs vom 26. Juni 2002 (BGBl. I S. 2254), das durch Artikel 1 des Gesetzes vom 22. Dezember 2016 (BGBl. I S. 3150) geändert worden ist, 3. § 19 Absatz 1 bis 3, § 20 Absatz 1 oder 2, § 20 a Absatz 1 bis 3, § 19 Absatz 2 Nummer 2 oder Absatz 3 Nummer 2, § 20 Absatz 1 oder 2, § 20 a Absatz 1 bis 3, jeweils auch in Verbindung mit § 21, oder § 22 a Absatz 1 bis 3 des Gesetzes über die Kontrolle von Kriegswaffen in der Fassung der Bekanntmachung vom 22. November 1990 (BGBl. I S. 2506), das zuletzt durch Artikel 6 Absatz 2 des Gesetzes vom 13. April 2017 (BGBl. I S. 872) geändert worden ist, und 4. § 51 Absatz 1 bis 3 des Waffengesetzes vom 11. Oktober 2002 (BGBl. I S. 3970, 4592; 2003 I S. 1957), das zuletzt durch Artikel 1 des Gesetzes vom 30. Juni 2017 (BGBl. I S. 2133) geändert worden ist, sind terroristische Straftaten im Sinne dieses Gesetzes, wenn und soweit sie dazu bestimmt sind, die Bevölkerung auf erhebliche Weise einzuschüchtern, eine Behörde oder eine internationale Organisation rechtswidrig mit Gewalt oder durch Drohung mit Gewalt zu nötigen oder die politischen, verfassungsrechtlichen, wirtschaftlichen oder sozialen Grundstrukturen eines Staates oder einer internationalen Organisation zu beseitigen oder erheblich zu beeinträchtigen, und sie durch die Art ihrer Begehung oder ihre Auswirkungen einen Staat oder eine internationale Organisation erheblich schädigen können."

[963] Änderungsantrag NRW LT-Drs. 17/3865, S. 6 ff.; eine Einfügung soll in § 20c (Datenerhebung durch die Überwachung der laufenden Kommunikation), § 34b (Aufenthaltsvorgabe und Kontaktverbot) und § 34c (elektronische Aufenthaltsüberwachung) PolG NRW erfolgen, Änderungsantrag NRW LT-Drs. 17/3865, S. 6.

NRW.[964] Die nun angehörten Experten bewerten die Anpassung überwiegend positiv.[965] Nur vereinzelt wurde die Beschränkung beanstandet.[966] Man unterschlage die Bekämpfung der Organisierten Kriminalität.[967] Es blieb indes bei der Kritik an der Ausgestaltung des Straftatenbezugs, insbesondere der Einbeziehung von Vorbereitungshandlungen.[968]

In der Folge kam es am 5. 12. 2018 zu einem weiteren Änderungsantrag, bei dem § 8 Abs. 4 PolG NRW in der Fassung des Antrags NRW LT-Drs. 17/3865 erneut enger gefasst wurde.[969] Es sollte eine Orientierung an § 5 Abs. 1 S. 2 BKAG erfolgen.[970] Die Bezugnahme des Straftatenkatalogs auf die Straftaten nach den §§ 89a, 89b, 89c, 129a, 129b i. V. m. 129a, 224 sowie 310 Abs. 1 oder 2 StGB wurde gestrichen. Der Gesetzgeber nahm an, dass durch die Einbeziehung von Vorbereitungshandlungen eine „‚doppelte‘ Vorverlagerung“[971] erfolge, die es zu vermeiden gelte.

In dieser Fassung trat das Gesetz 14. 12. 2018 in Kraft.[972] Im Ergebnis enthalten die betroffenen Standardbefugnisse eine gemischte Umsetzung von erster und zweiter Alternative des BKAG Urteils mit Bezug auf terroristische Straftaten i. S. d. neuen § 8 Abs. 4 PolG NRW.[973] Hiergegen wird eine Verfassungsbeschwerde er-

---

[964] Alle i. d. F. des Änderungsantrags NRW LT-Drs. 17/3865, S. 6.

[965] *Arzt*, Stellungnahme zu NRW LT-Drs. 17/3865, NRW LT-Drs. 17/936, S. 4; *Ennuschat*, Stellungnahme zu NRW LT-Drs. 17/3865, NRW LT-Drs. 17/940, S. 1, 3 ff.; *Klein*, Stellungnahme zu NRW LT-Drs. 17/3865, NRW LT-Drs. 17/926, S. 1 ff.; *Thiel*, Stellungnahme zu NRW LT-Drs. 17/3865, NRW LT-Drs. 17/944, S. 2 ff.; vgl. auch *Netzpolitik.org*, Stellungnahme zu NRW LT-Drs. 17/3865, NRW LT-Drs. 17/937, S. 4.

[966] *v. Coelln*, Stellungnahme zu NRW LT-Drs. 17/3865, NRW LT-Drs. 17/935, S. 1 f.; *Schwarz*, Stellungnahme zu NRW LT-Drs. 17/3865, NRW LT-Drs. 17/941, S. 2.

[967] *Bund deutscher Kriminalbeamter (Landesverband NRW)*, Stellungnahme zu NRW LT-Drs. 17/3865, NRW LT-Drs. 17/939, S. 1.

[968] *Arzt*, Stellungnahme zu NRW LT-Drs. 17/3865, NRW LT-Drs. 17/936, S. 4 ff.; *Netzpolitik.org*, Stellungnahme zu NRW LT-Drs. 17/3865, NRW LT-Drs. 17/937, S. 7.

[969] Fassung des § 8 Abs. 4 i. S. d. Änderungsantrags NRW LT-Drs. 17/4466, S. 1: „1. § 211, § 212, § 226, § 227, § 239 a, § 239 b, § 303 b, § 305, § 305 a, §§ 306 bis 306 c, § 307 Absatz 1 bis 3, § 308 Absatz 1 bis 4, § 309 Absatz 1 bis 5, § 313, § 314, § 315 Absatz 1, 3 oder 4, § 316b Absatz 1 oder 3, § 316c Absatz 1 bis 3, § 317 Absatz 1, § 328 Absatz 1 oder 2, § 330 Absatz 1 oder 2 oder § 330a Absatz 1 bis 3 des Strafgesetzbuchs“.

[970] NRW LT-Drs. 17/4466, S. 3.

[971] NRW LT-Drs. 17/4466, S. 3.

[972] Gesetz zur Stärkung der Sicherheit in Nordrhein-Westfalen – Sechstes Gesetz zur Änderung des Polizeigesetzes des Landes Nordrhein-Westfalen v. 13. 12. 2018 (NRW GV. S. 683).

[973] In Bezug auf § 20 c PolG NRW, *v. Coelln/Pernice-Warnke/Pützer/Reisch*, NWVBl. 2019, 89 (93); vgl. § 20c Abs. 1 PolG NRW i. d. F. des Gesetzes zur Stärkung der Sicherheit in Nordrhein-Westfalen – Sechstes Gesetz zur Änderung des Polizeigesetzes des Landes Nordrhein-Westfalen v. 13. 12. 2018 (NRW GV. S. 683): „(1) Die Polizei kann ohne Wissen der betroffenen Person die laufende Telekommunikation einer Person überwachen und aufzeichnen, […] 2. deren individuelles Verhalten die konkrete Wahrscheinlichkeit begründet,

hoben.[974] Gegen die Regelung werden neben Bestimmtheitsbedenken, denen häufig mit dem Argument der Auslegungsfähigkeit begegnet wird,[975] unter anderem Bedenken hinsichtlich ihrer Systematik durch die Vermischung der verfassungsgerichtlichen Kategorien geäußert.[976] Außerdem wird grundlegend kritisiert, dass durch die Änderungen im Gesetzgebungsprozess die umstrittenen Kategorien lediglich in die Standardbefugnisse verlagert wurden.[977]

Die nordrhein-westfälische Regelung hat zum einen den klaren Fokus auf die Terrorismusabwehr gesetzt.[978] Zum anderen weicht sie (unter anderem) von der bayerischen Kodifikation ab, indem hier mit einem Straftatenbezug gearbeitet wird. Der gewählte am BKAG orientierte Terrorismusbegriff wird als unproblematisch erachtet, da er durch das Bundesverfassungsgericht bestätigt worden sei.[979]

---

dass sie innerhalb eines übersehbaren Zeitraums auf eine zumindest ihrer Art nach konkretisierte Weise eine terroristische Straftat nach § 8 Absatz 4 begehen wird, […] und die Abwehr der Gefahr oder Verhütung der Straftaten auf andere Weise aussichtslos oder wesentlich erschwert wäre. Die Maßnahme darf auch durchgeführt werden, wenn andere Personen unvermeidbar betroffen werden." § 34b Abs. 1 PolG NRW (NRW GV. 2018, S. 683): „(1) Die Polizei kann zur Verhütung von terroristischen Straftaten nach § 8 Absatz 4 einer Person untersagen, sich ohne Erlaubnis der Polizei von ihrem Wohn- oder Aufenthaltsort oder aus einem bestimmten Bereich zu entfernen oder sich an bestimmten Orten aufzuhalten (Aufenthaltsvorgabe), wenn 1. bestimmte Tatsachen die Annahme rechtfertigen, dass die betroffene Person innerhalb eines übersehbaren Zeitraums auf eine zumindest ihrer Art nach konkretisierte Weise eine terroristische Straftat nach § 8 Absatz 4 begehen wird oder 2. das individuelle Verhalten der betroffenen Person die konkrete Wahrscheinlichkeit begründet, dass sie innerhalb eines übersehbaren Zeitraums eine terroristische Straftat nach § 8 Absatz 4 begehen wird. Unter den Voraussetzungen des Satzes 1 kann die Polizei zur Verhütung von Straftaten nach § 8 Absatz 4 einer Person auch den Kontakt mit bestimmten Personen oder Personen einer bestimmten Gruppe untersagen (Kontaktverbot)." Ähnlich auch § 34c PolG NRW (NRW GV. 2018, S. 683): „(1) Die Polizei kann zur Verhütung von terroristischen Straftaten nach § 8 Absatz 4 eine Person verpflichten ein technisches Mittel, mit dem der Aufenthaltsort dieser Person elektronisch überwacht werden kann, ständig im betriebsbereiten Zustand am Körper zu tragen, die Anlegung und Wartung des technischen Mittels zu dulden und seine Funktionsfähigkeit nicht zu beeinträchtigen, wenn 1. bestimmte Tatsachen die Annahme rechtfertigen, dass diese Person innerhalb eines übersehbaren Zeitraums auf eine zumindest ihrer Art nach konkretisierte Weise eine Straftat nach § 8 Absatz 4 begehen wird oder 2. deren individuelles Verhalten eine konkrete Wahrscheinlichkeit dafür begründet, dass sie innerhalb eines übersehbaren Zeitraums eine Straftat nach § 8 Absatz 4 begehen wird, um diese Person durch die Überwachung und die Datenverwendung von der Begehung dieser Straftat abzuhalten."

[974] Digitalcourage e. V., Pressemitteilung: Verfassungsbeschwerde gegen Polizeigesetz NRW v. 30. 10. 2019, https://digitalcourage.de/pressemitteilungen/2019/verfassungsbeschwerde-gegen-polizeigesetz-nrw, Stand: 11. 12. 2023.

[975] *v. Coelln/Pernice-Warnke/Pützer/Reisch*, NWVBl. 2019, 89 (90 f.).

[976] *Griebel/Schäfer*, NVwZ 2020, 511 (515 f.).

[977] *Digitalcourage e. V.*, Stellungnahme zu NRW LT-Drs. 17/3865, NRW LT-Drs. 17/947, S. 7 ff.

[978] Vgl. *Griebel/Schäfer*, NVwZ 2020, 511 (511 ff.).

[979] *Griebel/Schäfer*, NVwZ 2020, 511 (512) m. V. a. BVerfGE 141, 220 (266 Rn. 96).

(c) Einheitlicher Umgang mit extremer Unvorhersehbarkeit

Prinzipiell erklärt sich die Anbindung an die Terrorismusbekämpfung aus vielen Gründen, die bereits in der Darstellung der Motive der Gefahrenvorsorge und dem vermeintlichen Versagen der konkreten Gefahr behandelt wurden.[980] Terrorismus ist gekennzeichnet durch eine außergewöhnlich erschwerte Aufklärbarkeit und gilt als Prototyp einer schweren Vorhersehbarkeit,[981] da der „Konkretisierungsgrad potentieller terroristischer Anschläge [...] mithin lange Zeit niedrig“[982] bleibt. Gleichzeitig sei aber die Zeitspanne zum Eingreifen, bei der die Konkretisierung für die Annahme einer konkreten Gefahr ausreicht, sehr kurz.[983]

Zum BKAG-Urteil resümiert Darnstädt, dass der dort festgelegte personenbezogenen Gefahrenbegriff auf die Erfordernisse der Terrorbekämpfung reagiere.[984] Genauso ist nach Ansicht der Literatur der in der Interpretation der landesgesetzlichen Regelungen immer wieder auftauchende Begriff des Gefährders eine Figur des Terrorismus.[985]

Diese Merkmale bringen nicht wenige Stimmen in der Literatur dazu, diesen Bereich einheitlich zusammenfassen zu wollen und nach eigenen Maßstäben zu bewerten. Ansätze dessen zeigen sich bei Meyer, der die Terrorismusabwehr dem Risikorecht gegenüberstellt.[986] Das Erfahrungswissen versage in Anbetracht von „nicht linearen Systemdynamiken, die sich in einer sprunghaften Zustandsveränderung zeigen“[987]. Daher fordert Meyer eine Annäherung[988] der Rechtsgebiete unter Beibehaltung der unterschiedlichen Wahrscheinlichkeitsmaßstäbe und Unterschiede, die sich aus der Möglichkeit eines heimlichen Einsatzes im Polizeirecht ergeben.[989] Er resümiert damit, eine Inkorporation von wissenschaftlichen Erkenntnissen auch im Polizeirecht anzustreben.[990] Diese – nicht kritiklos gebliebenen –[991] Forderungen deuten auf die Annahme der Eigenständigkeit der Terrorismusabwehr.

---

[980] S.o. § 4 C.I.2., S. 99 ff. u. § 5 B.I.1.b)cc), S. 184 ff.

[981] Vgl. zur Aufklärbarkeit *Meyer*, JZ 2017, 429 (434); zur Vorhersehbarkeit *Kulick*, AöR 143 (2018), 175 (176); s. auch *Bäcker*, in: Lisken/Denninger, Handbuch des Polizeirechts, D. Rn. 271; *Meyer*, JZ 2017, 429 (429).

[982] *Kulick*, AöR 143 (2018), 175 (176).

[983] *Kulick*, AöR 143 (2018), 175 (177); vgl. auch *Schmid/Wenner*, BayVBl. 2019, 109 (110).

[984] *Darnstädt*, DVBl. 2017, 88 (88); vgl. auch *Kulick*, AöR 143 (2018), 175 (178).

[985] *Leisner-Egensperger*, DÖV 2018, 677 (681 f.); *Kulick*, AöR 143 (2018), 175 (183, 186).

[986] *Meyer*, JZ 2017, 429 (433 ff.).

[987] *Meyer*, JZ 2017, 429 (434).

[988] *Meyer*, JZ 2017, 429 (434); krit. *Kulick*, AöR 143 (2018), 175 (196 f.).

[989] *Meyer*, JZ 2017, 429 (434) m.V.a. BVerfGE 141, 220 (272 f. Rn. 112 f.); zur Heimlichkeit *Meyer*, JZ 2017, 429 (436).

[990] *Meyer*, JZ 2017, 429 (434).

[991] *Kulick*, AöR 143 (2018), 175 (196 f.) hält anders als im Risikorecht das Informationsdefizit für „ausgleichbar“.

Lindner/Unterreitmeier gehen weiter, wenn sie betonen, dass Verfassungsprinzipien in Ansehung der Bedrohungslage interpretiert werden müssen.[992] Eine Bewältigung der Terrorismusbekämpfung mithilfe der Mittel zur Bekämpfung von Alltagsgewalt sei angesichts der Professionalität der Terroristen zu bezweifeln.[993] Anders als beispielsweise der Drogenhandel als Teil der Organisierten Kriminalität nehme der Terrorismus den Tod der eigenen Anhänger und der potentiellen Opfer in Kauf und ziele dabei auf Destabilisierung der freiheitlich demokratischen Grundordnung.[994] Anstelle übergreifender Grundsätze für das Gefahrenabwehrrecht bedürfe es einer Auseinandersetzung mit den Eigenheiten und verfassungsrechtlichen Möglichkeiten der Terrorismusbekämpfung.[995] Auch ein Blick auf andere Staaten würde die Unzulänglichkeit der bestehenden Vorschriften bestätigen.[996]

Einige Bundesländer setzen diese Tendenz zu einer gesonderten rechtlichen Auseinandersetzung um, indem sie, wie beschrieben, die Terrorismusbekämpfung in eigene Abschnitte absondern und hier die Maßstäbe des BKAG-Urteils anlegen. So existiert im brandenburgischen Polizeigesetz der Abschnitt „Besondere Befugnisse zur Abwehr von Gefahren des Terrorismus", vgl. §§ 28a–28e BbgPolG, und in der mecklenburg-vorpommerischen Kodifikation der Unterabschnitt „Besondere Maßnahmen der Polizei im Zusammenhang mit drohenden terroristischen", vgl. §§ 67a-67d SOG M-V.

(3) Probleme des Terrorismusbekämpfungsbezugs

(a) Unschärfe

Der Terrorismusbegriff ist nach Ansicht des Bundesverwaltungsgerichts geprägt von einer gewissen „Unschärfe"[997]. Das Bundesverfassungsgericht bestätigt, dass dieser teils unterschiedlich definiert wird.[998] Das Fehlen einer einheitlichen Definition des Terrorismus wird folglich als Argument gegen einen Terrorismusbezug angebracht.[999] Außerdem wird selbst von Befürwortern betont, dass der Begriff schnell zu weit ausgelegt werden kann.[1000] Es gelte unterschiedlichste Formen des

---

[992] *Lindner/Unterreitmeier*, DÖV 2017, 90 (94).

[993] *Lindner/Unterreitmeier*, DÖV 2017, 90 (94).

[994] *Lindner/Unterreitmeier*, DÖV 2017, 90 (94).

[995] *Lindner/Unterreitmeier*, DÖV 2017, 90 (94).

[996] *Lindner/Unterreitmeier*, DÖV 2017, 90 (94).

[997] BVerwGE 158, 225 (233 ff. Rn. 16); BVerwG, BeckRS 2017, 113651 Ls. 3; BeckRS 2017, 118023 Rn. 25; BVerwGE 159, 296 (302 Rn. 22).

[998] BVerfG, NVwZ 2017, 1526 (1528 Rn. 37).

[999] *Schmid/Wenner*, BayVBl. 2019, 109 (110 f.); krit. zur Terrorismusbekämpfungsgesetzgebung insgesamt *Barczak*, Der nervöse Staat, S. 453 ff.

[1000] *Kießling*, VerwArch 108 (2017), 282 (300).

Terrorismus unter einen Hut bringen,[1001] deren Vorstellungen von einer gewissen Subjektivität geprägt sind.[1002]

Gleichwohl geht die Rechtsprechung davon aus, den Terrorismusbegriff greifbar gemacht zu haben.[1003] So liegt im Aufenthaltsrecht eine „völkerrechtlich geächtete Verfolgung politischer Ziele mit terroristischen Mitteln jedenfalls dann vor, wenn politische Ziele unter Einsatz gemeingefährlicher Waffen oder durch Angriffe auf das Leben Unbeteiligter verfolgt werden“[1004]. Außerhalb der aufenthaltsrechtlichen Erwägungen kommt es ebenfalls zu definitorischen Eingrenzungsversuchen: Terroristische Straftaten zielen nach Ansicht des Bundesverfassungs- und Bundesverwaltungsgerichts auf die „Destabilisierung des Gemeinwesens und umfassen hierbei in rücksichtsloser Instrumentalisierung anderer Menschen Angriffe auf Leib und Leben beliebiger Dritter.“[1005] Ansonsten finden sich Anknüpfungspunkte in § 129a StGB und § 5 BKAG,[1006] die aber ihrerseits stets nicht kritiklos sind.[1007] Daran scheinen sich die Gesetzgebungsvorhaben der Länder zu orientieren, wenn sie den Terrorismusbezug einbinden.

Der Terrorismusbekämpfungsbezug bleibt indes in Bayern nicht vollständig außen vor. Er dient hier als Legitimationsgrundlage der Veränderungen. Die bayerische Gesetzesbegründung von 2017 stellt fest, dass eine national und international anhaltend hohe Bedrohung durch Terrorismus und Extremismus auszumachen sei.[1008] Diese Ansicht teilen Teile der Literatur.[1009] Als Begründung werden die Anschläge in Bayern und auf den Berliner Weihnachtsmarkt im Jahr 2016 angeführt.[1010] Wegen des bloß abstrakten Verweises auf die Bedrohungslage zeigt sich das Schrifttum teilweise enttäuscht vom Vorgehen des bayerischen Gesetzgebers.[1011]

[1001] *Schmid/Wenner*, BayVBl. 2019, 109 (111).

[1002] *Schmid/Wenner*, BayVBl. 2019, 109 (110).

[1003] Vgl. dazu *Kießling*, NVwZ 2017, 1019 (1020).

[1004] BVerwGE 158, 225 (233 ff. Rn. 16); BVerwG, BeckRS 2017, 118023 Rn. 25; BVerwGE 159, 296 (302 Rn. 22); s. auch BVerfG, NVwZ 2017, 1526 (1528 Rn. 37); fast wortgleich unter direkter Einbeziehung der ideologischen Ziele BVerwG, BeckRS 2017, 11365 Ls. 3.

[1005] BVerfGE 141, 220 (266 Rn. 96); 133, 277 (333 f. Rn. 133); BVerwG, BeckRS 2017, 118023 Rn. 10.

[1006] *Schmid/Wenner*, BayVBl. 2019, 109 (111).

[1007] *Schmid/Wenner*, BayVBl. 2019, 109 (111 mit Fn. 33).

[1008] Amtl. Begr. zum Gesetz zur effektiveren Überwachung gefährlicher Personen v. 24. 7. 2017 (BayGVBl. S. 388), BayLT-Drs. 17/16299, S. 1.

[1009] *Lindner/Unterreitmeier*, DÖV 2017, 90 (90); *Schwarz*, Stellungnahme zu BayLT-Drs. 17/16299, S. 1.

[1010] Amtl. Begr. zum Gesetz zur effektiveren Überwachung gefährlicher Personen v. 24. 7. 2017 (BayGVBl. S. 388), BayLT-Drs. 17/16299, S. 1; *Müller*, BayVBl. 2018, 109 (109).

[1011] *Löffelmann*, Stellungnahme zu BayLT-Drs. 17/16299, S. 29; s. auch *ders.*, BayVBl. 2018, 145 (154).

Die Subjektivität der Wahrnehmung von Bedrohungslagen ist auch in Anbetracht der „drohenden Gefahr" weiterhin ein drängendes Problem.[1012] Zwar sei ein neuartiger Ausführungsmodus durch die Begehung von Gewalttaten mit einfach und unauffällig zu beschaffenden Tatmitteln wie Fahrzeugen oder Messern festzustellen.[1013] Das Bestehen neuer Bedrohungslagen wird indes generell als nicht bewiesen angesehen.[1014]

(b) Subjektivierung und ex-post Betrachtung

Nicht nur die Subjektivität des Terrorismusbegriffs begründet Zweifel am Festschreiben eines Terrorismusbezugs. Der Bezug auf die Terrorismusbekämpfung muss während der Gefahrenabwehr und -vorsorge eingeschätzt werden. So werde diese staatliche Aufgabenerfüllung abhängig vom Motiv des Täters als „Innenperspektive"[1015].[1016] Dies erscheint nach Ansicht eines Teils der Literatur schon aus rein praktischen Gründen problematisch, da in der konkreten Situation diese Motivlage des Betroffenen nicht leicht erkennbar ist.[1017] Die Prognosefähigkeit der Polizei wäre überstiegen.[1018]

Zudem ist anders als im repressiven Bereich dem Gefahrenabwehrrecht das Abstellen auf innere Aspekte fremd.[1019] Anstelle der Motivlage ist die Rechtsgutsbedrohung maßgeblich.[1020] Meist ergebe sich erst aus der ex-post Betrachtung die Charakterisierung der Gefahrenursache[1021] und selbst dann falle die Abgrenzung

---

[1012] *Apostel*, KJ 52 (2019), 147 (147); *Holzner*, in: Möstl/Schwabenbauer, BeckOK Polizei- und Sicherheitsrecht Bayern, Art. 11a BayPAG Rn. 1.

[1013] Vgl. *Enders*, DÖV 2019, 205 (206 Fn. 7); *Pohlmeier* (Referatsleiterin beim Bundeskriminalamt), Stellungnahme zu NRW LT-Drs. 17/2351, NRW LT-Drs. 17/640, S. 3.

[1014] *Hundert/Lippmann*, SächsVBl. 2019, 305 (307); *Löffelmann*, BayVBl. 2018, 145 (154); *Thiel*, GSZ 2019, 1 (1); *Weinrich*, NVwZ 2018, 1680 (1685); vgl. auch *Leisner-Egensperger*, DÖV 2018, 677 (681).

[1015] *Schmid/Wenner*, BayVBl. 2019, 109 (111).

[1016] Vgl. *Leisner-Egensperger*, DÖV 2018, 677 (682); *Möstl*, Die Verwaltung 53 (2020), 21 (33 f.); *Schmidbauer*, in: ders./Steiner, PAG, Art. 11a Rn. 123 ff.; *Schmid/Wenner*, BayVBl. 2019, 109 (111); *Zaremba*, DÖV 2019, 221 (223); dies auch angesichts der differenzierenden Bezugnahme auf § 212 und § 211 StGB für § 8 Abs. 4 PolG NRW kritisierend, *Griebel/Schäfer*, NVwZ 2020, 511 (513); vgl. auch Amtl. Begr. zu Art. 11a BayPAG i. d. F. des Gesetzes zur Änderung des Polizeiaufgabengesetzes und weiterer Rechtsvorschriften v. 27. 3. 2021 (BayGVBl. S. 418), BayLT-Drs. 18/13716, S. 22.

[1017] *Lindner*, Stellungnahme zu BayLT-Drs. 17/16299, S. 9.

[1018] *Schmidbauer*, in: ders./Steiner, PAG, Art. 11a Rn. 123 ff.; *Schmid/Wenner*, BayVBl. 2019, 109 (111); vgl. auch Amtl. Begr. zu Art. 11 BayPAG i. d. F. des Gesetzes zur effektiveren Überwachung gefährlicher Personen v. 24. 7. 2017 (BayGVBl. S. 388), BayLT-Drs. 17/16299, S. 10.

[1019] *Griebel/Schäfer*, NVwZ 2020, 511 (512).

[1020] *Müller*, BayVBl. 2018, 109 (114).

[1021] *Müller*, BayVBl. 2018, 109 (114).

schwer.[1022] So ließen sich Amokläufe von Terrorakten schwer abgrenzen.[1023] Schmid/Wenner führen die Tat im OEZ in München 2016 an,[1024] bei dem die Motivationslage unklar war und ist.[1025] Ferner wird auf den (wohl) aus Habgier erfolgten Anschlag auf den Mannschaftsbus von Borussia Dortmund verwiesen, für den unter Zugrundelegung der Einschätzung eines Terrorismusbezugs kein Einschreiten möglich wäre.[1026]

(c) Gleichwertigkeit anderer Bedrohungslagen und Ansicht der jüngeren Rechtsprechung

Die bayerische „drohende Gefahr“ verzichtet auf den tatbestandlichen Terrorismusbezug, zieht aber andere Begründungsstränge heran. Im Problemaufriss der Gesetzesbegründung von 2017 nennt diese als Ziel die Bekämpfung von extremistischen und islamistischen Anschlägen, „[a]ber auch Gefahren aus dem nicht terroristischen Spektrum, wie etwa aus Amokläufen mit ihren teilweise erschreckend hohen Opferzahlen“[1027]. Ausdrücklich strebt die Novellierung von 2017 eine „umfassender[e]“[1028] Arrondierung an. Das Fallenlassen des Terrorismusbezugs sei Konsequenz des weitergehenden Zuständigkeitsbereichs der Landespolizei.[1029] Die weitgehende Neufassung des bayerischen Polizeiaufgabengesetzes 2018 möchte auf die „aktuelle Gefährdung durch vielfältige Formen des Terrorismus, Extremismus, aber auch durch anderweit motivierte gewichtige Bedrohungslagen bis hin zu Cyberangriffen reagieren“[1030].

Ob die bayerische Umsetzung sich insoweit in den durch das Bundesverfassungsgericht aufgezeigten Grenzen bewegt, hängt von der Beurteilung der Frage ab, ob der Mangel an Konkretisierung des Schadensereignisses ein Problem der Ter-

---

[1022] *Möstl*, DVBl. 2020, 160 (166); *Schmid/Wenner*, BayVBl. 2019, 109 (111).

[1023] *Möstl*, DVBl. 2020, 160 (166).

[1024] *Schmid/Wenner*, BayVBl. 2019, 109 (111 mit Fn. 34); s. auch *Möstl*, BayVBl. 2018, 156 (160); Amtl. Begr. zu Art. 11 BayPAG i.d.F. des Gesetzes zur effektiveren Überwachung gefährlicher Personen v. 24.7.2017 (BayGVBl. S. 388), BayLT-Drs. 17/16299, S. 10.

[1025] Vgl. z.B. LG München I, BeckRS 2018, 5795.

[1026] *Schmid/Wenner*, BayVBl. 2019, 109 (111); vgl. mit Verweis darauf auch *Möstl*, Stellungnahme zu BayLT-Drs. 17/16299, S. 3; s. auch *ders.*, BayVBl. 2018, 156 (160); vgl. schon Amtl. Begr. zu Art. 11 BayPAG i.d.F. des Gesetzes zur effektiveren Überwachung gefährlicher Personen v. 24.7.2017 (BayGVBl. S. 388), BayLT-Drs. 17/16299, S. 10.

[1027] Amtl. Begr. zum Gesetz zur effektiveren Überwachung gefährlicher Personen v. 24.7.2017 (BayGVBl. S. 388), BayLT-Drs. 17/16299, S. 1.

[1028] Amtl. Begr. zu Art. 11 BayPAG i.d.F. des Gesetzes zur effektiveren Überwachung gefährlicher Personen v. 24.7.2017 (BayGVBl. S. 388), BayLT-Drs. 17/16299, S. 9.

[1029] Amtl. Begr. zu Art. 11 BayPAG i.d.F. des Gesetzes zur effektiveren Überwachung gefährlicher Personen v. 24.7.2017 (BayGVBl. S. 388), BayLT-Drs. 17/16299, S. 10.

[1030] Vgl. die Amtl. Begr. zum Gesetz zur Neuordnung des bayerischen Polizeirechts (PAG-Neuordnungsgesetz) v. 18.5.2018 (BayGVBl. S. 301), BayLT-Drs. 17/20425, S. 40.

rorismusbekämpfung ist.[1031] Für eine solche Beschränkung wird allem voran die Anlehnung an das BKAG-Urteil angeführt, welche zumindest für die im Urteil letztgenannte Alternative[1032] einen Terrorismusbezug fordert.[1033] Der Abschnitt, an den der bayerische Gesetzgeber anknüpft, endet mit der Wendung in „Bezug auf terroristische Straftaten"[1034].[1035] Der Vergleichbarkeit anderer Ausgangssituationen wird entgegengehalten, dass die Terrorismusabwehr spezifisch ereignisbezogen sei, die Abwehr der Organisierten Kriminalität zum Beispiel hingegen andauernde Straftaten in den Blick nehme.[1036]

In der Rezeption des Online-Durchsuchungs-, Vorratsdatenspeicherungs- sowie des BKAG-Urteils erfolgte nicht selten keine strikte Beschränkung auf den Terrorismusbekämpfungsbereich.[1037] Hinsichtlich der bayerischen Novelle findet das Argument des erweiterten Aufgabenbereichs der Landespolizeien Anklang.[1038] Denn die Literatur attestiert der Regelung des Bundesverfassungsgerichts insbesondere aufgrund der Äußerungen im und zum BKAG-Urteil ein Selbstverständnis „als Summe seiner jüngeren Polizeirechtsjudikatur"[1039].[1040] Der Terrorbezug des BKAG-Urteils sei nur verfahrensgegenstandsbedingt.[1041] Außerdem liege es in der

---

[1031] *Leisner-Egensperger*, DÖV 2018, 677 (682); *Möstl*, Die Verwaltung 53 (2020), 21 (33).

[1032] Für die im Ergebnis nicht umgesetzte Einführung einer „drohenden Gefahr" in NRW *Thiel*, Stellungnahme zu NRW LT-Drs. 17/2351, NRW LT-Drs. 17/651, S. 5 f.

[1033] *Möstl*, BayVBl. 2018, 156 (158).

[1034] BVerfGE 141, 220 (272 Rn. 112).

[1035] Antrag auf abstrakte Normenkontrolle v. 6.9.2018, (Fn. 904), S. 50.

[1036] *Bäcker*, Kriminalpräventionsrecht, S. 120.

[1037] Zu den erstgenannten Urteilen *Darnstädt*, DVBl. 2011, 263 (263): „schwere Verbrechen"; zum BKAG-Urteil *Meyer*, JZ 2017, 429 (438): „Terrorismus bzw. auf Kriminalitätsbereiche mit vergleichbarem Gewissheitsdefizit"; s. auch *Darnstädt*, DVBl. 2017, 88 (89): „Besorgnis drohender schwerer Gewalttaten"; vgl. insoweit auch *Lindner*, Stellungnahme zu BayLT-Drs. 17/16299, S. 8; *Leisner-Egensperger*, DÖV 2018, 677 (681); *Ogorek*, JZ 2019, 63 (69); für den VE ME PolG (1986) *Kniesel/Vahle*, in: Clages, Polizeiliche Informationsverarbeitung und Datenschutz im künftigen Polizeirecht, S. 97 Rn. 165: „Anbindung an kriminologisch definierte Kriminalitätsfelder von hoher Sozialschädlichkeit (organisierte Kriminalität, Terrorismus, Serienstraftaten bei schwerer Kriminalität) oder durch Festmachen an Katalogtaten".

[1038] *Holzner*, DÖV 2018, 946 (950); *Lindner*, Stellungnahme zu BayLT-Drs. 17/16299, S. 8 f.; *Möstl*, BayVBl. 2018, 156 (160); *ders.*, Stellungnahme zu BayLT-Drs. 17/16299, S. 3; *Müller*, BayVBl. 2018, 109 (114).

[1039] *Möstl*, BayVBl. 2018, 156 (156); s.o. § 5 A.I., S. 130 ff.

[1040] *Möstl*, BayVBl. 2018, 156 (156 Fn. 6); *ders.*, Stellungnahme zu BayLT-Drs. 17/16299, S. 3, jeweils m.V.a. die Pressemitteilung Nr. 19/2016 v. 20.4.2016 zu BVerfGE 141, 220 ff., (Fn. 10): „eine lange Rechtsprechung zusammenführend"; vgl. auch *Darnstädt*, DVBl. 2017, 88 (89); *Kießling*, VerwArch 108 (2017), 282 (282); *Leisner-Egensperger*, DÖV 2018, 677 (679 f.); *Shirvani*, DVBl. 2018, 1393 (1394); *Wehr*, JURA 2019, 940 (940).

[1041] *Möstl*, BayVBl. 2018, 156 (160); *Schmid/Wenner*, BayVBl. 2019, 109 (110); vgl. auch *Ogorek*, JZ 2019, 63 (69).

Verantwortung des Gesetzgebers, eigene Schlüsse zu ziehen.[1042] Es ergebe sich keine kompetenzrechtliche Beschränkung.[1043] In Unterstützung der Ausführungen der bayerischen Gesetzesbegründung wird bestätigt, dass Landespolizeien mit nicht terroristischen Gewalttaten und Angriffen konfrontiert seien, die es nach ihrer Intensität und Auswirkung durchaus mit terroristischen Taten aufnehmen können.[1044] Diesbezüglich kommt es zu einer Aufzählung einer großen Anzahl von Beispielen durch die Polizei selbst, die PAG-Kommission und die Literatur.[1045] Ganz allgemein werden in Anlehnung an die Gesetzesbegründung anderweitig begründete Kapitaldelikte genannt.[1046] Auch die Organisierte Kriminalität wird für vergleichbar gehalten.[1047] Es gehe um Bereiche, in denen extreme Gewaltbereitschaft bestehe.[1048] Die PAG-Kommission nennt die Abwehr von Terrorismus, Cyberkriminalität und Extremismus.[1049] In jedem Fall ist nach Ansicht eines Großteils der Literatur ein Verzicht auf die vorherige Beurteilung der Motivlage unerlässlich.[1050]

Wegen der Vergleichbarkeit sehen diese Teile der Literatur bei einer Begrenzung auf die Terrorismusabwehr die Gefahr von willkürlichen Ergebnissen.[1051] Es sei daher von einer Verallgemeinerungsfähigkeit auszugehen.[1052] Die Personalisierung sei keine Besonderheit der Terrorismusbekämpfung, sondern in anderen Bereichen und Rechtsgebieten wie dem Gewerbe- und Waffenrecht, der Entziehung der Fahrerlaubnis, der Meldeauflage bei „Hooligans“, aber auch dem Aufenthaltsrecht, Teil des rechtlichen Repertoires.[1053]

[1042] *Möstl*, Stellungnahme zu BayLT-Drs. 17/16299, S. 3.

[1043] *Lindner*, Stellungnahme zu BayLT-Drs. 17/16299, S. 9.

[1044] *Möstl*, BayVBl. 2018, 156 (160); *ders.*, Stellungnahme zu BayLT-Drs. 17/16299, S. 3; *Petri*, Stellungnahme zu BayLT-Drs. 17/16299, S. 4.

[1045] Internetseite des Bayerischen Staatsministeriums des Innern, für Sport und Integration zum bayerischen PAG, (Fn. 696); PAG-Kommission, Abschlussbericht v. 30.8.2019, (Fn. 90), S. 28; *Leisner-Egensperger*, DÖV 2018, 677 (678, 682); *Müller*, BayVBl. 2018, 109 (113); *Möstl*, BayVBl. 2018, 156 (160); *Ogorek*, JZ 2019, 63 (69); vgl. auch *Waechter*, NVwZ 2018, 458 (461); vgl. die Stellungnahmen des Polizeipräsidenten in PAG-Kommission, Abschlussbericht v. 30.8.2019, (Fn. 90), S. 22.

[1046] *Lindner*, Stellungnahme zu BayLT-Drs. 17/16299, S. 9; Amtl. Begr. zu Art. 11 BayPAG i.d.F. des Gesetzes zur effektiveren Überwachung gefährlicher Personen v. 24.7.2017 (BayGVBl. S. 388), BayLT-Drs. 17/16299, S. 10: „Terrorismus, Extremismus oder anderweitig motivierte Kapitaldelikte“.

[1047] *Möstl*, BayVBl. 2018, 156 (160); *Ogorek*, JZ 2019, 63 (69); vgl. auch *Waechter*, NVwZ 2018, 458 (461).

[1048] Amtl. Begr. zu Art. 11 BayPAG i.d.F. des Gesetzes zur effektiveren Überwachung gefährlicher Personen v. 24.7.2017 (BayGVBl. S. 388), BayLT-Drs. 17/16299, S. 10.

[1049] PAG-Kommission, Abschlussbericht v. 30.8.2019, (Fn. 90), S. 27.

[1050] Vgl. *Möstl*, BayVBl. 2018, 156 (160); *ders.*, Stellungnahme zu BayLT-Drs. 17/16299, S. 3; genauso *Schmid/Wenner*, BayVBl. 2019, 109 (111).

[1051] *Schmid/Wenner*, BayVBl. 2019, 109 (110).

[1052] *Leisner-Egensperger*, DÖV 2018, 677 (677, 680 f.); *Möstl*, Die Verwaltung 53 (2020), 21 (33 f.); *Schmidbauer/Holzner*, Bayerisches Polizei- und Sicherheitsrecht, Rn. 524.

[1053] *Kulick*, AöR 143 (2018), 175 (191 ff.); *Möstl*, DVBl. 2020, 160 (166).

Intention des Bundesverfassungsgerichts sei die Formulierung von Anforderungen bezüglich Ausnahmeregelungen für Sonderlagen wie der Terrorismusbekämpfung.[1054] Bei der Übertragung der Maßstäbe sei indes „besondere Wachsamkeit“[1055] geboten.

Besondere Bedeutung erlangt bei der Frage der Begrenzung der Evaluationsbericht zum BKAG, der ausdrücklich klarstellt, dass die in Bezug auf die betrachteten Normen festgestellten Unklarheiten nicht daraus resultierten, dass es entscheidende gefahrendogmatische Besonderheiten bei der Abwehr von Terrorismusgefahren durch das BKA gäbe.[1056]

Manche Kritiker der Erweiterung des bayerischen PAG halten diese mithin für verständlich.[1057] Sie behelfen sich damit, dass der Terrorismusbekämpfungsbezug weit und nicht in seinem Wortsinn zu verstehen sei.[1058] Nicht die Ursachen, sondern der Tatmodus werde durch das Bundesverfassungsgericht beschrieben.[1059] Dieser ziele nicht nur auf die Beeinträchtigung gewichtiger individueller Rechtsgüter im Polizeialltag, sondern auf eine Beeinträchtigung des Gemeinwesens.[1060]

Eine solche Begrenzung auf terroristische Taten im Sinne eines Bezugs auf das Gemeinwesen lässt die jüngere verfassungsgerichtliche Rechtsprechung aber grundsätzlich vermissen.[1061] Vielmehr scheint eine Ausweitung im Sinne der bayerischen Regelung auch durch die Rechtsprechung des Bundesverfassungsgerichts abgedeckt. Für die zweite Alternative der „konkretisierten Gefahr“ genügt nach dem Bestandsdatenauskunft-Urteil von 2020 ein Kontext „wie etwa zur Verhütung terroristischer Straftaten“[1062]. Die „konkretisierte Gefahr“ wird dabei in verschiedenste Rechtsbereiche übertragen, u.a. auch das Bundespolizeigesetz.[1063]

[1054] *Petri*, ZD 2018, 453 (455).

[1055] *Leisner-Egensperger*, DÖV 2018, 677 (681).

[1056] Unterrichtung durch die Bundesregierung, Evaluationsbericht zu den §§ 4a, 20j, 20k des Bundeskriminalamtgesetzes v. 23.6.2017, BT-Drs. 18/13031, S. 55; mit Verweis darauf *Leisner-Egensperger*, DÖV 2018, 677 (682).

[1057] Antrag auf abstrakte Normenkontrolle v. 6.9.2018, (Fn. 904), S. 57.

[1058] Antrag auf abstrakte Normenkontrolle v. 6.9.2018, (Fn. 904), S. 57.

[1059] Antrag auf abstrakte Normenkontrolle v. 6.9.2018, (Fn. 904), S. 57.

[1060] Antrag auf abstrakte Normenkontrolle v. 6.9.2018, (Fn. 904), S. 57.

[1061] BVerfGE 155, 119 (188 Rn. 149 f.); vgl. auch BVerfGE 156, 11 (234 Rn. 118); 162, 1 (116 Rn. 246), erneut in BVerfGE 162, 1 (117 Rn. 248); BVerfG, BeckRS 41609, Rn. 178 ff.; BVerfG, NJW 2023, 1196 ff.; s. dazu auch *Bäcker*, in: Lisken/Denninger, Handbuch des Polizeirechts, D. Rn. 270; *Möstl*, GSZ 2021, 89 (93); *Schmidbauer*, in: ders./Steiner, PAG, Art. 11a Rn. 80.

[1062] BVerfGE 155, 119 (188 Rn. 149); vgl. auch BVerfGE 156, 11 (55 Rn. 118); s.a. *Schmidbauer*, in: ders./Steiner, PAG, Art. 11a Rn. 80.

[1063] BVerfGE 155, 119 ff.; § 22a Abs. 1 S. 1, 2, Abs. 2 BPolG, § 7 Abs. 5 S. 1, 2, Abs. 6 § 15 Abs. 2 S. 1, 2, Abs. 3 ZFdG, § 8d Abs. 1 S. 1, 2, Abs. 2 S. 1 BVerfSchG, § 2b S. 1 BNDG, § 4b S. 1 MADG alle i.d.F. des Gesetzes zur Änderung des Telekommunikationsgesetzes und zur Neuregelung der Bestandsdatenauskunft v. 20.6.2013 (BGBl. I S. 1602); § 4

Zuletzt stellt das Bundesverfassungsgericht klar, dass „[d]iese verfassungsrechtlichen Anforderungen […] grundsätzlich für alle Eingriffsermächtigungen mit präventiver Zielrichtung“[1064] gelten.

Der bayerische Gesetzgeber verweist auf diese nachträgliche Klarstellung des Gerichts in der Änderung von 2021.[1065]

(d) Vermeidung eines Notstandsrechts

Diffuse terroristische Bedrohungen als Rechtfertigungsbasis für die Absenkung von Anforderungen heranzuziehen, stößt in der Rechtswissenschaft auf Kritik.[1066] Durch terroristische Anschläge entstünde ein „Präventionsdruck“ [1067], der auf den Behörden laste, um spätere Fragen zu vermeiden, warum nicht eingegriffen worden sei.[1068] Der Gesetzgebung sei aber nicht der Ausnahmezustand zugrunde zu legen.[1069] Der Zweck heilige nicht alle Mittel.[1070]

Bei der Beschränkung auf die Bekämpfung von Terrorismus tritt das Problem des Umgangs mit „Feinden des freiheitlichen Rechtsstaates“[1071] hervor.[1072] Depenheuer fragt, ob man diesen aufgrund ihrer Ablehnung der Rechtsordnung mit rechtsstaatlich anerkannten Mitteln begegnen müsse.[1073]

Möstl tritt indes gegen ein „feindrechtliches Sonderpolizeirecht für Terroristen“[1074] ein. Die viel vertretene, aber im Ergebnis nicht anzuwendende These des außerhalb des Rechts stehenden Terroristen führe zu zweifelhaften Abgrenzungen und der Annahme eines „Feindstrafrechts“[1075] beziehungsweise zumindest zu Par-

S. 1 BNDG i.d.F. des Gesetzes zur Ausland-Ausland-Fernmeldeaufklärung des Bundesnachrichtendienstes vom 23.12.2016 (BGBl. I S. 3346); § 10 Abs. 1 S. 1, 2, Abs. 2, § 40 Abs. 1 S. 1, 2, Abs. 2 BKAG i.d.F. des Gesetzes zur Neustrukturierung des Bundeskriminalamtgesetzes v. 1.6.2017 (BGBl. I S. 1354).

[1064] BVerfGE 155, 119 (189 Rn. 151).

[1065] Mit Verweis darauf Amtl. Begr. zu Art. 11a BayPAG i.d.F. des Gesetzes zur Änderung des Polizeiaufgabengesetzes und weiterer Rechtsvorschriften v. 27.3.2021 (BayGVBl. S. 418), BayLT-Drs. 18/13716, S. 22.

[1066] *Enders*, DÖV 2019, 205 (205).

[1067] *Leisner-Egensperger*, DÖV 2018, 677 (679).

[1068] *Leisner-Egensperger*, DÖV 2018, 677 (679); *Thiel*, GSZ 2019, 1 (1): „Anpassungsdruck“; dazu auch *Di Fabio*, NJW 2008, 421 (42); *Hoffmann-Riem*, ZRP 2002, 497 (498).

[1069] *Di Fabio*, NJW 2008, 421 (424); vgl. auch *Baldus*, Die Verwaltung 47 (2014), 1 (5); *Denninger*, KJ 1988, 1 (7); *Schulze-Fielitz*, in: FS Glaeser, S. 407 (428); *Voßkuhle*, in: FS Würtenberger, S. 1101 (1106 f., 1119); ausf. zum Ausnahmezustand im Recht *Barczak*, Der nervöse Staat, S. 72 ff.

[1070] *Di Fabio*, NJW 2008, 421 (424).

[1071] *Depenheuer*, Selbstbehauptung des Rechtsstaates, S. 58.

[1072] *Depenheuer*, Selbstbehauptung des Rechtsstaates, S. 70 ff.

[1073] *Depenheuer*, Selbstbehauptung des Rechtsstaates, S. 58 f.

[1074] *Möstl*, DVBl. 2020, 160 (161); vgl. auch *ders.*, Die Verwaltung 53 (2020), 21 (33 f.).

[1075] *Möstl*, DVBl. 2020, 160 (161).

allelen zu einem solchen.[1076] Vereinzelt wird angemerkt, dass Art. 18 GG ein solches separiertes Vorgehen nicht rechtfertige, da dieser nicht auf Terror anwendbar sei.[1077]

Der Begriff des Gefährders intensiviere das Problem.[1078] Er kämpfe mit der Entpersonalisierung der betrachteten Person.[1079] Zudem „suggeriert [er] ein Freund-Feind-Schema, dem die Gefahr inhärent ist, die Adressaten der Maßnahmen als Feind zu entpersonalisieren“[1080]. Befürchtet wird die Schaffung eines „Notstandsrechts“[1081], das auch durch einen rechtsvergleichenden Verweis auf andere Länder wie Frankreich[1082] abgelehnt wird.[1083] Zu beachten sei auch, dass das Strafprozessrecht wiederum keine spezifischen Befugnisse kennt, die an die Terrorismusbekämpfung anknüpfen.[1084] Barczak hält allgemein fest, dass die Rechtsstaatlichkeit gleichsam in Not- und Krisenzeiten Anspruch behalte.[1085] Recht für Sonderlagen müsse stets eine rechtlich eingebundene Ausnahme bleiben.[1086]

Dies bestätigte auch das Bundesverfassungsgericht mehrfach.[1087] Rechtsstaatliche Mittel seien nach dem Grundgesetz der einzige Weg zur Bekämpfung von Terrorismus.[1088] Die Stärke des Rechtsstaats liege darin, dass er mit seinen Gegnern nach den allgemein geltenden Grundsätzen verfährt.[1089]

Mit den Ausführungen des Bundesverfassungsgerichts ist für die Terrorismusabwehr kein Maßstab anzusetzen, der die rechtsstaatlichen Grenzen verlässt. Weiter

---

[1076] *Möstl*, DVBl. 2020, 160 (161); *Schmid/Wenner*, BayVBl. 2019, 109 (110).

[1077] *Möstl*, DVBl. 2020, 160 (161).

[1078] *Kulick*, AöR 143 (2018), 175 (189); vgl. auch *Barczak*, Der nervöse Staat, S. 546 ff.; *Hanschmann*, KJ 50 (2017), 434 (446 f.).

[1079] *Kulick*, AöR 143 (2018), 175 (187).

[1080] *Kulick*, AöR 143 (2018), 175 (212); vgl. auch *Barczak*, Der nervöse Staat, S. 545 ff., 561.

[1081] *Leisner-Egensperger*, DÖV 2018, 677 (681).

[1082] *Waechter*, NVwZ 2018, 458 (461).

[1083] *Leisner-Egensperger*, DÖV 2018, 677 (681); vgl. auch *Waechter*, NVwZ 2018, 458 (462); ausf. Analyse zur Überführung des Notstandsrechts in anderen Ländern insb. mit Blick auf Frankreich und die Türkei durch *Barczak*, Der nervöse Staat, S. 320 ff., 329 ff., 336 ff.

[1084] *Schmid/Wenner*, BayVBl. 2019, 109 (111).

[1085] *Barczak*, Der nervöse Staat, S. 207.

[1086] *Barczak*, Der nervöse Staat, S. 208.

[1087] Vgl. BVerfGE 115, 320 (357 f.); 120, 274 (319); 133, 277 (333 f. Rn. 133).

[1088] BVerfGE 115, 320 (357 f.); s. ferner BVerfGE 133, 277 (333 f. Rn. 133): „Es ist Gebot unserer verfassungsrechtlichen Ordnung, solche Angriffe nicht als Krieg oder als Ausnahmezustand aufzufassen, die von der Beachtung rechtsstaatlicher Anforderungen dispensieren, sondern sie als Straftaten mit den Mitteln des Rechtsstaats zu bekämpfen. Dem entspricht umgekehrt, dass der Terrorismusbekämpfung im rechtsstaatlichen Rahmen der Verhältnismäßigkeitsabwägung ein erhebliches Gewicht beizumessen ist (vgl. BVerfGE 115, 320 [357 f.]).“

[1089] BVerfGE 115, 320 (357 f.); s. ferner BVerfGE 133, 277 (333 f. Rn. 133).

ist ein einheitliches Konzept für den Umgang mit von langer Hand geplanten extremen Gewalttaten zu finden, wofür der Rechtsgüterschutz rechtfertigend heranzuziehen ist.

cc) Rechtfertigung durch angemessenen Rechtsgüterschutz

(1) System des Bundesverfassungsgerichts

Das Bundesverfassungsgericht sieht sich schon zu Beginn der Rechtsprechungsreihe einem Konzept verbunden, dass den Schutz der einzelnen Rechtsgüter im Blick behält.[1090] Dieses Vorgehen entspreche dem „Charakter der Gefahrenabwehr als Rechtsgüterschutz“[1091]. Bezüglich des eindeutig auf die Terrorismusbekämpfung ausgerichteten BKAG stellt das Bundesverfassungsgericht gleichsam auf den Schutz der individuellen Rechtsgüter ab.[1092] Besonders pointiert führt es im Bestandsdatenauskunftsurteil von 2020 aus: „Eine solche Absenkung der Eingriffsschwellen ist aus Gründen der Verhältnismäßigkeit aber untrennbar verbunden mit erhöhten Anforderungen an die konkret geschützten Rechtsgüter“[1093]. Es komme auf das „Wechselverhältnis“[1094] von Rechtsgut und Schwelle an.

Das Bundesverfassungsgericht stellt in der Online-Durchsuchungsentscheidung auf überragend wichtige Rechtsgüter für die „konkretisierte Gefahr“ ab, welche es definiert als „Leib, Leben und Freiheit der Person. Ferner sind überragend wichtig solche Güter der Allgemeinheit, deren Bedrohung die Grundlagen oder den Bestand des Staates oder die Grundlagen der Existenz der Menschen berührt“ [1095]. Das Gericht zählt dazu beispielhaft die „Funktionsfähigkeit wesentlicher Teile existenzsichernder öffentlicher Versorgungseinrichtungen“ [1096]. Das Gericht erkennt indes keinen uneingeschränkten Sachwertschutz an.[1097] Schon in der Entscheidung zum

---

[1090] BVerfGE 115, 320 (Ls. 1, 357 ff., 360 f.); 120, 274 (328); vgl. zum „Rechtsgüterschutzmodell“ *Kral*, Die polizeilichen Vorfeldbefugnisse als Herausforderung für Dogmatik und Gesetzgebung des Polizeirechts, S. 197.

[1091] BVerfGE 125, 260 (330).

[1092] BVerfGE 141, 220 (269 Rn. 104).

[1093] BVerfGE 155, 119 (188 Rn. 148).

[1094] BVerfGE 155, 119 (201 Rn. 178).

[1095] BVerfGE 120, 274 (Ls. 2, 328); vgl. ferner BVerfGE 115, 320 (Ls. 1): „hochrangige Rechtsgüter wie den Bestand oder die Sicherheit des Bundes oder eines Landes oder für Leib, Leben oder Freiheit einer Person“; BVerfGE 125, 260 (330): „Abwehr von Gefahren für Leib, Leben oder Freiheit einer Person, für den Bestand oder die Sicherheit des Bundes oder eines Landes oder zur Abwehr einer gemeinen Gefahr“; BVerfGE 141, 220 (270 Rn. 108): „Hierzu gehören Leib, Leben und Freiheit der Person sowie der Bestand oder die Sicherheit des Bundes oder eines Landes“. BVerfGE 150, 244 (284 Rn. 99): „Zu diesen Rechtsgütern zählen zunächst die besonders schutzwürdigen Rechtsgüter wie Leib, Leben und Freiheit der Person und der Bestand und die Sicherheit des Bundes und der Länder“.

[1096] BVerfGE 120, 274 (Ls. 2, 328).

[1097] BVerfGE 141, 220 (270 Rn. 108); 156, 63 (121 Rn. 204).

Großen Lauschangriff vom 3.3.2004 zeigte sich das Bundesverfassungsgericht skeptisch und fordert für den Schutz erheblicher Sach- und Vermögenswerte das Vorliegen einer gemeinen Gefahr als „Gefahren für die Allgemeinheit, aber nur solche, die *lebensbedrohend* sein können, wie zB Lawinenunglücke, Überschwemmungen und Erdbeben, Feuer- und Einsturzgefahr, Explosionsgefahr, die Freisetzung radioaktiver Strahlung"[1098].[1099]

Auch die jüngere Rechtsprechung handelt im Ergebnis äußerst restriktiv. Die Beeinträchtigung des Adressaten muss von „einem vergleichbar gewichtigen öffentlichen Interesse"[1100] kompensiert werden. Aus dem Erfordernis einer gemeinen Gefahr und dem Schutz der Allgemeinheit kann ein Schutz zumindest bei diesen erheblichen, im Allgemeinwohl liegenden Sachwerteingriffen möglich sein.[1101] Im Ergebnis braucht es „Sachen von bedeutendem Wert, deren Erhaltung im öffentlichen Interesse geboten ist"[1102]. Beim Sachwertschutz genügten in der Konsequenz nicht per se bedeutsame Sachwerte, sondern es müssten wesentliche Infrastruktureinrichtungen oder sonstige Anlagen mit unmittelbarer Bedeutung für das Gemeinwesen betroffen sein.[1103]

(a) Abstufung nach Intensität

Die überragend wichtigen Rechtsgüter sind Voraussetzung für ein Vorgehen von „besonders hohem Gewicht"[1104], „besondere[m] Gewicht"[1105] beziehungsweise mit „hoher Eingriffsintensität"[1106].[1107]

Bei (lediglich) „erheblichem" Eingriffsgewicht „kommen aber auch Rechtsgüter in Betracht, die unterhalb dieser für besonders eingriffsintensive Überwachungs-

---

[1098] Def. nach *Kunig/Berger*, in: v. Münch/Kunig, Bd. 1, Art. 13 Rn. 61; ähnlich auch die Begr. des ME PolG (1977), Abdr. in *Heise/Riegel*, Musterentwurf eines einheitlichen Polizeigesetzes, S. 25: „‚Gemeine Gefahr' bedeutet eine Gefahr für eine unbestimmte Menge von Personen oder Sachen, z. B. bei Feuersbrunst, Überschwemmung und sonstige Naturkatastrophen".

[1099] BVerfGE 109, 279 (379): „Soweit § 100f Abs. 1 StPO für die polizeiliche Verwendung der Erkenntnisse eine Gefahr für erhebliche Sach- und Vermögenswerte genügen lässt, ist unter Berücksichtigung der Vorgaben des Art. 13 Abs. 4 GG Voraussetzung, dass das für eine gemeine Gefahr typische Gefahrenpotential gegeben ist. Nur dann hat die Gefährdung von Sach- und Vermögenswerten ein Gewicht, das der vom verfassungsändernden Gesetzgeber angestrebten Wertigkeit der bedrohten Rechtsgüter in Art. 13 Abs. 4 GG entspricht."

[1100] BVerfGE 150, 244 (283 Rn. 95).

[1101] BVerfGE 141, 220 (270f. Rn. 108).

[1102] BVerfGE 133, 277 (365 Rn. 203); wortgleich und mit Verweis darauf BVerfGE 141, 220 (296 Rn. 183); vgl. auch die Forderung des Sondervotums *Schluckebiers*, Sondervotum zu BVerfGE 125, 260ff., BVerfGE 125, 364 (377ff.).

[1103] Konkret unter Hinweis auf den Terrorismusbezug BVerfGE 141, 220 (287f. Rn. 155).

[1104] Im nachrichtendienstlichen Kontext BVerfGE 120, 274 (327).

[1105] BVerfGE 125, 260 (324).

[1106] BVerfGE 141, 220 (27 Rn. 108).

[1107] BVerfGE 155, 119 (189 Rn. 150).

maßnahmen geltenden Schwelle liegen wie etwa der Schutz von nicht unerheblichen Sachwerten“[1108].[1109] „Für die verfassungsrechtliche Beurteilung kommt es auf die Ausgestaltung der Ermächtigung insgesamt an.“[1110] Es bestehen „bei weniger gewichtigen Eingriffen auch weiterreichende Gestaltungsmöglichkeiten“[1111].[1112] Hier kommt sogar ein Zurückbleiben hinter der „konkretisierten Gefahr“ in Betracht, „wenn die Maßnahme dem Schutz hochrangiger, überragend wichtiger oder auch besonders gewichtiger Rechtsgüter dient“[1113].

Schon im Online-Durchsuchungsurteil deutete das Gericht an, dass für Eingriffe mit geringerer Intensität, das heißt bei Eingriffen in Rechtsgüter Einzelner oder der Allgemeinheit in Situationen, in denen eine existentielle Bedrohungslage nicht besteht, die Grenzen der Angemessenheit gelten.[1114] Hier reichen die verfassungsrechtlich zulässigen Gestaltungsmöglichkeiten zur Straftatenverhütung weiter.[1115]

(b) Fallenlassen des Straftatenbezugs?

Die bereits für die Dispositionstatbestände angeklungene Kritik an den straftatbezogenen Ausgestaltungen setzt sich für die „konkretisierte Gefahr“ fort.[1116] Das Bundesverfassungsgericht hält das Vorgehen über Straftatenkataloge für keine geeignete Gesetzgebungstechnik.[1117] Die Klarheit des Grades der Rechtsgutsgefährdung gehe dadurch verloren.[1118] Genauso entstünden Unsicherheiten, wenn an Tatbestände angeknüpft werde, die sich wiederum auf Vorbereitungshandlungen und bloße Rechtsgutgefährdungen bezögen.[1119] Der Rechtsgutsbezug unter Berücksichtigung der Intensität der Gefährdung hingegen gewährleiste eine Absicherung im Charakter der Gefahrenabwehr als Rechtsgüterschutz.[1120] Die bayerischen Praktiker

---

[1108] BVerfGE 150, 244 (284 Rn. 99).

[1109] Vgl. auch BVerfGE 155, 119 (189 Rn. 150).

[1110] BVerfGE 150, 244 (284 Rn. 99).

[1111] BVerfGE 155, 119 (188 Rn. 149).

[1112] Vgl. auch BVerfGE 156, 11 (56 Rn. 119); 141, 220 (Ls. 1 b), 269 Rn. 104).

[1113] BVerfG, NJW 2023, 1196 (1210 Rn. 107); s. a. *Werner-Kappler*, NVwZ-Beilage 2022, 63 (65); *dies.*, AöR 148 (2023), 205 (228).

[1114] Im nachrichtendienstlichen Kontext führt das Gericht an, dass es nicht zu einer weitgehenden Ausspähung der Persönlichkeit des von der Maßnahme Betroffenen durch die Ermittlungsbehörde kommen darf BVerfGE 120, 274 (328).

[1115] BVerfGE 141, 220 (Ls. 1 b), 269 Rn. 104); BVerfGE 155, 119 (188 Rn. 149); 156, 11 (56 Rn. 119).

[1116] Vgl. schon BVerfGE 110, 33 (58 ff.); sodann BVerfGE 125, 260 (329); 154, 152 (269 Rn. 221).

[1117] BVerfGE 125, 260 (329).

[1118] BVerfGE 125, 260 (329 f.).

[1119] BVerfGE 125, 260 (329 f.).

[1120] BVerfGE 125, 260 (329 f.); vgl. zum Rechtsgüterschutz in der Gefahrenabwehr und der Gefahrenvorsorge auch *Kral*, Die polizeilichen Vorfeldbefugnisse als Herausforderung für Dogmatik und Gesetzgebung des Polizeirechts, S. 169 ff.

sehen keine Notwendigkeit eines Straftatenbezugs.[1121] Stimmen in der Literatur begründen die Abkehr damit, der Befürchtung entgegenzutreten, dass Handlungen durch das Raster fallen.[1122] Wichtiger sei indes, Unsicherheiten zu vermeiden wegen des Trends von konkreten Verletzungs- hinzu abstrakten Gefährdungsdelikten im Strafrecht.[1123] Als Achillesferse beschrieb das Bundesverfassungsgericht zuletzt immer wieder das Einbeziehen von Planungselementen und Kettenverweisen sowie die Heterogenität der Straftatenkataloge.[1124]

Indes forderte das Gericht beim Bestandsdatenauskunftsurteil keine vollständige Aufgabe des Straftatenbezugs. Eine Angleichung an das System des Rechtsgüterschutzes sei zu gewährleisten.[1125] Für einen Eingriff mit erhöhtem Eingriffsgewicht verlangt das Gericht beispielsweise ein Abstellen auf „schwere Straftaten“[1126].[1127] Ähnliche Ausführungen finden sich im Urteil des Bundesverfassungsgerichts zum SOG MV.[1128] Problematisiert wird die unzulässige Vorverlagerung durch eine Kombination von konkretisierter Gefahr und Straftatbeständen im Sinne von sog. „Vorfeldtaten“[1129]. Definiert werden diese als Taten, „bei denen mit der Tatbestandsverwirklichung nicht zwangsläufig bereits eine Rechtsgutsverletzung oder wenigstens eine konkretisierte oder konkrete Gefahr für die tatbestandlich geschützten Rechtsgüter einhergeht“[1130]. Konkret geht es um § 89a StGB, der die Vorbereitung eines terroristischen Anschlags unter Strafe stellt, §§ 89b, 89c StGB, die die Unterhaltung von Beziehungen zu terroristischen Vereinigungen und die Terrorismusfinanzierung betreffen, und §§ 129a, 129b StGB, die Gründungs-, Beteiligungs- und Unterstützungshandlungen bei terroristischen Vereinigungen unter Strafe stellen. Die Bezugnahme auf diese Tatbestände fehle „der von Verfassungs wegen erforderliche Bezug zur Gefährdung oder Verletzung des Rechtsguts“[1131]. Weitestgehend ist diese Einschätzung nachvollziehbar. Die Vorbereitungshandlung in § 89a Abs. 2 Nr. 2 StGB umfasst hingegen als strafbare Handlung das Vorbereiten einer schweren staatsgefährdenden Gewalttat unter anderem durch das Herstellen von Sprengstoffvorrichtungen zur Ausführung der Tat. Dies erscheint allerdings als eine von der Schwelle der „konkretisierten Gefahr“ und dem Rechtsgü-

[1121] Stellungnahme der Vertreter der Deutschen Polizeigewerkschaft (DpolG) in PAG-Kommission, Abschlussbericht v. 30. 8. 2019, (Fn. 90), S. 21.

[1122] *Möstl*, Die Verwaltung 53 (2020), 21 (24); krit. hingegen *Bäcker*, in: Lisken/Denninger, Handbuch des Polizeirechts, D. Rn. 280.

[1123] *Barczak*, Der nervöse Staat, S. 534.

[1124] Dazu ausf. unter § 5 B. I. 6. c) bb) (3) (c) (aa), S. 267 ff.

[1125] BVerfGE 155, 119 (202 f. Rn. 180 f.).

[1126] BVerfGE 155, 119 (202 Rn. 181).

[1127] BVerfGE 155, 119 (202 f. Rn. 180 f.); ob hierbei an die Strafandrohung angeknüpft werden kann, ist fraglich *Bleiler/Nettersheim*, GSZ 2023, 227 (229, 231 f.).

[1128] BVerfG, BeckRS 2022, 41609, Rn. 95.

[1129] BVerfG, BeckRS 2022, 41609, Rn. 95.

[1130] BVerfG, BeckRS 2022, 41609, Rn. 95.

[1131] BVerfG, BeckRS 2022, 41609, Rn. 95; dazu *Graulich*, GSZ 2023, 98 (106).

terschutzmodell des Bundesverfassungsgerichts umfasste Handlung. Dies gilt insbesondere, da § 89a Abs. 1 S. 2 StGB den Rechtsgutsbezug noch einmal beschränkt auf Taten gegen das Leben und die Freiheit. Dies läuft mit dem Rechtsgutschutzmodell des Bundesverfassungsgerichts gleich. Hinzuweisen ist insoweit auch die Entscheidung des OLG München vom 1.4.2019, die solche Handlungen explizit begutachtete und unter die neue bayerische Gefahrenkategorie subsumierte.[1132] Im Ergebnis gilt es spezifisch die Tatbestandsvarianten abzuschichten, die eine zu starke Vorverlagerung enthalten. Dies reichert die Normen an. Der tatbestandlich angeordnete Rechtsgutsbezug vermeidet Unsicherheiten, die sich durch kleinteilige Verweisungen des Straftatenbezugs für den Anwender ergeben, und ist vorzugswürdig.

Letztlich lässt sich wohl von einer Präferenz[1133] des Rechtsgutsbezugs sprechen. Insoweit ist der in den Bundesländern überwiegend praktizierte Straftatenbezug nicht von vorneherein verfassungswidrig,[1134] wenngleich wie in der bayerischen Regelung vereinzelt Vorschriften einen direkten Rechtsgutsbezug bereits inkorporieren.[1135]

(2) System der bayerischen „drohenden Gefahr“

(a) Rechtsgüterkatalog und Begehungsart

Der bayerische Gesetzgeber knüpft die „drohende Gefahr“ an einen durch ihn ausgestalteten Rechtsgüterschutz und nicht an die Motivlage des Verursachers.[1136] Ein Ausgleich im Sinne der Verhältnismäßigkeit der Maßnahme soll nach dem

---

[1132] OLG München, NJW 2019, 2404 ff.

[1133] So auch *Barczak*, Der nervöse Staat, S. 534.

[1134] § 31 Abs. 1, § 32 Abs. 1, § 49 Abs. 1 Nr. 3 BW PolG, § 25a Abs. 1 ASOG Bln, § 28a, § 28b Abs. 3, Abs. 4, Abs. 5, § 28c Abs. 1, Abs. 2 BbgPolG, § 47 Abs. 1 S. 1 Nr. 2, § 57 Abs. 1 BremPolG, § 20 Abs. 1 S. 1 Nr. 2, § 21 Abs. 1 S. 1 Nr. 2, § 30 Abs. 1 HmbPolDVG, § 15 Abs. 1 S. 1 Nr. 2, 3, § 31a Abs. 1 Nr. 2, 3, Abs. 2 S. 1 HSOG, § 67a Abs. 1 Nr. 1, 2, § 67b Abs. 1 Nr. 1, 2 SOG MV, § 12a Abs. 1 S. 1, § 16a Abs. 1, § 17b Abs. 1 S. 1 Nr. 1, 2, Abs. 2 S. 1, § 17c Abs. 1 Nr. 1, 2, § 33a Abs. 1 S. 1 Nr. 2, 3, § 33d Abs. 1 S. 1 Nr. 2, 3, § 34 Abs. 1 S. 1 Nr. 2, 3, § 37 Abs. 1, § 39 Abs. 2 S. 1 Nr. 2 NPOG, § 34 Abs. 1, § 35 Abs. 1 S. 4, § 36 Abs. 1 S. 2, Abs. 3 S. 2, § 38 Abs. 1 S. 2, § 39 Abs. 1 S. 3, Abs. 3, § 41 Abs. 1 S. 2 RhPfPOG, § 12 Abs. 4 S. 2 SPolG, § 31 Abs. 1, § 38 Abs. 1 S. 1 SPolDVG, § 20 Abs. 1, § 21 Abs. 1 S. 1, Abs. 2, § 57 Abs. 2, § 60 Abs. 2, Abs. 3, § 61, § 63 Abs. 2 S. 1, § 66 Abs. 1 S. 2 SächsPVDG, § 36a SOG LSA, § 185a, § 185b, § 201 Abs. 4, § 201b Abs. 1 LVwG S-H; *Thiel*, GSZ 2019, 1 (5), hält die straftatenbezogene Ausgestaltung in NRW für unproblematisch, da sie der gefahrenabwehrrechtlichen Tradition und typischen Dogmatik entspreche – „zur „öffentlichen Sicherheit“ gehöre auch die objektive Rechtsordnung.

[1135] Auch Rechtsgutsbezug bei § 53 Abs. 1 Nr. 3, § 54 Abs. 1 Nr. 2, 3 BW PolG und § 66 Abs. 1 S. 2 Nr. 2 SächsPVDG; ausschließlich mit Rechtsgutsbezug bei § 15 Abs. 3 Nr. 2 b) BW PolG.

[1136] Amtl. Begr. zu Art. 11a BayPAG i. d. F. des Gesetzes zur Änderung des Polizeiaufgabengesetzes und weiterer Rechtsvorschriften v. 27.3.2021 (BayGVBl. S. 418), BayLT-Drs. 18/13716, S. 22.

Gesetzesentwurf von 2017 – nach einer Änderung des Entwurfs der Verbandsanhörungen und des ersten eingebrachten Entwurfs –[1137] durch die Beschränkung auf Angriffe „erheblicher Intensität oder Auswirkungen" für die bedeutenden Rechtsgüter des Art. 11 Abs. 3 S. 2 BayPAG (2017) erreicht werden, wobei die Intensität über die Bedeutung des Rechtsguts gemessen wird.[1138] Es sollen auf der Seite des Geschützten nur „gravierende materielle Gefahrenlagen"[1139] erfasst werden. Auf der Seite des Adressaten der Maßnahme soll die „drohende Gefahr" bei teils weniger eingriffsintensiven offenen Maßnahmen zur Anwendung gebracht werden.[1140]

Weniger intensive Maßnahmen werden zudem über die Abschreckungswirkung gerechtfertigt.[1141] So nimmt der Gesetzgeber für die Identitätsfeststellung an, dass eine Abstandnahme von einer geplanten Tat erzielt werden könne, wenn der Betroffene wisse, dass seine Identität der Polizei bekannt sei.[1142] Genauso beabsichtigt der bayerische Gesetzgeber bei der Ausschreibung zur polizeilichen Beobachtung, „potentielle Gefährder zu verunsichern und hierdurch ggf. von ihrem beabsichtigten Tun abzubringen"[1143]. Beide Vorschriften sind nicht an Orte gebunden. Die „drohende Gefahr" soll demnach hier Eingriffe geringerer Intensität im Sinne von per-

---

[1137] Zum eingebrachten Entwurf v. 2017, Änderungsantrag der Abgeordneten Dr. Florian Herrmann et al. (CSU) zu BayLT-Drs. 17/16299, BayLT-Drs. 17/17058; zum BayPAG-Vorentwurf v. 21.2.2017, (Fn. 76), S. 4; vgl. dazu *Brodmerkel*, Die Neuregelung der TKÜ im PAG als exemplarisches Beispiel einer umfangreichen Anpassungsgesetzgebung, https://bayrvr.de/2017/12/19/die-neuregelung-der-tkue-im-pag-als-exemplarisches-beispiel-einer-umfangreichen-anpassungsgesetzgebung/, Stand: 11.12.2023; s. auch *Petri*, Stellungnahme zu BayLT-Drs. 17/16299, S. 2 sowie *Möstl*, BayVBl. 2018, 156 (160, insb. Fn. 41).

[1138] S.o. § 5 A.I.2.b)aa), S. 135 ff.

[1139] Amtl. Begr. zu Art. 11 BayPAG i.d.F. des Gesetzes zur effektiveren Überwachung gefährlicher Personen v. 24.7.2017 (BayGVBl. S. 388), BayLT-Drs. 17/16299, S. 10.

[1140] Amtl. Begr. zu Art. 11 BayPAG i.d.F. des Gesetzes zur effektiveren Überwachung gefährlicher Personen v. 24.7.2017 (BayGVBl. S. 388), BayLT-Drs. 17/16299, S. 9.

[1141] Zur Identitätsfeststellung, vgl. Amtl. Begr. zu Art. 13 PAG i.d.F. des Gesetzes zur effektiveren Überwachung gefährlicher Personen v. 24.7.2017 (BayGVBl. S. 388), BayLT-Drs. 17/16299, S. 10 f.; zur offenen Videoüberwachung, vgl. Amtl. Begr. zu Art. 32 PAG i.d.F. des Gesetzes zur effektiveren Überwachung gefährlicher Personen v. 24.7.2017 (BayGVBl. S. 388), BayLT-Drs. 17/16299, S. 13; zur Ausschreibung zur polizeilichen Beobachtung, vgl. Amtl. Begr. zu Art. 40 BayPAG i.d.F. des Gesetzes zur Neuordnung des bayerischen Polizeirechts (PAG-Neuordnungsgesetz) v. 18.5.2018 (BayGVBl. S. 301), BayLT-Drs. 17/20425, S. 59; dazu auch bei intensiven Maßnahmen *Petri*, Stellungnahme zu BayLT-Drs. 17/16299, S. 7; vgl. auch Amtl. Begr. zu § 56 BKAG i.d.F. des Gesetzes zur Neustrukturierung des Bundeskriminalamtgesetzes v. 1.6.2017 (BGBl. I S. 1354), BT-Drs. 18/11163, S. 122.

[1142] Amtl. Begr. zu Art. 13 BayPAG i.d.F. des Gesetzes zur effektiveren Überwachung gefährlicher Personen v. 24.7.2017 (BayGVBl. S. 388), BayLT-Drs. 17/16299, S. 10 f.; vgl. auch zur offenen Videoüberwachung, Amtl. Begr. zu Art. 32 BayPAG i.d.F. des Gesetzes zur effektiveren Überwachung gefährlicher Personen v. 24.7.2017 (BayGVBl. S. 388), BayLT-Drs. 17/16299, S. 13.

[1143] Amtl. Begr. zu Art. 40 BayPAG i.d.F. des Gesetzes zur Neuordnung des bayerischen Polizeirechts (PAG-Neuordnungsgesetz) v. 18.5.2018 (BayGVBl. S. 301), BayLT-Drs. 17/20425, S. 59.

sonenspezifischem, gering intensivem Vorgehen zur Abschreckung ermöglichen. Ein Vorgehen, das für die ortsbezogenen Dispositionsurteile durch das Bundesverfassungsgericht bestätigt wurde.[1144] Bei diesen Eingreifschwellen ist dies geknüpft an die Feststellung eines Kriminalitätsschwerpunkts.[1145]

Der Gesetzgeber führt an, dass es zu einer Einschränkung des Anwendungsbereichs der „drohenden Gefahr“ durch die Engziehung hinsichtlich der Intensität des Eingriffs, insbesondere durch Abstellen auf bedeutende Rechtsgüter komme.[1146] Dies sei Ausprägung der für die „konkretisierte“ und „drohende Gefahr“ im Einzelfall geltenden Anwendung der Je-Desto-Formel.[1147] Der Rechtsgüterschutz besteht demnach aus dem Verweis auf einen begrenzten Kreis von Rechtsgütern und der Beschreibung der Begehungsart.[1148] Diese Begrenzungen tragen auch nach Ansicht der Literatur zur Verfassungsgemäßheit bei.[1149] Sie weist ferner darauf hin, dass beide Qualifikationen durch das Bundesverfassungsgericht besonders betont wurden.[1150] Für die „drohende Gefahr“ wird klargestellt, der Rechtsgüterschutz sei maßgeblich und nicht die Art der Gefahr.[1151] Im Schrifttum wird es sogar als Fortschritt bezeichnet,[1152] dass das Rechtsgüterschutzmodell durch die bayerische Regelung hervortritt und nicht Straftatenkataloge aufgestellt werden.[1153] Die Ausgestaltung findet daher beim Bayerischen Verfassungsgerichtshof, aber auch in der Praxis Anklang.[1154] In der Konsequenz wird vereinzelt angenommen, dass durch die

---

[1144] BVerfGE 150, 244 (285 Rn. 101); 120, 378 (431); BVerwGE 141, 329 (344 Rn. 48); vgl. den Hinweis auf „Art. 13 Abs. 1 Nr. 2 bis 5 bzw. Art. 32 Abs. 1 sowie Abs. 2 Satz 1 Nr. 2 und 3“ in der Amtl. Begr. zu Art. 11 BayPAG i. d. F. des Gesetzes zur effektiveren Überwachung gefährlicher Personen v. 24. 7. 2017 (BayGVBl. S. 388), BayLT-Drs. 17/16299, S. 9.

[1145] BVerfGE 150, 244 (290 Rn. 119); 120, 378 (431); BVerwGE 141, 329 (342 Rn. 41).

[1146] Vgl. Amtl. Begr. zu Art. 25 BayPAG i. d. F. des Gesetzes zur Neuordnung des bayerischen Polizeirechts (PAG-Neuordnungsgesetz) v. 18. 5. 2018 (BayGVBl. S. 301), BayLT-Drs. 17/20425, S. 45.

[1147] Amtl. Begr. zu Art. 11a BayPAG i. d. F. des Gesetzes zur Änderung des Polizeiaufgabengesetzes und weiterer Rechtsvorschriften v. 27. 3. 2021 (BayGVBl. S. 418), BayLT-Drs. 18/13716, S. 22; vgl. BVerfGE 155, 119 (188 f. Rn. 150); vgl. auch *Schmidbauer*, in: ders./Steiner, PAG, Art. 11a Rn. 115.

[1148] Vgl. *Möstl*, BayVBl. 2018, 156 (160); *ders.*, Stellungnahme zu BayLT-Drs. 17/16299, S. 3; *Schwarz*, Stellungnahme zu BayLT-Drs. 17/16299, S. 3; s. a. *Werner-Kappler*, AöR 148 (2023), 205 (211).

[1149] Vgl. *Leisner-Egensperger*, DÖV 2018, 677 (681); *Möstl*, BayVBl. 2018, 156 (160); *Petri*, Stellungnahme zu BayLT-Drs. 17/16299, S. 2; *Schmidbauer/Holzner*, Bayerisches Polizei- und Sicherheitsrecht, Rn. 526; *Schmidt*, Polizei- und Ordnungsrecht, Rn. 673g f.; *Schwarz*, Stellungnahme zu BayLT-Drs. 17/16299, S. 3.

[1150] *Möstl*, BayVBl. 2018, 156 (160) m. V. a. BVerfGE 141, 220 (270 f. Rn. 106, 108 f.).

[1151] *Müller*, BayVBl. 2018, 109 (114); für NRW einen Rechtsgutsbezug bevorzugend *Griebel/Schäfer*, NVwZ 2020, 511 (513).

[1152] *Leisner-Egensperger*, DÖV 2018, 677 (686).

[1153] *Leisner-Egensperger*, DÖV 2018, 677 (686).

[1154] Vgl. BayVerfGH, BeckRS 3113, Rn. 67; vgl. zudem die Stellungnahmen der Vertreter der Gewerkschaft der Polizei (GdP), der Deutschen Polizeigewerkschaft (DPolG) und des vorausgesetzte Gefährdung höchstrangiger Rechtsgüter die „drohende Gefahr" tendenziell die Eingriffsvoraussetzungen erhöhe.[1155]

(b) Betrachtung der einzelnen Rechtsgüter

Die Ausgestaltung im Detail unterliegt indes wieder massiver Kritik. Dabei hat die Version des Rechtsgüterschutzes des Entwurfes von 2017 schon einige Hürden genommen. Dem Entwurf für die Verbandsanhörungen von 2017 genügte die Bezugnahme auf die „öffentliche Sicherheit und Ordnung",[1156] was nicht kritiklos blieb und zur Anpassung führte.[1157]

Für einen der angehörten Experten ist evident,[1158] dass die Rechtsgüter des bayerischen Entwurfs von 2017 den verfassungsrechtlichen Ansprüchen genügen.[1159] Ein nicht mindergewichtiger Teil der Rechtsmeinung, allen voran die PAG-Kommission, stellt sich dem entgegen.[1160] Das Bundesverfassungsgericht fordert für die Anwendung der „konkretisierten Gefahr" ein „überragend wichtiges Rechtsgut"[1161]. Art. 11 Abs. 3 S. 1, 2 BayPAG (2017) hingegen fordert „Angriffe von erheblicher Intensität oder Auswirkung" für „bedeutende Rechtsgüter". Diese Divergenz könnte „Anlass zu Rechtsunsicherheit"[1162] bieten. Konkret böten nach Ansicht der PAG-Kommission das Rechtsgut der „sexuellen Selbstbestimmung" nach Art. 11 Abs. 3 S. 2 Nr. 3 BayPAG (2017) sowie das der „erheblichen Eigentumspositionen" nach Art. 11 Abs. 3 S. 2 Nr. 4 BayPAG (2017) und der „Sachen, deren Erhalt im besonderen öffentlichen Interesse liegt" nach Art. 11 Abs. 3 S. 2 Nr. 5 BayPAG (2017) „Anlass zu Zweifeln und Missverständnissen"[1163]. Damit geht die Kommission ein auf die massive Kritik, die den bayerischen Rechtsgüterkatalog als ausufernd und hinter den Anforderungen des Bundesverfassungsgerichts zurückbleibend ansieht.[1164] Die Rechtsgüter beträfen nicht allein das Umfeld terro-

---

Bundes Deutscher Kriminalbeamter (BDK) in PAG-Kommission, Abschlussbericht v. 30.8. 2019, (Fn. 90), S. 20 f.

[1155] *Leisner-Egensperger*, DÖV 2018, 677 (686).

[1156] Vorentwurf v. 21.2.2017, (Fn. 76), S. 4.

[1157] Vgl. *Brodmerkel*, Der Gesetzentwurf zur effektiveren Überwachung gefährlicher Personen, https://bayrvr.de/2017/03/09/der-gesetzentwurf-zur-effektiveren-ueberwachung-gefaehrlicher-personen-gelungen-mit-einschraenkungen/, Stand: 11.12.2023.

[1158] *Lindner*, Stellungnahme zu BayLT-Drs. 17/16299, S. 8.

[1159] *Lindner*, Stellungnahme zu BayLT-Drs. 17/16299, S. 8.

[1160] PAG-Kommission, Abschlussbericht v. 30.8.2019, (Fn. 90), S. 29; *Löffelmann*, Stellungnahme zu BayLT-Drs. 17/16299, S. 9; *ders.*, BayVBl. 2018, 145 (147); *Schenke*, KPLLR 87 (2019), 1085 (1096); *Weinrich*, NVwZ 2018, 1680 (1682); Antrag auf abstrakte Normenkontrolle v. 6.9.2018, (Fn. 904), S. 57.

[1161] BVerfGE 120, 274 (Ls. 2, 329); 141, 220 (272 Rn. 112).

[1162] PAG-Kommission, Abschlussbericht v. 30.8.2019, (Fn. 90), S. 29.

[1163] PAG-Kommission, Abschlussbericht v. 30.8.2019, (Fn. 90), S. 31.

[1164] Vgl. Antrag auf abstrakte Normenkontrolle v. 6.9.2018, (Fn. 904), S. 56; *Löffelmann*, Stellungnahme zu BayLT-Drs. 17/16299, S. 10.

ristischer Aktivität oder Organisierter Kriminalität, sondern Taten der Alltagskriminalität.[1165]

Spätestens seit der Klarstellung im Urteil zum SOG MV trägt das letztgenannte Argument nicht mehr und der bayerische Gesetzgeber zieht diese Rechtsprechung legitimierend in der Änderung von 2021 heran.[1166]

Hinsichtlich der bayerischen Umsetzung des Rechtsgüterschutzes in der Version von 2017 und 2018 wurde gleichwohl auch vorgeschlagen, dass ein Ausgleich eines etwaig zu niedrig angesetzten Niveaus (beispielsweise wegen der Erfassung von erheblichen Eigentumspositionen) über die Auswahl der Rechtsfolgen erzeugt werden könne.[1167] Die Intensität der Maßnahme variiere durch die Möglichkeit der beispielsweise weniger eingriffsintensiven offenen Durchführung.[1168] Genauso trage eine restriktive Auslegung der Begehungsart zur Verhältnismäßigkeit bei,[1169] die in Anbetracht der Entstehungsgeschichte und der Gesetzesbegründung, die Amokläufe aufzählt und auf schwere Rechtsgutverletzungen mit erheblicher Gewalteinwirkung rekurriert, geboten sei.[1170] Nach Waechter sei bei der Beurteilung der Erheblichkeit nach der Bedeutung der Rechtsgüter zu unterscheiden.[1171] So sei eine Lebensgefährdung stets erheblich, die Erheblichkeitsschwelle erlange aber Bedeutung bei einer Sachbeschädigung oder einer Körperverletzung.[1172]

Für das Abstellen auf die Gesundheit,[1173] dem die Möglichkeit einfacher, fahrlässiger Körperverletzungen vorgehalten wird,[1174] wird eine solche restriktive Interpretation für möglich gehalten. Zwar sei die „Gesundheit einer Person“ nicht wortgleich mit „Leib einer Person“.[1175] Die Auslegung nach der Gesetzesbegründung ergibt indes, dass bei intensiven Maßnahmen nur „schwerwiegende Gesund-

---

[1165] *Schenke*, KPLLR 87 (2019), 1085 (1096).

[1166] BVerfGE 155, 119 (188 Rn. 149, 189 Rn. 151); vgl. auch BVerfGE 156, 11 (55 Rn. 118); Amtl. Begr. zu Art. 11a BayPAG i. d. F. des Gesetzes zur Änderung des Polizeiaufgabengesetzes und weiterer Rechtsvorschriften v. 27.3.2021 (BayGVBl. S. 418), BayLT-Drs. 18/13716, S. 22.

[1167] *Möstl*, BayVBl. 2018, 156 (161); vgl. auch *Müller*, BayVBl. 2018, 109 (111); *Schwarz*, Stellungnahme zu BayLT-Drs. 17/16299, S. 3.

[1168] *Schwarz*, Stellungnahme zu BayLT-Drs. 17/16299, S. 3; vgl. auch *Müller*, BayVBl. 2018, 109 (111).

[1169] *Schenke*, KPLLR 87 (2019), 1085 (1102).

[1170] *Schenke*, KPLLR 87 (2019), 1085 (1102).

[1171] *Waechter*, NVwZ 2018, 458 (460).

[1172] *Waechter*, NVwZ 2018, 458 (460).

[1173] *Löffelmann*, Stellungnahme zu BayLT-Drs. 17/16299, S. 10; vgl. auch Antrag auf abstrakte Normenkontrolle v. 6. 9. 2018, (Fn. 904), S. 60.

[1174] *Löffelmann*, BayVBl. 2018, 145 (148 Fn. 36).

[1175] Vgl. Amtl. Begr. zu Art. 42 BayPAG i. d. F. des Gesetzes zur Neuordnung des bayerischen Polizeirechts (PAG-Neuordnungsgesetz) v. 18.5.2018 (BayGVBl. S. 301), BayLT-Drs. 17/20425, S. 62.

heitsverletzungen"[1176] in Frage kommen.[1177] Gleiches könne auch für die „Freiheit" angenommen werden, so dass entgegen der Kritik keine geringfügigen Freiheitsbeschränkungen ausreichen.[1178]

(aa) Sexuelle Selbstbestimmung

Problematisch gestaltet sich die Bezugnahme der Regelung aus 2017 und 2018 auf die sexuelle Selbstbestimmung.[1179] Ihr fehle nach einigen Stimmen des Schrifttums als Individualgut der Charakter eines überragend wichtigen Rechtsguts.[1180] Indes sind andere Individualgüter Teil dieser Rechtsgutskategorie. Hier erkennt aber gleichsam die PAG-Kommission, dass es an einer abgestuften Differenzierung vergleichbar der Regelungen des StGB fehle. So soll zwischen „gravierende Straftaten nach den §§ 174 ff. StGB (Tatbestände des sexuellen Missbrauchs bzw. sexuellen Übergriffs, der sexuellen Nötigung oder der Vergewaltigung) einerseits, und Straftaten nach den §§ 183, 183a StGB (Exhibitionismus, Erregung öffentlichen Ärgernisses)"[1181] andererseits zu unterscheiden sein.

2021 kommt es in ausdrücklicher Umsetzung der Empfehlung der PAG-Kommission zu einer Beschränkung auf „die sexuelle Selbstbestimmung, soweit sie durch Straftatbestände geschützt ist, die im Mindestmaß mit wenigstens drei Monaten Freiheitsstrafe bedroht sind".[1182] Das Abstellen auf die Mindeststrafe entspreche nach den Gesetzesmaterialien der Maßgabe des Bundesverfassungsgerichts für die Feststellung des Unwertgehalts.[1183] Der Schutz der sexuellen Selbstbestimmung sei indes grundsätzlich angesichts der schweren Aufklärbarkeit im Rahmen

[1176] Amtl. Begr. zu Art. 42 BayPAG i. d. F. des Gesetzes zur Neuordnung des bayerischen Polizeirechts (PAG-Neuordnungsgesetz) v. 18.5.2018 (BayGVBl. S. 301), BayLT-Drs. 17/20425, S. 62.

[1177] Vgl. Amtl. Begr. zu Art. 42 BayPAG i. d. F. des Gesetzes zur Neuordnung des bayerischen Polizeirechts (PAG-Neuordnungsgesetz) v. 18.5.2018 (BayGVBl. S. 301), BayLT-Drs. 17/20425, S. 62.

[1178] Vgl. *Müller*, BayVBl. 2018, 109 (111); krit. Antrag auf abstrakte Normenkontrolle v. 6.9.2018, (Fn. 904), S. 60.

[1179] *Löffelmann*, BayVBl. 2018, 145 (148 Fn. 36); *ders.*, Stellungnahme zu BayLT-Drs. 17/16299, S. 10; vgl. auch *Petri*, ZD 2018, 453 (454); *Schenke*, KPLLR 87 (2019), 1085 (1102).

[1180] Antrag auf abstrakte Normenkontrolle v. 6.9.2018, (Fn. 904), S. 60 f.

[1181] PAG-Kommission, Abschlussbericht v. 30.8.2019, (Fn. 90), S. 31.

[1182] Amtl. Begr. zu Art. 11a BayPAG i. d. F. des Gesetzes zur Änderung des Polizeiaufgabengesetzes und weiterer Rechtsvorschriften v. 27.3.2021 (BayGVBl. S. 418), BayLT-Drs. 18/13716, S. 23.

[1183] Amtl. Begr. zu Art. 11a BayPAG i. d. F. des Gesetzes zur Änderung des Polizeiaufgabengesetzes und weiterer Rechtsvorschriften v. 27.3.2021 (BayGVBl. S. 418), BayLT-Drs. 18/13716, S. 23 m. V. a. BVerfGE 25, 269 (286); 105, 135 (164): „Der gesetzlich bestimmte herkömmliche Strafrahmen vermittelt einen verbindlichen Eindruck des Unwertgehalts, den der Gesetzgeber mit einem unter Strafe gestellten Verhalten verbunden hat."

enger sozialer Beziehungen und der zu erwartenden hohen Dunkelziffer schon im Bereich der „drohenden Gefahr“ anzusetzen.[1184]

(bb) Eigentum

In der Gesetzesbegründung von 2017 ist der Gesetzgeber noch weitgehend optimistisch, dass durch die Beschränkung[1185] auf „erhebliche Eigentumspositionen“ „nicht jegliche grundrechtlich geschützte Eigentumsposition polizeiliche Maßnahmen rechtfertigen kann, zumal der Schutz privater Rechte der Polizei nach Art. 2 Abs. 2 BayPAG grundsätzlich nur nachrangig obliegt, soweit die Gefahr für private Rechte nicht zugleich eine Gefahr für die öffentliche Sicherheit und Ordnung darstellt. Erfasst werden sollen lediglich Eigentumspositionen von erheblicher materieller oder immaterieller Bedeutung.“[1186]

Nach Empfehlung der PAG-Kommission sollte im Entwurf vom 12.2.2021 der Sachwertschutz für „erhebliche Eigentumspositionen“ für die „drohende Gefahr“ vollständig gestrichen werden und lediglich über die konkrete Gefahr erfolgen.[1187] Dies ist Folge der Kritik dahingehend, dass Handlungen von „mittleren Kriminalität“[1188], die nicht an die Vorgaben des BKAG-Urteils heranreichten, erfasst würden.[1189] Die Formulierung der „erhebliche Eigentumspositionen“ sei zu weit und entspreche nicht den Vorgaben des Bundesverfassungsgerichts.[1190] Zwar gab es auch Autoren, welche die erheblichen Eigentumspositionen für ausreichend erach-

---

[1184] Amtl. Begr. zu Art. 11a BayPAG i.d.F. des Gesetzes zur Änderung des Polizeiaufgabengesetzes und weiterer Rechtsvorschriften v. 27.3.2021 (BayGVBl. S. 418), BayLT-Drs. 18/13716, S. 23.

[1185] Zum Vorentwurf v. 2017, der lediglich forderte, dass entweder „Eigentum“ oder „Sachen von bedeutendem Wert, deren Erhalt im öffentlichen Interesse geboten erscheint“, betroffen sind (BayPAG-Vorentwurf v. 21.2.2017, (Fn. 76), S. 6), vgl. *Brodmerkel*, Der Gesetzentwurf zur effektiveren Überwachung gefährlicher Personen, https://bayrvr.de/2017/03/09/der-gesetzentwurf-zur-effektiveren-ueberwachung-gefaehrlicher-personen-gelungen-mit-ein schraenkungen/, Stand: 11.12.2023; *Heidebach*, Der Gesetzentwurf zur effektiveren Überwachung gefährlicher Personen, https://bayrvr.de/2017/03/13/der-gesetzentwurf-zur-effektive ren-ueberwachung-gefaehrlicher-personen-wider-rechtsstaatliche-kernsaetze-des-polizeirechts/, Stand: 11.12.2023.

[1186] Amtl. Begr. zu Art. 11 BayPAG i.d.F. des Gesetzes zur effektiveren Überwachung gefährlicher Personen v. 24.7.2017 (BayGVBl. S. 388), BayLT-Drs. 17/16299, S. 10.

[1187] Amtl. Begr. zu Art. 11a BayPAG i.d.F. des Gesetzes zur Änderung des Polizeiaufgabengesetzes und weiterer Rechtsvorschriften v. 27.3.2021 (BayGVBl. S. 418), BayLT-Drs. 18/13716, S. 24; PAG-Kommission, Abschlussbericht v. 30.8.2019, (Fn. 90), S. 31.

[1188] *Shirvani*, DVBl. 2018, 1393 (1395).

[1189] *Löffelmann*, BayVBl. 2018, 145 (148 Fn. 36); *ders.*, Stellungnahme zu BayLT-Drs. 17/16299, S. 10; vgl. auch *Petri*, ZD 2018, 453 (454); *Schenke*, KPLLR 87 (2019), 1085 (1102).

[1190] *Löffelmann*, Stellungnahme zu BayLT-Drs. 17/16299, S. 10; *Shirvani*, DVBl. 2018, 1393 (1396); Antrag auf abstrakte Normenkontrolle v. 6.9.2018, (Fn. 904), S. 61.

ten.[1191] So seien Eigentumspositionen nicht generell „überragend wichtig“, aber wären über das Merkmal der „Erheblichkeit“ und den vorauszusetzenden Bezug auf die BKAG-Rechtsprechung der verfassungskonformen Auslegung zugänglich.[1192] Der Bayerische Verfassungsgerichtshof begnügte sich in der Entscheidung im Eilrechtsschutz ebenfalls damit, dass „in der Praxis im Hinblick auf den Verhältnismäßigkeitsgrundsatz tiefgreifende Beeinträchtigungen von Grundrechten ausschließlich zum Schutz von Sachwerten ohnehin kaum in Betracht kommen.“[1193] Die Gesetzesnovelle von 2018 klammert den Eigentumsschutz regelmäßig bei intensiven, aber auch „nicht unerheblichen“ Eingriffen aus.[1194]

Im Ergebnis genügt diese Beschränkung dem bayerischen Gesetzgeber nicht, und es kommt zur Streichung des Merkmals. Nach Ansicht der Gesetzesbegründung von 2021 kann der Eigentumsschutz als Teil der öffentlichen Sicherheit grundsätzlich weiter über die konkrete Gefahr aufgefangen werden.[1195]

(cc) Sachen, deren Erhalt im besonderen öffentlichen Interesse liegt

Die Formulierung „Sachen, deren Erhalt im besonderen öffentlichen Interesse liegt“, wird größtenteils als nicht der verfassungsrechtlichen Rechtsprechung entsprechend und daher als verfassungswidrig angesehen.[1196] Sie sei nicht gleichzusetzen mit den Anforderungen, die schon im Online-Durchsuchungsurteil aufgestellt wurden, wo „solche Güter der Allgemeinheit, deren Bedrohung die Grundlagen oder den Bestand des Staates oder die Grundlagen der Existenz der Menschen berührt“[1197], gefordert und welche im BKAG-Urteil wiederholt werden.[1198] Weil das Online-Durchsuchungsurteil beispielhaft „etwa auch die Funktionsfähigkeit wesentlicher Teile existenzsichernder öffentlicher Versorgungseinrichtungen“[1199] anführt, wird dieses Merkmal damit übersetzt, dass nur „versorgungskritische[r] Infrastruktur“[1200] gemeint sei. Die Gesetzesbegründung von 2017 versucht, eine Ein-

---

[1191] Vgl. u. a. *Holzner*, DÖV 2018, 946 (950); s. a. *Möstl*, BayVBl. 2018, 156 (160); *ders.*, Stellungnahme zu BayLT-Drs. 17/16299, S. 4, der die Ausgestaltung für „diskussionswürdig“ hält.

[1192] *Ogorek*, JZ 2019, 63 (69); insoweit auch BayVerfGH, BeckRS 2019, 3113 Rn. 74 f.

[1193] BayVerfGH, BeckRS 2019, 3113 Rn. 75.

[1194] Amtl. Begr. zu Art. 32a BayPAG i. d. F. des Gesetzes zur effektiveren Überwachung gefährlicher Personen v. 24. 7. 2017 (BayGVBl. S. 388), BayLT-Drs. 17/16299, S. 14.

[1195] Amtl. Begr. zu Art. 11a BayPAG i. d. F. des Gesetzes zur Änderung des Polizeiaufgabengesetzes und weiterer Rechtsvorschriften v. 27. 3. 2021 (BayGVBl. S. 418), BayLT-Drs. 18/13716, S. 24.

[1196] *Löffelmann*, Stellungnahme zu BayLT-Drs. 17/16299, S. 10; vgl. auch *Schenke*, KPLLR 87 (2019), 1085 (1102).

[1197] BVerfGE 120, 274 (Ls. 2, 328).

[1198] BVerfGE 141, 220 (270 f. Rn. 108): „Güter der Allgemeinheit, die die Existenz der Menschen berühren“.

[1199] BVerfGE 120, 274 (328).

[1200] *Löffelmann*, BayVBl. 2018, 145 (147 Fn. 23).

grenzung dahingehend zu statuieren, dass dieser Kategorie insbesondere Einrichtungen der öffentlichen Hand zur Daseinsvorsorge unterfallen.[1201] Zudem gibt die Begründung von 2018 die Intention der Abwehr von Gefährdungen, bei denen ein größerer Personenkreis betroffen sein kann wie von Einrichtungen der Ver- und Entsorgung oder Verkehrsanlagen, an.[1202] Widersprüchlich ist indes, dass im Rahmen dieser Novellierung trotz der Bezugnahme von Rechtsgütern der „drohenden Gefahr“ bei Art. 45 BayPAG (2018) das bis dahin bereits enthaltene Schutzgut der „Rechtsgüter der Allgemeinheit, deren Bedrohung die Grundlagen der Existenz der Menschen berührt“, mangels Entsprechung in der „drohenden Gefahr“ weiterhin ausdrücklich aufgeführt wird.[1203]

Das Gesetzesvorhaben von 2021 beschränkt klarstellend – im Sinne des Vorschlages der PAG-Kommission –[1204] die Kategorie auf „Anlagen der kritischen Infrastruktur sowie Kulturgüter von mindestens überregionalem Rang“.[1205] Es erfolgt damit eine Anlehnung an die Definition der kritischen Infrastruktur aus der Richtlinie 2008/114/EG des Rates vom 8.12.2008 (ABl. L 345/75),[1206] der auch den Sektor der Medien und Kultur miterfasst.[1207] Die Gesetzesbegründung gibt ferner an, dass zur kritischen Infrastruktur damit „insbesondere alle existenzsichernden Versorgungseinrichtungen und Einrichtungen der Daseinsvorsorge, unabhängig

---

[1201] Amtl. Begr. zu Art. 11 BayPAG i. d. F. des Gesetzes zur effektiveren Überwachung gefährlicher Personen v. 24.7.2017 (BayGVBl. S. 388), BayLT-Drs. 17/16299, S. 10.

[1202] Vgl. Amtl. Begr. zu Art. 42 BayPAG i. d. F. des Gesetzes zur Neuordnung des bayerischen Polizeirechts (PAG-Neuordnungsgesetz) v. 18.5.2018 (BayGVBl. S. 301), BayLT-Drs. 17/20425, S. 62.

[1203] Vgl. Amtl. Begr. zu Art. 45 BayPAG i. d. F. des Gesetzes zur Neuordnung des bayerischen Polizeirechts (PAG-Neuordnungsgesetz) v. 18.5.2018 (BayGVBl. S. 301), BayLT-Drs. 17/20425, S. 66.

[1204] PAG-Kommission, Abschlussbericht v. 30.8.2019, (Fn. 90), S. 31 m.V.a. BVerfGE 120, 274 (328) und Richtlinie 2008/114/EG des Rates vom 8.12.2008 über die Ermittlung und Ausweisung europäischer kritischer Infrastruktur und die Bewertung der Notwendigkeit, ihren Schutz zu verbessern.

[1205] Amtl. Begr. zu Art. 11a BayPAG i. d. F. des Gesetzes zur Änderung des Polizeiaufgabengesetzes und weiterer Rechtsvorschriften v. 27.3.2021 (BayGVBl. S. 418), BayLT-Drs. 18/13716.

[1206] Vgl. Art. 2 a) der Richtlinie 2008/114/EG des Rates vom 8.12.2008 (ABl. L 345/75): „Im Sinne dieser Richtlinie bezeichnet der Ausdruck a) ‚kritische Infrastruktur‘ die in einem Mitgliedstaat gelegene Anlage, ein System oder ein Teil davon, die von wesentlicher Bedeutung für die Aufrechterhaltung wichtiger gesellschaftlicher Funktionen, der Gesundheit, der Sicherheit und des wirtschaftlichen oder sozialen Wohlergehens der Bevölkerung sind und deren Störung oder Zerstörung erhebliche Auswirkungen auf einen Mitgliedstaat hätte, da diese Funktionen nicht aufrechterhalten werden könnten“.

[1207] Abgelehnt wird daher die Definition des § 2 Abs. 10 S. 2 BSIG, vgl. Amtl. Begr. zu Art. 11a BayPAG i. d. F. des Gesetzes zur Änderung des Polizeiaufgabengesetzes und weiterer Rechtsvorschriften v. 27.3.2021 (BayGVBl. S. 418), BayLT-Drs. 18/13716, S. 24.

von ihrer Rechtsform, wie z. B. Krankenhäuser oder Schulen“[1208] gehören. Das Kulturgut ist in Anlehnung an § 2 Abs. 1 Nr. 10 Kulturgutschutzgesetz als jede bewegliche Sache oder Sachgesamtheit von künstlerischem, geschichtlichem oder archäologischem Wert oder aus anderen Bereichen des kulturellen Erbes, insbesondere von paläontologischem, ethnographischem, numismatischem oder wissenschaftlichem Wert zu verstehen.[1209] Es kommt daher gleichzeitig zu einer Verengung und Klarstellung bei Einbeziehung einer neuen Dimension.

dd) Zwischenfazit

Die Absenkung der bayerischen Einschreitschwelle bewegt sich im vom Bundesverfassungsgericht vorgezeichneten Rahmen. Ein Terrorismusbekämpfungsbezug ist nach neuester Rechtsprechung dieses Gerichts keine Anwendungsvoraussetzung für eine solche Schwelle. Eine Eingrenzung erfolgt über die Anwendung des Rechtsgüterschutzmodells, wobei die bayerische Ausgestaltung durch den Verweis auf die verschiedenen Rechtsgüter den Vorgaben des Bundesverfassungsgerichts nachkommt.

2. Generalklausel

Die Annahme, die Umsetzung des bayerischen Gesetzgebers sei weiter als die der Vorlage des Bundesverfassungsgerichts, betrifft nicht nur den fehlenden Terrorismusbekämpfungsbezug. Überhaupt eine Generalklausel zu statuieren, ist ein über das BKAG-Urteil hinausgehendes Vorhaben.[1210] Dies kollidiert mit der lange Zeit als unantastbar angesehenen und als „rechtsstaatliche Errungenschaft“[1211] bezeichneten Folgerung, dass die Generalklausel an die Schwelle der konkreten Gefahr gekoppelt ist.[1212]

a) Aufklärungsgehalt

Die neue Generalklausel unterscheidet in den Rechtsfolgen zwischen Maßnahmen, die der Aufklärung eines Sachverhalts dienen, und solchen, die die Entstehung einer Gefahr für ein bedeutendes Rechtsgut verhindern.

[1208] Amtl. Begr. zu Art. 11a BayPAG i. d. F. des Gesetzes zur Änderung des Polizeiaufgabengesetzes und weiterer Rechtsvorschriften v. 27.3.2021 (BayGVBl. S. 418), BayLT-Drs. 18/13716, S. 24.

[1209] Amtl. Begr. zu Art. 11a BayPAG i. d. F. des Gesetzes zur Änderung des Polizeiaufgabengesetzes und weiterer Rechtsvorschriften v. 27.3.2021 (BayGVBl. S. 418), BayLT-Drs. 18/13716, S. 24.

[1210] *Wehr*, JURA 2019, 940 (941), s. a. *Bäcker*, in: Lisken/Denninger, Handbuch des Polizeirechts, D. Rn. 275.

[1211] *Möstl*, BayVBl. 2018, 156 (161).

[1212] Vgl. *Möstl*, BayVBl. 2018, 156 (161).

Die erste Alternative wird unter Verweis auf die bereits in der Darstellung der Aufgabe zitierten Ansicht, dass Gefahrenabwehr die Aufklärung voraussetzt, größtenteils als verfassungskonform angesehen.[1213] Es existiere eine Duldungspflicht des Betroffenen in Anbetracht der notwendigen Aufklärung.[1214] Solche informationellen Maßnahmen seien „verfassungsrechtlich völlig einwandfrei und nicht angreifbar"[1215] und nach anderer Ansicht teils sogar „geboten"[1216]. Die Gesetzesbegründung von 2021 spricht davon, dass Maßnahmen für ihre Effektivität zeitlich verhältnismäßig früh anzusetzen seien.[1217] Dies ergebe sich aus der Notwendigkeit der Ermittlung einer validen Tatsachengrundlage für den späteren Eingriff aufgrund einer konkreten Gefahr.[1218] Es sind Eingriffe, die Eingriffen vorausgehen.[1219] Mit Verweis auf Art. 32 Abs. 1 Nr. 1 BayPAG,[1220] wird unterstrichen, dass die Aufklärung ohne das Tatbestandsmerkmal einer konkreten Gefahr als Vorstufe des aktionellen Handelns bisher geltendem Recht entspreche.[1221] Insofern wird begrüßt, dass für Aufklärungsmaßnahmen, die bereits auf eine konkrete Gefahr verzichteten, durch die Novelle 2017 die „drohende Gefahr" eingeführt wird.[1222]

Bedenken bestehen dahin, dass durch die bayerische Regelung in der Aufklärung andere Grundrechte beeinträchtigt werden können als das Persönlichkeitsrecht.[1223] Darin kann indes ebenfalls ein Plus gesehen werden.[1224] Jedenfalls erscheint es mit Blick auf die Dispositionsurteile oder die Kategorie des Gefahrenverdachts, bei denen dies ebenfalls schon lange der Fall ist, nicht als tatsächliche Neuerung. Möstl

---

[1213] *Enders*, DÖV 2019, 205 (211); *Möstl*, BayVBl. 2018, 156 (161); *ders.*, Stellungnahme zu BayLT-Drs. 17/16299, S. 5; *Ogorek*, JZ 2019, 63 (70); *Schwarz*, Stellungnahme zu BayLT-Drs. 17/16299, S. 3 f.

[1214] *Enders*, DÖV 2019, 205 (211); *Ogorek*, JZ 2019, 63 (70); eine Herleitung über den abzulehnenden Begriff des Gefährders hingegen *Hanschmann*, KJ 50 (2017), 434 (440); *Holzner*, DÖV 2018, 946 (950).

[1215] *Möstl*, BayVBl. 2018, 156 (161); *ders.*, Stellungnahme zu BayLT-Drs. 17/16299, S. 5.

[1216] *Holzner*, DÖV 2018, 946 (950).

[1217] Amtl. Begr. zu Art. 11a BayPAG i. d. F. des Gesetzes zur Änderung des Polizeiaufgabengesetzes und weiterer Rechtsvorschriften v. 27.3.2021 (BayGVBl. S. 418), BayLT-Drs. 18/13716, S. 23.

[1218] Vgl. *Möstl*, BayVBl. 2018, 156 (161).

[1219] Dazu § 4 C.I, S. 94 ff.

[1220] Vormals Art. 28b Abs. 1 Nr. 1 BayPAG i. d. F. des Dritten Gesetzes zur Änderung des Polizeiaufgabengesetzes v. 24.8.1990 (BayGVBl. S. 329); im selben Jahr wanderte der Gehalt der Vorschrift in Art. 31 Abs. 1 Nr. 1 BayPAG i. d. F. der Neufassung des Polizeiaufgabengesetzes v. 14.9.1990 (BayGVBl. S. 397).

[1221] *Möstl*, BayVBl. 2018, 156 (161 f.).

[1222] Vgl. zum BayPAG-Vorentwurf v. 21.2.2017 schon, *Brodmerkel*, Der Gesetzentwurf zur effektiveren Überwachung gefährlicher Personen, https://bayrvr.de/2017/03/09/der-gesetzentwurf-zur-effektiveren-ueberwachung-gefaehrlicher-personen-gelungen-mit-einschraenkungen/, Stand: 11.12.2023.

[1223] *Petri*, Stellungnahme zu BayLT-Drs. 17/16299, S. 3.

[1224] *Möstl*, BayVBl. 2018, 156 (162); wortgleich *ders.*, Stellungnahme zu BayLT-Drs. 17/16299, S. 5.

sieht wegen des informationellen Hintergrundes, für den das Abrücken von der konkreten Gefahr schon in vielen Varianten existiert, kein rechtsstaatliches Konfliktpotential.[1225] Vielmehr werde eine weitere Schutzlücke geschlossen für Gefahrenerforschungsmaßnahmen, die bisher überwiegend dogmatisch fragwürdig in die klassische gefahrenabwehrrechtliche Generalklausel und in die konkrete Gefahr hineingelesenen wurden.[1226] Die so zugelassene Gefahrerforschungsmaßnahme habe eine noch tendenziell zurückhaltende, verfassungsrechtlich zulässige Normierung erhalten.[1227]

Diese Argumentation überzeugt in Übereinstimmung damit, dass das Bundesverfassungsgericht sogar ein Zurückbleiben hinter der „konkretisierten Gefahr" für möglich hält mit ansteigendem Rechtsgüterschutz.[1228]

b) Aktioneller Bereich

aa) Renaissance des Streits um Aufklärung und Beseitigung

Ist der Aufklärungsgehalt nur von geringer Kritik betroffen, wird für die zweite Rechtsfolgenalternative von einem „Paradigmenwechsel"[1229] ausgegangen.

Im Gesetzesentwurf von 2017 steht der Überwachungscharakter stark im Vordergrund.[1230] Aber durch die „drohende Gefahr" soll neben der Aufklärung gestattet sein, „Maßnahmen zur Abwehr der (weiteren) Entstehung der Gefahr zu treffen und hierzu auch bereits in den Kausalverlauf einzugreifen"[1231]. Dieses Eingreifen in einen Geschehensablauf wird als Novum angesehen.[1232] Die vermeintliche Trennung von Aufklärung und Beseitigung werde durch die bayerische Kodifikation aufgehoben.[1233] Bisher sei Gefahrenvorsorge im Polizeirecht bloß Informations-

---

[1225] *Möstl*, BayVBl. 2018, 156 (162); *ders.*, Stellungnahme zu BayLT-Drs. 17/16299, S. 5; ähnlich auch *Holzner*, DÖV 2018, 946 (949).

[1226] *Möstl*, BayVBl. 2018, 156 (162); *ders.*, Stellungnahme zu BayLT-Drs. 17/16299, S. 5; ähnlich auch *Holzner*, DÖV 2018, 946 (949); *Schenke*, JuS 2018, 505 (509).

[1227] *Möstl*, BayVBl. 2018, 156 (162); *ders.*, Stellungnahme zu BayLT-Drs. 17/16299, S. 5; ähnlich auch *Holzner*, DÖV 2018, 946 (949).

[1228] BVerfG, NJW 2023, 1196 (1210 Rn. 107).

[1229] Wissenschaftlichen Dienste des Deutschen Bundestages, Ausweitung polizeilicher Befugnisse in Deutschland und Europa, WD 3-3000-226/18 v. 27.7.2018, S. 7.

[1230] Amtl. Begr. zum Gesetz zur effektiveren Überwachung gefährlicher Personen v. 24.7.2017 (BayGVBl. S. 388), BayLT-Drs. 17/16299, S. 2.

[1231] Amtl. Begr. zu Art. 11 BayPAG i.d.F. des Gesetzes zur effektiveren Überwachung gefährlicher Personen v. 24.7.2017 (BayGVBl. S. 388), BayLT-Drs. 17/16299, S. 10 (genauso S. 2).

[1232] *Holzner*, DÖV 2018, 946 (950); genauso *Schwarz*, Stellungnahme zu BayLT-Drs. 17/16299, S. 4.

[1233] *Petri*, ZD 2018, 453 (454); *Waechter*, NVwZ 2018, 458 (459); vgl. auch *Pieroth*, Die Verwaltung 53 (2020), 39 (49).

vorsorge gewesen.[1234] Die konkrete Gefahr sei die Grenzlinie zum Gefahrenvorfeld, das nun vollständig geöffnet würde.[1235] Damit würde die „drohende Gefahr“ über das hinausgehen, das bis dato unter dem Stichwort der „Entgrenzung“ des Polizeirechts diskutiert wurde.[1236]

Die Rechtsprechung zum BKAG stelle bloß auf informationelle gefahraufklärerische Befugnisse (Überwachung und Datenerhebung) ab.[1237] Der Verweis der Gesetzesbegründung auf bisher schon vorgelagerte Normen, vgl. Art. 13 Abs. 1 Nr. 2 bis 5 bzw. Art. 32 Abs. 1 sowie Abs. 2 S. 1 Nr. 2 und 3 BayPAG,[1238] gehe fehl, da es sich lediglich um Normen der Aufklärung handele. Solchen Normen seien durch eine Vorläufigkeit geprägt, die eine Absenkung rechtfertige.[1239] Zudem wird darauf hingewiesen, dass das Bundesverfassungsgericht in der Entscheidung zum BKAG ausdrücklich anmerkt, dass die auf dem Prüfstand stehenden Regelungen nicht von einer großen Streubreite geprägt seien, sondern einzelfallbezogen Straftatenverhütung ermöglichten.[1240] Daher ließen sich die Aussagen des BKAG-Urteils wegen dieser Einschränkung nicht auf einen Bereich außerhalb dieser einzelfallbezogenen Aufklärung und in eine so breitenwirksame Norm wie eine Generalklausel übertragen.[1241]

Andererseits sei der Bezug auf Überwachungsmaßnahmen im BKAG-Urteil „aber schon sprachlich so allgemein gehalten, dass sie sich ersichtlich nicht auf

---

[1234] *Petri*, ZD 2018, 453 (454).

[1235] *Barczak*, Der nervöse Staat, S. 507 ff.; *Löffelmann*, BayVBl. 2018, 145 (146 mit Fn. 18); *ders.*, Stellungnahme zu BayLT-Drs. 17/16299, S. 7; vgl. im Erg. nicht krit. dahingehend *Möstl*, BayVBl. 2018, 156 (162); *Schwarz*, Stellungnahme zu BayLT-Drs. 17/16299, S. 4.

[1236] *Löffelmann*, Stellungnahme zu BayLT-Drs. 17/16299, S. 7.

[1237] Vgl. *Apostel*, KJ 52 (2019), 147 (152); *Barczak*, Der nervöse Staat, S. 503 f.; *Enders*, DÖV 2019, 205 (210); *Kulick*, AöR 143 (2018), 175 (211); *Löffelmann*, BayVBl. 2018, 145 (146); *Petri*, ZD 2018, 453 (454); *Weinrich*, NVwZ 2018, 1680 (1682 f.); *Welzel/Ellner*, DÖV 2019, 211 (213); vgl. aber auch *Möstl*, BayVBl. 2018, 156 (160); *Schwarz*, Stellungnahme zu BayLT-Drs. 17/16299, S. 3 f.; für den BayPAG-Vorentwurf v. 21.2.2017, *Heidebach*, Der Gesetzentwurf zur effektiveren Überwachung gefährlicher Personen, https://bayrvr.de/2017/03/13/der-gesetz-entwurf-zur-effektiveren-ueberwachung-gefaehrlicher-personen-wider-rechtsstaatliche-kernsaetze-des-polizeirechts/, Stand: 11.12.2023; vgl. auch *Brodmerkel*, Der Gesetzentwurf zur effektiveren Überwachung gefährlicher Personen, https://bayrvr.de/2017/03/09/der-gesetzentwurf-zur-effektiveren-ueberwachung-gefaehrlicher-personen-gelungen-mit-einschraenkungen/, Stand: 11.12.2023.

[1238] Amtl. Begr. zu Art. 11 BayPAG i.d.F. des Gesetzes zur effektiveren Überwachung gefährlicher Personen v. 24.7.2017 (BayGVBl. S. 388), BayLT-Drs. 17/16299, S. 9.

[1239] *Enders*, DÖV 2019, 205 (210).

[1240] BVerfGE 141, 220 (268 Rn. 101); mit Verweis darauf *Welzel/Ellner*, DÖV 2019, 211 (213).

[1241] Vgl. *Welzel/Ellner*, DÖV 2019, 211 (213); hingegen eine breitenwirksame Beeinträchtigung auch durch die durch das Bundesverfassungsgericht betrachteten Normen des BKAG annehmend Antrag auf abstrakte Normenkontrolle v. 6.9.2018, (Fn. 904), S. 39.

solche Maßnahmen beschränken können."[1242] Die Ausführungen betreffen nach Aussage des Gerichts den gesamten Bereich der Straftatenverhütung.[1243] Gleichzeitig geht das Gericht von übergreifenden Tendenzen seiner Rechtsprechung aus.[1244] So wird von Teilen des Schrifttums angemerkt, dass eine ausdrückliche Beschränkung auf die Gefahrenerforschung im BKAG-Urteil ebenso wenig zu finden sei.[1245]

Kießling merkt an, das überkommene, rechtsfolgenbasierte Verständnis „franst [...] jedoch aus"[1246].[1247] Es ist – mit Blick auf das Beispiel der Wohnraumüberwachung und die Bezugnahme der bundesverfassungs- und verwaltungsgerichtlichen Rechtsprechung auf kausaleingreifende Maßnahmen im Rahmen der Definition der Gefahrenvorsorge –[1248] auf die Ausführungen, die schon im Rahmen der Betrachtung der konkreten Gefahr gemacht wurden, zu verweisen. In Bezug auf die „drohende" und „konkretisierte Gefahr" sticht ferner der Hinweis auf § 58a AufenthG, bei dem nach bundesverwaltungsgerichtlicher Rechtsprechung die „konkretisierte Gefahr" Anwendung findet, heraus und zeigt, dass schon jetzt gefahrbeseitigende Maßnahmen in diesem Gefahrenvorsorgebereich möglich sind.[1249] Und auch das BKAG sieht infolge des Urteils von 2016 für die gefahrbeseitigende Standardermächtigung des Aufenthalts- und Kontaktverbots nach § 55 BKAG (2017) den tatbestandlichen Einzug der „konkretisierten Gefahr" vor.[1250] Die Entscheidung zur Elektronischen Aufenthaltsüberwachung vom 1.12.2020 wird in Teilen der Literatur als Bestätigung der Annahme gesehen, dass das Bundesverfassungsgericht zumindest bei Maßnahmen mit aktionellen Zügen die „konkretisierte Gefahr" für anwendbar hält.[1251]

[1242] *Thiel*, Stellungnahme zu NRW LT-Drs. 17/2351, NRW LT-Drs. 17/651, S. 6; ähnlich *v. Coelln/Pernice-Warnke/Pützer/Reisch*, NWVBl. 2019, 89 (94): „Diese Aussagen werden wohl zu Recht als vom Charakter der jeweiligen Maßnahmen losgelöste und generalisierende Ausführungen verstanden, sodass die Neuregelung einer verfassungsgerichtlichen Überprüfung standhalten dürfte".

[1243] *Thiel*, Stellungnahme zu NRW LT-Drs. 17/2351, NRW LT-Drs. 17/651, S. 6; vgl. BVerfGE 141, 220 (269 Rn. 104).

[1244] BVerfGE 141, 220 (268 f. Rn. 103).

[1245] *v. Coelln/Pernice-Warnke/Pützer/Reisch*, NWVBl. 2019, 89 (94); für die im Erg. nicht umgesetzte Einführung einer „drohenden Gefahr" in NRW *Thiel*, Stellungnahme zu NRW LT-Drs. 17/2351, NRW LT-Drs. 17/651, S. 6.

[1246] *Kießling*, VerwArch 108 (2017), 282 (283).

[1247] Dazu oben § 5 B. I. 1. b) cc) (2), S. 187 ff.

[1248] BVerfGE 150, 244 (274 f. Rn. 70); BVerwGE 141, 329 (335 Rn. 29).

[1249] *Kulick*, AöR 143 (2018), 175 (178).

[1250] Mit Verweis darauf *Möstl*, BayVBl. 2018, 156 (162); *ders.*, Stellungnahme zu BayLT-Drs. 17/16299, S. 5.

[1251] Vgl. *Möstl*, GSZ 2021, 89 (94).

Die dem Gefahrenverdacht angenäherte Forderung der Vorläufigkeit habe keinen Bestand, da selbst bei diesem endgültige Maßnahmen denkbar seien und dies nicht als Abgrenzungsmerkmal tauge.[1252]

Im Ergebnis ist festzustellen, dass Gefahrenvorsorge verschiedene Elemente beinhaltet: die häufig mit der Informationsvorsorge gleichgesetzte Aufklärung und die Beseitigung. Dass eine Absonderung der Aufklärung nicht sinnvoll und systemwidrig ist, wurde bereits erörtert.[1253] Die Einbeziehung von Aufklärung und Beseitigung sind nach Leisner-Egensperger für die „drohende Gefahr“ Teil einer „umfassenden Strategie“[1254]. Man müsse sie wie andere Doppelfunktionalitäten beispielsweise der Prävention und Repression akzeptieren.[1255]

bb) Schutzlücke

Die Kritik endet indes nicht an dieser Stelle. Aktionelle Maßnahmen, insbesondere solche nach der Generalklausel, knüpfen (bisher) an die Schwelle der konkreten Gefahr. Diese Systematik werde unterlaufen durch die tatbestandliche Anordnung der „drohenden Gefahr“ in der Generalklausel des Art. 11a BayPAG.[1256] Es erfolge eine Abwendung von der Vorstellung der „konkreten Gefahr“ als Normalvorstellung.[1257]

Die „Alternativlosigkeit“[1258] der konkreten Gefahr für die Generalklausel ende aber nach Ansicht Möstls mit der Annahme der Verengung dieser durch die Rechtsprechung des Bundesverfassungsgerichts.[1259] Auch für die gefahrbeseitigende vorsorgende Generalklausel greife die Theorie der Schließung einer Schutzlücke.[1260] Gleich der klassischen Generalklausel ergebe sich aus den grundrechtlichen Schutzpflichten, dass die Polizei in der Lage sein muss, atypische intensive Maß-

[1252] *Ogorek*, JZ 2019, 63 (70); krit. insoweit *Bäcker*, in: Lisken/Denninger, Handbuch des Polizeirechts, D. Rn. 278.

[1253] S. o. § 5 B. I. 1. b) cc) (2), S. 187 ff.

[1254] *Leisner-Egensperger*, DÖV 2018, 677 (685).

[1255] *Leisner-Egensperger*, DÖV 2018, 677 (685): „So dient etwa die Überwachung des Ehemanns, der angekündigt hat, seine Frau zu töten, sowohl der Ermittlung ob von ihm überhaupt eine Gefahr ausgeht als auch dem Schutz seiner Ehefrau. Hier fungiert die neue Rechtsfigur der drohenden Gefahr als dogmatische Brücke zwischen den Vorfeldermittlungen des modernen Präventionsstaats und den klassischen Eingriffsinstrumentarien des liberalen Rechtsstaats.“

[1256] Vgl. *Löffelmann*, Stellungnahme zu BayLT-Drs. 17/16299, S. 6.

[1257] So noch *Möstl*, BayVBl. 2018, 156 (160); ähnlich *Pieroth*, Die Verwaltung 53 (2020), 39 (48 ff.).

[1258] *Möstl*, DVBl. 2020, 160 (164); *ders.*, Die Verwaltung 53 (2020), 21 (35).

[1259] *Möstl*, DVBl. 2020, 160 (164); *ders.*, Die Verwaltung 53 (2020), 21 (35).

[1260] *Möstl*, BayVBl. 2018, 156 (162); *ders.*, Stellungnahme zu BayLT-Drs. 17/16299, S. 6; *Möstl*, GSZ 2021, 89 (94 ff.).

nahmen nicht nur reaktiv, sondern proaktiv Maßnahmen zu ergreifen.[1261] Als weitere Rechtfertigung für das neue Vorgehen wird hier auf die Beschränkung des Anwendungsbereichs durch die in Bezug genommenen Rechtsgüter verwiesen.[1262] Weiter wird darauf abgestellt, dass die „konkretisierte Gefahr" insbesondere auf Eingriffsbefugnisse von nur „begrenztem, nicht sehr großem Gewicht (so die normale Bestandsdatenauskunft) bzw. ‚erhöhtem Eingriffsgewicht' (so die Auskunft über IP-Adressen)" [1263] angewendet werde.

Bezweifelt wird die Theorie der Schutzlücke – neben der Äußerung von generellen Bedenken hinsichtlich einer Notwendigkeit und Verfassungsgemäßheit eines Eingreifens vor der konkreten Gefahr – allerdings in Anbetracht der Existenz zahlreicher Befugnisse unterhalb einer konkreten Gefahr im bayerischen PAG.[1264]

cc) Begrenzung

Um den Bedenken zu begegnen, versuchen Befürworter in der Auslegung eine Begrenzung nach Intensität und Erforderlichkeit der Maßnahme zu etablieren.

(1) Unterscheidung nach Intensität der aktionellen Maßnahme

Es gelte nichts anderes als bei der klassischen Generalklausel: Besonders intensive Maßnahmen bräuchten gesonderte Befugnisnormen.[1265] Dem entspreche es, dass der Gesetzgeber in zahlreichen intensiven Befugnissen die Schwelle der „drohenden Gefahr" erneut anordnet.[1266] Rechtshistorisch lässt sich diese Begrenzung belegen durch einen Blick auf Art. 28b Abs. 1 Nr. 1 BayPAG (1990).[1267] Für diese „(im Gefahrenvorfeld ansetzende) informationelle Generalklausel"[1268] gelte nach ganz herrschender Meinung, „dass auf sie nicht jede (noch so eingriffsinten-

---

[1261] *Möstl*, BayVBl. 2018, 156 (163); s. auch *Holzner*, DÖV 2018, 946 (950).

[1262] *Schwarz*, Stellungnahme zu BayLT-Drs. 17/16299, S. 4; vgl. zum BayPAG-Vorentwurf v. 21.2.2017 schon *Brodmerkel*, Der Gesetzentwurf zur effektiveren Überwachung gefährlicher Personen, https://bayrvr.de/2017/03/09/der-gesetzentwurf-zur-effektiveren-ueberwachung-gefaehrlicher-personen-gelungen-mit-einschraenkungen/, Stand: 11.12.2023.

[1263] *Möstl*, GSZ 2021, 89 (94).

[1264] *Zaremba*, DÖV 2019, 221 (223 f.).

[1265] *Möstl*, BayVBl. 2018, 156 (163); *ders.*, Stellungnahme zu BayLT-Drs. 17/16299, S. 7; *Schenke*, Polizei- und Ordnungsrecht, Rn. 105; vgl. auch BVerfG, KommJur 2013, 73 (75).

[1266] *Möstl*, BayVBl. 2018, 156 (163); *ders.*, Stellungnahme zu BayLT-Drs. 17/16299, S. 7.

[1267] Nun Art. 32 Abs. 1 Nr. 1 BayPAG; eingefügt in Art. 28b Abs. 1 Nr. 1 BayPAG i. d. F. des Dritten Gesetzes zur Änderung des Polizeiaufgabengesetzes v. 24.8.1990 (BayGVBl. S. 329); im selben Jahr wanderte der Gehalt der Vorschrift in Art. 31 Abs. 1 Nr. 1 BayPAG i. d. F. der Neufassung des Polizeiaufgabengesetzes v. 14.9.1990 (BayGVBl. S. 397).

[1268] *Möstl*, BayVBl. 2018, 156 (163); fast wortgleich *ders.*, Stellungnahme zu BayLT-Drs. 17/16299, S. 6 f.

sive) Ermittlungsmaßnahme, sondern nur gewöhnliche Datenerhebungseingriffe gestützt werden können"[1269].

Die Intensität der polizeilichen Maßnahmen basierend auf der „drohenden Gefahr" kann nach Aussage des Gesetzgebers niedriger sein als bei den im BKAG-Urteil betrachteten Überwachungsmaßnahmen.[1270] Zwar sei eine Intensivierung durch die Möglichkeit aktioneller Maßnahmen und ein Vorgehen gegen Nicht-Störer in Betracht zu ziehen.[1271] Aktionell hieße indes nicht per se intensiv, sondern es seien die einzelnen Faktoren wie die Heimlichkeit zu betrachten.[1272] Beim aktionellen offenen Eingreifen griffen zudem die Regeln des Verwaltungsverfahrens wie die Anhörung nach Art. 28 Abs. 1 BayVwVfG beziehungsweise die schriftliche Begründung nach Art. 39 BayVwVfG.[1273] Es bestünde die Möglichkeit durch die Öffentlichkeit, offene Maßnahmen zu kontrollieren.[1274] Eine Entwertung der klassischen Generalklausel sei nicht zu befürchten, da die Rechtsfolgen einen anderen Bereich beträfen.[1275] Es erfolge eine Ergänzung statt einer Aufweichung des bestehenden Regelwerks.[1276]

(2) Ultima Ratio-Gedanke

Sodann bestehe anders als bei der Generalklausel nach Art. 11 Abs. 1 BayPAG bei der Befugnis nach Art. 11a BayPAG eine begrenzte Zielrichtung mit einer Ermächtigung zu lediglich „notwendigen Maßnahmen".[1277] Die Literatur sieht eine Subsidiarität der Beseitigungsmaßnahme,[1278] die auch die Wissenschaftlichen Dienste des Bundestages durch Annahme eines Stufenverhältnisses befürworten.[1279]

[1269] *Möstl*, BayVBl. 2018, 156 (163); fast wortgleich *ders.*, Stellungnahme zu BayLT-Drs. 17/16299, S. 6 f.

[1270] Amtl. Begr. zu Art. 11 BayPAG i. d. F. des Gesetzes zur effektiveren Überwachung gefährlicher Personen v. 24.7.2017 (BayGVBl. S. 388), BayLT-Drs. 17/16299, S. 9; vgl. dazu *Löffelmann*, Stellungnahme zu BayLT-Drs. 17/16299, S. 8; genauso *Möstl*, BayVBl. 2018, 156 (161); *Müller*, BayVBl. 2018, 109 (114); *Schenke*, KPLLR 87 (2019), 1085 (1100).

[1271] *Löffelmann*, Stellungnahme zu BayLT-Drs. 17/16299, S. 10.

[1272] *Müller*, BayVBl. 2018, 109 (114 mit Fn. 52); *Schenke*, KPLLR 87 (2019), 1085 (1100).

[1273] *Schenke*, KPLLR 87 (2019), 1085 (1100).

[1274] *Schenke*, KPLLR 87 (2019), 1085 (1100).

[1275] *Möstl*, BayVBl. 2018, 156 (160).

[1276] *Möstl*, BayVBl. 2018, 156 (160).

[1277] *Möstl*, BayVBl. 2018, 156 (161); *ders.*, Stellungnahme zu BayLT-Drs. 17/16299, S. 4 f.

[1278] *Möstl*, BayVBl. 2018, 156 (162); *Schwarz*, Stellungnahme zu BayLT-Drs. 17/16299, S. 4; vgl. auch *Enders*, DÖV 2019, 205 (211); *Müller*, BayVBl. 2018, 109 (116): „auf verschiedene Bedrohungslagen abgestuft reagieren".

[1279] Wissenschaftlichen Dienste des Deutschen Bundestages, Ausweitung polizeilicher Befugnisse in Deutschland und Europa, WD 3-3000-226/18 v. 27.7.2018, S. 7 sowie Wissenschaftlichen Dienste des Deutschen Bundestages, Einzelfragen zu einem bundesweiten

Sie muss tatsächlich erforderlich,[1280] der Schutzauftrag durch Aufklärungsmaßnahmen allein nicht erfüllbar sein.[1281]

Möstl differenziert zwischen zwei Varianten: Zum einen komme es auf eine Situation an, in der eine Bedrohungslage sehr schnell entstehe und jederzeit in einen Schaden umschlagen könnte.[1282] Dieses rechtfertigende Überraschungsmoment werde durch den Begriff des „Angriffes" gut verdeutlicht.[1283] Hier sei kein Zuwarten bei Verschlechterung der Abwehrmöglichkeiten erforderlich.[1284] Schmidbauer stellt darauf ab, ob ein Zuwarten mit einer Minderung der Abwehrmöglichkeiten verbunden wäre.[1285]

Zum anderen ist nach Möstl eine zweite Option, dass die Aufklärung für eine effektive Gefahrenabwehr zu aufwendig sei und daher ein aktionelles Vorgehen angezeigt sei.[1286] Ein Abwarten sei dann wirklichkeitsfremd.[1287]

Auch an anderer Stelle findet sich der Gedanke der Subsidiarität der Gefahrenvorsorge bereits normiert. So kommt im bayerischen PAG der Einsatz „besonderer Mittel der Datenerhebung nur als ultima ratio in Betracht, also wenn die polizeiliche Aufgabenerfüllung auf andere Weise gefährdet oder wesentlich erschwert würde"[1288]. Viele Landesgesetze haben bei der Umsetzung der „konkretisierten Gefahr" – auch bei kausaleingreifenden Maßnahmen wie der elektronischen Aufenthaltsüberwachung – einen solchen Vorbehalt aufgenommen.[1289]

Musterpolizeigesetz, WD 3-3000-202/18 v. 22.6.2018, S. 7, jeweils m.V.a. *Möstl*, BayVBl. 2018, 156 (162); s. auch *Schenke*, JuS 2018, 505 (509).

[1280] *Schwarz*, Stellungnahme zu BayLT-Drs. 17/16299, S. 4.

[1281] *Schwarz*, Stellungnahme zu BayLT-Drs. 17/16299, S. 4.

[1282] *Möstl*, BayVBl. 2018, 156 (162); fast wortgleich *ders.*, Stellungnahme zu BayLT-Drs. 17/16299, S. 6; ähnlich schon zum BayPAG-Vorentwurf v. 21.2.2017 *Brodmerkel*, Der Gesetzentwurf zur effektiveren Überwachung gefährlicher Personen, https://bayrvr.de/2017/03/09/der-gesetzentwurf-zur-effektiveren-ueberwachung-gefaehrlicher-personen-gelungen-mit-einschraenkungen/, Stand: 11.12.2023.

[1283] *Möstl*, BayVBl. 2018, 156 (162); vgl. auch *Holzner*, DÖV 2018, 946 (950).

[1284] *Holzner*, DÖV 2018, 946 (950).

[1285] *Schmidbauer*, in: ders./Steiner, PAG, Art. 11a Rn. 140; s. auch *Schmidbauer/Holzner*, Bayerisches Polizei- und Sicherheitsrecht, Rn. 527.

[1286] *Möstl*, BayVBl. 2018, 156 (162); *ders.*, Stellungnahme zu BayLT-Drs. 17/16299, S. 6.

[1287] *Schwarz*, Stellungnahme zu BayLT-Drs. 17/16299, S. 4; a.A. *Enders*, DÖV 2019, 205 (211), nach dem vorläufige Gefahrenerforschung und Abwarten stets vorrangig sind.

[1288] Amtl. Begr. zu Art. 36 BayPAG i.d.F. des Gesetzes zur Neuordnung des bayerischen Polizeirechts (PAG-Neuordnungsgesetz) v. 18.5.2018 (BayGVBl. S. 301), BayLT-Drs. 17/20425, S. 55.

[1289] Vgl. z.B. § 28b Abs. 3 BbgPolG, § 20 Abs. 1 S. 2, § 30 Abs. 1 HmbPolDVG, § 15 Abs. 2 HSOG, § 37 Abs. 1, § 39 Abs. 2 S. 1 NPOG, § 34 Abs. 1 RhPfPOG, § 31 Abs. 1 SPolDVG, § 60 Abs. 2, 3 SächsPVDG: „erforderlich"; § 36 Abs. 1 S. 2, § 38 Abs. 1 S. 2 RhPfPOG: „zwingend erforderlich"; § 39 Abs. 1 S. 3 RhPfPOG: „auf andere Weise nicht möglich erscheint oder wesentlich erschwert"; § 41 Abs. 1 S. 2 RhPfPOG: „erheblich erschwert"; § 47 Abs. 1 S. 1 BremPolG, § 20c Abs. 1 S. 1 PolG NRW: „aussichtslos oder we-

Die bayerische Gesetzesbegründung von 2017 greift den Gedanken auf, dass,

> „wenn eine aus zu erwartenden Gewalttaten von erheblicher Intensität oder Auswirkung resultierende drohende Gefahr für bestimmte bedeutende Rechtsgüter zu erwarten ist, neben der Sachverhaltsaufklärung *erforderlichenfalls* zusätzlich auch gestattet werden [kann], Maßnahmen zur Abwehr der (weiteren) Entstehung der Gefahr zu treffen und hierzu auch bereits in den Kausalverlauf einzugreifen.“[1290]

Durch Auslegung soll in die Generalklausel das zusätzliche Erfordernis hineingelesen werden, „dass kausalverlaufsrelevante Eingriffe nur zulässig sind, soweit diese (ausnahmsweise) tatsächlich erforderlich sind, weil reine Gefahraufklärungsmaßnahmen im konkreten Fall unzureichend erscheinen.“[1291] Eine Normierung ist nach Ansicht Möstls nicht (unbedingt)[1292] notwendig, da das Erfordernis aus dem Verhältnismäßigkeitsprinzip folge und im Tatbestand, in den „notwendigen Maßnahmen“, bereits angelegt sei.[1293]

Es gilt demzufolge in Bezug auf aktionelle Befugnisse die „verfassungsrechtliche Vermutung, dass diese prinzipiell erst ab der Schwelle der konkreten Gefahr zulässig sein sollen“[1294]. Diese wichtige Grundvoraussetzung scheint erfüllt. Das Bundesverfassungsgericht tendierte zwar zuletzt im Rahmen der Generalklausel basierend auf der konkreten Gefahr zu einer tendenziell weiten Auslegung des Anwendungsbereichs.[1295] Ob die von Möstl beschriebene Auslegung für die restriktiv zu handhabende vorsorgerische Generalklausel genügt, bleibt bedenklich. Insbesondere mit Blick darauf, dass diese stärker rechtfertigungsbedürftig ist.[1296] Ein Anwendungsbeispiel, das in dem Zusammenhang nicht selten genannt wird,[1297] ist das der Gefährderansprache.[1298]

Der Anwendungsbereich der aktionellen Befugnis bleibt unkonturiert. Der Subsidiaritätsgedanke findet sich für aktionelle Maßnahmen schon im Gesetzeswort-

sentlich erschwert“; § 57 Abs. 1 BremPolG, § 33a Abs. 1 S. 1, § 33d Abs. 1 S. 1, § 34 Abs. 1 S. 1 NPOG: „unerlässlich“.

[1290] Amtl. Begr. zu Art. 11 BayPAG i. d. F. des Gesetzes zur effektiveren Überwachung gefährlicher Personen v. 24. 7. 2017 (BayGVBl. S. 388), BayLT-Drs. 17/16299, S. 9 [Hervorhebung hinzugefügt].

[1291] *Möstl*, BayVBl. 2018, 156 (162); fast wortgleich *ders.*, Stellungnahme zu BayLT-Drs. 17/16299, S. 6; vgl. auch *Waechter*, NVwZ 2018, 458 (461), der die „Eignung“ als Hindernis in der Gefahrenvorsorge insgesamt ansieht.

[1292] *Möstl*, BayVBl. 2018, 156 (163); *ders.*, Stellungnahme zu BayLT-Drs. 17/16299, S. 6, empfiehlt die Aufnahme gleichwohl.

[1293] *Möstl*, BayVBl. 2018, 156 (163); *ders.*, Stellungnahme zu BayLT-Drs. 17/16299, S. 6.

[1294] *Möstl*, BayVBl. 2018, 156 (162).

[1295] BVerfG, KommJur 2013, 73 (75), s. auch Fn. 514.

[1296] Dazu oben § 4 D. III. 3., S. 117 ff.

[1297] *Hebeler*, NVwZ 2011, 1364 (1366).

[1298] U. a. *Barczak*, Der nervöse Staat, S. 524; *Müller*, BayVBl. 2018, 109 (113); zu einer Lösung über die „konkrete Gefahr“ *Hebeler*, NVwZ 2011, 1364 (1366); s. aber zur Lösung ohne konkrete Gefahr § 5 B. I. 6. c) bb) (3) (b) (dd), S. 264 ff.

laut.[1299] Insoweit ist in Anbetracht der Klarstellung des Verhältnisses zur konkreten Gefahr eine äußerst restriktive Auslegung vorzunehmen.

3. Verantwortlichkeit

Wenn das Fehlen einer (ausdrücklichen) Adressatenregelung angenommen wird, werden entsprechende Bedenken einer verfassungswidrigen Ausweitung laut.[1300] Die Inanspruchnahme von Nicht-Verantwortlichen im Bereich der Gefahrenvorsorge sei verfassungswidrig nicht mehr auf den polizeilichen Notstand beschränkt.[1301]

Andere sehen nicht die Möglichkeit eines Vorgehens gegen Unbeteiligte durch die „drohende Gefahr".[1302] Gleichwohl sollen nach dem BKAG-Urteil Maßnahmen nur „weitgehend"[1303] auf die Zielpersonen beschränkt sein.[1304] Damit sei eine Verabschiedung vom Vorgehen gegen Nicht-Verantwortliche nur bei einem polizeilichen Notstand verfassungsgerichtlich bestätigt.[1305]

4. Zwischenfazit

Die „konkretisierte" und die „drohende" Gefahr öffnen erneut alte Grundsatzkonflikte. Der Anwendungsbereich der klassischen Gefahrenabwehr und etwaige Schutzlücken werden erneut in Frage gestellt.[1306] Gegner der Regelung fordern als Minimum eine Begrenzung auf den Terrorismusbekämpfungsbereich. Dem kommt der bayerische Gesetzgeber – in Abweichung zu den anderen Bundesländern – nicht nach. Seit der Bestandsdatenauskunft-Entscheidung des Bundesverfassungsgerichts aus dem Jahr 2020[1307] kann er sich der höchstrichterlichen Rückendeckung sicher sein.

In seiner Ausgestaltung des Rechtsgüterschutzes kann die bayerische Regelung anfangs nur teilweise überzeugen. Insbesondere im Eigentumsschutz und bei sonstigen nicht als intensiv einzustufenden Schutzgütern griff der Gesetzgeber indes selbst korrigierend ein. Größtes Manko der bayerischen Neuerungen bleibt die

---

[1299] S.o. zu den „notwendigen Maßnahmen" *Möstl*, BayVBl. 2018, 156 (163); *ders.*, Stellungnahme zu BayLT-Drs. 17/16299, S. 6.

[1300] *Waechter*, NVwZ 2018, 458 (460).

[1301] Vgl. *Löffelmann*, BayVBl. 2018, 145 (148); vgl. auch Antrag auf abstrakte Normenkontrolle v. 6.9.2018, (Fn. 904), S. 64.

[1302] *Möstl*, BayVBl. 2018, 156 (160).

[1303] BVerfGE 141, 220 (272 Rn. 112).

[1304] Mit Verweis darauf *Leisner-Egensperger*, DÖV 2018, 677 (686).

[1305] *Leisner-Egensperger*, DÖV 2018, 677 (686).

[1306] Beispielhaft, *Möstl*, DVBl. 2020, 160 (162 f.).

[1307] BVerfGE 155, 119 ff.

Generalklausel. Sie widerspricht zwar im aktionellen Gehalt nicht den Vorgaben des Bundesverfassungsgerichts. Allerdings besteht das Risiko, dass ohne eine äußerst restriktive Auslegung das Verhältnis zur Gefahrenabwehr in eine Schieflage gerät.[1308]

III. Verfassungsrechtliche Kompetenzen

Wie auch bei sonstigen Bemühungen die Gefahrenvorsorge zu definieren, wird der „drohenden Gefahr“ des bayerischen Gesetzgebers ein Verstoß gegen das Trennungsprinzip und eine „Vernachrichtendienstlichung“[1309] vorgeworfen.[1310]

Das Handeln der Polizeibehörden sei nach – nun überholter – Ansicht an einzelfallbezogene Befugnisse, die eine konkrete Gefahr voraussetzen, gebunden.[1311] Durch die Novelle erfolge eine Durchbrechung der funktionellen und informationellen Trennung und Verbindung von nachrichtendienstlichen und operativen polizeilichen Befugnissen.[1312] Schwierig sei dabei auch die Kumulation von Maßnahmen im Gefahrenvorfeld.[1313] Es erfolge eine Übertragung der Maßstäbe auf den „Alltag der operativen Polizeiarbeit“[1314].[1315]

In der frühen Diskussion um die Einführung der „drohenden Gefahr“ findet sich vereinzelt die Meinung, dass die Kategorie der „drohenden Gefahr“ eigentlich Verwendung im nachrichtendienstlichen Kontext finde, vgl. § 1 Abs. 1 Nr. 1 G 10.[1316] Dem Begriff des „Drohens“ käme hier eine andere Bedeutung zu, da hierdurch zum Ausdruck komme, dass es sich um eine Bedrohungslage handele, deren Effektuierung existentielle gesellschaftliche Konsequenzen zukomme.[1317]

[1308] Dazu § 6 C. II. 2. b) cc) (2), S. 428.

[1309] Wortbeitrag in der Zweiten Lesung v. Katharina Schulze (GRÜNE), zum Gesetzesentwurf BayLT-Drs. 17/16299, ProtokollauszuG 109. Plenum, 19.7.2017, S. 10; genauso *Löffelmann*, BayVBl. 2018, 145 (147).

[1310] *Barczak*, Der nervöse Staat, S. 522 f.; *Löffelmann*, Stellungnahme zu BayLT-Drs. 17/16299, S. 7; Stellungnahmen des Bündnisses noPAG in PAG-Kommission, Abschlussbericht v. 30.8.2019, (Fn. 90), S. 21; Antrag auf abstrakte Normenkontrolle v. 6.9.2018, (Fn. 904), S. 43; vgl. zum Normbestand der vorbeugenden Polizeitätigkeit in Österreich, wo kein Trennungsprinzip gilt *Storr*, Die Verwaltung 53 (2020), 77 ff.

[1311] So noch BVerfGE 133, 277 (327 Rn. 119); s. a. *Löffelmann*, Stellungnahme zu BayLT-Drs. 17/16299, S. 8.

[1312] *Graulich*, GSZ 2019, 9 (14); Antrag auf abstrakte Normenkontrolle v. 6.9.2018, (Fn. 904), S. 6.

[1313] *Löffelmann*, BayVBl. 2019, 121 (131).

[1314] Antrag auf abstrakte Normenkontrolle v. 6.9.2018, (Fn. 904), S. 6.

[1315] Antrag auf abstrakte Normenkontrolle v. 6.9.2018, (Fn. 904), S. 35.

[1316] *Löffelmann*, Stellungnahme zu BayLT-Drs. 17/16299, S. 7.

[1317] *Löffelmann*, Stellungnahme zu BayLT-Drs. 17/16299, S. 7.

Gleichzeitig sei aber eine an das Polizeirecht angelehnte Gefahrenprognose nicht zu leisten.[1318]

Andere sehen keine solche „Vernachrichtendienstlichung" oder nehmen ohnehin eine Aufweichung des „Vorfeldmonopol[s]"[1319] an.[1320] Einerseits erfolge durch die Konkretisierungserfordernisse des Tatbestands der „drohende Gefahr" eine Abgrenzung zum viel offener gestalteten nachrichtendienstlichen Bereich.[1321] Andererseits sei die Polizei seit jeher gleich den Nachrichtendiensten im Rahmen von informationellen Eingriffen tätig, so dass das Trennungsgebot nicht in Frage gestellt werde.[1322] Allgemein wird vermehrt festgehalten, dass Überschneidungen zwischen polizeilicher und nachrichtendienstlicher Arbeit erkennbar werden.[1323] Das Bundesverfassungsgericht setzt gerade bei intensiven Maßnahmen gleiche Standards.[1324] Die Literatur betont, an Unterscheidungen festzuhalten, sei „[m]ühsam"[1325].[1326]

Gegner der Regelung schlagen einen besseren Informationsaustausch zwischen Nachrichtendiensten und Polizei anstelle einer Erweiterung der polizeilichen Befugnisse vor.[1327] Zumindest wird aber eine Bindung an den Schutz gewichtiger Gemeinschaftsgüter angeboten, um auch hier die Verhältnismäßigkeit bei Übertragung eigentlich nachrichtendienstlicher Befugnisse zu wahren.[1328]

Das Anknüpfen an den Gefährderbegriff kann argumentativ nicht überzeugen. Gleichwohl ist festzuhalten, dass viele Überwachungsbefugnisse zuvor bereits an Dispositionstatbestände und nicht an eine konkrete Gefahr gebunden waren. Je weiter aber der Anwendungsbereich wird, desto weiter findet eine Annäherung statt, die dann auch nicht mehr durch die Grenzziehung aufgefangen werden kann.[1329]

Hinsichtlich der Strafverfolgung wird – neben dem Anknüpfen an den strafprozessual vorgeprägten Begriff der „bestimmten Tatsachen" –[1330] moniert, dass es

---

[1318] *Löffelmann*, Stellungnahme zu BayLT-Drs. 17/16299, S. 7.

[1319] *Baldus*, Die Verwaltung 47 (2014), 1 (4); vgl. auch BVerfGE 133, 277 (325 Rn. 116).

[1320] *Möstl*, BayVBl. 2018, 156 (158); in Bezug auf die im Ergebnis nicht umgesetzte „drohende Gefahr" im PolG NRW *Klein*, Stellungnahme zu NRW LT-Drs. 17/2351, NRW LT-Drs. 17/644, S. 2; vgl. auch *Löffelmann*, BayVBl. 2019, 121 (131).

[1321] *Möstl*, BayVBl. 2018, 156 (158); *Müller*, BayVBl. 2018, 109 (112 ff.); so auch PAG-Kommission, Abschlussbericht v. 30. 8. 2019, (Fn. 90), S. 29.

[1322] *Thiel*, GSZ 2019, 1 (9).

[1323] *Graulich*, GSZ 2019, 9 (14); *Müller*, BayVBl. 2018, 109 (113).

[1324] BVerfGE 125, 260 (331 f.).

[1325] *Graulich*, GSZ 2019, 9 (14); vgl. auch *Hanschmann*, KJ 50 (2017), 434 (445).

[1326] Zur Argumentation über den abzulehnenden Gefährderbegriff *Hanschmann*, KJ 50 (2017), 434 (444).

[1327] *Löffelmann*, BayVBl. 2018, 145 (155).

[1328] Antrag auf abstrakte Normenkontrolle v. 6. 9. 2018, (Fn. 904), S. 62.

[1329] Dazu § 5 A. III. 3., S. 168 ff.

[1330] *Löffelmann*, Stellungnahme zu BayLT-Drs. 17/16299, S. 5.

durch die zeitgleich erfolgende Vorverlagerung der Strafverfolgung beispielsweise in § 89a StGB zu Abgrenzungsschwierigkeiten komme.[1331] Über die unterschiedlichen Gewissheitsgrade und Bezugspunkte im repressiven und präventiven Bereich lässt sich grundsätzlich eine Abgrenzung meistern.[1332] Die rechtsgutsbezogene bayerische Vorgehensweise kann hier Unstimmigkeiten aber gerade abhelfen.

D. Fazit

I. Bewertung der neuen Gefahrenkategorien

Die „konkretisierte“ und „drohende Gefahr“ stellen neue Gefahrenkategorien dar, die sich durch die in ihnen inkorporierten Elemente von den überkommenen Kategorien abgrenzen. Der Entwurf der bayerischen Landesregierung von 2021 macht das Selbstverständnis in einer Kurzformel deutlich: erhöhter Rechtsgüterschutz bei „bestimmten, einengenden“[1333] Tatbestands-voraussetzungen.[1334] Die hinreichende Wahrscheinlichkeit bildet immer noch den Ankerpunkt. Abstriche müssen indes beim Situationsbezug im Rahmen des Prognoseurteils hingenommen werden, so dass durchaus von einer wesentlichen Änderung des Wahrscheinlichkeitsmaßstabes ausgegangen werden kann. Aufgefangen werden die Unsicherheiten der Prognose durch ein erhöhtes Maß an Personifizierung. Für die „drohende Gefahr“ wird für Art. 11a Abs. 1 Nr. 1 BayPAG das Verhalten einer Person als maßgeblich herausgearbeitet. Bei Art. 11a Abs. 1 Nr. 2 BayPAG ist auf das Verhalten in Form der Vorbereitungshandlungen abzustellen. Die Schadenskonkretisierung ist bei Nr. 1 weiter auf das personale Element beschränkt als bei Nr. 2, was die tatbestandliche Inbezugnahme des konkretisierten Geschehens bei Nr. 2 ebenfalls beweist. Bei Nr. 2 können zusätzlich andere Parameter neben dem personalen Element erfüllt sein.[1335]

Besonders geeignet sind die neuen Schwellen für „besondere Mittel der Datenerhebung“, wenn über einen informationellen Eingriff Schlüsse auf weiteres gefahrenbegründendes Verhalten gezogen werden sollen.[1336] Das Anwendungsfeld liegt genauer bei zeitlich ausgedehnten und sich stufenweise realisierenden tat-

---

[1331] *Aden/Fährmann*, ZRP 2019, 175 (176); *Barczak*, Der nervöse Staat, S. 513 ff.; vgl. zur Norm *Brodowski/Jahn/Schmitt-Leonardy*, GSZ 2017, 7 (8 ff.).

[1332] Vgl. *Barczak*, Der nervöse Staat, S. 515 f.

[1333] Amtl. Begr. zum Gesetz zur Änderung des Polizeiaufgabengesetzes und weiterer Rechtsvorschriften v. 27. 3. 2021 (BayGVBl. S. 418), BayLT-Drs. 18/13716, S. 1.

[1334] Amtl. Begr. zum Gesetz zur Änderung des Polizeiaufgabengesetzes und weiterer Rechtsvorschriften v. 27. 3. 2021 (BayGVBl. S. 418), BayLT-Drs. 18/13716, S. 1.

[1335] Zum Prognosemaßstab eingehend unter § 6 C. I. 1. bb), S. 345 und § 6 C. I. 4. a), S. 364.

[1336] *Darnstädt*, DVBl. 2017, 88 (96).

sächlichen Geschehensabläufen.[1337] Prozesse, die im Verborgenen gären und sich in einem großen Schaden sprunghaft entladen,[1338] sollen durch die neuen Rechtsfiguren in den Blick genommen werden. Nach Bestätigung des Bundesverfassungsgerichts gilt dies auch außerhalb der Terrorismusbekämpfung.[1339] Keineswegs handelt es sich bei beiden Kategorien um anlasslose Schwellen.[1340]

Für die „drohende Gefahr" kann die Wortwahl der „bedeutende[n] Rechtsgüter" überdacht werden.[1341] Ansonsten sind die Bestimmtheitsbedenken durch Auslegung zu bewältigen.[1342] Der immer wieder herangezogene Begriff des Gefährders ist wegen der dargelegten Schwächen abzulehnen.[1343] Ebenfalls abzulehnen ist die Bezugnahme auf die „Persönlichkeit" durch die Praxis.[1344] Diese durch das Aufenthaltsrecht wohl maßgeblich beeinflusste Entwicklung steht konträr zur Tatsachenabsicherung des Tatbestands. Insbesondere soll über den Personenbezug nicht bloß ein Eingriff wegen einer allgemeinen Bedrohungslage gerechtfertigt werden.[1345] Überdies fehlen gerade für Nr. 2 Beispiele, welche die notwendige Beteiligung charakterisieren. Durch das Lösen von der klassischen Störereigenschaft ist noch undurchsichtiger, welche Merkmale für eine Inanspruchnahme ausreichen sollen.[1346] Auf jeden Fall ist mit dem Gesetzeswortlaut auf konkretes Verhalten beziehungsweise Vorbereitungshandlungen abzustellen. Allein das kann als Prognosegrundlage dienen.

Der Aufklärungsgehalt der Generalklausel ist verfassungsrechtlich nicht zu beanstanden. Ein Abweichen von der konkreten Gefahr ist hier nichts Neues, was die in vielen Maßnahmen des Polizeiaufgabengesetzes vorhandenen Dispositionstatbestände beweisen. Eine informationelle Generalklausel kannte das Gesetz schon seit der Einführung des Art. 28b Abs. 1 Nr. 1 BayPAG (1990).[1347] Der aktionelle

---

[1337] So z. B. *Ogorek*, JZ 2019, 63 (71), der indes den neuen Gefahrenkategorien krit. gegenübersteht; vgl. ferner *Leisner-Egensperger*, DÖV 2018, 677 (685).

[1338] Vgl. die Ausführungen zum Begriff des Angriffs *Möstl*, BayVBl. 2018, 156 (162); s. a. *Meyer*, JZ 2017, 429 (434).

[1339] BVerfGE 155, 119 (188 Rn. 149, 189 Rn. 151); vgl. auch BVerfGE 156, 11 (55 Rn. 118).

[1340] Dies ist wohl das, was Möstl meint, wenn er die „drohende Gefahr" nicht als „echte Vorfeldschwelle" bezeichnet, *Möstl*, ZRP 2020, 26 (27); jüngst sah er sie „nunmehr dogmatisch als Vorfeldschwelle ausgestaltet", *Möstl*, Die Verwaltung 53 (2020), 21 (31).

[1341] Dazu § 6 C. II. 1. b) cc) (2) (b), S. 415 ff.

[1342] Dazu § 6 C. I. 1. a), S. 319 ff.

[1343] Dazu § 6 C. I. 4. a) cc), S. 372 ff.

[1344] Dazu § 6 C. I. 4. a) aa), S. 366 ff.

[1345] Vgl. ausf. *Austermann/Schlichte*, KJ 51 (2018), 479 (485 ff.).

[1346] Zur Entindividualisierung durch gruppenbezogene Schwellen *Barczak*, Der nervöse Staat, S. 548 ff., 550.

[1347] § 6 C. II. 2. a), S. 421 ff.; nun Art. 32 Abs. 1 Nr. 1BayPAG; der Gehalt des Art. 28b BayPAG i. d. F. des Dritten Gesetzes zur Änderung des Polizeiaufgabengesetzes v. 24. 8. 1990

Gehalt hingegen kann nur gerechtfertigt sein, wenn einer äußerst restriktiven Auslegung unter Berücksichtigung der Intensität der Maßnahme gefolgt wird.[1348] Mit dem Gesetzeswortlaut ist sowohl die Subsidiarität zur Generalklausel nach Art. 11 Abs. 1 BayPAG als auch die Subsidiarität zur Aufklärung infolge der geforderten „notwendigen Maßnahmen“ zu beachten.[1349]

II. Schutzlückendilemma

Nach wie vor ist die Beurteilung der Notwendigkeit ständiger Begleiter der Novellen. Die Meinungen gehen im politisch aufgeladenen Feld des Polizeirechts stark auseinander.[1350] Die „drohende Gefahr“ wird durch den Gesetzgeber und einen Teil der Literatur als Konsequenz der einschränkenden Auslegung der konkreten Gefahr durch das Bundesverfassungsgericht angesehen.[1351] Die staatliche Schutzpflicht gebiete in diesem Spektrum ein Eingreifen bei drohender Minderung der Abwehrmöglichkeiten.[1352]

Nach anderer Ansicht werde das Regel-Ausnahme-Verhältnis zwischen der klassischen Gefahrenabwehr und der Gefahrenvorsorge, welches durch das Bundesverfassungsgericht bestätigt worden sei, verkehrt.[1353] Dies gelte, da die Forderung nach einer erweiternden Auslegung und Anwendung zunimmt.[1354] Stimmen in der Literatur mahnen, die Typenbildung könne zu einer Verschleierung des Ausnahmecharakters beitragen und dem Begriff der „drohenden Gefahr“ komme eine Gewöhnungsfunktion zu.[1355] Schon die Grundannahmen der Befürworter der neuen Kategorien werden in Zweifel gezogen. Zum einen sieht man die Verengungstendenzen nicht von den Intentionen des Bundesverfassungsgerichts umfasst.[1356] Zum anderen hält ein Teil des Schrifttums eine Änderung schlichtweg unter Weiterver-

---

(BayGVBl. S. 329) wanderte im selben Jahr in Art. 31 BayPAG i. d. F. der Neufassung des Polizeiaufgabengesetzes v. 14. 9. 1990 (BayGVBl. S. 397).

[1348] § 6 C. II. 2. b) cc) (1.), S. 427 ff.

[1349] § 6 C. II. 2. b) cc) (2), S. 428 ff.

[1350] *Möstl*, Die Verwaltung 53 (2020), 21 (25); *Thiel*, Die Verwaltung 53 (2020), 1 (1).

[1351] Dazu § 3 B. II., S. 73 ff.; § 5 B. I. 1. b) cc), S. 184 ff.; § 5 B. I. 6. c) bb) (3) (d), S. 270 ff.; § 6 C. II. 1. b) aa) (2), S. 383 ff.

[1352] BayVerfGH, BeckRS 2019, 3113 Rn. 70 f.; OLG München, NJW 2019, 2404 (2411 Rn. 93); vgl. *Möstl*, DVBl. 2020, 160 (164 ff.); *ders.*, ZRP 2020, 26 (27); *ders.*, Die Verwaltung 53 (2020), 21 (30 ff.); *Schmidbauer/Holzner*, Bayerisches Polizei- und Sicherheitsrecht, Rn. 527; *Schwarz*, Stellungnahme zu BayLT-Drs. 17/16299, S. 2.

[1353] *Pieroth*, Die Verwaltung 53 (2020), 39 (52); vgl. auch *Barczak*, Der nervöse Staat, S. 529; *Kulick*, AöR 143 (2018), 175 (211); *Petri*, ZD 2018, 453 (454).

[1354] *Leisner-Egensperger*, DÖV 2018, 677 (680); *Möstl*, BayVBl. 2018, 156 (160); *Wehr*, JURA 2019, 940 (942); krit. *Pieroth*, Die Verwaltung 53 (2020), 39 (52).

[1355] Vgl. *Pieroth*, Die Verwaltung 53 (2020), 39 (51); ähnlich für die „konkretisierte Gefahr“ *Kulick*, AöR 143 (2018), 175 (211).

[1356] Vgl. u. a. *Enders*, DÖV 2019, 205 (205 f.).

wendung der überkommenen Auslegung der konkreten Gefahr nicht für angezeigt.[1357] Das Bundesverfassungsgericht wollte nur „Argumentationslinien verdeutlichen“[1358], aber keinen Gesetzgebungsvorschlag liefern oder abschließende Definitionen aufstellen.[1359] Ein konkretisier*barer* Schaden in Verbindung mit der Anwendung der Je-Desto-Formel sei ein Fall der konkreten Gefahr.[1360] Falls diese nicht vorliege, sei ein Einschreiten nicht angezeigt.[1361]

Zunächst angeführt wurden weiter die Verschiebungen, zu denen die „drohende Gefahr“ auf Vollzugsebene führe. So wurde angemerkt, dass durch die Verweisungstechnik im BayPAG nicht selten die Nicht-Befolgung einer auf einer „drohenden Gefahr“ fußenden Maßnahme zur Voraussetzung von Befugnissen gemacht wird. Umstrittenstes Beispiel war der Präventivgewahrsam.[1362] Hier sei eine Einführung der „drohenden Gefahr“ „durch die Hintertür“[1363] erfolgt.[1364] Dagegen wurde angeführt, dass das Element der willentlichen Nichtbefolgung rechtfertigend wirke.[1365] Der Betroffene habe die Folgen dadurch selbst in der Hand.[1366] Außerdem könne man schon mit einem Rechtsbehelf gegen die erste Ebene vorgehen.[1367] Werde der elektronischen Aufenthaltsüberwachung nicht nachgekommen, käme es für die Maßnahme des Gewahrsams zu einem doppelten Richtervorbehalt.[1368] Andere sehen gleichwohl in Anbetracht der Intensität der Maßnahme eine solche feh-

---

[1357] Vgl. *Schoch/Kießling*, in: Schoch/Eifert, Besonderes Verwaltungsrecht, Kap. 1 Rn. 83; s. auch *Schmidbauer*, in: ders./Steiner, PAG, Art. 11 Abs. 68 ff.

[1358] *Thiel*, GSZ 2019, 1 (2).

[1359] Vgl. u. a. *Löffelmann*, GSZ 2018, 85 (87); *Thiel*, GSZ 2019, 1 (2); *ders.*, Die Verwaltung 53 (2020), 1 (3).

[1360] Vgl. *Thiel*, Polizei- und Ordnungsrecht, § 8 Rn. 72; vgl. auch *ders.*, Die Verwaltung 53 (2020), 1 (4); *Kingreen/Poscher*, Polizei- und Ordnungsrecht, § 8 Rn. 16 f.

[1361] Vgl. *Enders*, DÖV 2019, 205 (210).

[1362] Art. 17 Abs. 1 S. 1 Nr. 4 i. V. m. 16 Abs. 1 S. 1 Nr. 2, S. 2 (Präventivgewahrsam zur Durchsetzung des Platzverweis), Art. 17 Abs. 1 S. 1 Nr. 4 i. V. m. 16 Abs. 2 S. 1 (Präventivgewahrsam zur Durchsetzung des Kontaktverbots, Aufenthaltsver- und -gebots) beziehungsweise Art. 17 Abs. 1 S. 1 Nr. 5 i. V. m. Art. 34 Abs. 1 S. 1 Alt. 2 BayPAG (Präventivgewahrsam zur Durchsetzung der elektronischen Aufenthaltsüberwachung); krit. zur Erfüllung der Anforderungen der EMRK an die neue Ausgestaltung des Präventivgewahrsams s. *Lenk/Wiedmann*, BayVBl. 2018, 803 (805 ff.); s. auch *Möstl*, Stellungnahme zu BayLT-Drs. 17/16299, S. 10 f.

[1363] *Lenk/Wiedmann*, BayVBl. 2018, 803 (805).

[1364] Vgl. auch *Kuch*, DVBl. 2018, 343 ff. und *Pieroth*, Die Verwaltung 53 (2020), 39 (53 ff.).

[1365] BayVerfGH, BeckRS 2019, 3113 Rn. 72; *Lindner*, Stellungnahme zu BayLT-Drs. 17/16299, S. 18; *Möstl*, Stellungnahme zu BayLT-Drs. 17/16299, S. 10; *Müller*, BayVBl. 2018, 109 (115).

[1366] *Lindner*, Stellungnahme zu BayLT-Drs. 17/16299, S. 18.

[1367] *Müller*, BayVBl. 2018, 109 (115).

[1368] *Lindner*, Stellungnahme zu BayLT-Drs. 17/16299, S. 18.

lende Kooperation des Betroffenen nicht als ausreichend für eine Legitimierung an.[1369]

Dieser Kritikpunkt hat sich jüngst überholt. Der Bayerische Verfassungsgerichtshof stellt insoweit in seiner Entscheidung vom 14.6.2023 klar, dass aufgrund des Gebots der verfassungskonformen freiheitssichernden Anwendung im Einzelfall eine Ingewahrsamnahme nach Art. 17 Abs. 1 Nr. 4 und Nr. 5 BayPAG nicht zur Abwehr einer „drohenden Gefahr“ vorgenommen werden kann.[1370] Für den Fall einer fälschlichen Anwendung durch die Behörde zieht das Gericht die oben genannten Argumente des doppelten Rechtsschutzes und der Möglichkeit der Einflussnahme durch eigenes Verhalten heran.[1371]

Im Übrigen ist mit der Rechtsprechung des Bundesverfassungsgerichts und der nun überwiegenden Ansicht in der Literatur davon auszugehen, dass die Engziehung der Auslegung der konkreten Gefahr einen Anwendungsbereich für die „konkretisierte“ und „drohende Gefahr“ lässt. Die kritikwürdige Forderung der weitreichenden Schadenskonkretisierung bei der konkreten Gefahr hinterlässt, wie der bayerische Gesetzgeber es beschreibt, eine Schutzlücke.[1372] Der bayerische Gesetzgeber orientiert sich ausweislich der Gesetzesmaterialien an der Rechtsprechung des Bundesverfassungsgerichts im gesamten Zusammenspiel der Gefahrenkategorien. Es kommt daher nicht darauf an, dass er die Schadenskonkretisierung nicht tatbestandlich aufnimmt.[1373] Die selbst erzeugte Lücke wird gefüllt durch die neuen Kategorien. Insoweit haben die Kritiker Recht, wenn sie darauf verweisen, dass durch die neuen Gefahrenkategorien Sachverhalte erfasst werden, die früher unter Anwendung der konkreten Gefahr abgedeckt waren.[1374]

Allerdings erfolgt eine zu begrüßende genauere Beschreibung der Eingriffsvoraussetzungen. Dabei werden die Korrekturen und Lehren umgesetzt, welche die Dispositionstatbestände als weitere Kategorie des Gefahrenvorfeldes hinterlassen haben. Teilweise liegt in der „drohenden“ und „konkretisierten Gefahr“ eine Weiterentwicklung der Dispositionstatbestände, was darauf zurückzuführen ist, dass es eben jene Tatbestände sind, die das Bundesverfassungsgericht betrachtet, korrigiert

---

[1369] *Lenk/Wiedmann*, BayVBl. 2018, 803 (805).

[1370] BayVerfGH, BeckRS 2023, 19409 Rn. 120.

[1371] BayVerfGH, BeckRS 2023, 19409 Rn. 113 ff.

[1372] Amtl. Begr. zum Gesetz zur Änderung des Polizeiaufgabengesetzes und weiterer Rechtsvorschriften v. 27.3.2021 (BayGVBl. S. 418), BayLT-Drs. 18/13716, S. 1; dazu ferner § 6 C. II. 1. b) (2) (b), S. 385 ff.

[1373] Interessant ist insoweit, dass der bayerische Gesetzgeber ebenfalls das etablierte zeitliche Element – „in absehbarer Zeit“ – nicht aufnimmt, s. für das Element als Teil der klassischen Definition der konkreten Gefahr BVerfGE 115, 320 (364); 120, 274 (328); 125, 260 (330); 141, 220 (271 Rn. 111); BVerwGE 116, 347 (350); aus der Lit. u. a. *Bäcker*, Kriminalpräventionsrecht, S. 94; *Schenke*, Polizei- und Ordnungsrecht, Rn. 75.

[1374] Dazu insb. § 3 B. II., S. 73 ff.; § 5 B. I. 1. b) cc), S. 184 ff.; s. a. § 5 B. I. 6. c) bb) (3) (d), S. 270 ff.; § 6 C. II. 1. b) aa) (2), S. 383 ff.

und weiterentwickelt.[1375] Teilweise decken die neuen Kategorien einen Bereich ab, der zuvor durch die konkrete Gefahr umfasst war.

III. Alternative?

Die Annahme einer der bayerischen Gesetzesbegründung entsprechenden moderaten Arrondierung trifft der Vorwurf des „Framing[s]"[1376]. Einen sehr allgemein gehaltenen Alternativvorschlag erbringen Aden/Fährmann, wenn sie anführen, (Kriminal-)Prävention solle „nicht vorwiegend durch Grundrechtseingriffe, sondern durch grundrechtsschonende vorbeugende Maßnahmen erfolgen, beispielsweise durch den Umbau gefährlicher Orte im Rahmen der Städteplanung oder durch sozialpädagogische Ansätze, insbesondere im Rahmen der Extremismusprävention."[1377] Eine solche Eingriffsvermeidung wird gleichwohl dem seit jeher anerkannten und praktizierten Eingreifen im Bereich der Gefahrenvorsorge nicht gerecht und unterlässt es, rechtssichere Eingriffsgrundlagen zu schaffen.[1378]

Die Erwägungen Löffelmanns sind konkreter: Vorzugswürdig sei es, Rechtsprechungslinien zu betrachten und allgemeine Schlüsse zu deduzieren.[1379] Dies brauche unter Berücksichtigung der Intensität und des Ausgleichs der geringeren Validität der Prognose einen höheren Verifizierungsgrad der Diagnose.[1380] Wichtig dafür sei, die Indizien gesetzlich vorzugeben, wobei er zum einen das Anknüpfen an in Bezug auf die Rechtsgutsverletzung häufig auftretenden Straftaten anführt.[1381] Dies sei auch die Vorgehensweise des Strafrechts und der nachrichtendienstlichen Vorschriften.[1382] Nicht strafbarem Verhalten könne Relevanz zukommen wie „z.B. einem bestimmten Kommunikationsverhalten (etwa intensives Browsen auf terroraffinen Webseiten) oder bestimmtes Ordnungsunrecht (etwa wiederholte Verstöße gegen aufenthaltsrechtliche Beschränkungen)"[1383]. Außerdem sollten vorhandene Ressourcen effizient genutzt werden durch einen besseren Informationsaustausch der Behörden.[1384] Im Ergebnis seien die Stellen im Recht auszumachen,

---

[1375] Vgl. § 6 A. III., S. 290 ff.

[1376] Antrag auf abstrakte Normenkontrolle v. 6.9.2018, (Fn. 904), S. 51.

[1377] *Aden/Fährmann*, ZRP 2019, 175 (176).

[1378] Zur Historie § 4 B., S. 85 ff.

[1379] *Löffelmann*, Stellungnahme zu BayLT-Drs. 17/16299, S. 4 f.; ähnlich *Thiel*, GSZ 2019, 1 (2).

[1380] *Löffelmann*, Stellungnahme zu BayLT-Drs. 17/16299, S. 4 f.

[1381] *Löffelmann*, Stellungnahme zu BayLT-Drs. 17/16299, S. 5; vgl. auch *ders.*, BayVBl. 2018, 145 (154).

[1382] *Löffelmann*, Stellungnahme zu BayLT-Drs. 17/16299, S. 5.

[1383] *Löffelmann*, Stellungnahme zu BayLT-Drs. 17/16299, S. 5.

[1384] *Löffelmann*, BayVBl. 2018, 145 (155).

wo die Durchsetzung bestehender Befugnisse schwächelt oder der Informationsaustausch mit anderen Behörden optimiert werden kann.[1385]

Anders als Löffelmann steht Barczak der Formulierung von straftatenbezogenen Tatbeständen skeptischer gegenüber.[1386] Dennoch betont er, dass der in den rationalisierenden Kategorien von konkreter Gefahr und Verantwortlichkeit zum Ausdruck gebrachte Ausgleich von Freiheit und Sicherheit unter Ungewissheitsbedingungen über das Rechtsstaatsprinzip selbständiger Teil der Ewigkeitsgarantie des Art. 79 Abs. 3 GG sei.[1387] Gleichwohl sei ein Abweichen – wie das Bundesverfassungsgericht selbst mehrfach betont –[1388] unter erhöhten Rechtfertigungsanforderungen möglich.[1389] Gerade der *Moment des Abwartenkönnens* – die Reaktivität –[1390] mache indes rechtsstaatliches Polizeirecht aus.[1391] Sonst tappe der Staat in die „Antizipationsfalle“[1392]. Die „drohende Gefahr“ „strapaziert“[1393] nach Ansicht Barczaks den Gedanken. Dem Argument, das Abwarten sei zu umständlich, das durch Möstl vorgetragen wird, wird entgegengehalten, Polizeiarbeit zu entlasten, sei keine rechtsstaatlich anerkannte Handlungsprämisse für einen Eingriff.[1394] Insbesondere aktionelle Maßnahmen sollten nur als „punktuell gestaltete, begrenzte und gerichtlich kontrollierbare Ausnahmen von der Normalvorstellung des regelmäßig von Verfassungs wegen Gebotenen mit verhältnismäßig niederschwelliger Eingriffsintensität für weitgehend alltägliche Gefährdungslagen“[1395] angenommen werden. Sonst entstünde durch den Fokus auf gelabelte Personen selbst eine „Freund-Feind-Dichotomie“[1396].[1397] Enders nennt es ein „tätiges Abwarten“[1398], das sich auf Aufklärung in dem vom Bundesverfassungsgericht umrissenen Maß beschränke.[1399]

[1385] *Löffelmann*, Stellungnahme zu BayLT-Drs. 17/16299, S. 30.

[1386] *Barczak*, Der nervöse Staat, S. 534.

[1387] *Barczak*, Der nervöse Staat, S. 494; a. A. wohl *Kulick*, AöR 143 (2018), 175 (213 f.); s. auch *Pieroth*, Die Verwaltung 53 (2020), 39 (47).

[1388] Dazu ausf. § 5 A., S. 129 ff.; BVerfGE 115, 320 (360); 120, 378 (428 f.); 141, 220 (272 Rn. 112); BVerfGE 155, 119 (187 Rn. 147).

[1389] *Barczak*, Der nervöse Staat, S. 494, 503 ff.

[1390] Dazu § 5 B. I. 1. b) cc) (2), S. 187 ff.

[1391] *Barczak*, Der nervöse Staat, S. 519; vgl. auch *Enders*, DÖV 2019, 205 (210 f.).

[1392] *Barczak*, Der nervöse Staat, S. 520.

[1393] *Barczak*, Der nervöse Staat, S. 521.

[1394] *Enders*, DÖV 2019, 205 (210 f.) m. V. a. PrOVGE 76, 435 (438 f.).

[1395] *Barczak*, Der nervöse Staat, S. 524, nennt die Gefährderansprache u. -anschreiben, Meldeauflagen, präventive Aufenthaltsverbote u. Identitätsfeststellungen; für informationelle Maßnahmen wohl weiter *Barczak*, Der nervöse Staat, S. 503 ff.

[1396] *Barczak*, Der nervöse Staat, S. 561.

[1397] *Barczak*, Der nervöse Staat, S. 521 ff.

[1398] *Enders*, DÖV 2019, 205 (211).

[1399] *Enders*, DÖV 2019, 205 (210 f.).

Die Alternativen behalten die konkrete Gefahr im Blick. Sie sehen indes auch die Notwendigkeit der Berücksichtigung der Erwägungen des Bundesverfassungsgerichts. Sie bilden den Gegenpol zu solchen Erwägungen, die zu Unrecht vollständig auf den Begriff der konkreten Gefahr verzichten wollen und zu einer Anwendung der Je-Desto-Formel übergehen.[1400]

IV. Konkrete Gefahr als beständige Regel

Auf den ersten Blick scheinen die Ansichten nicht weit voneinander entfernt. Die einen sehen in der „drohenden Gefahr" eine Ausprägung der konkreten Gefahr, die nun (wieder) erfasst wird. Andere meinen, dafür sei die konkrete Gefahr von vornherein ausreichend. Dieser Gleichlauf ist indes nur ein scheinbarer. Ob und inwieweit ein Eingriff erfolgen kann, wird durchaus unterschiedlich beurteilt.[1401] Hinzu kommen die Fälle, in denen die neuen Gefahrenkategorien die Dispositionstatbestände ersetzen.

Es ist ein Zustand gefährlicher Rechtsunsicherheit zu beobachten. Es herrscht eine offene Uneinigkeit über zentrale Merkmale des Polizeirechts. Diese Unsicherheit besteht in einem Zeitpunkt, in dem Varianten der „konkretisierten Gefahr" in die Polizeigesetze der Bundesländer einziehen, ohne dass sie entsprechend einheitlich betrachtet werden Das Verhältnis zur konkreten Gefahr bleibt weiterhin unklar.[1402]

Allerdings ist mit der fortschreitenden Rechtsprechungslinie des Bundesverfassungsgerichts davon auszugehen, dass ein Abweichen von der konkreten Gefahr verfassungsrechtlich zulässig ist.[1403] Insoweit ist der Schutzlückenthese zu folgen.

Infolge ihrer Ausgestaltung berechtigt die bayerische „drohende Gefahr" nur zu Eingriffen bei drohenden Schäden für die genannten hochrangigen Rechtsgüter bei erheblicher Intensität oder Auswirkung auf Seite des Geschützten. Befürwortern der bayerischen Novelle schlagen vor, die Anwendung der „drohenden Gefahr" unter Verwendung einer einheitlichen Begrifflichkeit auf hinsichtlich der Adressatenseite intensive Ermächtigungen zu beschränken.[1404] Hier zeigte sich im Rahmen der Be-

---

[1400] *Kulick*, AöR 143 (2018), 175 (213 f.).

[1401] S. dazu die tatbestandliche Anordnung der „drohenden Gefahr" i. R. d. elektronischen Aufenthaltsüberwachung: dafür der bayerische Gesetzgeber, Amtl. Begr. zu Art. 11a BayPAG i. d. F. des Gesetzes zur Änderung des Polizeiaufgabengesetzes und weiterer Rechtsvorschriften v. 27.3.2021 (BayGVBl. S. 418), BayLT-Drs. 18/13716, S. 23; dagg. *Löffelmann*, BayVBl. 2018, 145 (151), der hier die „drohende Gefahr" für „unzureichend" hält; s. auch die Einschätzung für Gewalttäter aus dem familiären Umkreis nach der PAG-Kommission, Abschlussbericht v. 30.8.2019, (Fn. 90), S. 98.

[1402] *Möstl*, Die Verwaltung 53 (2020), 21 (32).

[1403] Exemplarisch BVerfGE 155, 119 (202 Rn. 179); dazu § 6 C. I. 1. b) bb), S. 328 ff.

[1404] *Möstl*, Die Verwaltung 53 (2020), 21 (32).

trachtung der Dispositionsurteile auch der größte Nachholbedarf. Es entstünde eine „Art Sonderdogmatik für bestimmte, besonders schwerwiegende Grundrechtseingriffe“[1405]. Dass die Vorgaben des Bundesverfassungsgerichts gesetzgeberische Spielräume eröffnen, wird vielfach auch durch Kritiker der „drohenden Gefahr“ nicht bestritten.[1406]

Eine solche Begrenzung wird in Bayern durch die Einfügung in die Generalklausel in Frage gestellt. Die punktuelle Ausrichtung geht teilweise verloren. Für den Aufklärungsgehalt ist dies hinnehmbar. Im aktionellen Bereich ist über die dargelegte restriktive Auslegung unter Berücksichtigung der Intensität und (doppelten) Subsidiarität zu verfahren.[1407] Die PAG-Kommission führt im Sinne der Beibehaltung der Generalklausel an, dass eine Verständlichkeit für die Vollzugspraxis durch die Gewöhnung im Umgang mit Generalklauseln gegeben ist.[1408] Bisher wurden durch die PAG-Kommission auch keine Missbrauchsverdachte festgestellt.[1409]

Dennoch wird vereinzelt der Einsatz eines Behördenleitervorbehalts vorgeschlagen.[1410] In Anbetracht der beschriebenen Expertenanwendungen bei intensiven informationellen Eingriffen scheint dies zunächst folgerichtig. Dagegen wird angeführt, bei aktionellen offenen Maßnahmen brauche es keine Behördenleiter- oder Richtervorbehalte wegen der regulären Anwendung des Verwaltungsverfahrens und der verwaltungsprozessualen Rechtsbehelfe.[1411] Auch abseits der Generalklausel vermissen einige bei den Maßnahmeermächtigungen, die eine „drohende Gefahr“ voraussetzten, Verfahrensabsicherungen.[1412] Für viele Vorschriften ist beispielsweise ein Richtervorbehalt angeordnet.[1413] Dies stellt eine Anforderung dar, die im Zuge der Novelle von 2021 ausgeweitet wurde.[1414] Zu beachten ist indes, dass über

[1405] *Möstl*, Die Verwaltung 53 (2020), 21 (32).

[1406] Die Erwägungen Barczaks, Enders, Löffelmanns und Thiels gehen jeweils auf die Vorgaben des Gerichts ein, nehmen indes zurückhaltendere Konsequenzen an, *Barczak*, Der nervöse Staat, S. 503 ff.; *Enders*, DÖV 2019, 205 (210 f.); *Löffelmann*, Stellungnahme zu BayLT-Drs. 17/16299, S. 4 f.; *Thiel*, GSZ 2019, 1 (2).

[1407] Dazu § 6 C. II. 2. b) cc), S. 427 ff.

[1408] PAG-Kommission, Abschlussbericht v. 30. 8. 2019, (Fn. 90), S. 32.

[1409] PAG-Kommission, Abschlussbericht v. 30. 8. 2019, (Fn. 90), S. 32.

[1410] *Shirvani*, DVBl. 2018, 1393 (1396).

[1411] *Schenke*, KPLLR 87 (2019), 1085 (1103).

[1412] *Waechter*, NVwZ 2018, 458 (462).

[1413] Positiv dazu BayVerfGH, BeckRS 3113, Rn. 68 f.; Bayerische Staatsregierung, Antrag auf Abweisung der Einstweiligen Anordnung, BayVerfGH, BeckRS 2019, 3113 Rn. 29; *Leisner-Egensperger*, DÖV 2018, 677 (688).

[1414] Amtl. Begr. zum Gesetz zur Änderung des Polizeiaufgabengesetzes und weiterer Rechtsvorschriften v. 27. 3. 2021 (BayGVBl. S. 418), BayLT-Drs. 18/13716, S. 2.

die Verfahrensebene eine nicht verfassungsgemäße Schwelle nicht kompensiert werden kann.[1415]

Dem Weg der Sonderdogmatik für intensive Eingriffe, aber auch dem bayerischen Ansatz, scheint indes das Bundesverfassungsgericht einen Strich durch die Rechnung zu machen, indem es die „konkretisierte Gefahr" bei „[w]eniger gewichtige[n] Eingriffe[n]"[1416] zum „Schutz von Rechtsgütern von zumindest erheblichem Gewicht"[1417] zulässt.[1418] Bisher scheint dies für die Landesgesetzgeber keine inspirierende Wirkung zu entfalten.

In jedem Fall muss die konkrete Gefahr das vorrangig heranzuziehende Element bleiben. Es gibt Bereiche, die allein ihr vorbehalten sind und in denen das Gesetz die konkrete Gefahr als Eingriffsvoraussetzung ausdrücklich vorschreibt. Diesem Grundschema sieht sich zu Recht die bayerische Gesetzesänderung von 2021 verpflichtet, wenn sie vom „Regel-Ausnahme-Verhältnis"[1419] zwischen konkreter und „drohender Gefahr" spricht.

[1415] *Löffelmann*, BayVBl. 2018, 145 (149); in Bezug auf einen auf eine „drohende Gefahr" gestützten Präventivgewahrsam *Welzel/Ellner*, DÖV 2019, 211 (219); s. dazu oben § 5 A. III. 2., S. 167 ff. und jüngst zur „konkretisierten Gefahr" BVerfGE 156, 11 (57 Rn. 122).

[1416] BVerfGE 155, 119 (188 Rn. 150).

[1417] BVerfGE 155, 119 (188 Rn. 150).

[1418] BVerfGE 155, 119 (188 f. Rn. 150).

[1419] Amtl. Begr. zu Art. 11a BayPAG i. d. F. des Gesetzes zur Änderung des Polizeiaufgabengesetzes und weiterer Rechtsvorschriften v. 27.3.2021 (BayGVBl. S. 418), BayLT-Drs. 18/13716, S. 21.

§ 7 Zusammenfassung der Ergebnisse in Thesen

- Das im verfassungsrechtlichen Zielkonflikt zwischen Freiheit und Sicherheit angesiedelte Recht der Inneren Sicherheit umfasst den Aufgabenbereich der Gefahrenabwehr und als Teil dessen die Gefahrenvorsorge, deren Grenzen aufgrund jüngerer verfassungsgerichtlicher Entscheidungen und Gesetzgebungsvorhaben neu ausgerichtet wurden.[1]
- Ein Eingreifen der Behörden im Rahmen der Gefahrenabwehr verlangt die gesetzliche Anordnung einer Befugnis, deren Kernelemente die Gefahr, die Verantwortlichkeit und die Verhältnismäßigkeit darstellen.[2]
- Die konkrete Gefahr als Schwelle der klassischen Gefahrenabwehr wird herkömmlich im Wege der Auslegung[3] definiert als eine Sachlage, die bei ungehindertem Ablauf des objektiv oder jedenfalls aus der ex-ante-Sicht des für die Polizei handelnden Amtswalters bei verständiger Würdigung zu erwartenden Geschehens im Einzelfall in absehbarer Zeit mit hinreichender Wahrscheinlichkeit zu einer Verletzung von Schutzgütern der öffentlichen Sicherheit oder Ordnung führt.[4]
- Spätestens[5] seit dem Online-Durchsuchungsurteil findet sich in der Rechtsprechung des Bundesverfassungsgerichts die Tendenz, ein erhöhtes Maß der Schadenskonkretisierung im Rahmen der Wahrscheinlichkeitsbeurteilung der konkreten Gefahr zu fordern.[6]
- Der bayerische Gesetzgeber übernimmt diese Konkretisierung nicht im Tatbestand der konkreten Gefahr in Art. 11 Abs. 1 S. 2 BayPAG. Gleichwohl legt er seinen Gefahrenkategorien ausweislich der Gesetzesbegründung das Verständnis des Bundesverfassungsgerichts zugrunde.[7]

---

[1] Zum Zielkonflikt § 2, S. 21 ff.; zur Gefahrenvorsorge als Teil der Gefahrenabwehr § 4 E. II., S. 124 ff.

[2] Dazu § 3 B. I., S. 37 ff.

[3] In Bayern existiert eine Legaldefinition in Art. 11 Abs. 1 S. 2 BayPAG; zur Auslegungsfähigkeit dieser Fn. 291.

[4] Dazu § 3 B. I. 1. c), S. 63.

[5] Zu den Tendenzen in der Rasterfahndungsentscheidung BVerfGE 115, 320 ff., vgl. § 5 B. I. 1. b) bb), S.174 ff.

[6] Dazu § 3 B. II., S. 73 ff.; § 5 B. I. 1. b) cc), S. 184 ff.; § 5 B. I. 6. c) bb) (3) (d), S. 270 ff.; § 6 C. II. 1. b) aa) (2), S. 383 ff.; § 6 D. II., S. 436 ff.

[7] Dazu § 3 B. II. 3., S. 80 f.

- Im Rahmen der Gefahrenvorsorge macht das Bundesverfassungsgericht für die Befugnis Vorgaben hinsichtlich der Bestimmtheit und Verhältnismäßigkeit über ein Abwägungssystem unter Berücksichtigung der Intensität der Maßnahme und des Rechtsgüterschutzes.[8]
- Nach diesem System können viele klassische Schwellen die Gefahrenvorsorge nicht abbilden.[9] Insbesondere die konkrete Gefahr ist hier aufgrund der jüngsten, kritikwürdigen Engziehung hinsichtlich der Schadenskonkretisierung ungeeignet.[10]
- Vorhandene gesetzliche Schwellen der Gefahrenvorsorge, die bisher insbesondere im Schrifttum nicht genauer betrachtet wurden, sind die orts- und objektbezogenen und die personen- und verhaltensbezogenen Dispositionstatbestände.[11] Ihnen liegen nicht die Maßstäbe der klassischen Gefahrenabwehr zugrunde.[12]
- Die orts- und objektbezogenen Dispositionstatbestände sind im gering invasiven Bereich wegen ihrer genauen Beschreibung der tatbestandlichen Anknüpfungstatsachen verfassungsrechtlich nicht zu beanstanden.[13]
- Die personen- und verhaltensbezogenen Dispositionstatbestände sind Gegenstand ständiger Nachkorrekturen des Bundesverfassungsgerichts insbesondere wegen des Straftatenbezugs und der tatbestandlichen Beschreibung der Diagnosegrundlage.[14]
- Infolge einer spätestens durch das Online-Durchsuchungsurteil begonnenen und durch das BKAG-Urteil des Bundesverfassungsgerichts zunächst vollendeten Entwicklung wird die „konkretisierte Gefahr" als Eingriffsschwelle präsentiert.[15]
- Diese füllt teils die entstandene Schutzlücke aufgrund der neuen Schadenskonkretisierung der konkreten Gefahr.[16] Teils stellt sie eine Fortentwicklung der personen- und verhaltensbezogenen Dispositionstatbestände dar.[17]

---

[8] Dazu § 5 A., S. 129.

[9] Zur (modifizierten) konkreten Gefahr § 5 B. I. 1., S. 172 ff.; zum Risiko § 5 B. I. 2., S. 195 ff.; zur abstrakten Gefahr und allgemeinen Gefahr § 5 B. I. 3., S. 202 ff.; zur erhöht abstrakten Gefahr § 5 B. I. 4., S. 208 ff.; zum Gefahrenverdacht § 5 B. I. 5., S. 211 ff.

[10] Dazu § 5 B. I. 1. b) cc), S. 184 ff.; § 5 B. I. 6. c) bb) (3) (d), S. 270 ff.; § 6 C. II. 1. b) aa) (2), S. 383 ff.; § 6 D. II., S. 436 ff.; s. a. § 3 B. II., S. 73 ff.

[11] Dazu § 5 B. I. 6., S. 219 ff.

[12] Dazu § 5 B. I. 6. c) bb) (1), S. 239 ff.

[13] Dazu § 5 B. I. 6. c) bb) (2) (b), S. 247 ff.

[14] Dazu § 5 B. I. 6. c) bb) (3) (c), S. 267 ff.

[15] Dazu § 6 A., S. 287 ff.

[16] Dazu § 6 C. II. 1. b) aa) (2), S. 383 ff.; § 6 D. II., S. 436 ff.; s. a. § 3 B. II., S. 73 ff.; § 5 B. I. 1. b) cc), S. 184 ff.; § 5 B. I. 6. c) bb) (3) (d), S. 270 ff.

[17] Dazu § 6 D. II., S. 436 ff. a. E.; s. a. § 6, S. 287; § 6 A. III., S. 290 ff.; § 6 C. II. 1. b) aa) (2), S. 383 ff.; § 6 D. IV., S. 441 ff.

- Dem bayerischen Gesetzgeber dienen die Vorgaben des Bundesverfassungsgerichts bezüglich der „konkretisierten Gefahr“ als Vorlage, und er lässt die „drohende Gefahr“ in das Gesetz einziehen.[18]
- Die notwendige Schadenskonkretisierung wird hier in modaler Hinsicht im Vergleich zur konkreten Gefahr reduziert.[19] Stattdessen ist maßgeblich auf das Verhalten beziehungsweise Vorbereitungshandlungen einer Person abzustellen, was das personale Element in den Vordergrund rückt.[20]
- Die erfolgte Absenkung ist in Anbetracht der auszufüllenden Schutzlücke unter Wahrung des Verhältnismäßigkeitsgrundsatzes erfolgt.[21]
- Die Ausgestaltung der „drohenden Gefahr“ ohne Bezug zur Terrorismusabwehr ist nach dem Bestandsdatenurteil des Bundesverfassungsgerichts gerechtfertigt.[22]
- Durch Auslegung des tatbestandlichen Merkmals der „bedeutenden Rechtsgüter“ der neuen bayerischen Gefahrenkategorie ist eine Orientierung am Rechtsgüterschutzmodell des Bundesverfassungsgerichts zu erzielen.[23]
- Ein Eingriff durch Aufklärungsmaßnahmen auf Basis einer „drohenden Gefahr“ nach der Generalklausel des Art. 11a BayPAG ist verfassungsrechtlich zulässig.[24]
- In Bezug auf den aktionellen Gehalt ist für die Generalklausel nach Art. 11a BayPAG mit einer äußerst restriktiven Auslegung unter Berücksichtigung der Intensität der Maßnahme und der doppelten Subsidiarität zu verfahren.[25]

Die konkrete Gefahr verliert ihre stabilisierende Funktion im Verhältnis von Freiheit und Sicherheit. Im Fokus steht das Rechtsgebiet der Gefahrenvorsorge. Weder deren Aufgabendimension noch deren Grenzen wurde in der Vergangenheit viel Beachtung geschenkt. Für den Aufgabengehalt stellen das Bundesverfassungsgericht und das Bundesverwaltungsgericht eine Definition auf, nach der das „Vorfeld konkreter Gefahren“[26] abgedeckt werden soll. Erfasst sind solche Gefahren, die „noch nicht *konkret* drohen“[27]. Die materiellen Limitationen indes sind neuralgisch unkonturiert. Der Unmut über diese Undurchsichtigkeit zieht sich wie

[18] Dazu § 6 A.V., S. 297 ff.; § 6 C.I.4.a), S. 364 ff.; s.a. § 6 C.I.1.c), S. 339 ff.

[19] Dazu § 6 C.I.1.c) bb) (2) (b) (bb), S. 351 f.

[20] Dazu § 6 C.I.1.c) bb) (2) (b) (bb), S. 351 f.; § 6 C.I.1.c) bb) (3) (a) (bb), S. 354 f.; § 6 C.I.1.c) bb) (3) (b) (bb), S. 356 f.

[21] Dazu § 6 C.II.1.b) aa) (2), S. 383 ff.; § 6 D.II., S. 436 ff.; s.a. § 3 B.II., S. 73 ff.; § 5 B.I.1.b) cc), S. 184 ff.; § 5 B.I.6.c) bb) (3) (d), S. 270 ff.

[22] Dazu § 6 C.II.1.b) bb) (3) (c), S. 402 ff.

[23] Dazu § 6 C.I.1.c) cc) (1), S. 358 ff.; § 6 C.II.1.b) cc) (2) (b), S. 415 ff.

[24] Dazu § 6 C.II.2.a), S. 421 ff.; s.a. § 5 B.I.1.b) cc) (2), S. 187 ff.

[25] Dazu § 6 C.II.2.b) cc), S. 427 ff.

[26] BVerfGE 150, 244 (274 Rn. 70).

[27] BVerfGE 150, 244 (274 Rn. 70) [Hervorhebung hinzugefügt].

ein roter Faden durch die Versuche der Aufarbeitung.[28] Hinzu kommt, dass das Polizeirecht politisch und ideologisch in besonderem Maße konfliktträchtig ist.[29]

Entscheidende Faktoren der fehlenden Durchdringung waren demnach grundlegend divergierende Grundannahmen und ein nicht zu unterschätzendes Maß an Verdrängung. Thiel verwendet das Bild eines „zugefrorenen Sees“[30], der oberflächlich grundsätzlich einwandfrei geeignet ist, um sich darauf zu bewegen. Ein genauer Blick zeigt hingegen schon gefährliche Risse und ein Nachbohren kann sodann schwerwiegende Folgen haben. Dieses Bild passt sowohl dazu, dass Gefahrenvorsorge im gering invasiven Bereich auf Basis der Aufgabennorm sowie gleichsam durch die zahlreichen Dispositionstatbestände schon immer betrieben wurde. Sogleich steht es sinnbildlich für die Brisanz der Neujustierung der klassischen Elemente polizeilicher Befugnisse durch das Bundesverfassungsgericht.

Dieses Gericht entwirft mit dem Abwägungsschema nach der Intensität ein Gerüst. Bestimmtheit und Angemessenheit bilden dessen Grundpfeiler. Von den überkommenen Begriffen des klassischen Gefahrenabwehrrechts kann nach diesem System des Bundesverfassungsgerichts abgewichen werden. Dennoch werden sie wie im Falle der Rasterfahndung weiter genutzt, was zu Konstrukten wie Krals entindividualisierten Gefahr führt.[31] Andere im Kontext dieser Arbeit betrachtete Schwellen zeichnen sich durch einen beschränkten Anwendungsbereich aus, der für die Abdeckung der vielen Risse der „Eisfläche“ unzureichend erscheint: Die abstrakte Gefahr ist Mittel für Verordnungen.[32] Die allgemeine und erhöht abstrakte Gefahr sind (bayerische) Hilfskonstruktionen, die nicht allgemein Anklang finden.[33] Das Risiko ist ein Instrument einer breiteren umweltrechtlichen Zukunftsvorsorge, das zudem geprägt ist durch die Einbindung von wissenschaftlichem Sachverstand.[34] Der Gefahrenverdacht bleibt ungemein vorbelastet durch seine dogmati-

---

[28] Wie *Bäcker*, Kriminalpräventionsrecht, S. 193 in seiner Analyse aus 2015 ausführt, ist „das derzeitige präventivpolizeiliche Vorfeldrecht [...] konzeptionell gerade nicht hinreichend fundiert. Das konzeptionelle Defizit schlägt sich in Mängeln der gesetzlichen Eingriffsermächtigungen nieder. Diese Ermächtigungen sind nicht schlüssig und stehen oft in keinem nachvollziehbaren systematischen Verhältnis zueinander.“ S. a. *Wehr*, JURA 2019, 940 (942).

[29] Vgl. *Möstl*, Die Verwaltung 53 (2020), 21 (25); *Thiel*, Die Verwaltung 53 (2020), 1 (1).

[30] *Thiel*, Die Verwaltung 53 (2020), 1 (2): „Auf der Oberfläche, der polizeilichen Anwendungspraxis, lässt es sich vergleichsweise problemlos Schlittschuhlaufen, also rechtssicher agieren. Heikel wird es erst, wenn man hier und da zu bohren beginnt. Doch gegenwärtig erscheint das dogmatische Fundament an vielen Stellen bereits so wacklig, dass es mitunter Überwindung kostet, sich auf die Eisfläche zu wagen.“

[31] Dazu § 5 B. I. 1. b) bb) (2), S. 178 ff.

[32] Dazu § 5 B. I. 3. b), S. 203 ff.

[33] Zur allgemeinen Gefahr § 5 B. I. 3. b) bb), S. 206 f.; zur erhöht abstrakten Gefahr § 5 B. I. 4. b), S. 210 ff.

[34] Dazu § 5 B. I. 2. b), S. 197 ff.

schen Schwierigkeiten.[35] Was bleibt, ist stets die Forderung nach weiteren tatbestandlichen Konkretisierungen.[36]

Ein für das Polizeirecht relevantes System lassen vielmehr die Dispositionstatbestände erkennen. Einem eher stiefmütterlichen Umgang folgten in jüngerer Zeit eine Konturierung und Systematisierung insbesondere durch die Rechtsprechung. Dabei ist zu unterscheiden zwischen orts- und objektbezogenen Tatbeständen und den personen- und verhaltensbezogenen Tatbeständen.[37] Die neuen Ansätze des Bundesverfassungsgerichts werden als Versuche der Vereinheitlichung anstelle der misslungenen bisherigen „Umwidmung"[38] der traditionellen Instrumente gesehen. Die orts- und objektbezogenen Tatbestände erfahren über die Beschreibung von Kriminalitätsschwerpunkten nach Ansicht der Rechtsprechung eine Rechtfertigung.[39] Die personen- und verhaltensbezogenen Tatbestände hingegen erweisen sich als Problemschwerpunkte.

Drängend wird die Auseinandersetzung mit der Gefahrenvorsorge durch die Ausführungen zu den Grenzen des Gefahrenbegriffs im Online-Durchsuchungsurteil und den Konkretisierungen in den Folgeentscheidungen des Bundesverfassungsgerichts. Immer weiter verfestigt sich die Annahme, dass das Gericht die konkrete Gefahr verengt. Die polizeilichen Landesgesetze nehmen diese Konkretisierung nicht ausdrücklich auf. Dennoch lassen sich diese Erwägungen nicht ignorieren. In Bayern wird in den Gesetzesmaterialien die Auslegung des Bundesverfassungsgerichts in Bezug genommen.[40] Überdies bietet das Bundesverfassungsgericht eigene Lösungen für die neu entstandenen Schutzlücken an: die „konkretisierte Gefahr". Der bayerische Gesetzgeber versucht sich an einer Umsetzung der gerichtlichen Blaupause mit der Einfügung der „drohenden Gefahr" durch die Novelle von 2017. Folge ist ein Abschied von grundlegenden Prinzipien, die bis dato als „verfassungsfest"[41] gesehen wurden.

Sowohl die „konkretisierte" als auch die „drohende Gefahr" lassen sich nicht durch die überkommenen Kategorien katalogisieren.[42] Sie verlangen weitere tatsächliche Rücksicherungen, aber weniger Situationsbezug – von konkretisiert zu konkretisierbar. Kompensatorisches Mittel der Wahl ist der Personenbezug, was im Sinne eines Anknüpfens an das Verhalten zu verstehen ist.[43] Auf dieses Rezept

---

[35] Dazu § 5 B. I. 4. b), S. 213 ff.

[36] Vgl. § 5 B. I. 1. b) cc) (1), S. 140; § 5 B. I. 3. b) bb), S. 157 u. § 5 B. I. 6. c) bb) (3) (c) (bb), S. 269 ff.

[37] Dazu § 5 B. I. 6., S. 219 ff.

[38] *Darnstädt*, GSZ 2017, 16 (19).

[39] Dazu § 5 B. I. 6. c) bb) (2) (b), S. 247 ff.

[40] Dazu § 3 B. II. 3., S. 80 f.

[41] *Pieroth*, Die Verwaltung 53 (2020), 39 (47).

[42] Dazu § 6 C. I. 1. b), S. 326 ff.

[43] Dazu § 6 C. I. 1. c) bb) (2) (b) (bb), S. 351 f.; § 6 C. I. 1. c) bb) (3) (a) (bb), S. 354 f.; § 6 C. I. 1. c) bb) (3) (b) (bb), S. 356 f.; § 6 C. I. 4. a), S. 364 f.

prasseln die insgesamt der Gefahrenvorsorge entgegengehaltenen Argumente ein. Schlagworte sind insoweit die Subjektivierung und die Umkehr der Begründungslast.[44] Eine Terrorbedrohung ist ein „Dauerzustand“[45], aber keine Dauergefahr.[46] Ein anderes Verständnis führe zu einer „Gesellschaft in Daueralarm“[47].

In drei Feldern zeigt die „drohende Gefahr“ eine grundlegende Erweiterung der Annahmen des Bundesverfassungsgerichts in der bayerischen Umsetzung: Die Gefahrenkategorie wird ohne Bezug zur Terrorismusabwehr gesetzlich normiert. Sodann wird die „drohende Gefahr“ in eine Generalklausel eingefügt. Zuletzt kann nach dieser Generalklausel eine aktionelle Rechtsfolge auf Basis der „drohenden Gefahr“ angeordnet werden.

Gleichzeitig sucht der bayerische Weg seine Rechtfertigung durch eine Begrenzung auf intensive Eingriffe in „überragend wichtige“ (unglücklich als „bedeutend“ bezeichnete) Rechtsgüter.[48] Die im Zuge der Novelle von 2021 durchgeführten Korrekturen beim Rechtsgüterschutz führen zu einer Verengung, die dieser Bezeichnung als „überragend wichtig“ würdig ist.[49] Die Aufgabe des Terrorbezugs ist – untermauert durch das Bestandsdatenauskunftsurteil – verfassungsrechtlich zulässig und entspricht dem Rechtsgüterschutzmodell.[50] Gleichsam haben das Bundesverfassungsgericht und eine im Vordringen befindende Literaturansicht bestätigt, dass Gefahrenvorsorge ebenfalls durch aktionelle Maßnahmen erfolgen kann.[51] Für Art. 11a BayPAG ist in Anbetracht des drohenden Verlusts der Punktualität mit einer äußerst restriktiven Auslegung zu arbeiten unter Wahrung eines Stufenverhältnisses und Berücksichtigung der Intensität.

Die „drohende Gefahr“ wird wegen des offenen, umfassenden Überdenkens klassischer Strukturen als „Wendepunkt“[52] bezeichnet. Nie darf vergessen werden, dass es um eine Änderung der „Kernbegriffe“[53] geht. Durch sie erfolgt eine ernst zu nehmende Verschiebung zugunsten der Sicherheit.[54] Für den punktuellen Einsatz zumindest scheint das Bundesverfassungsgericht keine Alternative zuzulassen. Ein unbestreitbar positiver Aspekt der Dynamiken im Polizeirecht sind die vermehrt

---

44 Dazu insb. § 6 C. II. 1. b), S. 381 ff.; s. a. § 4 D. II. 1., S. 110; § 4 D. II. 2., S. 111.

45 *Kulick*, AöR 143 (2018), 175 (176).

46 *Kulick*, AöR 143 (2018), 175 (176 Fn. 2).

47 *Barczak*, Der nervöse Staat, S. 3.

48 Dazu § 6 C. I. 1. c) cc) (1), S. 358 ff.; § 6 C. II. 1. b) cc) (2) (b), S. 415 ff.

49 Dazu § 6 C. I. 1. c) cc) (1), S. 358 ff.; § 6 C. II. 1. b) cc) (2) (b), S. 415 ff.

50 Dazu § 6 C. II. 1. b) bb) (3) (c), S. 402 ff.

51 Dazu § 6 C. II. 2. b) cc), S. 427 ff.

52 *Leisner-Egensperger*, DÖV 2018, 677 (677).

53 *Leisner-Egensperger*, DÖV 2018, 677 (677).

54 *Leisner-Egensperger*, DÖV 2018, 677 (679).

zum Einsatz kommenden Evaluationsansätze.[55] Unabdingbar bleibt der prüfende Blick auf die Risse im Eis.

[55] Vgl. PAG-Kommission, Abschlussbericht v. 30.8.2019, (Fn. 90), S. 27 bzw. die Expertenbeteiligung durch Stellungnahmen in Bayern und NRW; s. auch die Unterrichtung durch die Bundesregierung, Evaluationsbericht zu den §§ 4a, 20j, 20k des Bundeskriminalamtgesetzes v. 23.6.2017, BT-Drs. 18/13031.

Literaturverzeichnis

Aden, Hartmut/*Fährmann*, Jan: Defizite der Polizeirechtsentwicklung und Techniknutzung, ZRP 2019, 175.

Albers, Marion: Die Determination polizeilicher Tätigkeit in den Bereichen der Straftatenverhütung und der Verfolgungsvorsorge, Berlin 2001 (zit. *Albers*, Die Determination polizeilicher Tätigkeit in den Bereichen der Straftatenverhütung und der Verfolgungsvorsorge).

Apostel, Christoph: Das neue Polizeiaufgabengesetz (PAG) in Bayern – gesetzliche Absicherung des „Predictive Policing"-Gedankens?, KJ 52 (2019), 147.

Aulehner, Josef: Polizeiliche Gefahren- und Informationsvorsorge. Grundlagen, Rechts- und Vollzugsstrukturen, dargestellt auch im Hinblick auf die deutsche Beteiligung an einem Europäischen Polizeiamt (EUROPOL), Berlin 1998 (zit. *Aulehner*, Polizeiliche Gefahren- und Informationsvorsorge).

Austermann, Nele/*Schlichte*, Gianna Magdalena: Gefährliche Begriffe?! Über „Gefährder" und drohende Gefahren, KJ 51 (2018), 479.

Bäcker, Matthias: Kriminalpräventionsrecht. Eine rechtsetzungsorientierte Studie zum Polizeirecht, zum Strafrecht und zum Strafverfahrensrecht, Tübingen 2015 (zit. *Bäcker*, Kriminalpräventionsrecht).

Bader, Johann/*Ronellenfitsch*, Michael (Hrsg.): BeckOK VwVfG mit VwVG und VwZG, Stand: 60. Ed.München 1.10.2020 (zit. *Bearbeiter*, in: Bader/Ronellenfitsch, BeckOK VwVfG).

Badura, Peter: Verwaltungsrecht im liberalen und im sozialen Rechtsstaat, Tübingen 1966 (zit. *Badura*, Verwaltungsrecht im liberalen und sozialen Rechtsstaat).

Badura, Peter: Die verfassungsrechtliche Pflicht des gesetzgebenden Parlaments zur „Nachbesserung" von Gesetzen, in: Müller, Georg/Rhinow, René/Schmid, Gerhard/Wildhaber, Luzius (Hrsg.), Staatsorganisation und Staatsfunktionen im Wandel: Festschrift für Kurt Eichenberger zum 60. Geburtstag, Basel 1982, S. 481 (zit. *Badura*, in: FS Eichenberger).

Baldus, Manfred: Entgrenzungen des Sicherheitsrechts – Neue Polizeirechtsdogmatik, Die Verwaltung 47 (2014), 1.

Barczak, Tristan: Der nervöse Staat. Ausnahmezustand und Resilienz des Rechts in der Sicherheitsgesellschaft, Tübingen 2020 (zit. *Barczak*, Der nervöse Staat).

Barczak, Tristan: Reform des Bundespolizeigesetzes. Überfällige Modernisierung oder kleinster gemeinsamer Nenner?, ZRP 2023, 148.

Becker, Florian: Grundrechtliche Grenzen staatlicher Überwachung zur Gefahrenabwehr, NVwZ 2015, 1335.

Becker, Ulrich/*Heckmann*, Dirk/*Kempen*, Bernhard/*Manssen*, Gerrit: Öffentliches Recht in Bayern. Verfassungsrecht. Kommunalrecht. Polizei- und Sicherheitsrecht. Öffentliches

Baurecht, 6. Auflage München 2015 (zit. *Bearbeiter*, in: Becker/Heckmann/Kempen/Manssen, Öffentliches Recht in Bayern, 6. Aufl. 2015).

Becker, Ulrich/*Heckmann*, Dirk/*Kempen*, Bernhard/*Manssen*, Gerrit: Öffentliches Recht in Bayern. Verfassungsrecht. Kommunalrecht. Polizei- und Sicherheitsrecht. Öffentliches Baurecht, 8. Auflage München 2022 (zit. *Bearbeiter*, in: Becker/Heckmann/Kempen/Manssen, Öffentliches Recht in Bayern).

Berg, Günther Heinrich v.: Handbuch des Teutschen Policeyrechts, 1. Teil, 2. Auflage Hannover 1802 (zit. *v. Berg*, Handbuch des Teutschen Policeyrechts, 1. Teil).

Bergmann, Jan/*Dienelt*, Klaus: Ausländerrecht. Aufenthaltsgesetz, Freizügigkeitsgesetz/EU und ARB 1/80 (Auszug), Grundrechtecharta und Artikel 16a GG, Asylgesetz. Kommentar, 14. Auflage München 2022 (zit. *Bearbeiter*, in: Bergmann/Dienelt, Ausländerrecht).

Berner, Georg (Begr.)/*Köhler*, Gerd Michael/*Käß*, Robert (fortgef.): Polizeiaufgabengesetz. Handkommentar, 20. Auflage Heidelberg, München u.a. 2010 (zit. *Berner/Köhler/Käß*, PAG).

Bleiler, Lisa-Maria/*Nettersheim*, Wolfram: Konsequenzen der jüngsten verfassungsgerichtlichen Rechtsprechung für die Effektivität des Staatsschutzes, GSZ 2023, 227.

Böckenförde, Thomas: Auf dem Weg zur elektronischen Privatsphäre. Zugleich Besprechung von BVerfG, Urteil v. 27.2.2008 – „Online-Durchsuchung", JZ 2008, 925.

Bodenbenner, Dennis/*Heinemann*, Marcus: Die Neuregelung der automatisierten Kennzeichenerfassung in Hessen, NVwZ 2010, 679.

Böhlje, Falco: Bundesweite Verschärfungen des Polizeirechts: Erodiert der Rechtsstaat?, JUSTIZ 2018, 112.

Böhm, María *Laura:* Der „Gefährder" und das „Gefährdungsrecht". Eine rechtssoziologische Analyse am Beispiel der Urteile des Bundesverfassungsgerichts über die nachträgliche Sicherungsverwahrung und die akustische Wohnraumüberwachung, Göttingen 2011 (zit. *Böhm*, Der „Gefährder" und das „Gefährdungsrecht").

Brenner, Michael: Automatisierte Kennzeichenüberprüfung – Verfassungsrechtliche Vorgaben und Risiken –, DAR 2019, 241.

Breuer, Rüdiger: Umweltschutz und Gefahrenabwehr bei Anscheins- und Verdachtslagen, in: Selmer, Peter/Münch, Ingo (Hrsg.), Gedächtnisschrift für Wolfgang Martens, Berlin, New York 1987, S. 317 (zit. *Breuer*, in: GS Martens).

Breuer, Rüdiger: Anlagensicherheit und Störfälle. Vergleichende Risikobewertung im Atom- und Immissionsschutzrecht, NVwZ 1990, 211.

Brodmerkel, Stefan: Der Gesetzentwurf zur effektiveren Überwachung gefährlicher Personen – Gelungen mit Einschränkungen, BayRVR v. 9.3.2017, https://bayrvr.de/2017/03/09/der-gesetzentwurf-zur-effektiveren-ueberwachung-gefaehrlicher-personen-gelungen-mit-einschraenkungen/, Stand. 10.12.2023 (zit. *Brodmerkel*, Der Gesetzentwurf zur effektiveren Überwachung gefährlicher Personen, https://bayrvr.de/2017/03/09/der-gesetzentwurf-zur-effektiveren-ueberwachung-gefaehrlicher-personen-gelungen-mit-einschraenkungen/, Stand: 11.12.2023).

Brodmerkel, Stefan: Die Neuregelung der TKÜ im PAG als exemplarisches Beispiel einer umfangreichen Anpassungsgesetzgebung, BayRVR v. 19.12.2017 https://bayrvr.de/201

7/12/19/die-neuregelung-der-tkue-im-pag-als-exemplarisches-beispiel-einer-umfangreichen-anpassungsgesetzgebung/, Stand: 11. 12. 2023 (zit. *Brodmerkel*, Die Neuregelung der TKÜ im PAG als exemplarisches Beispiel einer umfangreichen Anpassungsgesetzgebung, https://bayrvr.de/2017/12/19/die-neuregelung-der-tkue-im-pag-als-exemplarisches-beispiel-einer-umfangreichen-anpassungsgesetzgebung/, Stand: 11. 12. 2023).

Brodowski, Dominik/*Jahn*, Matthias/*Schmitt-Leonardy*, Charlotte: Gefahrenträchtiges Gefährderrecht. Aufgaben, Anwendungsfälle und Aporien der Gefahrenabwehr durch Strafrecht heute – Teil 1, GSZ 2017, 7.

Brugger, Winfried: Freiheit und Sicherheit. Eine staatstheoretische Skizze mit praktischen Beispielen, Baden-Baden 2004 (zit. *Brugger*, Freiheit und Sicherheit).

Brugger, Winfried: Gewährleistung von Freiheit und Sicherheit im Lichte unterschiedlicher Staats- und Verfassungsverständnisse, VVDStRL 63 (2004), 101.

Calliess, Christian: Gewährleistung von Freiheit und Sicherheit im Lichte unterschiedlicher Staats- und Verfassungsverständnisse, DVBl. 2003, 1096.

Carnap, Rudolf/*Stegmüller*, Wolfgang: Induktive Logik und Wahrscheinlichkeit, Wien 1959 (zit. *Carnap/Stegmüller*, Induktive Logik und Wahrscheinlichkeit).

Clages, Horst (Hrsg.)/*Kniesel*, Michael/*Vahle*, Jürgen: Polizeiliche Informationsverarbeitung und Datenschutz im künftigen Polizeirecht. Kommentierung der einschlägigen Bestimmungen des Vorentwurfs zur Änderung des ME PolG, Heidelberg 1990 (zit. *Kniesel/Vahle*, in: Clages, Polizeiliche Informationsverarbeitung und Datenschutz im künftigen Polizeirecht).

Clages, Horst (Hrsg.)/*Kniesel*, Michael/*Vahle*, Jürgen: VE ME PolG. Musterentwurf eines einheitlichen Polizeigesetzes in der Fassung des Vorentwurfs zur Änderung des ME PolG – Text und amtliche Begründung –, Heidelberg 1990 (zit. *Kniesel/Vahle*, in: Clages, VE ME PolG).

Coelln, Christian v./*Pernice-Warnke*, Silvia/*Pützer*, Benno/*Reisch*, Katharina: Zwei Schritte vor, ein Schritt zurück – die aktuellen Änderungen des nordrhein-westfälischen Polizeigesetzes, NWVBl. 2019, 89.

Cornils, Matthias: Grundrechtsschutz gegenüber polizeilicher Kfz-Kennzeichenüberwachung, JURA 2010, 443.

Darnstädt, Thomas: Gefahrenabwehr und Gefahrenvorsorge. Eine Untersuchung über Struktur und Bedeutung der Prognose-Tatbestände im Recht der öffentlichen Sicherheit und Ordnung, Frankfurt a. M. 1983 (zit. *Darnstädt*, Gefahrenabwehr und Gefahrenvorsorge).

Darnstädt, Thomas: Karlsruher Gefahr – Eine kritische Rekonstruktion der polizeirechtlichen Ausführungen des Bundesverfassungsgerichts im Vorratsdaten-Urteil und im Online-Urteil, DVBl. 2011, 263.

Darnstädt, Thomas: Ein personenbezogener Gefahrbegriff – Analyse der Bedingungen des Bundesverfassungsgerichts an Vorfeld-Ermächtigungen im BKA-Gesetz, DVBl. 2017, 88.

Darnstädt, Thomas: Vierzig Jahre Terrorismus. Der Herbst des Polizeirechts, GSZ 2017, 16.

Denninger, Erhard/*Dürkop*, Marlis/*Hoffmann-Riem*, Wolfgang/*Klug*, Ulrich/*Podlech*, Adalbert/*Rittstieg*, Helmut/*Schneider*, Hans-Peter/*Seebode*, Manfred: Arbeitskreis Polizeirecht. AE PolG. Alternativentwurf einheitlicher Polizeigesetze des Bundes und der Länder, Neuwied, Darmstadt 1979 (zit. *Denninger/Dürkop u. a.*, Arbeitskreis Polizeirecht, Alternativentwurf einheitlicher Polizeigesetze des Bundes und der Länder).

Denninger, Erhard: Der Präventions-Staat, KJ 1988, 1.

Denninger, Erhard: Verfassungsrechtliche Grenzen polizeilicher Datenverarbeitung insbesondere durch das Bundeskriminalamt, CR 1988, 51.

Depenheuer, Otto: Selbstbehauptung des Rechtsstaates, Wien 2007 (zit. *Depenheuer*, Selbstbehauptung des Rechtsstaates).

Dietlein, Johannes: Die Lehre von den grundrechtlichen Schutzpflichten, 2. Auflage Berlin 2005 (zit. *Dietlein*, Die Lehre von den grundrechtlichen Schutzpflichten).

Di Fabio, Udo: Vorläufiger Verwaltungsakt bei ungewissem Sachverhalt – Gefahrenerforschung als Anwendungsfall vorläufiger Regelungen –, DÖV 1991, 629.

Di Fabio, Udo: Risikoentscheidungen im Rechtsstaat. Zum Wandel der Dogmatik im öffentlichen Recht, insbesondere am Beispiel der Arzneimittelüberwachung, Tübingen 1994 (zit. *Di Fabio*, Risikoentscheidungen im Rechtsstaat).

Di Fabio, Udo: Sicherheit in Freiheit, NJW 2008, 421.

Dreier, Horst (Hrsg.): Grundgesetz. Kommentar, Band. I, 3. Auflage Tübingen 2013 (zit. *Bearbeiter*, in: Dreier, GG, Bd. I).

Dreier, Horst (Hrsg.): Grundgesetz. Kommentar, Band. II, 3. Auflage Tübingen 2015 (zit. *Bearbeiter*, in: Dreier, GG, Bd. II).

Drews, Bill (Begr.)/*Wacke*, Gerhard/*Vogel*, Klaus/*Martens*, Wolfgang: Gefahrenabwehr. Allgemeines Polizeirecht (Ordnungsrecht) des Bundes und der Länder, 9. Auflage Köln, Berlin u. a. 1986 (zit. *Bearbeiter*, in: Drews/Wacke/Vogel/Martens, Gefahrenabwehr).

Dröge, Helmut: Die „drohende Gefahr" und ihre Auswirkungen auf die Rechtsstellung der Zivilperson gegenüber der öffentlichen Gewalt, Schötmar i.L. 1960 (*Dröge*, Die „drohende Gefahr" und ihre Auswirkungen auf die Rechtsstellung der Zivilperson gegenüber der öffentlichen Gewalt).

Dürig, Günter (Begr.)/*Herzog*, Roman/*Scholz*, Rupert/*Herdegen*, Matthias/*Klein*, Hans H. (Hrsg.): Grundgesetz. Kommentar. Band III. Art. 17–28, Stand: 101. EL München Mai 2023 (zit. *Bearbeiter*, in: Dürig/Herzog/Scholz, GG, Bd. III).

Dürig, Günter (Begr.)/*Herzog*, Roman/*Scholz*, Rupert/*Herdegen*, Matthias/*Klein*, Hans H. (Hrsg.): Grundgesetz. Kommentar. Band V, Art. 68–87, Stand: 101. EL München Mai 2023 (zit. *Bearbeiter*, in: Dürig/Herzog/Scholz, GG, Bd. V).

Dürig-Friedl, Cornelia/*Enders*, Christoph: Versammlungsrecht. Die Versammlungsgesetze des Bundes und der Länder. Kommentar, 2. Auflage München 2022 (zit. *Bearbeiter*, in: Dürig-Friedl/Enders, Versammlungsrecht).

Egbert, Simon: Predictive Policing im deutschsprachigen Raum, APuZ 32–33/2017, 17.

Ehlers, Dirk/*Fehling*, Michael/*Pünder*, Hermann (Hrsg.): Besonderes Verwaltungsrecht. Band 3. Kommunalrecht, Haushalts- und Abgabenrecht, Ordnungsrecht, Sozialrecht, Bildungsrecht, Recht des öffentlichen Dienstes, 4. Auflage Heidelberg, München u. a. 2021 (zit. *Bearbeiter*, in: Ehlers/Fehling/Pünder, Besonderes Verwaltungsrecht, Bd. 3).

Ehlers, Dirk/*Pünder*, Hermann (Hrsg.): Allgemeines Verwaltungsrecht, 16. Auflage Berlin, Boston 2022 (zit. *Bearbeiter*, in: Ehlers/Pünder, Allgemeines Verwaltungsrecht).

Enders, Christoph: Verfassungsgrenzen der „drohenden Gefahr" – Zur Übertragung der Maßstäbe des BKA-Gesetz-Urteils des Bundesverfassungsgerichts auf das gesamte Gefahrenabwehrrecht, DÖV 2019, 205.

Erichsen, Hans-Uwe: Der Schutz der Allgemeinheit und der individuellen Rechte durch die polizei- und ordnungsrechtlichen Handlungsvollmachten der Exekutive, VVDStRL 35 (1976), 171.

Fechner, Frank: „Öffentliche Ordnung" – Renaissance eines Begriffs?, JuS 2003, 734.

Fischer, Thomas: Strafgesetzbuch mit Nebengesetzes, 70. Auflage München 2023 (zit. *Fischer*, StGB).

Franzen, Wilhelm: Lehrkommentar im Polizeiverwaltungsrecht, Teil I, Greifswald 1932 (zit. *Franzen*, Lehrkommentar im Polizeiverwaltungsrecht, Teil I).

Funke, Andreas/*Kraus*, Tim: Verwirrung um die Rolle des Gefahrenbegriffs im bayerischen Polizei- und Sicherheitsrecht, BayVBl. 2018, 725.

Gallwas, Hans-Ullrich/*Lindner*, Josef Franz/*Wolff*, Heinrich Amadeus: Bayerisches Polizei- und Sicherheitsrecht, 4. Auflage Stuttgart, München u. a. 2015 (zit. *Bearbeiter*, in: Gallwas/Lindner/Wolff, Bayerisches Polizei- und Sicherheitsrecht).

Geppert, Martin/*Schütz*, Raimund (Hrsg.): Beck'scher TKG-Kommentar, 5. Auflage München 2023 (*Bearbeiter*, in: Geppert/Schütz, Beck'scher TKG-Kommentar).

Görig, Harald: Die Abschiebung terroristischer Gefährder, jM 2019, 238.

Görres-Gesellschaft und Verlag Herder (Hrsg.): Staatslexikon. Recht. Wirtschaft. Gesellschaft. Erster Band. ABC-Waffen – Ehrenamt, Bd. 1, 8. Auflage Freiburg 2017 (zit. *Bearbeiter*, in: Görres-Gesellschaft, Staatslexikon, Bd. 1).

Götz, Volkmar/*Geis*, Max-Emanuel: Allgemeines Polizei- und Ordnungsrecht. Ein Studienbuch, 17. Auflage München 2022 (zit. *Götz/Geis*, Allgemeines Polizei- und Ordnungsrecht).

Graulich, Kurt: Brauchen wir einen Musterpolizeigesetz? Überlegungen zur Standardisierung und Differenzierung im Sicherheitsrecht, GSZ 2019, 9.

Graulich, Kurt: BVerfG: Der Kernbereich privater Lebensgestaltung beim Einsatz von polizeilichen Vertrauenspersonen und verdeckten Ermittlern und der Einsatz besonderer Mittel der Datenerhebung, Wohnraumüberwachung, Online-Durchsuchung, heimliche Wohnungsbetretung, Ausschreibung zur polizeilichen Beobachtung der Telekommunikationsüberwachung sowie Rasterfahndung im Gesetz über die öffentliche Sicherheit und Ordnung Mecklenburg-Vorpommerns (SOG MV). Anmerkung von Prof. Dr. Kurt Graulich, GSZ 2023, 98.

Graulich, Kurt: Elemente eines Polizeiverfassungsrechts, NVwZ-Beilage 2023, 27.

Griebel, Jörn/*Schäfer*, Christian: Terrorprävention im nordrhein-westfälischen Landespolizeirecht. Unklarheiten und Wertungswidersprüche im Sicherheitspaket I, NVwZ 2020, 511.

Gusy, Christoph: Gewährleistung von Freiheit und Sicherheit im Lichte unterschiedlicher Staats- und Verfassungsverständnisse, VVDStRL 63 (2004), 151.

Gusy, Christoph/*Eichenhofer*, Johannes: Polizei- und Ordnungsrecht, 11. Auflage Tübingen 2023 (zit. *Bearbeiter*, in: *Gusy/Eichenhofer*, Polizei- und Ordnungsrecht).

Hanschmann, Felix: „Gefährder" – eine neue alte Figur im Öffentlichen Recht, KJ 50 (2017), 434.

Hebeler, Timo: Die Gefährderansprache, NVwZ 2011, 1364.

Heidebach, Martin: Der Gesetzentwurf zur effektiveren Überwachung gefährlicher Personen – Wider rechtsstaatliche Kernsätze des Polizeirechts, BayRVR v. 12.3.2017, https://bayrvr.de/2017/03/13/der-gesetzentwurf-zur-effektiveren-ueberwachung-gefaehrlicher-personen-wider-rechtsstaatliche-kernsaetze-des-polizeirechts/, Stand: 11.12.2023 (zit. *Heidebach*, Der Gesetzentwurf zur effektiveren Überwachung gefährlicher Personen, https://bayrvr.de/2017/03/13/der-gesetzentwurf-zur-effektiveren-ueberwachung-gefaehrlicher-personen-wider-rechtsstaatliche-kernsaetze-des-polizeirechts/, Stand: 11.12.2023).

Heidebach, Martin: Abstrakte Gefahr als Eingriffsvoraussetzung, Junge Wissenschaft im Öffentlichen Recht v. 14.3.2017, https://www.juwiss.de/30-2017/, Stand: 11.12.2023 (zit. *Heidebach*, Abstrakte Gefahr als Eingriffsvoraussetzung, https://www.juwiss.de/30-2017/, Stand: 11.12.2023).

Heinrich-Böll-Stiftung e. V. (Hrsg.)/*Aden*, Hartmut/*Fährmann*, Jan: Gutachten und Vorstudie. Polizeirecht vereinheitlichen? Kriterien für Muster-Polizeigesetze aus rechtsstaatlicher und bürgerrechtlicher Perspektive, Berlin 2018 (zit. *Aden/Fährmann*, in: Heinrich-Böll-Stiftung e. V., Gutachten und Vorstudie).

Heise, Gerd/*Riegel*, Reinhard: Musterentwurf eines einheitlichen Polizeigesetzes mit Begründung und Anmerkung, 2. Auflage Stuttgart, München u. a. 1978 (zit. *Heise/Riegel*, Musterentwurf eines einheitlichen Polizeigesetzes).

Hempel, Carl Gustav: Aspekte wissenschaftlicher Erklärung, Berlin, New York 1977. (Titel der Originalausgabe: Aspects of Scientific Explanation and other Essays in the Philosophy Science, New York 1965) (zit. *Hempel*, Aspekte wissenschaftlicher Erklärung).

Hill, Hermann: Abschied von der öffentlichen Ordnung im Polizei- und Ordnungsrecht, DVBl. 1985, 88.

Hoffmann-Riem, Wolfgang: „Anscheinsgefahr" und „Anscheinsverursachung" im Polizeirecht, in: Vogel, Klaus/Tipke, Klaus (Hrsg.), Verfassung. Verwaltung, Finanzen, Festschrift für Gerhard Wacke zum 70. Geburtstag, Köln 1972, S. 327 (zit. *Hoffmann-Riem*, in: FS Wacke).

Hoffmann-Riem, Wolfgang: Freiheit und Sicherheit im Angesicht terroristischer Anschläge, ZRP 2002, 497.

Hoffmann-Riem, Wolfgang/*Schmidt-Aßmann*, Eberhard/*Voßkuhle*, Andreas (Hrsg.): Grundlagen des Verwaltungsrechts. Band II. Informationsordnung. Verwaltungsverfahren. Handlungsformen, München 2008 (zit. *Bearbeiter*, in: Hoffmann-Riem/Schmidt-Aßmann/Voßkuhle, Grundlagen des Verwaltungsrechts, Bd. II).

Hofmann, Hans/*Lukosek*, Sandra/*Schulte-Rudzio*, Florentine: Das Gewicht der Sicherheit als Herausforderung des liberalen Verfassungsstaates. Sicherheit als Staatsaufgabe, Staatsziel, grundrechtliche Gewährleistung?, GSZ 2020, 233.

Hofmann, Henning: Predictive Policing. Methodologie, Systematisierung und rechtliche Würdigung der algorithmusbasierten Kriminalitätsprognose durch die Polizeibehörden, Berlin 2020 (zit. *Hofmann*, Predictive Policing).

Holzner, Thomas: Die drohende Gefahr – Neue Gefahrenkategorie oder verfassungswidrige Vorverlagerung von Eingriffsbefugnissen? –, DÖV 2018, 946.

Huber, Peter M./*Wollenschläger*, Ferdinand: Landesrecht Bayern. Studienbuch, 2. Auflage Baden-Baden 2022 (zit. *Bearbeiter*, in: Huber/Wolleschläger, Landesrecht Bayern).

Hundert, Juliane/*Lippmann*, Valentin: Das neue sächsische Polizeirecht – im Zweifel für die Überwachung, SächsVBl. 2019, 305.

Ibler, Martin: Gefahrenverdacht und polizeiliche Generalklausel, in: Jochum, Georg/Fritzemeyer, Wolfgang/Kau, Marcel (Hrsg.), Festschrift für Kay Hailbronner, Grenzüberschreitendes Recht – Crossing Frontiers, Heidelberg 2013 (zit. *Ibler*, in: FS Hailbronner).

Isensee, Josef: Das Grundrecht auf Sicherheit. Zu den Schutzpflichten des freiheitlichen Verfassungsstaates, Berlin, New York 1983.

Isensee, Josef/*Kirchhof*, Paul (Hrsg.): Handbuch des Staatsrechts der Bundesrepublik Deutschland. Band II: Verfassungsstaat, Bd. II, 3. Auflage Heidelberg 2004 (zit.: *Bearbeiter*, in: Isensee/Kirchhof, Handbuch des Staatsrechts, Bd. II).

Isensee, Josef/*Kirchhof*, Paul (Hrsg.): Handbuch des Staatsrechts der Bundesrepublik Deutschland. Band IV: Aufgaben des Staates, Bd. IV, 3. Auflage Heidelberg 2006 (zit.: *Bearbeiter*, in: Isensee/Kirchhof, Handbuch des Staatsrechts, Bd. IV).

Isensee, Josef/*Kirchhof*, Paul (Hrsg.): Handbuch des Staatsrechts der Bundesrepublik Deutschland. Band IX: Allgemeine Grundrechtslehren, Bd. IX, 3. Auflage Heidelberg 2011 (zit.: *Bearbeiter*, in: Isensee/Kirchhof, Handbuch des Staatsrechts, Bd. IX).

Isensee, Josef/*Kirchhof*, Paul (Hrsg.): Handbuch des Staatsrechts der Bundesrepublik Deutschland. Band XII: Normativität und Schutz der Verfassung, Bd. XII, 3. Auflage Heidelberg 2014 (zit.: *Bearbeiter*, in: Isensee/Kirchhof, Handbuch des Staatsrechts, Bd. XII).

Jaeckel, Liv: Gefahrenabwehrrecht und Risikodogmatik. Moderne Technologien im Spiegel des Verwaltungsrechts, Tübingen 2010 (zit. *Jaeckel*, Gefahrenabwehrrecht und Risikodogmatik).

Jellinek, Georg: System der subjektiven öffentlichen Rechte, Freiburg 1892 (zit. *Jellinek*, System der subjektiven öffentlichen Rechte).

Jellinek, Walter: Verwaltungsrecht, 3. Auflage 1931, unveränderter Neudruck Bad Homburg v.d.H., Berlin u.a. 1966 (zit. *Jellinek*, Verwaltungsrecht).

Justi, Johann Heinrich Gottlob v.: Die Grundfeste zu der Macht und Glückseligkeit der Staaten oder ausführliche Vorstellung der gesamten Policey-Wissenschaft, Bd. I, Königsberg 1760 (zit. *v. Justi*, Die Grundfeste zu der Macht und Glückseligkeit der Staaten oder ausführliche Vorstellung der gesamten Policey-Wissenschaft, Bd. I).

Kahl, Wolfgang/*Gärditz*, Klaus Ferdinand: Umweltrecht, 13. Auflage München 2023 (zit. *Kahl/Gärditz*, Umweltrecht).

Kießling, Andrea: Gefahraufklärungsbefugnisse in der Polizeirechtsdogmatik – Überlegungen anlässlich des Urteils des Bundesverfassungsgerichts zum BKAG, VerwArch 108 (2017), 282.

Kießling, Andrea: Ein „neues“ Instrument der Terrorismusabwehr: die Auferstehung der Abschiebungsanordnung nach § 58 a AufenthG, NVwZ 2017, 1019.

Kingreen, Thorsten/*Poscher*, Ralf: Polizei- und Ordnungsrecht mit Versammlungsrecht, 12. Auflage München 2022 (zit. *Kingreen/Poscher*, Polizei- und Ordnungsrecht).

Kirchhoff, Guido: Polizeiliche Meldeauflagen zur Gefahrenabwehr, NVwZ 2020, 1617.

Kloepfer, Michael/*Rehbinder*, Eckard/*Schmidt-Aßmann*, Eberhard: Berichte 7/90. Umweltforschungsplan des Bundesministers für Umwelt, Naturschutz und Reaktorsicherheit. Forschungsbericht 10106028/01–03. UBA-FB 90–085. Umweltgesetzbuch – Allgemeiner Teil –, 2. Auflage Berlin 1991 (zit. *Kloepfer/Rehbinder/Schmidt-Aßmann*, Berichte 7/90 Umweltgesetzbuch – Allgemeiner Teil –).

Knemeyer, Franz-Ludwig: Polizeibegriffe in Gesetzen des 15. bis 18. Jahrhunderts. Kritische Bemerkungen zur Literatur über die Entwicklung des Polizeibegriffs, AöR 92 (1967), 153.

Knemeyer, Franz-Ludwig: Der Schutz der Allgemeinheit und der individuellen Rechte durch die polizei- und ordnungsrechtlichen Handlungsvollmachten der Exekutive, VVDStRL 35 (1971), 221.

Knemeyer, Franz-Ludwig: Polizei- und Ordnungsrecht. Lehr- und Arbeitsbuch mit Anleitungen für die Klausur, 11. Auflage München 2007.

Knemeyer, Franz-Ludwig/*Schmidt*, Thorsten *Ingo:* Polizei- und Ordnungsrecht, 5. Auflage München 2022 (zit. *Knemeyer/Schmidt*, Polizei- und Ordnungsrecht).

Korte, Stefan/*Dittrich*, Stephan: Schutzgut und Schadenswahrscheinlichkeit im Gefahrenabwehrrecht, JA 2017, 332.

Kral, Sebastian: Die polizeilichen Vorfeldbefugnisse als Herausforderung für Dogmatik und Gesetzgebung des Polizeirechts. Begriff Tatbestandsmerkmale und Rechtsfolgen, Berlin 2012 (zit. *Kral*, Die polizeilichen Vorfeldbefugnisse als Herausforderung für Dogmatik und Gesetzgebung des Polizeirechts).

Krause, Lars: Das Risiko und Restrisiko im Gefahrstoffrecht, NVwZ 2009, 496.

Kremer, Carsten: Ungewissheit im Sicherheitsverwaltungsrecht, in: Augsberg, Ino (Hrsg.), Extrajuridisches Wissen im Verwaltungsrecht. Analysen und Perspektiven, Tübingen 2013, S. 195 (zit. *Kremer*, in: Augsberg, Extrajuridisches Wissen im Verwaltungsrecht).

Kremer, Carsten: Anmerkung zu OLG München: Elektronische Aufenthaltsüberwachung wegen drohender Gefahr für Leben und Gesundheit, GSZ 2019, 169.

Kuch, David: Gefährder in Haft? Kritische Anmerkungen zu einem bayerischen Experiment, DVBl. 2018, 343.

Kugelmann, Dieter: Polizei- und Ordnungsrecht, 2. Auflage Heidelberg 2012 (zit. *Kugelmann*, Polizei- und Ordnungsrecht).

Kugelmann, Dieter: Der polizeiliche Gefahrenbegriff in Gefahr? – Anforderungen an die Voraussetzungen polizeilicher Eingriffe – DÖV 2003, 781.

Kugelmann, Dieter: Entwicklungslinien eines grundrechtsgeprägten Sicherheitsverwaltungsrecht, Die Verwaltung 47 (2014), 25.

Kulick, Andreas: Gefahr, „Gefährder“ und Gefahrenabwehrmaßnahmen angesichts terroristischer Gefährdungslagen, AöR 143 (2018), 175.

Leisner, Anna: Die polizeiliche Gefahr zwischen Eintrittswahrscheinlichkeit und Schadenshöhe – Ein Beitrag zu Entscheidungstheorie im modernen Verwaltungsstaat, DÖV 2002, 326.

Leisner-Egensperger, Anna: Polizeirecht im Umbruch: Die drohende Gefahr, DÖV 2018, 677.

Lenk, Maximilian/*Wiedmann*, Wilhelm: Die Vereinbarkeit des bayerischen Präventivgewahrsams für „Terrorgefährder" mit der EMRK, BayVBl. 2018, 803.

Lepsius, Oliver: Risikosteuerung durch Verwaltungsrecht: Ermöglichung oder Begrenzung von Innovationen?, VVDStRL 63 (2004), 265.

Lindner, Josef Franz: Das neue Bayerische Polizeirecht. „Gesetz zur effektiveren Überwachung gefährlicher Personen" im Überblick, PUBLICUS v. 1. 8. 2017, https://publicus.boorberg.de/das-neue-bayerische-polizeirecht/, Stand: 11. 12. 2023 (zit.: *Lindner*, Das neue Bayerische Polizeirecht, https://publicus.boorberg.de/das-neue-bayerische-polizeirecht/, Stand: 11. 12. 2023).

Lindner, Josef Franz/*Unterreitmeier*, Johannes: Die „Karlsruher Republik" – wehrlos in Zeiten des Terrors? – Kritische Anmerkungen zum BKAG-Urteil des Bundesverfassungsgerichts –, DÖV 2017, 90.

Lingemann, Michael: Die Gefahrenprognose als Basis eines polizeilichen Beurteilungsspielraumes?, Bochum 1985.

Lisken, Hans (Begr.)/*Denninger*, Erhard/*Bäcker*, Matthias/*Graulich*, Kurt (Hrsg.): Handbuch des Polizeirechts. Gefahrenabwehr – Strafverfolgung – Rechtsschutz, 6. Auflage München 2018 (zit: *Bearbeiter*, in: Lisken/Denninger, Handbuch des Polizeirechts, 6. Aufl. 2018).

Lisken, Hans (Begr.)/*Denninger*, Erhard/*Bäcker*, Matthias/*Graulich*, Kurt (Hrsg.): Handbuch des Polizeirechts. Gefahrenabwehr – Strafverfolgung – Rechtsschutz, 7. Auflage München 2021 (zit: *Bearbeiter*, in: Lisken/Denninger, Handbuch des Polizeirechts).

Löffelmann, Markus: Das Gesetz zur effektiveren Überwachung gefährlicher Personen – Sicherheitsrecht am Rande der Verfassungsmäßigkeit und darüber hinaus, BayVBl. 2018, 145.

Löffelmann, Markus: Die Zukunft der deutschen Sicherheitsarchitektur – Vorbild Bayern?, GSZ 2018, 85.

Löffelmann, Markus: Das Gesetz zur Neuordnung des bayerischen Polizeirechts – Sicherheitsrecht am Rande der Verfassungsmäßigkeit und darüber hinaus Teil 2, BayVBl. 2019, 121.

Löffelmann, Markus: Eingriffsintensität und Eingriffsschwelle. Eine Formel für den Gesetzgeber, GSZ 2023, 92.

Maier, Hans: Die ältere deutsche Staats- und Verwaltungslehre (Polizeiwissenschaft). Ein Beitrag zur Geschichte der politischen Wissenschaft in Deutschland, Neuwied am Rhein, Berlin 1966 (zit. Mai*er*, Die ältere deutsche Staats- und Verwaltungslehre).

Mangoldt, Hermann v. (Begr.)/*Klein*, Friedrich/*Starck*, Christian (fortgef.)/*Huber*, Peter M./*Voßkuhle*, Andreas (Hrsg.): Grundgesetz. Band 1. Präambel, Artikel 1–19. Kommentar, Bd. 1, 7. Auflage München 2018 (zit. *Bearbeiter*, in: v. Mangoldt/Klein/Starck, GG, Bd. 1).

Mann, Thomas/*Fontana*, Sina: Entwicklungslinien des Polizeirechts im 21. Jahrhundert, JA 2013, 734.

Maurer, Hartmut/*Waldhoff*, Christian: Allgemeines Verwaltungsrecht, 20. Auflage München 2020 (zit. *Maurer/Waldhoff*, Allgemeines Verwaltungsrecht).

Mayer, Franz: Die Eigenständigkeit des bayerischen Verwaltungsrechts, dargestellt an Bayerns Polizeirecht, München 1958 (zit. *Mayer*, Die Eigenständigkeit des bayerischen Verwaltungsrechts).

Merten, Detlef/*Papier*, Hans Jürgen (Hrsg.): Handbuch der Grundrechte in Deutschland und Europa. Band II. Grundrechte in Deutschland – Allgemeine Lehren I, Bd. II, Heidelberg 2006 (zit. *Bearbeiter*, in: Merten/Papier, Handbuch der Grundrechte in Deutschland und Europa, Bd. II).

Meyer, Stephan: Subjektiver oder objektiver Gefahrenbegriff, „Gefahrenverdacht" und Vorfeldbefugnisse: Dauerbaustellen des Gefahrenabwehrrechts, JA 2017, 1259.

Meyer, Stephan: Kriminalwissenschaftliche Prognoseinstrumente im Tatbestand polizeilicher Vorfeldbefugnisse. Die Zukunft der Terrorismusbekämpfung im Lichte des BKA-Urteils, JZ 2017, 429.

Möstl, Markus: Die staatliche Garantie für die öffentliche Sicherheit und Ordnung. Sicherheitsgewährleistung im Verfassungsstaat, im Bundesstaat und in der Europäischen Union, Tübingen 2002 (zit. *Möstl*, Die staatliche Garantie für die öffentliche Sicherheit und Ordnung).

Möstl, Markus: Gefahr und Kompetenz. Polizeidogmatische und bundesstaatsrechtliche Konsequenzen der „Kampfhundeentscheidung" des BVerfG, JURA 2005, 48.

Möstl, Markus: Die neue dogmatische Gestalt des Polizeirechts. Thesen zur Integration eines modernen informationellen Vorfeldrechts in das klassische rechtsstaatliche Gefahrenabwehrrecht, DVBl. 2007, 581.

Möstl, Markus: Das Bundesverfassungsgericht und das Polizeirecht. Eine Zwischenbilanz aus Anlass des Urteils zur Vorratsdatenspeicherung, DVBl. 2010, 808.

Möstl, Markus: Polizeibefugnisse bei drohender Gefahr – Überlegungen zu Reichweite und Verfassungsmäßigkeit des neuen Art. 11 Abs. 3 PAG –, BayVBl. 2018, 156.

Möstl, Markus: Gedanken zur Polizeirechtsentwicklung, ZRP 2020, 26.

Möstl, Markus: Projekt Musterpolizeigesetz – eine Stellungnahme, Die Verwaltung 53 (2020), 21.

Möstl, Markus: Rechtsstaatlicher Rahmen der Terrorabwehr – eine Stellungnahme zum Stand der Diskussion um Gefahr, Gefahrenvorfeld und drohende Gefahr, DVBl. 2020, 160.

Möstl, Markus: Eingriffsschwellen in den novellierten Landespolizeigesetzen – Von drohenden, konkreten und dringenden Gefahren nach BVerfGE 141, 220 –, GSZ 2021, 89.

Möstl, Markus/*Kugelmann*, Dieter (Hrsg.): BeckOK Polizei- und Ordnungsrecht Nordrhein-Westfalen, Stand: 26. Ed.München 15. 7. 2023 (zit. *Bearbeiter*, in: Möstl/Kugelmann, BeckOK Polizei- und Ordnungsrecht NRW).

Möstl, Markus/*Schwabenbauer*, Thomas (Hrsg.): BeckOK Polizei- und Sicherheitsrecht Bayern, Stand: 22. Ed.München 15. 4. 2023 (zit.: *Bearbeiter*, in: Möstl/Schwabenbauer, BeckOK Polizei- und Sicherheitsrecht Bayern).

Möstl, Markus/*Trurnit*, Christoph (Hrsg.): BeckOK Polizeirecht Baden-Württemberg, Stand: 30. Ed.München 1.9.2023 (zit. *Bearbeiter*, in: Möstl/Trurnit, BeckOK Polizeirecht Baden-Württemberg).

Möstl, Markus/*Weiner*, Bernhard (Hrsg.): BeckOK Polizeirecht Niedersachsen, Stand: 28. Ed. München 1.8.2023 (zit. *Bearbeiter*, in: Möstl/Weiner, BeckOK Polizeirecht Niedersachsen).

Müller, Birgit: Das Gesetz zur effektiveren Überwachung gefährlicher Personen und die daraus erwachsenen neuen Befugnisse der Bayerischen Polizei, BayVBl. 2018, 109.

Münch, Ingo v./*Kunig*, Philip (Begr.)/*Kämmerer*, Jörn-Axel/*Kotzur*, Markus (Hrsg.): Grundgesetz. Kommentar. Band 1: Präambel bis Art. 69, 7. Auflage München 2021 (zit. *Bearbeiter*, in: v. Münch/Kunig, GG, Bd. 1).

Murswiek, Dietrich: Die staatliche Verantwortung für die Risiken der Technik. Verfassungsrechtliche Grundlagen und immissionsschutzrechtliche Ausformung, Berlin 1985 (zit. *Murswiek*, Die staatliche Verantwortung für die Risiken der Technik).

Nell, Ernst Ludwig: Wahrscheinlichkeitsurteile in juristischen Entscheidungen, Berlin 1983 (zit. *Nell*, Wahrscheinlichkeitsurteile in juristischen Entscheidungen).

Neumann, Dieter: Vorsorge und Verhältnismäßigkeit. Die kriminalpräventive Informationserhebung im Polizeirecht, Berlin 1994 (zit. *Neumann*, Vorsorge und Verhältnismäßigkeit).

Ogorek, Markus: Risikovorsorgende Videoüberwachung – Eine unzulässige Vermengung präventiver und repressiver Polizeitätigkeit? –, DÖV 2018, 688.

Ogorek, Markus: Gefahrenvorfeldbefugnisse. Überlegungen zur Struktur und Dogmatik polizeirechtlicher Eingriffstatbestände, JZ 2019, 63.

Ossenbühl, Fritz: Vorsorge als Rechtsprinzip im Gesundheits-, Arbeits- und Umweltschutz, NVwZ 1986, 161.

Park, Byungwoog: Wandel des klassischen Polizeirechts zum neuen Sicherheitsrecht. Eine Untersuchung am Beispiel der Entscheidung über sogenannte Online-Durchsuchungen, Berlin 2013 (zit. *Park*, Wandel des klassischen Polizeirechts zum neuen Sicherheitsrecht).

Petri, Thomas: Das Gesetz zur Neuordnung des bayerischen Polizeirechts. Ein rechtsstaatlich umstrittenes Mustergesetz für Bund und Länder, ZD 2018, 453.

Pieroth, Bodo: Befugniserweiterung mit Begriffsverwirrung. Zur geplanten Polizeirechtsnovelle in Nordrhein-Westfalen, GSZ 2018, 133.

Pieroth, Bodo: Ein Musterentwurf mit Schlagseite zulasten der Freiheit, Die Verwaltung 53 (2020), 39.

Pils, Michael Johannes: Zum Wandel des Gefahrenbegriffs im Polizeirecht, DÖV 2008, 941.

Pitschas, Rainer: Polizeirecht im kooperativen Staat – Innere Sicherheit zwischen Gefahrenabwehr und kriminalpräventiver Risikovorsorge –, DÖV 2002, 221.

Poscher, Ralf: Gefahrenabwehr. Eine dogmatische Rekonstruktion, Berlin 1999 (zit. *Poscher*, Gefahrenabwehr).

Poscher, Ralf: Der Gefahrverdacht. Das ungelöste Problem der Polizeirechtsdogmatik, NVwZ 2001, 141.

Poscher, Ralf: Eingriffsschwellen im Recht der Inneren Sicherheit. Ihr System im Licht der neueren Verfassungsrechtsprechung, Die Verwaltung 41 (2008), 345.

Poscher, Ralf/*Kichling*, Michael/*Landerer*, Lukas: Ein Überwachungsbarometer für Deutschland. Entwicklung eines Konzeptes zur periodischen Erfassung staatlicher Überwachungsmaßnahmen, GSZ 2021, 225.

Preu, Peter: Polizeibegriff und Staatszwecklehre. Die Entwicklung des Polizeibegriffs durch die Rechts- und Staatswissenschaften des 18. Jahrhunderts, Göttingen 1983 (zit. *Preu*, Polizeibegriff und Staatszwecklehre).

Pütter, Johannes Stephan: Institutiones iuris publici Germanici, 2. Auflage Göttingen 1776 (zit. *Pütter*, Institutiones iuris publici Germanici).

Rachor, Frederik: Vorbeugende Straftatenbekämpfung und Kriminalakten. Zur Aufbewahrung und Verwendung von Informationen aus Strafverfahren durch die Polizei, Baden-Baden 1989 (zit. *Rachor*, Vorbeugende Straftatenbekämpfung und Kriminalakten).

Rademacher, Timo: *Predictive Policing* im deutschen Polizeirecht, AöR 142 (2017), 366.

Rieß, Peter: Die „Straftat von erheblicher Bedeutung“ als Eingriffsvoraussetzung. Versuch einer Inhaltsbestimmung, GA 2004, 623.

Roellecke, Gerd: Der Rechtsstaat im Kampf gegen den Terror, JZ 2006, 265.

Röhrig, Stefan: Die zeitliche Komponente der Begriffe „Gefahr“ und „Gefahrenabwehr“ und ihre Konkretisierung bei Grundwasserverunreinigungen, DVBl. 2000, 1658.

Ronellenfitsch, Michael: Die Bewältigung der wissenschaftlichen und technischen Entwicklung durch das Verwaltungsrecht, DVBl. 1989, 851.

Sachs, Michael (Hrsg.): Grundgesetz. Kommentar, 9. Auflage München 2021 (zit. *Bearbeiter*, in: Sachs, GG).

Sachs, Michael (Hrsg.): Grundrechte: Heimliche Überwachungsmaßnahmen. Nur grundsätzliche Verfassungsmäßigkeit der Ermächtigung des BKA zum Einsatz von heimlichen Überwachungsmaßnahmen zur Terrorismusabwehr. Anmerkung zu BVerfGE 141, 220 ff., JuS 2016, 662.

Säcker, Franz Jürgen/*Rixecker*, Roland/*Oetker*, Hartmut/*Limperg*, Bettina (Hrsg.): Münchener Kommentar zum Bürgerlichen Gesetzbuch. Band 1. Allgemeiner Teil. §§ 1–240 AllgPersönlR ProstG AGG, Bd. 1, 9. Auflage München 2021 (zit. *Bearbeiter*, in: Münchener Kommentar, Bd. 1).

Schenke, Ralf P.: Die „drohende Gefahr“: Gefährdung eines rechtsstaatlichen Polizeirechts, Korea Public Land Law Review 87 (2019), 1085 (zit. *Schenke*, KPLLR 87 (2019), 1085).

Schenke, Wolf-Rüdiger: Polizeiliches Handeln bei Anscheinsgefahr und Gefahrenverdacht, JuS 2018, 505.

Schenke, Wolf-Rüdiger: Polizei- und Ordnungsrecht, 12. Auflage Heidelberg 2023 (zit. *Schenke*, Polizei- und Ordnungsrecht).

Schlacke, Sabine: Umweltrecht, 9. Auflage Baden-Baden 2023, (zit. *Schlacke*, Umweltrecht).

Schmid, Josef/*Wenner*, Irina: Neuerungen im bayerischen Polizeirecht 2017 und 2018, BayVBl. 2019, 109.

Schmidbauer, Wilhelm/*Holzner*, Thomas: Bayerisches Polizei- und Sicherheitsrecht. Lehrbuch, 2019 (zit. *Schmidbauer/Holzner*, Bayerisches Polizei- und Sicherheitsrecht).

Schmidbauer, Wilhelm/*Steiner*, Udo: Bayerisches Polizeiaufgabengesetz und Bayerisches Polizeiorganisationsgesetz. Kommentar, 4. Auflage München 2014 (zit. *Bearbeiter*, in: Schmidbauer/Steiner, PAG, 4. Aufl. 2014).

Schmidbauer, Wilhelm/*Steiner*, Udo: Bayerisches Polizeiaufgabengesetz und Bayerisches Polizeiorganisationsgesetz. Kommentar, 6. Auflage München 2023 (zit. *Bearbeiter*, in: Schmidbauer/Steiner, PAG).

Schmidt, Rolf: Polizei- und Ordnungsrecht sowie Grundzüge des Versammlungsrechts und des Verwaltungsvollstreckungsrechts, 22. Auflage Grasberg 2022 (zit. *Schmidt*, Polizei- und Ordnungsrecht).

Schoch, Friedrich: Abschied vom Polizeirecht des liberalen Rechtsstaats? – Vom Kreuzberg-Urteil des preußischen Oberverwaltungsgerichts zu den Terrorismusbekämpfungsgesetzen unserer Tage, Der Staat 43 (2004), 347.

Schoch, Friedrich: Der Schutz privater Rechte im Polizei- und Ordnungsrecht, JURA 2013, 468.

Schoch, Friedrich/*Eifert*, Martin (Hrsg.): Besonderes Verwaltungsrecht, 2. Auflage München 2023 (zit. *Bearbeiter*, in: Schoch/Eifert, Besonderes Verwaltungsrecht).

Schoch, Friedrich/*Schneider*, Jens-Peter (Hrsg.): Verwaltungsrecht. VwGO. Kommentar, Stand: 44. EL München März 2023 (zit. *Bearbeiter*, in: Schoch/Schneider, VwGO).

Scholz, Franz: Die polizeirechtliche Gefahr. Begriff, Erkennbarkeit und richterliche Nachprüfung besonders bei Polizeiverordnungen, VerwArch 27 (1919), 1.

Schoreit, Armin: Keine Rechtsgrundlagen der zentralen Datenverarbeitung des Bundeskriminalamts, CR 1986, 224.

Schulze-Fielitz, Helmuth: Nach dem 11. September: An den Leistungsgrenzen eines verfassungsstaatlichen Polizeirechts, in: Horn, Hans-Detlef (Hrsg.) i. V. m. Häberle, Peter/Schambeck, Herbert/Stern, Klaus, Recht im Pluralismus. Festschrift für Walter Schmitt Glaeser zum 70. Geburtstag, Berlin 2003, S. 407 (zit. *Schulze-Fielitz*, in: FS Glaeser).

Shirvani, Foroud: Die Kontakt- und Begleitpersonen und die „Besonderen Mittel der Datenerhebung“ im Polizeirecht, VerwArch 101 (2010), 86.

Shirvani, Foroud: Paradigmenwechsel im Polizeirecht? – Die neue Rechtsfigur der „drohenden Gefahr“, DVBl. 2018, 1393.

Shirvani, Foroud/*Hirzebruch*, Christian: Ärger im Clubheim – Polizeiliches Betretungsrecht und Entschädigungsansprüche des unbeteiligten Dritten –, JURA 2016, 194.

Sommerer, Lucia M.: Personenbezogenes Predictive Policing. Kriminalwissenschaftliche Untersuchung über die Automatisierung der Kriminalprognose, Baden-Baden 2020 (zit. *Sommerer*, Personenbezogenes Predictive Policing).

Sonnenfels, Joseph v.: Grundsätze der Policey, Handlung-, und Finanzwissenschaft. Abgekürzet, in Tabellen gebracht, und zum Gebrauche seiner akademischen Vorlesungen eingerichtet vom Hofrathe Moshammer zu Ingolstadt, München 1787 (zit. *v. Sonnenfels*, Grundsätze der Policey, Handlung-, und Finanzwissenschaft).

Stern, Klaus: Das Staatsrecht der Bundesrepublik Deutschland. Band III/2. Allgemeine Lehren der Grundrechte. Grundrechtstatbestand, Grundrechtsbeeinträchtigungen und Grundrechtsbegrenzungen, Grundrechtsverluste und Grundpflichten, Schutz der Grundrechte, Grundrechtskonkurrenzen, Grundrechtssystem, Bd. III/2, München 1994 (zit. *Stern*, Das Staatsrecht der Bundesrepublik Deutschland, Bd. III/2).

Stern, Klaus/*Sodan*, Helge/*Möstl*, Markus (Hrsg.): Das Staatsrecht der Bundesrepublik Deutschland im europäischen Staatenverbund. Band III. Allgemeine Lehren der Grundrechte, 2. Auflage München 2022 (zit. *Bearbeiter*, in: Stern/Sodan/Möstl, Das Staatsrecht der Bundesrepublik Deutschland im europäischen Staatenverbund, Bd. III).

Storr, Stefan: Jüngere Entwicklungen im Sicherheitspolizeirecht in Österreich. Aus Anlass der Überlegungen für ein neues deutsches Musterpolizeigesetz, Die Verwaltung 53 (2020), 77.

Struzina, Victor/*Kaiser*, Roman: Polizeigesetz nach Muster? – Zum Potenzial eines (neuen) Musterentwurfs für ein einheitliches Polizeigesetz –, BayVBl. 2020, 509.

Svarez, Carl Gottlieb: Vorträge über Recht und Staat, Abdr. in: Conrad, Hermann/Kleinheyer, Gerd, Wissenschaftliche Abhandlungen der Arbeitsgemeinschaft für Forschung des Landes Nordrhein-Westfalen, Köln, Opladen 1960 (zit. *Svarez*, Vorträge über Recht und Staat).

Tabbara, Tarik: Zu Bestimmtheitsproblemen in Polizeigesetzen durch Annahmen rechtfertigende Tatsachen und tatsächliche Anhaltspunkte, GSZ 2022, 215.

Thiel, Markus: Die „Entgrenzung" der Gefahrenabwehr. Grundfragen von Freiheit und Sicherheit im Zeitalter der Globalisierung, Tübingen 2011 (zit. *Thiel*, Die „Entgrenzung" der Gefahrenabwehr).

Thiel, Markus: Stärkung der Sicherheit in Nordrhein-Westfalen – Demokratie „at its best". Hintergründe, Entstehungsgeschichte und wesentliche Regelungen des Sechsten Gesetzes zur Änderung des Polizeigesetzes des Landes Nordrhein-Westfalen, GSZ 2019, 1.

Thiel, Markus: Auf dem Weg zu einem neuen „Musterpolizeigesetz". „Blaupause" für die sicherheitsrechtliche Harmonisierung oder aussichtslose Makulatur?, Die Verwaltung 53 (2020), 1.

Thiel, Markus: Polizei- und Ordnungsrecht, 5. Auflage Baden-Baden 2022 (zit. *Thiel*, Polizei- und Ordnungsrecht).

Tomerius, Carolyn: „Gefährliche Orte" im Polizeirecht – Straftatenverhütung als Freibrief für polizeiliche Kontrollen?, Eine Beurteilung aus verfassungs- und polizeirechtlicher Perspektive –, DVBl. 2017, 1399.

Tomerius, Carolyn: Die Identitätsfeststellung im Licht der neueren Rechtsprechung, DVBl. 2019, 1581.

Trurnit, Christoph: Eingriffsschwellen für polizeiliche Maßnahmen, JURA 2019, 258.

Trute, Hans-Heinrich: Die Erosion des Polizeirechts durch die polizeiliche Informationsvorsorge, in: Erbguth, Wilfried/Müller, Friedrich/Neumann, Volker (Hrsg.), Rechtstheorie und Rechtsdogmatik im Austausch. Gedächtnisschrift für Bernd Jeand'Heur, Berlin 1999, S. 403 (zit. *Trute*, in: GS Jeand'Heur).

Trute, Hans-Heinrich: Rechtsprechungsanalyse. Gefahr und Prävention in der Rechtsprechung zum Polizei- und Ordnungsrecht, Die Verwaltung 37 (2003), 501.

Trute, Hans-Heinrich: Rechtsprechungsanalyse. Zur Entwicklung des Polizei- und Ordnungsrechts 2013–2019, Die Verwaltung 53 (2020), 99.

Vasel, Johann *Justus*: Verfassungsgerichtliche Fesseln? – Das Karlsruher Urteil zur automatisierten Datenanalyse, NJW 2023, 1174.

Volkmann, Uwe: Die Verabschiedung der Rasterfahndung als Mittel der vorbeugenden Verbrechensbekämpfung, JURA 2007,132.

Volkmann, Uwe: Polizeirecht als Sozialtechnologie, NVwZ 2009, 216.

Volkmann, Uwe.: Verbund oder Trennung – Zu einem neuen Verhältnis von Polizei- und Nachrichtendiensten, JURA 2014, 820.

Voßkuhle, Andreas: Das Verhältnis von Freiheit und Sicherheit – Hat der 11. September 2001 das deutsche Verfassungsrecht verändert, in: Heckmann, Dirk/Schenke, Ralf P./Sydow, Gernot (Hrsg.), Verfassungsstaatlichkeit im Wandel. Festschrift für Thomas Würtenberger zum 70. Geburtstag, Berlin 2013, S. 1101 (zit. *Voßkuhle*, in: FS Würtenberger).

Waechter, Kay: Bundestrojaner – Die Selbstgefährdung der Rechtsstaatlichkeit am Beispiel der Gefahrbegriffe, JZ 2015, 8.

Waechter, Kay: Bayern: Polizeirecht in neuen Bahnen, NVwZ 2018, 458.

Wapler, Frederike: Alles geklärt? Überlegungen zum polizeilichen Gefahrenerforschungseingriff, DVBl. 2012, 86.

Walker, Michael: Abstrakte und konkrete Gefahr. Entwicklung und Abgrenzung der polizeirechtlichen Gefahrenarten, Tübingen 1994 (zit. *Walker*, Abstrakte und konkrete Gefahr).

Wegener, Bernhard W.: Verfassung in ausgewählten Teilrechtsordnungen: Konstitutionalisierung und Gegenbewegungen im Sicherheitsrecht, VVDStRL 75 (2016), 294.

Wehr, Matthias: Forum: Die Überprüfung polizeilicher Maßnahmen – Anmerkungen zum „bayerischen Prüfungsaufbau", JuS 2006, 582.

Wehr, Matthias: Die „drohende Gefahr" im Polizeirecht, JURA 2019, 940.

Weinrich, Maximilian: Die Novellierung des bayerischen Polizeiaufgabengesetzes. Drohende Gefahr für die Verfassung in Bayern?, NVwZ 2018, 1680.

Welzel, Simon/*Ellner*, Maximilian: Präventivgewahrsam bei drohender Gefahr? – Zum Begriff der drohenden Gefahr sowie den verfassungs- und menschenrechtlichen Anforderungen an den Präventivgewahrsam –, DÖV 2019, 211.

Werner-Kappler, Katrin: Neue Eingriffsschwellen der Verfassungsschutzbehörden, NVwZ-Beilage 2022, 63.

Werner-Kappler, Katrin: Das Recht der Extremismusbekämpfung. Eine Systematisierung anhand der Eingriffsschwellen, AöR 148 (2023), 205.

Wipfelder, Hans-Jürgen: Geschäftsgrundlage und öffentliches Interesse, BayVBl. 1976, 423.

Wolff, Christian v.: Vernünfftige Gedancken Von dem Gesellschafftlichen Leben der Menschen Und insonderheit Dem gemeinen Wesen Zu Beförderung des Glückseeligkeit des menschlichen Geschlechts, Den Liebhabern der Wahrheit mitgetheilet, Frankfurt, Leipzig 1732 (zit. *Wolff*, Vernünfftige Gedancken Von dem Gesellschafftlichen Leben der Menschen Und insonderheit Dem gemeinen Wesen Zu Beförderung des Glückseeligkeit des menschlichen Geschlechts).

Zähle, Kai: Originäre und übertragene Aufgaben der Polizei, JuS 2014, 315.

Zaremba, Ulrike: Die neuen Befugnisse im nordrhein-westfälischen Polizeigesetz zum Erlass von Aufenthaltsgeboten, Kontaktverboten sowie zur Elektronischen Aufenthaltsüberwachung – Symbolgesetzgebung oder sicherheitspolitische Notwendigkeit? –, DÖV 2019, 221.